CW00701140

La France
des années noires

AUTEURS

Jean-Pierre Azéma
François Bédarida

Christian Bachelier
Renée Bédarida
Philippe Burrin
Philippe Buton
Stéphane Courtois
Jean-Louis Crémieux-Brilhac
Robert Frank
Jean-Marie Guillon
Roderick Kedward
Pierre Laborie
Claude Lévy
Robert O. Paxton
Denis Peschanski
Jacques Prévotat
René Rémond
Jacqueline Sainclivier
Dominique Veillon
Olivier Wieviorka

Sous la direction de Jean-Pierre Azéma
et de François Bédarida

La France
des années noires

2

De l'occupation à la libération

Édition revue et mise à jour

Éditions du Seuil

La première édition de cet ouvrage a été publiée avec des illustrations
dans la collection L'UNIVERS HISTORIQUE

ISBN 978-2-02-018307-9
ISBN 2-02-018310-2, édition complète
(ISBN 2-02-018304-8, t. 2, 1re publication)

Tome 2

De l'Occupation à la Libération

1942

Année tournant

La coupure décisive pour Vichy (novembre 1942).
L'État français vassalisé

Robert O. Paxton

Novembre 1942 est presque universellement considéré comme le moment où Hitler a perdu l'initiative en Europe de l'Ouest, à la suite du débarquement des Anglo-Américains en Afrique du Nord. Les voies méridionales d'accès au continent européen, neutralisées jusque-là par Vichy, l'Italie et l'Espagne, passaient désormais aux mains des Alliés, renvoyant du même coup la balle dans leur camp.

L'arrivée d'une armée alliée au seuil du sud de l'Europe eut un retentissement d'autant plus grand que l'événement coïncidait avec d'autres revers majeurs pour l'Axe. Peu auparavant, à la fin d'octobre, la VIII⁰ armée britannique, commandée par le général Montgomery, avait brisé les défenses allemandes à El-Alamein, repoussant Rommel et son Afrika Korps de leurs positions en Égypte jusque dans le désert de Libye.

À la fin de novembre, les Russes encerclaient 22 divisions allemandes à Stalingrad. Ce fut le déclenchement de la première défaite allemande sur le front russe, défaite cruciale, consommée le 2 février 1943 par la capitulation de la VI⁰ armée et de la IV⁰ armée blindée et de leur commandant, le feld-maréchal Paulus – premier feld-maréchal de l'histoire allemande à avoir été fait prisonnier au cours d'une bataille. Le 12 novembre, dans le Pacifique, la marine américaine coulait un cuirassé et cinq croiseurs japonais à l'est de la Nouvelle-Guinée, consolidant ainsi le débarquement de l'armée américaine sur les îles Salomon, premier territoire repris aux Japonais. Ces succès des Alliés à la fin de 1942 frappèrent d'autant plus l'opinion publique que l'année avait bien mal commencé pour eux, avec l'avance en Asie des Japonais jusqu'à Singapour, les succès de Rommel en Afrique du Nord, et enfin les conquêtes allemandes dans le Caucase russe.

Considérés du point de vue de Vichy, les contrecoups de l'invasion de l'Afrique du Nord par les Alliés furent catastrophiques. Le 11 novembre, les Allemands envahissaient la zone précédemment « non occupée » au sud de la France et désarmaient la petite armée d'armistice de Vichy sans avoir à tirer un seul coup de feu ; le 26 novembre, alors qu'ils tentaient de faire main basse sur l'escadre française stationnée à Toulon, celle-ci se saborda. Ces événements réduisirent à néant deux arguments fondamentaux dont Vichy se réclamait pour justifier sa légitimité : épargner au moins à une partie de la population l'occupation allemande directe ; conserver la maîtrise d'une force armée véritablement française et le contrôle de la majorité des territoires d'outre-mer. Or voici que, après novembre 1942, la France tout entière se trouvait soumise à l'occupation allemande et que Vichy perdait les derniers instruments de sa souveraineté avec la dissolution de son armée[1] et la perte de toute autorité dans l'ensemble des territoires de l'Empire. Les cartes maîtresses de Vichy – l'Empire, la flotte et l'armée d'armistice – avaient été remises en jeu contre sa volonté, et elles étaient perdues sans retour.

Savoir reconnaître les tournants décisifs qui infléchissent le cours des événements est affaire d'intuition. Bien entendu, sans que cela ait été le cas de tout le monde, deux de ces événements charnières n'avaient pas été identifiés comme tels par la France de Vichy. En envahissant l'Union soviétique en juin 1941, Hitler multipliait les contraintes et les risques, mais la succession des défaites russes au cours des

---

1. Le « premier régiment de France » était purement symbolique. Voir Robert O. Paxton, *Parades and Politics at Vichy. The French Officer Corps Under Marshal Pétain*, Princeton, N. J., Princeton University Press, 1966, p. 397-398.

dix-huit premiers mois masqua l'importance de son erreur. Par ailleurs, en attaquant Pearl Harbor le 7 décembre 1941, les Japonais entraînaient les États-Unis dans la guerre, même si cela ne signifiait pas que les Américains fussent capables d'intervenir d'emblée de manière efficace en Europe, faute de préparation et de réelle expérience militaire[2].

Mais, en novembre 1942, il était bien plus difficile d'ignorer l'importance de ce qui venait de se passer. Les Soviétiques, à Stalingrad, et les Américains, en Afrique du Nord, avaient commencé à donner de sérieuses preuves de leurs capacités militaires. Une défaite allemande devenait concevable. Même si les conditions d'existence de bon nombre de Français devaient empirer dans l'immédiat en raison des rigueurs d'une occupation totale, celle-ci n'apparaissait plus comme une « fatalité[3] ». Le journal clandestin *Le Franc-Tireur* en tira aussitôt les conclusions : « 150 000 soldats américains, en libérant notre Afrique du Nord, mettent le verrou à la Méditerranée et s'installent face à l'Italie[4]. »

Le banquier Charles Rist, dont les sentiments à l'égard de la Résistance étaient empreints de scepticisme, notait dans son Journal : « Plus personne maintenant ne doute de l'issue de la guerre[5]. »

Rétrospectivement, novembre 1942 nous apparaît comme un indéniable tournant, mais les réactions des Français à l'époque furent pour le moins complexes. Vichy ne changea

---

2. L'amiral Darlan pensait que l'attaque de Pearl Harbor par les Japonais avait « fait pencher la balance en faveur de l'Axe » et que les États-Unis étaient « toujours à l'état de larves militaires ». Cf. Hervé Coutau-Bégarie et Claude Huan, *Darlan,* Paris, Fayard, 1989, p. 473.

3. Michel Debré, *Trois Républiques pour une France. Mémoires*, t. I, *Combattre*, Paris, Albin Michel, 1984, p. 262.

4. Numéro 13, 20 novembre 1942, « Les Nations libres ont pris l'offensive », cité dans Dominique Veillon, *« Le Franc-Tireur » : un journal clandestin, un mouvement de Résistance*, 1940-1944, Paris, Flammarion, 1977, p. 306.

5. Charles Rist, *Une saison gâtée : journal de la guerre et de l'Occupation* (1939-1945), Paris, Fayard, 1983, p. 319.

point de politique et défendit par les armes la neutralité française et l'armistice qui lui avait acquis cette neutralité. Quant aux Français, une majorité d'entre eux récusaient désormais Vichy, et les divisions au sein de l'opinion publique allaient s'exacerbant.

En novembre 1942, la France – du moins celle de Vichy – manqua son rendez-vous avec l'Histoire.

L'opération Torch et la réaction de Vichy

Le débarquement en Afrique du Nord des Anglo-Américains ramenait la guerre sur le sol national, au seuil de la métropole sinon dans l'Hexagone proprement dit. Cet investissement périphérique offrait à l'opinion française un vaste champ où cultiver ambiguïtés et querelles intestines. Un des courants majeurs de la stratégie française avait penché pendant longtemps en faveur d'une conduite de la guerre hors de France. Les « stratégies périphériques » de 1939 dans le Caucase et en Norvège avaient déjà montré la voie dans cette direction. En choisissant de signer un armistice et de maintenir un gouvernement en France, Vichy avait voulu d'abord et avant tout promettre aux Français d'éviter que leur territoire ne soit à nouveau transformé en champ de bataille.

Un débarquement des Alliés en Afrique du Nord réunissait précisément tous les éléments susceptibles de provoquer une polarisation extrême en France : l'événement était à la fois suffisamment proche pour susciter chez les Français l'espoir d'une libération imminente, et cependant pas assez proche pour renverser aussitôt la domination exercée par l'Axe ; suffisamment proche pour exiger une réaction de Vichy et toutefois suffisamment éloigné pour que Vichy soit obligé de défendre sa neutralité à l'aide de ses propres forces armées.

C'est vers le mois d'avril 1942 que les responsables de l'armée d'armistice de Vichy commencèrent à envisager sérieusement l'éventualité d'un débarquement des Alliés (la majorité ne s'attendait à rien avant le printemps de 1943). En juin, on se mit à étudier les mesures défensives à prendre en cas de raids de commandos alliés[6]. L'existence même de Vichy dépendait du maintien de la neutralité et de l'intégrité de l'Empire. Aussi le gouvernement déploya-t-il de grands efforts pour dissuader les Alliés de débarquer sur le sol français et pour s'y opposer activement si cela se produisait.

En avertissant les Américains par avance qu'ils résisteraient à toute tentative d'empiétement sur le territoire français, les responsables de Vichy s'efforcèrent d'éviter la constitution d'un second front. Même les « attentistes », comme le général Weygand, par exemple, qui voulaient bien envisager un éventuel retour dans le conflit, étaient farouchement opposés à ce qu'ils appelaient un débarquement allié « prématuré ». Lorsque, durant l'hiver de 1941-1942, les Britanniques lui offrirent secrètement de mettre six divisions à sa disposition s'il acceptait d'amener l'Afrique du Nord française à rejoindre la guerre, le général Weygand répondit avec irritation qu'il n'accepterait l'invasion que si les Alliés arrivaient avec vingt divisions. Weygand redoutait une guerre longue en Afrique du Nord, entraînant l'intervention de l'Axe et affaiblissant l'autorité française sur les indigènes. En janvier 1941, il confia à l'émissaire secret de Catroux, le colonel Mittelman, que la France ne pourrait accepter de se battre en Afrique du Nord si les combats devaient durer plus de six à huit semaines[7]. Darlan partageait le même sentiment concernant une opération alliée qui aurait pour seul résultat d'entraîner de force la France dans la guerre sans être concluante pour autant. Parlant à l'ambassadeur américain, l'amiral William D. Leahy, le 1er août 1941, il lui dit : « Lorsque vous dispose-

---

6. Robert O. Paxton, *Parades…*, *op. cit*, p. 326. La destruction à la fin de mars 1942 du grand bassin de radoub à Saint-Nazaire par un commando britannique avait pris tant les Allemands que les Français par surprise.

7. Rapport au Foreign Office britannique par le colonel Mittelman, cité dans Desmond Dinan, *The Politics of Persuasion : British Policy and French North African Neutrality*, 1940-1942, Lanham, MD, University Press of America, 1988, p. 113-114.

rez de 3 000 chars, de 6 000 avions et de 500 000 hommes pour
les amener à Marseille, faites-le-moi savoir. Vous serez alors
les bienvenus[8]. » À l'automne de 1942, les commandants en
chef des forces françaises d'Afrique du Nord, le général Juin
à Alger et le général Noguès au Maroc, firent savoir de
manière explicite aux représentants américains qu'ils résisteraient à un débarquement allié[9].

L'échec du raid canadien à Dieppe, le 19 août 1942, non
seulement renforça Vichy dans ses préventions (un débarquement allié « prématuré » ne pouvait être que désastreux
pour la France[10]), mais le conforta dans la certitude que la for-

---

8. *Foreign Relations of the United States. Diplomatic Papers
1941*, vol. II, *Europe*, Washington DC, United States Government
Printing Office, 1959, p. 189. Lorsque le débarquement américain se
concrétisa, ce fut loin de Marseille et il amena seulement quelque
150 000 hommes.

9. Peu avant le débarquement allié en novembre, le général Noguès
demanda au chargé d'affaires américain à Tanger d'informer Washington que les forces françaises résisteraient en cas de débarquement.
Cf. *Foreign Relations…, op. cit., Diplomatic Papers 1942*, vol. II,
p. 308-319. Le général Juin fit une démarche similaire auprès du diplomate américain Robert Murphy, le 5 novembre 1942, en lui indiquant
qu'il avait ordre de défendre l'Afrique contre toute intrusion. Il accepterait une intervention américaine exclusivement comme riposte à une
invasion allemande de l'Afrique du Nord française. Cf. *ibid.*, p. 425.

10. Ce raid, terriblement coûteux en vies et en matériel, continue à
faire l'objet de controverses. Brian Loring Villa, dans *Unauthorized
Actions : Mountbatten and the Dieppe Raid*, Oxford University Press,
1990, soutient que lord Mountbatten, avec l'assentiment de Churchill,
avait pris sur lui de déclencher le raid sur Dieppe après que celui-ci
avait été annulé par les chefs d'état-major. À la suite de l'échec de
l'expédition, on avait expliqué officiellement qu'il s'agissait d'une
« répétition générale pour tester la possibilité d'investir un port européen de manière si rapide qu'il reste pratiquement en état de fonctionner ». Cf. Philip Ziegler, *Mountbatten*, Londres, Collins, 1985,
p. 188-189. La théorie développée par Anthony Cave Brown dans
Bodyguard of Lies, New York, Harper and Row, 1975, p. 80-90,
selon laquelle l'expédition de Dieppe aurait été l'objet d'une « fuite »
volontaire en direction des Allemands, afin de justifier aux yeux de
Staline le peu d'enthousiasme des Alliés pour un débarquement sur
les côtes françaises, est vivement contestée.

teresse Europe était imprenable. Dieppe était le pire exemple possible d'invasion alliée, illustrant l'insuffisance de forces de débarquement qui, pour réussir, devraient compter sur des complicités locales. Ce serait mettre les Français dans l'obligation de choisir entre la collaboration et la résistance, les exposer aux représailles (quel que soit le vainqueur), et les précipiter à nouveau, comme en 1914-1918, dans une guerre d'usure sur leur propre sol, encore pire cette seconde fois. Empêcher les Alliés de débarquer sur le sol français, c'était bien sûr rendre service à Hitler, mais c'était aussi et indépendamment un objectif propre à Vichy : illustration classique d'un acte de « collaboration d'État ».

Estimant que le comportement de la population et des autorités françaises à Dieppe, à l'occasion du raid canadien, avait été correct, selon ses propres termes, Hitler accorda la libération de tous les prisonniers de guerre originaires de la ville. Notons ici un point d'importance : Vichy profita de la circonstance pour tenter d'obtenir que lui soit conférée une autonomie de commandement sur une portion des défenses côtières françaises. Cette proposition en vue de l'établissement d'un « créneau » français dans le Mur de l'Atlantique a fait l'objet de controverses [11], mais il ne fait aucun doute que, tandis que les forces de débarquement anglo-américaines approchaient, le gouvernement de Vichy était fermement résolu à ne pas laisser les Anglo-Saxons débarquer impunément où que ce fût sur le sol français.

Outre les mises en garde, Vichy fit tout ce qui était en son pouvoir pour consolider ses forces armées en Afrique du Nord et en Afrique-Occidentale. Étant donné l'état apparemment lacunaire des archives militaires françaises, notre meilleure source est constituée par la Commission d'armistice allemande et ses équipes d'inspection. Lorsque ces dernières commencèrent à fonctionner en Afrique du Nord, en

---

11. Louis Noguères, *Le Véritable Procès du maréchal Pétain*, Paris, Fayard, 1955, p. 564. Eberhard Jäckel montre que la requête était bien parvenue jusqu'aux officiels allemands. Cf. *La France dans l'Europe de Hitler,* Paris, Fayard, 1968, p. 339.

1941, elles s'efforcèrent de contenir les forces françaises
dans les limites spécifiées par l'armistice. Au cours de l'année 1942, les préoccupations de la Commission d'armistice
quant à l'éventualité d'un débarquement allié prirent le pas
sur les soupçons qu'elle avait nourris auparavant. « Le
dilemme [des Allemands] consistait en ce que, d'une part, ils
avaient besoin des Français pour défendre le Maroc, mais
que, d'autre part, ils ne leur faisaient pas confiance[12]. » Pour
que la Commission d'armistice, à Wiesbaden, finisse par
donner son accord, en septembre 1942, en vue de débloquer
quelques armes, de remettre en activité deux escadrilles de
chasse en Afrique-Occidentale et au Maroc, et de libérer
quelques unités de troupes coloniales parmi les prisonniers
de guerre, il fallut que Laval acceptât de faire fabriquer de la
poudre (à canon) pour les Allemands en zone libre, et qu'il
concédât aux puissances de l'Axe l'usage de navires appartenant à des puissances neutres stationnés dans les ports de
la Méditerranée. Environ 10 000 hommes aguerris par les
combats menés en Syrie contre les Anglais et les Français
libres furent en outre ramenés vers l'Afrique du Nord.
Parallèlement, Vichy déplaça quelques forces en direction
des côtes marocaines durant l'été de 1942, se préparant ainsi
à les défendre ; ces forces furent renvoyées à l'intérieur en
octobre, le général Noguès estimant que la menace d'invasion n'était plus à craindre avant le printemps de 1943[13].
Les équipes d'inspection allemandes ne pensaient pas que

---

12. Karl-Volker Neugebauer, « *Die deutsche Militärkontrolle im
unbesetzen Frankreich und in Französisch-Nordwestafrika 1940-
1942. Zum Problem der Sicherung der Südwestflanke von Hitlers
Kontinentalimperium* », in *Militärgeschichtliche Studien*, n° 27,
publié par le Militärgeschichtlichen Forchungsamt, Boppard am
Rhein, Harald Boldt Verlag, 1980, p. 145. Christine Levisse-Touzé,
L'Afrique du Nord dans la guerre, 1939-1945, Paris, Albin Michel,
1998, est la première à avoir effectué l'examen des archives militaires
françaises pour toute cette période.
13. Cf. Robert O. Paxton, *Parades…, op. cit.*, p. 326-330, qui se
fonde sur des sources allemandes pour étudier les préparatifs militaires français en Afrique du Nord et en Afrique-Occidentale.

l'armée de Vichy serait capable de tenir longtemps contre une force d'invasion bien équipée, mais elles sous-estimèrent probablement la détermination de Vichy à refuser l'accès de l'Afrique du Nord aux Alliés.

Nous n'entrerons pas ici dans le détail des interminables discussions entre les Anglo-Américains pour savoir s'il valait mieux débarquer sur les côtes françaises en prenant le temps de faire les préparatifs suffisants – comme le préconisait Roosevelt – ou bien, selon Churchill, s'il était préférable d'agir plus rapidement et de débarquer en Afrique du Nord. La décision fut prise en juillet 1942 : on débarquerait le plus rapidement possible et en Afrique du Nord plutôt qu'en 1943 sur les côtes de l'Europe occidentale[14]. Les appels pressants de Staline en faveur d'un second front, la puissance des défenses allemandes sur le continent et l'impérieuse volonté de Churchill qui entendait préserver le libre accès du bassin méditerranéen emportèrent la décision. Il convient de souligner ici combien l'entreprise parut intimidante une fois la décision prise. Il y avait peu de précédents dans l'histoire moderne consistant à rassembler une vaste force dotée d'un armement adéquat, d'une couverture aérienne et de l'approvisionnement correspondant et à propulser le tout sur des plages hostiles, à des centaines et même à des milliers de kilomètres de tout territoire ami[15]. Il est vrai

---

14. Il n'allait pas de soi que les États-Unis donnent la priorité à l'Europe plutôt qu'au Pacifique, d'autant que c'était l'attaque de leurs possessions et de leurs bases navales dans le Pacifique qui avait déterminé l'entrée en guerre des Américains. À ce sujet, et concernant les décisions stratégiques qui en découlèrent, voir J. R. M.Butler, éd., *Grand Strategy*, vol. II, *Septembre 1939-juin 1941*, Londres, HMSO, 1951, nouvelle édition 1974, qui fait le plus autorité parmi les études britanniques. L'équivalent américain est Forrest C. Pogue, *United States Army in World War II. The European Theater of Operations, The Supreme Command*, Washington DC, Office of the Chief of Military History Department of the Army, 1954.

15. Le cas de Gallipoli dans les Dardanelles pendant la Première Guerre mondiale, un des principaux exemples récents de ce type d'entreprise, n'était guère encourageant.

que les Américains avaient réussi à débarquer sur les plages
pourtant bien défendues des îles Salomon en août 1942, mais
cette opération – qui fut sanglante – n'avait pas encore eu
lieu lorsque la décision fut prise de lancer l'opération Torch.
Décision d'autant plus hasardeuse de surcroît que les
Allemands continuèrent à avoir le dessus jusqu'en mars
1943 dans la bataille contre les convois de ravitaillement
dans l'Atlantique nord[16].

Les stratèges anglo-américains espéraient trouver tout
naturellement les moyens de réduire et même d'éliminer
l'opposition de l'armée de Vichy. Le doyen des diplomates
américains en Afrique du Nord, Robert D. Murphy, y tra-
vailla avec un petit groupe d'officiers et de civils en Algérie
et au Maroc, impatients de reprendre le combat. Murphy
était particulièrement désireux de gagner à sa cause des
militaires français ayant le poids nécessaire pour imposer
à l'armée française d'Afrique du Nord de ne pas faire feu
contre les Alliés. Il offrit le commandement en chef au général Giraud qui venait de s'évader, sans vraiment préciser sur
quelles troupes Giraud était censé avoir autorité. Les stratèges américains, quant à eux, ne firent jamais dépendre
leurs plans d'une quelconque assistance française en Afrique
du Nord ; ils estimèrent toujours que si cette assistance se
concrétisait, ce serait « en plus ». Ils prirent soin cependant
de permettre au général Mark Clark, chargé des opérations
de débarquement, de rencontrer à Cherchell sur la côte, près
d'Alger, où l'avait débarqué un sous-marin le 20 octobre,
quelques-uns des conspirateurs français travaillant avec
Murphy. Mais ils ne révélèrent la date du débarquement à
leurs co-conspirateurs français qu'une semaine avant le jour
« J »[17], la nécessité de préserver le secret ayant prévalu sur

---

16. Philippe Masson, « La bataille des communications dans
l'Atlantique et le Pacifique, 1939-1945 », *Relations internationales*,
n° 61, printemps 1990, p. 6-7.

17. Arthur Layton Funk, *The Politics of Torch. The Allied Landings
and the Algiers Putsch 1942*, Lawrence, The University Press of Kan-
sas, 1974.

le désir d'obtenir une coopération française optimale. Ces négociations hésitantes et parfois trompeuses des Américains avec des milieux qui leur étaient favorables en Afrique du Nord réduisirent les chances d'accession au pouvoir des conspirateurs pro-Alliés au moment du débarquement. Jean-Baptiste Duroselle écrit que le débarquement eut lieu « sans que rien de sérieux eût été effectivement opéré pour éviter une résistance française[18] ». Étant donné l'esprit fortement maréchaliste des responsables français civils et militaires en Afrique du Nord (dans la marine tout particulièrement), il est loin d'être évident que la conspiration eût pu réussir à s'imposer, même si l'on avait annoncé le débarquement plus longtemps à l'avance.

Les stratèges américains calculèrent que les autorités de Vichy en Afrique du Nord permettraient que le débarquement se fasse en n'y opposant qu'une résistance symbolique, moyennant certaines conditions : que les forces de débarquement soient suffisamment nombreuses pour s'assurer une supériorité immédiate et que de Gaulle et les Britanniques soient écartés de l'opération. Les officiels français en Afrique du Nord favorables aux Américains avaient formulé ces conditions de la façon la plus explicite[19].

Les Américains et les Britanniques croyaient donc que de Gaulle n'avait pas d'influence sur l'armée française en

---

18. Jean-Baptiste Duroselle, *L'Abîme, 1939-1945,* Paris, Imprimerie nationale, 1982, p. 380.
19. William L. Langer, *Our Vichy Gamble,* New York, Alfred Knopf, 1947, p. 327. L'ordre donné par le général Mast durant la nuit du 8 au 9 novembre interdisant toute résistance aux forces de débarquement traduit ce qu'il croyait que les officiers français, potentiellement en faveur du débarquement allié, voulaient s'entendre dire. Il déclara que les forces alliées arrivaient pour contrecarrer un assaut germano-italien en Afrique du Nord et en zone non occupée ; que cette force était « considérable » et qu'elle était « entièrement américaine ». Ni les Anglais ni les gaullistes ne mettraient les pieds en Afrique du Nord, promit-il. Cf. capitaine de vaisseau Caroff, *Les Débarquements alliés en Afrique du Nord (novembre 1942),* Service historique de la marine, 1960, p. 17.

Afrique du Nord, de telle sorte que, même s'il avait reçu le soutien de Washington et de Londres (ce qui n'était pas le cas), lui donner un rôle dans le débarquement revenait à l'amener à se battre contre une armée française hostile. Quant à Churchill, ses relations avec de Gaulle durant l'été et l'automne de 1942 étaient au plus bas à cause de la Syrie et de Madagascar. C'est pourquoi les Britanniques entérinèrent la décision américaine d'exclure la France combattante de l'opération en Afrique du Nord.

Les éléments du drame étaient donc réunis : Vichy allait opposer une résistance active au débarquement malgré les tentatives avortées des milieux français pro-Alliés pour l'en empêcher, transformant en une durable amertume ce qui eût pu être un tournant de l'histoire plus net et moins ambigu.

Le débarquement et ses conséquences

Dans la nuit du 7 au 8 novembre 1942, les forces anglo-américaines débarquèrent à la fois au Maroc et sur deux sites en Algérie : à Oran et dans le port d'Alger. La surprise fut totale. Les services de renseignements allemands et italiens avaient bien détecté l'entrée en Méditerranée des forces alliées, mais ils avaient pensé qu'elles étaient destinées soit à réapprovisionner Malte soit à débarquer en Cyrénaïque à la suite du retrait de Rommel. Néanmoins, les forces françaises en Afrique du Nord furent mises en alerte. La flotte qui faisait route vers le Maroc ne fut pas repérée du tout[20].

Les « conspirateurs » ne purent s'emparer que partiellement du contrôle des leviers de commande en Algérie et au Maroc et furent ensuite rapidement maîtrisés. La réaction de Vichy fut rigoureusement conforme à ce que ses responsables avaient toujours proclamé qu'elle serait. Pétain

---

20. Cf. Caroff, *op. cit.*, où sont publiés les premiers rapports des renseignements et les télégrammes concernant les mesures prises par les autorités françaises en Afrique du Nord pour se préparer à l'éventualité.

déclara : « La France et son honneur sont en jeu. Nous sommes attaqués. Nous nous défendrons. C'est l'ordre que je donne[21]. » L'invasion alliée menaçait l'existence même de Vichy. Le prix à payer si l'on ne se battait pas contre les forces de débarquement alliées, c'était l'envahissement par les Allemands de la zone non occupée en France et du reste de l'Afrique du Nord.

C'est pourquoi l'armée française en Afrique du Nord opposa une authentique résistance aux assaillants, provoquant ainsi de nombreuses pertes de part et d'autre[22]. L'ardeur des défenseurs fut très variable selon les théâtres d'opérations. Sur les plages de débarquement autour d'Alger, les instructions données par le général Mast permirent d'éviter le déploiement d'une résistance effective au débarquement. Cependant, la marine française obligea deux contre-torpilleurs britanniques qui avaient pénétré dans le port d'Alger à se retirer et captura les soldats américains qui venaient d'en débarquer. Dans le port d'Oran, la réaction de la marine française fut aussi vigoureuse. Mais c'est au Maroc que les combats furent les plus durs et durèrent le plus longtemps. L'aviation de Vichy soutint officiellement avoir abattu 28 appareils alliés bien qu'il semble qu'elle eût elle-même subi des pertes considérablement plus lourdes[23].

---

21. Louis Noguères, *Le Véritable Procès du maréchal Pétain, op. cit.*, p. 415-416.

22. George F. Howe, *United States Army in World War II. Northwest Africa : Seizing the Initiative in the West*, Washington DC, Office of the Chief of Military History, Department of the Army, 1957, p. 173, indique le nombre officiel des pertes américaines : 449 morts, 720 blessés, 85 prisonniers ou disparus en quatre jours de combat. Ce chiffre est très inférieur à celui de 18 000 qu'avaient prévu les stratèges. Cf. Captain Harry C. Butcher, *My Three Years with Eisenhower*, New York, Simon and Schuster, 1946, p. 201. Cf. aussi Caroff, *Les Débarquements alliés…, op. cit.*, qui indique les pertes du côté français : 999 morts et 1 654 blessés au Maroc (p. 233) ; 22 morts et 8 blessés à Alger (p. 33) ; 347 morts et 353 blessés à Oran (p. 69).

23. Christian J. Ehrengardt et Christopher F. Shores, *L'Aviation de Vichy au combat. Les campagnes oubliées. 3 juillet 1940-27 novembre 1942*, Paris, Charles Lavauzelle, 1985, p. 161-162.

L'absence de direction véritable à la tête du système politique de Vichy durant ces journées cruciales est très frappante. L'intensité de la pression psychologique et nerveuse eut vite raison des quatre-vingt-six ans de Pétain[24]. Le 9 novembre au matin, à 9 h 30, Laval partit pour Munich en voiture, et durant les deux jours qui suivirent téléphona sans cesse à Vichy en priant instamment que rien ne soit entrepris qui risquât de compromettre ses négociations avec Hitler. Darlan, le commandant en chef des forces armées, était à Alger où son fils venait de contracter la poliomyélite[25]. En l'absence d'une direction résolue, la prise de décision revint aux détenteurs du pouvoir local dont les perspectives divergeaient.

Pour Vichy, la priorité des priorités avait été d'empêcher aussi bien les forces de l'Axe que les forces alliées de mettre les pieds sur ce qui restait de territoire non occupé. La semaine qui suivit le 8 novembre révéla cependant aux yeux du monde que Vichy ne faisait pas le poids pour infléchir les événements. Une fois que les Alliés eurent établi une tête de pont, il devint difficile pour Vichy de faire obstacle au

---

Pendant le débarquement, le général Jannekeyn, secrétaire d'État à l'Aviation, soumit une liste des unités qu'il voulut envoyer en Afrique du Nord pour renforcer la résistance aux forces anglo-américaines : un groupement de chasse et trois groupements de bombardement. Les Allemands et les Italiens refusèrent. Charles Christienne et Pierre Lissarague, *A History of French Aviation*, Washington DC, Smithsonian Institution Press, 1986, p. 378.

24. Une note du médecin personnel de Pétain, le Dr Ménétrel, en date du 17 novembre 1942, indique que la santé du Maréchal lui interdit « provisoirement » de prendre quelque mesure d'urgence que ce soit, même s'il est permis de le tenir au courant. Le « surmenage intellectuel » auquel il a été soumis entre le 8 et le 15 novembre impose la nécessité de quelques jours de repos. Les pouvoirs du chef de l'État furent délégués à Laval le 16 novembre. Archives nationales, papiers des chefs de l'État : État français (1940-1944), Archives du cabinet militaire, 2 AG 617 (MP 2 A).

25. Il est généralement admis qu'il ne savait rien du débarquement qui se préparait. Cf. Hervé Coutau-Bégarie et Claude Huan, *Darlan, op. cit.*, p. 575-576.

déploiement de contre-attaques allemandes et italiennes à partir du territoire français. Le 8 novembre au petit matin, les Allemands demandèrent l'autorisation pour l'aviation de l'Axe de survoler les territoires français afin d'effectuer des opérations contre les forces de débarquement alliées. Laval accepta à condition qu'ils se contentent de s'envoler des bases aériennes de Sardaigne et de Sicile. Cependant, celles-ci étaient trop éloignées pour permettre aux appareils allemands d'atteindre avec efficacité les forces alliées. Aussi, peu après minuit, le 9 novembre, Laval – à qui les Allemands ne donnèrent que 75 minutes de réflexion pour répondre à leur nouvelle sommation – accepta-t-il de leur accorder le droit d'atterrissage en Tunisie et dans le Constantinois. Le premier appareil allemand se posa sur le terrain d'El Aouina aux environs de midi[26].

Demande plus embarrassante encore, les Allemands et les Italiens souhaitaient pouvoir déployer des unités terrestres en Tunisie. Au cours de son entretien avec Hitler à Munich, le 10 novembre, Laval avait accepté que la base navale de Bizerte fût utilisée à cet effet. Suivant de près quelques unités d'avant-garde arrivées le 11 novembre, 2 000 hommes et 30 chars furent débarqués à Bizerte le 13 novembre[27]. Laval ne put même pas empêcher que des troupes italiennes participent à cette opération. Ainsi avant même que Hitler n'envahisse la zone non occupée, Vichy avait perdu le contrôle de la situation en Afrique du Nord, laissant les Alliés et les forces de l'Axe s'y affronter directement, la France n'ayant plus la force nécessaire pour défendre la neutralité de cette région.

Entre le 8 et le 11 novembre, Vichy ne pensa plus qu'à une chose : éviter à tout prix l'occupation du reste de la France. Laval partit pour Munich pensant, contre tout espoir, obtenir de Hitler la garantie qu'il préserverait l'intégrité des territoires de la France métropolitaine et de son Empire ainsi que

---

26. Caroff, *Les Débarquements alliés…, op. cit.*, p. 258.
27. *Ibid.*, p. 268-269.

les « conditions morales indispensables à la collaboration » en échange de la promesse faite par Vichy de défendre vigoureusement sa neutralité[28]. Arrivant à Munich après une nuit exténuante en automobile dans la neige et le brouillard, Laval fut profondément humilié en se rendant compte que Hitler n'attachait d'intérêt à sa présence que dans la mesure où elle lui permettait de proclamer que les Français avaient accepté les deux déploiements militaires qu'il envisageait : en Tunisie et en zone non occupée. Hitler ne le reçut que tard dans l'après-midi du 10 novembre. Pendant ce temps-là, les forces françaises à Alger avaient déjà accepté de signer un armistice avec les Américains, et Vichy faisait la démonstration patente de son incapacité à défendre sa neutralité. Hitler avait déjà mis en route l'invasion du reste de la France, opération désignée sous le nom de code Attila (ultérieurement Anton)[29].

Ceux qui, en France, étaient carrément partisans d'une entrée en guerre aux côtés de Hitler pensaient que le Führer avait offert le 8 novembre 1942 de « faire équipe avec la France […] pour le meilleur et pour le pire ». Transmettant une simple demande d'information émanant de Hitler, et concernant l'état de l'opinion en France, Abetz aurait ajouté lui-même ces derniers mots[30]. On sait pourtant que Hitler n'avait jamais sérieusement envisagé de demander à la France de participer activement à la guerre et que, par ailleurs, Laval était d'accord avec Pétain pour ne pas décla-

---

28. Eberhard Jäckel, *La France dans l'Europe de Hitler, op. cit.*, p. 354.

29. *Ibid.*, p. 348-356. Il convient de noter que Laval n'avait pas été « convoqué », mais qu'il avait choisi d'aller à Munich : une des rares erreurs factuelles relevées dans cet ouvrage magistral. Cf. également Jean-Baptiste Duroselle, *L'Abîme…, op. cit.*, p. 383-388.

30. Jean-Baptiste Duroselle, *op. cit.*, p. 386 ; Eberhard Jäckel, *op. cit.*, p. 346. À Vichy, les 15-16 novembre, la majorité des membres du cabinet étaient en faveur d'une association plus étroite avec l'Allemagne, à condition que Hitler se porte garant de la souveraineté française en métropole et dans les colonies. Archives nationales, papiers des chefs de l'État : État français (1940-1944), Archives du secrétariat général du chef de l'État, 2 AG 26 (SG 6B).

rer la guerre aux États-Unis. La réponse diplomatique de Vichy se borna à déclarer que les relations avec les États-Unis étaient rompues *de facto* et que les diplomates américains seraient internés jusqu'à la fin des hostilités.

En Afrique du Nord, les priorités respectives des commandements des forces françaises et des forces américaines différaient profondément. Pour le commandement américain, la priorité absolue consistait à progresser à l'est le plus rapidement possible afin de pénétrer en Tunisie avant que les Allemands et les Italiens n'y établissent une tête de pont. Le 13 novembre, leur espoir s'écroulait. Quant aux représentants de Vichy en Afrique du Nord, leurs objectifs prioritaires étaient de « conserver la souveraineté du gouvernement français légal par une négociation avec les Américains, à l'exclusion des Anglais et des dissidents », et de maintenir « l'armature militaire, politique et administrative actuelle en ne donnant pas au général Giraud le commandement en chef qui lui avait été formellement promis par le gouvernement américain[31] ». « *In Vichy wie in Algier hatte die Erhaltung der französischen Souveränität Vorrang vor der moralischen Gewichtung einer Option für die eine oder andere Seite.* » (« À Vichy comme à Alger, le souci du maintien de la souveraineté française passait avant l'option, d'ordre moral, pour l'un ou l'autre camp[32]. ») Le second objectif prioritaire des représentants de Vichy en Afrique du Nord consistait dans toute la mesure du possible à se tenir à l'écart du conflit opposant les forces de l'Axe aux Alliés. Jusqu'au 11 novembre, cette neutralité avait été censée préserver la zone non occupée en France. En même temps qu'il annonçait le cessez-le-feu à Alger, le 10 novembre, Darlan donnait l'ordre d'adopter une « attitude de neutralité entière vis-à-vis de tous les belligérants[33] ». Lorsque le général Juin, com-

---

31. Darlan à Pétain, 9 novembre 1942 *in* Caroff, *op. cit.*, p. 81 ; Noguès à Pétain, 13 novembre 1942, *ibid.*, p. 86.
32. Elmar Krautkrämer, *Frankreichs Kriegswende 1942*, Berne, Peter Lang, 1989, p. 198.
33. Caroff, *Les Débarquements alliés…, op. cit.*, p. 83.

mandant en chef des forces françaises en Algérie et en
Tunisie, voulut donner l'ordre à ses troupes de résister à l'entrée des Allemands en Tunisie le 11 novembre, il fut démenti
et son ordre annulé[34]. Même après le 11 novembre, Vichy
espérait encore pouvoir éviter la guerre civile et la division de
l'Empire, en restant en dehors du conflit. Dans son rapport à
Pétain, peu après minuit le 13 novembre, Noguès annonçait
fièrement qu'il avait réussi à évincer Giraud de la cellule de
décision, car ce dernier « se faisait fort d'aller chasser
l'Allemand de Tunisie[35] ». Plus tard au cours de cette même
matinée, le ministre de la Marine, l'amiral Auphan, résuma
dans une note soumise au maréchal Pétain le point de vue qui
prévalait à Vichy et chez ses représentants en Afrique du
Nord : « Pour sauver l'Afrique, de l'avis de tous les grands
Français qui sont en place, nous ne pouvons avoir qu'une attitude : la passivité à l'égard des deux belligérants[36]. »

Pour pouvoir saisir l'évolution du comportement des représentants de Vichy en Afrique du Nord dans toute sa complexité, durant les dix jours qui suivirent le 8 novembre 1942,
il est essentiel de comprendre qu'il y eut trois phases distinctes
et non deux. D'abord, ils s'opposèrent au débarquement des
Alliés : durant vingt-quatre heures à Oran et presque quatre
jours au Maroc. Après quoi, ils se retranchèrent dans la position de neutralité que nous venons de décrire. Pour la première
fois, le 14 novembre, Darlan lança un ordre faisant référence à des « opérations combinées » avec les Américains
et cela après seulement que ces derniers eurent menacé
d'investir Giraud de l'autorité suprême[37]. Il faut attendre le
18 novembre pour voir le général Barré, commandant les
forces terrestres en Tunisie, donner l'ordre à ses troupes de
faire feu contre les forces allemandes en train d'avancer[38].

---

34. *Ibid*, p. 86.
35. *Ibid*., p. 87.
36. Archives nationales, papiers des chefs de l'État : État français
(1940-1944), papiers de la « malle Pétain », 2 AG 617 (MP 3).
37. Caroff, *op. cit*., p. 89 et 99.
38. On peut suivre l'évolution déchirante à laquelle le général

C'est dans ce contexte que l'on peut enfin comprendre correctement le télégramme secret qu'après la guerre l'amiral Auphan affirma avoir envoyé à Darlan l'informant de l'« accord intime » du maréchal Pétain. Le texte de ce télégramme a été publié depuis lors : il montre que l'accord du Maréchal concernait les efforts déployés par Noguès le 12 novembre pour maintenir l'administration vichyste en place et pour empêcher Giraud d'essayer de « chasser les Allemands de Tunisie[39] ».

Lorsqu'elle parvint en Afrique du Nord, la nouvelle de l'invasion par les troupes allemandes de la zone jusqu'alors non occupée du Sud de la France fut décisive dans l'initiation de cette troisième phase qui conduisit Darlan, le 14 novembre, à sortir de la neutralité pour s'associer aux Alliés dans la guerre contre les Allemands. Au Maroc, le jour même de l'opération Anton, le 11 novembre, les membres des équipes d'inspection de la Commission allemande d'armistice furent arrêtés[40]. Après que les Allemands eurent violé le dernier bastion inoccupé en pénétrant dans Toulon et que la flotte française en Méditerranée se fut sabordée le 27 novembre, il ne restait plus en vérité quoi que ce fût à sauver de la politique d'armistice.

Le maréchal Pétain lança une vigoureuse protestation publique dénonçant la violation de l'armistice par les Allemands, mais rien n'indique qu'aucun responsable à Vichy ait eu la moindre intention de sortir de la neutralité. Après la guerre, certains ont raconté – non sans pittoresque – que le vieux maréchal avait refusé la proposition qui lui avait été faite par son entourage de rejoindre Alger par avion

---

Barré fut soumis dans la période du 11 au 18 novembre, entre la position de « défense contre tous » jusqu'à celle où il fit tirer sur les Allemands, dans Paxton, *Parades…, op. cit.*, p. 368-371.

39. Ce télégramme dont le texte a été publié par Hervé Coutau-Bégarie et Claude Huan, *Darlan, op. cit.*, p. 618-619 et par Caroff, *op. cit.*, p. 86-87, répond au rapport de Noguès des premières heures du 13 novembre cité plus haut.

40. Karl Volker Neugebauer, « *Die deutsche Militärkontrolle…* », *op. cit.*, p. 147.

sous prétexte qu'il redoutait ce mode de transport. En réalité, son refus obstiné d'un retour à la guerre en novembre 1942 est parfaitement conforme à la position qui a toujours été la sienne depuis juin 1940.

Il serait incorrect de considérer que l'installation des Américains en Afrique du Nord consécutive au débarquement signifiait de leur part la volonté d'établir, par la force, une hégémonie politique dans cette région[41]. Les Américains ont, au contraire, manqué à leur objectif essentiel après le débarquement, consistant à faire obstacle à l'implantation des Allemands en Tunisie. Les représentants de Vichy en Afrique du Nord furent plus heureux puisqu'ils parvinrent à remplir les deux objectifs majeurs qu'ils s'étaient fixés. Les Américains n'imposèrent point un gouvernement composé des amis de Robert Murphy. Ils acceptèrent, au contraire, que la direction politique existante (modifiée par la présence fortuite de Darlan) et que les structures administratives en place poursuivent leurs fonctions, car ils voulaient obtenir trois choses. Que puisse s'exercer une autorité française ayant le poids nécessaire pour stopper la résistance opposée par les forces armées de Vichy au débarquement allié ; que ladite armée française leur prête main-forte contre la tête de pont des forces de l'Axe qui gagnaient du terrain en Tunisie ; et enfin que la sécurité de leurs arrières soit assurée tandis qu'ils avanceraient vers l'est. Aujourd'hui, le fait d'avoir accepté Darlan comme interlocuteur nous apparaît comme une politique à courte vue de la part des Américains, surtout si l'on songe à la profonde colère que cela suscita chez les Français libres, dans la Résistance, et même au sein des opinions publiques anglaise et américaine. Il s'agissait, en l'occurrence, pour les militaires américains, essentiellement préoccupés par la bataille et qu'irritait profondément cette

---

41. Les documents ne contiennent aucune indication selon laquelle Robert Murphy aurait eu l'intention, dès l'origine, d'instaurer un « Vichy américain » en Afrique du Nord, contrairement à ce que, parmi d'autres, prétend Fred Kupferman dans *Laval*, Paris, Balland, 1987, p. 374.

inextricable situation politique totalement incompréhensible
à leurs yeux, de s'adapter aux circonstances politiques auxquelles ils étaient confrontés. Prendre Darlan pour interlocuteur, manquer à leur parole envers Giraud (ils n'avaient
rien promis à de Gaulle), n'était pas le résultat d'une pré-
méditation politique qu'ils auraient de surcroît cherché à
imposer par la force. Cela traduisait une faiblesse, tout au
contraire, les Américains préférant maintenir une autorité
politique déjà en place et enracinée plutôt que d'imposer leurs propres créatures. Au cours d'un entretien qu'il
eut le 23 novembre avec les représentants de De Gaulle à
Washington, Adrien Tixier et André Philip, Roosevelt leur
expliqua crûment qu'il travaillait avec Darlan pour qu'on lui
donne Alger et qu'il en ferait autant avec Laval s'il pouvait
décrocher Paris d'une manière aussi peu coûteuse[42].

Les conséquences des événements de novembre 1942 sur l'opinion publique en France et dans le monde

Les événements de novembre 1942 ne laissèrent personne
indifférent. Ils marquaient un basculement fondamental dans
la position stratégique respective des deux camps en présence. L'étude la plus approfondie qui ait été faite sur l'opinion publique française sous Vichy confirme bien l'idée
généralement admise selon laquelle l'année 1942 était un
« axe bissecteur », l'époque « du basculement, des ruptures
décisives[43] ».

Après novembre 1942, ce ne fut plus seulement la situation stratégique qui changea mais la vision globale du
monde en guerre. Les conceptions de Vichy en matière de
stratégie devenaient plus difficiles à soutenir, et avec elles

---

42. Jean Lacouture, *Charles de Gaulle*, vol. I, *Le Rebelle, 1890-1944*, Paris, Le Seuil, 1984, p. 545.

43. Pierre Laborie, *L'Opinion française sous Vichy*, Paris, Le Seuil, 1990, p. 262.

l'idée que la guerre puisse se concevoir en termes de « troisième voie » neutre. Dès lors, c'était plutôt l'image de deux camps adverses qui s'imposait à l'esprit.

Il ne fait aucun doute que la grande majorité des Français, tant en Afrique du Nord qu'en métropole, exultaient à ce qu'ils tenaient – prématurément – pour une promesse de prompte libération[44]. Le maire PPF de Bourg-Argental dans la Loire, écrivant à son préfet pour lui offrir sa démission, s'exprime en ces termes : « Depuis trois jours, la liesse et l'euphorie sont générales à Bourg-Argental ; les jeunes gens se congratulent de l'heureuse tournure prise par les événements, les légionnaires plus bruyamment que les autres. Vous ne trouveriez pas ici dix personnes pour s'en attrister. Depuis longtemps déjà, je me suis découragé de négliger mes propres affaires et de consacrer mon temps et mes efforts à l'administration de ces ilotes saouls ; mais maintenant la mesure est pleine[45]. »

Tandis que s'effritait la légitimité de Vichy, des personnages plus importants que le maire de Bourg-Argental démissionnaient de leurs fonctions. Trois ministres quittèrent le gouvernement : Auphan, Gibrat et Barnaud, sans pour autant rejoindre l'autre bord. L'audience diplomatique internationale de Vichy déclina rapidement, passant d'une quarantaine de pays au début, dont les États-Unis, l'Union

---

44. Darlan écrit dans un télégramme à Pétain le 9 novembre : « Les Américains [sont] bien accueillis par l'ensemble de la population algérienne » à l'exception de quelques « éléments troubles [du] PPF », cité par Caroff, *op. cit.*, p. 92. En France, la *Synthèse mensuelle des contrôles télégraphiques, téléphoniques et postaux*, n° 43, du 10 novembre au 10 décembre 1942, rapporte : « Un certain nombre flétrissent sans aucun ménagement l'agression anglo-américaine contre l'AFN ; beaucoup, plus nombreux, s'en réjouissent », Archives nationales, papiers des chefs de L'État français (1940-1944), Archives du cabinet civil, 2 AG 461 (CCXXXVI-G).

45. Monique Luirard, *La Région stéphanoise dans la guerre et dans la paix, 1936-1951*, Saint-Étienne, Centre d'études foréziennes. Centre interdisciplinaire d'études et de recherches sur les structures régionales, 1980, p. 476-477.

soviétique et le Vatican (seuls la Grande-Bretagne et les dominions avaient rompu les relations diplomatiques avec Vichy en 1940), à environ 27 États de l'Axe, à leurs dépendances et aux pays neutres vers la fin de 1943[46]. C'est aussi tout de suite après novembre 1942 que le plus grand nombre de diplomates quittent le service de Vichy. Duroselle parle d'un « véritable écroulement de l'appareil diplomatique vichyste[47] ».

La dissolution de l'armée d'armistice permit à de nombreux officiers de suivre leurs inclinations patriotiques et leurs chefs au sein de l'Organisation de résistance de l'armée (ORA), d'inspiration giraudiste, et à d'autres, tel le général Delestraint, de mettre sur pied l'Armée secrète (AS) gaulliste. L'armée d'Afrique, en dépit de son maréchalisme, fut littéralement projetée dans la guerre aux côtés des Alliés, en bon ordre hiérarchique, derrière ses chefs et alla se battre brillamment en Italie.

Pour beaucoup de Français, cependant, les événements de novembre 1942 marquèrent moins un tournant qu'une confirmation venant justifier des prises de positions antérieures. Pour la majorité de ceux qui désiraient ardemment la victoire des Alliés, même si la libération devenait maintenant un espoir permis, celle-ci restait encore lointaine et promettait de coûter très cher. Ainsi que le rappelle Michel Debré dans ses *Mémoires* : « La Résistance, même après le débarquement de 1942, demeura une minorité[48]. »

Pour de Gaulle et les Français libres, novembre 1942 fut perçu tout d'abord comme un « échec ». Le « désaveu officiel et cinglant » de De Gaulle par les Alliés conduisit plus d'un à se demander si là n'allait pas s'arrêter son entreprise[49]. De Gaulle devait désormais compter avec un rival : Darlan, l'homme de Vichy, le pragmatique, suivi par Giraud,

---

46. Jean-Baptiste Duroselle, *L'Abîme…, op. cit.*, p. 447-449.
47. *Ibid.*, p. 449-452.
48. Michel Debré, *Trois Républiques…, op. cit.*, p. 264.
49. Daniel Cordier, *Jean Moulin*, t. I, *Une ambition pour la République. Juin 1899-juin 1936*, Paris, Éditions J.-C. Lattès, 1989, p. 95.

le maréchaliste germanophobe. Mais « la stupeur, puis la colère » soulevées dans la Résistance par le soutien des Américains à Darlan et au régime néovichyste en Afrique du Nord incitèrent un grand nombre de ceux qui avaient été jusque-là plutôt réservés vis-à-vis de De Gaulle à se rallier à la France combattante. Le plus important de ces ralliements fut celui du parti communiste, ce qui n'empêcha point de nombreux conservateurs d'en faire autant, au même moment[50]. Bien plus, le renversement de la situation stratégique corroborait le pari initial fait par de Gaulle à savoir que les Alliés remporteraient la victoire et qu'à la longue son mouvement – maintenant bien enraciné au sein de l'opinion publique française – deviendrait le seul interlocuteur possible pour représenter la France[51].

Cependant, il existait encore de nombreux motifs de manquer le tournant. Pour les collaborateurs idéologiques, le temps était venu d'un engagement plus catégorique : les demi-mesures et la frilosité n'étaient plus de mise. Marcel Déat écrivit qu'il pouvait mieux comprendre de Gaulle que Vichy. Vichy avait essayé de maintenir sa position de neutralité entre les deux camps. Ainsi, depuis novembre 1942, « les seules chances de la France s'appellent […] une coopération économique intensifiée à la défense de l'Europe […] pour sauver tout ce qui peut être sauvé[52] ». Pour Jacques Benoist-Méchin, novembre 1942 était un « désastre » que la France aurait pu éviter en prenant parti de façon décisive dès juin 1940. Mais il était maintenant trop tard, « car les instruments nécessaires à la réalisation de cette politique – l'armée, la flotte et l'Empire – étaient brisés[53] ». Le ton désespéré de

---

50. Henri Noguères en collaboration avec Marcel Degliame-Fouché, *Histoire de la Résistance en France de 1940 à 1945*, t. III, *Et du Nord au Midi… Novembre 1942-septembre 1943*, Paris, Robert Laffont, 1972, p. 22, 54-55 et 61.

51. C'est l'opinion de Jean Lacouture, cf. *Charles de Gaulle, op. cit.*, t. I, *Le Rebelle*.

52. Marcel Déat, *Mémoires politiques*, Paris, Denoël, 1989, p. 703-705.

53. Jacques Benoist-Méchin, *De la défaite au désastre*, t. I, *Les*

cette conclusion ne l'empêcha point cependant de lancer le
16 novembre un appel à titre privé (il avait quitté le gouvernement quelque deux mois plus tôt), en faveur d'un engagement résolu aux côtés des forces de l'Axe dans la guerre
contre les Anglo-Saxons[54]. Benoist-Méchin reconnut que
seule une « poignée de Français de [sa] génération » avait partagé son point de vue[55].

Pour ceux qui envisageaient la collaboration de façon plus
pragmatique, la neutralité continuait à offrir de l'intérêt dans
la mesure où elle préservait l'ordre et la stabilité sociale. Chez
certains, les craintes et les incertitudes suscitées à la perspective d'une invasion du sud de la France par les Alliés justifiaient, en la renforçant, leur décision de se cramponner à la
loi et à l'ordre apparents représentés par Vichy. La France
allait replonger dans la guerre et se transformer en champ de
bataille. Pierre Laborie a insisté avec raison sur la peur très largement partagée en 1943 et 1944 de voir alors, si c'était le cas,
se développer la guerre civile. Dans cette impasse, Vichy
pouvait encore offrir la possibilité d'une paix de compromis,
ou servir de « pont » entre l'Amérique et l'Europe[56].

Il restait une autre catégorie de gens dont la vie était vouée
au service de l'État. Hitler proclamait le 11 novembre 1942
que les conventions de l'armistice étaient toujours en vigueur
et l'on désignait encore le Sud de la France comme la « zone
non occupée », malgré l'anachronisme. L'administration
française resta en place, et les responsabilités continuèrent à
être assumées, selon l'usage, par le même personnel. Celuici continua à remplir sa tâche normalement dans une période

―――――――
Occasions manquées, juillet 1940-avril 1942, Paris, Albin Michel,
1984, p. 17. Le « désastre » figurant dans le titre fait référence aux
événements de novembre 1942.
    54. Jacques Benoist-Méchin, *op. cit.*, t. II, *L'Espoir trahi. Avril-
novembre 1942*, 1985, p. 241.
    55. Benoist-Méchin, *op. cit.*, t. I, p. 21.
    56. Darlan utilisa ces termes au début de 1941. Cf. Hervé Coutau-
Bégarie et Claude Huan, *Darlan, op. cit.*, p. 345. En 1943, Laval
rêvait encore de jouer les intercesseurs. Cf. Robert O. Paxton, *La
France de Vichy, 1940-1944*, Paris, Le Seuil, 1973, p. 288.

anormale. Après le tournant de novembre 1942, les exigences de l'occupant allemand grandirent tandis que diminuaient les moyens français de leur faire obstacle. S'efforçant toujours d'affirmer sa souveraineté, le régime de Vichy se laissa embarquer dans une participation directe à de sales besognes : le STO, la déportation des Juifs, l'aide économique à l'effort de guerre de l'Axe, la répression active contre la Résistance. De nombreux hauts fonctionnaires furent amenés ainsi à passer par le biais du service de l'État français à celui du régime nazi. On pense ici à Jean Bichelonne.

Il y avait enfin ceux qui comprirent que leurs vaisseaux étaient brûlés, surtout après la tentative de Pierre Pucheu (l'ancien ministre de l'Intérieur), qui avait voulu s'enrôler comme simple soldat en Afrique du Nord, au lieu de quoi il allait être jugé et exécuté en mars 1944 pour des actes commis par lui en tant que membre du gouvernement de Vichy.

Novembre 1942 : le conflit entre les perspectives américaines et françaises

Comparativement aux autres parties en présence, les Français ressentirent le tournant de novembre 1942 de manière profondément différente. Les ouvrages historiques continuent de refléter cette divergence de vues. Le conflit d'intérêts opposant les objectifs de Vichy (préservation de la souveraineté dans le cadre de la neutralité) aux objectifs gaullistes (préservation de la souveraineté au sein du camp des Alliés) et aux objectifs des Alliés (utiliser les ressources de la France contre Hitler), apparaît dans toute la production historique publiée depuis lors. Les ouvrages écrits du point de vue anglo-américain se font l'écho indigné de la frustration ressentie devant la lenteur manifestée par les forces françaises en Afrique du Nord à se ranger aux côtés des Alliés contre les Allemands et les Italiens, et par la perte de la Tunisie jusqu'en mai 1943 au profit des forces de l'Axe, à cause de cette même lenteur. Ils racontent la rage impuissante du général Clark frappant de grands coups de poing sur la table tandis que Darlan et Noguès tergiversent pour retarder le plus possible – tant que la zone libre pourrait être sauvée – le moment de prendre parti de façon active dans le conflit germano-allié[57].

Les ouvrages français, même ceux écrits dans une perspective gaulliste ou d'inspiration résistante, accordent une part centrale à la perte du contrôle de l'Afrique du Nord par la France à l'arrivée des Américains. Sur ce point précis, on note une convergence de tous les auteurs français, quelles que soient leurs opinions politiques fort divergentes par ailleurs, et qui tous mettent l'accent sur la perte de souveraineté de la France et ne consacrent que peu d'attention aux opérations se déroulant contre les forces de l'Axe en Tunisie[58]. Au lecteur anglo-saxon les ouvrages français donnent le sentiment que la guerre contre Hitler était une affaire lointaine et d'importance secondaire. Le lecteur français, quant à lui, constate que, dans les ouvrages américains, la défense de leur souveraineté par les Français est décrite comme une entrave gênante au déroulement de la guerre, et la politique américaine envers l'Afrique du Nord française comme étant « généreuse[59] ».

---

57. General Mark W. Clark, *Calculated Risk,* New York, Harper and Brothers, 1950. Traduction française : *Les Alliés jouent et gagnent*, Paris, Éditions Berger-Levrault, 1952.

58. Cf. Jacques Benoist-Méchin, *op. cit.*, t. I, p. 288-289, qui dit que les Américains avaient pour seul objectif en débarquant, celui de prendre le contrôle économique de l'Afrique du Nord. En dépit de perspectives totalement divergentes, Yves Danan dans *La Vie politique à Alger de 1940 à 1944*, Paris, 1966, place au centre de sa relation la défense de la souveraineté française face aux usurpations alliées et ne consacre qu'un intérêt mineur à l'action militaire contre les forces de l'Axe. Fred Kupferman, dans *Laval*, fait référence (p. 382) à deux « occupations » et à deux « vassaux » dans la France de Vichy et l'Afrique du Nord américaine. Hervé Coutau-Bégarie et Claude Huan disent quant à eux dans *Darlan*, p. 630 : « Les Alliés […] dans une certaine mesure sont aussi des occupants » ; ils ne disent rien du retour des Français dans la guerre, en Tunisie, le 18 novembre 1942.

59. George F. Howe, *United States Army..., op. cit.*, p. 174. L'histoire officielle de l'armée américaine au sujet du débarquement fait

Qu'il s'agisse des documents allemands ou des documents anglo-américains sur cette période, tous semblent ignorer l'anxiété et le ressentiment éprouvés par la plupart des Français de tout bord en voyant la guerre se rapprocher des côtes françaises si mal défendues. Pour les principaux belligérants, il n'existait pas d'autre alternative dans la guerre que de gagner. La position de neutralité de Vichy selon la formule « défense tous azimuts » était totalement inintelligible pour eux, au même titre que l'attachement obsessionnel de De Gaulle à la souveraineté française dont il était convaincu d'être le garant[60].

Après novembre 1942, le cours des choses bascula de manière décisive en défaveur de l'Axe. Mais pour beaucoup de Français, il était difficile de se réjouir pleinement et sans réserve, même pour ceux, nombreux, qui appelaient la victoire des Alliés de tous leurs vœux. Dans l'immédiat, la plupart d'entre eux ne pouvaient s'attendre qu'à une vie bien plus difficile encore. La voie qui menait vers la libération empruntait désormais un cours tragique : libération porteuse de joie mais aussi de douleur, puisqu'il lui faudrait passer par un éventuel débarquement des Alliés sur le sol de la France, entraînant à sa suite effusion de sang et ruines. Le premier débarquement allié sur des territoires français, en Algérie et au Maroc, avait en outre éveillé le pressentiment d'un avenir douloureux : perte de l'Empire et naissance d'une hégémonie américaine usurpatrice. C'est pourquoi, tandis que les événements de novembre 1942

---

référence à l'armistice négocié au Maroc le 10 novembre en parlant d'un « arrangement généreux », à la faveur duquel les deux textes préparés à l'avance, l'un dans l'éventualité où les Français n'opposeraient aucune résistance, l'autre au contraire dans le cas où l'on assisterait à un combat prolongé entre les Américains et les Français, furent tous deux laissés de côté.

60. Les officiers français pro-Alliés qui avaient été en contact avec Robert Murphy en Afrique du Nord furent outrés, eux aussi, par la technique de « l'ultimatum et du débarquement sans accord préalable » utilisée par les Alliés à Madagascar en mai 1942. À ce propos, cf. Robert O. Paxton, *Parades, op. cit.,* p. 325.

constituent en général de bons souvenirs pour les Américains – la mort de jeunes hommes étant justifiée à leurs yeux par la croyance en une victoire prochaine –, dans la mémoire des Français et dans l'historiographie de cette période, il n'en va pas de même : tout y est plus ambigu, et la joie y est tempérée par un sentiment national blessé et de sombres prémonitions.

Traduction par Denis et Marianne Ranson

La guerre franco-française : vers Sigmaringen

Philippe Burrin

Pour les partisans d'une entente avec l'Allemagne nazie, l'année 1943 met à l'ordre du jour le combat et la violence. En novembre précédent, le débarquement anglo-saxon en Afrique du Nord a entraîné l'occupation de la zone libre, la perte de l'Empire et le sabordage de la flotte. En été 1943, le débarquement des Alliés en Sicile et la chute de Mussolini confirment que le vent a décidément tourné : la reconquête du continent s'approche, et avec elle la libération de la France et la défaite de l'Allemagne nazie.

Face à un isolement qui les touche également, Vichy et Paris se rapprochent. Le monde de Vichy, qui avait écrasé celui de Paris du haut de sa légitimité et du prestige de Pétain, est lui aussi réduit à l'état d'occupé et de minorité collaboratrice, sinon collaborationniste. Les lignes de séparation, poreuses dès le départ, perdent encore de leur netteté.

À présent, entre ces deux mondes, s'ajoute la passerelle de la Milice[1]. Depuis que Darnand, exaspéré par les freinages de Laval, s'est tourné vers l'occupant, s'engageant dans la Waffen-SS et appelant les siens à y entrer, son organisation est devenue un authentique mouvement collaborationniste : un pétainisme extrémiste, versant par une exacerbation fana-

---

1. Cf. Jacques Delperrie de Bayac, *Histoire de la Milice*, Paris, Fayard, 1969, et Jean-Pierre Azéma, « La Milice », *Vingtième Siècle*, n° 28, octobre-décembre 1990, p. 83-105.

tique des principes de la Révolution nationale dans une collaboration sans frein. C'est un homme de Vichy, et non pas
de Paris, même pas un Doriot, qui prête serment à Hitler
comme chef germanique, en lui jurant fidélité et obéissance
jusqu'à la mort, et pas seulement dans les limites du combat
contre le bolchevisme, ainsi que s'y engagent les légionnaires de la LVF.

Le même Darnand s'est par ailleurs rapproché de Déat,
passant alliance avec lui et avec quelques autres ultras de
Paris, d'où sortira en septembre 1943 un plan de redressement national, qui était une attaque contre Vichy et un appel
à l'aide adressé à l'Allemagne. Appel partiellement entendu
puisque, à la fin de 1943, sur les instances de l'occupant,
Pétain et Laval font entrer dans le gouvernement Henriot,
Darnand et Déat.

La cohabitation sera tendue, en particulier avec Déat, qui
refuse d'aller siéger au Conseil des ministres. Les hommes
de Paris continuent, au demeurant, à réclamer un gouvernement qui leur ferait une place entière. Ce à quoi s'opposent
Pétain et Laval, qui déclinent comme par devant un engagement inconditionnel aux côtés de l'Allemagne et qui, plus
que jamais, rêvent d'une paix blanche, à tout le moins d'une
transition paisible avec les futures autorités de la France
libérée.

Paris et Vichy vivent désormais le même isolement
dans l'opinion ; un commun ostracisme les rapproche, tout
comme les rapprochent les coups que leur portent des
adversaires qu'ils tiennent pour des ennemis communs.
Aussi bien se retrouvent-ils pour durcir la répression, pour
appeler, Laval et Pétain les premiers, policiers, magistrats et
miliciens, à redoubler de sévérité, comme s'il dépendait
encore d'eux d'endiguer la vague qui s'enfle. Leur lot sera
une même déroute, couronnée par une nouvelle émigration
de Coblence ; mais non sans avoir combattu tout leur soûl
pour le maintien d'un « ordre français », au milieu d'une
société qui les vomit.

L'appel aux armes

Pour les partis de la collaboration, la dernière année de l'Occupation est placée sous le signe de tous les dangers. Les attentats dont leurs militants sont les victimes augmentent à un rythme soutenu. L'heure n'est plus, comme dans les années précédentes, en 1942 surtout, aux lettres de menaces, à l'envoi de cercueils miniatures, aux attentats contre des permanences ; les balles pleuvent à présent sur les militants. En juin 1944, Abetz établira le bilan suivant : 270 morts pour le PPF, 50 pour le RNP, 130 pour le Francisme, 100 pour le groupe Collaboration, et 300 miliciens[2]. Les assassinats touchent aussi, et en plus grand nombre encore, des fonctionnaires de Vichy, des animateurs de la Légion des combattants, des individus accusés de dénonciations ou d'activité en faveur de l'occupant. Jusqu'au 6 juin 1944, un peu plus de 2 000 Français seront assassinés[3].

Du coup, les défections se multiplient, les fidèles redoublent de précautions. Les réunions se tiennent à huis clos, et en petit cercle. Les partis se replient sur leurs cadres et sur une poignée de convaincus, qui se fixent dans un jusqu'au-boutisme meurtrier. Mais le recrutement ne tarit pas complètement : un mince filet de nouveaux adhérents vient ranimer les artères des partis et leur fournir les hommes que les circonstances réclament.

Alors que les adhérents des beaux jours étaient porteurs d'une mémoire politique, celle de l'avant-guerre, du Front populaire et de Munich, les recrues de ces temps sombres sont les enfants de la guerre, de ses troubles et de ses déboussolements. Adhèrent à présent des jeunes hommes (et quelques jeunes filles) dont le comportement est dicté largement par des motivations sociales ; traîne-savates en rupture de ban,

---

2. Bonn, AA-PA, Inland II g/304, Abetz, 14 juin 1944.
3. Marcel Baudot, « L'épuration : bilan chiffré », *Bulletin de l'Institut d'histoire du temps présent*, n° 25, septembre 1986, p. 52.

jeunes hommes réfractaires au STO ou qui veulent y échapper, petits délinquants à qui l'on a mis un marché en main, pauvres d'esprit ou faibles de caractère attirés par la solde, par l'uniforme ou par le prestige d'une arme. Quasiment plus de commerçants, d'artisans, encore moins de professions libérales : ceux qui ont du bien, de la famille, une place dans la société se tiennent cois. Les déchaînements de 1944 sont aussi la conséquence de cette recomposition des troupes collaborationnistes, revivifiées par du sang jeune, ragaillardies par des Lacombe Lucien, faibles d'esprit et forts en poings.

En 1943, tandis que retentissent les premières sonneries de l'hallali, les partis collaborationnistes resserrent leurs liens avec l'occupant et recourent à des méthodes qui creusent le fossé avec la masse de leurs compatriotes. Ils le font à leur échelle, car ils n'ont pas comme la Milice les attributs de la force publique pour couvrir et faciliter l'arbitraire et la violence. Ils n'en contribueront pas moins à nourrir un climat de guerre civile, guerre bien particulière, puisqu'elle met aux prises l'écrasante majorité de la population et quelques dizaines de milliers de gens passés presque totalement au service de l'occupant.

Signe de ce déchaînement auquel cèdent les partisans de la collaboration : les heurts et les incidents se multiplient sur la voie publique, notamment avec la police, accusée de faiblesse dans la répression, sinon de trahison nationale. Dans le même temps se produisent en nombre croissant des prises de bec, voire des affrontements, avec la population. Des groupes de jeunes gens, d'ordinaire PPF ou francistes, quelquefois permissionnaires de la LVF en uniforme, se livrent à des expéditions vengeresses, déboulonnant les plaques de rue, cassant les bustes de mairie, faisant des quêtes forcées chez les commerçants, et parfois frappant les personnes qui refusent de prendre leurs tracts dans la rue. Pris à partie par la population, les voilà qui brandissent des armes de poing et utilisent leur laissez-passer pour réclamer la protection des Allemands.

Ces comportements illustrent l'extrémisme qui s'empare des minorités collaborationnistes. Abandonnant leur vocation de partis cherchant à attirer, convaincre, regrouper, elles se tournent vers des pratiques qui expriment colère et volonté d'en découdre, désir d'imposer une camisole de force à des compatriotes récalcitrants.

Ce virage se voit bien dans les préoccupations de leurs dirigeants et dans les mesures auxquelles les conduit leur volonté de lutte à outrance. Ainsi les activités de renseignement s'amplifient sérieusement, même au PPF qui avait, plus que tout autre parti, développé ce type d'activité ; à l'automne de 1943, Doriot fera procéder à une vaste enquête nationale sur l'« anti-France ». Le RNP n'avait jusque-là manifesté que des dispositions limitées, mais les circonstances le poussèrent à s'y mettre lui aussi et à prendre contact avec les responsables du SD.

La détection de l'adversaire avait son utilité ; elle ne pouvait répondre aux sentiments de vengeance qui habitaient militants et responsables. Chauffés à blanc depuis des mois, ces hommes qui font de la force et de la violence les forceps d'accouchement d'une nouvelle France, qui tiennent la virilité et la guerre pour des valeurs fondatrices, ne pouvaient que verser dans la violence.

Le 16 octobre 1943, l'hebdomadaire de la Milice, *Combats,* publiait en première page cet encart : « Milicien, tu seras peut-être attaqué lâchement demain. Désigne de suite, à tes chefs, des otages. » Le mois suivant, Darnand, qui n'est pas encore au gouvernement, autorisait la contre-terreur, avec l'approbation d'Oberg. Ainsi, à Annecy, six personnes jugées proches de la Résistance sont tuées pour venger des miliciens abattus dans la région. Deux des hommes assassinés par la Milice ont été choisis parce qu'ils étaient juifs, un autre parce qu'il était franc-maçon[4].

Au PPF, deux bandes locales au moins pratiquent le contre-terrorisme, avec la bénédiction de Doriot. À Lyon, le responsable local, Francis André, organise un Mouvement national antiterroriste, composé de quatre hommes placés

---

4. Jacques Delperrie de Bayac, *op. cit.*, p. 216.

sous le contrôle du SD et qui ont à leur actif la mort de sept personnes entre l'automne de 1943 et le printemps de 1944. Sur les corps des victimes, un billet : « Terreur contre terreur. Cet homme paie de sa vie la mort d'un national. » À Nice, le responsable du service d'ordre du PPF, Baina, extrait de la prison municipale le 27 décembre 1943, avec l'accord des Allemands, six détenus et les abat en représailles pour l'assassinat d'un militant du PPF[5].

Le contre-terrorisme est un déchaînement sanguinaire qui a sa source dans un délire idéologique au moins autant que dans une stratégie antiguérilla. À défaut d'atteindre les responsables, on abat des « adversaires idéologiques », selon une logique parfaitement nazie ; au premier rang de ces adversaires, on place les Juifs, à qui la propagande collaborationniste s'en prend d'ailleurs plus violemment que jamais. Il ne suffit plus de vouloir les isoler, les marquer, les exproprier, les concentrer, il faut les utiliser comme otages : pour chaque Français assassiné, réclame *Le Cri du peuple,* il faut fusiller 100 Juifs[6].

Le contre-terrorisme ne pouvait être une politique. Les Allemands étaient prêts à faire droit à certaines demandes de vengeance ; il était hors de question qu'ils laissent se généraliser des pratiques qui, par les réactions qu'elles susciteraient, rendraient encore plus difficile le maintien de l'ordre. À défaut, ils se montrèrent disposés à des concessions dans le domaine de l'armement et de la protection des partis de la collaboration.

Le préalable en était le développement de leurs forces paramilitaires. Dans le sillage du regroupement tenté au sein du Front révolutionnaire national, Déat et Bucard décidèrent de regrouper leurs milices dans une organisation commune, les Milices révolutionnaires nationales ; cela permettrait d'avancer vers le parti unique, la marotte de Déat, de

---

5. Rapports de police du 8 octobre 1945 et du 24 juin 1946, Archives nationales, Z6 580.
6. *Le Cri du peuple*, 24 janvier 1944.

faire bloc en face du PPF, et de se préparer à la montée de la Milice de Darnand en zone nord, qui se produisit au début de 1944. Curieusement, le PPF, activiste comme il l'était, fut le dernier à se doter d'une formation paramilitaire. Les Gardes françaises, créées à la fin du printemps de 1943, défilèrent en août à Paris, peu après une manifestation similaire des Milices révolutionnaires nationales : les partis se transformaient en bandes armées.

Moyennant un regroupement, au minimum une coordination des milices, qui laisserait subsister le pluralisme des partis selon une maxime de division toujours en vigueur, l'ambassade était favorable à un armement limité. Elle intervint en ce sens auprès du commandement militaire et surtout de la SS dont dépendait depuis avril 1942 la surveillance des partis politiques. Le 29 septembre 1943, une réunion, en présence de représentants de tous les services allemands, entérina la nouvelle ligne. La politique de retenue suivie jusque-là, rappela-t-on, avait eu pour but de ne pas discréditer les groupements collaborationnistes aux yeux de la population ; il s'agissait à présent de les protéger contre les agressions. Des autorisations d'armements allaient être accordées, en prenant toutes les précautions requises, et une protection des familles serait mise en place ; on établirait aussi des plans de repli et d'évacuation en cas d'« invasion ». Cette politique, concluait-on, permettrait de remonter le moral des partisans de l'Allemagne et d'éliminer le climat d'incertitude qui les affectait[7].

Il était difficile pour les Allemands, à la longue, de laisser assassiner des gens qui avaient épousé leur cause.

Mais ce souci aurait probablement moins pesé si n'était venu le renforcer un besoin criant de forces supplétives. Comme il apparut bientôt, il n'était pas question d'armer les milices des partis en tant que telles, une exception étant faite pour la Milice française, à qui fut accordée une autre faveur : à l'occasion de son extension en zone nord, les par-

---

7. Archives nationales, AJ 40/551.

tis parisiens durent, sous la pression de la SS, inviter leurs
militants à s'inscrire à la Milice et s'engager à répondre
à un ordre de mobilisation en cas de « troubles » (lisons
débarquement).

Dans le cas des autres partis, les armes qu'on leur donne-
rait seraient portées par des militants qu'ils auraient à mettre
à la disposition de la police allemande. Une fois de plus, ils
faisaient un marché de dupes : réclamant des armes pour se
défendre, il leur faut accepter en contrepartie le placement
des militants ainsi armés au service de la police allemande.

C'est ainsi qu'est décidée en novembre 1943 la création
d'une *Selbstschutz*, ou « force d'autoprotection », composée
de membres des groupements collaborationnistes. Après un
entraînement de deux semaines dans un camp de formation
à Taverny, ces hommes – quelques centaines au total –
étaient distribués auprès des postes de la police allemande ;
ils allaient servir à lutter contre la Résistance, causant des
dommages notables que les policiers allemands, laissés à
eux-mêmes, auraient été bien en peine de réaliser.

Les partis allaient aussi fournir des hommes à une autre
force supplétive, créée au début de 1944 par Sauckel, le
« négrier de l'Europe », chargé d'envoyer des millions de
travailleurs dans les usines du Reich. Pour enrayer le nombre
croissant de réfractaires, Sauckel souhaitait disposer d'instruments de contrainte que la police allemande ne pouvait lui
fournir, faute de moyens. Aussi demanda-t-il et obtint-il
l'autorisation de mettre sur pied une force auxiliaire, soumise à sa direction.

Appelée diversement « Comité pour la paix sociale » ou
« Groupes d'action pour la justice sociale », termes qui peuvent être tenus pour une expression de l'humour nazi, cette
force supplétive, composée en majorité de militants fournis
par les partis, avait pour mission de rechercher les réfractaires au STO et, subsidiairement, de protéger les employés
de l'administration allemande et les familles de Français au
service de l'occupant (travailleurs volontaires en Allemagne,
légionnaires de la LVF, etc.). Sa mise sur pied se fit rapidement, à Marseille d'abord où les Allemands obtinrent le

concours actif de Sabiani, le chef local du PPF[8], puis à Paris. En août 1944, au moment du repli vers l'est, la formation comptait autour de 1 800 hommes[9].

Sans doute, tous les membres des partis de la collaboration ne se transformèrent pas en auxiliaires de l'occupant. Ce dernier trouva des séides principalement parmi les adhérents jeunes et les nouveaux venus. Un certain nombre de collaborationnistes restèrent fidèles à leurs convictions sans se salir les mains ; l'action des autres et l'engagement de leurs chefs ne pouvaient que confirmer l'opinion dans son hostilité et aggraver la rétribution.

Les dernières illusions

Le débarquement allié en Normandie le 6 juin 1944 fut l'ultime épreuve, pour Paris comme pour Vichy. Pétain et Laval montrèrent qu'ils n'avaient aucun doute sur les exigences de l'heure : les fonctionnaires devaient demeurer à leur poste, tous les Français obéir au gouvernement. « Nous ne sommes pas dans la guerre » : la politique de neutralité continuait, une neutralité évidemment favorable à l'occupant, puisqu'elle détourne les Français d'aider les Alliés, pendant que les Allemands s'emploient à les rejeter à la mer.

En même temps, Vichy mobilise ses dernières forces pour maintenir l'ordre, un ordre « français », derrière les lignes allemandes. Pétain et Laval font donner la Milice : Darnand est nommé secrétaire d'État à l'Intérieur, et doté de « tribunaux du maintien de l'ordre », qui s'ajoutent aux cours

---

8. Sur Sabiani, cf. Paul Jankowski, *Communism and Collaboration Simon Sabiani and Politics in Marseille, 1939-1944*, New Haven et Londres, Yale University Press, 1989. Sur les remous dans le PPF à propos de l'aide à donner à Sauckel, cf. le témoignage de Victor Barthélemy, *Du communisme au fascisme. L'histoire d'un engagement politique*, Paris, Albin Michel, 1978, p. 374.

9. Archives nationales, AJ 40/847, 21 août 1944, *« Arbeitseinsatz in Frankreich, Stand : 20. 8. 44 »*.

martiales, et qui, comme elles, rendent des jugements immédiatement exécutoires. Neutralité dans la guerre, mais durcissement dans le maintien de l'ordre, qui ne joue qu'au profit des Allemands : la Milice fera son travail, avec mille horreurs, contre ses compatriotes au nom d'un respect obsessionnel de l'ordre.

Les partis collaborationnistes ne sont pas en reste ; ils se jettent, comme la Milice, dans la défense du navire en perdition. Le PPF et le RNP invitent leurs militants à apporter leur aide « aux forces loyales de l'État français et aux organisations de sécurité des armées européennes pour le maintien de l'ordre intérieur[10] ». Une fois encore, les hommes de Paris dénoncent avec fureur la « faiblesse » de Vichy. Le 5 juillet, une déclaration commune est adoptée par les ministres les plus collaborationnistes (Brinon, Bichelonne, Déat et Bonnard) ainsi que par Doriot et par un certain nombre d'ultras de Paris. Outre les dénonciations qu'on devine, la déclaration demande le retour du gouvernement à Paris, un renforcement des collaborationnistes en son sein, le recours à des « sanctions sévères allant jusqu'à la peine capitale à l'égard de tous ceux dont l'action encourage la guerre civile ou compromet la position européenne de la France ».

Les ultras, qui se sentent déjà mis en joue par les pelotons d'exécution, n'en sont plus aux demi-mesures. Le 14 juin, la plupart de leurs dirigeants (Doriot, Bucard, Guillebaud, Knipping, Brinon, Marion) rencontrent Abetz. Désireux de participer à la lutte contre les « envahisseurs », ils demandent le retour de la LVF et de la Waffen-SS française en France pour les engager en Normandie. Abetz est favorable, mais Oberg et les autorités militaires mettent le holà[11] : les Français sous uniforme allemand seront plus motivés en face des Soviétiques que des Alliés. Il ne reste aux partis qu'à engager leurs derniers militants dans la traque des résistants, la protection des centres policiers, l'évacuation des familles

---

10. Victor Barthélemy, *op. cit.*, p. 400.
11. Bonn, AA-PA, Inland IIg/304, 14 juin 1944, 19 juin 1944.

des zones de combats, la recherche de renseignements à l'arrière des lignes ennemies.

À Vichy, cependant, tout en éperonnant la Milice, on se préoccupe aussi de trouver une porte de sortie. Au début d'août, quand la percée alliée semble acquise, Pétain adresse à Laval une lettre qui détaille les agissements de la Milice et en condamne les « excès »[12]. Le vieux maréchal se lave les mains des agissements d'une organisation qu'il a non seulement couverte de son silence, mais positivement encouragée, et s'accroche au rêve d'une transition pacifique, envoyant même l'un de ses fidèles prendre contact avec de Gaulle, sans vouloir pour autant démordre de sa légitimité. De son côté, Laval esquisse une manœuvre auprès de Herriot pour faire convoquer l'Assemblée nationale et lui faire patronner un gouvernement de transition qui accueillerait les vainqueurs et damerait le pion à de Gaulle.

À partir de la mi-août, l'issue ne fait plus de doute. La retraite s'organise, et tandis que Pétain et Laval, découvrant tout à coup les vertus du refus, sont emmenés sous la contrainte, les collaborationnistes se joignent avec empressement aux convois allemands. Certains d'entre eux ont connu un périple éprouvant depuis le Midi de la France, se frayant un chemin à travers les embuscades de la Résistance. Tous redoutent de laisser leur peau dans l'explosion de la libération. Crainte qui n'était pas infondée : environ 4 000 Français furent victimes d'exécutions sommaires entre le 6 juin et la fin de la libération des départements[13].

Entre le 23 août et le 1er septembre, au milieu de la retraite, les ultras ont une série de rencontres avec Ribbentrop, avant d'être reçus par Hitler : leur ambition de quatre années est enfin réalisée, mais dans quelle situation ! Doriot, Déat, Darnand, Brinon sont présents ; manque Bucard, probablement discrédité par une fusillade de ses gardes du corps

---

12. *Ibid.*, p. 221-226. Cf. aussi Ferro, *Pétain*, Paris, Fayard, 1987, p. 567 *sq.*
13. Marcel Baudot, art. cité, p. 52.

avec la police française qui a fait un mort et plusieurs blessés parmi les policiers. Les Allemands sont désireux, à un
moment où ils tiennent encore une petite partie du territoire
français, de garder une carte en main. Ils souhaitent à présent
obtenir un regroupement des forces, si possible avec la bénédiction de Pétain, et songent à utiliser leurs derniers auxiliaires dans la création d'un maquis en France, qui dresserait
une opposition « nationale » en face de De Gaulle et de ses
alliés communistes.

Leur préférence se porte très nettement sur Doriot, derrière
qui les autres dirigeants français sont invités à se ranger. Le
chef du PPF exige de prendre la tête du gouvernement, en éli-
minant Pétain ; il réclame une garantie d'intégrité pour la
France – moins l'Alsace-Lorraine – et pour son Empire ; il
est bien le seul à manifester une attitude politique, même si
les circonstances la rendent quelque peu surréaliste. Mais les
autres petits chefs ne sont pas disposés à s'incliner et plaident
la nécessité de maintenir le paravent Pétain. Ribbentrop finit
par s'arrêter à une solution de compromis : Brinon prendra
la tête d'une délégation, avec l'approbation de Pétain, et
s'engagera à travailler le Maréchal pour obtenir de lui la
nomination d'un nouveau gouvernement dirigé par Doriot ;
faute de quoi l'on passerait outre.

Talonnés par l'avance des Alliés, les fuyards finissent par
se retrouver, avec leurs protecteurs, en territoire allemand,
dans la compagnie de toute l'Europe collaborationniste,
hordes dépenaillées et rageuses sous la conduite de leurs
Führer, le Belge Degrelle, le Russe Vlassov, le Hongrois
Szalasi, le Norvégien Quisling... À cette internationale
nazie ils apporteront, comme les antiques Gaulois, le lot de
leurs chefs querelleurs et de leurs troupes défiantes.

Cette nouvelle émigration, Abetz la chiffre dans ses
Mémoires à « plus de 10 000 » personnes [14]. Il y eut proba-

---

14. Otto Abetz, *Das Offene Problem. Ein Rückblick auf zwei
Jahrzehnte deutscher Frankreichpolitik*, Cologne, Greven Verlag,
1951, p. 300. Le même chiffre est contenu dans un document allemand de décembre 1944, cité par Arnulf Moser, *Das französische*

blement quelque 5 000 miliciens, accompagnés de quelques milliers de proches ; environ 5 000 personnes liées au PPF, militants avec leurs familles ; quelques centaines de RNP et de francistes : soit probablement entre 10 000 et 15 000 personnes, auxquelles il faut ajouter les collaborationnistes déjà présents en Allemagne – parmi les prisonniers de guerre, les travailleurs volontaires, les combattants sous uniforme allemand –, au total entre 20 000 et 30 000 personnes [15].

Les Allemands n'allaient pas laisser ces hommes sans emploi. Quelques centaines d'entre eux suivront les dirigeants français à Sigmaringen et à Mainau. Sur le reste, une partie sera envoyée en usine, tandis que les hommes valides seront enrôlés dans la nouvelle division Charlemagne, qui groupe les Français combattant sous uniforme allemand (LVF, Waffen-SS, divers services allemands) et qui comprendra en tout 7 000 hommes. Darnand accepta de fournir 1 200 de ses miliciens, en espérant tenir un rôle dirigeant, qui lui fut en définitive refusé. Vingt pour cent peut-être des effectifs de la Charlemagne survivront à la guerre ; les autres seront morts pour l'Allemagne ; comme l'écrivait l'un des chefs de la Milice, Francis Bout de l'An, « la frontière de la France est sur le front de l'Est [16] ».

Aux dirigeants français les Allemands font une situation de gouvernement en exil, auprès duquel ils sont représentés par Abetz, que son rôle décidément ne quitte pas ; la République de Salo et le Japon enverront également une légation. Mais Pétain et Laval se considèrent toujours comme prisonniers, suivis par quelques-uns de leurs ministres (Marion, Bonnard, Bichelonne), tous songeant aux lendemains et s'employant à préparer leur défense.

Befreiungskomitee auf der Insel Mainau und das Ende der deutsch-französischen Collaboration 1944-1945, Sigmaringen, Thorbecke Verlag, 1980, p. 8.

15. Cf. Henry Rousso, *Pétain et la fin de la collaboration. Sigmaringen 1944-1945*, Bruxelles, Complexe, 1984.

16. Jacques Delperrie de Bayac, *op. cit.*, p. 274.

Les autres dirigeants veulent, plus que jamais, croire à un retour de fortune. La contre-offensive des Ardennes suscitera chez eux une violente flambée d'espoir, qu'ils entretiennent du mieux possible par la perspective des fameuses armes secrètes. Pour le reste, le pouvoir est à l'état de miettes, mais tous s'agitent pour les ramasser. Le 6 septembre, conformément aux souhaits des Allemands, est créée une Délégation gouvernementale française pour la défense des intérêts français en Allemagne ; placée sous la direction de Brinon, elle compte plusieurs ministres, Déat, Darnand, Bridoux, auxquels on a adjoint Luchaire.

Ce beau monde s'affaire à reconstruire un semblant d'État, avec des ministères, des circulaires, des moyens d'information (un journal, *La France,* une radio, Ici la France : on ne saurait mieux dire). Il n'y manque que des administrés, qu'on s'efforce de récupérer parmi les Français qui tentent de survivre dans les ruines allemandes. Mais cette « suprême réserve humaine [17] », à laquelle sont adressés tant de messages amicaux, n'a qu'ingratitude pour des hommes qui ont autrefois si fort encouragé au séjour d'Allemagne.

À présent comme naguère, l'essentiel de l'énergie des chefs exilés passe dans les luttes intestines, et d'abord à faire front contre les prétentions de leur plus redoutable concurrent. Pour bien marquer sa différence, Doriot s'est installé à Neustadt, puis à Mainau sur le lac de Constance, où il publie son propre journal, *Le Petit Parisien*, replié de Paris, et émet avec son propre poste de radio, Radio-Patrie. Comme les autres, il rêve de reprendre pied en France, en y parachutant des militants pour renouer les fils de l'organisation du parti et préparer de l'intérieur la reconquête par les armées allemandes. Toujours obligeante, la SS a accepté de former des équipes, à condition qu'elles mènent des opérations de renseignement et de sabotage à son profit. Inutile de préciser que tout cela n'alla pas très loin.

_____

17. *La France*, 26 octobre 1944, cité par Henry Rousso, *op. cit.*, p. 122.

Au tournant de 1945, l'obstination et l'intransigeance de Doriot finirent par porter leurs fruits. Pétain s'obstinant dans sa grève du pouvoir, et Brinon ne voulant pas céder la place, Ribbentrop dut intervenir. Le 6 janvier 1945, Doriot annonce la naissance du Comité de la libération française, dont il assume la direction et auquel Brinon se rallie, à la grande colère de Déat et de Darnand, qui pourtant se résignent petit à petit à l'inévitable. C'est à la veille d'une rencontre avec ses deux derniers rivaux que Doriot allait trouver la mort, sous la mitraille d'avions non identifiés, très probablement anglo-saxons. Son enterrement sera l'occasion d'une dernière réunion. La débâcle était là, et bientôt la capture, l'emprisonnement, le jugement. Seuls quelques-uns – Déat sera de ceux-là – parviendront à s'échapper.

Conclusion

La fin de la III⁰ République ne fut pas glorieuse ; celle de ses fossoyeurs le fut bien moins encore. Le départ en Allemagne dans les fourgons de l'occupant en déroute, départ contraint pour les uns, saisi par d'autres comme une planche de salut, fantasmé par d'autres encore comme une retraite provisoire précédant une revanche impitoyable, ce départ accomplissait une trajectoire placée dans ses débuts sous le signe de la rénovation et du redressement.

Qui, parmi les gens de Sigmaringen, aurait, quatre ans plus tôt, imaginé qu'il ferait une fin aussi pitoyable ? Pourtant, elle était en germe dans les débuts, et il n'a dépendu que de leur volonté qu'elle ne fût écartée au profit d'autres potentialités. Les pétainistes prétendirent mener une politique « réaliste » ; mais préoccupés par la survie de leur régime et par le choix, qui lui faisait escorte, d'une politique de collaboration avec le vainqueur, ils finirent par vider ce « réalisme » d'une grande partie de sa substance. Les hommes de Paris le vidèrent encore plus en s'acharnant dans la volonté d'avoir raison, et par leur incapacité à rectifier un point de vue partisan devenu totalitaire.

Sans doute voulaient-ils, les uns et les autres, le bien du pays, la protection et la restauration de la France. Mais la conception qu'ils en avaient, la majorité de leurs compatriotes la rejetaient, parce qu'ils y voyaient un joug qu'on leur mettait grâce à la présence de l'occupant et dont celui-ci se servait pour les asservir.

La propagande

Claude Lévy

Parents et amis réunis avec gravité autour du poste familial de radio. Kiosque à journaux parisien couvert de magazines français et allemands. Censeurs en uniforme *feldgrau* attablés devant des morasses. Ces quelques images nous disent assez la place que la presse et la radio ont tenue dans la vie des Français des « années noires », toujours « demandeurs » de nouvelles, pourvu qu'elles fussent crédibles. Ces mêmes images rappellent aussi que la mainmise sur les esprits par le biais de l'information a été le souci constant du gouvernement de Vichy et des Allemands qui ont cherché à se concilier l'opinion ou à la conquérir. De ce fait, la presse et la radio sont devenues des enjeux de pouvoir, terme qu'il n'est pas toujours facile d'expliciter dans la France de l'an 1940.

Quels pouvoirs ?

Il faut rappeler tout de suite que le pays a été morcelé en « zones », dont deux nous intéressent particulièrement ici : la « zone libre », où s'exerce l'autorité de Pétain et de son gouvernement, et la zone occupée qui couvre les trois cinquièmes du territoire.

En zone sud, le nouveau régime, qui prétend légiférer pour toute la France, s'est délibérément rangé sur le modèle des États autoritaires, et il a fait de la propagande un des principaux instruments de son action. L'information doit présenter les événements « sous un angle conforme à la ligne du gouvernement[1] ». Les médias ont donc pour rôle d'asseoir la

---

1. Archives nationales (désignées ultérieurement : AN), 2AG 457,

légitimité des pouvoirs du « chef de l'État, maréchal de France » et de promouvoir la « Révolution par le haut » qu'il veut instaurer, et ultérieurement, quand les conditions l'imposeront, la collaboration d'État.

À peine installés, les dirigeants de Vichy ont réorganisé les services d'information, érigés en secrétariat général et en secrétariat général adjoint, qu'ils ont étroitement subordonnés à la vice-présidence du Conseil, responsable de la politique du gouvernement. Le 13 décembre 1940 n'a pas laissé à Laval la possibilité de mettre en application le système de contrôle qu'il avait établi. Il a fallu attendre la fin de février 1941 pour que soit constitué un appareil d'État qui subsista dans ses grandes lignes jusqu'au mois d'août 1944. Son concepteur, Paul Marion, qui avait été nommé secrétaire général adjoint par Darlan, était un ancien communiste passé au PPF de Doriot et un grand admirateur des systèmes de propagande totalitaire. Il estimait que « les hommes [avaient] besoin, pour réagir selon les intérêts de leur pays, que l'État leur impose les grandes lignes de ses conclusions ». D'où la nécessité de soumettre la presse et la radio au régime de « la censure et de l'orientation ».

Il donna une priorité dans les nouveaux services à ceux qui exerçaient un contrôle sur les moyens d'expression, photographie comprise. Il comptait même apporter de plus larges pouvoirs aux services extérieurs de censure de presse dont il aurait voulu faire des organes d'« orientation », mais les aléas de la vie politique à Vichy ne lui laissèrent pas le temps de réaliser cette mise en condition autoritaire de l'opinion. D'avril 1942 à l'été de 1944, ses successeurs oscillèrent entre deux « logiques » différentes : la persuasion que Laval utilisa pour ses négociations avec les Allemands, et l'autoritarisme mis au service de la Milice qu'appliqua Philippe Henriot imposé par Berlin à la fin de décembre 1943[2].

---

dossier Information, note sur les services de l'Information, 6 p. dactylogr., s. d. (août 1940 ?).

2. Pour tout ce qui précède, cf. l'ouvrage pionnier de Philippe Amaury, *Les Deux Premières Expériences d'un « ministère de l'Information » en France*, Paris, LGDJ, 1969, 874 p., que confirment

En fait, la propagande de Vichy n'excédait pas la ligne de démarcation que les occupants considéraient comme une chasse gardée. En zone occupée, en effet, deux autorités avaient mission de surveillance sur la presse, la radio et plus généralement sur la propagande : l'ambassade allemande à Paris, confiée à Otto Abetz, qui avait un rôle essentiellement politique, et la *Propaganda Abteilung,* dont les ramifications s'étendaient jusque dans les plus petites villes de la zone nord[3]. Relevant sur place du commandement militaire en France dont elle était un service, l'*Abteilung* recevait les consignes et le matériel de propagande du ministère de Goebbels, le *Promi*. Les autorités d'occupation attendaient de celle-ci qu'eile agisse sur l'opinion par l'intermédiaire de ses groupes « Presse » et « Radio » ; les propagandistes devaient donc obtenir l'adhésion de la population française à la collaboration telle qu'on la concevait à Berlin : maintien de l'ordre et contribution du pays à la guerre allemande, et mise en garde contre toute velléité de résistance en diabolisant les adversaires du Reich proclamé invincible. Les occupants poursuivaient des objectifs différents de ceux de la propagande vichyste, et ils n'hésitèrent pas, en cas de crise ouverte avec le gouvernement français (après le départ de Laval en décembre 1940, et avant son retour aux affaires en mars-avril 1942), à lancer contre des dirigeants français, Pétain mis à part, des campagnes d'intimidation.

La pression allemande sur la zone sud s'accrut avec son occupation, en novembre 1942, et elle ne cessa de s'aggraver avec l'évolution de la conjoncture internationale et intérieure en 1943-1944. Il devait en résulter surtout un alignement plus

---

deux études récentes réalisées à partir de sources d'archives (AN) : Denis Peschanski, « La propagande de l'État français. Encadrer ou contrôler ? » *in* Laurent Gervereau et Denis Peschanski (dir.), *La Propagande sous Vichy (1940-1944)*, BDIC/La Découverte, 1990, p. 10-31 ; Claude Lévy et Dominique Veillon, « Propagande et modelage des esprits », *in* Jean-Pierre Azéma et François Bédarida (dir.), *Le Régime de Vichy et les Français*, Paris, Fayard, 1992.

3. Bon développement dans Jacques Nobécourt, « L'occupant allemand », in *La Propagande sous Vichy, op. cit.,* p. 82-91.

marqué de la propagande radiophonique de Vichy sur celle de Paris en prévision d'un débarquement allié en Europe.

La radio : une arme nouvelle et mobile

Avec l'apparition des crises internationales de l'avant-guerre, la radio s'était révélée comme le moyen d'information le plus rapide et celui qui échappait aux frontières. Au moment de Munich, on comptait 4,7 millions de postes récepteurs en France ; au début de la guerre, ceux-ci avaient notablement augmenté (5,2 millions), mais, en raison de la pénurie, leur nombre varia peu par la suite. Les postes d'alors dépendaient entièrement de l'électricité, et ils étaient peu maniables avec leur indispensable antenne mobile : aussi trônaient-ils immanquablement dans la pièce principale de la maison. Leur rôle avait été particulièrement important, lorsque, à défaut de journaux, qui avaient momentanément cessé de paraître, ou qui n'arrivaient pas à destination, la radio était le seul recours. C'est sur les ondes qu'à vingt-quatre heures de distance les Français avaient pu écouter le message du maréchal Pétain qui leur annonçait la demande d'armistice et – ce qui avait été plus rare – l'appel à la résistance lancé par le général de Gaulle au micro de la BBC. Après une courte interruption des émissions françaises imposée par l'autorité occupante, la presse parlée allait devenir un élément prépondérant de la guerre des propagandes en France : permettrait-elle à Goebbels (et accessoirement aux propagandistes de Vichy) de l'emporter en entraînant les auditeurs dans leur camp ou/et fournirait-elle aux Anglais et à leurs alliés « gaullistes » les moyens de maintenir ceux-ci du « bon » côté ? On s'était préparé à cette alternative de part et d'autre, encore que l'État français ait eu beaucoup à apprendre en la matière[4].

À la section française de la BBC, on se mit très tôt au tra-

---

4. Sur ces questions, cf. J.-L. Crémieux-Brilhac, *La France libre. De l'appel du 18 juin à la Libération*, Paris, Gallimard, 1996, p. 211-231.

vail, car ses responsables attachaient beaucoup d'importance à maintenir le lien avec une population traumatisée par la défaite. Après Mers el-Kébir (3 août 1940), Churchill donna ordre de « tout faire pour aider le général de Gaulle à atteindre ses buts », et de lui permettre de s'adresser à ses compatriotes restés en France. Une émission quotidienne de cinq minutes lui fut concédée, après les nouvelles, à 20 h 25 ou 21 h 25 selon les saisons. Introduite par la formule : « Honneur et Patrie », elle fut confiée à un ancien journaliste de l'agence Havas, Maurice Schumann, qui devint le « porte-parole des Français libres », et qui devait parler plus de 1 200 soirs à la radio, de Gaulle n'intervenant qu'en de grandes occasions. Le programme du soir, dont les structures et l'organisation furent arrêtées en pleine bataille d'Angleterre, comportait également une rubrique d'une demi-heure, « Les Français parlent aux Français », dont la responsabilité fut confiée à J. Duchesne assisté de six membres. Leur liberté de ton et l'objectivité dont ils firent preuve dans les pires circonstances ne contribuèrent pas moins au succès de la « radio anglaise » que les refrains qu'elle véhiculait (« Radio-Paris ment/Radio-Paris est allemand »)[5].

Car c'était bien de cela qu'il s'agissait. Pour les occupants et pour le gouvernement français, il ne suffisait pas de dresser le barrage des appareils de brouillage et de prévoir des sanctions contre les auditeurs de « radios étrangères », qui furent moins sévères en zone sud qu'en zone nord ; il fallait répondre à coups de mots aux arguments de l'adversaire. Sur ce point, la *Propaganda Abteilung* disposait d'atouts que les services de Vichy durent organiser de toutes pièces[6].

En juillet 1940, le gouvernement français mit à la disposition des occupants trois postes d'État et deux postes privés, qui constituèrent l'émetteur « Radio-Paris » à forte puis-

---

5. J.-L. Crémieux-Brilhac, « Ces messages de combat et d'espoir... », *Les Voix de la liberté,* Paris, La Documentation française, t. I, 1975, p. X-XXXIII. On lui fera de larges emprunts.

6. Outre la contribution de J. Nobécourt, « L'occupant allemand », notations utiles dans Pierre Assouline, « La guerre des propagandes », *L'Histoire,* n° 119, janv. 1990, p. 110-119, *passim.*

sance. Comme la *Propaganda Abteilung* bénéficiait de larges
moyens (elle lui affectera environ 30 millions de francs de
l'époque[7]), elle n'eut pas de difficultés pour recruter un personnel français, choisi le plus souvent dans l'extrême droite la
plus activiste. Au début de l'automne, l'équipe était en place
et pouvait présenter un magazine d'information qui comprenait cinq bulletins quotidiens au départ, et le double en 1943
(Radio-Vichy n'en compte que trois et huit aux mêmes dates),
et dont les consignes étaient données, le matin, en conférence
de presse. Quant aux émissions de propagande, elles devaient
être aussi variées que possible – causeries, saynettes, chan-
sons comme à la BBC, rubriques spécialisées – afin d'attirer
un grand nombre d'auditeurs. Le Dr Bofinger, qui dirigeait
Radio-Paris après un passage à Radio-Stuttgart, attacha tout de
suite une attention particulière aux campagnes de la « Rose des
vents », dont le slogan était « une France propre dans l'Europe
unie », parce qu'elle comportait un « courrier des lecteurs »
(sic) fort utile pour les enquêtes d'opinion de l'*Abteilung*.

   Pour donner une apparence d'objectivité à ses émissions,
celle-ci confia le micro à deux personnages que le « groupe
Radio » jugeait sûrs : l'un était un homme de lettres suisse
et un nazi de vieille date, Oltramare, dit Charles Dieudonné,
« Un neutre vous parle », qui animait une chronique où il
invitait les Français à accepter la collaboration dans un
esprit communautaire ; l'autre voix était allemande, celle du
« Dr Friedrich » qui, sur un ton à la fois insinuant et parfois
spirituel, conseillait à ses auditeurs de se rallier au nouvel
ordre de choses dans l'intérêt bien compris de leur pays[8].

   En zone sud, les autorités françaises se mirent à la besogne
dès que, dans le courant de juillet, la Commission d'armistice
les autorisa à utiliser des postes émetteurs : Pétain avait une

---

   7. Pour avoir une idée de ce que représentent les francs de l'époque
en francs actuels, il faut multiplier ceux de 1940 par 0,76 et ceux de
1944 par 0,38, en raison du doublement du coût de la vie. Cf. P.-M.
Dioudonnat, *L'Argent nazi à la conquête de la presse française*,
Paris, J. Picollec, 1981, p. 10.
   8. Pierre Audiat, *Paris pendant la guerre*, Hachette, 1946, p. 38-
51 et 171-173.

confiance particulière dans la radiodiffusion – il ne se fera pas faute d'y recourir –, et beaucoup de dirigeants partageaient son avis : ils voyaient notamment en elle un « excellent moyen d'information politique », parce qu'elle servait de lien entre le gouvernement et l'opinion [9]. La Radiodiffusion nationale avait donc été rattachée à la vice-présidence du Conseil, qui y déléguera des hommes de confiance pour en surveiller les services : René Bonnefoy, vieil ami de Laval, avant le 13 décembre, le commandant Duvivier sous Darlan et, après le retour de Laval, André Demaison, un autre de ses proches.

Dans l'été de 1940, un petit groupe venu de *Je suis partout* de 1939 avait essayé de s'imposer à Radio-Vichy pour y promouvoir une ligne anglophobe, antisémite et ouvertement favorable à l'Allemagne, mais la tentative était restée sans lendemain. Quand les responsables de l'information eurent surmonté leurs contradictions dans le courant de 1941, la radio offrit à ses auditeurs une vision aseptisée du régime au-dedans comme au-dehors : les moindres cérémonies font l'objet de reportages et les speakers célèbrent quotidiennement les principes du régime dans des émissions aux titres évocateurs : causeries du ministère de la Famille, « Radio-Jeunesse », « Radio-Travail », « Radio-Légion ». L'accent est mis sur la situation particulière de la France que l'armistice a fait sortir d'une guerre qui n'était pas la sienne, mais qui reste garant de l'intégrité de son Empire.

C'est là un thème porteur qui permettra à P. Marion notamment d'alimenter des campagnes antibritanniques et antigaullistes, et de pratiquer ainsi un habile amalgame avec tous ceux que Vichy considère comme ses adversaires [10].

On ne doit cependant pas se dissimuler les limites de la Radio nationale : en raison de la faible puissance de ses émetteurs, elle arrivait mal dans les régions accidentées de sa propre zone, où les auditeurs des régions les plus proches

---

9. *Les Documents français* (Vichy), janvier 1942.
10. J.-L. Crémieux-Brilhac et Hélène Eck (dir.), *La Guerre des ondes : histoire des radios de langue française pendant la Seconde Guerre mondiale*, Paris, Colin, p. 39-60.

de la Suisse captaient volontiers Radio-Sottens, dont les commentaires étaient plus objectifs ; en zone nord, Radio-Vichy arrivait difficilement, et était presque inaudible en Bretagne et dans le Nord. Comme son homologue parisien d'ailleurs, elle devait cesser d'émettre à la tombée de la nuit jusqu'au début de décembre 1941, ce qui favorisa indirectement les émissions françaises de la BBC dont la soirée était le moment de grande écoute[11].

Celles-ci n'en avaient guère besoin, car elles avaient acquis au fil des mois une audience encore plus considérable sur le public français : la radio ne lui fournissait plus seulement une raison d'espérer, mais elle lui offrait une arme de combat que les Français libres allaient utiliser pour affirmer leur doctrine et faire connaître leurs positions. La manifestation du 1er janvier 1941 ordonnée par de Gaulle (faire le vide dans les rues pendant une heure de l'après-midi) avait été un « succès limité, mais certain » ; celle des « V » (initiale de « Victoire ») se révéla une réussite plus complète encore de mars au 14 juillet 1941. À l'instigation de la BBC, qui avait inauguré cette campagne en Belgique en janvier, les murs des deux zones se couvrirent de graffiti que les occupants s'empressèrent de pourchasser, mais qu'ils retournèrent pour leur propre compte, quand il s'agit pour eux, en juillet-août de la même année, de célébrer leurs premières victoires en Russie – le mot latin « Victoria » étant substitué au *Sieg* allemand. Cette campagne marquait une date importante dans la guerre des ondes menée par les Français de Londres dans la mesure où un dialogue s'était instauré entre eux et les résistants de l'intérieur. Cet échange allait d'ailleurs s'intensifier à l'occasion de la célébration du 1er mai et surtout du 14 juillet 1942 en zone sud, à laquelle la BBC devait donner une large publicité avant et après les manifestations[12]. Les propagandes adverses ne manquèrent pas d'en tirer des leçons qu'elles adaptèrent à leur style particulier.

---

11. *Ibid.*, p. 67-74.
12. Sur les campagnes de 1941-1942, *ibid.*, p. 75-76.

1942-1944 : la guerre des ondes se radicalise

À ce titre, 1942 marque une date importante dans le redou-
blement d'intensité de cette bataille. C'est d'abord en juin
qu'à la faveur d'une refonte de son équipe par le PPF, Radio-
Paris recrute Jean Hérold-Paquis, un journaliste besogneux
passé par l'Action française, qui avait manifesté d'indé-
niables dons de propagandiste au service des nationalistes
espagnols à Radio-Saragosse. Le Vichy de Pétain l'ayant
déçu, il remonte en zone nord où il exercera jusqu'en août
1944 un vedettariat certain. Chargé d'une chronique militaire
quotidienne, qu'il ponctue du slogan : « Et l'Angleterre,
comme Carthage, sera détruite… », et de deux ou trois éditoriaux par semaine, il laissera à ses auditeurs – qui ne l'ai-
ment guère – le souvenir d'un orateur qui mêle l'invective à
l'outrance et qui s'attaque en vrac aux thèmes alors les plus
payants : les Américains et les Soviétiques, les Juifs et le haut
clergé catholique, les « gros » et les « zazous », avec une
reconnaissance émue pour les seuls « amis en uniforme »
que les Parisiens de 1944 puissent avoir : les soldats *feldgrau*.
On sait où ce militantisme « national-révolutionnaire »
devait mener Hérold-Paquis[13].

C'est surtout cette même année que la radiodiffusion de
Vichy amorce un tournant décisif qui la place désormais en
première ligne dans la bataille des propagandes. Il n'est pas
innocent que Laval se soit adressé sur les ondes au pays, le
22 juin, pour lui annoncer le projet de la Relève en souhaitant la victoire de l'Allemagne. Le chef du gouvernement et
son directeur à la Propagande, P. Creyssel, croient aux vertus de la persuasion pour faire accepter aux Français la poli-

---

13. Jean Gouëffon, « La guerre des ondes : le cas de Jean Hérold-
Paquis », *RH2GM*, n° 108, octobre 1977 (condamné et exécuté en
octobre 1944). Cf. aussi Claude Lévy, « 1942 : Radio-Paris prend le
tournant de la guerre totale », *Cahiers d'histoire de la radiodiffusion,*
n° 34, septembre-novembre 1992, p. 47-54.

tique de collaboration, mais dans le même temps la radio officielle change de ton. Tandis qu'un ancien parlementaire d'extrême droite, Philippe Henriot, présente une chronique hebdomadaire où il pourfend les Alliés et l'« anti-France » avant de rejoindre les rangs miliciens, des causeries antisémites sont insérées aux heures de grande écoute ainsi que des émissions sur la LVF et sur la Milice.

Il faut compter aussi, après l'invasion de la zone sud (novembre 1942), sur la prégnance de l'Occupation qui associe plus étroitement Radio-Vichy à son concurrent parisien par une retransmission accrue des programmes de la zone nord et par l'introduction de la censure allemande sur le radio-journal. Ces nouvelles orientations ne font que détacher le public des ondes vichystes et renforcer l'écoute des émissions françaises de la BBC dont la durée passa de quatre à cinq heures entre septembre 1942 et juin 1943[14].

Dans ces conditions, une contre-offensive était-elle encore possible ? Henriot pensait que le temps était venu de répondre « au coup par coup » aux arguments et aux informations venus de l'« invisible adversaire », et de lui « faire rendre gorge »[15]. Pendant six mois (janvier-fin juin 1944), le ministre de l'Information s'astreignit à parler deux fois par jour, aux heures de grande écoute, sur des sujets d'actualité. La fougue du pamphlétaire lui valut une très large audience, au point que les autorités d'Alger envisagèrent même son enlèvement. En fait, l'impact des discours d'Henriot fut plus limité qu'on ne l'a dit : la polémique qu'il engagea avec Maurice Schumann, le « porte-parole de la France combattante », à l'occasion de l'attaque allemande contre le plateau des Glières (début février-début avril) n'atteignit pas son objectif – couper la Résistance du reste de la nation[16]. La croi-

---

14. H. Eck, *La Guerre des ondes…*, p. 37-90 et 99-101.
15. Ph. Henriot, « La guerre des ondes », *La Politique française*, février 1944, p. 5 (citations).
16. J.-L. Crémieux-Brilhac, « La bataille des Glières et la "guerre psychologique" », *RH2GM*, n° 99, juillet 1975, p. 45-72 ; Claude Lévy, « Les cent quatre-vingt jours de Philippe Henriot », *Cahiers d'histoire de la radiodiffusion*, n° 2, sept.-nov. 1994, p. 52-58.

sade musclée d'Henriot avait subi le même échec que la propagande germano-vichyssoise en faveur de la Relève, puis du STO depuis l'été de 1942. Londres et, plus tard, Alger avaient gagné la « guerre des ondes » avant celle des armes, parce qu'ils n'avaient pas seulement dénoncé l'emprise allemande, mais convaincu la masse flottante de participer à la victoire des Alliés. À ce titre, la « radio anglaise » a laissé une trace profonde dans la mémoire collective des Français.

Censures en tout genre dans la presse

Le poste de radio avait permis aux Français de recevoir des nouvelles que les journaux se gardaient bien de leur fournir. À l'exception des feuilles clandestines, la presse écrite des deux zones est soumise au contrôle du pouvoir en place, puissance occupante ou État français[17]. C'est lui qui autorise les journaux à paraître et qui peut les suspendre ou les supprimer; c'est lui aussi qui exerce un contrôle sévère sur les informations à leur entrée et à leur sortie par l'intermédiaire d'informations dirigées, de consignes, le tout filtré par la censure. Mais à Paris et à Vichy, les responsables ne disposent pas que de ces armes classiques. Les lois raciales et l'« aryanisation » des entreprises juives en sont une, de même que l'exclusion des journaux de membres de la franc-maçonnerie, en zone libre particulièrement.

Dans la mesure où la pénurie peut générer des contraintes, les uns et les autres ont fait grand usage des subventions financières à des feuilles dociles qui manquaient de lecteurs et de publicité : Abetz utilisa à cette fin 300 millions de francs de 1940 à novembre 1943, sur le milliard qui lui avait été alloué au départ; nous savons par ailleurs que le prude régime vichyste ne demeura pas en reste sur ce point[18]. La pénurie

---

17. Denis Peschanski, « Une politique de censure ? », Politiques et pratiques culturelles dans la France de Vichy, *Cahiers de l'IHTP*, n° 8, juin 1988, p. 41-53.

18. Cl. Lévy et D. Veillon, *La Propagande de Vichy…, op. cit.*, p. 164-165.

de papier journal se révéla aussi une aubaine pour les Allemands. Comme la France ne pouvait plus compter que sur ses propres livraisons, que la raréfaction des matières premières et les destructions d'usines avaient fait chuter de 132 000 à 65 000 tonnes de la fin de 1940 à celle de 1943 (1938 : 315 000 tonnes), les services du « Majestic » procédèrent à une répartition des stocks qui défavorisa la zone sud. Celle-ci reçut 35 % du tonnage en octobre 1941, et moins du tiers deux ans plus tard. Partout, les journaux ne parurent que six jours par semaine, et ils durent réduire la pagination : en 1943, les quotidiens de zone sud sortaient alternativement sur une ou deux feuilles de petit format, la « ficelle ». La médiocre qualité de la présentation de la presse et les excès de propagande auxquels les journaux se livrèrent, sur des tons particuliers, dans chaque zone, contribuèrent largement à leur discrédit[19].

Foisonnante et inquiétante presse parisienne…

Dès juillet 1940, les 350 journaux de zone nord furent placés à l'heure allemande : mise en place d'une Agence d'information de presse qui n'avait de « française » que le titre – l'AFIP – jusqu'à l'introduction de l'OFI (octobre 1942) ; censure toujours aussi impitoyable sur l'essentiel malgré son « assouplissement » du 10 janvier 1943. Les censeurs en uniforme, qui étaient installés dans les plus petites villes, firent preuve de moins de mansuétude pour la presse provinciale, rapidement mise au pas, que pour ses confrères parisiens, auxquels allaient les faveurs de la *Propaganda Abteilung* et de l'ambassade allemande[20].

Avant l'occupation de Paris, cinq quotidiens (*L'Aube, Le Populaire, L'Époque, L'Ordre* et *L'Intransigeant*) s'étaient « sabordés » et neuf autres avaient pris la route pour se fixer ultérieurement dans la zone libre. Les Allemands avaient dû

---

19. Ch. Lovighi, *La Presse marseillaise sous Vichy*, mémoire de maîtrise, Aix-en-Provence, 1969, multigr., p. 5-6.
20. J. Nobécourt, *La Propagande sous Vichy…, op. cit.*, p. 85-86.

parer au plus pressé, et laisser reparaître quelques titres : *La Victoire* de l'inclassable Gustave Hervé eut une durée plus courte que *Le Matin* (17 juin 1940) qui collabora dans l'allégresse jusqu'au 17 août 1944. Très vite, ils reconstituèrent une presse qui compta, au total, 40 journaux et périodiques, dont quatre seulement avaient existé avant la guerre : le 22 juin, les occupants intronisèrent un garçon d'ascenseur, Schiesslé, à la tête de *Paris-Soir* dont le patron, J. Prouvost, fondera un organe de même titre en zone sud ; plus tard, ils accueillirent à bras ouverts *L'Œuvre* de Marcel Déat (21 septembre), puis *Le Petit Parisien* (8 octobre), où ils arbitrèrent les dissensions du clan Dupuy pour s'assurer d'un quotidien populaire (680 000 exemplaires en décembre 1940).

La fondation de nouvelles feuilles donna lieu à une émulation entre les militaires de l'*Abteilung*, qui inclinaient vers la droite et qui autorisèrent la parution du quotidien PPF, *Le Cri du peuple* (19 octobre), et les services de l'ambassade qui penchaient plus à gauche. Abetz favorisa la parution de *La France au travail* (30 juin), que les ouvriers devaient, selon lui, prendre pour une « feuille communiste », ce qui lui permettait de faire d'une pierre deux coups : rendre accessible aux travailleurs la politique de collaboration, et leur montrer que l'Allemagne ne prenait pas « unilatéralement le parti de la droite ». Si le journal n'atteignit pas ses objectifs avant de disparaître en mai 1941, son échec ne dissuada pas Abetz d'apporter son soutien aux quotidiens de la gauche collaborationniste avec la fondation des *Nouveaux Temps* (1er novembre 1940) qu'il confia à son ami, Jean Luchaire, et, un an plus tard, celle de *La France socialiste*, « nouvelle mouture de *La France au travail* » qui devait, elle aussi, durer jusqu'à la fin de l'Occupation[21].

Les mêmes préoccupations présidèrent à la formation d'une presse périodique, dont l'éventail politique fut largement ouvert d'un extrême à l'autre, de *L'Atelier* et de *Germinal*

---

21. Outre P.-M. Dioudonnat, *L'Argent nazi…*, *op. cit.*, Rémy Handourtzel et Cyril Buffet, *La Collaboration… à gauche aussi*, Paris, Perrin, 1989, p. 151-168 et 136-150.

« socialistes » à *Je suis partout* reparu en février 1941, avec une
équipe animée par des « fascistes » venus de l'Action française.

Le succès de cette publication (300 000 exemplaires au
début de 1944) surclassa nettement l'essor d'autres organes
d'extrême droite, dont l'un des premiers-nés, *Au Pilori*
(12 juillet 1940), brilla par sa férocité antisémite (65 000
exemplaires). Les services allemands firent également un très
gros effort pour gagner à leur propagande les milieux les plus
divers. *La Gerbe,* du vieil écrivain A. de Chateaubriant, et *La
Révolution nationale* occupèrent le créneau laissé vacant par
le départ en zone sud de *Candide* et de *Gringoire*, et Abetz put
se vanter d'avoir fait reparaître la prestigieuse *Nouvelle Revue
française (NRF)* qui devint, grâce à Drieu La Rochelle, le haut
lieu de l'intelligentsia des « temps nouveaux » (décembre
1940-juin 1943)[22]. Des magazines illustrés tels que l'incon-
tournable *Illustration* (de 100 000 à 150 000 exemplaires)
apportèrent à un large public des reportages engagés, mais
nous savons aussi que les occupants cherchèrent à atteindre des
secteurs bien ciblés : les femmes auxquelles s'adressaient
Notre cœur et des journaux de mode (*Le Petit Écho de la
mode* tirait à 200 000-300 000 exemplaires[23]), et les jeunes très
courtisés par les médias. Il faut faire une mention particulière
au bimensuel *Le Téméraire*[24] qui distilla par images interpo-
sées un discours foncièrement raciste de janvier 1943 à août
1944 (de 100 000 à 150 000 exemplaires).

La docilité que manifestèrent tous ces journaux aux consignes allemandes ne doit pas faire oublier que les rapports entre
eux furent loin d'être amènes, qu'il s'agisse des personnes
(Luchaire et l'équipe de *Je suis partout*) ou du débat partisan
(le même *JSP* contre Déat qu'il accusait de cultiver l'« équivoque démocratique »). Les Allemands, qui ne détestaient
pas entretenir la défiance entre les collaborationnistes, prêtè-
rent peu d'importance à ces zizanies. Depuis 1942, ils avaient

22. Lionel Richard, « Drieu La Rochelle et la "Nouvelle Revue
française" », *RH2GM*, n° 97, janvier 1975, p. 67-84.

23. D. Veillon, *La Mode sous l'Occupation*, Paris, Payot, 1990,
passim.

24. Pascal Ory, *Le Petit Nazi illustré*, Paris, l'Albatros, 1979, 222 p.

constitué un consortium de presse – le trust Hibbelen – qui leur assurait une appropriation directe et indirecte sur 40 à 50 % des feuilles parisiennes, politiques et de vulgarisation. On mesure par là la force de pénétration qui s'exerça des conseils d'administration aux équipes rédactionnelles par l'intermédiaire de quelques hommes de paille triés sur le volet[25].

En zone sud, la presse conformiste du grand-père

Venant de Paris, le contraste est grand avec la presse de zone sud, dont deux tiers des organes ont accepté de reparaître en dehors du contrôle allemand. Ce sont, pour l'essentiel, des journaux de province que dominent quelques quotidiens départementaux et les grands « régionaux » qui gardent de très solides assises grâce à leur système de routage qui survit aux restrictions : *La Dépêche de Toulouse* diffuse ses 350 000 exemplaires dans une grande partie du Sud-Ouest, et *Le Moniteur* de P. Laval tire à 50 000 sur neuf départements auvergnats qu'il dispute surtout à *La Montagne*, qui dissimule mal ses convictions socialistes. Certains de ces régionaux ont fait une place dans leurs bureaux et dans leurs imprimeries aux 39 « repliés de Paris » qui s'installent vaille que vaille : *La Croix* sort à Limoges, et l'hebdomadaire *Gringoire* à Marseille ; Lyon abrite, outre une édition du *Paris-Soir* de zone libre, *Le Figaro*, *Le Temps* et *L'Action française*, dont l'influence est alors considérable.

Dans ce dernier peloton, seuls les hebdos politiques d'extrême droite comme *Candide* et *Gringoire* (300 000 exemplaires contre 500 000 en 1939) ont retrouvé des fidèles ; il n'en est pas de même des quotidiens, dont une partie de la clientèle reste en zone nord, et l'autre préfère acheter le journal local, qui n'arrive pas à Nice ou à Pau avec vingt-quatre heures de retard comme les « repliés ». De là, des baisses catastrophiques de tirage (15 000 exemplaires pour *Le Figaro* et moitié moins pour *Le Temps*) qui incitèrent Vichy à leur verser des

---

25. P.-M. Dioudonnat, *L'Argent nazi…*, *op. cit.*, *passim*.

subventions mensuelles (de 100 000 à 200 000 francs de l'époque) pour les garder en zone libre à l'automne de 1940[26].

Les mesures que le nouveau régime imposa dans les premiers mois à la presse pour lui donner une « juste conception de ses devoirs » (refonte des consignes de censure, développement de la « note d'orientation » destinée à « guider et éclairer l'opinion », étatisation de la branche Information-Havas devenue l'Office français d'information – OFI) portèrent incontestablement leurs fruits dans le développement que connut le culte du « Maréchal » dans les journaux de zone sud, mais l'unanimité sur d'autres sujets y fut moins grande qu'on ne l'a souvent dit.

Si l'on met à part quelques organes toujours attachés à leurs convictions républicaines comme *Le Progrès* de Lyon, *La Montagne* de Clermont-Ferrand et *La Dépêche* (que Vichy envisagea même de racheter en novembre 1940), qu'il fallait lire entre les lignes, des nuances étaient déjà sensibles entre une presse de « lignée maurrassienne » et des feuilles d'inspiration chrétienne. Nombre de « régionaux », du *Nouvelliste de Lyon* au *Petit Dauphinois* en passant par *L'Éclair* de Montpellier, donnaient en même temps dans une anglophobie viscérale et dans la dénonciation continuelle de l'« ancien régime » responsable de la défaite, et de ses séides juifs et francs-maçons. Leurs critiques des institutions et des hommes étaient incontestablement plus violentes que dans des organes comme *La Croix* ou *Le Sud-Est* de Grenoble, où l'on insistait davantage sur les principes chrétiens qui devaient servir de base à la Révolution nationale ; les attaques contre les personnes étaient pratiquement inexistantes : ainsi *Le Figaro* refusa de s'associer à la campagne lancée contre les « mauvais maîtres à penser ». Quant aux dessinateurs politiques, seuls ceux de l'hebdomadaire *Gringoire* poussèrent la violence aussi loin que leurs confrères parisiens[27].

---

26. On ajoutera à ce qui précède (note 18) Yves Cau, *Un grand quotidien sous l'occupation, « Le Progrès »*, Lyon, PUL, 1979, 322 p. et, sur « *La Montagne* », John F. Sweets, *Clermont-Ferrand à l'heure allemande*, Paris, Plon, 1996, p. 141-148.

27. On utilisera avec profit sur ce point le livre pionnier de Christian

La précarité des résultats obtenus par la presse[28] et le succès des « influences étrangères » incitèrent Marion à abandonner un « instrument surclassé », et à faire de la presse un service public capable d'« agir demain dans le cadre européen ». Il entendait obtenir « par la combinaison permanente de la persuasion et de la sanction » que les journaux fassent comprendre et approuver la politique du gouvernement par leurs lecteurs. À partir du printemps de 1941, les notes aux patrons de presse leur rappelaient qu'il ne fallait pas seulement observer les consignes d'interdiction et d'insertion, mais qu'il était de leur devoir d'apporter des « commentaires appropriés à la série d'attentats [contre les Allemands] qui venaient de se produire en zone occupée » (8 décembre 1941) ou aux « embarras de la propagande britannique » après l'échec du raid sur Dieppe (21 août 1942). Cette mise au pas inquiéta sans doute les directeurs de journaux, dont certains demandèrent un assouplissement de la censure que Marion éluda en 1941-1942 ; il n'en demeure pas moins que c'est à cette époque que les feuilles provinciales surtout adoptèrent cet aspect conformiste qui faisait que, par leur présentation générale et par leurs commentaires, la une du *Nouvelliste* (Lyon) et celle du *Petit Dauphinois* sur le bombardement des usines Renault de Billancourt (3-4 mars 1942) étaient interchangeables. Un ouvrage récent a établi que, contrairement à une opinion longtemps reçue depuis la Libération, il faudra attendre l'occupation de la zone sud pour que les journaux suisses romands fassent preuve de plus d'objectivité à l'égard des informations venues de Vichy. Jusqu'en novembre 1942, les lecteurs français qui voulaient en savoir davantage devaient se référer à des hebdomadaires de langue alémanique, dont la circulation était alors autorisée en « zone libre », mais que les services des Douanes surveillaient étroitement à la frontière depuis 1941[29].

Delporte, *Les crayons de la propagande. Dessinateurs et dessins politiques sous l'occupation*, Paris, Éditions du CNRS, 1993, 223 p.

28. Pierre Laborie, *L'Opinion française sous Vichy*, Paris, Le Seuil, 1990, p. 238-248.

29. Cf. le récent ouvrage de l'historien suisse Michel Caillat. *René Payot. Un regard ambigu sur la guerre. 1933-1943*, Paris, Georg,

Comme il l'avait annoncé en prenant son poste, Marion fit largement appel aux sanctions contre les organes qu'il soup-çonnait de contrecarrer sa politique. Proches du « régime défunt », *Le Progrès* de Lyon et *La Montagne* durent à l'intervention de la Fédération de la presse de ne pas être sus-pendus *sine die* parce qu'ils avaient refusé d'insérer une information sur les bombardements et les attentats à Paris, avec pour sous-titre : « Anglais et communistes d'accord pour assassiner la France » (3 juin 1942). « Vent mauvais » oblige, les responsables de la censure firent preuve d'une même rigueur à l'égard d'*Esprit* et de l'hebdomadaire démo-crate-chrétien *Temps nouveau* interdits en août 1941, au moment où Pucheu et Marion voulaient faire prévaloir leur projet de jeunesse unique. Quant à *La Croix*, elle devint défi-nitivement suspecte lorsque ses dirigeants refusèrent de publier un papier sur la « question juive » à la demande expresse de la censure de Vichy, après les rafles de l'été de 1942[30]. Ainsi donc, un malaise était déjà sensible dans la presse non conformiste : le 31 mars, *Le Jour-Écho de Paris*, un « replié » jugé trop anti-allemand, devait se saborder après avoir subi les foudres du secrétariat à l'Information. D'autres quotidiens allaient en faire autant après le débarquement allié en Afrique du Nord et l'invasion de la zone sud – bientôt sui-vie de l'installation de censeurs allemands chargés de « superviser » leurs collègues français. Rien qu'en novembre 1942 *Le Figaro* fut suspendu définitivement pour avoir refusé de « flétrir l'agression anglo-américaine » (le 10) ; trois jours plus tard, *Le Progrès* de Lyon renonçait à paraître pour ne pas avoir à publier une dépêche sur les visées des États-Unis au Maghreb. À son tour, *Le Temps* disparut volon-tairement le 30, après que la censure de Vichy se fut opposée à la sortie d'un éditorial (le premier depuis l'entrée de la

---

1998, 480 p., sur l'évolution du discours de R. Payot, éditorialiste de *Radio-Sottens*, et rédacteur en chef du *Journal de Genève* – et de plu-sieurs de ses confrères – de part et d'autre de novembre 1943.

30. Michel Winock, *Histoire politique de la revue « Esprit »*, Le Seuil, 1975, p. 215-235 ; P. Limagne, *Éphémérides…*, Paris, Bonne Presse, 1948, t. II, p. 456-458.

Wehrmacht à Lyon) qui saluait le sacrifice de la flotte française à Toulon.

La contagion risquait-elle de faire tache d'huile et/ou de priver Laval de la crédibilité dont il se parait auprès de ses interlocuteurs de Berlin ? Toujours est-il qu'à la mi-décembre le fidèle Bonnefoy proposa aux directeurs de journaux un « contrat » qu'à trois ou quatre exceptions près *(L'Action française, Paris-Soir*-zone sud et *La Montagne)*, ceux-ci acceptèrent de signer (6 janvier 1943). Pour donner une apparence de liberté à la presse, les services de l'Information consentaient à renoncer à la publication des notes d'orientation, mais, en contrepartie, les journalistes devaient s'engager à donner au moins trois éditoriaux par semaine susceptibles d'« exercer une influence heureuse sur l'opinion publique ». À mesure que s'appesantissait la poigne des « superviseurs » allemands – et sur fond de STO et d'attente du débarquement en Europe –, l'application de la convention de janvier 1943 posait bien des problèmes. La gêne était grande à *La Dépêche* de Toulouse et à *La Tribune* de Saint-Étienne dont les censeurs régionaux passaient les articles au peigne fin ; l'embarras ne l'était pas moins chez d'autres confrères, auxquels le secrétariat général à l'Information demandait impérativement de « cesser de ménager les Anglo-Américains », de « soutenir vigoureusement l'Axe » et d'« appuyer davantage la Milice ». Il leur faisait sentir en même temps – dès mars 1943 ! – qu'il était décidé à accorder des faveurs « proportionnées » à l'« efficacité du soutien » au gouvernement de chaque journal[31]. En fait, à part un petit nombre de feuilles aussi engagées que *Le Nouvelliste de Lyon*, la masse témoignait de la plus grande grisaille, qu'il s'agisse d'articles sur le STO, les bombardements anglo-américains en France ou sur les « exactions » des « terroristes ». Plus que jamais, elle donnait l'impression d'être écrite, selon la formule d'un personnage d'Aragon, avec des dépêches de l'OFI, une paire de ciseaux et un pot de colle[32].

---

31. Sur les « sabordages » de novembre 1942 et sur le contrat du 6 janvier 1943, voir la contribution citée note 18, p. 167-171.

32. Aragon, *Servitudes et Grandeurs des Français. Scènes des*

On mesure ainsi l'«inefficacité de la propagande officielle» que devait reconnaître un rapport du service de contrôle de l'opinion publique en zone sud, dans le courant de l'année 1943 – et que la venue ultérieure de P. Henriot ne parviendra pas à enrayer. «La majorité du public estimait que la presse [était] tendancieuse et orientée par l'occupant, et, que, par conséquent, elle [devait] être considérée comme nulle et non avenue. Beaucoup de gens, déjà dressés contre le gouvernement [voyaient] en elle un organisme gouvernemental», dont les informations tenaient mal la comparaison avec celles de la radio anglo-saxonne et avec les «assertions» de la presse clandestine – alors très développée –, que des «convertis d'avance» acceptaient «comme parole d'Évangile»[33].

Ces constatations moroses en disent long sur le discrédit qui pesait sur la presse des deux zones en raison de la propagande qu'elle avait véhiculée sans ménagements à Vichy comme à Paris. Mais le bilan d'échec n'était pas moins lourd de conséquences à moyen terme : d'une part, l'épreuve des «années noires» a porté un coup sérieux au capital de confiance dont le journalisme avait bénéficié jusque dans l'entre-deux-guerres, et que la génération issue de la Résistance aura beaucoup de mal à rétablir ; d'autre part, elle a préparé un rééquilibrage des moyens d'information au profit de la presse parlée. Comme l'a rappelé avec justesse Jean-Noël Jeanneney, cette radio, qui a mis à la disposition des populations occupées d'Europe le seul média pluraliste, n'a sans doute pas «fait la victoire», mais elle y a joué «un rôle important», tant il est vrai que, selon Camus – en 1943 – «À énergie égale, la vérité l'emporte sur le mensonge»[34].

---

années terribles, nouvelles, Paris, Bibliothèque française, 1945 («Les rencontres», p. 7-38 : le journaliste travaille au *Lyon républicain*).

33. «L'opinion française vue par un fonctionnaire vichyste», *Les Cahiers français*, Londres, n° 51, p. 25-27.

34. Remarques empruntées à A. J. Tudesq, «Système d'information et contenu politique : la presse quotidienne en France au XXe siècle», *Revue d'histoire moderne et contemporaine*, t. XXIX, juillet-septembre 1982, p. 504-505, et à J.-N. Jeanneney, *Une histoire des médias. Des origines à nos jours*, Paris, Seuil, 1996, 375 p., citation p. 191.

La résistance

Dominique Veillon et Olivier Wieviorka

Pour qui accepte le schéma d'une Résistance unie, jaillie spontanément de l'Appel du 18 juin, distinguer les mouvements de zone nord et de zone sud semble contestable. Ces organisations consacrées à la lutte contre l'occupant, dotées de structures identiques, font appel aux mêmes sentiments, patriotiques ou antifascistes. Pourquoi, dès lors, les opposer et exalter la diversité aux dépens de l'unité ? Peut-être pour récuser un schéma irénique qui, niant la singularité des espaces et du temps, résiste fort mal à l'analyse.

Les mouvements se développent en effet dans des contextes géopolitiques spécifiques. Si les Allemands épargnent le Sud jusqu'en novembre 1942, les mouvements du Nord sont eux directement confrontés au joug nazi. Inversement les organisations de zone nord ne semblent guère touchées par les effets nocifs du régime vichyssois. Le maréchalisme réel dont font preuve un temps certains dirigeants, tel Philippe Viannay, n'a aucune incidence sur la marche des mouvements. On sait qu'il n'en va pas de même au Sud. Les hésitations d'un Henri Frenay conditionnent son action et l'incitent, par exemple, à négocier en janvier 1942 un *gentlemen's agreement* avec le ministre de l'Intérieur Pierre Pucheu, qui lui sera fort reproché.

La chronologie qui scande l'évolution de la Résistance diffère également selon les zones. Le Sud bénéficie relativement tôt d'une liaison avec Londres que Jean Moulin institue et personnalise dès janvier 1942. En revanche, il faut attendre avril 1942 pour que les mouvements de la zone occupée délèguent à Londres leurs premiers émissaires :

Christian Pineau pour Libération-Nord et Jacques-Henri
Simon pour l'Organisation civile et militaire (OCM). De
même, la France libre n'entreprend la réorganisation du
Nord qu'au début de 1943 en envoyant Pierre Brossolette
et le colonel Passy en mission, bientôt rejoints par Jean
Moulin. Si les liens de la France libre et de la Résistance de
zone occupée sont problématiques, ils ne revêtent jamais le
caractère conflictuel et personnalisé des rapports unissant le
symbole aux délégués de la zone sud.

Ces deux distinctions majeures, dans le temps et dans l'espace, conduisent parfois à opposer la Résistance du Nord à
celle du Sud. Les envoyés de Londres comme certains historiens considèrent que la première est moins politique et
plus militaire que la seconde. Mais cette vision est-elle fondée ? Ne résulte-t-elle pas d'une distorsion de la mémoire
collective qui a longtemps fait la part belle aux organisations de zone sud ? Servie par des chefs charismatiques[1],
défendue par des plumes talentueuses, cette Résistance a
plus exposé ses doutes, ses aspirations, ses espoirs que les
organisations de la zone occupée[2]. Plus discrets, les patrons
du Nord ont souvent préféré le silence à l'aveu, la retraite à
la confrontation. C'est dire également que la Résistance du
Nord, faute de sources et malgré les ouvrages qui lui ont été
dédiés, reste pour une large part une terre inconnue que les
historiens peinent à décrire[3].

---

1. E. d'Astier, C. Bourdet, P. Copeau, H. Frenay…
2. Les chefs de zone sud, plus épargnés que les patrons du Nord
(ceci explique cela) offrent une forte collection de souvenirs (E. d'Astier, L. Aubrac, G. de Benouville, C. Bourdet, M. Chevance-Bertin,
H. Frenay, J.-P. Levy, A. Vistel) qui fait défaut à la zone nord
(C. Pineau, P. Viannay…).
3. Une littérature de qualité a traité des mouvements. Outre les
fortes synthèses (Jean-Pierre Azéma, Henri Michel…) et les sommes
(D. Cordier, H. Noguères), on se reportera pour les deux zones à Marc
Sadoun, *Les Socialistes sous l'Occupation*, Presses de la FNSP, Paris,
1982, 323 p. Pour le nord : Alya Aglan, *La Résistance sacrifiée. Le
mouvement « Libération-nord »*, Flammarion, 1999, 455 p. Martin
Blumenson, *Le Réseau du Musée de l'Homme*, Le Seuil, 1979, 285 p.
Arthur Calmette, *L'OCM*, PUF, 1961, 229 p. Marie Granet, *CDLR*,

Aux origines de la Résistance

De l'acte individuel au mouvement
La Résistance en zone nord naît dès 1940. Choqués par l'invasion allemande, certains individus s'opposent par le symbole, plus rarement par les armes, à la puissance occupante. Dès le 17 juin, Mme Lemaire, la fille du président Doumer, assassine un sous-officier allemand à Cosne-sur-Loire. E. Achavanne, le 19, sectionne des câbles de communication. Et à Dombasle, le 20 septembre, des séminaristes conduisent, drapeau en tête, un défilé patriotique dans les rues de la ville.

Ce caractère individuel se retrouve en zone libre. Certes, la présence allemande ne stimule pas, à Vichy, les oppositions. Après la signature de l'armistice dominent plutôt l'apathie et le soulagement d'être du bon côté de la ligne de démarcation et d'éviter l'occupation allemande. Une forte majorité trouve commode de déléguer au Maréchal les problèmes de l'heure et lui fait confiance pour conduire les destinées du pays. À l'image du morcellement de la France, « chacun est rentré chez soi », selon le mot de Jean Cassou, et dans un repli frileux attend des jours meilleurs. Pourtant apparaissent, dès juin 1940, quelques signes avant-coureurs d'une opposition,

PUF, 1960, 302 p. Id., *Défense de la France*, PUF, 1960, 302 p. Olivier Wieviorka, *Une certaine idée de la Résistance, Défense de la France, 1940-1949*, Seuil, 1995. Et pour le sud : Renée Bédarida, *Les Armes de l'esprit, Témoignage Chrétien*, Éditions ouvrières, 1977, 378 p. Marie Granet et Henri Michel, *Combat, Histoire d'un mouvement de résistance*, PUF, 1957, 328 p. Harry R. Kedward, *Naissance de la Résistance dans la France de Vichy*, Champvallon, 1989, 350 p. Marcel Ruby, *La Résistance à Lyon*, Lyon, L'Hermès, 1979, 2 t., 1055 p. Dominique Veillon, *Le Franc-Tireur*, Flammarion, 1977, 429 p. Laurent Douzou, *La Désobéissance. Histoire d'un mouvement et d'un journal clandestins : Libération-sud*, Odile Jacob, 1995, 480 p. Voir également : La Résistance et les Français, Nouvelles approches, *Les Cahiers de l'IHTP*, n° 37, décembre 1997, 185 p. (Synthèse des colloques de Toulouse, Rennes, Bruxelles, Besançon, Cachan, Aix-en-Provence, sur la Résistance.)

ici aussi individuelle. Spontanément, certains hommes font clairement connaître leur rejet de la situation, une position qui tranche sur l'opinion la plus répandue. Leur refus de s'aligner sur la manière de voir générale les démarque et leur confère une certaine unité au-delà de différences réelles.

Plusieurs courants forment le terreau privilégié de cette révolte. D'abord les catholiques. À Brive, Edmond Michelet, dès le 17 juin, se prononce contre l'armistice, reprenant dans un tract les paroles de Péguy : « En temps de guerre, celui qui ne se rend point est mon homme, quel qu'il soit, d'où qu'il vienne et quel que soit son parti. Il ne se rend point… Et celui qui se rend est mon ennemi[4]. » Renouant avec la passion de la liberté intellectuelle et de la vérité, des démocrates chrétiens s'efforcent, à Lyon ou à Montpellier, de montrer que le nazisme est incompatible avec le christianisme. Parmi eux, des universitaires, dont François de Menthon, qui refuse toute idée de collaboration avec l'Allemagne.

Dans l'armée, quelques officiers se prononcent également contre la résignation générale en affichant leur germano-phobie. Un général de l'armée de l'air, le général Cochet, qui, au moment de l'armistice, avait appelé ses hommes à pour-suivre le combat, fait circuler en septembre un tract signé de son nom dans lequel il appelle les Français à « veiller, résis-ter, s'unir ». De la Côte d'Azur où il est réfugié, le capitaine Henri Frenay refuse d'admettre que la défaite est irréversible et ne partage pas l'inertie de ses camarades d'armes. Déjà, il envisage la création d'unités paramilitaires en vue, le moment venu, de poursuivre la guerre contre l'Allemagne et jette sur le papier les bases d'une organisation : le Mouvement de libération nationale. Dans les premiers temps, l'attitude de ces opposants n'entraîne pas systéma-tiquement la condamnation de la personne de Pétain, dont beaucoup saluent le patriotisme et le désir de rénovation. Le manifeste rédigé par Henri Frenay en novembre 1940 le démontre aisément : « À l'œuvre du maréchal Pétain

---

4. Jean Charbonnel, Edmond Michelet, *Beauchesne,* 1987, 294 p. « L'appel du 17 juin », p. 254.

nous sommes passionnément attachés. Nous souscrivons à l'ensemble des grandes réformes qui ont été entreprises. Nous sommes animés du désir qu'elles soient durables et que d'autres réformes viennent parachever cette œuvre[5]. »

À l'inverse, d'autres, refusant l'idée d'un Pétain sauveur de la patrie, considèrent comme un devoir de démythifier le Maréchal et cela d'autant plus qu'ils sont très vite en désaccord avec les premières mesures prises par le gouvernement. Des passionnés d'aventure comme d'Astier de La Vigerie ressentent le besoin de faire quelque chose contre la passivité ambiante. Des journalistes comme Jean Nocher à *La Tribune républicaine* se servent de leur profession pour critiquer à mots couverts la politique de Vichy. À Grenoble, un député socialiste, Léon Martin, qui avait voté contre les pleins pouvoirs à Pétain, est au centre d'une propagande antigouvernementale.

En zone nord comme en zone sud, de petits groupes sortent des limbes. Privilégiant le long terme sur le court terme, faisant primer le collectif sur l'individuel, ils veulent agir sur la société française pour l'entraîner dans la lutte. Ces organisations sont donc amenées à inventer les modalités du combat clandestin et se constituent en fonction de cet impératif. Certes, ces structures ont un caractère limité, embryonnaire. Elles ne rassemblent au départ qu'une poignée d'individus. Libération-Nord, par exemple, créé le 1er décembre 1940, repose longtemps sur les épaules de Christian Pineau qui, après avoir tiré le premier numéro de son journal clandestin à 7 exemplaires, rédige seul les 69 suivants. Défense de la France (DF) ne compte jusqu'en octobre 1942 que 230 militants. À Lyon, France-Liberté se constitue autour de quelques individus : Noël Clavier, Élie Péju, Jean-Jacques Soudeille et un ex-conseiller municipal, Auguste Pinton. Et c'est autour d'Emmanuel d'Astier que se forme, à Clermont-Ferrand, La

---

5. Cité par Daniel Cordier, *Jean Moulin, l'Inconnu du Panthéon*, Lattès, 1990, p. 29. Cf. aussi Jean-Marie Guillon, *La Résistance dans le Var*, essai d'histoire politique, thèse d'État, université de Provence, 1989, t. III, annexes.

Dernière Colonne. Certains mouvements n'auront cependant qu'une existence éphémère. Un ancien inspecteur des Finances, M. V. Corréard, crée ainsi un modeste journal dès octobre 1940 baptisé *Libre France* puis *Arc*[6]. Son tirage (de 150 à 300 exemplaires), sa faible diffusion et sa disparition en janvier 1941 démontrent que toutes les entreprises n'étaient pas vouées au succès. Mais la pérennité comme la croissance de structures nées dès 1940 (DF, l'OCM) témoignent que certains paris initiaux ont bel et bien été gagnés.

Naissance et originalité des mouvements

À la différence des réseaux qui se définissent par leurs objectifs militaires, les mouvements souhaitent agir sur la population. L'accroissement des effectifs constitue donc une priorité que bride la réalité politique et sociale de la France : aucune classe sociale, aucune structure politique (à l'exception du PCF et, dans une moindre mesure, de la SFIO) ne bascule en effet ès qualités dans la Résistance. Le recrutement repose sur un engagement individuel, absolument fondamental, que deux éléments, semble-t-il, encouragent. Le journal, d'une part, en créant un lien entre des individus qui s'ignorent et en manifestant de façon tangible l'existence d'une infrastructure clandestine, facilite les ralliements. Les réseaux de sociabilité, d'autre part, jouent un rôle parfois décisif. Les ralliements s'effectuent le plus souvent au sein de milieux professionnels, que redoublent ici et là des connivences politiques.

Les premières organisations de la zone nord confirment ce schéma. Ainsi l'OCM réalise la fusion de deux cercles en décembre 1940. Un groupe de militaires, exploitant les liens tissés dans l'armée par les colonels Touny et Heurteaux, s'allie à un groupe de civils conduits par Maxime Blocq-Mascart qui s'appuie sur ses amis de la Confédération des travailleurs intellectuels.

---

6. Henri Michel, « Une feuille clandestine, "Arc" », *RHSGM*, n° 30, 1959.

Libération-Nord bénéficie des origines syndicales de son fondateur. Autour de C. Pineau, qui crée son journal le 1er décembre 1940, se rassemblent en effet A. Gazier, R. Lacoste, L. Saillant, tous membres de la CGT, de la CFTC ou de la SFIO. Le recrutement plongeant ses racines dans le monde syndical recoupe ainsi la sociologie de la SFIO, et les fonctionnaires de gauche y occupent une place importante.

Défense de la France, créé à l'automne de 1940, offre le visage d'un mouvement étudiant. L'âge comme la fonction de ses dirigeants (étudiants, aucun en 1940 ne dépasse la trentaine) expliquent ce phénomène. Ceux de la Libération (CDLL) enfin bénéficie simultanément d'un ancrage dans l'armée de l'air et au PSF que la personnalité de son fondateur, Maurice Ripoche, pilote de la Grande Guerre et proche des idées du colonel de La Rocque, suffit à justifier.

Ce ralliement discontinu de bonnes volontés nourrit l'expansion des mouvements en zone nord. Il se double parfois d'une croissance externe que la fusion ou l'éclatement de petits groupes entretient. En 1941, l'OCM absorbe en partie le mouvement Maintenir, créé par A. Rosier et C. Bellanger. En février 1943, DF enrôle une partie des effectifs des Volontaires de la liberté, une organisation lycéenne. Ceux de la Résistance enfin constitue au départ la filiale en zone nord de Combat avant que J. Lecompte-Boinet, en opposition avec H. Frenay, ne s'émancipe d'une tutelle jugée inutile et décevante.

En zone sud, les mouvements se développent suivant des modalités identiques. À l'origine, certains hommes cherchent à sortir de leur isolement pour constituer une opposition collective. C'est le temps de la « fronde en petits comités » : on tente de faire quelque chose ensemble. Artisanat, dénuement et empirisme caractérisent cette Résistance de 1940-1941 où compte avant tout le bouche à oreille. Et la première forme de combat à se développer est la propagande, longtemps l'arme prépondérante.

Comme autant de jalons prometteurs apparaissent des tracts ou de petites feuilles clandestines, tirées à quelques centaines d'exemplaires autour desquelles se regroupe une poignée d'individus. Avec ses collègues Pierre-Henri Teitgen, René Capitant, Alfred Coste-Floret et d'autres, François de Menthon en novembre 1940 lance *Liberté* plutôt destiné à une élite intellectuelle. Tout en organisant concrètement le Mouvement de libération nationale, Henri Frenay fait paraître en février 1941 son premier *Bulletin d'information et de propagande* rédigé en collaboration avec Bertie Albrecht auquel se substitueront bientôt *Les Petites Ailes*, puis *Vérités*. Ce qui les guide avant tout est de dire la vérité sur l'Allemagne et sur les événements militaires. À Lyon, le groupe France-Liberté rédige des tracts signés du même nom qui prennent le contre-pied des décisions de Vichy. Avec l'arrivée au printemps de 1941 de Jean-Pierre Lévy, le rayon d'action de France-Liberté s'élargit au point de devenir un embryon de mouvement. Enfin, Emmanuel d'Astier de La Vigerie à Clermont-Ferrand, avec l'appui d'un professeur de philosophie, Jean Cavaillès, d'un ingénieur, Raymond Aubrac, et de sa femme Lucie, agrégée d'histoire, sort dès juillet 1941 le premier numéro de *Libération* dont le ton tranche vivement sur les autres feuilles existantes. Alors que *Liberté, Les Petites Ailes* et *Vérités* ménageront relativement le régime tout en critiquant sans ambages la politique de collaboration, *Libération* s'en prend vivement à la politique du Maréchal « établissant fermement l'existence d'un lien de synonymie entre régime de Vichy et collaboration[7] ».

Les modalités de l'engagement

Comme en zone nord, l'adhésion à un groupement de résistance repose ainsi d'abord sur un acte de foi individuel. Le mouvement se fonde autour de quelques personnalités et l'engagement reste une affaire de choix personnel. Le milieu professionnel, la famille et les amis jouent donc un rôle de premier plan que relaient par la suite les relations politiques ou l'instrument privilégié qu'est un journal, même clandestin. Jean-Pierre Lévy, un Strasbourgeois juif réfugié à Lyon

---

7. H. R. Kedward, *Naissance de la Résistance, op. cit.*, p. 152.

où travaille son entreprise, étend son mouvement d'abord
chez les Alsaciens et les Lorrains, nombreux à être installés
en zone libre (Dordogne, Puy-de-Dôme). La persécution
dont sont victimes les francs-maçons, les démocrates de tous
bords et les Juifs alimente également le vivier des résistants
potentiels qui, au hasard des contacts, s'agrègent à l'un ou à
l'autre. Franc-Tireur attire les classes moyennes teintées de
jacobinisme. Libération, avec l'appui d'Yvon Morandat,
recrute dans le milieu syndicaliste alors que l'équipe compte
de nombreux intellectuels antifascistes ; les liens de Frenay
avec l'armée de l'armistice lui valent l'adhésion de militaires dont Maurice Bertin-Chevance et Robert Guédon.
Également des cadres techniques : ingénieurs, industriels,
fonctionnaires forment la première génération d'adhérents.

Les réseaux de sociabilités confèrent ainsi aux mouvements une certaine homogénéité qu'il convient toutefois de
ne pas surestimer. Certes, on peut, avec le recul, juger
l'OCM plus à droite que Libé-Nord ou Combat plus à droite
que Franc-Tireur. Mais la clandestinité permet des rappro-
chements entre diverses classes d'âge et diverses origines
sociales qui empêchent toute généralisation abusive. De
nouveaux repères apparaissent où plus que la connivence
politique prédomine la relation d'homme à homme. Des professeurs acceptent la tutelle d'étudiants, comme Marc Bloch
à Franc-Tireur, des pères de famille l'autorité de jeunes.
Marcel Lebon, patron de la Compagnie du gaz, reconnaît
spontanément l'autorité de Philippe Viannay, pourtant âgé de
vingt-quatre ans. Et les clivages politiques cèdent momentanément devant le but commun à poursuivre : la libération de
la France. Ancien Croix-de-Feu, Arthuys s'engage aux côtés
de M. Blocq-Mascart, spiritualiste catholique pourtant. Cette
structuration accentue ainsi la diversité des mouvements.
Elle renforce leur hétérogénéité. Elle démontre aussi leur
faiblesse. Privée de soutiens naturels, sans relais dans la
population, la Résistance ne compte, pour les deux zones,
qu'une trentaine de milliers d'individus en 1940. Cette langueur ne l'empêche cependant ni d'agir ni de définir les
grandes lignes de son action.

Les formes d'action

Les mouvements entendent agir sur deux plans. Ils souhaitent, d'une part, contribuer militairement à la défaite de l'Axe. Ils veulent, d'autre part, influencer l'opinion publique afin d'éviter que la France, en reniant ses valeurs, ne bascule dans la collaboration. Ces deux aspects distincts mais complémentaires informent leur pratique. Du fait de la présence allemande, l'action présente en zone nord un caractère plus militaire qu'en zone sud, mais au départ seulement.

En zone nord

Ici la lutte contre l'Allemagne se présente sous un double aspect. Militairement, elle associe le renseignement, destiné à informer les Alliés, et le sabotage qui cherche à paralyser l'effort de guerre ennemi. L'œuvre de l'OCM en offre un bon exemple. En mars 1943, Duchez, un peintre en bâtiment, s'empare du plan des fortifications côtières projetées dans le Calvados, un document essentiel pour le futur débarquement. En septembre, un groupe OCM détruit une écluse et une ligne à haute tension dans la région de Soissons. De même, CDLR dispose avec le réseau Max, dirigé par J. Roquigny, d'un instrument de qualité groupant de 3 000 à 4 000 agents, qui fournit d'utiles renseignements aux Alliés. Le contact direct avec les Allemands favorise bien entendu ce type d'action que complètent la récupération des aviateurs tombés ou l'aide aux prisonniers évadés. Pierre Arrighi de CDLR remet ainsi les aviateurs alliés à des filières susceptibles de les évacuer *via* l'Espagne.

L'action civile cherche à informer la population et à la protéger de l'occupant tout en favorisant un renouveau politique après la Libération. Pour ce faire, les mouvements de zone nord se dotent de journaux qui atteignent parfois de forts tirages. Dès août 1941, *Pantagruel* tire à 10 000 exemplaires et *Libération-Nord* frôle assez vite les 50 000. En janvier 1944, *Défense de la France* diffuse 450 000 exemplaires – un record. Ses militants fabriquent des faux papiers, pour contrer le STO notamment. En rédigeant plusieurs Cahiers[8], ils réfléchissent à l'avenir politique du pays. Théoriquement, le civil et le militaire sont solidaires, et ce point suffit à distinguer le mouvement du réseau. Tous les mouvements n'acceptent cependant pas ce couplage. Il faut attendre 1943 pour que l'ensemble des organisations se plie à ce schéma.

Certains mouvements au nord refusent délibérément l'action civile. À CDLR, par exemple, Jacques Lecompte-Boinet entend se cantonner aux tâches militaires. Il oppose une fin de non-recevoir à Claude Bourdet qui, en juillet 1942, l'exhorte à préparer les lendemains politiques de la Libération tout en luttant contre Vichy. Cette divergence d'appréciation contribue, on s'en doute, à éloigner Lecompte-Boinet de Combat. À l'OCM, au nom pourtant révélateur, un débat oppose le colonel Touny qui refuse de « faire de la politique » à M. Blocq-Mascart qui souhaite préparer la société de l'après-guerre. Ces débats se répercutent sur les pratiques. L'OCM (hormis ses journaux de jeunes), CDLR (à l'exception d'un *Bulletin* tardif à usage interne), CDLL ne se dotent pas d'un organe de presse susceptible d'exposer leurs vues. Ces trois mouvements dédaignent l'action civile au profit de l'action militaire.

D'autres mouvements adoptent un tout autre point de vue. Défense de la France, persuadé que la lutte revêt avant tout un caractère spirituel, développe son journal sans se soucier de monter des services de renseignements ou des corps-francs. Libération-Nord privilégie sa presse aux dépens de l'action militaire[9]. Il en va de même pour tous les mouvements de zone nord centrés sur une publication à l'instar de *Pantagruel* ou des *Volontaires de la liberté*. En d'autres termes et à de rares exceptions près, les organisations du

---

8. DF, l'OCM, Libé-Nord publient des Cahiers, CDLR un manifeste.

9. Colonel Passy, *Missions secrètes en France,* Plon, 1951, 439 p., raconte fort drôlement ses entretiens avec Libé-Nord (p. 113 et 141).

Nord adoptent des pratiques diverses qui découlent d'analyses divergentes. Si toutes refusent les attentats contre les
Allemands isolés, une pratique qui inspire les groupes
d'obédience communiste, elles n'en agissent pas moins en
ordre dispersé. Avec le temps toutefois, ces différences
s'estompent et les mouvements adoptent des pratiques communes. Entre-temps, de nouveaux acteurs sont entrés en
scène : les envoyés de Londres.

En zone sud

L'action se présente suivant des modalités différentes au
sud, où la presse clandestine a un rôle déterminant. Au
départ, l'essentiel est moins d'agir sur une opinion chloro-
formée que de permettre l'extension d'un réseau de contacts
en faisant le lien entre rédacteurs et distributeurs. Preuve
tangible que quelque chose est en train de bouger, ces
feuilles servent de point de ralliement des bonnes volontés et
conditionnent l'existence des groupements. Confusément,
leur importance apparaît si déterminante que Jean-Pierre
Lévy n'a de cesse de doter la petite équipe de France-Liberté
d'un journal dont le premier numéro, *Le Franc-Tireur,* sort
en décembre 1941. C'est en partie parce que *Liberté* ne
paraît plus à la suite d'arrestations à Marseille que son fondateur François de Menthon pour continuer à exister accepte
la proposition de Frenay de fusionner son groupe avec le
sien en novembre 1941. *Liberté* et *Vérité* sont remplacées en
décembre 1941 par *Combat* qui donne son nom au mouvement. Celui-ci s'implante à Fréjus et s'étend à Toulon, puis
à Cannes avec Claude Bourdet. Son comité directeur comprend sept membres : Henry Frenay, Maurice Bertin-
Chevance, Claude Bourdet, François de Menthon, Pierre-
Henri Teitgen, Georges Bidault et Rémy Roure. Malgré les
interdictions de vendre papier, stencils, encre, malgré la surveillance tatillonne de la police vichyssoise, chaque équipe
réussit ce tour de force d'améliorer au fil des mois le tirage
et la diffusion de son journal. De décembre 1941 à janvier
1944, *Combat* sort 58 numéros, *Le Franc-Tireur* 37 et
Libération 54, *Témoignage chrétien* 15 cahiers. De 5 000 à

10 000 exemplaires au départ, le chiffre moyen oscille entre
125 000 et 150 000.

En zone sud, la lutte contre l'attentisme passe d'abord par
le réveil des consciences. Il s'agit d'informer l'opinion sur les
données réelles de la situation, de lui ouvrir les yeux sur les
enjeux vitaux. À Lyon, des catholiques groupés autour du
père Chaillet appellent les chrétiens à ne pas être dupes du
nazisme et font sortir le premier *Cahier du Témoignage
chrétien* en novembre 1941. Par la suite, ce même journal
dénoncera vigoureusement le racisme et les persécutions
menées contre les Juifs. La nécessité de défendre les valeurs
républicaines menacées par l'autoritarisme de Vichy pousse
Élie Péju du *Franc-Tireur* à reprendre en avril 1942 la publication d'un des plus célèbres journaux révolutionnaires, *Le
Père Duchesne*. En vilipendant dans un style humoristique
l'image d'un Pétain bonhomme, fossoyeur de la République,
le journal connaît un vif succès, ouvrant la voie à d'autres
publications du même genre : *93* à Saint-Étienne en mai
1942 et *Libérer et Fédérer*[10] à Toulouse en juillet de la même
année. En avril 1942, un mois après l'ouverture du procès de
Riom et compte tenu de la polémique qui en découle, *Le
Populaire*[11], organe du parti socialiste, fait sa réapparition
sous la direction de Daniel Mayer, cependant qu'à Lyon toujours des socialistes isolés publient *L'Insurgé*[12] et des radicaux *Le Coq enchaîné*[13]. Toutes ces feuilles expriment leur
révolte contre Vichy, le fascisme et les Allemands. Elles
s'affichent contre la collaboration.

À partir de 1942, la propagande résistante de la zone sud
ne se contente plus de dénoncer la défaite, l'armistice et

10. Cf. Michel Goubet et Paul Debauges, *Histoire de la Résistance
en Haute-Garonne,* Éd. Milan, 1986, 250 p., p. 88.

11. Robert Verdier, « Le Populaire », in *La Presse clandestine
1940-1944,* colloque d'Avignon, Avignon, Conseil général du Vaucluse, 1986, p. 159.

12. Robert Fiat, *L'Insurgé,* DES de la faculté des lettres de Paris,
1961, 115 p.

13. Marcel Ruby, *Mémorial du Coq enchaîné,* Lyon, CRDP, 1976,
84 p.

l'Occupation. Elle s'identifie à la défense des libertés et des
exclus tels que communistes, Juifs, francs-maçons, etc.
Même le journal *Combat* en mai 1942 en vient à condamner
clairement le Maréchal et la Révolution nationale. La nécessité de combattre les nazis devient de plus en plus inséparable de la lutte contre Vichy. Les traditions de liberté défendues par la gauche républicaine se confondent désormais
avec les idéaux de la Résistance de zone sud, lui conférant
une coloration politique significative. *Le Franc-Tireur* et
Libération se situent à gauche sur l'échiquier politique de la
Résistance tandis que *Combat* où militent côte à côte démocrates et éléments d'extrême droite est longtemps marqué à
droite. Dans le courant de 1942, ce mouvement se prononce
lui aussi en faveur de la République et d'une révolution
socialiste, préconisant un renouvellement des institutions et
du personnel politique après guerre. Tout cela est clairement
exprimé dans les projets économiques et sociaux que ces
groupes ne cessent de développer dans leurs feuilles clandestines à partir de la fin de 1942[14].

Les conditions moins rudes dont bénéficient les résistants
de cette zone jusqu'en novembre 1942 font qu'ils utilisent
volontiers la rue comme moyen d'action auprès de l'opinion. L'une des premières manifestations publiques de la
Résistance en zone sud a lieu le 18 mars 1942 à Lyon : elle
réunit 600 personnes en signe de protestation contre la venue
salle Rameau de l'orchestre philharmonique de Berlin. Le
1er mai, le 11 novembre et surtout la fête nationale du 14
juillet deviennent prétextes à des rassemblements pour
répondre à la provocation du régime de Vichy qui interdit
toute commémoration officielle ces jours-là. À travers la
zone libre, à Lyon, Marseille, Toulouse, Clermont-Ferrand,
le 14 juillet 1942 marque le divorce entre une fraction de la
population et le gouvernement : la preuve est faite que l'on

---

14. Cf. en particulier *Le Franc-Tireur*, « Notre Révolution », du 20
janvier 1943, du 20 février 1942, d'avril-mai 1943, *Combat* de 1942
et janvier 1943, *Libération* enfin de juillet 1943.

ne peut pas tout imposer et qu'il existe une force d'opposition réelle, concrétisée par les mouvements.

L'organisation nettement plus structurée de Combat lui vaut à la fois de s'étendre rapidement à toute la zone sud et de devenir le modèle sur lequel se calquent les autres groupes. Chaque mouvement comprend plusieurs secteurs, dont la propagande, le renseignement, et aussi l'action, le choc.

De la « kermesse » aux groupes francs

Le passage à l'action concrète se fait graduellement, car, au début, on recourt à des moyens assez artisanaux. Badigeonner des murs de peinture, recouvrir une statue de slogans peuvent paraître puérils à première vue. En réalité, ces actions rappellent à la population que la guerre et l'Occupation ne sont pas acceptées par tous et que, même modestement, on peut agir. Jacques Renouvin de Combat a l'idée d'organiser des groupes de jeunes dans le dessein de s'en prendre aux partisans avoués des Allemands, ceux que l'on appelle les collaborateurs, afin de leur donner un avertissement. Des opérations baptisées « kermesses » se déclenchent au même moment dans des villes différentes pour mettre à mal les officines collaborationnistes. Puis on décide d'aller plus loin : devant les réquisitions allemandes, on envisage de saboter les marchandises destinées au Reich, avec le concours des ouvriers de l'industrie. Le résultat est la création par les trois grands mouvements de zone sud, Combat, Franc-Tireur et Libération, de groupes francs chargés d'action immédiate qui deviennent véritablement efficaces dans le second semestre de 1942. Le 29 juillet 1942, les groupes francs de Combat réalisent une opération de sabotage dans plusieurs villes du Sud. À Franc-Tireur, le 2 novembre est la date choisie pour un passage à l'offensive contre les collaborateurs à Lyon, Clermont-Ferrand, Limoges… Des coups de main spectaculaires sont lancés. Lucie Aubrac, en liaison avec ces groupes francs, monte une opération qui délivre le 21 octobre 1943 son mari et une dizaine de résistants au cours d'un transfert entre la prison et le siège de la Gestapo[15]. L'impulsion donnée par Frenay pour constituer une force militaire capable de préparer la revanche aboutit à la formation de groupes armés, mais ceux-ci manquent tragiquement de moyens. Là réside l'un des enjeux des rapports complexes entre le général de Gaulle à Londres et les mouvements.

Lutter contre l'Allemagne et le gouvernement de Vichy suppose aussi des antennes dans tous les milieux capables de fournir des renseignements susceptibles d'être utilisés. Combat a le premier l'idée de noyauter les administrations comme les PTT ou la police en utilisant les compétences de ses membres. À cet égard, la lutte contre le STO à partir de février 1943 n'est efficace que parce que les mouvements bénéficient de complicités administratives, pour la fabrication de faux papiers, par exemple, et parce qu'ils ont le soutien d'une partie de la population qui fournit cachettes et vivres aux pourchassés, aidant indirectement à la constitution de maquis. Tout cela permet de mesurer le chemin parcouru en deux ans. Plus centrés au départ sur la propagande, élargissant au fil du temps leur action, les mouvements de zone sud sont, en 1943, entrés dans l'âge adulte. Surtout les différences entre les deux zones s'estompent. L'invasion de la zone libre par les Allemands comme le rôle croissant joué par Londres dans l'organisation de la Résistance produisent une homogénéisa-tion des mouvements qui atténue leur originalité première.

Les relations avec la France libre

La zone sud
Les contacts entre les mouvements de zone sud et la France libre, plus précoces que pour les mouvements de zone nord, sont aussi plus conflictuels.

Jean Moulin, après avoir séjourné en zone libre durant

---

15. Lucie Aubrac, *Ils partiront dans l'ivresse,* Le Seuil, 1984, 259 p., p. 173 *sq.*

l'année 1941 et rencontré Henri Frenay, François de Menthon et Emmanuel d'Astier, gagne Londres en octobre où il fait au général de Gaulle un rapport complet sur l'état de la Résistance dans cette zone. « Parti à Londres en porte-parole de la Résistance, Moulin revient en France le 2 janvier 1942 comme ambassadeur du général de Gaulle[16]. » Sa mission est triple : rallier les mouvements de zone sud à la France libre, contrôler les forces militaires de la Résistance et « réaliser dans la zone sud l'unité d'action de tous les éléments qui résistent à l'ennemi et à ses collaborateurs ». En outre, chaque mouvement est désormais invité à séparer nettement son organisation politique de son organisation militaire. Le ralliement des mouvements à la France libre et leur coordination sont les deux phases de la délicate opération à mener.

Sur place, l'installation du dispositif se heurte à de nombreux obstacles. La vie clandestine, les tensions auxquelles sont soumis ces résistants, leurs ambitions personnelles et leurs rivalités politiques exaspèrent les divisions. À mesure que les mouvements s'étoffent, leurs chefs se considèrent non seulement comme des combattants au service de leur pays, mais aussi comme les dépositaires d'un capital politique à faire fructifier après la guerre. Tandis que Jean-Pierre Lévy joue la modération, les relations entre d'Astier et Frenay sont mauvaises, tous deux se posant en rivaux. L'un, résolument antifasciste, penche pour une action politique qui prendrait appui sur les couches populaires. L'autre, anti-allemand, se prononce pour une primauté du militaire sur le politique. Enfin, Combat étant le mouvement le plus important et le mieux organisé, Frenay pense avoir des droits sur les deux autres. Un incident – la rencontre entre Frenay et le ministre de l'Intérieur Pucheu en 1942 – dresse les résistants contre Combat, avivant la réputation de pétainisme de son

---

16. Daniel Cordier, *Jean Moulin et le CNR,* IHTP-CNRS, 1983, p. 12. Se reporter également, pour une vue d'ensemble, à la somme de Daniel Cordier, *Jean Moulin, La République des catacombes*, Gallimard, 1999, ainsi qu'à *Jean Moulin face à l'Histoire* (dir. Jean-Pierre Azéma), Flammarion, 2000.

chef. D'Astier, puis Jean-Pierre Lévy condamnent sans hésitation l'attitude de Frenay.

Vers l'unification

La première tâche de Moulin est d'obtenir des trois mouvements leur allégeance à la France combattante qui est successivement admise par Libération, en janvier 1942, par Franc-Tireur et par Combat en mars. En s'affirmant gaulliste, Frenay choisit son camp et rompt avec les liens qui l'attachent à Vichy. Si les résistants sont prêts à reconnaître le général de Gaulle comme le symbole de la Résistance, en revanche aucun des dirigeants ne veut se dessaisir de la parcelle d'autorité que la clandestinité lui a conférée. Franc-Tireur et Libération se méfient des intentions du Général, trop conservateur à leurs yeux. Le manifeste politique rapporté de Londres par Christian Pineau en avril 1942 et destiné à rassurer les résistants sur les intentions démocratiques de De Gaulle ne les a convaincus qu'à moitié. Ils se montrent méfiants. Les atouts dont Jean Moulin dispose, l'existence d'une liaison avec Londres, la distribution de subsides et la promesse d'une livraison d'armes font pencher la balance en faveur du ralliement. Dès le début de l'année 1942, les mouvements commencent à recevoir régulièrement de l'argent. Frenay, d'Astier de La Vigerie et Lévy acceptent finalement de se tourner vers Londres parce qu'ils en attendent aide et appui. La prééminence de la France libre sur la Résistance métropolitaine est inscrite dans les faits, mais le gaullisme est moins celui des chefs que celui de la base. On le voit bien au printemps de 1943 lorsque Frenay, passant outre à l'autorité de Jean Moulin, tente de monnayer ses propres renseignements auprès des services américains de Suisse ! En bien des régions, les militants gaullistes de cœur poussent à une fusion entre mouvements, mettant les responsables devant le fait accompli.

Cependant, la coordination de certaines activités, comme les services de parachutage, et surtout la création d'une armée secrète unique sont difficiles à faire admettre au sommet. Des services administratifs communs sont assez vite organisés : en avril 1942, le Bureau d'information et de propagande, sorte d'agence de presse clandestine, et en juillet le Comité général d'études, chargé d'étudier les réformes politiques et économiques à mettre en œuvre à la Libération. Pour hâter la fusion, il est prévu que les trois chefs de mouvement et Jean Moulin iront à Londres pour y rencontrer le Général. Par suite d'aléas de transport, seuls Frenay et d'Astier sont au rendez-vous en septembre 1942.

Ils reviennent en novembre, porteurs des instructions du Général. Désormais, les mouvements reconnaissent l'autorité de la France libre sur la Résistance. Une Armée secrète est constituée sous les ordres du général Delestraint. Un comité de coordination comprenant les chefs des trois mouvements est créé en zone libre pour diriger la propagande et l'action des mouvements. Il est présidé par Jean Moulin. « En échange de leur ralliement à la France combattante, les mouvements obtiennent une sorte de monopole de représentation de la Résistance en zone libre[17]. » De fait, il est conseillé aux autres groupes de la Résistance de verser leurs éléments militaires à l'Armée secrète et de se fondre dans les mouvements existants. Cette dernière disposition donne satisfaction aux mouvements qui ne veulent pas entendre parler d'une reconstitution des anciens partis déconsidérés par la défaite.

En janvier 1943, les trois grands mouvements ont fini par fusionner et former les Mouvements unis de Résistance (MUR). Tout n'est pas réglé pour autant. Une question épineuse, celle de l'utilisation de l'Armée secrète, se pose constamment. Les responsables des MUR ne veulent pas d'une séparation entre l'activité militaire et l'activité politique. Ils veulent encore moins que l'AS dépende de Londres. Il s'ensuit des heurts entre Frenay et le général Delestraint (et après l'arrestation de ce dernier des querelles sans fin pour le contrôle de l'AS).

En s'unifiant, chacun des mouvements perd un peu de son

---

17. *Ibid.*, p. 13.

originalité. D'où le besoin que ressentent les dirigeants de conserver une presse indépendante, même s'ils font appel à des services communs, *Combat, Le Franc-Tireur* et *Libération* continuent donc chacun à paraître jusqu'à la Libération.

Presque aussitôt, les laissés-pour-compte des MUR font entendre leur voix, en particulier le Comité d'action socialiste que dirige Daniel Mayer et qui affirme qu'il ne peut y avoir de « démocratie sans partis ». Aux yeux des socialistes, les mouvements sont une construction hétérogène groupant des hommes inconnus pour la plupart sans aucun mandat. Les partis sont donc les seuls à offrir une construction démocratique pour l'après-guerre. Au lieu d'être le lien entre tous les résistants, comme le souhaitent le général de Gaulle et Jean Moulin, le Comité de coordination ne sert-il pas directement à en exclure certains ? Les socialistes, reprenant l'idée avancée par le groupe Boris-Fourcaud d'un « Comité national formé de représentants des mouvements, des partis et des syndicats », proposent la création d'un Comité exécutif de la Résistance. Leur but est de rassembler tous les résistants des mouvements, des partis et syndicats autour d'un « programme d'action immédiate pour la libération du territoire » et pour la mise en œuvre de mesures économiques, politiques et sociales à effectuer au lendemain de la guerre. De leur côté, les représentants des syndicats, eux aussi en désaccord avec la composition du Comité de coordination dont ils sont exclus, font connaître leur mécontentement. En d'autres termes, l'unification des organisations de zone sud renforce la cohésion et la cohérence des mouvements de résistance, mais ne laisse pas de susciter de nouveaux problèmes.

L'unification en zone nord

La situation se présente sous un jour différent en zone nord. La France libre, rappelons-le, connaît fort mal cette région malgré les voyages à Londres du colonel Manhès, adjoint de J. Moulin (janvier 1942), ou de Pierre Brossolette (avril 1942). Or, à l'orée de 1943, l'organisation de cette zone devient un enjeu important. D'une part, le BCRA juge que cet espace offre des capacités inexploitées pour le renseignement, d'autre part les services du colonel Passy veulent, en l'unifiant, renforcer l'efficacité de la Résistance pour le futur débarquement. Et le général de Gaulle souhaite accroître sa légitimité au moment où il croise le fer avec Giraud. Ces trois impératifs commandent donc une réorganisation que la mission Brumaire-Arquebuse, conduite dans l'hiver de 1943 par P. Brossolette et le colonel Passy, s'emploie à réaliser.

À la suite de cette expédition, trois grands résultats sont obtenus. Les mouvements acceptent en premier lieu de séparer leur branche « Action » de leurs services de renseignements. Les réseaux, désormais coiffés par des centrales (Coligny, Prométhée…) qui coordonnent le travail et groupent les transmissions avec Londres, deviennent plus indépendants. Le réseau Centurie s'affranchit de l'OCM comme Manipule ou Turma de CDLR et CDLL. En deuxième lieu, les mouvements se soumettent à un découpage territorial : 6 régions militaires et 19 subdivisions faciliteront la coordination de l'action sur le terrain avant comme après le débarquement. Enfin, et peut-être surtout, les organisations du Nord acceptent le schéma londonien qui vise à unifier l'armée des ombres.

Cette unification emprunte deux voies. Sans tenir compte des consignes données à J. Moulin le 21 février 1943 par le général de Gaulle, P. Brossolette institue le 26 mars un Comité de coordination. Cet organisme esquisse une unification des mouvements de la zone occupée. Mais en introduisant le Front national, en ignorant des mouvements jugés secondaires, tel Défense de la France, et en maintenant la coupure du pays en deux zones, ce comité heurte les conceptions et les ambitions plus unitaires de J. Moulin[18].

Les conséquences de l'unification

À partir de 1943, les mouvements évoluent profondément. La liaison avec Londres leur apporte tout d'abord une aide matérielle qui, pour mesurée qu'elle soit, pèse lourd. Alors que le financement reposait auparavant sur la générosité des mili-

---

18. *Ibid.*, p. 182 *sq.*

tants ou des sympathisants, ils peuvent désormais compter
sur la Délégation. Si J. Lecompte-Boinet, en juillet 1942,
touche 50 000 francs de la part de Combat, ce sont 2 250 000
que CDLR obtient en février 1944 et 2 590 000 en mars de
la même année. En janvier 1943, Libération perçoit
1 500 000 francs, Franc-Tireur 600 000, Combat 2 500 000. Ce
changement d'échelle se vérifie pour tous. Défense de
la France, au départ, recourt à la générosité illimitée de
Marcel Lebon, mais il ne parvient à financer son atelier de faux
papiers que grâce aux 300 000 francs remis par la Délégation.

De même, Londres s'emploie, malgré les réticences
alliées, à satisfaire les exigences en armes de la Résistance.
Certes, les besoins sont loin d'être couverts, ce qui nourrit
amertume, désillusion et désenchantement. Mais les contacts
pris à partir de 1943 donnent quelques résultats. Lors de sa
mission, par exemple, Passy obtient un parachutage par
quatre avions sur le Nivernais, dont Pichard, un officier de
Londres mis à la disposition de l'OCM et bientôt patron du
Bureau des opérations aériennes, assurera la réception.

Les mouvements, mieux épaulés par Londres, étendent également leur champ d'activité. Spécialisés au départ, notamment
en zone nord, ils deviennent, à partir de 1943, polyvalents. Un
faisceau de causes explique cette évolution. La victoire qui
se dessine décuple la volonté d'agir. Par ailleurs, l'activisme
du Front national d'obédience communiste impose aux mouvements de suivre la cadence sous peine d'être taxés d'attentisme[19]. Enfin, les perspectives politiques de l'après-guerre
incitent les organisations à mettre en avant leurs hommes
et leurs idées. Le résultat est clair : les mouvements militaires
se politisent, les structures civiles se militarisent.

Ainsi de l'OCM. Au départ, le mouvement refuse d'éditer
un journal et les projets politiques de Blocq-Mascart, publiés
dans quatre *Cahiers* qui s'échelonnent de juin 1942 à septembre 1943, nourrissent la méfiance du colonel Touny. À

---

19. Ce climat pousse P. Viannay à publier en février 1944 dans *DF*
« Le devoir de tuer » dont il regrette l'outrance dans ses Mémoires,
Du bon usage de la France, Ramsay, 1988, 441 p., p. 56.

l'automne de 1942, un accord est négocié avec Résistance en vue d'une alliance entre les deux mouvements. Si la tentative échoue, elle ne dénote pas moins un revirement – non exempt d'arrière-pensées.

De même, CDLR s'oppose au départ à toute politisation, ce qui l'incite à refuser la création d'un service civil. À la demande de P. Brossolette toutefois, Jean de Vogüé, pour bénéficier de la reconnaissance londonienne, constitue une branche non militaire qui coiffe faux papiers, liaisons, action ouvrière, publie à partir de mars 1943 un *Bulletin* et recommande, par une circulaire du même mois, d'intensifier l'action politique[20].

Inversement, Défense de la France, qui refuse au début l'action armée, obtient, dès le début de 1944, les commandements du maquis de Seine-et-Oise nord et de la région D (Bourgogne-Franche-Comté). Libération-Nord, centré à sa naissance sur la propagande, développe fébrilement sa branche militaire, en Bretagne notamment. La liaison avec Londres renforce ainsi la polyvalence des mouvements, non sans induire certains effets pervers.

Le CNR et ses ambiguïtés

Au début de 1943, les rapports entre Londres et la Résistance sont placés sous le double signe de la complexité et de l'ambiguïté. D'une part, les mouvements craignent que la liaison avec Londres, indispensable sur le plan logistique, n'aliène leur indépendance. D'autre part, ils refusent de partager avec d'autres organismes le monopole de la représentation résistante. Or, face aux louches combinaisons d'un Darlan et face aux tortueux raisonnements d'un Giraud, le général de Gaulle entend opposer la force d'une légitimité républicaine et unanimiste, en particulier face aux Alliés. D'où la nécessité de se faire cautionner par les anciens partis, « représentants attitrés du peuple », et de supprimer l'artificielle division entre zone nord et zone sud. Malgré ses

---

20. On lira Manifeste et circulaire, *in* Marie Granet, *CDLR, op. cit.,* p. 271 *sq.*

réticences initiales, Jean Moulin s'emploie donc à mettre sur pied un organisme au rôle consultatif, unissant le Nord et le Sud, rassemblant les mouvements, les forces syndicales et politiques. Le 27 mai 1943, le Conseil national de la Résistance, présidé par Jean Moulin, tient sa séance inaugurale à Paris au 48, rue du Four. L'OCM, CDLR, CDLL et Libération-Nord représentent le Nord ; Combat, Franc-Tireur et Libération-Sud les mouvements sudistes. Les comités de coordination s'effacent devant une structure unanimiste qui, en réintroduisant les partis, modifie les règles du jeu.

Cette structure est en effet mal tolérée par les mouvements. Si ces derniers acceptent pour des raisons multiples la tutelle du général de Gaulle, ils ne souhaitent en aucun cas associer les anciens partis à la renaissance politique du pays. En fait, les mouvements espèrent que le Général saura, en s'associant aux élites dégagées par le combat clandestin, conduire la rénovation du pays. L'union est donc conçue sous le signe d'un partenariat qui exclut toute soumission hiérarchique, Frenay ne se fait pas faute de le rappeler. De Gaulle, on le sait, ne l'entend pas de cette oreille. Tenu en suspicion par Washington, désireux de reconstruire l'État et de surmonter les divisions nées de l'Occupation, il recherche le soutien le plus large de l'opinion, ce qui explique l'inclusion des partis dans le CNR. Les mouvements se trouvent donc placés en porte à faux. D'un côté, ils se méfient du Général qui ressuscite des organisations politiques dont ils escomptaient la disparition. Mais, de l'autre, ils sont contraints d'accepter les règles fixées par Londres qui, depuis 1943, cumule moyens, pouvoir et légitimité. La présence des partis dans le CNR suscite donc une intense déception. Les représentants de la Résistance intérieure, faute d'expérience politique, se sentent en porte à faux face aux politiciens de métier, d'où le sentiment d'être dépossédés de leur influence et d'avoir passé la main trop tôt. Dès lors, les mouvements oscillent entre deux attitudes contradictoires. Certains tentent d'opposer à la légitimité gaulliste la force de leur union. D'autres (ce sont parfois les mêmes) cherchent à s'imposer comme partenaires privilégiés du Général.

S'unir pour opposer à la légitimité gaulliste la légitimité résistante, tel semble être l'objectif que s'assigne le Comité central des mouvements, créé le 25 août 1943. Groupant neuf mouvements du Sud et du Nord, cette structure combine aux yeux de la Résistance intérieure tous les avantages. Elle minore le poids des communistes dont on redoute l'hégémonie, elle exclut les partis politiques qui n'y sont pas directement représentés et relègue le CNR à un pouvoir symbolique, puisque ce comité prétend devenir à lui seul l'« exécutif de la Résistance ». L'énumération de ces objectifs ambitieux suffit à expliquer l'échec de la tentative. Les communistes, les partis et le CNR s'allieront pour combattre une structure qui les exclut et qui sera bien vite condamnée.

Inversement, la réticence des grands mouvements du Nord provoque la faillite de l'Union nationale de la Résistance qui veut, à la fin de 1943, réunir l'ensemble de la Résistance intérieure. La création du Mouvement de libération nationale, en janvier 1944, compense imparfaitement cet échec. Certes, l'alliance des MUR et des « petits » mouvements de la zone nord (Lorraine, Défense de la France, Voix du Nord, Résistance) marque un pas vers l'union de la Résistance. La mise en commun de tous leurs services (renseignements, action…), à l'exclusion des journaux, renforce leur efficacité. Mais les grands mouvements du Nord se tenant à l'écart de ce processus le condamnent. Par-delà les formules unitaires, certains font cavalier seul, et la Résistance reste, en 1944, imparfaitement unifiée. Doit-on pour autant conclure à son échec ? A-t-elle rempli les objectifs qu'elle s'était assignés ?

Un bilan

Effectifs et sociologie
À la Libération, l'œuvre des mouvements apparaît considérable. Par la diffusion massive de leur presse, ils popularisent l'image de la Résistance et contribuent à diffuser ses mots d'ordre. Ils ont donc un indiscutable impact sur la

population française. L'effet d'entraînement semble, en revanche, avoir été minime. Les mouvements ne parviennent pas à encadrer la population pour la mener au combat. Certes, la croissance des effectifs est forte. Si Défense de la France ne compte que 3 000 membres en 1944, CDLR aligne à l'époque 12 000 hommes. Les 100 000 hommes revendiqués par l'OCM en 1943 sont sans doute excessifs, mais les 70 000 membres de Combat correspondent sans doute à une réalité objective. Même Franc-Tireur, considéré comme le plus petit mouvement de la zone sud, compte 10 000 militants en 1944. Il n'en reste pas moins vrai que, même en comptant les sympathisants, la Résistance est, en 1944, un phénomène minoritaire.

De même, les mouvements n'offrent pas, fût-ce en réduction, l'image de la société qu'ils prétendent incarner. Même sous-estimée, la place des femmes (de 10 à 30 % des effectifs) ne correspond pas à leur importance sociale. L'élément jeune est par ailleurs sur-représenté. Ainsi en Ille-et-Vilaine, les 13-29 ans (un tiers de la population départementale) groupent près de 50 % des effectifs résistants. Sur les 462 membres responsables de Franc-Tireur, plus d'un tiers ont moins de trente ans. Du point de vue sociologique, certaines catégories sont très présentes (les ouvriers, les employés), d'autres sont sous-représentées. En Ille-et-Vilaine toujours, les agriculteurs (52,38 % des actifs) ne forment que 6,54 % de la population résistante[21]. C'est dire que le brassage social opéré par la Résistance, certes réel, n'en reste pas moins limité.

Du point de vue civil, en revanche, les mouvements jouent un rôle capital. Les faux papiers distribués par les mouve-

---

21. Jacqueline Sainclivier, « Sociologie de la Résistance en Bretagne », RHSGM, n° 117, 1980, J. Sainclivier, *La Résistance en Ille-et-Vilaine, 1940-1944*, Rennes, Presses Universitaires de Rennes, 1993, 302 p., *La Résistance, une histoire sociale*, Les Éditions de l'Atelier, Éditions ouvrières, Paris, 1997, 250 p., en particulier les articles de F. Marcot, *Pour une sociologie de la Résistance*, p. 21-41 et de J.-M. Guillon, *Résistance et classes moyennes en zone sud*, p. 97-113.

ments se comptent par milliers. Dans leur appartement de la rue de la Victoire – la localisation n'est pas innocente –, M. Bernstein et son épouse Monique fabriquent 12 500 tampons qui servent à établir des fausses identités par milliers. À cette action s'ajoutent des actions de commando. En février 1944, Léo Hamon détruit le fichier central du STO au ministère du Travail. On constate ainsi que les mouvements, au Nord comme au Sud, ont tenté de protéger, autant que faire se peut, la population civile.

Les mouvements jouent, par ailleurs, un rôle militaire important. Outre le renseignement, leur contribution avant comme après le 6 juin apparaît décisive. Sabotage des voies ferrées, rupture des câbles téléphoniques et des lignes électriques, attaques de convois allemands se succèdent et, dès avril 1944, par exemple, le trafic ferroviaire chute de 37 %. Ces faits d'armes ne doivent pas occulter le rôle politique des résistants qui, à plusieurs reprises, facilitent la transmission des pouvoirs entre les anciennes et les nouvelles autorités. À Rennes, à Saint-Brieuc, à Paris, les tenants de l'ordre ancien cèdent la place sans résistance, sans bain de sang surtout. Toutefois ces actions ne relèvent plus des mouvements proprement dits, mais des Forces françaises de l'intérieur. Créées le 1er février 1944, elles groupent les effectifs versés par les organisations du Nord comme du Sud. Les combats de la Libération ne concernent donc plus les mouvements en tant que tels, même si ceux-ci ont durement payé le prix de la victoire.

La répression

Ces organisations sont en effet durement frappées par la répression. En zone nord, la présence allemande explique pour une large part la précocité des arrestations. Dès les premiers mois de 1941, le réseau du Musée de l'Homme est décapité. Les autres mouvements ne sont pas épargnés. Le 21 décembre 1941, J. Arthuys, le patron de l'OCM, est arrêté. La répression s'intensifie à partir de juin 1942. La traque des résistants passe à cette date de l'Abwehr, le service de contre-espionnage de l'armée, aux services de sécu-

rité nazis, la SIPO, commandés en France par K. Oberg[22]. Il
en résulte une intensification de la sauvagerie dont la
Résistance subit les effets. Si le Musée de l'Homme bénéficie, maigre concession à la dignité, d'un procès, les résistants arrêtés dans le Nord à partir de 1942 sont torturés,
emprisonnés, déportés ou exécutés sans que les Allemands
s'embarrassent d'arguties juridiques.

En zone sud, les mouvements n'ont, jusqu'en novembre
1942, comme adversaires que la police de Vichy. Si celle-ci
n'hésite pas à entraver leur action à de multiples reprises,
elle ne se montre pas aussi acharnée que les Allemands. Les
prisonniers dépendent de l'administration pénitentiaire
vichyssoise. Ils peuvent recevoir des colis et ont le droit
d'être entendus par des avocats. En janvier 1942, Combat
subit un coup de filet qui lui coûte une cinquantaine d'arrestations entre Lyon, Clermont et Limoges[23]. Un procès a
lieu en octobre 1942 à l'issue duquel les condamnés sont
envoyés soit en prison, soit dans des camps d'internement. À
partir de novembre, la répression s'intensifie, et plus rien ne
différencie les deux zones. Les détenus, soumis à des interrogatoires épuisants, sont parfois torturés.

Souvent, au nord comme au sud, les pertes sont provoquées par des trahisons. Celle de Multon est à l'origine
d'une série d'arrestations, dont celle du général Delestraint
et, par ricochet, celle de Caluire. Le 21 juin, Jean Moulin est
arrêté en compagnie de cinq chefs des MUR. Identifié, il
mourra abominablement torturé. De même, un indicateur,
Marongin, livre aux Allemands le mouvement Défense de la
France, ce qui débouche le 20 juillet 1943 sur 48 arrestations. Un résistant de l'OCM, Grandclément, arrêté le 19
septembre 1943 et retourné par l'Abwehr, livre par anticommunisme dépôt d'armes et emplacement des maquis

---

22. Michel de Bouard, « La répression allemande en France de
1940 à 1944 », *RHSGM,* n° 54, 1964.

23. Cf. Marie Granet et Henri Michel, *op. cit.,* p. 267, ainsi que
Renée Bédarida, *op. cit.,* p. 151. Parmi les accusés figurent aussi des
militants de Témoignage chrétien.

dans le Bordelais. L'entrée à CDLR d'un agent double, Texier, provoque l'arrestation de J. Roquigny. Les Allemands s'emparent à son bureau de documents, vite décodés, qui leur permettent de décapiter les groupes de la banlieue nord et nord-ouest de Paris en février 1944.

On ne s'étonnera donc pas du lourd tribut payé par la Résistance en général[24] (30 000 fusillés, 60 000 déportés, 20 000 FFI disparus) et les mouvements en particulier. De 3 000 à 4 000 membres de l'OCM meurent au combat, de 7 000 à 8 000 sont déportés dont 2 000 à 3 000 seulement sont rentrés. À Franc-Tireur, la répression atteint le tiers de ceux qui occupent des responsabilités au sein du mouvement, frappant largement les étudiants et les employés. À Défense de la France, un quart des effectifs en subissent, à des titres divers, les rigueurs. En raison de leur rôle de premier plan, les imprimeurs sont particulièrement touchés.

Conçus par des individus sans passé militant pour la plupart, démunis et sans moyens, traqués par les organes de répression, les mouvements semblent avoir malgré tout rempli leur mission. Ils constituent en 1944 une force militaire et politique qui, par-delà son poids limité, offre une solide alternative aux prétentions vichyssoises. Certes, ce phénomène inventé reste minoritaire. Son aide à l'effort de guerre, son rôle à la Libération et sa place importante dans la mémoire nationale prouvent néanmoins la vigueur d'un phénomène irréductible à sa force numérique.

---

24. Jean-Pierre Rioux, *La France de la IV*[e] *République*, t. I, Le Seuil, 1980, 309 p., p. 31.

Le Front national

Stéphane Courtois

L'expression « Front national » est une terminologie typiquement communiste centrée autour de la notion de front. Dès 1921, l'Internationale communiste a désigné sous ce vocable différentes formes d'alliances de classes, de couches et de courants politiques en vue d'atteindre un objectif déterminé. À ces multiples formes d'alliances correspondent des types de dispositif politique distincts : front unique, front antifasciste, front populaire, front uni, front national, front de libération nationale, etc.

Le parti communiste français, en tant que section de l'Internationale, a donc appliqué ces différentes formules selon la conjoncture. Il s'est notamment lancé, dès 1934, dans le Front populaire, alliance des forces de gauche et de la classe ouvrière dont le PCF a cherché à prendre la tête.

La dérive droitière du gouvernement Daladier, mais surtout le rapprochement Hitler-Staline et la guerre ont brisé ces démarches d'alliance et ont rejeté le PCF dans l'illégalité et la clandestinité, et donc dans la solitude et l'isolement. Après la défaite et au premier trimestre de 1941, les communistes ont continué de se battre seuls, tentant de mobiliser, sans grand succès, le monde ouvrier sur des revendications catégorielles salariales et sur le ravitaillement. Le PCF plaçait alors la libération sociale (et socialiste) de la France avant sa libération nationale.

À partir d'avril 1941, l'Internationale communiste a infléchi sa ligne, suivant en cela les impératifs de la politique de l'Union soviétique. Depuis septembre 1939, elle analysait la guerre comme un conflit entre deux rivaux impérialistes, allemand et anglo-français, auquel la classe ouvrière et la France n'avaient pas à se mêler. Or l'entrée des troupes allemandes en Yougoslavie, au début d'avril 1941, s'attaquant aux Balkans qui retiennent toute l'attention de Staline, dégrade les relations entre Moscou et Berlin. Si la guerre demeure qualifiée d'impérialiste, l'impérialisme allemand y est présenté à nouveau comme prédateur ; cette inflexion ouvre une étroite marge de manœuvre pour une propagande plus « nationaliste » qui transparaît dans l'appel de l'Internationale pour le 1er mai 1941.

Or c'est précisément à l'occasion de son numéro spécial du 1er mai que le PCF fait passer au premier plan la préoccupation nationale. Dès le 8 mai 1941, *L'Humanité* clandestine proclame en bonne place : « Français, luttez pour la libération nationale du pays. » Et dès la mi-mai est diffusé un appel portant la mention « Le parti communiste français s'adresse à tous ceux qui pensent français et veulent agir en Français », et intitulé « Pour la formation d'un Front national de l'indépendance de la France[1] ». Ce texte, violemment antivichyste, tout en se situant entièrement dans la ligne de la lutte contre la guerre impérialiste, se fixe deux objectifs. D'abord tenir la France hors de la guerre au moment où Darlan dit vouloir relancer la politique de collaboration. Le second objectif – libérer la France – est partiellement contradictoire avec le premier ; en effet, comment libérer la France sans entrer dans la guerre aux côtés des Anglo-Saxons ? La réponse est politique : « Le PCF tend une main fraternelle à tous les Français, quels qu'ils soient, qui, ne voyant que les malheurs et l'intérêt du pays, veulent s'unir pour mettre fin à l'oppression nationale qui rend irrespirable l'air de notre France que nous aimons. » Mais presque aussitôt est pris à partie le chef de la France libre : « Certains Français et certaines Françaises qui souffrent de voir notre pays opprimé par l'envahisseur placent à tort leurs espérances dans le

---

1. Cf. Stéphane Courtois, *Le PCF dans la guerre*, Paris, Ramsay, 1980, p. 186-202. Le texte complet de cet appel est cité p. 554-565.

mouvement de De Gaulle ; à ces compatriotes nous disons
que ce n'est pas derrière un tel mouvement d'inspiration
réactionnaire et colonialiste à l'image de l'impérialisme britannique que peut se réaliser l'unité de la nation française
pour la libération nationale. » L'appel précise d'ailleurs que
le Front national « doit être constitué avec comme force fondamentale la classe ouvrière française, avec le parti communiste à la tête » et aboutir à un « gouvernement du
peuple ». Il est donc clair que l'analyse communiste n'a pas
évolué sur le fond et que la mise en avant du facteur national est une manœuvre tactique destinée à la fois à coller à la
ligne imposée par l'Internationale et à contrebattre l'atti-
rance de plus en plus marquée que provoque, en particulier
chez les militants des Jeunesses et des étudiants communistes, le mouvement gaulliste.

Dans l'immédiat, ce Front national « première formule »
semble rencontrer peu d'échos et se limiter à une opération
politique en direction des intellectuels ; opération menée par
le physicien Jacques Solomon[2], en contact avec Frédéric
Joliot-Curie[3] et Paul Langevin[4], dans un milieu parisien
limité aux médecins, aux instituteurs et aux universitaires.
En effet, l'organe des médecins communistes ou sympathisants, *Le Médecin français*, publié à partir de mars 1941,
devient, dès juin 1941, organe du Front national ; c'est
d'ailleurs dans ce milieu médical, et autour du Dr Descombs,
que le PCF nouera ses premiers contacts avec les agents
gaullistes. Les instituteurs communistes publient dès juin
1941 *L'École laïque*, qui deviendra organe du Front national. Un noyau d'universitaires se groupe autour de *L'Université libre* (premier numéro en novembre 1940) et *La
Pensée libre* (premier numéro en février 1941). Il n'est pas
interdit de penser que les intellectuels communistes pari-

---

2. Voir sa biographie par Nicole Racine, *in* Jean Maitron, *Dictionnaire biographique du mouvement ouvrier français*, t. 41, p. 354-
356.
3. *Ibid.*, t. 32, p. 226-228.
4. *Ibid.*, t. 33, p. 214-217.

siens, venus souvent au communisme par antifascisme et au nom du rationalisme, ont été plus tôt et plus profondément sensibilisés au caractère odieux de l'occupation hitlérienne et à une nécessaire riposte sur le terrain national.

L'attaque de l'Allemagne contre l'Union soviétique va brusquement donner une tout autre signification au Front national. Jusque-là « impérialiste », la guerre est soudainement présentée comme antifasciste et implique une large politique d'alliance. *Les Cahiers du bolchevisme* de l'été 1941 sont explicites : « Le peuple de France comprend la nécessité de s'unir contre l'envahisseur hitlérien et, désormais, communistes et gaullistes, athées et croyants, ouvriers et paysans, intellectuels et gens de toutes conditions, décidés à libérer la France, ont pour devoir de lutter côte à côte. Voilà ce que doivent comprendre les militants communistes qui, partout, aussi bien à l'usine que dans les villes et les villages, doivent tout mettre en œuvre pour constituer des comités du Front national pour l'indépendance de la France […]. C'est la seule façon d'être un bon communiste dans la période présente. » Il s'agit donc d'une modification radicale de la politique suivie depuis septembre 1939, modification qui ne suscite pas un assentiment immédiat chez tous les militants, comme en témoigne cette remarque peu amène : « Si tel membre du Parti prétend répugner à certaines alliances, il ne sera pas malaisé de voir que cette répugnance ne sert, en réalité, qu'à cacher une passivité indigne de militants de notre parti, à une heure où tout nous commande la lutte. »

Reprenant sa démarche du Front français lancé en août 1936, le PCF intensifie au cours de l'été sa campagne d'alliance, en direction tant des catholiques que des gaullistes. Pour la première fois, *L'Humanité* du 2 octobre 1941 écrit : « Ce qu'il faut, c'est l'union et l'action du peuple français aux côtés des autres peuples asservis, aux côtés des Anglais, aux côtés des troupes de De Gaulle et aux côtés des héroïques soldats de l'Armée rouge. » Il est vrai que, depuis le 26 septembre, l'Union soviétique a reconnu la France libre.

Cependant, ces larges appels à l'union masquent les visées

réelles de ce Front national « deuxième formule » ; elles ont
été révélées par Pierre Villon qui en deviendra le responsable au printemps de 1942 : « Notre objectif était jusqu'alors [novembre 1942] : Front national unique de toute la
Résistance, par un regroupement de toutes les organisations
combattant en ordre dispersé. Mais objectif hors de notre
atteinte[5]. » Le vocable « unique » suffit à dévoiler l'objectif
du PCF : placer sous son autorité et sous sa direction l'ensemble de la Résistance métropolitaine. Une telle proposition ne pouvait rencontrer qu'indignation et mépris dans les
différents mouvements de résistance, et le Front national
enregistra sur ce point un échec cuisant ; celui-ci fut scellé
quand, le 23 octobre 1941, de Gaulle condamna les attentats
individuels perpétrés par les communistes contre les Allemands, mettant provisoirement fin aux velléités d'alliance
communistes.

Il semble bien que, de juin 1941 à novembre 1942, le Front
national se soit limité à quelques comités sans grande
audience et se soit contenté de diffuser une presse clandestine chargée de relayer la propagande du parti pour un public
plus large. Nous avons recensé deux publications clandestines publiées avant le 22 juin 1941, douze nouvelles pour la
période de juillet 1941 à février 1942 et six nouvelles pour
la période de février à novembre 1942, soit vingt sur dix-
neuf mois ; effort considérable eu égard aux risques et aux
difficultés de la clandestinité, mais effort essentiellement
propagandiste qui semble n'avoir eu que de faibles répercussions organisationnelles et politiques, à un moment où,
parallèlement, la situation du PCF était elle-même extrêmement précaire.

En zone nord où il fut initialement dirigé par Georges
Politzer, le Front national s'était étoffé depuis mai 1941. Il
comprenait un comité des écrivains, autour de Jacques
Decour[6], et une publication clandestine, *Les Lettres fran-*

---

5. Pierre Villon, *Résistant de la première heure (entretiens avec
Claude Willard)*, Paris, Éditions sociales, 1983, p. 69.
6. Voir sa biographie *in* Jean Maitron, *op. cit.*, t. 25, p. 176-177.

çaises, à laquelle participèrent dès le printemps de 1942 un certain nombre d'intellectuels connus (Mauriac, Paulhan, Aragon), un comité des instituteurs autour de *L'École laïque*, un comité des médecins autour du *Médecin français* animé principalement par le Pr Lebovici, un comité des musiciens autour du *Musicien français*. À cela s'ajoutait le travail de Politzer, Solomon et Decour, relayés par René Maublanc[7], autour de *L'Université libre* et de *La Pensée libre*. Existaient également quelques publications départementales (Normandie, Nord, Charente, Yonne, Paris-Est). En zone sud, Madeleine Braun[8], sympathisante communiste, fut chargée par Georges Marrane, le responsable du PCF, d'organiser le Front national. Georges Dudach[9] assurait la liaison entre les responsables des deux zones.

Arrêté en février 1942 avec Solomon et Decour – tous trois seront fusillés en mai 1942, tout comme Dudach –, Politzer fut remplacé par Pierre Villon – de son vrai nom Ginsburger –, vieux cadre de l'Internationale communiste, qui dirigea le Front national jusqu'à la Libération, en liaison étroite et constante avec la direction du parti. Sous sa nouvelle direction, l'organisation ne semble pas avoir pris un essor particulier de février à octobre 1942, les seules parutions marquantes étant *Les Allobroges* pour l'Isère et *L'Art français* pour le comité des peintres. Si l'effort propagandiste est significatif, l'impact réel du Front national « deuxième formule » semble encore très limité.

Le 8 novembre 1942, les Anglo-Saxons débarquent en Afrique du Nord, entraînant l'invasion de la zone sud par la Wehrmacht. Ne pouvant cautionner la politique américaine à l'égard de Darlan, le PCF est contraint de se rapprocher de De Gaulle. Rapprochement facilité – ou induit ? – par le fait que, depuis la fin de septembre 1942, un accord était intervenu entre le Comité national français gaulliste et l'Union soviétique. Les Soviétiques citaient l'organe directeur de la France

---

7. *Ibid.*, t. 36, p. 109-110.
8. *Ibid.*, t. 20, p. 227.
9. *Ibid.*, t. 26, p. 114.

combattante comme « ayant seul qualité pour organiser la participation des citoyens et des territoires français à la guerre et représenter, auprès du gouvernement de l'Union soviétique, les *intérêts français* […][10] ». Dans la foulée des contacts pris avec Rémy et afin d'obtenir une aide de Londres pour ses Francs-tireurs et partisans (FTP), le PCF a l'idée de couper officiellement les liens qui l'unissent aux FTP et de placer ces derniers sous l'obédience du Front national, présenté dès lors comme une large organisation de résistance indépendante des communistes[11]. Opération de camouflage et d'élargissement à laquelle Rémy se laissera prendre[12].

Il est d'autant plus urgent de donner une apparence de vie à ce Front national « troisième formule » que, selon Villon, la direction du Parti avait été sollicitée : « Elle désigne un représentant pour un Conseil national de la Résistance en gestation et [il faut] que le FN, avec ses FTP, choisisse le sien. Il faut donc constituer un Comité directeur du FN[13]. » Villon se met donc en quête de « dirigeants » ; il retient Joliot-Curie, le Pr Henri Wallon et Francis Jourdain (tous trois communistes ou sympathisants) ; il y ajoute Pierre Le Brun, venu du syndicalisme tendance Jouhaux, et surtout le P. Philippe, supérieur par intérim du couvent des Carmes d'Avon.

Le 21 février 1943, de Gaulle a chargé Jean Moulin de créer un Conseil national de la Résistance. Passy et Brossolette, en mission en France, rencontrent d'abord, au début de mars, le responsable du PCF pour qui, à en croire Passy, « le Front national devait servir de cadre, de moule, à toute l'organisation de la Résistance en France[14] ». Brossolette confirme dans son rapport du 15 mars : « Ce délégué [du

10. Cité *in* S. Courtois, *Le PCF dans la guerre, op. cit.,* p. 278.
11. Récit de cette affaire *in* P. Villon, *op. cit.,* p. 66-67, et confirmation dans C. Tillon, *On chantait rouge*, Paris, Laffont, 1977, p. 362-363.
12. Cf. Stéphane Courtois, « Le Parti communiste français et la création du CNR », *in L'Année 1943 : guerre totale*, Caen, CRHQ/Mémorial de Caen, 1994, p. 97-108.
13. *Op. cit.,* p. 69.
14. Passy, *Souvenirs*, Paris, 1947, t. III, p. 154.

PCF] nous a dit que nous ne pouvions pas ne pas prendre contact avec le Front national. A ses yeux, le Front national "entièrement distinct du PC" est "la seule" organisation réalisant, par son Comité directeur comme par ses "Comités locaux" "l'unanimité française dans la résistance". Et il envisagerait tout naturellement que ce Front national absorbe toutes les autres organisations ».[15] Orientation confirmée lors des premières rencontres de Passy et Brossolette avec le Front national… Le 18 mars, selon Passy, Villon reprend le discours communiste : « Il est bien évident que le Front national devait être appelé à fédérer derrière lui toute la Résistance française puisque, seul, il était d'ores et déjà en pleine action de sabotage et de guérillas, alors que les autres mouvements étaient essentiellement orientés dans la préparation du jour J[16]. »

Trois points essentiels de la politique communiste sont alors patents :

– dans le cadre d'une large politique d'alliance, le PCF, par le biais du Front national, revendique clairement l'hégémonie sur la Résistance, se posant en seul partenaire-adversaire de De Gaulle, et contribue ainsi puissamment à bipolariser la Résistance entre gaullisme et communisme ;

– cette bipolarisation est présentée comme une bipolarisation de fait entre la Résistance « extérieure » (Londres, de Gaulle) et la Résistance « intérieure », qui se déroule « sur le sol sacré de la patrie », bref la plus légitime, celle des communistes ;

– enfin, cette bipolarisation est accentuée par l'opposition volontairement exacerbée entre l'action armée immédiate des communistes et l'« attentisme » des autres.

Et effectivement, les 26 et 30 mars, Pierre Brossolette, lors d'une réunion des grands mouvements de résistance de zone nord en vue de la création d'un Comité de coordina-

---

15. Cf. Daniel Cordier, *Jean Moulin, l'inconnu du Panthéon*, Paris, Lattès, 1989, t.1, p. 193-194.
16. *Ibid.*, p. 162.

tion de la résistance, a pris sur lui d'y inviter le FN en la personne de Villon ; lorsqu'il s'est agi d'entériner un texte de
soutien au général de Gaulle, Villon a immédiatement exigé
plusieurs modifications significatives allant dans le sens de
la politique communiste. Le PCF vise ainsi patiemment à
faire reconnaître par la France combattante le FN comme le
vaste mouvement indépendant susceptible d'accueillir et de
diriger les autres organisations de France métropolitaine.
Dès lors, la démarche des communistes allait apparaître en
toute clarté. Se tenant en retrait pour ne pas effaroucher, le
PCF pousse en avant le Front national, devenu structure
d'accueil de tous ceux qui souhaitent la libération du territoire, « quelle qu'ait pu être antérieurement leur position
politique » (*La Vie du Parti*, janvier 1943). Le Front national remplit la fonction classique de courroie de transmission dévolue aux organisations de masse communistes
tandis que la direction communiste « tire les ficelles ». À
travers le Front national, le PCF tente une manœuvre en
tenaille lui permettant de contrôler la situation par le sommet et par la base.

En outre, cette manœuvre par le sommet est facilitée par le
fait que grâce à la présence du FN, le PCF disposera de deux
voix au sein du futur Conseil national de la résistance. Rentré
en France le 21 mars, Jean Moulin, qui a désormais tout pouvoir pour créer le CNR, ne peut qu'entériner les initiatives de
Brossolette alors que tant la France combattante que les mouvements de résistance refusaient depuis des mois de reconnaître le FN comme organisation indépendante du PCF.

La réunion constitutive du CNR se tient le 27 mai. Elle est
présidée par Moulin. Georges Bidault lit une motion qui
désigne de Gaulle comme seul chef d'un gouvernement provisoire à créer. Les communistes se rebiffent. De manière
symptomatique, c'est surtout Villon – et non Mercier – qui
prend la parole : « Nous ne pouvons pas être d'accord avec
cette formule car elle ne tient pas compte de la réalité, c'est que
de Gaulle est incapable de prendre effectivement le pouvoir
entre ses mains puisqu'il est à Londres et que Giraud contrôle
l'Algérie. Vouloir subordonner un des généraux à l'autre et

Giraud à de Gaulle est une utopie d'autant plus grande que seul
le subordonné aurait le pouvoir effectif sur les seuls départements français actuellement libérés. Nous sommes des réa-
listes et nous ne pouvons pas ne pas dire que ce parti est
quelque peu chimérique[17]. » Cette déclaration appelle des
réactions et le ton monte. Moulin calme les esprits et fait voter
la motion à l'unanimité. Mais les communistes lui remettent
un texte dont ils souhaitent discuter. Ainsi, jusque dans la
réunion constitutive du CNR, le PCF, à travers le FN, poursuit sa politique de mise en balance de Giraud et de Gaulle.

Le contrôle par le sommet lui est facilité par les circonstances. L'arrestation de Jean Moulin à Caluire, le 21 juin
1943, prive de Gaulle de son seul représentant qui se soit
imposé à la Résistance. Le PCF fait tout pour empêcher un responsable de la Délégation générale, représentant de Gaulle en
France, d'accéder à la présidence du CNR, qui échoit finalement à Georges Bidault, ancien collaborateur de Moulin mais
aussi membre à titre personnel du Front national. Encouragés
par ce succès, les communistes réclament la création d'un
bureau permanent du CNR qui, en raison des impératifs de
sécurité, est appelé à devenir le véritable exécutif. Ce bureau
comprend cinq membres dont Villon qui, par ses capacités
personnelles, s'impose rapidement, tandis que Bidault est un
élément arbitral et modérateur et que Saillant ne se prononce
jamais contre les propositions communistes. Le témoignage
récent de Pierre Meunier, qui était le contact privilégié de
Moulin en zone nord et que celui-ci avait désigné comme l'un
des secrétaires techniques du CNR – futur chef de cabinet du
ministre Maurice Thorez en 1945 et dont tout semble indiquer
qu'il était dès avant la guerre très proche des services de renseignement soviétique –, confirme le découplage de deux
fonctions que le général de Gaulle avait fondamentalement
voulu réunir dans un même homme, Moulin : les fonctions de
représentant de la France combattante auprès de la résistance
intérieure et celle de président du CNR. Désormais, le repré-

---

17. Cité *in* Daniel Cordier, *op. cit.*, p. 200.

sentant du général de Gaulle en France n'a plus que le droit d'assister aux réunions du CNR qu'il aurait dû présider.[18] La dynamique d'union, le respect – voire la crainte – et aussi l'admiration qu'inspirent les communistes à leurs partenaires font le reste et, dès septembre 1943, le PCF exerce une influence décisive sur le CNR.

L'apogée de cette influence est atteinte avec le deuxième moment de la manœuvre communiste : l'offensive du Front national par la base. Le PCF a voulu, dans les premiers mois de 1943, assurer son hégémonie sur la Résistance par le biais des comités locaux du Front national qui devaient contrebattre les comités locaux et départementaux de libération que les responsables gaullistes commençaient d'organiser, mais il a essuyé un échec. Il tente donc une autre manœuvre : le 1er juin 1943, *L'Humanité* appelle tous les patriotes à se « regrouper en un puissant Front national de lutte pour l'indépendance de la France et à faire en sorte que, dans chaque localité, dans chaque quartier, un comité de la France combattante rassemble toutes les énergies patriotiques ». Habile manière de créer la confusion entre le Front national et le mouvement gaulliste. Mais dès le 18 juin (date symbolique ?), *L'Humanité* appelle les divers groupements de résistance à se « mettre d'accord pour constituer dans chaque localité des comités de la France combattante, qui soutiendront, de l'adhésion et de l'action du peuple tout entier, l'œuvre du Comité français de la Libération nationale ». Désormais l'allégeance officielle à de Gaulle est établie mais masque la portée réelle de l'offensive communiste sur le terrain local. L'exemple emblématique en est donné par la libération de la Corse où le 8 septembre 1943 le PCF, sous l'enseigne du FN, manifeste à Ajaccio, s'empare de plus de deux cents municipalités, installe son propre comité départemental comme conseil de préfecture et attribue à ses groupes de combat des fonctions de police, contribuant ainsi à déclen-

---

18. Pierre Meunier, *Jean Moulin, mon ami*, Éditions de l'Armançon, 1993, p. 126-127.

cher une insurrection générale dans l'île. Le 6 octobre, le général de Gaulle vient y installer les nouvelles autorités, mais, sous couvert du FN, le PCF a pu appliquer son modèle insurrection/prise du pouvoir qu'il tentera de généraliser en métropole après juin 1944.[19] Les communistes ont ainsi réussi à mener une subtile politique articulant une alliance au sommet avec de Gaulle et une tentative de « doubler » celui-ci par des initiatives à la base.

Le véritable enjeu en sera révélé lors d'une réunion du Comité central en octobre 1947, quand Maurice Thorez reviendra sur la question en critiquant Villon : « Malheureusement, nous avons accepté que le CNR, au lieu d'être l'émanation des comités de base et de leurs organisations militaires, soit constitué par des représentants directs de partis et de groupements divers, comme l'avait été le Front populaire. » Loin de faire son autocritique, Villon lui répond : « Il ne faut pas oublier que le CNR a été créé à un moment où le Parti, considérant qu'il n'avançait plus du côté du Front national […], il fallait créer les conditions de l'unité en haut pour travailler en bas[20]. » D'ailleurs, le 26 novembre 1943, Villon a déposé en séance plénière du CNR un « projet de charte de la Résistance » rédigé en fait par Jacques Duclos, alors principal dirigeant clandestin du PCF sur le sol métropolitain[21]. C'est ce texte qui va servir presque intégralement à la rédaction, en mars 1944, du programme du CNR dans lequel, en contradiction totale avec les directives de De Gaulle, un pouvoir très important est accordé aux comités locaux et départementaux de libération. Désormais, deux légitimités s'affrontent : celle de De Gaulle qui veut établir un nouveau pouvoir en reconstituant l'État par en haut et assurer ainsi son contrôle sur la France libérée ; celle des communistes qui souhaitent que le nouveau pouvoir émerge

---

19. Sur toute cette question, voir Philippe Buton, *Les lendemains qui déchantent. Le Parti communiste français à la Libération*, Paris, Presses de la FNSP, 1993, p. 20-106.
20. P. Villon, *op. cit.*, p. 141-142.
21. *Ibid.*, p. 78.

de la base, dans un processus « ultra-démocratique » qu'ils seraient seuls à pouvoir contrôler grâce à leur implantation nationale et à leur discipline. Commentant ce programme, Philippe Buton a raison d'écrire : « Le PCF parvient ainsi aux buts essentiels qu'il poursuivait : mettre l'accent sur la lutte immédiate et développer une mystique progressiste sans la corseter dans un cadre préétabli trop rigide tout en ne dérogeant pas aux canons du marxisme-léninisme[22]. »

Dès lors, les militants communistes ont pour tâche principale d'impulser partout le Front national, et l'on assiste à une véritable explosion de sa presse clandestine qui, de mai 1943 à août 1944 (en seize mois), voit surgir 79 nouvelles publications départementales, locales et corporatives. Le Front national émerge au début de 1944 comme l'une des grandes organisations de résistance et il bénéficie de représentants dans toutes les instances de la Résistance métropolitaine, en particulier les Comités départementaux de libération (CDL) et les Comités locaux de libération (CLL) où, de concert avec d'autres organisations de masse communistes – syndicats, Union des femmes françaises, Jeunesses patriotiques –, il contribue puissamment à asseoir l'autorité du PCF.

La Libération retira presque *ipso facto* ses fonctions réelles au Front national. À la fin de 1944, après le retour de Maurice Thorez de Moscou, le PCF tente de rassembler derrière lui l'ensemble de la Résistance, et son capital politique, en poussant à la fusion du Front national et du Mouvement de libération nationale. Lors du congrès du MLN, le 26 janvier 1945, cette initiative est largement repoussée. Du 30 janvier au 1er février, le Front national tient à son tour congrès et, privé du camouflage qu'aurait procuré la fusion, apparaît totalement contrôlé par le PCF ; les militants communistes y interviennent massivement : Joliot-Curie, Villon, Pannequin, Roucaute, Braun, Duclos, Peron, Barjonet, Maucherat, Casanova, Roques, Vittori, Mugnier, Cros au milieu desquels sont

---

22. Philippe Buton, *Les Communistes français à la Libération*, thèse de doctorat, Paris, 1988, p. 90.

perdus quelques idéalistes naïfs comme le Pr Debré, l'abbé
Dayet (des Côtes-du-Nord), l'abbé Delattre (de la Marne), le
pasteur Jezequel ou encore le révérend père Bienassis (du
Var)[23]. Le PCF décide alors d'organiser la fusion du Front
national avec la minorité du MLN, afin de mieux désagréger
ce dernier. Un Comité national d'initiative du Mouvement
unifié de la Renaissance – admirons à la fois la récupération
du sigle fameux des MUR (Mouvements unis de Résistance)
et le glissement Résistance-Renaissance – est formé en juin
1945, et en juillet la rupture au sein du MLN est consommée.
Cet avatar du Front national ne peut désormais apparaître que
pour ce qu'il est : l'ultime courroie de transmission du PCF
dans le milieu des anciens résistants.

---

23. *Premier congrès du Front national, congrès de la renaissance
française*, Paris, 1954, 271 p.

Églises et chrétiens

Renée Bédarida

Un monde chrétien en état de choc

Au lendemain de la débâcle et de l'armistice, les chrétiens partagent la stupeur et le désarroi de la nation. Toutefois, face au désastre que constituent la défaite et l'Occupation, les Églises entendent poursuivre leurs tâches spirituelles en sauvegardant avant tout leurs institutions. Chez les catholiques, s'il est vrai que la plus haute instance hiérarchique, l'Assemblée des cardinaux et archevêques – ACA –, attendra juin 1941 pour affirmer publiquement – en termes d'ailleurs savamment étudiés – son adhésion au nouveau pouvoir comme sa « vénération » envers le chef de l'État, les signes de l'engouement du clergé et des fidèles pour le Maréchal et pour la Révolution nationale surabondent dès l'été de 1940 : déclarations enthousiastes d'allégeance formulées par nombre d'évêques, exhortations des bulletins diocésains et des journaux catholiques – *La Croix* en tête –, présence de personnalités et de cadres chrétiens dans les ministères et les institutions du régime[1], abondance des soutanes dans les antichambres officielles, sans parler de la présence du nonce apostolique à Vichy, tout confirme un ralliement massif au nouvel ordre considéré comme inspiré par les principes chrétiens.

---

1. Des catholiques sont présents dans le Conseil national, le Secours national, auprès des délégations régionales à la Famille et à la Jeunesse, comme auprès des œuvres para-étatiques en faveur des prisonniers notamment.

Quant aux protestants (qui comptent 700 000 fidèles environ), ils ont subi de la même manière le choc de la défaite, et souvent les meilleurs d'entre eux préfèrent s'éloigner de la scène politique pour se réfugier dans la sphère du privé au service de la vertu et de la piété[2]. Dans l'ensemble, l'opinion protestante, à l'instar des catholiques, accueille avec faveur pendant des mois l'effort de redressement « national » et « moral » entrepris par le nouveau pouvoir. Du reste, l'exemple vient de haut puisque le pasteur Boegner, président du Conseil national de l'Église réformée de France, voue au Maréchal une vive admiration, apportant du même coup sa caution à la Révolution nationale. Ainsi, lors d'une conférence prononcée en novembre 1941, il n'hésite pas à rejeter toute attitude boudeuse et il encourage son auditoire à s'engager, lui-même acceptant de siéger au Conseil national (alors que le cardinal Suhard s'est contenté prudemment d'y déléguer l'un de ses auxiliaires).

Comme interlocuteurs, les autorités religieuses en zone sud – du moins jusqu'en novembre 1942 – ne traitent qu'avec les dirigeants de Vichy, tandis qu'au-delà des lignes de démarcation elles se trouvent sous la dépendance des occupants. Ceux-ci se méfient des Églises en qui ils voient, comme le signale H. Umbreit, des « adversaires idéologiques ». C'est, par exemple, ce qui explique les perquisitions effectuées en juillet 1940 au domicile du cardinal Suhard et à celui du cardinal Liénart. Les protestants n'échappent pas à la surveillance des autorités allemandes, qui redoutent l'anglophilie du pasteur Boegner et soupçonnent l'existence d'un « lien spirituel entre le protestantisme français et le monde anglo-saxon » ainsi qu'avec le mouvement œcuménique[3]. En zone occupée, dès l'été de 1940, les activités des mouvements d'Action catholique ont été inter-

---

2. Ils commettent le « crime des justes », cf. E. Léonard, *Le Protestant français*, Paris, 1953, p. 236.
3. H. Umbreit, « Les services d'occupation allemands et les Églises chrétiennes en France », *Revue du Nord*, n° 237, avril-juin 1978, p. 300.

dites, mais en fait les mouvements demeurent tolérés (le contraste est grand avec la zone sud où ils prospèrent). Malgré tout, les occupants jugent plus prudent de ne pas s'immiscer dans la vie intérieure des Églises.

Il en va tout autrement dans les territoires pratiquement annexés par le Reich, c'est-à-dire dans les départements d'Alsace et de Lorraine soumis à une politique implacable de nazification sur ordre des Gauleiter Wagner et Bürckel : interdiction de la presse chrétienne, expulsion de l'évêque de Metz, Mgr Heintz, fermeture des écoles religieuses et des séminaires (les séminaristes sont envoyés à Spire et à Fribourg-en-Brisgau et les étudiants protestants de théologie dirigés sur Tübingen). L'évêque de Strasbourg, Mgr Ruch, se voit refuser l'autorisation de regagner son siège, ainsi que de nombreux prêtres, religieux et pasteurs. À l'exception des trois départements annexés, sur lesquels s'étend le silence de l'Église de France et du Vatican – silence douloureusement ressenti par les Alsaciens-Lorrains –, la liberté du culte est assurée partout puisqu'elle n'entrave pas la politique d'occupation.

Le temps des illusions

Alors que, pour s'imposer, le nouveau régime courtise l'Église et accable la République déchue, la hiérarchie catholique se tient relativement à l'écart. Tandis que l'ACA s'abstient de toute condamnation publique, le cardinal Gerlier récuse les « remords stériles, les discussions déprimantes et les révoltes sans issue », l'archevêque de Cambrai – resté en zone sud – reconnaît même aux chrétiens une part de responsabilité dans le drame de la nation. À la question « Dieu a-t-il puni la France ? » un dominicain répond dans *La Croix* par la négative. En sens inverse, bon nombre de bulletins diocésains ne se gênent pas pour exhaler rancœurs et ressentiments contre le laïcisme et l'immoralité du régime défunt. À la suite de Mgr Saliège des voix multiples se font entendre pour soutenir que la France, dominée par l'« esprit de jouissance » et la volonté d'« apostasie », méritait son châtiment. Si donc, officiellement, l'Église ne condamne pas la IIIe République (d'autant que celle-ci dans sa dernière phase avait fait montre d'une certaine bienveillance et pris des mesures d'apaisement, telles que l'acceptation du retour des chartreux ou la promulgation d'un Code de la famille), l'opinion catholique, loin de regretter ce régime anticlérical et laïque, mise sur la Révolution nationale, garante de changement et prometteuse d'espoir. À vrai dire, l'espoir est triple : d'abord la confiance, partagée avec la plupart des Français, en une nouvelle équipe, capable, pense-t-on, de sauver ce qui peut être sauvé. On escompte aussi jouer un rôle dans la résurrection souhaitée du pays, en contribuant à son relèvement, grâce en particulier au retour du religieux et à sa réintégration dans la nation. Enfin, on espère obtenir d'un régime si bien disposé des mesures favorables aux institutions catholiques. En échange, on ne manque aucune occasion de rappeler aux fidèles le devoir d'obéissance au pouvoir établi, en invoquant la tradition chrétienne depuis saint Paul : « L'Église toujours respecta l'autorité », souligne Mgr Suhard en septembre 1941.

C'est cette politique que l'ACA décide d'officialiser en juillet 1941 dans une déclaration célèbre, sorte de charte théologique de l'épiscopat jusqu'en 1944 : « Nous voulons que, sans inféodation, soit pratiqué un loyalisme sincère et complet envers le pouvoir établi. » Si, par mesure de prudence, le terme de pouvoir « légitime », fréquemment usité dans les milieux ecclésiastiques, avait été soigneusement évité, le texte insistait avec force sur le devoir de ralliement au Maréchal et à son œuvre : « Nous vénérons le chef de l'État et nous demandons instamment que se réalise autour de lui l'union de tous les Français [...]. Nous encourageons nos fidèles à se placer à ses côtés dans l'œuvre de redressement qu'il a entreprise sur les trois terrains de la famille, du travail et de la patrie[4]. » Ces déclarations ne manquent pas d'indigner

_____

4. *La Vie catholique, 1940-1941*, p. 10-11.
5. En décembre 1940, Mgr Suhard avait intimé à son clergé de

les petites minorités de catholiques résistants existant çà et là[5], d'autant qu'on relève dans la déclaration une omission d'importance. En bonne théologie, l'obligation d'obéissance et de loyalisme envers le pouvoir en place cesse lorsque ce pouvoir donne des ordres opposés à la loi divine et édicte des mesures injustes. En vérité, aucun document de la hiérarchie ne mentionne cette exigence (la seule allusion qui y est faite l'est par l'archevêque de Cambrai qui s'empresse de préciser aussitôt : « Nous sommes loin dans notre pays de rencontrer pareil cas de conscience[6]. »)

De fait, les thèmes développés par la Révolution nationale à ses débuts correspondent assez exactement aux préoccupations et aux orientations des chrétiens : remise à l'honneur de la France rurale, restauration des valeurs traditionnelles d'un pays de chrétienté et, plus que tout, bien sûr, la devise « Travail, Famille, Patrie ». On retrouve à profusion ces thèmes idéologiques dans les lettres pastorales de l'épiscopat, en particulier lors du carême de 1941. Condition nécessaire pour assurer le succès de la rénovation annoncée : l'existence d'une France unanime, rangée derrière son chef. C'est pourquoi les chrétiens doivent parler d'une seule voix, comme les y exhortent leurs pasteurs[7]. D'où non seulement la hantise des

---

prêcher le « rassemblement des Français autour du maréchal Pétain ». En réponse, le curé de Saint-François-Xavier, Mgr Chevrot, avait écrit au cardinal pour rejeter sa demande et lui annoncer qu'il cessait dès lors d'assurer la prédication de carême de Notre-Dame. Quant au diplomate Paul Petit – qui sera exécuté par les Allemands en 1944 –, il consacre un article dans le n° 7 du journal clandestin *La France continue* à la déclaration des cardinaux et archevêques de la zone occupée, article où il fait observer que la volonté de « vénération » n'est pas conforme à l'assurance des prélats de « demeurer sur le seul plan religieux, en dehors de toute politique de parti » ; Paul Petit, *Résistance spirituelle*, 1940-1942, Paris, Gallimard, 1947, p. 93-94.

6. Mgr Chollet, lettre pastorale du 1er août 1941, *La Vie catholique, op. cit*, p. 96.

7. « Nous avons le devoir de prêcher l'union entre Français autour du gouvernement légitime. Prêcher l'union est un devoir de patriotisme », cardinal Suhard, *Semaine religieuse de Paris*, 28 décembre 1940.

divisions mais la condamnation de tout ce qui pourrait nuire au régime en place, puisqu'il incarne l'ordre et l'unité. On n'hésite pas à dénoncer la « dissidence », facteur de désordre (et bientôt source de « terrorisme ») : « Toute dissidence, à l'intérieur comme à l'extérieur, camouflée ou avouée, en quelque place qu'elle se trouve, est un malheur et une faute », affirme en chaire Mgr Piguet, évêque de Clermont-Ferrand, lors d'une messe à l'intention de la Légion en septembre 1941. Jusqu'à la Libération, la hiérarchie catholique ne variera guère. Tout en réprouvant la politique de collaboration, elle maintiendra sa réserve vis-à-vis de la Résistance et de la France combattante, ce qui la mettra dans une position délicate face au général de Gaulle et au gouvernement provisoire après la Libération[8].

Pourtant, au moment de la déclaration de guerre en septembre 1939, les catholiques avaient affirmé leur plein accord avec le gouvernement. Sur le sens du conflit, il n'y avait pas eu la moindre hésitation, d'autant que, du côté chrétien, on pouvait invoquer à la fois le patriotisme et la défense de la civilisation chrétienne contre le néopaganisme nazi. C'est d'ailleurs ce qu'avaient écrit en propres termes les cardinaux et archevêques au pape : « En prenant les armes, notre patrie assume l'honneur de défendre, de concert avec ses alliés, le droit des faibles, la dignité de la personne humaine, la primauté de la loi morale[9]. »

Il faut dire que, dans les relations entre l'Église et l'État, on avait enregistré à la fin des années trente une sensible amélioration. Il est vrai qu'au temps du Front populaire et de la guerre d'Espagne, l'épiscopat avait lancé à diverses reprises des avertissements et exprimé ses appréhensions face aux menaces de l'athéisme (« ou la France retrouvera ses forces morales ou elle ira aux abîmes »). Il est vrai aussi que les sympathies de la plupart des catholiques allaient aux régimes

---

8. André Latreille, *De Gaulle, la Libération et l'Église catholique*, Paris, Le Cerf, 1978.
9. L'ACA écrit à Pie XII le 8 mars 1940.

autoritaires du salazariste Portugal et de l'Espagne franquiste et que peu d'entre eux avaient condamné l'agression contre l'Éthiopie. Malgré tout, à partir de 1938, on observait avec faveur dans l'épiscopat l'évolution de l'attitude des pouvoirs publics en constatant que, devant le danger, on faisait de plus en plus appel aux forces spirituelles, au lieu que l'Église soit un « objet de mépris et de suspicion ». Par ailleurs, les cordiales relations de la France avec le Vatican, le succès de la visite du cardinal Pacelli à Lourdes et à Lisieux en 1937, l'envoi d'une délégation officielle aux cérémonies du sacre du nouveau pape en 1939, la retransmission sur les ondes de la radio d'État de la consécration solennelle de la France au Sacré-Cœur par le nouvel archevêque de Paris le 31 mars 1940, autant de signes qui faisaient augurer à bon droit d'un réchauffement entre les pouvoirs publics et la hiérarchie catholique. On en prendra pour preuve, entre bien d'autres, le dossier que la Documentation catholique réunit en 1939 sous le titre *Renouveau catholique en France*. C'est une sorte de florilège de déclarations épiscopales posant les jalons de la nouvelle ère de « restauration nationale » et de « redressement moral ». Dans cette atmosphère de réconciliation, on rappelle volontiers aux fidèles le devoir chrétien de l'obéissance. Ainsi l'archevêque de Besançon, Mgr Dubourg, recommande à ses ouailles de donner l'exemple de la soumission à l'autorité légitime, sans négliger la « possibilité qui nous est offerte de restaurer notre chère patrie ».

Aussi peut-on se poser la question du degré de continuité entre la fin des années trente et la période de Vichy, quand le programme du nouveau régime recueille d'emblée l'adhésion des catholiques. Dans quelle mesure cette adhésion s'inscrit-elle dans une logique de la durée, à vrai dire activée par la conjoncture ? Ou bien la coopération avec le nouveau gouvernement, voire la dévotion envers le pouvoir installé à Vichy, procèdent-elles d'un changement tactique, lié à l'espoir d'obtenir des avantages substantiels pour l'Église et pour les institutions catholiques ? Il semble que ce facteur ait joué un rôle dans la stratégie ecclésiastique, mais on ne saurait omettre l'influence du ralliement en cours dans les années d'avant guerre et qu'on pourrait qualifier de « troisième ralliement ». D'autant plus que la nouvelle orientation s'était aussi manifestée parmi les laïcs. Il s'agit de minorités agissantes qui, en cette période de conflits idéologiques brûlants, ont voulu renoncer à la politique de l'Aventin et s'engager dans la vie civique et sociale.

Ce faisant, par leurs divisions mêmes, sur le plan temporel, ils font l'expérience d'un pluralisme qu'ils s'attachent à justifier sur le plan de la démarche chrétienne, voire à ériger en modèle théorique. Si bien qu'à côté d'une majorité traditionnellement conservatrice, pratiquant un conformisme frileux et privilégiant l'ordre, se développent de petits groupes dynamiques, soucieux de sortir des sacristies et de se mêler au monde des non-chrétiens qui les entourent. C'est une nouvelle conception de l'apostolat qui triomphe et qui fait le succès de l'Action catholique spécialisée, en particulier des mouvements de jeunesse (JOC, JEC, et bientôt JAC[10]), et un indéniable renouveau de la foi dans les élites. C'est d'ailleurs très largement dans ces milieux que se recrutent, tant à Londres ou en Amérique que dans la Résistance intérieure, la petite phalange de ceux qui revendiquent le droit à préférer le *dictamen* de la conscience et la fidélité aux impératifs de la loi divine plutôt que les facilités du conformisme et de l'obéissance passive[11].

Chez les protestants, une évolution sensible se marque aussi. À la suite de la fusion des diverses communautés réformées est créée en 1938 l'Église réformée de France, qui porte à la tête de son Conseil national le pasteur Boegner – personnalité dominante du protestantisme français durant la guerre et l'après-guerre. Si un petit groupe d'extrême droite, l'association Sully, constituée de protestants monarchistes et anticommunistes, se rallie immédiatement à Vichy, tous

---

10. Jeunesse ouvrière chrétienne, Jeunesse étudiante chrétienne, Jeunesse agricole chrétienne.

11. En Amérique du Nord, par exemple, Jacques Maritain, Paul Vignaux ; en Amérique du Sud, Georges Bernanos ; à Londres, Francis Closon et Maurice Schumann, fondateurs du périodique de la France libre *Volontaires pour la cité chrétienne*, etc.

ceux des protestants qui se nourrissaient de la théologie de Karl Barth prennent après la défaite une position inverse et proclament, comme le pasteur Roland de Pury, l'urgence d'une Église « sentinelle », encouragés en cela par une lettre de Karl Barth lui-même qui, en octobre 1940, les engage à continuer le combat spirituel contre Hitler.

Le temps des déceptions et des réserves

Anxieux de s'assurer le concours de l'Église, le gouvernement de Vichy a déployé depuis le premier jour une politique de séduction, à laquelle la hiérarchie résiste mal. Devant tant de marques de considération, tant de sollicitations, comment échapper aux complaisances vite compromettantes ? De surcroît, les nouvelles autorités ne semblent-elles pas s'inspirer des enseignements pontificaux ? N'affichent-elles pas une volonté prometteuse de moraliser la nation ? En sens inverse, ne sévissent-elles pas contre les adversaires communs, communistes et francs-maçons ? Plus encore, on escompte que Vichy va accueillir favorablement les requêtes des clercs. Du côté de l'épiscopat, trois exigences étaient fondamentales : assurer le développement des écoles catholiques, favoriser l'enseignement religieux dans les établissements publics, garantir la liberté des mouvements d'Action catholique (auxquels la hiérarchie déclare tenir « comme à la prunelle de ses yeux »). Sur ce dernier point, le gouvernement du Maréchal accorde aisément satisfaction, de sorte que les mouvements poursuivent leurs activités sans guère d'entraves pendant toute la durée du conflit (les secrétariats généraux se sont installés en zone sud, la zone nord ne conservant que des équipes dirigeantes réduites). Par ailleurs, une importance reconnue à la jeunesse, avec la création d'un secrétariat à la Jeunesse, ne déplaît pas à des militants qui se veulent « au service de la communauté nationale[12] ».

---

12. Déclaration signée par l'ACJF, le Conseil protestant de la jeunesse, le scoutisme, les Compagnons de France ; cf. pour les

Dans le domaine scolaire, la politique gouvernementale s'avère fluctuante, et aux yeux de l'épiscopat, les avantages consentis à l'école libre restent très en deçà des objectifs souhaités. Certes, une loi du 3 septembre 1940 rend aux membres des congrégations le droit d'enseigner et, l'année suivante, d'autres avantages sont accordés aux congrégations féminines. En revanche, les efforts maladroits déployés par le ministre catholique Jacques Chevalier pour rétablir Dieu à l'école sont annulés par son successeur Jérôme Carcopino, et en définitive les propositions destinées à autoriser l'enseignement religieux dans le cadre de l'école publique échouent. À vrai dire, le problème majeur, ce sont les subventions à l'enseignement privé. Or celui-ci se trouve à la fois valorisé moralement et soutenu financièrement, alors que le laïcisme de l'école publique – et au premier chef des instituteurs – est réprouvé. Une loi du 2 novembre 1941 alloue aux établissements catholiques et protestants des subsides appréciables – même si cette aide est prudemment qualifiée d'« *exceptionnelle, adaptée* aux circonstances ». Du côté de l'enseignement supérieur, la loi du 18 juillet 1941 reconnaît d'utilité publique l'Institut catholique de Paris, mais les facultés libres n'obtiennent pas, comme elles l'espéraient, le droit de conférer les grades universitaires.

Néanmoins, dans le jeu subtil des rapports entre l'Église et l'État (à Vichy, la tradition gallicane garde de la vigueur), l'Église entend conserver son autonomie et protège avec un soin jaloux sa liberté d'action. Trois épisodes montrent cette stratégie à l'œuvre, qui allie réserves et déférence, fermeté et prudence, loyalisme et attachement aux principes du corps ecclésial.

Si le premier motif d'achoppement en 1941, le débat autour de la Charte du travail, ne contrarie guère les bonnes relations avec le pouvoir, il en va différemment pour les deux autres : les persécutions antisémites de l'été de 1942 et,

---

mouvements de jeunesse, Pierre Giolitto, *Histoire de la jeunesse sous Vichy*, Paris, Perrin, 1991.

en 1943, la loi sur le STO. (Il faut mettre à part, bien sûr, l'unique prise de position catégorique de la hiérarchie catholique à l'encontre d'un projet gouvernemental : le projet de création d'une jeunesse unique. Car c'était là une menace de mort pour les œuvres vives du catholicisme français[13].)

La Charte du travail, loi du 4 octobre 1941 promulguée au *Journal officiel* le 26 octobre, semble conforme à la doctrine sociale de l'Église, en s'inspirant des encycliques de Léon XIII et de Pie XI ainsi que des idées de La Tour du Pin. Ce n'est donc pas sur la charte elle-même que porte le débat, mais sur le risque qui l'accompagne d'aboutir à un syndicat unique et obligatoire, alors que déjà les confédérations patronales et ouvrières ont été interdites en novembre 1940[14]. Dans l'ensemble, les syndicalistes chrétiens de la CFTC ne se montrent hostiles ni au dialogue ni à la coopération avec Vichy. Mais ce qu'ils rejettent fermement en particulier en zone sud, c'est l'idée du syndicat unique. D'où leurs multiples interventions auprès des fédérations en vue de maintenir le pluralisme syndical, ce qui amène la majorité, en juin 1943, à boycotter définitivement la charte. À vrai dire, les syndicalistes chrétiens n'avaient guère trouvé d'appui auprès des évêques qui s'étaient exprimés prudemment le 23 décembre 1941. « Applaudissant » à la pensée « généreuse » et conforme à la doctrine sociale de l'Église qui inspirait la charte, ils « déploraient » le projet de disparition des syndicats chrétiens et « souhaitaient » que des décrets d'application sauvegardent leur existence. De façon générale, la hiérarchie a engagé les fidèles à participer aux efforts officiels d'organisation professionnelle. En particulier, Mgr Feltin, archevêque de Bordeaux, et le père Villain, sous-directeur de l'Action populaire, ont mis leur plume au service

---

13. « Jeunesse unie au service du pays ? oui ; jeunesse unique, non », *La Vie catholique, op. cit.*

14. En riposte à cette interdiction du 9 novembre 1940, neuf responsables CGT et trois dirigeants de la CFTC signent le 15 novembre le *Manifeste des douze*, exprimant ainsi leur fidélité au pluralisme syndical.

de la charte sans formuler d'objections à la perspective du syndicat unique[15]. Dans la mesure où le communisme est jugulé, le syndicat unique apparaît moins dangereux, écrit Mgr Feltin, encore que celui-ci regrette la disparition des - syndicats chrétiens. Pour sa part, le père Villain légitime le syndicat unique, ce qui lui vaut de la part du vicaire général d'Arras, Mgr Hoguet, une vive riposte, rappelant l'enseignement de l'Église depuis un demi-siècle et soulignant l'inconséquence qu'il y a à réclamer le pluralisme de la jeunesse et à ne le point faire pour les syndicats.

Même si le cardinal Liénart, quant à lui, approuve en juillet 1943 la décision des syndicalistes chrétiens de refuser la charte – par fidélité aux principes d'avant guerre –, dans l'ensemble, les contestataires ont été déçus par le faible appui reçu de leurs évêques.

Dans le domaine de la politique antisémite, amorcée très tôt à Vichy – dès l'été de 1940 – le cardinal Gerlier semble avoir eu vent au cours d'une visite en août au Maréchal des projets élaborés à l'encontre des Juifs, citoyens français ou étrangers réfugiés en zone sud. La preuve, c'est qu'il aborde le sujet lors de la première séance de l'ACA de zone sud qui se tient à Lyon le 31 août. Que faire ? Alors que l'Église a la chance d'avoir pour interlocuteur un gouvernement bien disposé et qui lui fait des avances, et à un moment où l'on presse les chrétiens de jouer un rôle nouveau et régénérateur dans les affaires publiques, ne serait-ce pas imprudent de mettre en danger ces excellentes relations par des critiques plus ou moins fondées, d'autant que l'Église affirme hautement se tenir en dehors de toute politique partisane ? Le résultat, c'est qu'on renonce à toute mise en garde. Et, lorsque est prise la loi du 3 octobre définissant le premier Statut des Juifs, les

---

15. « On ne peut pas dire que le syndicalisme unique soit mauvais en lui-même et que l'Église le condamne », Mgr Feltin, *Les Syndicats et la Charte du travail*, lettre pastorale, 2 octobre 1942, éditée par le ministère de l'Information ; P. Villain, *La Charte du travail et l'Organisation économique et sociale de la profession*, Paris, A. P. Spes, 1941.

autorités religieuses se taisent – attitude que le cardinal de Lubac qualifiera en 1988 de « lourde erreur[16] ».

Parmi les chrétiens, les premiers signes de désapprobation devant la politique antisémite proviennent du côté protestant.

En mars 1941, le pasteur Boegner adresse deux lettres personnelles, l'une de solidarité au grand rabbin de France, l'autre d'avertissement à l'amiral Darlan. La première connaît une diffusion inattendue grâce à un organe de l'ultra-collaborationnisme, le journal *Au pilori*, qui publie *in extenso* la missive sous le titre : « Une lettre inadmissible du chef des protestants de France. » Quant à l'amiral Darlan, en guise de réponse, il reçoit à Vichy le chef de l'Église réformée pour l'informer qu'allait être promulguée une loi plus sévère encore que celle d'octobre 1940. Cette mesure, datée du 2 juin 1941, n'entraîne pas davantage de protestation publique, les autorités religieuses préférant intervenir par des démarches discrètes. C'est ainsi que le pasteur Boegner fait passer au maréchal Pétain une lettre, demeurée sans réponse, et que le cardinal Gerlier remet au chef de l'État, venu à Lyon en septembre, une note exprimant des réserves sur la législation antisémite. En zone nord, on n'enregistre pas davantage de réprobation publique devant la décision prise par les Allemands le 29 mai 1942 d'obliger les Juifs à porter l'étoile jaune (on doit noter, en revanche, de multiples gestes de sympathie de la part des fidèles). Cependant, chez les protestants, on tente à nouveau d'alerter le maréchal Pétain, auquel le pasteur Bertrand, vice-président du Conseil de la Fédération protestante, écrit de Paris afin de lui faire part de la « douloureuse émotion » du Conseil. Le message est remis en mains propres par le pasteur Boegner le 27 juin.

Il est vrai que le silence officiel des Églises n'a pas empêché de nombreux gestes de charité et des efforts multiples en vue d'améliorer le sort des détenus dans les camps d'inter-

---

16. Henri de Lubac, *Résistance chrétienne à l'antisémitisme. Souvenirs, 1940-1944,* Paris, Fayard, 1988, p. 55.

nement de zone sud (en effet, le 4 octobre 1940, les préfets
avaient été autorisés à interner dans des camps de fortune les
« ressortissants étrangers de race juive », réfugiés en France).
Pour venir en aide à ces milliers de malheureux parqués dans
des conditions abominables, des organisations humanitaires
internationales s'étaient mises aussitôt à l'œuvre, rapidement
rejointes par de jeunes protestants de la CIMADE (Comité
intermouvements auprès des évacués), et dont l'historienne
Madeleine Barot venait d'être nommée secrétaire générale. À
partir de l'automne de 1940, une petite équipe s'installe au
camp de Gurs sous le nom d'« Assistance protestante » et
bientôt d'autres équipes s'infiltrent à Rivesaltes, Recébédou,
Brens-Gaillard, etc. De janvier 1941 à novembre 1942 fonctionne le « Comité de Nîmes » (du nom de la ville où se tiennent les réunions mensuelles) créé par souci d'efficacité pour
établir une coordination entre toutes les organisations humanitaires œuvrant dans les camps. Y participent quelques personnalités catholiques déléguées par le cardinal Gerlier.
Celles-ci tiennent le primat des Gaules informé des conditions
de vie dans les camps. Le cardinal a beau dépêcher à Vichy
Mgr Guerry en décembre 1940 afin de presser les pouvoirs
publics de faire quelque chose pour améliorer la situation des
camps, puis, en juin 1941, il a beau renouveler en personne
la demande, rien n'en résulte[17].

À Lyon, le cardinal Gerlier patronne avec le pasteur
Boegner une équipe interconfessionnelle, l'Amitié chrétienne, groupant autour de l'abbé Glasberg et du père
Chaillet quelques protestants – en particulier le pasteur
Roland de Pury –, quelques catholiques – Germaine Ribière,
Jean-Marie Soutou, Jean Stetten-Bernard, etc. – et, dans
l'ombre, des amis israélites. L'Amitié chrétienne s'efforce
de venir en aide aux réfugiés et aux persécutés « raciaux »,
en leur fournissant faux papiers, lieux d'hébergement, passages de la frontière suisse et camouflages variés. En fait, la

---

17. Renée Bédarida, *Pierre Chaillet, témoin de la Résistance spirituelle*, Paris, Fayard, 1988, p. 123-125.

condamnation nette et sans équivoque du racisme au nom de la conscience chrétienne et la condamnation des persécutions, on les trouve seulement dans une publication clandestine, les *Cahiers du Témoignage chrétien*[18].

C'est seulement à la suite des rafles massives de l'été de 1942 – en juillet en zone nord, en août en zone sud – que s'opère un tournant décisif dans l'attitude des chrétiens et de leurs chefs spirituels. Ici, la faille avec le régime ne se comblera pas. Au lendemain de la rafle du Vel' d'Hiv' (16-17 juillet 1942), responsables protestants et catholiques adressent des lettres indignées aux autorités, le cardinal Suhard à Laval, le pasteur Bertrand à Fernand de Brinon, et l'ACA rédige un appel au chef de l'État que lui remet Mgr Chappoulie. En août, c'est le pasteur Boegner qui écrit au maréchal Pétain et à Laval.

Mais jusque-là, ces démarches et ces réprobations demeuraient confidentielles. Dans l'opinion, personne ne les connaissait. D'ailleurs en zone occupée, il n'y a que l'évêque de Bayonne, Mgr Vanstenberghe, pour s'élever, le 20 septembre, en première page de son Bulletin diocésain, contre les persécutions raciales – bulletin que la *Propagandastaffel* de Biarritz interdit aussitôt. En revanche, en zone sud, les événements dramatiques de l'été amènent plusieurs prélats de premier plan à faire connaître publiquement leur émotion devant pareil traitement infligé à des milliers d'hommes, de femmes et d'enfants. Malgré leur petit nombre – cinq au total –, ces déclarations épiscopales ont dans l'opinion publique un retentissement considérable et bien des chrétiens, soulagés après une attente anxieuse, y retrouvent l'écho du « cri douloureux de la conscience chrétienne bouleversée ». De ces lettres lues publiquement en chaire dans les diocèses

---

18. Cf. « France prends garde de perdre ton âme » (novembre 1941), « Les racistes peints par eux-mêmes » (mars 1942), « Droit de l'homme et du chrétien » (juillet 1942), « Antisémites » (avril-mai 1942, diffusé avant les rafles de l'été de 1942), in *Témoignage chrétien, 1941-1944, Cahiers et Courriers*, réédition intégrale en facsimilé, 1980, t. I.

de Toulouse, Montauban, Lyon, Marseille et Albi, la plus célèbre demeure celle de Mgr Saliège, archevêque de Toulouse, que la BBC et la presse clandestine s'empressent de diffuser largement[19]. Du côté protestant, une déclaration du Conseil national de l'Église réformée est lue dans toutes les paroisses le 4 octobre 1942. Ainsi, peu à peu, parmi les fidèles, choqués et scandalisés, s'effectue un rapprochement avec les Juifs injustement persécutés, et tandis qu'on s'efforce de venir au secours des victimes, on s'interroge de plus en plus sur l'attitude du gouvernement et de ses services, administration et police. Dans ce nouveau climat, l'Amitié chrétienne et la CIMADE poursuivent – mais de plus en plus clandestinement, puisque les Allemands, à partir de novembre 1942, occupent tout le territoire – leurs efforts pour faire échapper à la déportation les pourchassés ; couvents, écoles libres, presbytères, maisons, le village protestant du Chambon-sur-Lignon, ouvrent leurs portes pour abriter des fugitifs. En revanche, il ne sera plus question d'interventions publiques, car d'autres menaces se précisent.

Troisième volet du triptyque : le STO. Si les mesures antisémites ont suscité une réprobation quasi générale parmi les chrétiens, le STO, à partir de février 1943, constitue un véritable cas de conscience pour toutes les familles. Comment cette réquisition forcée de la jeunesse française ne serait-elle pas source de division, puisqu'elle résulte d'une loi émanant du gouvernement français ? Les chrétiens ne sont-ils pas tenus à l'obéissance à l'égard de ce pouvoir « légitime » ? Dans le désarroi général, on attend des autorités religieuses qu'elles remplissent leur rôle de guides spirituels. De fait, elles ont fait assez largement entendre leur voix, mais loin qu'il s'agisse d'une voix unanime, ce qui saute aux yeux, ce sont les hésitations, les ambiguïtés et les discordances. Si bien que les jeunes requis et leur entourage n'ont souvent que leur conscience pour décider. À l'intérieur de l'Action

---

19. Voir ces lettres dans « Collaboration et fidélité », in *Témoignage chrétien, 1941-1944, op. cit.*, t. I, p. 204-214.

catholique – puisque les mouvements de jeunesse sont les premiers concernés –, les avis sont partagés. Chez les scouts, à la JOC, à la JEC et à la JAC, on balance anxieusement entre, d'un côté, le refus et la vie de hors-la-loi, de l'autre, une occasion exceptionnelle d'apostolat, dans la solidarité avec la classe ouvrière, la plus touchée. Partir pour l'Allemagne, c'est obéir à l'autorité établie, mais c'est aussi participer à l'effort de guerre allemand. Refuser, n'est-ce pas opérer un choix égoïste ? N'est-ce pas refuser une mission apostolique généreuse auprès des incroyants ? « Je ne pars pas en travailleur, s'écrie un jociste, je pars en missionnaire. » La plupart des routiers, branche aînée du scoutisme, se résignent au départ, de même que beaucoup de jocistes et de jacistes. Cependant, chez les étudiants, catholiques et protestants, on observe une véritable révolte contre le STO. À Pâques 1943, le conseil fédéral de l'ACJF, réuni en Avignon, proteste contre la réquisition, mais son attitude est loin d'être partout suivie. À Lyon, les *Cahiers de notre jeunesse*, organe officieux de l'ACJF, affirment le refus de la jeunesse chrétienne de partir pour l'Allemagne, ce qui vaut à la revue d'être immédiatement interdite.

Du côté de la hiérarchie, la prise de position la plus notable et la plus discutée est celle du cardinal Liénart. Dans une homélie, l'évêque de Lille déclare le 21 mars 1943 : « Je ne dis pas que ce soit un devoir de conscience d'accepter le service obligatoire du travail. On peut s'y dérober sans péché. » Ses paroles sont reprises officiellement par l'ACA le 9 mai après de multiples hésitations[20]. En fait, si, dans la plupart des diocèses, la déclaration de l'ACA est lue en chaire, « pour donner satisfaction à l'opinion sur des points de droit qui sont indiscutables », selon la formule du cardinal Suhard, la véritable raison en est que l'épiscopat veut à tout prix maintenir une façade d'unité et, précise l'archevêque de Paris, « empêcher les initiatives privées des évêques ».

---

20. Pour ménager le gouvernement, l'ACA prétend que « le gouvernement s'efforce de rendre plus humaine » la contrainte du STO.

Cependant, à mesure que les départs s'intensifient, l'hostilité au STO se généralise, tandis que l'épiscopat, désormais
résigné au départ des jeunes chrétiens – y compris les séminaristes –, donne la priorité à ses efforts destinés à assurer l'assistance spirituelle des travailleurs outre-Rhin. Puisque les
autorités d'occupation refusent l'envoi d'aumôniers, on imagine une solution audacieuse et novatrice : le départ de
prêtres camouflés en ouvriers volontaires pour aller travailler
en Allemagne. L'abbé Bousquet a été le premier prêtre-
ouvrier clandestin à franchir la frontière en janvier 1943 ; en
quelques mois, il sera suivi d'une vingtaine d'autres.

Au contraire, parmi les chrétiens résistants, la campagne
d'opposition au STO bat son plein. Dans la clandestinité,
pendant l'été de 1943, les *Cahiers du Témoignage chrétien*
consacrent à ce sujet tout un cahier intitulé « Déportation »
en reprenant par là un terme employé par Radio-Vatican
pour dénoncer ces réquisitions de main-d'œuvre. Alors que
ces milieux, dont l'audience va grandissant, encouragent les
jeunes chrétiens à refuser le départ et demandent qu'on
vienne en aide aux réfractaires et à leurs familles, dans
l'épiscopat, on s'indigne de ces écrits clandestins et on fus-
tige « ces théologiens sans mandat » et d'« occasion[21] ».

Maintenant que les maquis se développent, une nouvelle
question est posée à la hiérarchie : comment assurer l'assistance spirituelle des jeunes maquisards, dont beaucoup sont
catholiques ? Sollicités par les chefs des maquis, les évêques
se refusent pendant longtemps à envoyer des prêtres comme
aumôniers de maquis. Il faudra l'intervention de Pie XII lui-
même, en juin 1944, à la demande du cardinal Tisserant, pour
que l'épiscopat obtempère[22] (à vrai dire, un certain nombre de
prêtres et de religieux n'avaient pas attendu cette décision pour
partir servir comme aumôniers des jeunes gens des maquis).

---

21. En réalité, l'épiscopat n'est pas sans deviner que les rédacteurs
des brochures et tracts incriminés sont des théologiens éprouvés, des
professeurs réputés des facultés catholiques (par exemple les pères
Lebreton, Fessard, de Lubac, de Montcheuil…).
22. *Documentation catholique*, n° 8, 19 novembre 1944, p. 15.

Un temps d'exigences spirituelles

Les contrecoups du conflit mondial ne constituent pourtant qu'un aspect de la vie des Églises entre 1939 et 1945. À se limiter à cette vision des choses, on masquerait d'autres enjeux, non moins vitaux et qui, dans une large mesure, ont commandé les priorités des pasteurs et des fidèles. Assurer la permanence de l'institution ecclésiale, sauvegarder et développer ses forces vives, remplir ses missions spirituelles : autant d'objectifs et d'impératifs permanents, qui débordent les années noires, où l'on retrouve les ressorts profonds de communautés chrétiennes spontanément portées à pratiquer ce que Karl Barth appelait l'« émigration intérieure », comme si leur vocation profonde se situait en dehors du temporel et de ses conflits.

Rarement, il est vrai, les chrétiens français avaient vécu dans un tel isolement. Enfermée dans l'Hexagone, privée de relations suivies avec le Vatican, sans lien avec les autres pays occupés, coupée des Églises du « monde libre », l'Église catholique – plus encore que l'Église protestante qui réussit à maintenir des liens avec le Conseil œcuménique à Genève – accorde le primat à sa vie propre, se consacrant à ses devoirs spirituels et apostoliques non sans une extraordinaire vitalité qu'atteste la liste impressionnante de tout ce qui a été amorcé, créé et entrepris pendant les années de guerre.

L'obsession première du clergé, c'est la « déchristianisation » de la France, dont la prise de conscience s'accélère. « L'ensemble de nos populations ne pense plus chrétien », note Mgr Suhard dans ses Carnets intimes. Sans doute cette douloureuse constatation est-elle loin d'être neuve et les premières enquêtes de sociologie religieuse menées par Gabriel Le Bras, suivi et imité par le chanoine Boulard, n'avaient pas manqué d'alerter les esprits les plus clairvoyants. Certains diocèses comme ceux de Meaux, Troyes ou Langres, apparaissaient comme totalement déchristianisés et dans bien des secteurs ruraux on avait pris la mesure de la solitude et du découragement des curés isolés dans leur presbytère – cette déréliction si puissamment décrite par Georges Bernanos dans son *Journal d'un curé de campagne*. Pendant la drôle de guerre, nombre de prêtres et de militants d'Action catholique avaient constaté par eux-mêmes l'ignorance et l'indifférence religieuses de la plupart des mobilisés. Les prêtres aux armées n'avaient pas été les seuls à rencontrer le « paganisme », c'est la même expérience qu'allaient faire bientôt les prisonniers dans les Stalags et Oflags et les militants chrétiens requis pour le STO. Cette angoissante découverte de la déchristianisation de la France et des dangers du matérialisme ambiant parut à tous ceux qui l'observaient avec effroi plus redoutable que les menaces pourtant bien présentes et pressantes du néopaganisme hitlérien.

Au temps où il était archevêque de Reims, Mgr Suhard avait pris une claire conscience de ce phénomène. N'avait-il pas, dans une préface à l'ouvrage de Victor Bettencourt *L'Apostolat rural*, écrit en 1937, reconnu que les campagnes se paganisaient et que les « influences néfastes de l'idéologie communiste » ne manqueraient pas de s'y infiltrer ? Comment alors faire face au danger et ramener au Christ les hommes et les femmes détachés ou ignorants du christianisme ? Le résultat, c'est que, quelques mois après son intronisation à Paris, le cardinal lance l'idée d'un séminaire qui formerait des prêtres pour un ministère auprès des non-croyants et dans les secteurs échappant désormais à l'Église. Un an plus tard, en juillet 1941, il crée à Lisieux – pour le placer sous le patronage de Thérèse de l'Enfant-Jésus – un séminaire national et interdiocésain visant à « reconquérir à l'Évangile les masses déchristianisées » où qu'elles se trouvent, en ville ou à la campagne. La Mission de France (tel est son nom) apparaît au père Louis Augros, prêtre de Saint-Sulpice et premier directeur du séminaire, comme une fondation providentielle au moment où le clergé et les fidèles ressentent un besoin de vraie rénovation. À en juger sur le plan humain de la situation en l'année 1941 – conflit planétaire, occupation des deux tiers du pays, captivité de nombreux ecclésiastiques –, on aurait pu croire le moment peu propice à pareille initiative, mais le cardinal de Paris ne partage point ce jugement. Pour lui, « puisqu'il est sans cesse question de redressement national et de renouveau, eh bien, on ne redressera le pays qu'en le faisant chrétien ».

C'est là le vrai service à rendre à la nation. L'apostolat spécialisé des laïcs ne suffit pas. Il faut envoyer des prêtres en territoire de mission. Bien qu'à première vue le terme de « mission » puisse choquer, il connaît une extraordinaire faveur. Au demeurant, loin qu'il fût inédit, on l'utilise déjà dans ce contexte depuis près d'un demi-siècle[23], comme le prouvent les tentatives telles celles du père Lhande auprès des ouvriers de la Zone entre les deux guerres, qui visaient à réévangéliser la masse ouvrière et à « planter la croix sur les fortifs ».

Malgré tout, lorsqu'il paraît en septembre 1943, le petit ouvrage *La France, pays de mission ?* éclate comme une bombe spirituelle. Le choc provoqué par ce modeste volume fut tel que, si l'on interrogeait aujourd'hui des prêtres survivants de cette époque, il y a gros à parier que ce qui a le plus marqué pour eux les années de guerre, c'est, à côté de la création de la Mission de France, la publication du livre des abbés Godin et Daniel[24].

C'est en octobre 1942 que le séminaire de la Mission de France ouvre ses portes avec un effectif de trente jeunes gens. Un an plus tard, le cardinal Suhard accepte la fondation de la Mission de Paris, installée dans le XVIIIe arrondissement ; l'objectif de l'équipe, dirigée par l'abbé Hollande, étant de rénover les méthodes traditionnelles de transmission du message divin pour « annoncer le Christ à la classe ouvrière de Paris ». Toujours sous l'Occupation, le chanoine Boulard achève de rédiger son ouvrage *Problèmes missionnaires de la France rurale*, sorte de pendant pour les campagnes de ce qu'était *La France, pays de mission ?* pour les villes et les quartiers ouvriers (le livre sortira en librairie en 1945).

------

23. Cf. Émile Poulat, *Naissance des prêtres-ouvriers*, Paris, Casterman, 1965, p. 116-118.
24. Henri Godin et Ivan Daniel, *France, Pays de mission ?*, Lyon, Éd. de l'Abeille, 1943, 214 p. (plus de 100 000 exemplaires vendus).

Mais cette nouvelle vocation missionnaire ne risquait-elle pas de menacer les infrastructures traditionnelles, la paroisse et les œuvres paroissiales ? Le père Michonneau, fils de la Charité, établi en banlieue à Petit-Colombe depuis 1939, ne le croit pas, et lui-même se fait le champion du renouveau paroissial. Son but – mobiliser les paroissiens pour l'évangélisation des « masses ouvrières » du quartier – l'amène à réformer la liturgie et à développer le côté festif de l'activité paroissiale. Comme, de plus, les lieux et les occasions de loisirs étaient rares pendant ces années, de telles fêtes (fête du travail, fête des mères…) attiraient la population locale. De façon générale, les réjouissances paroissiales, seules distractions autorisées en cette période d'austérité, fleurissent un peu partout en France. À l'intention de la jeunesse, les initiatives se multiplient, tandis que les patronages sont revitalisés dans les deux zones par les équipes des Cœurs vaillants et Âmes vaillantes.

Sur le plan liturgique, le père Michonneau avait eu un précurseur dans la banlieue lyonnaise, l'abbé Remilleux, qui avait tenté, avec succès, de créer une communauté vivante dans sa paroisse de Saint-Alban. Mais c'est surtout le Centre de pastorale liturgique, créé en 1943, qui favorise l'expansion des réformes liturgiques tandis que naissent des publications plutôt populaires, comme *Fêtes et Saisons,* véritable catéchèse liturgique par le texte et par l'image[25].

En 1943 encore, le père Michel Épagneul fonde les Frères missionnaires des campagnes. Cet « essai de mission en milieu rural déchristianisé », appelé à un bel avenir, débute modestement sur le plateau briard avec trois autres dominicains. En 1943 toujours, l'ACA lance une enquête sur l'enseignement de la doctrine sociale de l'Église dans les séminaires et, l'année suivante, lui parviennent les conclu-

---

25. Le Centre de pastorale liturgique a été créé par les pères Duployé et Roguet ; ces deux dominicains font se rencontrer et travailler ensemble théologiens, liturgistes, pasteurs et missionnaires ; ils lancent aussi la revue trimestrielle *Maison-Dieu* et la collection « Lex orandi ».

sions d'une autre étude menée sur le clergé diocésain face à sa mission d'évangélisation. Les évêques s'intéressent aussi à l'enseignement religieux, une Commission nationale du catéchisme étant mise en place en 1941, complétée en 1942 par la création de directions diocésaines de l'enseignement religieux. Le premier objectif porte sur la révision du catéchisme national de 1937 qui, à l'usage et très tôt, s'est révélé trop chargé et peu assimilable.

En zone sud surgissent des initiatives qui prospéreront après 1945, ainsi le centre d'études Économie et Humanisme, fondé en 1941 par le père Lebret o.p. (il obtient notamment la collaboration de François Perroux et de Gustave Thibon). L'année suivante, les frères Montuclard, également dominicains, lancent la revue *Jeunesse de l'Église* dans un esprit de confrontation de l'Église avec le monde moderne (c'est là que paraît la célèbre enquête « Le christianisme a-t-il dévirilisé l'homme ? »), tandis qu'à Paris le père Beirnaert s.j. écrit pour les étudiants la brochure *Pour un christianisme de choc*. La vitalité du catholicisme se manifeste encore par l'essor des mouvements de jeunesse, qui préparent toute une génération de nouveaux cadres pour la société française d'après guerre – jusqu'aux années quatre-vingt.

En définitive, les années de guerre ont été marquées pour l'Église de France par une grande créativité. Paradoxalement, comme l'écrit le père Maydieu, le « temps de la grande épreuve » a été pour beaucoup une « grande espérance », source d'un renouvellement inattendu dans bien des domaines. Pour l'expliquer, faut-il invoquer, avec le cardinal Suhard, une plus grande disponibilité, favorable à des expériences nouvelles ?

Ce qui est sûr, c'est que, dans le domaine des recherches théologiques, ces années ont également été fécondes et annonciatrices de lendemains prometteurs. Chez les théologiens, tant protestants que catholiques, deux thèmes se trouvent alors privilégiés : d'une part, un retour aux sources, avec le renouveau biblique, patristique et liturgique ; d'autre part, une ecclésiologie insistant sur l'Église comme communauté, à la fois corps mystique et peuple en marche.

Du côté protestant s'impose le magistère du théologien suisse, Karl Barth, à qui l'on doit une véritable « redécouverte de l'Église » (sa pensée est diffusée par les revues *Foi et Vie*, *Hic et Nunc* et *Le Semeur*, le périodique de la Fédération des étudiants protestants) en même temps qu'une prise de conscience du protestantisme français dans le sens d'une résistance spirituelle à l'hitlérisme.

Chez les catholiques, les futurs grands théologiens de l'après-guerre, dont les années trente avaient vu les premiers essais, poursuivent un important travail de maturation : c'est le cas des jésuites de Lubac, Fessard, Daniélou comme des dominicains Chenu et Congar[26]. Citons, entre autres, le lancement de la collection *Unam Sanctam*, la redécouverte de l'École catholique de Tübingen et de son chef J. A. Möhler sous l'influence du père Chaillet s.j., les progrès de l'œcuménisme, la renaissance patristique avec la création des collections « Sources chrétiennes » et « Théologie ». Il faut aussi faire sa place à l'influence des deux encycliques de Pie XII, l'une *Divini afflante Spiritu* du 30 septembre 1943, qui ouvre des voies nouvelles et libératrices aux études bibliques et à l'exégèse, l'autre, *Mystici corporis Christi* du 29 juin 1943, qui fait franchir à l'ecclésiologie une étape majeure tout en validant les recherches des théologiens français. Jusqu'à la publication de l'encyclique *Humani generis* en 1950, la recherche théologique en France va se poursuivre selon un grand mouvement ascendant.

Un temps de religion populaire

À côté du vaste élan novateur dans le domaine de la recherche apostolique et théologique, on enregistre un renouveau de ferveur s'exprimant à travers la religion populaire. Les pèlerinages, en particulier, ont connu un succès

---

26. Nommé professeur à la faculté catholique de Lyon en 1929, H. de Lubac publie *Catholicisme, les Aspects sociaux du dogme*, en 1939 ; le père Fessard est rédacteur aux *Études* ; le père de Montcheuil enseigne à la Faculté catholique de Paris ; le père Chenu est recteur des études dès 1932 au Saulchoir où professe le père Congar.

inattendu sur lequel on s'est interrogé. Religiosité de temps
de guerre entraînant un retour à une pratique religieuse collective ? Frustration d'autres manifestations de groupe interdites en raison de la défaite et de l'Occupation ? Toujours
est-il que deux pèlerinages ont marqué ces années. Deux
pèlerinages au demeurant fort différents l'un de l'autre.

D'abord la procession de la statue de Notre-Dame de
Boulogne à travers la France, symbole de pénitence publique
et de volonté du retour du pays à Dieu. À l'esprit de prière et
de repentance qui animait ce pèlerinage s'ajoutait souvent un
élan patriotique. Il arrivait, par exemple, qu'en entrant dans
un village le défilé des pèlerins fasse halte devant le monument aux morts orné de drapeaux et que l'assistance se mette
à prier pour la délivrance de la France et formule des sup-
pliques pour le retour des prisonniers. En 1942, la statue
quitta Reims pour Lourdes où elle s'immobilisa plusieurs
mois. Le pèlerinage repartit en mars 1943 pour rapatrier à
Boulogne la statue de la Vierge devenue « Notre-Dame du
Grand Retour ». En fait, quatre statues ont suivi quatre trajets
différents, « quatre trajets de prière », traversant plus de
16 000 paroisses sous le regard indifférent (ou impuissant ?)
des troupes d'occupation, en tout cas sans aucune intervention
de leur part. Cette étonnante manifestation de religion populaire se poursuivra, dans la ferveur de la Libération, jusqu'en
1948. À chaque halte, on trouve au programme des cérémonies, prières, confessions, messes et communions. D'ailleurs,
d'autres pèlerinages prospèrent : à Chartres avec les étudiants
et à Lourdes où l'on note une fréquentation accrue.

Quant au pèlerinage de la jeunesse qui remplaça le congrès
marial prévu avant la guerre au Puy-en-Velay, il représenta,
avant tout, l'entente entre l'Église et le régime de Vichy.
Organisé du 12 au 15 août 1942, notamment par les scouts
routiers sous l'égide de leurs aumôniers, les pères Forestier
et Doncœur, il rassembla plus de 10 000 pèlerins, routiers,
jécistes, jocistes, jacistes, garçons des Chantiers de la jeunesse, en « union avec le pape, le Maréchal, la hiérarchie, les
frères séparés, les prisonniers et Marie ». Le 15 août fut célébrée dans la cathédrale une messe pontificale, à laquelle

assistaient, outre le nonce et de nombreux prélats, les autorités civiles et militaires et une délégation de la Légion. La jeunesse, pour sa part, suivait une messe en plein air ; tous les participants entendirent les messages successifs du pape, d'archevêques et d'évêques des deux zones et de l'Empire, et du maréchal Pétain. Manifestation d'exaltation et de ferveur certes (le jésuite Henri Perrin évoque avec émotion dans son *Journal* le « magnifique pèlerinage » dont la France entière a parlé), mais qui fut la dernière contribution publique de l'Église au redressement moral promis par Vichy.

Présenter un bilan de ces cinq années sur le plan religieux apparaît singulièrement malaisé tant les facteurs s'entremêlent avec complexité, tant se combinent les ombres et les lumières. Sur le plan des structures de la vie nationale en 1945, l'Église catholique apparaît comme l'institution qui a gardé le plus de stabilité et qui a le moins changé, traversant cette sombre période avec la certitude de la pérennité, et de manière très concrète sans subir d'entrave de la part de Vichy ni de l'occupant. Les objectifs que s'était assignés en janvier 1941 l'épiscopat dans une lettre à Pie XII à savoir « maintenir l'intégrité de la doctrine, de la morale et de la discipline chrétiennes, maintenir selon toutes nos possibilités nos institutions (cultes, séminaires, écoles, œuvres diverses et Action catholique)[27] » ont été remplis et même bien au-delà puisque la pratique et la fréquentation des églises ont augmenté (y compris dans les Stalags et les Oflags). Comme le déclare le père Augros, « les périodes douloureuses sont des périodes fécondes ».

Cependant l'on peut s'interroger devant les comportements et les choix de la hiérarchie et de la plupart des fidèles en ces temps troublés. En se repliant sur la vie interne des communautés chrétiennes plutôt que de prendre la mesure du danger nazi et de la menace qu'il faisait peser sur l'avenir de

---

27. Lettre de l'ACA à Pie XII, janvier 1941, Jacques Marteaux, *L'Église de France devant la révolution marxiste*, Paris, La Table ronde, 1958, t. I, p. 493.

la communauté nationale, l'Église ne s'est-elle pas montrée gestionnaire plutôt que prophète ? Les catholiques de la Résistance et de la France libre ont amèrement reproché aux évêques d'avoir manqué à leurs responsabilités de pasteurs et de guides. Certes, peu de responsables ecclésiastiques ont versé dans la collaboration (c'est le cas du recteur de l'Institut catholique de Paris, le vieux cardinal Baudrillart, et le non moins notoire Mgr Mayol de Lupé, aumônier de la Légion des volontaires français sur le front de l'Est) ; mais le ralliement appuyé au régime de Vichy et plus encore l'attachement à la personne de Pétain ont induit une politique de prudence, de silence et de retrait. Il est vrai que ce mutisme s'est exercé aussi à l'endroit du communisme – attitude méritoire à une époque où les tenants de la collaboration pressaient l'Église d'apporter sa caution à la croisade antibolchevique –, mais que dire du silence observé sur la politique de collaboration et ses conséquences, sur les exactions de l'occupant, les exécutions d'otages, les assassinats de la Milice (même si ont été effectuées maintes fois des démarches privées auprès des autorités d'occupation) ? D'autant qu'en sens inverse on doit souligner l'insigne maladresse de la démarche effectuée au printemps de 1944 auprès des épiscopats britannique et américain afin de faire cesser les bombardements alliés – ce qui remplit d'aise les Allemands[28].

Épisode symbolique, le jour de la Libération de Paris, alors qu'un catholique, chef du gouvernement provisoire de la République française, descend les Champs-Élysées avec, à son côté, un catholique résistant, président du Conseil national de la Résistance, le cardinal-archevêque de Paris se voit refuser l'entrée de sa cathédrale pour la célébration d'un *Te Deum*, car on ne lui pardonne pas d'y avoir donné l'absoute, quelques semaines plus tôt, lors des funérailles de Philippe Henriot. Dans les semaines qui suivent, la hiérarchie mise en

---

28. « Appel des cardinaux à l'épiscopat anglais et américain », 1er mai 1944, Mgr Guerry, *L'Église catholique en France sous l'Occupation*, Paris, Flammarion, 1947, p. 121-122.

accusation avec persistance – de façon souvent fondée mais aussi parfois abusive – n'est nullement disposée à faire son *mea culpa* qui lui semble injustifié. Au contraire, on voit certains évêques riposter dans leur Bulletin diocésain (à Paris, à Lille, à Rennes) – sans parler du plaidoyer *pro domo* de Mgr Guerry dans son ouvrage, *L'Église catholique en France sous l'Occupation,* apologie tendancieuse destinée à justifier l'Église de A à Z[29].

Mais ce qui rachète, avant tout, le monde chrétien, c'est la part prise par les catholiques – clercs ou laïcs – dans la Résistance, du commandant d'Estienne d'Orves au père de Montcheuil, de l'abbé Bompain au père Chaillet, d'Hélène Studler, fille de la Charité, à Francis Chirat et Gilbert Dru.

Enfin, il convient d'insister sur une donnée nouvelle de la vie du catholicisme français, la guerre ayant ici marqué un tournant. Alors que jusqu'en 1940 l'obéissance au magistère faisait figure de vertu essentielle, voici que les circonstances exceptionnelles de la défaite et de l'Occupation ont amené certains à suivre la voix de leur conscience et à décider par eux-mêmes, au lieu de suivre les injonctions venues de la hiérarchie. Pour beaucoup, l'ébranlement va être durable. Par là même la vie religieuse en est bouleversée : les conflits et les divisions de la guerre portent en germe tous ceux de l'après-guerre.

---

29. *Documentation catholique*, n° 929, 21 janvier 1945. Mgr Guerry, *op. cit.*

La persécution des Juifs

François et Renée Bédarida

Une « question juive » en France ?

Dans la France de 1939, dominée par le sentiment d'une crise à la fois nationale, politique, morale, démographique et sociale, où les anxiétés devant les menaces extérieures et les impuissances intérieures alimentent les peurs, les doutes et les ressentiments, xénophobie et antisémitisme s'interpénètrent inextricablement auprès d'une large partie de l'opinion, hantée par le spectre du Front populaire et de Léon Blum, sa figure éponyme, et effrayée par la vague d'immigration, pour la plupart juive, en provenance d'Europe centrale et orientale.

D'où l'idée assez répandue qu'il existe en France une « question juive ». Le terme, notons-le, n'est pas neuf. Connoté de racisme, il est emprunté au langage des antisémites. Venu d'Allemagne, le concept de *Judenfrage* a fait école en France, où il a trouvé crédit dans des milieux variés, de droite, mais aussi de gauche, en dépit de son caractère antinomique avec la tradition républicaine et jacobine.

En vérité, si l'on veut comprendre ce phénomène majeur des années noires qu'a été la persécution des Juifs[1], il faut

---

1. Il faut ici mettre en garde contre une confusion fréquente dans le vocabulaire employé, lorsqu'on traite de cette période. En effet, certains utilisent indifféremment les termes de répression et de persécution à propos de la politique menée, soit par Vichy, soit par l'occupant, contre les Juifs. Or autant le terme de *répression* convient

d'abord situer le monde juif dans la France de 1939, en ana-
lysant sa composition, son intégration dans la société, les
réactions de l'opinion à son égard. Pour plus de clarté, on
rappellera la distinction proposée par Albert Memmi entre le
judaïsme – c'est-à-dire l'ensemble des croyances, des doctrines et des institutions juives –, la *judéité* – à savoir le fait,
la conscience et la manière d'être juif –, enfin la *judaïcité* –
qui désigne l'ensemble des personnes juives.

Sociologiquement parlant, c'est seulement par un abus de
langage que l'on parle de « communauté » juive en France à
la veille de la guerre. Il s'agit en effet d'un groupe social
hétérogène, divisé, aux multiples facettes, en raison de la
diversité des origines et de la multiplicité des courants et des
traditions. C'est donc dans un état de véritable dislocation
que les diverses communautés juives existant en France vont
avoir à faire face à la persécution.

Première ligne de clivage, tout à fait fondamentale : la distinction entre « Israélites » français et « Juifs » étrangers. Sur
une population juive totale d'environ 300 000 personnes, le
partage se fait par moitié : 150 000 citoyens français,
150 000 étrangers. Encore que vienne s'adjoindre une autre
différenciation : d'une part, les Juifs de « vieille souche », au
nombre d'environ 90 000 ; d'autre part, les Juifs naturalisés
ou étrangers, dont la moitié sont arrivés dans les années
trente. Tandis que chez les Israélites français le rapport au
judaïsme s'est élaboré sur le sol national depuis fort longtemps et à travers une longue histoire, pour les étrangers il
est le fruit d'un tout autre contexte social et culturel. Aussi,
même si le processus de francisation continue d'opérer, un
véritable fossé sépare-t-il les uns et les autres.

Parmi les Juifs de souche, assimilés, acculturés, héritiers de
la tradition de l'émancipation, domine une conception de
l'identité privilégiant l'intégration à la nation et un loyalisme

---

pour désigner la violence employée contre les communistes, les gaullistes et autres résistants (ainsi que les francs-maçons), pourchassés
pour ce qu'ils *faisaient* ou avaient *fait*, autant il ne saurait être appliqué aux Juifs, persécutés pour ce qu'ils *étaient*.

sans faille envers la patrie. La plupart se définissent comme Français israélites ou Français de loi mosaïque, réservant le terme de Juifs à leurs coreligionnaires étrangers qui continuent de croire à l'existence d'un peuple juif. Il n'y a guère que les Juifs alsaciens, plus soucieux de leur appartenance, à refuser l'appellation d'israélites : ainsi ils ont mis longtemps à adhérer aux Éclaireurs israélites de France, « Parisiens qui se disent israélites parce qu'ils ont honte de s'appeler juifs[2] ». Certes, la référence religieuse n'est pas absente, puisque, faute de constituer une race, une ethnie ou un peuple, c'est elle qui sert à définir l'identité collective et que la seule structure nationale est le Consistoire central des israélites de France qui, depuis Napoléon, régit la vie communautaire. Mais comme tous les Juifs français, eux-mêmes partagés entre orthodoxes, libéraux et agnostiques, ne se reconnaissent pas en lui, ils préfèrent se considérer simplement comme Français de confession israélite, de la même manière qu'il y a des Français catholiques ou protestants.

Ce qui domine dans ces milieux généralement aisés et cultivés, c'est la fierté de leur francité. Très vive en particulier est la mémoire de la guerre de 1914-1918, non seulement parce qu'elle a été l'occasion pour les Juifs de participer avec ardeur à l'union sacrée et de verser leur sang pour la patrie, mais parce qu'elle a fait reculer pendant un temps l'antisémitisme. Il s'ensuit chez les anciens combattants un légitime orgueil, générateur pour l'avenir d'une sécurité trompeuse. Marc Bloch tranche sans appel : « Les Juifs français sont des Français comme les autres » – non sans ajouter, en parlant des Juifs immigrés et réfugiés : « Leur cause n'est pas exactement la nôtre[3]. » Incarcéré au camp de Compiègne, Jean-Jacques Bernard, quant à lui, ira jusqu'à dire : « Si je devais périr dans cette aventure, je serais mort pour la France, je ne veux pas être revendiqué en tant que victime du

---

2. Frédéric Hammel, *Souviens-toi d'Amalek*, Paris, CLKH, 1982, p. 325.
3. Marc Bloch, *L'Étrange Défaite*, Paris, Gallimard, 1990, annexe V, p. 309 (lettre du 2 avril 1941).

judaïsme. » Un de ses codétenus toutefois précise à l'instar de Marc Bloch : « Nous ne sommes juifs qu'à partir du moment où on nous le reproche[4]. »

C'est un tout autre univers que forment les Juifs étrangers, séparés de leurs congénères français par le mode de vie, la culture, la pratique religieuse, la langue, le yiddish la plupart du temps – ce qui explique leur attachement à la *yiddishkeit*, symbole de la fidélité aux traditions et coutumes ancestrales et expression par excellence de l'âme juive. Parmi ces nouveaux venus qui viennent de toute l'Europe centrale et orientale et qui affluent vers Paris, ce sont les Polonais qui prédominent, formant à eux seuls la moitié de l'effectif, suivis des Roumains, des Hongrois, des Tchèques, des Russes et des Baltes, à qui s'ajoutent des contingents croissants d'Allemands et d'Autrichiens chassés par le nazisme.

Autre différence essentielle : la différence de classe. Alors que les Juifs français sont presque tous des bourgeois, souvent cossus, commerçants, industriels, financiers, membres des professions libérales (en particulier médecins et avocats) et des professions intellectuelles (professeurs, journalistes, écrivains, artistes), les Juifs immigrés (mis à part les Allemands et les Autrichiens) se situent en majorité au bas de l'échelle sociale. Ce sont surtout des travailleurs manuels, ouvriers et artisans, appartenant au monde de la boutique et de l'atelier. Le vêtement, la confection, le textile en absorbent la moitié, beaucoup travaillant à domicile comme façonniers, dans des conditions d'existence misérables – exploitation économique, longues heures, bas salaires. D'autres gagnent péniblement leur vie comme colporteurs, fripiers ou brocanteurs. Parmi les autres « métiers juifs », on peut citer la bijouterie, l'horlogerie, la fourrure et le meuble.

Ces immigrés, installés surtout à Paris (ils totalisent près de 100 000 personnes à la veille de la guerre), s'entassent dans les quartiers pauvres du centre et de l'Est de la capitale : en

---

4. Jean-Jacques Bernard, *Les Camps de la mort lente*, Paris, Albin Michel, 1944, p. 69 et p. 136.

priorité le Pletzl dans le IVᵉ arrondissement, mais aussi Belleville, les Buttes-Chaumont, la République, où de micro-communautés s'efforcent de reconstituer l'atmosphère du *Shtetl,* la petite ville d'où elles sont originaires. Au contraire, les Juifs français habitent de préférence les quartiers bourgeois de l'Ouest parisien. Évoquant ses souvenirs de jeunesse, Yvette Baumann-Farnoux, née dans une famille juive alsacienne du XIᵉ arrondissement, a raconté, par exemple, comment ni elle ni ses parents n'ont jamais eu le moindre contact durant ces années avec les Juifs étrangers de l'Est de Paris[5].

Sur le plan politique, chez ces Juifs habitués à voir dans l'État non point l'instrument de l'émancipation comme les Juifs français, mais une puissance hostile, souvent en butte eux-mêmes à l'antisémitisme, eux qui ont été chassés de chez eux par la misère, la répression ou la persécution et qui continuent d'entretenir des liens très forts de solidarité (les sociétés d'entraide et de secours mutuels pullulent), les orientations radicales prédominent : communistes, bundistes, sionistes ont transplanté en France leur militantisme. À la différence des Juifs de souche qui, selon la tradition jacobine française, rejettent l'existence d'organisations politiques séparées, les Juifs étrangers, très soucieux d'affirmer leur identité et qui ont tendance à reprocher à leurs coreligionnaires français leur « apostasie », se groupent dans deux associations principales. L'une est l'Union des sociétés juives de France, placée dans la mouvance communiste (le dynamisme de la sous-section juive de la MOI ou main-d'œuvre immigrée exerce une grande force d'attraction, même s'il n'y a que 300 militants du Parti parmi les Juifs immigrés, et leur quotidien en yiddish, *Naïe Press,* créé en 1933, n'est pas sans influence sur le milieu). L'autre organisation, plus importante, la Fédération des sociétés juives de France (FSFJ), qui groupe de 70 à 80 associations, est plutôt de tendance sioniste sous la houlette de son président,

---

5. *Les Juifs dans la Résistance et la déportation* (RHICOJ), Paris, Éd. du Scribe, p. 104.

Marc Jarblum, leader du parti socialiste juif unifié alliant sionisme et socialisme.

En revanche, le sionisme n'a guère trouvé d'adeptes chez les israélites français, réfractaires au thème du peuple juif et peu sensibles à l'idée d'un retour d'exil vers la terre d'Israël. Leur optique en effet reste une optique avant tout hexagonale de citoyens français, forts de leurs droits et de leur intégration souvent ancienne dans la société. En vérité, nombre d'entre eux ne laissent pas d'être inquiets devant le flux constant d'immigrants de l'Est, misérables, déracinés, à la culture et aux mœurs étrangères, sinon étranges (le grand rabbin de Nancy, par exemple, s'élève contre l'usage du yiddish qu'il qualifie de « jargon »). Même si Emmanuel Berl est une exception quand il parle d'une « immigration de déchet », la méfiance et l'animosité très réelles à l'égard des Juifs d'Europe centrale et orientale s'expliquent par le sentiment que ceux-ci, en raison de leur altérité sociale, religieuse et culturelle, font peser une menace sur le judaïsme français tout entier au moment même où l'on s'alarme, non sans raison, du regain de violence de la propagande antisémite.

C'est que, depuis le début des années trente, dans un pays qui éprouve le sentiment d'aller à la dérive, une partie de l'opinion s'est tournée contre les Juifs, commodes boucs émissaires, rendus responsables de tous les maux, intérieurs ou extérieurs, dont souffre la France. Toutefois, il convient de distinguer deux types d'antisémitisme, quelles que soient les nombreuses passerelles et les étapes intermédiaires qui les relient l'un à l'autre. Il y a d'abord un antisémitisme affirmé, violent, haineux, nourri de fantasmes et de phobies. Son arme favorite est l'injure et la calomnie, et l'on y dénonce l'« invasion juive », la « France enjuivée » : « Nous en avons assez d'être domestiqués, colonisés, volés, trahis et salis par tous les youpins des bas-fonds des ghettos de l'Europe », écrit ainsi un folliculaire des campagnes antijuives[6]. Insultes

---

6. Joseph Santo, *Francs-maçons et Financiers internationaux*, Paris, 1938, p. 42. Cité par Ralph Schor, *L'Antisémitisme en France. Les années trente*, Bruxelles, Complexe, 1992, p. 59.

(« sale Juif ») et menaces (« Mort aux Juifs ! », « Mort aux métèques ! ») vont de pair, alliées au télescopage rituel avec la franc-maçonnerie, qui engendre la figure grimaçante de l'« ennemi judéomaçonnique ». Conséquence logique : on voit refleurir le vieux slogan « la France aux Français ».

L'autre antisémitisme, moins visible, mais non moins pernicieux, est l'antisémitisme latent, banalisé, à peine conscient. Fait de clichés et de préjugés, de défiance et d'ignorance, de craintes d'ordre imaginaire et d'hostilité aveugle, il est plus insidieux, quoique moins violent et dépourvu de haine ouverte et meurtrière. Il dispose de nombre de relais et d'antennes dans la France profonde, et il faudra la brutalité de la persécution à partir de 1942 pour le faire reculer. Si le discours antisémite, qu'il relève de la première ou de la seconde catégorie, recrute ses adeptes de préférence à droite et à l'extrême droite – d'autant plus qu'il a servi de catalyseur de l'opposition au Front populaire –, l'enracinement de l'antisémitisme à gauche dans les milieux populaires, chez les communistes comme chez les socialistes, reste une réalité sociologique solide.

Dans la France de 1939, premier pays d'immigration du monde (elle devance les États-Unis pour la proportion d'immigrés), il est souvent difficile de faire le départ entre l'antisémitisme et la xénophobie. Le subtil Giraudoux, par exemple, ne véhicule-t-il pas dans *Pleins Pouvoirs* (1939) les pires préjugés à la fois xénophobes et antisémites ? S'y entrecroisent lamentations (« Notre terre est devenue terre d'invasion ») et mises en garde contre les « centaines de mille d'Askenazis échappés des ghettos polonais et roumains » (autant de menaces pour l'esprit de précision et de perfection de l'artisan français !), « horde que sa constitution physique, précaire et anormale, amène par milliers dans nos hôpitaux qu'elle encombre ». Après cela, comment s'étonner que d'autres parlent de « Chanaan-sur-Seine » ou de « Parisalem » (sous Vichy on étiquettera « Kahn » la ville de Cannes) et dénoncent les ghettos de la rue des Rosiers ou du XIXᵉ arrondissement, prétextant qu'en plein Paris on se croirait en Bukovine ou en Galicie ?

La propagande antisémite s'orchestre autour de deux thèmes majeurs, autour desquels on brode à l'infini et qui serviront de 1940 à 1944 de toile de fond en même temps que d'argumentaire à la persécution. D'abord l'image du Juif avide d'or et de richesses, possessif et dominateur, tantôt ploutocrate, maître de l'économie et exploiteur, tantôt agent révolutionnaire destructeur de l'État, de l'ordre et de la moralité. En second lieu, le Juif, issu d'une race errante, n'a pas de patrie : c'est un peuple inassimilable, uniquement régi par la loi de la solidarité interne (« les Juifs font la courte échelle aux Juifs »). C'est pourquoi l'on accuse sans relâche les Juifs d'être des fauteurs de guerre (« le Français sera-t-il le soldat du Juif ? » interrogeait-on au moment de Munich), en alléguant que c'est là pour eux le moyen d'asseoir leur domination sur le monde, et l'on s'élève contre la « guerre juive » déclenchée inconsidérément en 1939[7].

Cependant, il ne faudrait pas croire à un mouvement d'opinion univoque. La vague antisémite n'est pas seule en action. En sens inverse s'exercent deux contre-forces, bien mises en lumière par Ralph Schor dans son récent ouvrage sur *L'Antisémitisme en France dans les années 30*, où il parle à juste titre d'un « front philosémite ». Il y a d'abord la tradition républicaine et démocratique, fondée sur le principe de l'égalité, de la non-discrimination, du refus de toute distinction au nom de la race, de la couleur, de la classe ou de la religion. Non seulement, selon la formule consacrée, « la France ne fait aucune différence entre ses enfants », mais, aux yeux de tous ceux qui continuent de croire à la vertu de la démocratie libérale, le pays des droits de l'homme, fort de sa tradition d'accueil et d'hospitalité, doit lui rester plus que jamais fidèle à l'heure du racisme, de la dictature et de l'agression.

Par ailleurs, dans le monde catholique où l'antisémitisme,

---

7. C'est le titre d'un livre d'avertissement publié en 1938 par Ferdonnet (qui s'illustre en 1939-1940 comme porte-parole de la propagande nazie à Radio-Stuttgart).

relais de l'antijudaïsme traditionnel, garde une solide emprise, nombre de voix autorisées se font entendre, dans la hiérarchie, chez des prêtres et des religieux, dans les mouvements de jeunesse, pour mettre en garde les chrétiens contre un tel piège. Le journal *La Croix,* par exemple, a bien changé depuis le temps de l'affaire Dreyfus : maintenant il explique à ses lecteurs que « l'antisémitisme est une injure à la religion chrétienne[8] » et la haine de l'étranger une survivance du paganisme. Dans le monde intellectuel, l'influence d'un Maritain, d'un Mounier, d'un Oscar de Férenzy, de Marc Sangnier, de François Mauriac, ou sur le plan théologique du père Bonsirven et du père Dieux, contribue à multiplier les contre-feux. Au total, même si la masse des fidèles reste confinée dans ses préjugés, la redécouverte par l'Église catholique des racines juives du christianisme a indubitablement amorcé un mouvement d'avenir dont les premiers fruits apparaîtront entre 1940 et 1944 lorsqu'une persécution sauvage s'abattra sur les Juifs de France.

Du Statut des Juifs à l'étoile jaune

À partir de la défaite, dans une France soumise à un double pouvoir hostile au judaïsme, d'une part celui des autorités allemandes dans la zone occupée, d'autre part celui de Vichy, gouvernement national et légal, les pires menaces pèsent sur les Juifs. Tandis que la stratégie nazie va consister peu à peu à appliquer la politique raciale du Reich – jusqu'à la liquidation physique –, à Vichy on tente d'instaurer dans le cadre de la Révolution nationale un antisémitisme « à la française ». Ainsi de 1940 à 1944, le sort des Juifs en France se trouve subordonné à deux politiques aux objectifs et aux modalités différents, parfois même rivaux : une politique d'exclusion et de persécution conduite par le gouvernement de Vichy ; une politique de déportation et d'exter-

---

8. *La Croix*, 9 février 1938.

mination menée par l'occupant en vue de réaliser la « solution finale ».

Dans un premier stade, de l'été de 1940 au printemps de 1942, c'est la ligne de Vichy, politique antijuive d'initiative française, mélange d'antisémitisme d'État et de xénophobie, qui prédomine, tandis que les autorités d'occupation se limitent pour l'heure à des mesures de mise sous contrôle des Juifs, au moyen du fichage, des rafles, des spoliations et de la terreur.

À Vichy, dès les premiers pas du nouveau régime, à la croisée de l'antisémitisme doctrinaire et de l'antisémitisme vulgaire, on s'active contre ceux que Maurras appelle les « étrangers de l'intérieur ». Le 22 juillet est créée par Alibert une commission de révision des naturalisations prononcées depuis 1927, ce qui concerne 500 000 cas et va aboutir à retirer la nationalité française à 15 000 personnes, dont près de 40 % sont des Juifs : le processus de « purification » de la nation française est en marche. Au même moment, les Allemands procèdent à l'expulsion brutale des Juifs alsaciens-lorrains envoyés en zone non occupée (plus de 20 000 personnes pour la seule Alsace). Le 27 août, c'est l'abrogation du décret-loi Marchandeau du 21 avril 1939, destiné à combattre la propagande antisémite en autorisant des poursuites et en prévoyant des sanctions contre les journaux coupables d'incitation à la haine raciale.

Mais c'est au début de l'automne qu'est franchi le pas décisif dans la politique d'exclusion avec un train de trois mesures capitales. En premier lieu, le Statut des Juifs, promulgué le 3 octobre. Le lendemain 4 octobre, une autre loi autorise l'internement des ressortissants étrangers de « race juive » dans des « camps spéciaux » et accorde aux préfets le droit de les assigner à résidence. Enfin le 7 octobre est abrogé le décret Crémieux du 24 octobre 1870 accordant la citoyenneté française aux Juifs indigènes d'Algérie.

En vertu du texte du Statut, les citoyens français juifs sont exclus de la fonction publique, de l'armée, de l'enseignement, de la presse et de la radio, du théâtre et du cinéma, cependant que les Juifs « en surnombre » seront éliminés des professions libérales. Bref, il s'agit, en dépit d'exceptions prévues – en faveur des anciens combattants notamment –, de rejeter les Français juifs hors de la communauté nationale. Innovation significative par rapport à la législation de l'Allemagne nazie : les Juifs se voient définis par des critères raciaux et non plus religieux, puisque est déclarée juive « toute personne issue de trois grands-parents de race juive ou de deux grands-parents de la même race, si son conjoint lui-même est juif ». Non moins instructif sur l'antisémitisme vichyssois est l'exposé des motifs précédant la loi. Pour justifier les mesures prises, on allègue l'influence « insinuante et finalement décomposante » des Juifs, les « effets fâcheux de leur activité au cours des années récentes » durant lesquelles ils ont eu une part prépondérante dans la direction des affaires du pays, la nécessité de leur ôter les « fonctions d'autorité, de gestion, de formation des intelligences » qu'ils exerçaient « dans une tendance individualiste jusqu'à l'anarchie » et de les y remplacer par des « forces françaises dont une longue hérédité a fixé les caractéristiques ».

Le 2 juin 1941, un deuxième Statut vient se substituer à celui d'octobre 1940, aggravant encore les conditions faites aux Juifs : la définition par la race s'y trouve mâtinée de définition par la religion ; le demi-Juif est considéré comme juif si son conjoint est demi-juif – et non plus juif ; la liste des fonctions publiques et privées interdites aux Juifs est considérablement allongée, tandis qu'est prévu un système de *numerus clausus* en vue de limiter le nombre des étudiants juifs dans les universités et l'accès aux professions libérales. Par ailleurs, une autre loi du même jour prescrit un recensement des Juifs dans toute la France métropolitaine et dans les colonies (en décembre 1941, 140 000 Juifs auront été dénombrés en zone non occupée).

Pour avoir une idée de l'effet des deux Statuts sur le service de l'État, on peut calculer le nombre des fonctionnaires exclus. Ce sont les militaires, de l'armée de terre, de l'air et de la marine, qui arrivent en tête avec un total de 1 284, puis vient l'Éducation nationale avec 1 111 professeurs chassés de l'enseignement (426 en zone occupée, 685 en zone non occupée), suivis par les fonctionnaires des PTT (au nombre de 545). Suivent les Finances, avec un chiffre de 169, les autres ministères (Intérieur, Affaires étrangères, Justice, Travail…) comptant chacun de 20 à 60 exclus. Au total, ce sont 3 422 fonctionnaires (753 en zone occupée, 2 669 en zone non occupée), sur un effectif global de 750 000, que l'État français a démis ignominieusement[9].

Point essentiel à souligner : toute cette politique antisémite résulte de l'initiative propre de Vichy. À l'époque, et plus encore par la suite, on a voulu croire – et faire croire – que ces mesures discriminatoires avaient été prises sous la pression du vainqueur, voire dictées par lui. Tous les travaux historiques faisant autorité ont, depuis un quart de siècle, balayé cette légende, et aujourd'hui la cause est entendue. En fait, on n'avait pas assez prêté attention à des témoignages de première main qui, dès le lendemain de la guerre, avaient bel et bien mis en lumière la responsabilité des autorités de Vichy, en révélant les choix délibérés d'une politique visant à traiter les Juifs en citoyens inférieurs et en exclus de la nation. Ainsi Du Moulin de Labarthète dans ses *Mémoires* affirme catégoriquement que la législation de Vichy, loin d'être due à l'Allemagne, a été « spontanée, autochtone ». Quant au rôle du maréchal Pétain, si l'on en croit Paul Baudouin, c'est lui qui, dans la mise au point du Statut de 1940, s'est montré le plus sévère, insistant pour que la justice et l'enseignement ne contiennent plus aucun Juif[10].

Autre face sordide de la persécution vichyssoise : la France des barbelés. Avec la loi du 4 octobre 1940 autorisant l'internement des Juifs étrangers, quelle que soit leur nationalité, les préfets sont investis de pouvoirs discrétionnaires. Aussi le réseau des « camps de la honte » s'étend-il et se peuple-t-il rapidement. Un premier groupe de camps d'internement

---

9. Cf. Claude Singer, *Vichy, l'Université et les Juifs*, Paris, Les Belles-Lettres, 1992, p. 140.
10. Henri Du Moulin de Labarthète, *Le Temps des illusions*, Genève, Cheval ailé, 1946, p. 280 ; Paul Baudouin, *Neuf Mois au gouvernement*, Paris, La Table ronde, 1948, p. 366.

datait des derniers temps de la IIIe République : créés pour y rassembler les « étrangers indésirables » en cas de conflit, ces camps de fortune avaient servi d'abord à abriter les républicains espagnols et les volontaires des brigades internationales, puis, à partir de la drôle de guerre, les ressortissants ennemis. Au moment de l'armistice, parmi les 8 000 internés civils allemands et autrichiens – souvent antifascistes –, on compte 5 000 Juifs. À partir de l'automne, les chiffres gonflent pour atteindre leur maximum en février 1941 avec près de 50 000 internés, dont 40 000 Juifs, puis vient le reflux, car un grand nombre de détenus ont été embrigadés dans les Compagnies de travailleurs étrangers, si bien qu'en 1942 il n'y aura plus que 10 000 Juifs sur un total de 15 000 étrangers et les grandes rafles de l'été feront chuter l'effectif de moitié. À Gurs, le plus célèbre et le plus grand des camps, sont passées de 1939 à 1945 60 000 personnes, hommes, femmes, enfants, vieillards, dont plus d'un millier sont mortes [11].

C'est que, dans ces camps, aux noms sinistres, Le Vernet dans l'Ariège, Gurs dans les Basses-Pyrénées, Noë et Recébédou en Haute-Garonne, Rivesaltes dans les Pyrénées-Orientales, Les Milles dans les Bouches-du-Rhône, les uns baptisés camps répressifs ou semi-répressifs, les autres camps d'hébergement ou de transit, les conditions d'existence sont abominables. Sous-alimentation chronique, état sanitaire déplorable, administration tatillonne, épidémies, isolement, promiscuité (Juifs, républicains espagnols, tsiganes y côtoient des trafiquants du marché noir, des souteneurs, cependant que l'on a compté dans les camps jusqu'à 5 000 enfants), toute cette misère matérielle et morale ne suscite pourtant que peu de réactions. Seules quelques organisations charitables, soit juives, soit protestantes, rejointes par quelques catholiques, se préoccupent de porter secours à la détresse des internés. Mais, du même coup, elles se trouvent prises dans un terrible dilemme : si elles ne veulent pas

---

11. Cf. Anne Grynberg, *Les Camps de la honte*, Paris, La Découverte, 1991, p. 12 ; Claude Laharie, *Le Camp de Gurs*, Biarritz, Société atlantique d'impression, 1985, p. 371-380.

abandonner les victimes à leur sort, et puisqu'elles ne peuvent agir que dans le cadre de la légalité, ne participent-elles pas au système, malgré qu'elles en aient, et par là ne contribuent-elles pas à le conforter ?

À Vichy, à partir du printemps de 1941, un organisme spécial est chargé de gérer le problème juif : le Commissariat général aux questions juives (CGQJ), créé par la loi du 29 mars, après que les Allemands eurent fait pression pendant plusieurs semaines pour la mise sur pied d'un Office central juif. À la tête du commissariat est placé, avec rang de sous-secrétaire d'État, Xavier Vallat, le créateur de la Légion. Nul n'incarne mieux que ce hiérarque du régime, représentatif et influent – c'est lui le véritable auteur du Statut de juin 1941 –, l'esprit de l'antisémitisme vichyssois.

Fils d'un pauvre instituteur royaliste, élevé dans les idées de l'Action française, glorieux ancien combattant (il a perdu un œil et une jambe en 1914-1918), député de l'Ardèche dans l'entre-deux-guerres, c'est une figure familière de la droite et de l'extrême droite catholique. Contre-révolutionnaire dans la ligne de Maurras, fervent patriote (il déteste les Allemands), grand admirateur de Pétain, il se fait le héraut de l'« antisémitisme d'État », à l'opposé de l'« antisémitisme de peau ». Pour lui, il y a une logique profonde dans cet antisémitisme « à la française », caractérisé par des mesures de défense et de prophylaxie indispensables au redressement national : « Le Juif, explique-t-il, n'est pas seulement un étranger inassimilable, dont la colonie tend à constituer un État dans l'État ; c'est aussi, par tempérament, un étranger qui veut dominer et qui est conduit à créer, avec ses congénères, un super-État dans l'État. » Et Vallat d'ajouter à cette vision obsessionnelle une dimension doctrinale et religieuse, puisée dans l'antijudaïsme catholique dont il est nourri : si le peuple juif demeure un peuple dépourvu de racines, c'est qu'il constitue une « race maudite que le déicide, collectivement consenti, a condamnée à ne plus avoir de patrie[12] ».

---

12. Michael Marrus et Robert Paxton, *Vichy et les Juifs*, Paris,

Bref, le conflit est irréductible entre la tradition juive et la tradition nationale française. C'est pourquoi la solution de la « question juive » passe par l'émigration pour les étrangers, par l'exclusion pour les citoyens français et, pour les demi-Juifs, par l'assimilation. En mai 1942, Vallat, jugé trop peu malléable par les Allemands, est remplacé à la tête du CGQJ par un extrémiste, Louis Darquier, dit Darquier de Pellepoix, habité par une haine frénétique des Juifs.

Face à un antisémitisme aussi calculé et mis en œuvre avec autant d'obstination, le choc a été rude pour les Israélites français. En fait, très vite ceux-ci se sont divisés sur la conduite à tenir. Dans un premier temps, beaucoup, assommés par la défaite, avaient accueilli favorablement, surtout parmi les notables, le nouveau régime et même la Révolution nationale. Dans ses *Carnets*, Raymond-Raoul Lambert, secrétaire du Comité d'assistance aux réfugiés, qui va devenir une figure marquante du judaïsme jusqu'à son arrestation en 1943, note à la date du 15 juillet 1940 : « Le relèvement de notre pays doit dans l'esprit de nos chefs participer à une réforme d'ordre spirituel [...]. La victoire amollit les nations, la défaite les régénère [...]. Une nation qui accepte la hiérarchie est sûre de durer. Nécessité de la discipline acceptée [...]. Les grands serviteurs de la France sont apparus aux jours sombres : Henri IV, Talleyrand, Thiers, Clemenceau, Pétain[13]. » Tandis que le rabbinat assure le chef de l'État qu'il exhorte les fidèles « à servir la patrie, à favoriser la famille et à honorer le travail[14] », le Consistoire proclame son loyalisme à l'égard du Maréchal et de son gouvernement.

Certes, le Statut du 3 octobre 1940 porte un coup terrible aux illusions dont on se berçait dans les institutions offi-

---

Calmann-Lévy, 1981, p. 89 ; Pierre Pierrard, *Juifs et Catholiques français*, Paris, Fayard, 1970, p. 302.

13. Raymond-Raoul Lambert, *Carnets d'un témoin 1940-1943*, Paris, Fayard, 1985, p. 70-72.

14. Adam Rayski, *Le Choix des Juifs*, Paris, La Découverte, 1992, p. 32-33.

cielles, mais l'expérience du malheur, au lieu de souder
Juifs français et Juifs étrangers, tend plutôt à élargir la coupure entre eux en multipliant divergences, animosités et
récriminations. Alors que les éléments militants parmi les
Juifs étrangers se rebellent, chez la plupart des Juifs de
souche le mot d'ordre est de s'en tenir au cadre de la légalité. Au judaïsme de rester digne dans l'épreuve, d'obéir à la
loi comme on l'a toujours fait, de savoir gérer le malheur.
Le président du Consistoire, Jacques Helbronner, va même
jusqu'à imaginer un projet de « contre-statut » qu'il adresse
au Maréchal. Faisant le procès de la politique d'accueil de
la IIIe République, il envisage d'éliminer de la vie publique
les « éléments étrangers inassimilés à l'esprit national », de
réviser les naturalisations depuis 1919 et de réserver l'accès
aux fonctions publiques aux Français ayant trois grands-
parents de nationalité française[15] ! Le Statut n'en provoque
pas moins chez d'autres des protestations indignées.
Témoin la lettre cinglante envoyée au maréchal Pétain par
le sénateur Pierre Masse, juriste et officier de réserve – qui
mourra en déportation : « J'ai lu le décret qui déclare que
les israélites ne peuvent plus être officiers, même ceux
d'ascendance strictement française. Je vous serais obligé
de me faire dire si je dois aller retirer leurs galons à mon
frère, sous-lieutenant au 36e régiment d'infanterie, tué à
Douaumont en avril 1916, à mon gendre, sous-lieutenant
au 14e régiment de dragons portés, tué en Belgique en
mai 1940, à mon neveu, Jean-Pierre Masse, lieutenant au
23e colonial, tué à Rethel en mai 1940 ? Puis-je laisser à
mon frère la Médaille militaire, gagnée à Neuville-Saint-
Vaast, avec laquelle je l'ai enseveli ? Mon fils Jacques,
sous-lieutenant au 62e bataillon de chasseurs alpins, blessé
à Soupie en juin 1940, peut-il conserver son galon ? Suis-
je enfin assuré qu'on ne retirera pas rétroactivement la
médaille de Sainte-Hélène à mon arrière-grand-père ? Je

---

15. Cf. Denis Peschanski, « *The Statutes on Jews 1940-41* », *Yad
Vashem Studies*, XXII, 1992, p. 85-86.

tiens à me conformer aux lois de mon pays, même quand elles sont dictées par l'envahisseur[16]. »

Mais là où les dissensions éclatent au sein du monde juif – et où les controverses n'ont cessé depuis lors de faire rage –, c'est autour d'une institution imposée par Vichy : l'Union générale des israélites de France (UGIF), créée de toutes pièces par une loi du 29 novembre 1941 et chargée d'assurer la représentation des Juifs auprès des pouvoirs publics. On voit s'affronter à son sujet, d'un côté, les partisans d'un compromis avec le pouvoir légal, de l'autre, ceux qui prônent la rupture en dénonçant le piège (c'est le cas de Marc Bloch et de Georges Friedmann qui prennent résolument position contre la nouvelle institution).

C'est que, destinée en théorie à s'occuper par priorité d'assistance, l'UGIF, dès sa naissance, fonctionne comme un rouage du système vichyssois. En outre, alors que les uns acceptent que la collectivité juive soit représentée en tant que minorité nationale, beaucoup d'autres s'y refusent. Parmi les dirigeants de l'UGIF, un homme comme Raymond-Raoul Lambert, interlocuteur privilégié de X. Vallat, se fait le champion de l'argument à la fois récurrent et ultime : éviter le pire. Mais alors, se demandera-t-on, quelle différence avec la thèse vichyssoise du moindre mal ? En fait, les responsables de l'UGIF, malgré leurs bonnes intentions, se sont eux-mêmes condamnés au rôle d'intermédiaires entre le pouvoir et les Juifs, sans pouvoir freiner en rien la persécution. C'est pourquoi ils ont été accusés après la guerre d'avoir collaboré, à la manière des *Judenräte,* par aveuglement ou par faiblesse, au lieu de se révolter contre l'inacceptable. Accusation sans doute excessive, mais force est de constater que l'UGIF n'a guère été qu'un jouet entre les mains de Vichy et des Allemands.

Si justement on se tourne vers la politique menée par les autorités allemandes en zone occupée, sous leur responsabi-

---

16. Cf. Adam Rutkowski, *La Lutte des Juifs en France à l'époque de l'Occupation (1940-1944)*, Paris, CDJC, 1975, p. 45-46.

lité, mais en liaison étroite avec l'administration française, on note que la persécution ici aussi a commencé très tôt, dès l'été de 1940. Tandis qu'interdiction est faite aux Juifs chassés par l'exode de revenir dans la zone occupée, une première mesure antisémite, l'ordonnance du 27 septembre 1940, ordonne le recensement de toute la population juive et son inscription sur un registre spécial et oblige les magasins juifs à se signaler par un écriteau. En octobre est décrétée l'apposition d'un tampon « JUIF » sur les cartes d'identité (la mesure sera étendue à la zone sud en décembre 1942). Paris et le département de la Seine comptent alors un effectif d'environ 150 000 Juifs, dont 110 000 hommes et femmes âgés de plus de quinze ans, se partageant par moitié entre Juifs étrangers et Juifs français – ces derniers se partageant à leur tour par moitié entre Français d'origine et naturalisés.

En 1941 débutent les premières rafles, visant d'abord les Juifs étrangers : 3 700 d'entre eux, Polonais, Tchécoslovaques et Autrichiens, sont arrêtés en mai 1941 et parqués dans les camps de Pithiviers et de Beaune-la-Rolande, placés sous administration française. En août, c'est le tour de 4 200 autres Juifs de diverses nationalités, dont un millier de Français. C'est à ce moment qu'est inauguré le camp de Drancy, qui va être le haut lieu des départs en déportation. En décembre, 740 Juifs français, des notables cette fois, membres des professions libérales et du monde intellectuel, sont internés au camp de Compiègne.

Parallèlement se poursuit la spoliation systématique des Juifs par l'occupant sous le nom d'« aryanisation » économique – un terme emprunté au vocabulaire national-socialiste. Autrement dit, les entreprises juives, industrielles ou commerciales, sont soustraites à leurs propriétaires et placées sous administration provisoire : procédé brutal et commode pour priver les Juifs de leurs moyens d'existence et les réduire à la misère et à la déchéance. Sous couleur d'éliminer « toute influence juive dans l'économie nationale », selon les termes de la loi du 21 juillet 1941, le relais est pris par le Commissariat général aux questions juives (CGQJ), dont une des principales activités consiste désormais à opérer le transfert des entreprises juives et des biens juifs – mobiliers ou immobiliers – entre des mains « aryennes » : celles des administrateurs provisoires qui peuvent procéder à leur vente ou à leur liquidation. Bref, il s'agit de remplacer partout les Juifs par des « Français ». Le résultat de cette gigantesque spoliation, c'est qu'en 1944 on comptera pour la zone occupée 30 000 entreprises juives contrôlées par des administrateurs provisoires et 10 000 aryanisations prononcées sous l'autorité du CGQJ.

Toutefois, la mesure la plus spectaculaire prise par les Allemands – à la fois moyen de ségrégation et prélude à la « solution finale » – a été au printemps de 1942 l'obligation faite aux Juifs de zone occupée de porter l'étoile jaune. Ce procédé de marquage (qui sera refusé par Vichy) avait déjà été introduit en Pologne et sur le territoire du Reich et il est alors étendu à la France en même temps qu'aux Pays-Bas et à la Belgique. En vertu de l'ordonnance allemande du 29 mai 1942, qui prescrit : « Il est interdit aux Juifs, dès l'âge de six ans, de paraître en public sans porter l'étoile juive », 83 000 étoiles jaunes sont distribuées en quelques jours. En fait, la mesure, entrée en application le 7 juin, prend tout de suite dans l'opinion une dimension à juste titre symbolique, car elle marque un tournant majeur dans la persécution.

La « solution finale »

Année pivot, l'année 1942 est une année décisive dans le destin des Juifs de France. D'abord parce que, à Berlin, la décision a été prise d'appliquer la solution finale aux Juifs d'Europe occidentale aussi bien qu'à ceux d'Europe centrale et orientale. C'est donc l'arrêt de mort des Juifs vivant sur le territoire français qui est signé. Au printemps est arrêté le plan des déportations systématiques : il s'agit de ratisser la France pour la vider de tous ses Juifs. Par ailleurs, parmi les Juifs, tant français qu'étrangers, la gravité du péril, qui apparaît dorénavant comme une menace d'anéantissement pure et simple, fait prendre conscience des chimères de la légalité et surtout fait retrouver un sentiment de communauté dans le malheur : d'où l'esquisse d'un rapprochement qui va contribuer à un changement important de mentalité à l'avenir. Enfin, l'ébranlement provoqué dans une large partie de l'opinion par la brutalité de la persécution amorce, en refoulant la propension à l'antisémitisme « ordinaire », une nouvelle relation au sein de la communauté française entre Juifs et non-Juifs, dont on mesurera, après 1945 et en symbiose avec d'autres facteurs, l'impact et la signification.

En vertu des nouvelles directives – l'« évacuation vers l'Est » –, la trilogie de la solution finale s'enclenche impitoyablement : concentration, déportation, extermination. Comme l'a écrit Adam Rayski, « sur l'horloge de l'Histoire, les aiguilles avançaient plus vite pour les Juifs que pour les autres populations de l'Europe occupée », tant était grande la « vitesse diabolique » avec laquelle progressait cette « guerre dans la guerre » déclenchée par le national-socialisme contre les Juifs[17]. Le 27 mars 1942, le premier convoi de déportés juifs quitte Compiègne en direction de l'Est. Il est composé de wagons de troisième classe, mais, à l'avenir, pour tous les autres convois de déportation, on utilisera des wagons de marchandises.

Du côté allemand, si l'on ne fait pas mystère de l'intention de déporter tous les Juifs sans exception, qu'ils soient français ou étrangers, on a compris que, dans une première étape, il était plus habile psychologiquement, afin d'amadouer Vichy et surtout d'éviter des remous dans l'opinion, de déporter de préférence les Juifs étrangers (Abetz l'écrit en toutes lettres à Berlin). Or là-dessus il y a conjonction de vues entre autorités allemandes et autorités françaises. En effet, Laval, revenu aux affaires en avril 1942 et dont la ligne de conduite est dictée uniquement par des considérations de *Realpolitik*, entend pratiquer une tactique de marchandage à coups de promesses et de faux-fuyants. Pour lui, les Juifs

_____

17. Adam Rayski, *Nos illusions perdues*, Paris, Balland, 1985, p. 91.

représentent avant tout une monnaie d'échange. D'où son idée, en livrant les Juifs étrangers, d'obtenir des concessions en faveur des Juifs français. D'où également sa politique consistant à apporter le concours de la police française aux arrestations et aux rafles en vue de s'assurer des contre-parties dans les négociations avec l'occupant et d'affirmer la souveraineté de son gouvernement aussi bien sur la zone occupée que sur la zone libre.

Tel est le sens de l'accord signé le 2 juillet 1942 entre le général SS Oberg, commandant la police et le SD allemands en France, et René Bousquet, secrétaire général à la Police dans le gouvernement Laval : un accord qui instaure une collaboration poussée des deux polices en matière de politique antijuive et qui, pour les Allemands, représente à la fois économie de moyens et gage d'efficacité dans la réalisation de leurs plans. Toutefois, Laval ne prévoyait pas l'opprobre qui s'attacherait à jamais à sa mémoire, lorsque, pour des raisons mal élucidées, il prend, deux jours plus tard, le 4 juillet, l'initiative inattendue de proposer de déporter les enfants de moins de seize ans avec leurs parents, alors que les Allemands avaient prévu de les confier à l'UGIF. C'est seulement sur son insistance en effet qu'Eichmann autorise de Berlin le 20 juillet la déportation des enfants et des vieillards.

À cette date, les grandes rafles de l'été de 1942 ont déjà commencé en zone occupée. Sous le nom de code « Vent printanier » a été déclenchée à Paris les 16 et 17 juillet la rafle du Vel' d'Hiv'. En deux jours, 3 031 hommes, 5 802 femmes et 4 051 enfants, soit 12 884 Juifs apatrides, sont arrêtés et parqués, moitié à Drancy, moitié au Vel' d'Hiv', dans des conditions abominables, avant d'être bientôt déportés (les organisateurs escomptaient 28 000 arrestations pour le Grand Paris, mais des fuites et de multiples complicités ont permis à beaucoup d'échapper aux mailles du filet).

À travers la zone non occupée, où Vichy a promis aux autorités allemandes de leur livrer un autre contingent de Juifs étrangers et apatrides, se déroulent du 26 au 28 août une série de rafles, qui aboutissent à la déportation de 7 000 personnes. Ces rafles, ponctuées de scènes déchirantes au moment de la séparation des familles, créent cependant un choc dans l'opinion, suscitent des protestations indignées de plusieurs évêques (Mgr Saliège à Toulouse, Mgr Théas à Montauban, le cardinal Gerlier à Lyon) et du pasteur Boegner, et leur retentissement sera profond en amorçant chez de nombreux Français un revirement à l'endroit des Juifs persécutés.

Si l'année 1942 a été la plus lourde dans le calvaire juif, les arrestations, les exactions et les déportations continuent en 1943 et en 1944, d'autant que les Allemands contrôlent maintenant la totalité du territoire français, à l'exception de la zone d'occupation italienne (huit départements à l'est du Rhône), véritable havre pour les Juifs qui y sont protégés à la fois contre les Allemands et contre Vichy par les autorités civiles et militaires italiennes – y compris par les dirigeants fascistes –, du moins jusqu'à la capitulation de l'Italie le 8 septembre 1943.

La chasse aux Juifs se traduit par les rafles de Marseille en janvier 1943 (l'opération Sultan sur le Vieux-Port), de Lyon en février dans les locaux de l'UGIF, de Nîmes et d'Avignon en avril, de Nice et de l'arrière-pays niçois en septembre, de Bordeaux en janvier 1944. Mais les exigences allemandes se heurtent maintenant à une mauvaise volonté croissante du côté français : Vichy renâcle, l'administration coopère mollement, la police n'est plus sûre et la gendarmerie encore moins. Aussi est-ce auprès de la Milice que la police allemande cherche, et trouve, un concours zélé et efficace. Nourris de haine antisémite, les miliciens pourchassent les Juifs sans pitié et s'avèrent d'autant plus dangereux qu'ils sont souvent bien informés. Le débarquement ne met fin ni aux arrestations ni aux massacres (que l'on songe à l'exécution des sept otages juifs de Rillieux sur ordre de Touvier), et l'acharnement des responsables nazis, loin de faiblir, se maintient jusqu'au bout, puisque les derniers convois de déportés quittent la France quelques jours seulement avant la Libération.

Sur le chemin de la déportation, les transports « vers l'Est » s'effectuent selon un rituel bien établi, à partir de Drancy, en lents convois à travers l'Allemagne vers les camps de Pologne, principalement Auschwitz, où aboutissent plus de 90 % des déportés. Soumis à une réglementation minutieuse, ces convois, qui comprennent en moyenne un millier de personnes entassées dans des wagons de marchandises, en proie à la soif, à la promiscuité, à la peur de l'inconnu, sont solidement gardés (40 soldats sous les ordres d'un officier) afin de prévenir toute tentative d'évasion, chacun des déportés étant autorisé à emporter un bagage personnel composé de deux chemises, deux paires de chaussettes, deux sous-vêtements, une serviette-éponge, un gobelet, une cuillère, tandis que la *Reichsbahn* accorde pour la traversée du Reich l'application du tarif de groupe, soit la moitié du prix du trajet normal en troisième classe. Lors de la rafle du Vel' d'Hiv', l'UGIF est chargée de fournir 800 seaux hygiéniques pour les wagons à bestiaux qui doivent transporter les Juifs arrêtés. Une fois au camp, les déportés juifs n'ont droit ni au courrier ni aux colis.

À l'arrivée de chaque train, sur le quai même, a lieu la terrible opération de la sélection *(Aussortierung)*, destinée à faire le tri entre les victimes vouées à l'extermination immédiate et les autres provisoirement épargnées et destinées au travail forcé. Les déportés, encore traumatisés par le long voyage, défilent devant des gradés de la SS, généralement des médecins, qui séparent les arrivants en deux files : d'un côté, les plus faibles – femmes, enfants, vieillards, qu'on emmène aussitôt à pied vers le camp pour être gazés ; de l'autre, les « sélectionnés », hommes valides ou jeunes femmes d'apparence robuste, immédiatement immatriculés, numérotés, tatoués, vêtus d'un costume rayé bleu et blanc et chaussés de galoches, que l'on fait monter dans des camions pour les conduire vers leurs baraquements et leurs lieux de travail. Dès l'arrivée, c'est donc la séparation des familles, la rupture des liens les plus chers à l'intérieur de la cellule familiale. On a calculé que 43 000 déportés (soit près de trois sur cinq) ont été ainsi envoyés à la chambre à gaz directement, sans même être immatriculés. Par la suite, parmi les *Häftlinge* soumis à un labeur épuisant, ont lieu à intervalles réguliers d'autres sélections, soit bloc par bloc, soit à l'intérieur de l'infirmerie, en vue d'éliminer ceux qui sont devenus inaptes au travail. Malades et squelettiques, ils sont à leur tour gazés, leurs cadavres transportés par les membres du Sonderkommando au crématoire, leurs cendres dispersées dans la campagne environnante ou dans la Vistule voisine.

Pour les déportés, tenus jusqu'à l'arrivée au camp dans l'ignorance complète du sort qui les attendait, même si parmi eux circulaient de sombres bruits au milieu des rumeurs rassurantes (comment d'ailleurs imaginer pareille industrie de la mort ?), le choc est terrible. Georges Wellers a témoigné avec force de la brutalité de cette révélation soudaine sur la rampe d'Auschwitz, lorsque les déportés découvrent l'immense cité concentrationnaire au paysage désolé sur un sol marécageux, envahie de l'odeur pestilentielle des cadavres et illuminée le soir par la lueur rouge des crématoires.

Pour tous ceux qui ont échappé à la liquidation immédiate, qu'ils soient affectés à des Kommandos extérieurs ou à d'autres travaux harassants, le problème numéro un, c'est la survie. Seulement un déporté racial sur dix y parvient, ce qui donne raison aux dictons sinistres qui circulent entre eux : « D'ici on ne sort que par la cheminée » ou encore « Un détenu honnête meurt avant trois mois ». De fait, la durée de vie moyenne à Auschwitz est d'une centaine de jours. Aux corps, épuisés par la faim (la ration journalière est de 250 grammes de pain, un litre de soupe de rutabaga et de chou, quelques pommes de terre, une boisson chaude dérisoirement baptisée thé ou café, parfois une rondelle de saucisse accompagnée d'un peu de margarine), par le travail forcé, par les brimades, les sévices, les mauvais traitements (coups de pied et coups de crosse, exercices physiques exténuants, bastonnades à la cravache ou à la matraque, cachot), en proie aux épidémies (la dysenterie est la plus fréquente, mais il y a aussi les maladies pulmonaires – pneumonie et pleurésie – et les maladies nerveuses), il faut une force de résistance exceptionnelle pour survivre, et ceux-là en imposent jusqu'aux SS. La plupart des rescapés cependant n'ont dû leur salut qu'à la chance qu'ils ont eue de trouver une place dans les services intérieurs du camp :

secrétariat de l'administration, cuisines, ateliers de cordon-
nerie ou d'électricité, et plus encore le secteur hospitalier, le
Revier, sans parler du coulage, des petits trafics, des menus
services rendus.

À dire vrai, à côté du hasard ou des savoir-faire, les chances
de survie varient aussi selon l'âge, l'état de santé, la période
d'arrivée au camp, et surtout selon la personnalité des détenus. Malgré des marges de manœuvre extrêmement étroites,
certains, en effet, soit qu'ils sachent saisir les occasions, soit
qu'ils bénéfient de réseaux de solidarité, parviennent à
conserver leurs repères, à maintenir leur identité, à sauvegarder une parcelle de dignité. Mais la conscience de l'omni-
présence quotidienne de la mort et de l'injustice du destin, qui
a emporté tant de victimes alors que seule une petite minorité
privilégiée a échappé, développeront au retour chez nombre
de rescapés un sentiment de malaise qu'on a appelé « syndrome des survivants ».

C'est que la logique perverse du système concentrationnaire, fondée sur la dialectique du maître et de l'esclave,
consiste – tout autant qu'à tuer – à humilier, à salir, à déshu-
maniser les *Häftlinge*, comme l'a si bien montré Primo Levi.
L'objectif, c'est la dégradation des êtres, non seulement en
brisant toute volonté de résistance, mais en les emprisonnant
dans un réseau de brutalité et de peur qui ne laisse plus place
qu'à l'animalité et aux bas instincts de la « vermine juive ».

D'autant que les déportés, soudain jetés dans cet univers
carcéral, la plupart du temps complètement coupés de leur
milieu d'origine, se sentent perdus au milieu de compagnons
d'infortune inconnus, venus de surcroît de toute l'Europe, et
même parmi les Juifs français le brassage social réunit pêle-
mêle dans les baraquements et les Kommandos commerçants, intellectuels, ouvriers à façon, avocats, tailleurs, fonctionnaires. En d'autres termes, la désintégration morale et
sociale des individus va de pair avec la destruction physique.
De là les divisions soigneusement planifiées et sadiquement
entretenues par les SS, la hiérarchie des chefs de bloc et des
kapos juifs, la délation, les disputes entre détenus... Le
miracle, c'est que, au lieu de sombrer, tant de déportés aient

pu trouver les ressources pour échapper à l'entreprise de
mort et de dégradation et que, en fin de compte, chez les
rescapés ait triomphé jusqu'à aujourd'hui la fraternité de
l'expérience concentrationnaire.

Si maintenant on entend procéder à un bilan chiffré, on
dispose sur l'étendue des pertes juives de statistiques très
précises, quant au nombre et à la répartition des victimes,
grâce aux travaux de Serge Klarsfeld fondés sur les listes
nominatives des 79 convois de déportés[18]. C'est ainsi que le
chiffre total des Juifs déportés de France, entre le printemps
de 1942 et l'été de 1944, s'élève à 76 000, dont 2 500 sont
revenus, soit 3 % des partants.

Sur cet ensemble, les Juifs de nationalité française représentent un peu moins du tiers (24 000), les deux tiers étant
formés de Juifs étrangers : en tête viennent, de loin, les
Polonais (26 300), puis les Allemands (7 000), les Russes
(4 500), les Roumains (3 300), les Autrichiens (2 500), les
Grecs (1 500), les Hongrois (1 200), etc.

Parmi les déportés, la répartition par âge n'est pas moins
significative. On compte en effet 10 000 enfants et jeunes
de moins de dix-huit ans, soit 14 % du total, dont près de
2 000 avaient moins de six ans et 6 000 moins de douze ans,
tandis que la proportion des plus de soixante ans (8 700 personnes) atteint près de 12 %. Les trois quarts des déportés
appartenaient donc à la tranche des dix-huit-cinquante-
neuf ans.

La périodisation montre que c'est l'année 1942 qui a été
la plus meurtrière. De mars à décembre, 43 000 Juifs ont
été déportés – presque les trois cinquièmes du total – en
43 convois, tous à destination d'Auschwitz. Sur ce chiffre,
les trois quarts venaient de la zone nord, un quart de la zone
sud. En 1943, il y a eu 17 000 déportations en 17 convois,
dont 13 en direction d'Auschwitz et 4 de Sobibor. Enfin, en

---

18. Cf. Serge Klarsfeld, *Le Mémorial de la déportation des Juifs
de France*, Paris, 1978 ; *Vichy-Auschwitz*, Paris, Fayard, 2 vol., 1983-
1985.

1944, en l'espace de sept mois, 16 000 déportés ont été acheminés en 14 convois sur Auschwitz (qui au total a reçu 70 000 déportés raciaux de France). Sur l'ensemble des déportés 43 000, soit 56,6 %, ont été gazés dès leur arrivée, presque tous à Auschwitz.

En conclusion de ce bilan, si l'on calcule qu'il y avait approximativement 330 000 Juifs en France en 1940 et que le nombre des morts atteint 80 000 (compte tenu des décès dans les camps d'internement français, des exécutions d'otages, etc.), la proportion des victimes est de 24 %, mais avec une inégalité marquée entre Juifs étrangers, pour lesquels le taux s'élève à 30 %, et Juifs français, dont 16 % ont péri – et même pour ces derniers on doit signaler une disparité marquée selon qu'il s'agit de Français de souche ou de naturalisés.

Trois débats historiographiques

Histoire dramatique, histoire controversée, l'histoire des Juifs de 1940 à 1944 a suscité d'innombrables discussions, gloses et polémiques. On peut en articuler les enjeux autour de trois grands débats historiographiques : la responsabilité de Vichy, la Résistance juive, l'attitude des Français.

Sur les responsabilités de Vichy dans le génocide, analyses et mises en cause se sont succédé depuis les années soixante-dix, dans la mesure où la période s'est trouvée de plus en plus appréhendée, disséquée, interprétée en fonction et à la lumière du sort fait aux Juifs, comme l'a bien montré Henry Rousso dans *Le Syndrome de Vichy*. Néanmoins, la thèse opposée, celle du « bouclier », apparue dès le lendemain de l'événement, continue d'avoir une audience encore aujourd'hui. À la Libération, en effet, les défenseurs de Vichy se sont efforcés de tirer argument de l'échec de l'accomplissement de la solution finale en France (de fait, les responsables nazis se sont plaints à maintes reprises des lenteurs et des obstacles rencontrés) pour soutenir que Vichy avait servi de bouclier en protégeant à travers bien des vicissitudes des dizaines de milliers de Juifs. À vrai dire, on ne peut que s'étonner de voir pareille construction bénéficier d'une fortune récurrente en dépit de l'amoncellement des études qui en démontrent l'inanité.

Certes, ni dans la Révolution nationale ni chez les principaux responsables de l'État français – Pétain, Laval, Darlan –, il n'y avait de projet homicide, pas plus que l'idée d'anéantissement physique de la race juive. Et pourtant le gouvernement de Vichy a été un instrument efficace des premières étapes de la « solution finale » : l'exclusion – sous couleur d'« antisémitisme à la française » – et la déportation. Car le concours apporté par Vichy, et à sa suite par de nombreux Français, a été essentiel en trois domaines : d'abord la définition, le classement et l'isolement des Juifs au sein de la population ; ensuite l'encouragement donné à l'antisémitisme par une propagande ouvertement raciste et xénophobe ; enfin la participation de l'appareil d'État – administration et police – aux opérations commanditées par les autorités allemandes, et cela dans le cadre d'une politique de collaboration d'État visant surtout à obtenir pour la France une meilleure place dans l'Europe hitlérienne. Deux données chiffrées sont à rappeler ici. D'une part, les effectifs des services de police allemands en France s'élevaient en tout à 3 000 hommes. D'autre part, les quatre cinquièmes des Juifs déportés de France ont été arrêtés par les forces de police françaises.

En fin de compte, ce qui a guidé les hommes de Vichy du commencement à la fin dans le traitement de la question juive, ce sont des impératifs idéologiques et des considérations de politique intérieure, sans qu'ils perçoivent le moins du monde l'ampleur du drame du judaïsme européen et sans qu'ils accordent la moindre attention au sort des victimes.

Deuxième débat historiographique : la Résistance juive, objet depuis le début des années quatre-vingt de farouches querelles de mémoire, d'autant plus vives que les affrontements idéologiques et politiques d'aujourd'hui y sont projetés sur les réalités d'hier. Au centre, une question apparemment simple : existe-t-il une Résistance spécifiquement juive, axée sur la lutte contre l'extermination et le sauvetage communautaire ? En d'autres termes, faut-il parler de Juifs résistants ou de résistants juifs ? Deux autres données viennent encore accroître la difficulté : d'une part, la division – que l'on retrouve ici – entre Juifs français et Juifs étrangers ; d'autre part, le phénomène communiste. Sans perdre de vue, bien sûr, qu'en filigrane se profile de surcroît la polémique vieille d'un demi-siècle sur la « passivité » juive face au génocide.

C'est un fait que, dans la Résistance juive, le rôle principal a été tenu par les Juifs étrangers, pour beaucoup communistes, pour certains sionistes, bon nombre d'autres étant sans étiquette particulière, simplement mus par un réflexe élémentaire de dignité en même temps que par l'instinct de survie. Les raisons, d'ordre à la fois sociologique, politique et psychologique, en sont évidentes. Non seulement les immigrés se sentaient, à juste titre, les premiers visés, mais leur expérience personnelle de l'antisémitisme, leur culture politique, leur fréquent militantisme, leurs liens communautaires multiples, leurs formes de sociabilité, enfin, plus que tout, leur fort sentiment de l'identité juive les ont conduits tout naturellement à agir dans des organisations juives, dont ils ont composé l'essentiel du recrutement, tandis que bien peu d'entre eux rejoignaient les mouvements de résistance français.

De là, à partir de petits noyaux peu nombreux, mais résolus et actifs, une Résistance tôt structurée, notamment en zone occupée. À vrai dire, dans cet engagement précoce, on peut même discerner une double structure, l'une développée à l'intérieur des cadres traditionnels de l'immigration, l'autre née des circonstances de la guerre. Parmi ces groupes on peut citer à Paris la sous-section juive de la MOI, où la lutte des militants communistes a repris dès l'été de 1940, ou bien le Comité Amelot (l'Institut Colonie-Scolaire, situé rue Amelot), émanation de la Fédération des sociétés juives de France et organisation très active d'entraide, ou encore l'Organisation reconstruction travail (ORT), cependant qu'en zone non occupée l'Organisation de secours aux enfants (OSE) se dépense sans compter et qu'apparaissent les premiers linéaments de l'Armée juive, d'inspiration sioniste, qui deviendra en 1944 l'Organisation juive de combat (OCJ).

Toutefois, la controverse la plus vive a fait rage à propos de l'action menée par les Juifs communistes. Elle tourne autour de la question de la « double appartenance » : faut-il inclure les communistes dans la Résistance juive ou les en exclure ? Les militants de la MOI luttaient-ils comme juifs ou comme communistes en appliquant d'abord et avant tout la ligne du Parti ? On a même argumenté sur cette stratégie en mettant en cause le choix des objectifs visés : pourquoi, a-t-on demandé, avoir organisé des attentats contre la Wehrmacht plutôt que des sabotages ferroviaires en vue d'arrêter les convois de déportation ? Mais un tel raisonnement n'aboutit-il pas à terriblement réduire et appauvrir la Résistance juive en la limitant aux seuls objectifs proprement juifs ? Au demeurant, les maquis juifs de la Montagne Noire en 1944, que ce soit la compagnie Marc-Haguenau issue des Éclaireurs israélites ou le corps franc de l'OJC, n'étaient-ils pas intégrés à l'Armée secrète, alors même qu'ils étaient pénétrés de leur sentiment d'identité juive au point de porter sur l'épaule un écusson blanc et bleu et une étoile juive ?

Sur un autre point, en revanche, un large accord s'est fait pour renoncer à la distinction artificielle et spécieuse entre « Résistance active », c'est-à-dire armée, et « Résistance passive », sans armes[19]. On ne saurait en effet opposer, d'un côté, le sauvetage, de l'autre, une véritable résistance sous forme d'action politique ou d'action militaire. Il est vrai que, pendant longtemps, on a préféré mettre l'accent sur la guérilla urbaine, les corps francs, les maquis – malgré leurs faibles effectifs et leur faible impact –, avec à l'arrière-plan l'idée de combattre la légende de la passivité des victimes. Mais aujourd'hui un renversement de perspective s'est opéré

---

19. Cf. Claude Lévy, « La Résistance juive en France : de l'enjeu de mémoire à l'histoire critique », *Vingtième Siècle*, n° 22, avril-juin 1989, p. 121. Voir aussi Renée Poznanski, « La Résistance juive en France », *Revue d'histoire de la Deuxième Guerre mondiale et des conflits contemporains*, n°137, janvier 1985, p. 3-32.

et une nouvelle hiérarchie s'est même instaurée, qui a réhabilité les « brancardiers » et multiplié les recherches sur le sauvetage et la solidarité. À cet égard, la fondation en 1943 à Grenoble du Centre de documentation juive contemporaine appartient à la Résistance juive au même titre que le camouflage des enfants, les filières d'évasion, la fabrication de faux papiers ou les divers services sociaux.

Reste l'immense pan de la Résistance en France, où des Juifs, pour la plupart français, se sont engagés en nombre et ont mené le combat clandestin, souvent à des postes de responsabilité. Qu'il suffise ici de citer les noms de Jean-Pierre Lévy à Franc-Tireur, de Léo Hamon à Combat, de Raymond Aubrac et de Ravanel à Libération, de Pierre Kaan aux côtés de Jean Moulin, de Daniel Mayer au Comité d'action socialiste, de José Aboulker à Alger, de Jacques Solomon, de Georges Politzer, de Pierre Villon, de Maurice Kriegel-Valrimont au parti communiste, et à Londres de René Cassin, de Georges Boris, de Jacques Bingen, de Raymond Aron. Pour ces hommes, l'engagement dans la lutte clandestine (ou dans la Résistance extérieure) procède des mêmes motivations que celles de leurs camarades de combat non juifs. Tandis que tous revendiquent leur qualité de Français à part entière (« Je ressens comme français l'injure qui m'est faite comme juif », écrivait en une belle formule Lucien Vidal-Naquet dans son Journal), ils considèrent que c'est la défaite du nazisme qui réglera le sort des Juifs. « Je n'ai pas fait partie d'une Résistance juive, j'ai fait partie de la Résistance française », explique Léo Hamon, et Raymond Aron confirme : « Je suis français, si je puis dire, avant d'être juif [...]. Nous étions à Londres des résistants français. En tant que français, nous étions contre les mesures antisémites[20]. » Signe de la place tenue par ces résistants juifs : leur nombre parmi les Compagnons de la Libération, où ils forment 5 % du total,

---

20. *Les Juifs dans la Résistance et la Libération...*, *op. cit.*, p. 52 ; CDJC, *La France et la Question juive 1940-1944*, Paris, Sylvie Messinger, 1981, p. 385-386 ; Raymond Aron, *Le Spectateur engagé*, Paris, Julliard, 1981 (rééd. Presses Pocket), p. 105.

alors que les Juifs ne représentaient alors que 0,75 % de la population.

En ce qui concerne l'attitude des Français vis-à-vis de la question juive, elle a donné lieu, elle aussi, à de vigoureuses controverses tant à propos de l'impact réel de l'antisémitisme dans l'opinion que sur l'indifférence, voire la connivence, de la population à l'endroit de la politique vichyssoise d'exclusion. On a même parlé de « complicité rampante » de la part de la « majorité silencieuse ». Néanmoins, si bien des plaies restent aujourd'hui à vif, l'historiographie, quant à elle, est plutôt sur la voie de l'apaisement, car les nombreuses études d'opinion conduites depuis les années soixante-dix, de même que les travaux sur le sauvetage des Juifs, ont fait considérablement progresser la connaissance historique. Le résultat, c'est qu'à l'heure actuelle un accord existe dans les grandes lignes sur trois données majeures : la passivité des années 1940 et 1941, le tournant de l'année 1942, la dimension de l'aide apportée aux Juifs persécutés.

Dans un pays abasourdi et compartimenté comme l'était la France de 1940, la défaite a bouleversé le paysage mental, altérant les jugements et obscurcissant les valeurs. Pour s'expliquer un effondrement aussi brutal et aussi dramatique, comment ne pas prêter l'oreille aux voix dénonçant les forces maléfiques responsables du malheur – les politiciens, les communistes, les francs-maçons, et bien sûr les Juifs et les étrangers « indésirables » ? D'où l'apathie, la léthargie, la passivité d'une population toute à ses préoccupations immédiates : vie quotidienne, sort des prisonniers, ravitaillement. Aussi le Statut des Juifs d'octobre 1940 ne provoque-t-il guère de réactions – le nombre des manifestations de sympathie reste très limité – et il en va à peu près de même au moment du second Statut en juin 1941, même si certains rapports administratifs relèvent des signes d'hostilité. Dans l'ensemble, l'opinion accueille sans états d'âme les mesures de discrimination. Quant aux camps d'internement, on ignore généralement leur existence. Seules la radio de Londres et quelques feuilles clandestines – et encore modestement – font état de la politique antisémite.

Tout change avec les grandes rafles de l'été de 1942. On assiste alors à un revirement capital de l'opinion. Deux raisons principales y contribuent. D'abord le choc provoqué par le caractère inhumain de la persécution : brutalité des arrestations, séparation des parents et des enfants, conditions bestiales des transports vers une destination inconnue. Tous les rapports des préfets rapportent l'émotion de la population, heurtée, indignée, parfois bouleversée. Par ailleurs, les autorités spirituelles, catholiques et protestantes, restées fort discrètes jusque-là, se font entendre de manière publique, condamnant le principe du racisme en même temps que les méthodes employées, ce qui ne laisse pas d'avoir un grand retentissement. Sous le coup de la réprobation générale se produit un réveil des consciences, qui se conjugue avec l'impopularité croissante du gouvernement. Tandis qu'un retournement se produit en faveur des Juifs qui maintenant font figure de martyrs, voilà que l'opinion prend conscience du lien direct entre la politique de collaboration et l'antisémitisme.

Dès lors s'enclenche un processus de complicité, active ou passive, de milliers de Français non juifs pour venir en aide aux victimes, à commencer par le sauvetage des enfants, sans hésiter à mettre en danger, le cas échéant, leur propre sécurité. En particulier, un grand nombre d'établissements religieux, couvents, écoles, pensionnats, orphelinats, ouvrent leurs portes pour offrir un abri aux proscrits. D'autres sont accueillis dans des familles. Un peu partout, la chaîne des solidarités silencieuses permet de sauver des milliers de vies : on estime à environ 45 000 le chiffre des enfants de moins de quinze ans qui ont ainsi échappé à la mort. Au total, c'est grâce à cette protection au sein de la population que les trois quarts des Juifs de France ont pu être soustraits au destin fixé pour eux par la solution finale.

Au même moment, du côté juif, l'épreuve rapprochait les diverses composantes jusque-là séparées et souvent antagonistes. Signe de ce retour vers une communauté : la naissance en 1944 du Conseil représentatif des Israélites de France (CRIF), synthèse réunissant en une même organisation des religieux du Consistoire, des sionistes et des communistes. Comme l'a écrit pertinemment André Kaspi, les années de guerre « ont façonné en France une nouvelle identité juive que la création de l'État d'Israël [... et] l'arrivée des Juifs d'Afrique du Nord contribueront à renforcer[21] ».

---

21. André Kaspi, *Les Juifs pendant l'Occupation*, Paris, Le Seuil, 1991, p. 392-393.

La France du Sud-Est

Jean-Marie Guillon

Avec, à ses deux bouts, les villes les plus importantes de la zone sud, Marseille et Lyon (600 000 et 500 000 habitants), et, entre elles, plusieurs autres de bonne taille, le Sud-Est tient le haut du pavé dans le demi-pays concédé par l'armistice. Avec la décentralisation forcée de 1940 y prolifèrent des « capitales » ou, au temps des illusions premières, des prétendantes au titre : Lyon s'imagine capitale politique, Toulon capitale maritime ; le Maréchal promet imprudemment à Aix l'autorité sur la Provence[1] qu'Avignon guigne, au moins partiellement. Lyon domine le catholicisme et Nîmes le protestantisme. Marseille est un premier pôle de résistance et de culture que détrône Lyon, couronnée « capitale intellectuelle de la France non occupée » par *Esprit* en avril 1941 et « capitale de la Résistance » par le général de Gaulle, le 14 septembre 1944 (après Philippe Henriot en juin 1943). Quoique challenger dans les deux domaines, Nice est consacrée « fille aînée de la Révolution nationale » en 1941. Mieux lotie – mais à quel prix – Grenoble devient en 1943 la « capitale des maquis », alors que le sort commun de l'Occupation et la construction de l'unité résistante ont redonné à Paris sa prééminence. Après l'étape lyonnaise, les résistants issus du Sud sont venus (ou revenus) s'y établir.

Le partage de la montagne dauphinoise entre Lyon et Marseille préfigure les limites régionales actuelles. Le régime

---

1. Promesse que le Maréchal fait lors de son voyage à Aix, le 23 juillet 1941, et que la censure… interdit de reproduire.

et la Résistance rattachent les Hautes-Alpes à la Provence, tout comme le Gard d'ailleurs, tiraillé entre l'attraction languedocienne et ses racines culturelles.

Axe économique essentiel du « royaume » de Vichy, mais désormais à peine entrouvert sur les horizons traditionnels de sa prospérité – Lyon, relais de Paris, Marseille « porte de l'Orient » –, le Sud-Est doit compter sur ses seules ressources et se tourner vers les hautes terres que les villes du Rhône et du littoral redécouvrent comme arrière-pays. Les flux de population et d'échanges, étranglés à chaque extrémité et s'éparpillant finalement dans les vallées, donnent sa cohérence à l'ensemble qui, de Caluire à Marseille et de Nice au Vercors, comporte autant de voies de salut que de pièges.

Encombrante Italie

La proximité de l'Italie est un autre facteur qui s'impose à tout le Sud-Est. Même si ses revendications ne sont pas forcément prises au sérieux, la « sœur latine » n'en constitue pas moins une menace.

La déclaration de guerre du 10 juin 1940 exacerbe l'italophobie latente. L'aviation italienne attaque les ports et les terrains d'aviation du continent et de Corse avec des succès médiocres, mais le bombardement de Marseille, le 21 juin, fait 144 victimes. Faute d'avoir pu les obtenir de Hitler, Mussolini tente de conquérir les terres convoitées en profitant de la prise à revers de la région. Les Allemands sont à Lyon, « ville ouverte », le 19 juin, à Romans et Aix-les-Bains le 24. L'armée des Alpes aux effectifs diminués les a arrêtés la veille sur la route de Grenoble, à Voreppe, « dernier baroud d'honneur de la bataille de France [2] », tout en bloquant l'offensive italienne, lancée depuis le 22 sur les cols des Alpes et sur Menton.

---

2. Paul Dreyfus, *Histoire du Dauphiné*, Hachette, Paris, 1976, p. 276.

La ligne de démarcation coupe le Jura et la Saône-et-Loire. Le Sud-Est est donc épargné par l'Occupation. C'est ici un argument de poids en faveur du régime. Terminée sans hâte le 7 juillet, l'évacuation de Lyon par les Allemands s'est accompagnée d'une ponction de matériel impressionnante.

Les Italiens occupent les 800 km^2 concédés le long de la frontière, soit une poignée de communes dont le sort alimente l'hostilité locale. Leur volonté d'italianisation – surtout à Menton – émeut, d'autant plus qu'elle se traduit par l'expulsion de fonctionnaires et d'habitants hostiles.

Démilitarisées, contrôlées par les commissions d'armistice, les zones limitrophes vivent dans l'inquiétude. Les Alpes-Maritimes se sentent en liberté surveillée. Le Maréchal lui-même ne peut venir à Nice et se contente de séjours privés dans sa propriété de Villeneuve-Loubet. S'il se rend finalement en Savoie en septembre 1941, c'est en dépit des Italiens. Vichy joue de l'Allemagne contre l'Italie, ce qui contribue à son succès dans un premier temps, surtout dans les terres, souvent conservatrices, les plus menacées, celles de l'ancien royaume de Piémont. Les pétainistes les plus extrémistes qui s'épanouissent dans la Légion française des combattants en profitent, du moins jusqu'à ce que la Résistance, sous ses diverses formes, canalise le sentiment patriotique. Le maire de Nice, Jean Médecin, fournit un exemple de cette évolution, en passant, par hostilité à l'Italie, de l'ordre nouveau de Vichy au Front national suscité par les communistes. La revendication irrédentiste est massivement rejetée tant en Corse qu'à Nice, malgré les efforts que font les Italiens pour entretenir une presse et quelques troupes, en particulier les *Gruppi d'azione nizzarda* du petit-fils de Garibaldi.

Cette pesée italienne singularise encore davantage le Sud-Est à partir de novembre 1942. C'est à la IVe armée italienne qu'échoit le contrôle de l'essentiel, soit sept départements – Alpes-Maritimes et Alpes-de-Haute-Provence, Var, Hautes-Alpes, Savoie, Haute-Savoie, Drôme – et une partie de l'Ain, de l'Isère, du Vaucluse et des Bouches-du-Rhône, la Corse étant occupée par un corps de la Ve armée. Toutefois, les Allemands gardent dans leur giron les grandes villes du sillon rhodanien, Marseille et, à l'intérieur même de la zone italienne, ce qui les intéresse (les mines de bauxite du Var et l'arsenal de Toulon, par exemple).

Drôle d'occupation que celle des Italiens en qui l'on se refuse à voir des vainqueurs. Méprisée, brocardée, bon enfant, redoutable pour tout ce qui se consomme, elle est imprévisible dans ses réactions, passant, selon les lieux et les moments, de la cordialité à la susceptibilité la plus extrême, alliant la francophilie de certains officiers aux rigueurs de l'OVRA, la police secrète fasciste, qui torture à Nice, interne à Modane ou Embrun, emprisonne en Italie. Elle rend plus difficiles encore les relations entre Français de souche et immigrés, naturalisés ou non, qui, parfois, en profitent pour se venger des avanies, mais qui, bien plus souvent, la subissent avec inquiétude. Cependant elle suspend l'application des lois antisémites de Vichy, protège les Juifs venus en grand nombre se réfugier dans les Alpes-Maritimes et se heurte, à ce sujet, aux Allemands[3].

La chute de Mussolini en juillet 1943 et une germano-phobie commune rapprochent la population de cet occupant qui veut avant tout retourner au pays. À l'annonce de l'ar-mistice, le 8 septembre au soir, l'armée italienne s'effondre sans résistance (sauf à Grenoble où il y aurait eu plusieurs centaines de morts), alors qu'en Corse sa neutralité ou sa complicité permet à l'insurrection de se développer. La plu-part des soldats qui n'ont pas pu fuir vers l'Italie sont faits prisonniers par les Allemands. Bien peu reprennent le com-bat à leurs côtés. Beaucoup se cachent dans la campagne. Certains rejoignent les maquis, notamment FTP.

Le ressentiment anti-italien n'est pas gommé par l'occu-pation allemande, d'autant que la collaboration des com-merçants et entrepreneurs italiens est remarquée avant toute autre. Pourtant, la Résistance fournit de nombreux exemples

---

3. Pour plus de précisions, Renée Poznanski, *Les Juifs en France pendant la Seconde Guerre mondiale*, Paris, Hachette, 1997, p. 486-489 et Alberto Cavaglion, *Les Juifs de Saint-Martin-de-Vésubie*, Nice, Serre, 1995.

de solidarité. Le plus significatif est la signature des accords de Saretto, en Italie, le 30 mai 1944, entre Max Juvénal, le principal dirigeant de la Résistance provençale, et les délégués du Comité de libération nationale du Piémont. En affirmant « la pleine solidarité et fraternité franco-italienne dans la lutte contre le fascisme et le nazisme », ces accords politiques et militaires ne veulent rien de moins que combler le fossé qui sépare les deux peuples[4].

La nasse

Carrefour et voie de passage, le Sud-Est est une région de vieille et forte immigration. Les Italiens se comptent par centaines de milliers suivis de très loin par d'autres communautés, arménienne et espagnole surtout. Marseille est, par excellence, la ville d'une diversité qui ne peut que susciter le mépris des nazis. Peu après le début de l'occupation de la zone sud, entre le 22 et le 27 janvier 1943, avec l'appoint des autorités de Vichy, son Vieux-Port, une « petite Naples » plus laborieuse que marginale, est vidé de sa population avant d'être détruit. Ses habitants paient pour la mauvaise réputation de la ville. Sur près de 20 000 expulsés, plus de 2 000, des Juifs surtout, sont déportés. C'est la « plus grande catastrophe de l'histoire marseillaise » depuis la peste de 1720[5].

Dès 1940, Marseille est devenue un centre important pour les communistes étrangers. La direction du parti espagnol s'y est repliée, bientôt suivie par celle de son homologue italien. Dirigés par des vétérans de la guerre d'Espagne, les groupes FTP-MOI sont parmi les premiers à entrer en action. La série d'attentats spectaculaires qu'ils réalisent contre les

4. Récit et texte intégral *in* Jean Garcin, *De l'armistice à la Libération dans les Alpes-de-Haute-Provence,* Digne, 1983, p. 219-224.

5. Pierre Guiral, *Libération de Marseille,* Hachette, Paris, 1974, p. 57. Sur Marseille, se référer à Émile Témime et Marie-Françoise Attard-Maraninchi, *Migrance. Histoire des migrations à Marseille,* t. III, Aix-en-Provence, Édisud, 1990, et à Christian Oppetit (dir.), *Marseille, Vichy et les Nazis,* Marseille, Amicale des déportés d'Auschwitz et des camps de Haute-Silésie, 1993.

troupes d'occupation sert de prétexte à l'affaire du Vieux-Port. Pour Giorgio Amendola, qui est l'un de leurs chefs, en permettant aux militants de se familiariser avec la guérilla urbaine, « l'expérience de la lutte vécue à Marseille fut très importante pour les développements futurs de la guerre de partisans en Italie » que vont diriger les mêmes cadres quelques mois après[6]. Cette Résistance à ossature étrangère joue un rôle notable jusqu'à la Libération dans l'ensemble des villes du Sud-Est, ainsi à Lyon et Grenoble où opèrent les groupes du bataillon Carmagnole-Liberté.

Elle est enracinée parmi les immigrés dont la masse fournit les journaliers des mines, des usines et des campagnes, mais ses cadres participent en général du flot des arrivées récentes.

Il était inévitable que les remues d'hommes mises en mouvement par les fascismes et par la guerre aboutissent dans cette région en bout de France, abordée comme un refuge ou une étape, avant qu'elle ne se transforme en nasse.

L'exode ne l'atteint que par ses derniers ressacs. Entreprises et institutions, hommes d'affaires et artistes viennent nombreux se replier dans la région en attendant des jours meilleurs. Pechiney installe son siège momentanément dans un village près d'Avignon. Le publicitaire Marcel Bleustein-Blanchet ou l'avionneur Henri Potez transfèrent leurs activités sur la côte. Les écoles militaires de Saint-Cyr et de Saint-Maixent sont à Aix-en-Provence, l'École navale à Toulon. Les quotidiens régionaux de Marseille et surtout de Lyon accueillent les principaux journaux parisiens (*Paris-Soir, Le Temps, Le Figaro, L'Action française, Le Jour*, etc.).

La plupart des réfugiés, venant surtout des régions proches, repartent dès que la circulation ferroviaire le permet. D'autres restent ou continuent à arriver, Lorrains expulsés en novembre 1940 qui s'égrènent tant bien que mal le long de la vallée du Rhône, Alsaciens, Mentonnais, Juifs et jeunes

6. Giorgio Amendola, *Lettere a Milano*, Editori Riuniti, Rome, 1973, p. 61.

gens qui fuient la zone occupée. Marseille se gonfle de tous
ceux qui cherchent à échapper aux nazis, secourus par les
organisations caritatives juives et protestantes, dont elle est
devenue la plaque tournante. « C'était donc ici que cela se
déversait, dans ce canal, la Canebière, et, par ce canal, dans
la mer, où il y avait enfin de l'espace pour tous, et la paix »,
constate Anna Seghers, témoin et actrice de la quête fébrile
de sésames et de places hypothétiques sur des bateaux qui ne
le sont pas moins [7]. Le *Capitaine Paul-Lemerle* sur lequel elle
s'embarque avec ses enfants en mars 1941 transporte, entre
autres, André Breton, Claude Lévi-Strauss, Victor Serge,
Marc Chagall, Marcel Duchamp et Benjamin Péret. La
plupart ont bénéficié de la « filière marseillaise » montée
par le Comité américain de secours de Varian Fry, envoyé
d'Eleanor Roosevelt, qui, avant d'être expulsé en août 1941,
a permis à 1 200 intellectuels de s'échapper [8].

Max Ernst est avec eux, venant de la tuilerie des Milles,
près d'Aix-en-Provence, où croupissent plus de 3 000 étrangers internés sans discernement en 1939-1940. Camp de
transit pour ceux qui attendent un visa (à moins qu'ils ne
choisissent la clandestinité comme les responsables communistes italiens), elle devient antichambre de la déportation
pour les Juifs raflés en août 1942 et, comme le camp de
Vénissieux, près de Lyon, théâtre des scènes atroces d'un
départ que tentent de freiner les quelques pasteurs, rabbins
ou prêtres présents [9].

7. Anna Seghers, *Transit*, Aix-en-Provence, Éditions Alinéa, 1986,
p. 48.
8. Sur cette action, *Varian Fry et le centre américain de secours.
Sauvetage et Résistance à Marseille 1940-1941*, Arles, Actes Sud –
Conseil général des Bouches-du-Rhône, 2000, et le témoignage de
Daniel Bénédite, *La Filière marseillaise*, Paris, Éditions Clancier
Guénau, 1984.
9. Voir Jacques Grandjonc et Theresia Grundtner, *Zones d'ombres.
1933-1944,* Aix-en-Provence, Éd. Alinea, 1990, et le témoignage de
Lion Feuchtwanger, écrivain antinazi célèbre, réfugié à Sanary (Var),
autre bénéficiaire de l'aide de Varian Fry, *Le Diable en France*,
Paris, Jean Cyrille Godefroy, 1985.

Pendant ce temps, s'accumulent sur la Côte d'Azur des vagues successives de réfugiés. La première, cible facile du ressentiment, est formée des mondains et des artistes qui reconstituent leur petite société entre Monaco et Cannes où ils auraient fréquenté le premier festival s'il avait pu se tenir, comme prévu, en septembre 1939. Elle masque la détresse des moins fortunés, recouverts sous l'occupation italienne par l'afflux pathétique des Juifs à la recherche d'un abri, comme les Joffo ou Vidal et la plupart des siens[10]. Mais tout s'écroule en septembre 1943. En quatre mois, des seules Alpes-Maritimes, partent 1 820 déportés. Pour ceux qui parviennent à échapper, c'est à nouveau l'éparpillement vers les montagnes ou le Sud-Ouest.

L'action caritative se transforme alors en une résistance marquée par l'œcuménisme. La CIMADE protestante qui glisse de Nîmes à Valence et L'Amitié chrétienne de l'abbé Glasberg, à Lyon, mettent en place des filières pour les persécutés que guident vers des refuges discrets ou vers la Suisse des laïcs et des ecclésiastiques, comme le futur abbé Pierre, alors vicaire à Grenoble[11].

Ferments d'opposition, beaucoup des déracinés que la région accueille sont à l'origine de la lente élaboration des diverses formes de résistance : militaires polonais spécialistes des réseaux d'évasion ou de renseignements, Juifs français ou étrangers, Mentonnais dispersés dans les villages de Provence, antifascistes de la MOI, Alsaciens et Lorrains qui, dans le Vaucluse et la Drôme, assurent le développement de Combat ou que le chef de Franc-Tireur, Jean-Pierre Lévy, représente au plus haut niveau.

Mais – et c'est l'une des curiosités de la période – persis-

---

10. Entre autres témoignages, Philippe Erlanger, *La France sans étoiles*, Plon, Paris, 1974 ; Edgar Morin, *Vidal et les siens*, Le Seuil, Paris, 1989, et Joseph Joffo, *Un sac de billes*, Paris, Jean-Claude Lattès, 1973.

11. Lucien Lazare, *L'Abbé Glasberg,* Paris, Le Cerf, 1990. Voir aussi *Les Clandestins de Dieu, Cimade 1939-1945*, Labor et Fides, Genève, 1989.

tent les habitudes estivales qui amènent l'été, en 1941 et 1942, au bord de mer, un afflux de population qui, pour relatif qu'il soit, n'en suffit pas moins à déséquilibrer un ravitaillement précaire. Dans le Var, c'est significativement à Saint-Raphaël et en août 1941 que se produit la première manifestation à ce sujet.

La dépendance économique

Deux de ces estivants, Jean-Paul Sartre et Simone de Beauvoir, venus profiter des films américains que l'on peut encore voir à Marseille, constatent en 1941 que l'on mange « beaucoup plus mal dans le Midi qu'à Paris ou dans le Centre » et, en 1942, que « la disette [est] plus radicale que l'année passée[12] ». À défaut de tomates, ils doivent alors se contenter de mauvais pain, d'aïlloli sans œuf et d'une pâte de fruit jugée indigeste qui provient sans doute de la coopérative Croquefruit. Cette entreprise originale – elle a été créée avec succès par les comédiens Sylvain Itkine et Léo Sauvage pour aider les artistes et les militants d'extrême gauche échoués à Marseille (comme les anciens du groupe Octobre ou Jean Effel, auteur de la publicité) – est typique des initiatives et des reconversions que fait naître la pénurie.

À Lyon, la ration alimentaire quotidienne est tombée, à la fin de 1941, à 1 160 calories et 27 grammes de protéines[13]. Encore y a-t-il tout autour de riches campagnes qui offrent des ressources moins restreintes que les environs des villes de la côte. De Marseille à Nice, l'amiral Leahy, ambassadeur des populaires États-Unis, reçoit un accueil enthousiaste en avril 1941 lors de la distribution des vivres, des vêtements et des médicaments de la Croix-Rouge que l'*Exmouth* vient d'apporter. Pierre Mendès France qui se cache près de Grenoble

---

12. Simone de Beauvoir, *La Force de l'âge*, Paris, Gallimard, 1960, p. 534.
13. Évaluation de Bernard Aulas citée par Gérard Chauvy, *Lyon 40-44,* Paris, Plon, 1985, p. 53.

après son évasion (avant de gagner Londres en passant par la Suisse) témoigne de cette misère : « Marseille, autrefois si gaie, si pittoresque, est devenue triste… On ne voit que des gens accablés, les chaussures trouées, attachées par des ficelles, les vêtements élimés, aux boutons manquants ou dépareillés. Les figures sont tirées, ravagées, maigres… Je suis frappé, ici plus encore qu'à L[yon], par l'aspect des rues et des magasins. Ce ne sont partout que vitrines vides, boutiques fermées ; à côté des portraits de Pétain, plus nombreux que jamais (avec quelques portraits de Darlan), on ne voit que des pancartes rébarbatives avisant le client possible qu'il est inutile d'entrer pour essayer d'acheter [14]. »

Théoriquement rattachées au Massif central, c'est avec retard que les régions méridionales reçoivent une partie de l'approvisionnement prévu. Dépendant de moyens de transport devenus insuffisants et irréguliers, c'est là, au bord d'une mer d'où plus grand-chose n'arrive, que le ravitaillement est le plus désastreux et le marché noir le plus insolent. Avec un froid pire que celui de l'année précédente (le Rhône charrie des glaçons), l'hiver de 1941-1942 connaît une poussée de mortalité inégalée, mais aussi une vague inattendue de manifestations de ménagères.

Droit sorties de l'Ancien Régime, sans doute parties de l'Hérault, sautant de ville en ville, spontanées le plus souvent, transmises par la rumeur, elles secouent le Sud-Est et se doublent de grèves, surtout dans les mines du pourtour du Massif central et du Var, qui marquent le début des retrouvailles entre ouvriers et communistes (italiens ou français).

Quelques mois après, cette influence s'affirme bien plus nettement dans le mouvement provoqué par la Relève. À partir d'Oullins et de ses cheminots, la grève s'étend du 13

---

14. « Liberté, liberté chérie », paru en janvier 1943, *in* Pierre Mendès France, *Œuvres complètes*, t. I, *S'engager. 1922-1943*, Paris, Gallimard, 1984, p. 562-563. Sur la situation alimentaire de la région, voir les études publiées par Jean-Marie Flonneau et Dominique Veillon *in* « Le temps des restrictions en France 1939-1949 », *Les cahiers de l'IHTP*, n°32-33, mai 1996.

au 17 octobre aux usines du Rhône et de la Loire, touchant 12 000 salariés, malgré les 343 arrestations opérées. C'est le point de départ d'une contestation sociale et patriotique qui culmine dans les tentatives insurrectionnelles de 1944 et dans laquelle les communistes jouent le rôle essentiel.

Président de l'Union patronale de la métallurgie, Georges Villiers, nommé maire de Lyon en juillet 1941, est révoqué après avoir protesté lui aussi contre la Relève. Cette affaire est symptomatique d'une évolution personnelle (qui aboutit à la déportation) et collective : les milieux d'affaires régionaux prennent leur distance avec le pouvoir, alors qu'ils avaient souvent accepté des responsabilités boudées jusque-là, à l'exemple du président de la Chambre de commerce de Lyon devenu secrétaire d'État au Ravitaillement de 1941 à avril 1942.

La réouverture des foires de Marseille, avec l'Amiral, et de Lyon, avec le Maréchal, en septembre 1941, se voulait signe de continuité, mais l'activité économique dépend trop des approvisionnements venus du nord et du sud pour n'être pas menacée par la pénurie. Le textile essaie de s'en tirer avec le genêt, mais les vieilles industries de consommation survivent plus mal que celles dont l'activité est indispensable aux besoins locaux – l'extraction houillère dans le Gard, troisième bassin français, ou dans la Loire – ou à ceux de l'Allemagne. Certains industriels, comme Marius Berliet, se font broyer par l'engrenage de la collaboration, d'autres qui voient plus loin que l'Europe ont une stratégie vite conservatoire et prudente. Alais, Froges et Camargue – le futur Pechiney – investit à long terme outre-mer, sans négliger ce Sud-Est où se trouvent l'usine mère de Salindres (Gard) qui a le monopole de la répartition de la soude, les Salins-de-Giraud, les installations d'électrochimie et d'électrométallurgie des Alpes et où il participe aussi bien à la naissance de la riziculture camarguaise (avec Saint-Gobain) qu'à la protection intéressée de la bauxite dont le Var est le premier producteur européen.

L'industrie alimentaire subit le rude contrecoup de la chute des importations de produits tropicaux. Le port de

Marseille, devenu la seule porte vers l'Empire, ne peut
retrouver son trafic antérieur, malgré l'allégement du blocus
anglais à la fin de 1940. Il est paralysé à partir de novembre
1942. Les 14 millions de tonnes de marchandises et les
830 000 voyageurs de 1938 ne sont plus que 700 000 et
10 000 en 1943. Le pétrole est tombé de 1,5 million de
tonnes en 1938 à 16 000 dès 1942. À leur tour, les raffineurs
de l'étang de Berre se lancent dans l'activité la plus significative du moment : la fabrication du charbon de bois.

L'embellie culturelle

La culture connaît aussi son retour à la terre. Le renouveau
provincial promis par le Maréchal à diverses reprises, notamment lors de son voyage lyonnais de novembre 1940, et ses
révérences réitérées à l'égard de Frédéric Mistral enchantent
le félibrige qui en fait son président d'honneur. Les groupes
de danse provençaux deviennent l'une des décorations obligées des fêtes officielles. Arles est, avec Nice, l'un des
centres les plus actifs de l'activité régionaliste, stimulée par
la promotion du folklore et celle, plus relative, de la langue
d'oc. À cheval sur l'archaïsme et la modernité, l'association
Jeune France rayonne à partir de Lyon, Marseille et Aix et
encourage les arts populaires, des plus traditionnels aux plus
novateurs, comme le théâtre[15]. Mais le remarquable essor des
activités culturelles dans la région (jusqu'à ce que les pulsions
totalitaires du régime et l'Occupation ne l'interrompent) est
favorisé surtout par l'afflux des créateurs.

Une partie de l'industrie cinématographique s'est déplacée
sur les studios marseillais de Marcel Pagnol (rachetés par la
Gaumont en 1942) et sur ceux de La Victorine à Nice. De
nouveaux éditeurs font leur apparition, dont Robert Laffont
qui fonde sa maison à Marseille en mai 1941. Pierre Seghers,

---

15. Cf. Christian Faure, *Le Projet culturel de Vichy*, Lyon, Éditions
du CNRS, et Lyon, Presses universitaires de Lyon, 1989.

à Villeneuve-lès-Avignon, est au cœur d'une activité où à la poésie se mêle peu à peu la Résistance avec le Vauclusien René Char et les écrivains qui passent dans l'arrière-pays, avant de finir par s'y échouer. Sur les mêmes marges, profitant du même regain, d'autres revues tentent de préserver un espace de liberté. À Marseille, *Les Cahiers du Sud,* la plus notoire, traversent la période, tant bien que mal, ouvrant leurs pages à des parias ou à des dissidents en puissance, Simone Weil, par exemple. À Lyon, Stanislas Fumet et ses amis démocrates-chrétiens publient *Temps nouveau* avant d'encourir les foudres du régime, en août 1941, en même temps que la revue *Esprit* du Grenoblois Emmanuel Mounier.

Celui-ci marque de sa présence la plupart des lieux de fermentation culturelle de la région. Il est à Lourmarin, au pied du Lubéron, lors des Rencontres de poésie que Jeune France organise en septembre 1941. Sa pensée influence l'École nationale des cadres, installée à Uriage, près de Grenoble, où l'on glisse peu à peu de la Révolution nationale à la Résistance. Assigné à sa sortie de prison à Dieulefit, dans la Drôme, il y anime une « université » qui contribue à faire de cette bourgade protestante, refuge d'écrivains et d'artistes, un étonnant centre intellectuel.[16]

À Nice, Roger Stéphane, qui vit dans la proximité d'André Gide, de Roger Martin du Gard, d'André Malraux, de Louis Aragon et d'Elsa Triolet, organise des conférences dont la plus célèbre, celle d'André Gide sur Henri Michaux, rencontre l'opposition de la Légion des combattants. Pour lui, « Nice, en ce temps-là, était vraiment un salon littéraire[17] ». Mais, au même moment, Marseille prend « progressivement l'allure d'une capitale culturelle[18] » et rivalise avec Lyon que rejoint, cependant, sa compagnie théâtrale la plus connue, Le Rideau

16. Sandrine Souchon, *Résistance et liberté. Dieulefit 1940-1944*, Die, coll. A. Die, préf. Pierre Bolle, 1994.

17. Roger Stéphane, *Tout est bien*, Paris, Quai Voltaire, 1989, p. 164.

18. Jean-Michel Guiraud, *La Vie intellectuelle et artistique à Marseille à l'époque de Vichy et sous l'Occupation,* Marseille, rééd. Jeanne Laffitte, 1999, p. 101.

gris, dans l'été de 1941, signe d'un glissement plus général. La décentralisation culturelle est moins le fait de Vichy que des milieux peu conformistes dilatés par l'exode.

La presse marseillaise couvre surtout les extrémités de l'éventail favorable au régime, avec une série d'hebdomadaires d'extrême droite, dont *Gringoire*, ouvert aux grandes plumes que n'émeut pas la délation, et, à gauche, *Le Mot d'ordre* qui se veut culturel et dont plusieurs signatures se retrouvent en Résistance. Véritable capitale de la presse de zone sud, Lyon bénéficie d'une concentration de journaux et de revues impressionnante, bien que les titres disparaissent un à un, interdits ou sabordés à partir de novembre 1942 à la suite du *Figaro*, du *Progrès* et du *Temps*. Ses journalistes jouent d'ailleurs un rôle considérable dans l'extension des mouvements clandestins, ainsi ceux du *Progrès* avec, entre autres, Yves Farge et Georges Altman ou Louis Martin-Chauffier qui travaille pour *7 Jours*. Leurs publications – particulièrement *Le Franc-Tireur* ou le bulletin du Bureau d'information et de presse dont Jean Moulin a confié la responsabilité à Georges Bidault – bénéficient de leur expérience. Hommes aux relations multiples et aux déplacements fréquents, ils sont souvent, comme Jean Nocher à Saint-Étienne ou Pierre Guillain de Bénouville sur la côte, les carrefours des résistances locales.

Les dissidences et les arrestations, les interdictions et les sabordages qui marquent la vie intellectuelle du Sud-Est entre 1940 et 1942 reflètent l'évolution qui touche des milieux parfois résignés ou sensibles à la volonté de régénération affichée par Vichy. L'aile dynamique de la Résistance qu'ils alimentent rejoint en 1942 celle qui, une fois l'accablement et les illusions dissipés, réaffirme sa filiation républicaine.

Le rouge et le blanc

Près de 30 % des opposants du 10 juillet sont des parlementaires du Sud-Est. Ceux-là sont vite limogés de leurs mandats municipaux, avec quelques autres qui n'ont pas l'heur de plaire. La plupart des grandes villes et beaucoup de communes plus petites sont ainsi décapitées entre septembre 1940 et 1941 (Lyon, Grenoble, Avignon, Vienne, Aix-en-Provence, Toulon, Marseille, etc.). La commotion est telle qu'il n'y a pas de protestations, mais au contraire des proclamations d'allégeance. Le Sud-Est a trop pourvu la IIIᵉ République en leaders nationaux pour ne pas être profondément ébranlé par son échec. La défaite rejaillit sur Édouard Herriot et plus encore sur le Savoyard Pierre Cot, sur Édouard Daladier, le fils du boulanger de Carpentras, sur Paul Reynaud, le descendant de « barcelonnettes » enrichis au Mexique.

Très vite, Vichy exacerbe l'antagonisme séculaire qui partage chaque communauté en Blancs et Rouges de tradition, grossis de couches nouvelles, ouvriers, petits fonctionnaires, ou, sur la côte, retraités aisés, militaires comme le Maréchal lui-même, homme du Nord venu s'installer au soleil. Dominantes dans les zones de passage et d'industrie, les terres laïques ou parfois protestantes sont les bastions d'une tradition républicaine aux expressions politiques diverses dont les racines se trouvent dans les révoltes du XIXᵉ siècle, en particulier celle de 1851. Les terres « blanches » et cléricales, substrats d'un courant royaliste vivace (Ardèche, « Vendée provençale » du Bas-Rhône), couvrent plutôt les hauts pays.

Les foules que le Maréchal rassemble de Lyon, en novembre 1940, à Avignon, en octobre 1942, attestent d'une popularité qui dépasse les limites du Midi « blanc ». Mais celui-ci triomphe, avant de se disperser entre le giraudisme, la « neutralité » légionnaire ou l'allégeance à l'occupant.

Les villes du littoral forment le principal pôle d'une collaboration multiforme qui va du plus bénin (mais significatif), le volontariat pour l'Allemagne [19], au plus odieux, la partici-

---

19. Bouches-du-Rhône et Alpes-Maritimes sont au premier rang des adhésions au SOL et au PPF en zone sud (1 748 et 1 674 pour le SOL, plus d'un millier et 736 pour le PPF). Volontaires du travail : Alpes-Maritimes : 7 714 ; Rhône : 7 200 ; chiffre non établi pour les Bouches-du-Rhône.

pation à la répression allemande, le tout étant favorisé par la
présence, déclinante mais ancienne, du PPF, dont le Marseille de Simon Sabiani est un fief, et par la radicalisation
d'une droite pétainiste qui fait le succès du SOL, créé par
Joseph Darnand dans les Alpes-Maritimes en août 1941, et
de la Jeunesse de France et d'outre-mer qui se fond avec lui
dans la Milice. C'est de ce milieu que sont issus les assassins
de Max Dormoy, tué à Montélimar le 26 juillet 1941. Mais
Marseille et Nice n'ont pas le monopole des dévoyés au service de l'occupant. Lyon et Grenoble n'en sont pas dépour-
vues et Paul Touvier sort d'un autre bastion du SOL, la
Savoie catholique.

Cependant François de Menthon que ce même SOL mal-
mène le 2 mai 1942 à Annecy est un fils de la même terre.
Fondateur de Liberté (qui a fusionné en novembre 1941 à
Grenoble avec le MLN), il illustre la part prise par la mouvance démocrate-chrétienne dans la naissance de tout un pan
de Résistance qui se situe hors des clivages traditionnels. Le
même réseau, qui diffuse la presse clandestine rédigée par
les jésuites de Fourvière (*Témoignage chrétien* du père
Chaillet) ou les dominicains de Marseille (*La Voix du Vatican*)[20], se retrouve avec une gauche, classique ou marginale,
dans les mouvements et les réseaux, aux bases souvent indis-
tinctes, qui naissent à Marseille, Lyon, dans les Alpes-
Maritimes et qui deviennent les organisations les plus
importantes de la zone non occupée (Combat, Libération,
Franc-Tireur, mais aussi les réseaux F2 et Carte). Yvon
Morandat, syndicaliste CFTC de Savoie, envoyé de la
France libre et dirigeant de Libération, est l'un de ceux qui
marient ces courants qui partageaient déjà l'anglophilie et,
de plus en plus, le gaullisme.

Face au félibre Charles Maurras, maître à penser du nouveau régime, et à l'Ardéchois Xavier Vallat, premier metteur

----

20. Voir les travaux de Renée Bédarida, en particulier *Pierre
Chaillet, témoin de la Résistance spirituelle*, Fayard, Paris, 1988, et
« La Voix du Vatican », *Revue d'histoire de l'Église de France*,
1978, M. 215-243.

en scène de l'antisémitisme officiel, la Résistance confirme ou révèle une génération forgée dans le culte de la République. C'est dans cette filiation que doit être replacée la figure de celui qui la domine, le Provençal Jean Moulin[21].

Tandis que les communistes sortent de l'isolement, le poids de la gauche – surtout franc-maçonne et socialisante – ne cesse de croître à travers Libération et Franc-Tireur, voire Combat ou le réseau « Fourcaud » en R2, tandis que le Comité d'action socialiste (CAS) est animé par des militants du Sud-Est ou réfugiés là et délègue à Londres deux d'entre eux (André Philip et Félix Gouin).[22]

Le succès des manifestations du 14 juillet 1942 dans les villes de la région est le signe le plus évident de la jonction de la République et de la Résistance. On manifeste à Crest devant le monument aux insurgés de 1851 et à Grenoble, devant celui des trois ordres, avec, en tête du cortège, une femme vêtue en République. Ce jour-là, à Marseille (où deux manifestantes sont tuées par des membres du PPF), le dirigeant de l'UGIF, Raymond-Raoul Lambert, constate que « le pays légal n'est pas le pays réel[23] ».

Les liaisons, aériennes, surtout au nord de Lyon, ou maritimes en Provence, que le SOE met en place au printemps de 1942, bénéficient à l'ensemble de la Résistance, malgré les liens privilégiés qu'il noue avec des organisations indépendantes (le Lyonnais et radical « Coq enchaîné », le réseau « Carte » dans la région d'Antibes, initiateur de Radio-Patrie, qui cherche à concurrencer les émissions de la France libre).

Lyon est devenue la plaque tournante du monde clandestin : la délégation de la France libre et ses services, les directions des principales organisations, communistes ou non.

---

21. Ce que montre Daniel Cordier dans le t. I de *Jean Moulin, l'inconnu du Panthéon*, Paris, Jean-Claude Lattès, 1989.

22. A titre exemplaire, voir l'évocation du doyen René Gosse par son épouse (Lucienne Gosse, *René Gosse 1893-1943. Bâtisseur de l'Université. Résistant des années noires*, Grenoble, rééd. PUG, 1994).

23. Raymond-Raoul Lambert, *Carnet d'un témoin. 1940-1943*, Paris, Fayard, p. 176.

C'est là que se réunit, le 25 novembre 1942, le comité de coordination qui donne naissance aux Mouvements unis de la Résistance. La répression qui les décapite au printemps de 1943 (122 arrestations), après avoir suivi le chemin qui les a menés de Marseille à Lyon, n'ébranle pas que le Sud-Est, mais la Résistance tout entière.

L'impasse

Du 11 au 27 novembre 1942, tous les yeux sont braqués sur Toulon, seule parcelle métropolitaine non occupée, encadrée par les Allemands à l'ouest et par les Italiens à l'est. Entre le « marquisat » – concentré d'ordre nouveau imposé par l'amiral Marquis, préfet maritime – et la défense préparée contre l'« ennemi de l'intérieur » et l'« agresseur » anglo-saxon, la marine croit ou fait semblant de croire à la viabilité de cette enclave, symbolique des choix d'un régime dont elle est l'un des piliers. Le sabordage est un constat de faillite, même s'il est présenté par ses adversaires, pour des raisons psychologiques ou politiques, comme un acte de résistance.

À partir de ce mois de novembre, la position stratégique du Sud-Est retrouve son importance. Le général Giraud, parti du Lavandou dans la nuit du 5, aurait voulu que le débarquement eût lieu sur ses côtes. Son attente anxieuse que relancent les événements d'Italie et de Corse paraît interminable pour une population que la guerre a désormais rejointe.

Lorsque les « vrais » occupants s'emparent de la zone italienne, la répression, mais aussi les réquisitions, évacuations et destructions provoquées par les travaux de défense prennent une tout autre dimension. Au même moment, les Alliés commencent à bombarder les voies de communication et les installations militaires ou industrielles. Les villes ne sont pas épargnées, notamment Toulon (sept fois bombardée avant la Libération), Marseille (1 752 morts le 27 mai 1944), Lyon et Avignon où les Allemands ont installé les quartiers généraux qui leur permettent de contrôler toute la zone sud.

En attendant que le salut en vienne, le Sud-Est a le dos à la mer. Ses citadins se tournent vers un arrière-pays qui n'a jamais aussi bien mérité ce nom. Il est le refuge des populations littorales évacuées et des proscrits dont le nombre ne cesse de croître. En s'inversant, les flux de population rompent l'isolement de la montagne et l'insèrent à son tour dans le temps court de la guerre. C'est dans les Alpes, à la fin de 1942, que sont baptisés maquis les premiers groupes de réfractaires[24].

La montagne devient menace sur les arrières de l'occupant et de l'État français. À partir de novembre 1943, ils lancent des attaques répétées contre les maquis du pourtour (les massifs provençaux et le Jura) ou du centre (les Glières en mars 1944). Désormais, tout le massif alpin vit au même rythme de la Résistance et de la répression, porté par toute une population, surtout après que le 6 juin eut gonflé les maquis au-delà de toute espérance. La réalité stratégique d'une sorte de réduit montagnard dont le Vercors est devenu le cœur s'est imposée à la Résistance, en particulier aux officiers qui l'ont rejointe et qui encadrent ses plus grosses concentrations maquisardes. Le colonel Zeller, précisément chargé de coordonner le tout (R1 et R2), fait adopter le plan qui permet à une partie des troupes débarquées dans le Var le 15 août de contourner les bouchons du bas pays par la montagne déjà libre, de déboucher sur la vallée du Rhône par la Drôme, de délivrer Grenoble (22 août) avant Toulon, Marseille, Nice (28 août), et d'arriver à Lyon guère après (3 septembre).

Le Sud-Est n'est plus une impasse. Il est redevenu l'« isthme français[25] ».

---

24. Sur cette naissance, Henri Noguères, *Histoire de la Résistance en France*, Paris, Robert Laffont, t. III, 1972, p. 212.
25. Expression de la géographie classique réutilisée par Fernand Braudel, *L'Identité de la France, Espace et histoire*, Paris, Arthaud-Flammarion, 1986, p. 239.

1943

Attente et lassitude

Jeux et enjeux d'Alger

Jean-Louis Crémieux-Brilhac

De Gaulle et Giraud
(novembre 1942-novembre 1943)

« Allô Robert, Franklin arrive… » Ce message radio lancé en clair dans la soirée du 7 novembre 1942 confirme aux rares initiés l'imminence du débarquement anglo-américain en Afrique du Nord, prévu pour la nuit même.

   L'opération du 8 novembre prend les autorités françaises par surprise. Les Alliés se sont gardés de les mettre dans le secret. On a su à Alger qu'un énorme convoi s'était engagé en Méditerranée occidentale, mais on a présumé qu'il se dirigeait vers Malte ou la Tripolitaine. Au Maroc, aucun indice n'a révélé l'approche des 106 navires venus d'outre-Atlantique qui se présentent au lever du jour devant Casablanca et qui débarquent de premières troupes à Safi, Fédala et Port-Lyautey.

La conjuration nord-africaine
Les Américains se sont pourtant assuré des intelligences dans la place. Le diplomate Robert Murphy, conseiller à l'ambassade des États-Unis à Vichy et représentant personnel du président Roosevelt en Afrique du Nord, n'a cessé d'encourager les petits groupes de patriotes qui, depuis la fin de 1940, lui soumettaient des plans de sécession visant à faire entrer le Maghreb dans la guerre. Le complot s'est précisé depuis le printemps de 1942. Il a pour cerveau un groupe dit « des Cinq » qui s'est constitué en une sorte de

comité secret d'action. Deux personnages à forte carrure y
ont joué un rôle décisif[1], l'un de négociation politique,
l'homme d'affaires Jacques Lemaigre-Dubreuil, l'autre de
persuasion et d'entraînement, le lieutenant de réserve Henri
d'Astier de La Vigerie. Le premier avait été l'un des chefs de
file de l'extrême droite parisienne des années trente, d'abord
en qualité de président de la Ligue française de contri-
buables, puis de propriétaire du quotidien *Le Jour-Écho de
Paris* ; ses fonctions de directeur général des Huiles Lesieur
lui ont valu de circuler librement, depuis l'armistice, entre
l'Algérie, le Maroc et la France. Henri d'Astier est un
condottiere de convictions royalistes, dont un frère dirige en
zone sud le mouvement Libération : il aura été le plus efficace des recruteurs et l'inspirateur de l'action sur le terrain.

Les conjurés ont obtenu sur place le concours des généraux
Béthouart et Mast, commandant respectivement la division
de Casablanca et celle d'Alger, du général de Monsabert,
commandant la brigade de Blida et du lieutenant-colonel
Jousse, commandant de place à Alger. Pour avoir un porte-
drapeau, Lemaigre-Dubreuil et ses associés ont en outre
choisi de mettre dans leur jeu, en France même, le général
d'armée Henri Giraud qui, à soixante-trois ans, vient de
réussir une évasion retentissante de la forteresse allemande
de Koenigstein. Giraud a fait par écrit acte d'obéissance et
promis fidélité à Pétain, mais ce baroudeur ne rêve que
de reprendre les armes à la tête de l'armée de l'armistice à
l'occasion d'un débarquement américain dans le Midi de la
France. Le président Roosevelt, déçu par Weygand et persuadé que de Gaulle se heurterait à l'hostilité des cadres
militaires français, a misé à son tour sur Giraud pour rallier

---

1. À leurs côtés, l'homme de confiance de Lemaigre-Dubreuil,
Jacques Rigault, ancien secrétaire général du *Jour*, intrigant machia-
vélique, royaliste de calcul ; le chef des Chantiers de jeunesse d'Algérie, le colonel Van Hecke, qui dirige 26 000 jeunes gens encadrés,
mais tenus en grande majorité par leur serment au Maréchal, et le
secrétaire d'ambassade Tarbé de Saint-Hardouin, ancien collaborateur de Weygand, expert diplomatique du groupe.

l'armée d'Afrique. Murphy a, par ailleurs, pris envers lui des engagements politiques qu'il a confirmés par trois lettres du 2 novembre 1942 : rétablissement de la souveraineté de la France « sur tous ses territoires métropolitains et coloniaux » ; reconnaissance de la nation française comme une alliée que les États-Unis traiteront comme telle, notamment en accordant à l'Afrique du Nord libérée le bénéfice du prêt-bail, d'un réarmement massif et d'approvisionnements adéquats ; exclusion des Français libres et des Britanniques de l'opération nord-africaine. Un arrangement devait être trouvé portant sur la responsabilité du commandement, promise dans un premier temps à Giraud[2].

Fort de ces assurances, Giraud, averti *in extremis,* s'est embarqué au Lavandou dans la nuit du 5 au 6 novembre à bord d'un sous-marin allié ; il est arrivé dans l'après-midi du 7 à Gibraltar pour revendiquer son commandement.

Le coup de surprise d'Alger

Le 8 novembre 1942 est une folle journée d'imprévus et de contretemps. Le général Béthouart s'est porté dans la nuit à Rabat avec un régiment, il y a arrêté les commandants de la place et cerné la Résidence, mais sans oser se saisir de Noguès. Celui-ci, loin de se rallier au mouvement, a pu alerter par téléphone le commandement de la marine : Béthouart, cerné à son tour, s'est rendu au matin. Devant Casablanca, la flotte française, appuyée par les canons de 380 du cuirassé *Jean-Bart,* engage un combat inégal contre les unités américaines. À Oran, les Américains se heurtent de même à la résistance de marins. Ils parviennent à cerner la ville en fin de journée, mais l'Oranie leur reste fermée.

Le dispositif de neutralisation opère en revanche à Alger[3]. Un plan, conçu par le colonel Jousse, mis au point et exécuté

---

2. Crusoé, *Vicissitudes d'une victoire*, p. 125-129.
3. Sur le putsch d'Alger, cf. notamment José Aboulker, « La part de la Résistance française dans les événements de l'Afrique du Nord… Les événements d'Alger », *Les Cahiers français*, Londres, n°47, août 1943, seul compte rendu d'époque et de première main.

sous la direction d'un étudiant en médecine de vingt-deux ans, José Aboulker, devait « éviter toute réaction hostile de l'armée pendant le temps nécessaire au débarquement », c'est-à-dire jusqu'à 6 heures du matin. Il fonctionne point par point : 400 jeunes conjurés, pour la plupart juifs et de sympathies gaullistes, menés par 8 officiers de réserve et aidés de quelques inspecteurs de police, ont occupé autour de minuit les états-majors, la poste, les centraux téléphoniques civil et militaire, le palais du gouverneur général, la préfecture, les principaux commissariats et Radio-Alger, d'où ils lanceront tous les quarts d'heure un appel à l'armée rédigé par Giraud. José Aboulker, installé au commissariat central avec une vingtaine de volontaires, dirige les opérations grâce au fil spécial de la police. L'ancien chef de la DST Achiary, que les autorités de Vichy avaient envoyé loin d'Alger, est revenu pour neutraliser les commissions d'armistice allemande et italienne. Les insurgés se saisissent des généraux Juin, commandant en chef en Afrique du Nord, Mendigal, commandant de l'Air, Kœltz, commandant du 19e corps, du préfet d'Alger, ainsi que d'un captif imprévu, l'amiral Darlan. Ils gardent pendant sept heures le contrôle de la ville et c'est en qualité de prisonnier des rebelles que Darlan apprend, de la bouche de Murphy, les détails de l'opération à laquelle il est invité à ne pas s'opposer. Les autorités ont beau reprendre le dessus dans la matinée, la désorganisation, le choc psychologique, les barrages où les insurgés arrêtent les officiers allant rejoindre leur corps, paralysent les 12 000 hommes de la défense d'Alger. Le premier échelon allié ne compte que 2 300 hommes qui seront tout juste 10 000 en fin de journée. Ils débarquent sans opposition ; le commandant Baril les accueille à Sidi Ferruch ; Juin, convaincu que la partie est jouée, ne fait rien pour les rejeter – ou ne peut rien. À 17 h 20, il signe, avec l'accord de Darlan, une suspension d'armes limitée à la place d'Alger. On ne dénombre que 13 morts français. Le coup d'audace d'une poignée de résistants a livré aux Alliés les clefs de l'Afrique du Nord.

L'imbroglio

La présence de Darlan et l'absence de Giraud bousculent toutefois les plans. Contrairement à ce que l'on a souvent cru, l'amiral n'avait pas prévu le rendez-vous américain en s'envolant de Vichy le 5 novembre : il avait été appelé au chevet de son fils atteint d'une poliomyélite foudroyante, mais il avait eu des indices d'une opération alliée et avait pris quelques précautions, tout en restant convaincu qu'un débarquement massif en Afrique du Nord n'aurait pas lieu avant le printemps de 1943. C'est à cette date qu'il escomptait le renversement du rapport des forces en faveur des Alliés et qu'il envisageait de changer de camp, éventuellement avec le Maréchal[4]. Car ce « réaliste » ne croyait plus à la victoire allemande. Ainsi avait-il fait faire depuis le printemps précédent – et tout récemment en octobre 1942 – des avances de plus en plus précises aux Américains par l'intermédiaire de Murphy. Roosevelt n'avait pas exclu que l'on traite avec lui, si c'était nécessaire au succès de l'opération[5]. Mais il était trop suspect pour qu'on pût lui faire confiance *a priori,* et le prestige de Giraud donnait l'espoir d'« entrer pratiquement en Afrique du Nord sans tirer un coup de fusil[6] ».

Or, quand Giraud arrive à Alger sans uniforme et sans mandat dans l'après-midi du 9 novembre, on se bat toujours en Oranie et au Maroc ; les Allemands prennent pied en Tunisie. Et déjà les responsables locaux américains ont découvert que Darlan est le plus apte, en sa qualité de commandant en chef légal des forces de Vichy, reconnu par tous les chefs militaires d'Afrique du Nord, et de dauphin du Maréchal avec lequel il continue de communiquer par fil secret, à leur apporter un armistice général et si possible la collaboration française.

Il faut six jours à l'amiral pour parfaire son retournement,

---

4. Hervé Coutau-Begarie et Claude Huan, *Darlan,* p. 553 *sq.*
5. Robert Murphy, *Un diplomate chez les guerriers,* p. 131-132 et 144 ; Arthur Layton Funk, *The Politics of Torch,* p. 142.
6. Cf. Crusoé, *Vicissitudes d'une victoire,* p. 125-129.

six jours de péripéties et de coups de théâtre pendant lesquels il fait alterner les ordres et les contrordres afin d'apaiser les Américains, de ne pas donner prétexte aux Allemands à occuper la zone libre et d'obtenir la caution du Maréchal, lequel poursuit un double jeu tout aussi compliqué. L'imbroglio paraît se dénouer le 10 novembre. Darlan, pressé par Juin et par Kœltz, et cédant à un ultimatum américain, « s'incline devant le fait accompli » ; il ordonne un cessez-le-feu général et une « attitude de neutralité entière envers tous les belligérants » étant entendu qu'il prend l'Afrique du Nord sous son autorité au nom du Maréchal. La résistance aux Alliés a coûté entre-temps 547 vies françaises à Oran, environ 1 500 au Maroc et des pertes navales et aériennes sévères : le cuirassé *Jean-Bart,* 2 croiseurs, 3 contre-torpilleurs, 7 torpilleurs, 14 sous-marins, 400 avions.

Mais le désaveu de Pétain brouille alors toutes les cartes. L'amiral désavoué se proclame prisonnier de guerre des Américains et Noguès prend les commandes. Il faut l'occupation totale de la France et une nouvelle mise en demeure du commandement allié pour que, le 13 novembre, Darlan et Noguès se décident à faire entrer l'Algérie et le Maroc dans la guerre contre l'Axe. En contrepartie, Eisenhower, général en chef interallié, reconnaît l'autorité de Darlan sur l'Afrique du Nord. Giraud commandera les forces terrestres et aériennes françaises. Les consciences seront en paix, car le « vieux monsieur de Vichy », comme l'appelle Darlan, est censé avoir fait connaître à celui-ci son « accord intime » par un dernier télégramme[7].

---

7. Télégramme rédigé à Vichy par l'amiral Auphan et dont l'authenticité ne peut être contestée (cf. H. Coutau-Begarie et C. Huan, *Darlan, op. cit.,* p. 619), mais dont le sens est bien différent de celui que Darlan lui donnera (Pétain – et aussi Laval – donnaient, en réalité, le feu vert au transfert des pouvoirs de Darlan – qui se considérait comme prisonnier – à Noguès). Une supercherie justificatrice avec laquelle Darlan trompera tout son monde.

Les quarante-cinq jours de Darlan

L'amiral rassure aussitôt les cadres civils et militaires : « Ils sont fidèles au Maréchal en exécutant mes ordres[8]. » Le réflexe national peut jouer sans remords puisque la « pensée intime » du Maréchal cautionne les ralliements : c'est la France de Vichy qui reprend les armes en Afrique pour libérer la patrie et le chef de l'État.

Si toutefois Darlan est validé par les Américains, c'est sous bénéfice d'inventaire et dans le cadre d'un statut d'occupation. Dès le 17 novembre, Roosevelt déclare que l'arrangement d'Alger n'est qu'un « expédient temporaire » uniquement justifié par les nécessités du combat ; il affirme en même temps le droit et le devoir qu'ont les États-Unis d'intervenir politiquement dans cette « zone occupée » pour assurer les libertés humaines. Les accords Giraud-Murphy, préalables au débarquement, prévoyant des rapports d'égalité entre Alliés, sont ignorés. Les accords Clark-Darlan du 22 novembre, qui fixent la répartition locale des pouvoirs, s'apparentent à une convention d'armistice[9]. Le commandant en chef américain est habilité à exercer en Afrique du Nord les droits de la puissance occupante – censure, réquisition, et, si besoin est, contrôle et gestion des aérodromes et des ports, voire administration militaire directe ; il interviendra d'ailleurs plusieurs fois, sous couvert du maintien de l'ordre, dans des choix politiques majeurs. Le taux de change est fixé à 75 francs pour un dollar et à 300 francs pour une livre, taux presque aussi exorbitant que celui du mark d'occupation en métropole. L'amiral, soucieux des apparences, aura seulement soin que ni la déclaration de Roosevelt sur l'« expédient temporaire » ni les accords Clark-Darlan ne soient publiés en Afrique.

Les débuts sont difficiles. Vichy a abandonné sans résis-

---

8. Proclamation de Darlan diffusée le 15 novembre 1942.

9. Texte intégral dans Chamine, *Suite française : La querelle des généraux*, p. 556 *sq.* Texte officiel en anglais dans *Foreign Relations of the United States* (1942), II, 453-457.

tance Tunis, puis Bizerte aux Allemands. Les autorités locales françaises ont laissé faire. Les renforts alliés tardent. Il faut rameuter les troupes disponibles pour garder les confins algéro-tunisiens et épauler le général Barré, qui met en défense la dorsale tunisienne. Et c'est en vain que l'amiral Darlan tente de rallier les flottes de Toulon et d'Alexandrie.

Pourtant, il se consolide. Le 23 novembre, l'adhésion du gouverneur général Boisson lui apporte l'Afrique-Occidentale et ouvre Dakar aux Alliés. Lui-même prend le titre de haut-commissaire de France en Afrique, avec pour adjoint le général Bergeret, ancien ministre de l'Air de Vichy. Il crée un exécutif efficace qui s'appuie sur le Conseil impérial des gouverneurs et résidents généraux, Noguès, Chatel, Boisson. Ses ordonnances, libellées comme « lois d'État », s'ajoutent à la législation de Vichy, imperturbablement maintenue. Il a trop fréquenté la République radicale pour ne pas comprendre l'opportunité de réformes, mais il est lié par son passé récent et par un entourage nourri de la Révolution nationale. Chef équivoque d'un gouvernement autoritaire, il adjure Churchill et Roosevelt de croire à son désintéressement et va jusqu'à proposer à Murphy de lui signer une lettre de démission, que les Alliés dateraient à leur convenance[10]. Cependant, il prétend assumer les pouvoirs de chef de l'État en Afrique française jusqu'à ce que la nation puisse se prononcer et tous ses actes manifestent son intention de durer. L'Afrique maréchaliste des officiers et des colons le suit. Des contestataires s'indignent à droite comme à gauche et jusqu'au sein du haut-commissariat ; des rumeurs de complots l'entourent, mais l'ordre règne à Alger. Après cinq semaines de collaboration franco-américaine, le général Eisenhower se déclare résolu à s'accommoder de ce compagnon de route au moins jusqu'à la libération de la Tunisie, à condition « qu'il s'en tienne à l'objectif précis de résister à l'Axe[11] ».

10. Robert Murphy, *op. cit.*, p. 159.
11. Cf. notamment Langer, *Le Jeu américain à Vichy*, p. 392-393.

La protestation de la France combattante

Nulle part, « l'expédient provisoire » ne soulève plus d'indignation qu'à Londres et d'abord parmi les Français libres. Le général de Gaulle, passant sur ses rancœurs, a lancé le 8 novembre au soir à l'adresse des Français d'Afrique du Nord un appel à l'union et un appel aux armes : « Levez-vous donc, aidez nos alliés, joignez-vous à eux sans réserve. La France qui combat vous en adjure ! » Mais le recours à Darlan, puis sa consolidation font scandale. Darlan, c'est « à la fois le symbole de la dictature et de la trahison [12] ». On parle d'affront à la Résistance, de « flot de boue ».

La France combattante rejette toute compromission, c'est ce que de Gaulle affirme le 11 novembre à l'occasion du rassemblement annuel des Français libres : il entend parler au nom de la France – « La France, c'est-à-dire une seule nation, un seul territoire, un seul Empire, une seule loi : c'est dans la France combattante que toute la France doit se rassembler [13]. »

Cette intransigeance orgueilleuse va exposer la France combattante à la crise la plus grave de son histoire : elle va se trouver pendant plusieurs mois en conflit ouvert avec ses deux alliés occidentaux, au point d'être menacée dans son existence même.

Les premières escarmouches s'engagent autour de la BBC ; elles ont pour enjeu la part de souveraineté radiophonique concédée à la France combattante. De Gaulle obtient, le 16 novembre, de faire radiodiffuser une mise au point affirmant que lui-même et le Comité national français « ne prennent aucune part et n'assument aucune responsabilité dans les négociations en cours en Afrique du Nord avec les délégués de Vichy. Si ces négociations devaient conduire à

---

12. Jean-Baptiste Duroselle, *Franco-British Studies*, n° 57, Spring, 1989.

13. Sur les réactions de la France combattante à l'automne de 1942, cf. Charles de Gaulle, *Mémoires de guerre*, t. II, et Jacques Soustelle, *Envers et contre tout*, t. II, p. 18-70.

des dispositions qui auraient pour effet de consacrer le régime de Vichy en Afrique du Nord, celles-ci ne pourraient évidemment pas être acceptées par la France combattante. L'union de tous les territoires dans le combat pour la Libération doit se faire dans des conditions conformes à la volonté et à la dignité du peuple français ».

De Gaulle a télégraphié cette protestation sous sa signature à Jean Moulin. Henri Frenay et Emmanuel d'Astier, chefs des mouvements Combat et Libération, en emportent le texte quand ils regagnent la France occupée dans la nuit du 17 au 18 novembre.

Mais dénoncer la compromission d'Alger, c'est désavouer la politique américaine : or Churchill ne veut ni ne peut s'en désolidariser. Le porte-parole de la France combattante se voit interdire de condamner l'« expédient ». Le 21 novembre, une allocution préparée par de Gaulle est interdite d'antenne. Le Général revient au micro le 27, le soir du sabordage de Toulon, mais quand il se propose, le 3 décembre, de stigmatiser le « quarteron d'hommes qui symbolisent la collaboration », Churchill s'y oppose. Son texte est envoyé en chiffre à Radio-Brazzaville qui le diffuse à toutes ses émissions tandis que l'hebdomadaire *La Marseillaise*, déjouant la censure, le publie à Londres même. Les Français se retirent de la BBC où seule demeure, prolongeant l'équivoque, la petite équipe des rédacteurs non adhérents à la France combattante. Le porte-parole Maurice Schumann se prépare à partir pour Brazzaville. Sans doute, le ralliement de la Réunion, opéré d'autorité en plein accord avec les Britanniques, puis le transfert de l'administration de Madagascar à la France combattante, au début de décembre, renforcent-ils les Français de Londres et témoignent-ils de la fidélité de Churchill à ses engagements. Mais de Gaulle voit celui-ci de plus en plus soumis aux Américains : il s'ancre dans la conviction que le Premier ministre a rompu le pacte qui les unissait depuis juin 1940. Ses interventions auprès de Roosevelt sont encore plus malheureuses : à son envoyé André Philip le président déclare qu'au nom des nécessités militaires il accepterait même la collaboration « d'un autre diable nommé Laval ». Du moins Roosevelt demande-t-il que de Gaulle vienne le voir en janvier à Washington. Entre-temps, de Gaulle envoie une mission exploratoire à Alger ; elle tourne court : le chef de la délégation, le général d'aviation François d'Astier, troisième frère du conjuré du 8 novembre, se heurte de front à Darlan ; à peine a-t-il le temps de conforter les éléments gaullistes d'Alger qu'il est sommé par Eisenhower de regagner Londres.

Dans cette conjoncture, la France combattante trouve appui auprès de la Résistance. Le 20 novembre, Jean Moulin a adressé à Londres un message demandant que les nouvelles destinées de l'Afrique du Nord soient remises entre les mains du général de Gaulle et il l'a fait signer non seulement par les mouvements de zone sud, mais par les représentants des centrales syndicales clandestines et de partis politiques. La presse clandestine fait chorus. Des soutiens viennent aussi du monde libre. En Angleterre, l'opinion publique apporte à de Gaulle une seconde reconnaissance après celle de juin 1940. Les journaux se rangent à ses côtés, en dépit des pressions du gouvernement, et aussi l'homme de la rue. Eden et l'équipe du Foreign Office, révulsés par l'opération Darlan, cachent à peine leur sympathie. Le 26 novembre, une motion déposée aux Communes condamne le recours aux Quislings ; il faut tout le talent oratoire de Churchill pour rallier le 10 décembre les membres du Parlement réunis en comité secret. Les gouvernements européens en exil font bloc avec le Comité national. Aux États-Unis mêmes, si l'opportunisme domine, des contestataires de marque critiquent la politique officielle : le leader républicain Wilkie, le maire de New York La Guardia, le premier « columniste » du temps, Walter Lippmann. À la mi-décembre, les correspondants américains à Alger n'hésitent plus à dépeindre Darlan comme un tricheur entouré de fascistes dont la seule présence interdit tout regroupement français.

Darlan, Giraud et le complot monarchiste
Le 24 décembre 1942, l'assassinat de l'amiral débloque une situation sans issue. Un jeune militaire, Fernand Bonnier de La Chapelle, se rend au bureau de Darlan et décharge un pis-

tolet sur lui. Il a vingt ans. Il vient des Chantiers de la jeunesse et s'est engagé dans le corps franc d'Afrique. Il se considère comme un justicier. Un procès sommaire est diligenté sans instruction devant une cour martiale illégalement constituée : sur l'ordre de Giraud et de Bergeret, Bonnier est, dans les trente-six heures, condamné à mort et fusillé.

Tout n'est pas connu des dessous de ce drame. Certains ont voulu que l'attentat ait été commandé de Londres par de Gaulle ou par l'Intelligence Service : autant d'hypothèses fondées sur des présomptions hasardeuses ou sur des distorsions des faits. La fureur des jeunes patriotes d'Alger suffisait à inspirer le geste et, dès le 18 novembre, plusieurs volontaires avaient tiré à la courte paille le nom de l'exécuteur. Il reste que Bonnier, désigné par le sort, a ensuite été encouragé par l'aventureux Henri d'Astier et armé par le second de celui-ci, l'abbé Cordier. Il est également avéré qu'un petit groupe de comploteurs monarchistes, dont précisément Henri d'Astier et le délégué général à l'Économie Alfred Pose, n'avaient rien imaginé de moins, en cas de vacance du pouvoir, que d'y pousser le comte de Paris, prétendant au trône de France, seul capable à leurs yeux de faire l'union des Français d'Afrique du Nord et des Français libres. Depuis le succès du 8 novembre, tout semblait possible à une minorité agissante. Les partisans du prince l'avaient fait venir à Alger ; lui-même avait partagé l'espoir, si Darlan était écarté, d'être appelé au pouvoir par le Conseil d'Empire ; il avait même rédigé la proclamation qui suivrait sa désignation : il y affirmait que « toute la France qui échappe à l'emprise allemande se trouve automatiquement la France combattante ». Mais le 19 décembre, le haut commandement américain s'était prononcé contre l'élimination politique de Darlan. Il est plausible que le petit groupe des conjurés locaux n'ait vu d'autre recours que son élimination physique[14].

------

14. Sur ces événements cf. notamment Albert Jean Voituriez, *L'Affaire Darlan*, en particulier p. 148, et Alain Decaux, *Le Mystère*

Le lendemain du meurtre, la candidature du comte de Paris à sa succession fut de nouveau avancée : tel était le trouble des esprits qu'elle fut bien accueillie même par des républicains. Darlan avait, pour sa part, prévu Noguès pour lui succéder. Eisenhower fit savoir que seul Giraud était acceptable par l'Amérique.

Ce coup d'arrêt, s'il éloigne les risques d'aventure, n'en marque pas moins le point extrême de dégradation de la souveraineté nationale. La France une et indivisible s'est désintégrée en trois France antagonistes : France collaboratrice de Vichy et de Paris sous la botte allemande ; France vichyste d'Alger et de Dakar sous protectorat américain ; France libre de Londres et de Brazzaville, qui ne tolère pas d'être dépendante – trois France, non compris le fief pétainiste obstinément neutre de l'amiral Robert à la Martinique, à la Guadeloupe et en Guyane, ni la flotte de l'amiral Godfroy, enlisée à Alexandrie sous l'œil des Britanniques qui paient la solde des équipages, ni l'Indochine tenue par les Japonais.

La conférence d'Anfa

L'investiture de Giraud le 26 décembre rouvre les perspectives d'union. De Gaulle lui a proposé le 25 décembre une rencontre au plus tôt en territoire français, soit en Algérie, soit au Tchad ; il renouvelle la proposition le 1er janvier, sans autre effet qu'une réponse dilatoire. Le 2 janvier, le chef de la France combattante prend l'opinion à témoin, comptant que, « en dernier ressort, sa pression serait irrésistible » : il réclame l'« établissement [...] d'un pouvoir central élargi, ayant pour fondement l'union nationale, pour inspiration l'esprit de guerre, pour lois les lois de la République ». Il faudra cinq mois pour que l'union se fasse sur ces bases.

de la mort de Darlan, *Historia,* n° 395, octobre 1979 ; Henri, comte de Paris : *Au service de la France*, p. 191-217 ; H. Coutau-Begarie et C. Huan, *Darlan, op. cit.,* p. 715-728. Geoffroy d'Astier de La Vigerie, « Les frères d'Astier et la mort de Darlan », *Historia,* n° 529, janvier 1991.

Une première rencontre a lieu pourtant dès janvier 1943. Churchill et Roosevelt viennent conférer au Maroc ; ils souhaitent donner un gage à l'opinion de leurs pays qui comprend mal l'exclusion du chef de la France libre et plus mal encore la persistance du régime de Vichy en Afrique. De Gaulle, invité par Churchill à le rejoindre à Casablanca pour y rencontrer Giraud, commence par s'y refuser ; il estime que l'affaire n'a pas été préparée et qu'elle doit se régler entre Français. À la fureur de Churchill, il n'obtempère qu'au cinquième jour, en butte à un ultimatum britannique, poussé par Catroux et par la majorité du Comité national.

Les entretiens se déroulent à Anfa, à la périphérie de Casablanca. Leur résultat le plus tangible, du point de vue français, est l'appui discret mais total que Roosevelt accorde à Giraud. Il confirme la promesse de lui équiper 11 divisions, dont 3 blindées et 8 motorisées, et de lui fournir 800 avions ; qui plus est, il signe sans barguigner, au nom des gouvernements américain et anglais, un mémorandum secret préparé par Lemaigre-Dubreuil, reconnaissant « au commandant en chef siégeant à Alger le droit et le devoir de préserver, sur le plan militaire, économique, financier et moral, *tous* les intérêts français » et s'engageant à l'y aider : texte de reconnaissance si large que Churchill refusera de s'y associer et en demandera la révision [15]. Il accepte enfin que le taux de change soit ramené de 75 à 50 francs pour 1 dollar.

Les conversations Giraud-de Gaulle des 22, 23 et 24 janvier, au contraire, tournent au dialogue de sourds et s'achèvent sur une mise en scène à l'américaine : une poignée de mains devant les photographes, une déclaration commune imprécise dont de Gaulle impose le texte. On se promet néanmoins d'échanger des missions entre Londres et Alger, la délégation de la France combattante devant être présidée par le général Catroux.

Ce premier contact a démontré combien les positions sont

15. MacMillan, *La Grande Tourmente*, p. 306-309, et Crusoé, *Vicissitudes d'une victoire, op. cit.*, p. 91-92, 109, 143-144 et 147.

éloignées. De Gaulle fait valoir l'existence d'un gouvernement français libre fonctionnant depuis deux ans et l'autorité
morale acquise auprès du peuple français par la France combattante dans l'organisation et la direction du combat pour la
Libération : que Giraud y adhère, il exercera le commandement des forces opérationnelles françaises unifiées. Giraud
lui oppose à la fois sa supériorité de grade (« Gaulle » a été
colonel sous ses ordres), les 300 000 hommes qu'il commandera bientôt, son autorité sur les territoires les plus
importants de l'Empire : il n'exclurait pas un triumvirat
imaginé par Roosevelt, où la deuxième place reviendrait à
de Gaulle, la troisième pouvant être attribuée au général
Georges, le coadjuteur de Gamelin en mai 1940, qu'on ferait
venir de France.

« Vichy libre » ou France libre ?

Querelles de préséance, rivalité de divas, comme Churchill
et Roosevelt affectent de le croire ? On ne sous-estimera
ni la haute ambition du général de Gaulle ni la haute idée
de soi qu'a Giraud. Mais ce qui les sépare est d'une autre
importance.

Derrière la question de primauté, le différend porte en premier lieu sur l'objectif poursuivi, militaire pour Giraud, militaire, mais aussi politique, pour de Gaulle.

Giraud vise « un seul but : la victoire ». D'ici là, il convient
de se battre et non de prétendre gouverner. L'union des
forces et des territoires français implique une autorité commune : il suffit, selon lui, d'un état-major léger de coordination militaire et financière, qui s'appuie, comme sous
Darlan, sur les gouverneurs et résidents généraux responsables chacun de sa portion de l'Empire. Quant à l'administration de la France au moment de sa libération, il n'y voit
qu'une affaire de maintien de l'ordre. C'est répondre exactement aux vœux des Américains dont la doctrine, expérimentée dans les républiques sud-américaines, est de traiter
localement avec les autorités en place sans engager l'avenir,
suivant les commodités de leur stratégie. Roosevelt y est
d'autant plus enclin que, pour lui, « la France est finie ». La

carte Giraud lui donne de surcroît l'espoir de marginaliser l'encombrant chef des Français libres au profit d'un rival qu'il a vite jugé politiquement naïf et acquiesçant à tout, pourvu qu'il commande une armée.

Ce qui importe, au contraire, à de Gaulle, outre la guerre que les Français libres n'ont pas cessé de faire, c'est de redonner au plus tôt sa place à la France dans le concert des Alliés. Ainsi bataille-t-il pour la constitution d'un organe gouvernemental représentatif et investi des pouvoirs de l'État qui puisse traiter d'égal à égal avec Londres et Washington, s'imposer aux féodaux de l'Empire, faire prévaloir son autorité pendant la Libération et qui ait voix au chapitre à l'heure des traités de paix.

La divergence des orientations politiques n'est pas moindre. Le baroudeur Giraud est un homme d'ordre proche de l'Action française. Peu après son évasion, il a stupéfié François de Menthon, venu le voir au nom de la Résistance, en lui expliquant que « le problème social, ça n'existe pas », que lors des grèves de 1936, à Metz, il lui a suffi de mettre des mitrailleuses aux carrefours. À Anfa, il a demandé à Catroux : « Vous y croyez, vous, aux principes démocratiques ? » Il rejette la politique, sans voir que ce refus est un choix politique qui l'entraîne à couvrir toute espèce de marchandise. Ainsi accepte-t-il de tenir la légitimité de ses pouvoirs de Darlan et, à travers ce dernier, du Maréchal qui continue de trôner en effigie dans tous les bâtiments publics. Il laisse en vigueur la législation de Vichy, à commencer par les discriminations antisémites et l'exclusion scolaire des enfants juifs et prescrit le regroupement des mobilisés juifs dans des unités de pionniers. Il s'appuie sur les proconsuls et sur les cadres militaires qui ont accueilli les Alliés à coups de canon et confie, avec l'assentiment mal avisé de Washington, le gouvernement général de l'Algérie à l'ancien ministre de l'Intérieur de Pétain, Marcel Peyrouton, signataire des lois d'exclusion de 1940. Plusieurs milliers d'internés français et étrangers restent détenus dans les camps du Sud algérien et du Maroc. Douze des principaux artisans du succès du putsch algérois du 8 novembre, inconsidérément suspectés de préparer un coup de force gaulliste, ont été arrêtés et déportés dans l'oasis saharienne de Laghouat.

Une telle complaisance pour l'esprit de Vichy serait grave si elle se perpétuait : la France libérée risquerait de voir s'opposer une Résistance aux couleurs de la Révolution nationale, forte des gros bataillons débarqués d'Afrique du Nord, et une Résistance populaire dont le PCF serait vraisemblablement le moteur, avec les dangers d'affrontements qui allaient conduire la Yougoslavie à la dictature et la Grèce à la guerre civile.

Au « Vichy libre » d'Alger de Gaulle oppose la tradition républicaine : quelles qu'aient été les tentations populistes imputées à son mouvement, il incarne en 1943 le respect des lois de la République qu'il a maintenues ou rétablies dans tous les territoires ralliés. Son engagement démocratique du printemps de 1942 fait de lui le porte-parole de la fraction majoritaire de la Résistance dressée à la fois contre l'occupant et contre la Révolution nationale : de Libération-Nord, des mouvements clandestins socialisants de zone sud, des centrales syndicales reconstituées, de Léon Blum et du parti socialiste ; le 11 janvier 1943, le député communiste Fernand Grenier, transporté par voie clandestine à Londres, lui apporte l'adhésion du PCF. Le message patriotique de la France combattante se conjugue désormais avec le réformisme de gauche : elle fait figure à la fois de championne de l'unité nationale et de parti du mouvement face à un parti de la réaction.

Aussi c'est le camp gaulliste qui mène le jeu pendant les cinq mois de la négociation. D'une part, il milite pour une union fondée sur la reconnaissance des principes démocratiques, que les Alliés ne peuvent pas contester, et il en fixe les conditions ; d'autre part, il en appelle plus que jamais à la conscience morale, aux opinions publiques et, avec une remarquable ténacité, au soutien de la Résistance intérieure dont il recherche et obtiendra, grâce à Jean Moulin, la caution. Giraud, toujours sur la défensive, finira par accepter l'une après l'autre toutes ses exigences.

Le tournant du 14 mars 1943 et Jean Monnet

Un mémorandum du Comité de Londres en date du 23 février 1943 sera la base de toute la négociation. Il demande aux autorités d'Afrique du Nord de s'engager à dénoncer l'armistice, d'annuler la législation de Vichy, de restaurer les libertés républicaines et, sur ces bases, d'accepter la constitution d'un pouvoir central provisoire dont seraient exclus les hommes qui ont pris une part à la capitulation et à la collaboration.

La position était si forte que Giraud crut finalement devoir s'y rallier, du moins en partie. Il avait jeté du lest en libérant le 5 février les 27 députés communistes condamnés en 1940 et incarcérés à Maison carrée, puis à la fin de février douze des « comploteurs gaullistes » déportés après le meurtre de Darlan. Le 3 mars, il dissout le SOL et modifie le statut de la Légion, qui sera cantonnée dans l'action sociale et morale en faveur des anciens combattants. Le 14 mars, enfin, devant une assemblée d'Alsaciens et de Lorrains, il prononce un discours qui est un acte de conversion[16] : il proclame que « le peuple français n'a pas accepté l'armistice », la Résistance en témoigne ; il déclare la législation postérieure à l'armistice « dénuée de valeur légale » ; elle devra être abolie après une période de transition ; les discriminations antisémites seront abolies sans toutefois que l'on réintègre les Juifs algériens dans la citoyenneté française que leur avait conférée le décret Crémieux de 1870 ; il insiste sur le relèvement de l'armée française et sur son unité : « Une seule armée française contre l'Allemagne, qu'elle vienne d'Algérie ou de Libye. » Enfin, il met l'accent sur la sauvegarde de la souveraineté nationale : à la Libération, le peuple français, « maître de ses destinées, formera un gouvernement d'après les lois de la République » ; le commandant en chef civil et militaire (c'est le titre qu'il a pris au retour d'Anfa) lui remettra ses pouvoirs ; d'ici là, un Conseil des territoires

---

16. Texte intégral dans Général Giraud, *Un seul but, la victoire*, et dans ses *Discours et Messages, 8 novembre 1942-30 mai 1943*.

d'outre-mer devrait assurer la coordination des affaires courantes. Giraud confirme ces vues le 1ᵉʳ avril dans sa réponse à l'aide-mémoire de février du Comité de Londres.

Incontestablement, le discours du 14 mars est un grand pas. Les démocrates l'acclament, une fraction des pétainistes y voit un reniement et un désaveu. Le général Bergeret, secrétaire général du Commandement civil et militaire, démissionne, ainsi que le secrétaire à l'Intérieur Jean Rigault, puis Lemaigre-Dubreuil, secrétaire aux Affaires alliées. Le choix des remplaçants confirme la nouvelle orientation : l'inspecteur des Finances Maurice Couve de Murville, récemment échappé de France, succède à Bergeret, les secrétariats à la Justice et aux Communications sont respectivement confiés au Dʳ Abadie, chirurgien libéral d'Alger, et à René Mayer, grand bourgeois israélite, passé du Conseil d'État à la vice-présidence des Chemins de fer du Nord. Quelques semaines encore et l'Information échoit à un transfuge de la France libre, André Labarthe, démocrate devenu un forcené de l'antigaullisme.

Ce n'est pourtant pas de gaieté de cœur que Giraud a prononcé ce qu'il appellera le premier discours démocratique de sa carrière[17]. L'artisan de sa conversion est un homme d'influence qui sort de l'ombre, Jean Monnet.

Homme d'affaires avisé, agent de Daladier en Amérique en 1938-1939, président du Comité interallié des armements en 1939-1940, Monnet a mis, après l'armistice, son savoir-faire au service des Anglais : il est devenu le seul membre non britannique du British Supply Council, l'organisme qui coordonne à Washington la passation des commandes de guerre anglaises. Il s'y est fait la réputation d'un négociateur efficace et discret ; il fréquente toute la haute administration américaine. Ainsi a-t-il été associé aux réunions au sommet de décembre 1942 sur les affaires françaises et ses aide-mémoire ont été transmis à Roosevelt. S'il apprécie en de Gaulle le symbole, il redoute ses ambitions, qu'il voudrait

---

17. Giraud, *Un seul but, la victoire, op. cit.,* p. 121.

contenir ; il voit en Giraud le chef qualifié de l'armée française de la Libération et souhaite l'union des forces françaises, mais il est hostile à la constitution prématurée d'un
gouvernement provisoire qui hypothéquerait l'avenir : toutes
vues qui rejoignent celles du Département d'État. De sorte
que Giraud ayant manifestement besoin d'un mentor politique, Roosevelt a désigné Monnet pour tenir ce rôle, sous
couvert d'une mission d'armement, sans bien mesurer toutefois son indépendance d'esprit. Monnet est arrivé à Alger
au début de février 1943 ; il a mis un mois à convaincre
Giraud de la nécessité de concessions démocratiques s'il
voulait obtenir d'équiper ses divisions : l'argument a été
irrésistible. C'est lui qui a rédigé l'essentiel du discours du
14 mars dont le texte définitif a été mis au point par Murphy
et par Harold MacMillan, ministre résidant représentant le
gouvernement britannique en Afrique du Nord[18]. C'est lui
qui rédigera jusqu'à la fin de mai tous les principaux discours politiques et mémorandums de Giraud. Cet homme
habile aura joué, tout comme le fera Catroux dans le camp
gaulliste, un rôle décisif dans le processus conduisant à
l'unification.

Catroux, négociateur de compromis

Si Monnet a écarté l'obstacle principal, des divergences subsistent entre Londres et Alger ; elles ont trait aux modalités
de l'union. Le Comité national réclame la subordination du
commandement militaire au pouvoir civil ; ce principe républicain obligerait Giraud à choisir entre ses deux attributions
de chef du pouvoir exécutif et de commandant en chef. Il y a
désaccord aussi sur la composition de l'autorité centrale à
créer : pour de Gaulle, les résidents et gouverneurs généraux
des territoires de l'Empire ne devraient pas en faire partie,
mais au contraire lui être subordonnés, ce qui vise Noguès,
Boisson et Peyrouton. Le Comité de Londres admet toute-

---

18. André Kaspi, *La Mission de Jean Monnet à Alger*, notamment
p. 223.

fois de ne pas faire de ces deux conditions des préalables et l'on en revient à la question de personnes : qui présidera l'autorité centrale ?

De Gaulle espéra emporter la décision de vive force en se rendant sur place. Il avait vu dans le discours de Giraud du 14 mars à la fois une manœuvre et un aveu de faiblesse. Probablement sensible au climat de croisade qui régnait à Carlton Gardens, encouragé par des rapports signalant l'évolution favorable de l'opinion algéroise, confirmé dans l'optimisme par les ralliements spectaculaires à la France combattante de marins des bâtiments de Giraud, et notamment de 200 marins du *Richelieu* en plein New York, il fit demander le 31 mars un avion au Premier britannique pour se rendre en Afrique du Nord. Il semble bien qu'il ait cru que sa présence susciterait un « puissant mouvement en faveur de la France combattante » qui contraindrait Giraud et les Alliés à trancher selon ses vœux les problèmes en suspens. Espoir sans lendemain ! Le dimanche 4 avril 1943, il était brutalement avisé que le général Eisenhower l'invitait à retarder son départ. La raison donnée était que, « la bataille de Tunisie approchant d'une phase cruciale, il serait très fâcheux que se produisît en même temps une crise politique prolongée ».

On ne douta pas à Carlton Gardens que l'ajournement n'ait été sollicité par Giraud et combiné par Churchill et Roosevelt. La radio de Brazzaville et *La Marseillaise* de Londres protestèrent avec véhémence. On sait depuis que l'instigateur de l'ajournement était le général Catroux : arrivé le 25 mars à Alger pour y conduire la négociation, il avait estimé que la venue de De Gaulle dans de telles conditions ne pouvait conduire qu'à un éclat et à une rupture sans doute irrémédiable[19].

Une telle initiative donne la mesure de Catroux. Habile sans cesser d'être fidèle, il s'impose comme un serviteur de l'État audacieux et perspicace et comme l'artisan des compromis dont sortira l'union. Son apparition au premier plan

---

19. Girard de Charbonnières, p. 102 *sq*.

de la scène politique marque une phase nouvelle dans l'histoire de la France combattante qui ne se limite plus aux seuls faits et dires de son chef. Nul ne pouvait être un meilleur ambassadeur auprès de Giraud. Général d'armée comme lui, appartenant à la même caste, ayant fait également une carrière prestigieuse au Maroc, dernier des proconsuls de la République, il traite avec lui d'égal à égal et se fait d'autant mieux entendre qu'il ne brigue rien. Ses talents contrastent avec l'esprit inexpert de son interlocuteur : il s'attire très vite la sympathie de MacMillan, la confiance d'Eisenhower et la connivence de Monnet. Sa pondération amortit les emportements de De Gaulle : la prudence de l'un tempère l'intransigeance de l'autre. Aux accusations de se laisser intoxiquer par l'esprit d'Alger que lui prodigue de Gaulle il n'hésite pas à répliquer par des remontrances que lui permettent son ancienneté et son désintéressement. Mais s'il est souple sur l'accessoire, il est ferme sur l'essentiel : l'essentiel, il le définit sans équivoque dans ses Mémoires[20]. « C'était dire à Giraud que cette union ne pouvait se faire qu'autour de De Gaulle et du Comité national pour la raison supérieure que la France combattante avait reçu de la France résistante délégation morale pour rassembler et diriger tous les Français dans la guerre et défendre les intérêts de la France devant les Alliés […]. C'était lui déclarer que le peuple français ne permettrait pas qu'on lui transférât, à lui, Giraud, le mandat de confiance accordé à de Gaulle et que ce dernier, le voulût-il, n'avait pas le droit de s'en dessaisir. C'était essayer de lui faire comprendre que la Résistance, confondant – comme la France combattante – Vichy et l'ennemi dans un même combat, n'accepterait point pour chef un homme dont l'autorité procédait, en définitive, du maréchal Pétain. »

Catroux prend acte cependant que Giraud n'est pas prêt à s'effacer. D'où sa première suggestion qui est une répartition verticale des pouvoirs : « Les honneurs à Giraud et les pouvoirs à de Gaulle. » Giraud, paré du titre de lieutenant

---

20. Catroux, *Dans la bataille de la Méditerranée,* p. 341-342.

général de la République, serait investi d'une fonction protocolaire comparable à celle des présidents de la IIIe ; il promulguerait les lois et serait nominalement le chef des armées, tandis que de Gaulle aurait, en tant que président du Comité national, la réalité des pouvoirs exécutif, législatif et militaire. De Gaulle repoussa avec indignation un « système » dont il déclarait ne pouvoir « concevoir l'économie ».

Restait la formule du duumvirat. Catroux, s'étant assuré que de Gaulle accepterait, bien que de mauvais gré, cette « solution stupide et bâtarde », mit toute son énergie à la faire prévaloir. Il en convainquit le Comité national et y rallia, à Alger, MacMillan, Murphy et Monnet : avec leur aide, il arracha le 27 avril le consentement de Giraud à une coprésidence. La voie était ouverte à de Gaulle.

Casser de Gaulle ?

Roosevelt ne mit que plus d'acharnement à éliminer le chef de la France combattante. Ce dernier en fournit le prétexte en exigeant que sa première rencontre avec Giraud eût lieu à Alger et non à Marrakech ou à Biskra, comme Giraud le demandait. Pendant trois semaines, la querelle à propos du lieu de rencontre exaspéra les suspicions, opposa de Gaulle et Catroux et provoqua une crise grave dans les coulisses de Londres et de Washington. Paradoxalement, chaque progrès de la négociation avait attisé les méfiances. Les deux parties avaient leurs jusqu'au-boutistes et leurs ultras. De Gaulle s'était convaincu, non sans quelques raisons, que le véritable duel était celui qui l'opposait à l'impérialisme américain. Or il pouvait faire état de nouveaux atouts : l'arrivée de France d'hommes politiques aussi notables qu'Henri Queuille, Jules Moch ou Pierre Viénot, un message de soutien d'Édouard Herriot, les acclamations de Sousse et de Sfax au passage des soldats de Leclerc et de Larminat, le ralliement de plusieurs centaines de soldats de l'armée de Giraud en Tunisie.

Il répugnait d'autant plus aux concessions et faisait alterner les propos conciliants et les gestes de défi tandis que *La Marseillaise*, l'hebdomadaire londonien de la France combattante, multipliait les articles incendiaires. Les modéran-

tistes y virent la preuve qu'il ne cherchait qu'à faire céder
Giraud, ce qui était sans doute vrai. Alexis Léger et Kerillis
à Washington, Labarthe à Alger renchérirent pour dénoncer
en lui un trublion capable du pire et dans son BCRA une
Gestapo – ce qui était faux, mais que Giraud finit par croire.

À la mi-mai, Roosevelt était décidé à en finir. Il en per-
suada Churchill alors à Washington. Le Premier britannique
était engagé dans une rude partie pour faire prévaloir ses
vues stratégiques, et reporter à 1944 le débarquement en
Normandie ; il n'hésita pas cette fois à sacrifier de Gaulle
dont l'intransigeance l'exaspérait. Le 21 mai, il enjoignait à
Eden et à Attlee de débarrasser le Comité national français
de cet anglophobe « vaniteux et malveillant », au besoin par
la menace ou la coercition[21].

Eden et le Cabinet de Londres refusèrent de suivre Churchill. Les griefs américains, vus de Londres, apparaissaient
légers au regard des intérêts durables de la politique britannique qui exigeaient en Afrique du Nord, pour la phase suivante de la guerre, un pouvoir solide, incompatible avec la
prolongation du schisme français ; au surplus, Giraud avait
entre-temps cédé dans l'affaire du lieu de rencontre : il avait
offert le 17 mai à de Gaulle de venir directement à Alger. La
France combattante triomphait.

Selon toute apparence, l'ultime volte-face de Giraud était
due à la constitution en France, grâce à Jean Moulin, du
Conseil national de la Résistance, qui se prononça, dès le
premier jour, pour de Gaulle. Le 14 mai était en effet par-
venu à Londres le texte d'une motion sans équivoque communiquée par Jean Moulin : « Quelle que soit l'issue des
négociations, de Gaulle demeurera pour tous le seul chef de
la Résistance française. »

Carlton Gardens diffusa ce texte auquel la presse mondiale
fit un large écho. L'annonce était en réalité prématurée, car
le CNR ne put se réunir que le 27 mai, et la motion qu'il
approuva, bien qu'identique dans sa substance, était diffé-

---

21. F. Kersaudy, *De Gaulle-Churchill*, p. 233.

rente dans sa forme. Si l'ultime contribution de Jean Moulin à l'union renforça puissamment l'image du général de Gaulle, elle n'était pour rien dans l'ultime concession de Giraud. C'est Jean Monnet qui avait été, cette fois encore, auprès de Giraud l'artisan de la transaction : la venue du général de Gaulle à Alger même était subordonnée à deux conditions politiques que celui-ci accepta implicitement : l'autorité centrale à créer serait collectivement responsable (l'objectif étant une fois de plus de « noyer de Gaulle dans un comité ») et l'on recourrait à la procédure de la loi dite Tréveneuc de 1872 (c'est-à-dire aux délégués des conseils généraux) pour désigner après la Libération le gouvernement provisoire de la France.

De Gaulle s'envola le 30 mai 1943 pour Alger, promu capitale provisoire de la France en guerre. Il n'allait revenir à Londres qu'un an plus tard, à la veille du débarquement en Normandie. L'histoire de la France libre proprement dite s'achevait.

De Gaulle gagne la « bataille d'Alger »

Les discussions qui devaient conduire à la création du nouveau pouvoir central s'ouvrirent le 31 au matin. Elles furent orageuses. Outre Catroux, deux commissaires nationaux, Massigli et Philip, flanquaient de Gaulle. Giraud était accompagné de Monnet et du général Georges que les Anglais venaient de faire sortir de France. De Gaulle avança d'emblée les deux conditions qui avaient été réservées lors des négociations antérieures : l'élimination des proconsuls vichystes, Noguès, Boisson et Peyrouton ainsi que de quelques comparses comme le général Mendigal, et la subordination du pouvoir militaire au pouvoir civil. Il ne constituerait pas le nouveau comité s'il n'obtenait pas satisfaction. Giraud s'y refusa. Un incident mit le feu aux poudres : Peyrouton adressa sa démission de gouverneur général de l'Algérie à de Gaulle qui s'empressa de l'accepter et d'en publier la nouvelle avant que Giraud en fût informé. Ce dernier en perdit son sang-froid. Murphy l'incitait à la résistance ; ses ultras lui faisant craindre un putsch

gaulliste, il chargea du maintien de l'ordre à Alger un reve-
nant, l'amiral Muselier, qui déploya des troupes dans la ville
et y interdit rassemblements et réunions. Pourtant, après qua-
rante-huit heures de confusion, Giraud admit qu'il ne pouvait pas subordonner l'avenir français au maintien en place
des proconsuls vichystes : les deux généraux signèrent le
3 juin l'ordonnance et la déclaration préparées par de Gaulle
instituant sous leur présidence conjointe le Comité français
de la Libération nationale : « Le Comité dirige l'effort français dans la guerre sous toutes ses formes et en tous lieux
[…]. Il exerce la souveraineté française […]. Il assume l'autorité sur tous les territoires et toutes les forces militaires
relevant, jusqu'à présent, soit du Comité national français,
soit du commandant en chef civil et militaire[22]. »

Le CFLN s'engageait à rétablir les libertés françaises et à
appliquer les lois de la République jusqu'à ce qu'il ait pu
remettre ses pouvoirs au futur gouvernement de la nation.
Giraud consentait au remplacement de Noguès et de
Boisson. Catroux devenait, de même que Georges, commis-
saire d'État et prenait le gouvernement général de l'Algérie ;
Massigli était chargé des Affaires étrangères, Philip de
l'Intérieur, Monnet de l'Armement et du Ravitaillement.
Entraient au comité Couve de Murville (Finances), René
Mayer (Transports et Travaux publics) et Abadie (Justice,
Éducation, Santé) désignés par Giraud ; Pleven (Colonies) et
Diethelm (Économie) issus du Comité de Londres ; Tixier
(Travail) et Henri Bonnet (Information) appelés d'Amérique. Le comité avait bel et bien les attributs d'un vrai
gouvernement. Et dès l'origine, le rapport des forces y défa-
vorisait Giraud, car, parmi ses supporters, Georges ne repré-
sentait rien, Monnet, René Mayer et Couve de Murville
étaient plus soucieux d'un statut raisonnable d'union que
des prérogatives du commandant en chef.

---

22. Ordonnance du 3 juin 1943 portant institution du Comité français de la Libération nationale, *Journal officiel de la République
française*, 10 juin 1943.

On le vit bien quand il s'agit de subordonner le pouvoir militaire au pouvoir civil : Giraud s'opposa à ce que la question fût posée. Il jugeait normal de cumuler la coprésidence du pouvoir exécutif avec les pouvoirs d'un général en chef relevant du seul commandement interallié. De Gaulle déclara que, dans ces conditions, il se retirait.Washington tenta de le prendre au mot.

Le 19 juin, Eisenhower convoqua, sur instructions personnelles de Roosevelt, les deux présidents du CFLN et leur enjoignit de maintenir l'organisation militaire antérieure, Giraud devant « rester commandant en chef avec les mêmes pouvoirs personnels et absolus aussi bien pour les opérations que pour l'organisation et l'administration des forces ». C'était ouvrir un conflit de souveraineté. Les membres du CFLN réagirent comme l'avaient fait lors de crises analogues les membres du Comité de Londres : ils refusèrent de s'incliner et firent bloc autour de De Gaulle. On s'en tira par une cote mal taillée.

En fait, dès le 31 juillet 1943, de Gaulle a gagné la « bataille d'Alger » : la répartition des compétences désormais admise fait qu'il dirige les débats et qu'il a la haute main sur les dossiers concernant les affaires civiles et de politique générale, Giraud se contentant, en ces matières, de cosigner les ordonnances et les décrets[23]. Londres et Washington prirent acte de l'existence du CFLN par des déclarations publiées le 26 août.

La dyarchie dura jusqu'à l'automne. Giraud n'ayant pas avisé en temps voulu le Comité ni de Gaulle qu'il s'engageait dans des opérations militaires de libération de la Corse, un remaniement le cantonna, le 9 novembre, dans les seules attributions de commandant en chef.

Un dernier clash, au printemps de 1944, aboutit à son éviction. Elle eut pour motif l'action en France et le contrôle des services spéciaux qu'il persistait à revendiquer. Le CFLN

---

23. Décret du 4 août 1943, *Journal officiel de la République française*, 7 août 1943.

supprima, à la demande de De Gaulle, le poste de commandant en chef, déjà en grande partie vidé de ses attributions, et réduisit Giraud à la fonction honorifique d'inspecteur général de l'armée. Il la refusa.

Comme le soulignait, dès la fin de 1942, un bon observateur[24], Giraud n'avait pas l'«équipement intellectuel nécessaire à un commandant en chef» et encore moins à un chef de gouvernement. Sa répugnance à rompre avec les pratiques et les hommes de la Révolution nationale lui avait aliéné tout ce qui avait la «tripe républicaine»; son apolitisme et sa versatilité, qui en avaient fait un instrument du jeu américain, avaient découragé Monnet et tous ses premiers partisans. Il avait achevé de se déconsidérer en laissant juger, condamner et exécuter l'ancien ministre de l'Intérieur Pucheu qu'il avait amicalement autorisé à venir en Algérie. On en oublia le double apport de ce soldat fourvoyé dans la politique : son soutien audacieux à la Corse insurgée, qui fut, dès l'automne de 1943, le premier département libéré, et sa contribution au renouveau de l'armée française. Faut-il ajouter que, loin d'éclipser de Gaulle, il lui avait servi pendant dix mois de faire-valoir?

Alger capitale (juin 1943-août 1944)

À l'automne de 1943, de Gaulle est maître du terrain. Il a acquis à Alger une stature nouvelle : MacMillan reconnaît en lui un «homme d'État dans la grande tradition française»; Churchill, dans ses bons jours, n'est pas loin d'en penser autant; Eisenhower fait bientôt fond sur lui, nonobstant Roosevelt. Plus de portraits de Pétain. Les conseils généraux siègent. On débat de l'épuration. Les derniers bastions dissidents, Antilles et flotte d'Alexandrie, se sont ralliés. Alger, capitale provisoire de la France en guerre, a désormais autorité sur l'ensemble des terres françaises d'outre-mer, à l'exception de l'Indochine. Grâce à l'Empire, le

---

24. André Géraud (Pertinax), *New York Times*, 26 décembre 1942.

CFLN a retrouvé les assises territoriales d'une grande puissance forte de ses bases stratégiques, de sa présence mondiale et de ses 60 millions de citoyens et de sujets, mais d'une puissance gravement sous-développée, car elle est dépourvue d'industrie, menacée au Maghreb d'une disette qu'évitent de justesse les livraisons américaines et bridée dans la levée des recrues par la pénurie de cadres.

Le dépaysement africain et la découverte des rapports ethniques inégaux ajoutent une tonalité originale à l'action du CFLN : il porte plus d'intérêt à ce qu'on appelle alors la France d'outre-mer, il perçoit l'ébranlement colonial dû à la guerre avec plus d'attention que ne le feront les premiers dirigeants de la IVe République. L'année 1943-1944 est ainsi une période singulière dans l'histoire coloniale de la France, celle d'une prise de conscience ambiguë : la lucidité politique et les initiatives libérales tentent de se concilier avec l'affirmation de la souveraineté française et le souci de consolider l'Empire. Année laboratoire qui tournera court en matière coloniale mais où aura été assuré le rétablissement de la légalité républicaine et d'un pouvoir républicain doté des attributs d'une souveraineté recouvrée, en Algérie d'abord, puis en France libérée.

Beyrouth, Alger, Brazzaville
Réformer pour consolider

En Syrie et au Liban, de Gaulle ne peut empêcher la crise de l'automne de 1943 de se solder par un grave échec. Il avait proclamé l'indépendance des deux pays quand la France libre en avait pris le contrôle en 1941, mais il avait aussitôt déclaré ne pas avoir qualité pour abolir le mandat avant que la guerre se termine et qu'un pouvoir français pleinement légitime puisse en décider. Aussi n'avait-il autorisé que des transferts limités de compétences au profit des gouvernements locaux. Sans doute avait-il sous-estimé la force des nationalismes et l'impatience des bourgeoisies locales, convaincu que tout ce qui allait mal de ce côté venait de l'« abominable Spears » et de ses acolytes pro-Arabes, ce qui était en partie vrai. Talonné par Churchill, il avait fini, sur l'insistance de

Catroux, par consentir à des élections générales qui ont eu lieu en juillet 1943 en Syrie, en août-septembre au Liban. Mais à peine réunie, la Chambre libanaise vote à l'unanimité, le 18 novembre, l'abolition du mandat ; le haut-commissaire de France Helleu, successeur de Catroux, riposte en faisant arrêter le président de la République et le chef du gouvernement. Aussitôt, un « gouvernement national » se forme dans la montagne, et les nationalistes libanais et syriens proclament une grève générale : le Cabinet britannique intervient publiquement pour exiger des autorités françaises le retour immédiat à l'ordre constitutionnel. Le gouvernement américain l'appuie. Catroux, envoyé sur place, doit prendre sur lui de libérer les ministres incarcérés, de les rétablir dans leurs fonctions et de négocier les derniers transferts de compétences. La présence politique française ne reste assurée que par le contrôle exercé sur les « troupes spéciales » syriennes et libanaises, sous les apparences du mandat.

C'est de même la souveraineté française que le CFLN veut assurer en Algérie. La perte de prestige due à la défaite de 1940, puis la présence américaine ont encouragé des manifestations indépendantistes : en mars 1943, le pharmacien Farhat Abbas a lancé un Manifeste qui a été remis le 10 juin au général de Gaulle. Il y réclame l'indépendance de l'Algérie pour l'immédiat après-guerre et, d'ici là, un gouvernement franco-algérien du territoire et l'égalité totale. En septembre, il tente de faire boycotter la session des délégations financières. Catroux, nouveau gouverneur général de l'Algérie, tout en réagissant avec vigueur, serait partisan de réformes profondes. Bien qu'il lui arrive de douter de l'avenir de l'« Algérie française », il refuse de laisser « briser l'unité de la France » : la voie dans laquelle il engage le CFLN est celle de l'accession à la citoyenneté, de la promotion de l'enseignement et de l'ouverture de la fonction publique. De Gaulle annonce l'ère nouvelle dans son discours de Constantine du 12 décembre 1943.

Le CFLN recule bientôt devant certaines audaces de Catroux ; l'ordonnance du 7 mars 1944 est néanmoins une avancée vers l'égalité civique : elle prévoit l'octroi du droit de vote à 65 000 Algériens avec maintien de leur statut personnel, ouvre aux autres l'accès des collèges musulmans chargés d'élire les assemblées locales, ainsi que le droit d'accéder à tous les postes civils et militaires. Mais elle se heurte aussitôt au double refus des Français d'Algérie et des groupes nationalistes [25]. Catroux, faute de désamorcer la poussée indépendantiste, a pu espérer que son libéralisme ouvrait une voie nouvelle ; quant à de Gaulle, qui lui a apporté une caution prudente, mais résolue, il n'oubliera pas l'opposition à la fois pétainiste et conservatrice des pieds-noirs [26].

Le même désir de consolidation et d'ouverture inspire la conférence de Brazzaville qui se déroule du 30 janvier au 8 février 1944. Préparée par Pleven, de Gaulle l'ouvre au terme d'une tournée africaine à grand effet. Elle n'est pas sans ambiguïté [27]. Elle écarte *a priori* « toute possibilité d'évolution en dehors du bloc de l'Empire français », de même que la « constitution éventuelle, même lointaine, de *self-governments* » ; elle n'en affirme pas moins la volonté de voir les différents territoires « s'acheminer par étapes de la décentralisation administrative vers la personnalité politique ». Mais d'abord, elle témoigne d'une volonté de promotion engageant à des efforts de développement qui rompraient avec les formes antérieures d'exploitation. Elle est surtout une promesse : après la dure discipline de guerre, elle annonce sur un ton radicalement nouveau, par la voix du prochain libérateur de la France, une sollicitude sans condescendance et un encouragement aux élites propres à les attacher à un cadre nouveau, l'Union française.

Les priorités immédiates sont évidemment ailleurs. Elles vont à trois tâches : refaire l'État, préparer la Libération, achever de restaurer la souveraineté française face à l'étranger.

---

25. Sur ces événements cf. Charles-Robert Ageron, *Histoire de l'Agérie contemporaine*, t. II, p. 558-567.

26. Sur l'attitude des Français d'Algérie, les rapports des préfets de 1944 sont sans équivoque. AN, F1a/3 803.

27. Cf. Dorothy Shipley White, *De Gaulle and Black Africa*, p. 126-137.

Refaire l'État

Consolider les organes du pouvoir d'abord. Le Comité siège deux fois par semaine. Il est doté d'un secrétariat efficace dirigé par l'agrégé d'histoire Louis Joxe qui assiste à ses séances – innovation durable. Après les improvisations anarchiques de Giraud, la centralisation des décisions met en évidence la continuité d'un gouvernement qui se veut jacobin. Le remaniement de novembre 1943 renforce sa représentativité : trois chefs de la Résistance y participeront (E. d'Astier de La Vigerie, H. Frenay, F. de Menthon) et quatre parlementaires (Jacquinot, Le Troquer, Mendès France et le vétéran du radicalisme Henri Queuille, promu vice-président du CFLN). L'entrée des communistes au Comité suivra. Leur participation est sans précédent. Prévue depuis l'été de 1943, elle n'aura lieu qu'en avril 1944 aux conditions imposées par le Général ; car s'il tient « à ce que la France soit lors de la Libération un peuple rassemblé », il agit en sorte de « ne jamais laisser les communistes gagner à la main, [le] dépasser, prendre la tête[28] ». C'est ce qu'il explique depuis l'été de 1943 à Murphy, au Britannique MacMillan, puis à son successeur Duff Cooper : son alliance conflictuelle avec le parti communiste doit lui permettre de le tenir en lisière.

Une Assemblée consultative provisoire assiste le CFLN. Elle doit « fournir une expression aussi large que possible, dans les circonstances présentes, de l'opinion nationale[29] ». Elle tient sa séance inaugurale le 3 novembre 1943. Elle comprend dans sa formation initiale 84 membres : 40 représentants de la Résistance métropolitaine, 12 de l'ancienne Résistance extramétropolitaine, 20 députés ou sénateurs n'ayant pas approuvé la délégation constitutionnelle à Pétain et 12 représentants de conseils généraux d'outre-mer. L'Assemblée n'est pas seulement décorative. Elle est maîtresse de son règlement et dotée de l'autonomie administrative et financière. Par sa composition, par son refus d'être un « rassem-

---

28. Charles de Gaulle, *L'Appel*, p. 232.
29. Conformément à l'ordonnance du 17 septembre 1943.

blement de béni-oui-oui », par la déférence au moins apparente que lui témoigne de Gaulle qui participe à une vingtaine
de ses 50 séances, elle cautionne la validité démocratique
du régime. Pour la première fois depuis 1940 s'instaure
entre Français un libre débat politique. Car l'Assemblée est
méfiante à l'égard des administrations renaissantes ; elle est
hantée par le souci d'une épuration drastique et soucieuse de
voir instaurer en France une démocratie non seulement politique, mais économique et sociale. Elle discute le projet de
budget, presse de Gaulle d'abolir les séquelles du vichysme
et d'obtenir de ses Alliés des armes pour la Résistance.

Des clivages, qui sont plus que des survivances, se dessinent
dans ses rangs. Les délégués des mouvements de Résistance
sont des hommes nouveaux sans tendresse pour les anciennes
formations politiques ; pourtant, l'Assemblée est dominée
par les parlementaires et les deux partis socialiste et communiste y pèsent lourd, le PCF surtout, toujours en compétition
inavouée avec de Gaulle. Le groupe de la Résistance, majoritaire et si uni soit-il par les solidarités du combat et l'aspiration socialisante, n'a ni la cohésion ni les chefs qui pourraient en faire l'amorce d'un parti du renouveau.

Dans l'immédiat, l'Assemblée épaule le président du
CFLN, elle contribue à l'élaboration des mesures à appliquer
en France libérée, l'avenir plus lointain étant réservé. C'est
sur son vote unanime que s'appuiera le CFLN pour prendre
le 2 juin 1944 le titre de Gouvernement provisoire de la
République.

Le CFLN pilote parallèlement la reconstruction de l'État
en France. L'exécutif clandestin y a survécu difficilement à
la disparition de Jean Moulin. De Gaulle, absorbé par les
luttes de pouvoir d'Alger et satisfait de la caution que lui a
apportée le Conseil national de la Résistance, ne suit que de
loin les péripéties de l'action clandestine : il ne voit manifestement dans les mouvements et dans le CNR lui-même
que des corps intermédiaires qui ne doivent pas survivre à la
Libération. Tout se passe comme si seuls importaient dans
cette phase, d'une part, la mise en place des cadres civils et
militaires de l'État qui doit s'enraciner sur les décombres de

Vichy, d'autre part, le ralliement d'une opinion publique qui devrait finir par englober la nation presque entière.

La délégation générale du CFLN en France survit non sans à-coups. Segmentée entre Paris et Lyon, confiée en septembre 1943 à un grand préfet, Émile Bollaert, qui est arrêté avant d'avoir pu s'imposer, elle maintient son autorité grâce aux *missi dominici* londoniens et trouve une ultime cohésion à l'approche du débarquement, lorsque Alexandre Parodi est nommé délégué général. Cependant, depuis l'automne de 1943, le Comité clandestin des désignations, animé par les maîtres des requêtes André Ségalat et Michel Debré, et fonctionnant en liaison étroite avec un envoyé du CFLN, Émile Laffon, n'a cessé de dresser et de remanier les listes des titulaires éventuels aux grands emplois.

À la veille du débarquement, tous les secrétaires généraux provisoires, chargés d'assumer la responsabilité des ministères civils dans la phase de libération, la plupart des commissaires régionaux de la République et une quarantaine des préfets ont été désignés par le CFLN, après consultation du Conseil de la Résistance ; de même est fixée la composition des principaux comités départementaux de la Libération (CDL).

Parallèlement, Alger structure les échelons du commandement militaire intérieur. L'Armée secrète, qui était à peine plus qu'un mythe à l'automne de 1942, est englobée ainsi que les FTP et l'ORA dans les Forces françaises de l'intérieur que commandera de Londres le général Kœnig. Un délégué militaire national est nommé (Chaban-Delmas dans la dernière phase). Si son autorité réelle se limite à la région parisienne, en province est mise en place une pyramide de délégués de zones, de délégués militaires régionaux et départementaux. En fait, chaque délégué militaire régional, rattaché à l'organisation extérieure à laquelle il est relié par radio, a qualité pour demander et répartir les crédits et les armes, et c'est également sur une base régionale qu'est structurée l'organisation des parachutages et atterrissages et des liaisons radiotélégraphiques : mesure de prudence, car les bombardements et les combats isoleront les différentes régions ; précaution politiquement calculée, qui réserve autant que possible les directives d'action aux états-majors de Londres et d'Alger. Rien d'étonnant si cette organisation, faite pour combiner la libération du territoire avec l'implantation de hiérarchies civile et militaire jusqu'au niveau de la délégation générale, se heurte à des réticences et à la suspicion non dissimulée du Front national et du PCF. Elle n'en témoigne pas moins de la capacité d'adaptation et d'exécution des états-majors extérieurs, en dépit des aléas quotidiens. Les services de Londres et d'Alger n'ont jamais les moyens de leur action. Les liaisons aériennes sont interrompues plus de deux mois pendant l'hiver de 1943-1944, la trame du pouvoir clandestin est sans cesse brisée par les arrestations (Bollaert, Christian Pineau) ou par la mort des responsables (Brossolette, Médéric, Bingen, Jacques Simon, Cavaillès, Morinaud-Marchal, Rondenay). Les aller et retour se multiplient pourtant, les chefs militaires de la France intérieure (Bourgès-Maunoury, Chaban-Delmas, Chevance-Bertin, Zeller) viennent conférer à Londres et Alger, tandis qu'en France les *missi dominici* maintiennent le cap : Serreulles et, jusqu'à son arrestation, Bingen, qui assurent la permanence du pouvoir clandestin après la disparition de Moulin, mais aussi Closon, Laffon, Maillet, Morandat, Roland Pré, Rachline.

L'impulsion et la coordination politico-stratégique est assurée d'Alger, sous la présidence de De Gaulle, par le Comité d'action en France (Comidac). Son instrument d'exécution est la Direction générale des services spéciaux ou DGSS. Héritière du BCRA et placée en novembre 1943 sous la direction de Jacques Soustelle assisté du colonel Passy, la DGSS est la centrale du renseignement et de l'action et le terminal – toujours étroitement contrôlé par les Anglo-Américains – des liaisons aériennes et maritimes et des transmissions radiotélégraphiques avec la France. Plus d'un chef de la Résistance et le commissaire à l'Intérieur Emmanuel d'Astier lui-même verront en elle un État dans l'État parce qu'elle a la maîtrise des transferts de fonds et de l'attribution des postes émetteurs et qu'elle s'oppose avec vigueur aux initiatives centrifuges. Il est vrai aussi qu'elle répugne à rendre des comptes. On

l'accusera d'immixtions politiques dans la mesure où Soustelle
et Passy, tout comme en France certains envoyés d'Alger,
s'emploient à faire pièce au PCF et au Front national qui
poussent leurs hommes aux postes clefs de la Résistance.
Mais les succès techniques sont éclatants. L'Angleterre reste
la plaque tournante de l'action et de la propagande vers la
France et le général Kœnig y installe en avril 1944 son quartier général en prévision du débarquement. Auprès de lui,
entre mars et juillet 1944, la seule antenne de la DGSS à
Londres reçoit 5 500 télégrammes de France à une cadence qui
passe de 20 à 70 par jour[30]. La centrale française de renseignement de Londres, dotée d'une large autonomie, sera jusqu'à la Libération, grâce à son chef André Manuel, un organe
militaire et technique d'une impressionnante efficacité.

Piloter

La maîtrise des processus de la Libération comporte pourtant
des incertitudes qui ne sont pas seulement celles du débarquement. De Gaulle, si confiant soit-il, ne peut être sûr ni de
la contribution des Français ni du bon vouloir des Alliés.

Deux conceptions s'opposent sur le choix de la tactique à
appliquer en France. Depuis juin 1941, les communistes et le
Front national militent pour la lutte armée immédiate, à base
de sabotages, d'attentats et de guérilla, quelles que soient
les pertes : le jour J du débarquement doit ensuite être le
signal de l'insurrection nationale. Le bureau du CNR et le
comité directeur des MUR se sont également nourris du
mythe de l'insurrection nationale. De Gaulle a lui-même
affirmé le 18 avril 1942 que « la libération nationale ne peut
être séparée de l'insurrection nationale ». Cette « insurrection nationale », les activistes de la Résistance souhaitent la
diriger de l'intérieur en faisant largement appel à la « spon-
tanéité des masses ». Mus par un calcul politique ou, pour
quelques-uns, par une image lyrique de la Libération, ils
associent la défaite de l'occupant avec l'établissement à

---

30. Jacques Soustelle, *op. cit.*, t. II, p. 35.

l'échelon local d'une « démocratie directe » garante du
« régime pur et dur » auquel aspire l'extrême gauche résistante[31]. À cette vision les techniciens de la DGSS, de concert
avec les Anglais, opposent une conception purement militaire de la Libération[32] : l'action des Forces de l'intérieur,
pilotée en fonction des plans des Alliés, devrait être essentiellement le fait d'équipes spécialisées et de réseaux soigneusement tenus en main, chargés d'appliquer les plans
violet, vert et bleu qui doivent entraîner la paralysie des
transports, des télécommunications et de la distribution électrique sur les arrières allemands pendant la phase critique
du débarquement ; il s'y ajouterait l'intervention, dans les
zones de montagnes, de « maquis mobilisateurs », chargés
d'actions localisées de guérilla. On envisage pour une phase
ultérieure une opération beaucoup plus ambitieuse, l'opération Caïman, conçue par le colonel Billotte, chef de l'état-
major particulier de De Gaulle : une puissante intervention
aéroportée renforcerait les maquis du Massif central afin de
créer une vaste zone libérée à partir de laquelle on couperait
les communications de l'ennemi aussi bien dans la vallée
du Rhône qu'en direction de l'Atlantique ; mais le projet
Caïman fut rejeté par les Américains.

Le plan des militaires répond au double souci de l'efficacité et de la prudence : il leur vaut le reproche d'attentisme
de la part de la direction communiste. De Gaulle a bien
admis au printemps de 1943 la nécessité d'actions immédiates, mais menées par les seuls « corps francs et cellules
professionnelles de la Résistance[33] ». Le dénouement tragique de l'épisode des Glières, en avril 1944, prouve l'impossibilité de tenir durablement des positions fixes contre les
Allemands et de libérer, comme en Yougoslavie, de larges
portions du territoire avant le débarquement : tout au plus

---

31. Cf. Agulhon, *in* CHDGM, *« La Libération de la France »*,
p. 81.
32. Colonel Jean Delmas, *ibid.*, p. 438-459.
33. Instructions du 23 mai 1943 au général Delestraint, *Mémoires
de guerre*, t. II.

peut-on étendre les zones d'insécurité. D'autres contraintes
incitent à la prudence : le faible armement de la Résistance,
l'opposition catégorique des Alliés anglo-saxons à tout mouvement insurrectionnel, la crainte de représailles sanglantes.
C'est seulement à la fin de janvier 1944 que Churchill se
laisse arracher la promesse d'un ravitaillement substantiel
en armes, qui doit permettre, dans l'hypothèse optimale,
d'armer dès le premier mois 16 000 hommes. Selon le commissaire national à l'Intérieur, Emmanuel d'Astier, l'effectif
armé des maquis n'atteint pas, à cette date, 5 000 hommes.
Les parachutages de février 1944 restent inférieurs aux prévisions. Ils vont s'intensifier de mois en mois et deviendront
énormes pendant l'été, sous l'égide de l'état-major suprême
allié et grâce au concours massif de l'aviation lourde américaine. Le total cumulé des armes parachutées de janvier à septembre 1944 devrait permettre d'équiper 450 000 hommes en
armes légères, soit un total de 10 à 12 000 tonnes, « drop-
pées » par plus de 7 000 bombardiers lourds. Mais ces équi-
pements sont tardifs et une fraction en a été récupérée par les
Allemands ou la Milice.

   Aussi le choix réfléchi des priorités militaires autant que le
calcul politique inspirent-ils de Gaulle lorsqu'il signe le
16 mai 1944 l'« instruction concernant l'emploi de la Résistance sur le plan militaire au cours des opérations de la libération de la métropole », où ne figure pas le mot « insurrection ».

Insurrection nationale
ou simulacre d'insurrection ?

Il serait néanmoins aventuré d'en déduire que le Général ne
voulait d'aucune forme d'insurrection nationale. Pour qui a
approché les centres de décision politique de l'époque, il ne
fait pas de doute qu'il la jugeait nécessaire, comme l'avait
pensé Jean Moulin, « à la fois contre les Allemands, contre
Vichy, peut-être même contre les Alliés », et pour l'image
que la nation garderait d'elle-même. Mais cet « apport
national », il le voulait échelonné, contrôlé et sans déborde-
ments ultérieurs, bref, tout autre que ne l'envisageaient les
communistes. D'Astier, qui plaida jusqu'au bout pour

l'insurrection nationale, estimait lui-même qu'elle ne devait être déclenchée en chaque région que de 48 à 72 heures avant l'arrivée des Alliés, afin que le pouvoir local, départemental et régional, arraché aux Allemands et aux représentants de Vichy, soit partout assumé par des Français quand les libérateurs alliés se présenteraient. L'étonnant n'est pas qu'une telle synthèse d'options antinomiques ait été imaginée – de Gaulle avait prouvé plus d'une fois son art de transcender les contraires –, mais bien plutôt que les deux options, celle du refus de l'insurrection et celle de l'insurrection maîtrisée, aient pu être appliquées l'une après l'autre dans la phase de libération.

Rien n'est plus révélateur de ces ambiguïtés que le langage de la propagande. La BBC en demeure le véhicule privilégié, malgré la montée en puissance de Radio-Alger et de Radio-Brazzaville. Au printemps de 1944, trois Français sur quatre disposant d'un poste récepteur l'écoutent, deux de ses auditeurs sur trois se disent satisfaits de ses émissions[34]. Son audience atteste à la fois l'espoir dans les Alliés et l'autorité croissante du CFLN. Les responsables londoniens de cette propagande[35], Georges Boris et Maurice Schumann, sont des Français libres des premiers jours, passionnément fidèles à l'esprit du gaullisme de guerre et sans cesse à l'écoute de la Résistance, en particulier des conseils que Jacques Bingen télégraphie presque journellement de France. Tout l'hiver de 1943-1944, ils ont été écartelés entre deux soucis contradictoires : stimuler l'esprit de résistance d'une population que découragent les lenteurs des Alliés, mais ne pas pousser l'activisme jusqu'à précipiter dans les maquis des dizaines de milliers de réfractaires qu'on ne pourrait ni armer ni

---

34. D'après le sondage clandestin de Marc Barrioz, globalement confirmé par les rapports des préfets.

35. Sur cette propagande, cf. Crémieux-Brilhac, *Ici Londres, Les Voix de la Liberté*, t. I, p. XXVII-XXX et t. V ; *La Guerre des ondes*, Hélène Eck (dir.), p. 116-132 ; Crémieux-Brilhac, « La Bataille des Glières et la guerre psychologique », *Revue d'histoire de la Deuxième Guerre mondiale*, n° 99, juillet 1975.

secourir. Tâche d'autant plus difficile qu'un orateur radiophonique puissant a surgi de la décomposition de Vichy en
la personne de Philippe Henriot, qui joue de tous les ressorts
de la peur pour prêcher la passivité et dresser l'opinion
contre les « terroristes rouges ». La guerre des ondes devient
une joute oratoire entre l'« anti-France » de Henriot et la
France combattante de De Gaulle. À partir de février 1944,
Maurice Schumann, fort des promesses d'armes faites par
Churchill, peut se faire le chantre des maquisards qui sont
« l'honneur de la France ». Il glorifie les combattants des
Glières et leurs chefs, Tom Morel et Anjot, il s'adresse à
eux en donnant à leur combat une dimension politique et
une valeur de symbole, qu'eux-mêmes confirmeront par leur
sacrifice. Cette propagande du courage, qui devient plus
intense au printemps de 1944, prépare non pas la levée en
masse, comme le souhaite le PCF, mais la mobilisation des
seuls éléments utiles et encadrables, en même temps que la
solidarité agissante de tous les Français en faveur des combattants. Les consignes collectives que la BBC donnera aux
Français au nom du Gouvernement provisoire avant et pendant les opérations du débarquement sont néanmoins curieusement significatives : elles font l'objet d'une négociation
ardue qui oppose à la mi-mai les représentants londoniens du
Comité d'Alger à l'état-major interallié et aux Britanniques,
d'une part, au délégué du PCF Waldeck Rochet, d'autre part.
Elles sont conformes, sur un point essentiel, aux instructions
du Comidac et aux exigences des Anglais et de l'état-major
allié : le débarquement *ne sera pas* le signal d'une insurrection généralisée. Le principe d'une « insurrection nationale »
n'en est pas moins réaffirmé, malgré le veto longtemps
maintenu des Britanniques, étant entendu que celle-ci prendra des formes différentes selon les régions, se fera *ultérieurement,* dans le cadre des ordres donnés par le commandement et selon l'échelonnement des dates prescrit par ce
dernier. De Gaulle entérine le 4 juin.

   L'ambiguïté, sans aucun doute, est profonde. Elle le restera. D'une part, de Gaulle met l'accent dans son appel
radiodiffusé du 6 juin au soir sur la discipline de combat et

sur la nécessité de durer ; il s'abstiendra jusqu'à la libération de Paris de mentionner l'« insurrection nationale » et, dans ses instructions qui seront diffusées le 17 août à l'intention des Parisiens et des habitants des grandes villes, il se contentera de recommander aux ouvriers la grève, aux fonctionnaires le refus d'obéissance et aux policiers le passage à la clandestinité. Mais, d'autre part, les représentants du Comidac à Londres se considéreront comme autorisés à lancer l'ordre non pas d'insurrection nationale, mais de « soulèvement national » en Bretagne le 4 août et entre Loire et Garonne le 14 : un pied sur le frein, l'autre sur l'accélérateur tandis que les émissions glorifient les succès des FFI. Il sera difficile de pousser plus loin le pilotage de mouvements de masse qui débordent largement l'action initiale des réseaux et des maquis encadrés – et qui d'ailleurs échapperont plus d'une fois à tout contrôle, mais qui seront pourtant maintenus, dans l'ensemble, en deçà de l'action révolutionnaire.

S'imposer aux Alliés

Le second facteur d'incertitude quant à la maîtrise de la Libération est dans le jeu des Alliés. Le gouvernement de Washington a reconnu le 26 août 1943 le CFLN comme ayant autorité sur l'Empire français, mais non comme représentant de la France. Il a, par un *modus vivendi* du 23 septembre suivant, souscrit à l'extension du prêt-bail, qui financera les armes promises à Giraud, puis le ravitaillement de l'Afrique du Nord, mais en se tenant dans la limite exclusive des avantages consentis à une autorité locale. Il a admis le CFLN à la conférence interalliée d'Atlantic City de novembre 1943 sur l'aide ultérieure à l'Europe, mais sans lui attribuer la qualité de gouvernement d'une des Nations unies. Le secrétaire d'État Hull a beau tempérer ses préventions et Jean Monnet faire assaut d'habileté, Roosevelt persiste à refuser tout engagement qui hypothéquerait l'avenir politique de la France ; l'exécution de Pucheu, puis l'éviction de Giraud ne sont pas pour le fléchir. Sa méfiance envers de Gaulle le conforte jusqu'au bout dans ses scrupules de démocrate « wilsonien ». De sorte que la révision des accords Clark-Darlan traîne huit mois, jusqu'à ce que le CFLN décide unilatéralement des clauses et des modalités qui seront désormais applicables. De même, alors que le CFLN propose depuis septembre 1943 la conclusion d'accords de débarquement pour fixer la répartition des pouvoirs et les mesures d'urgence à prendre dans les territoires libérés, il n'a obtenu à la veille du jour J aucune réponse ; Roosevelt s'en remet au commandant en chef interallié Eisenhower pour traiter sur place avec toute autorité qualifiée, à l'exclusion du gouvernement de Vichy[36]. Qui plus est, Washington a fait imprimer, en prévision du débarquement, pour 40 milliards de francs de billets de banque ne portant aucune référence à une quelconque autorité française, ce dont le CFLN s'indigne comme d'un accaparement intolérable du pouvoir régalien. On craint – ou on feint de craindre – à Alger, que la France libérée ne soit soumise, comme l'a été l'Italie, au régime de l'Administration militaire alliée en territoires occupés (AMGOT), ou que les Américains ne pactisent avec on ne sait quelle « autorité » sortie de l'ombre.

D'où la violence de De Gaulle quand il regagne l'Angleterre le 4 juin 1944, appelé par Churchill : il s'affronte aussitôt à lui. Non, il ne s'abaissera pas à solliciter Washington ! Et pourquoi discuterait-il les accords de débarquement avec les Anglais, alors qu'ils sont prisonniers des Américains et que Londres ne signera rien sans la permission de Roosevelt ? Les deux hommes se défient. Churchill s'indigne : « Quand j'aurai à choisir entre l'Europe et le grand large, je choisirai toujours le grand large ! » La colère du Général monte d'un degré quand Eisenhower lui communique l'appel qu'il se prépare à lancer aux Français à l'aube du débarquement : il leur donne des ordres (« De quel droit ? »), il ne fait aucune mention du CFLN. Impossible de modifier son texte déjà imprimé et enregistré sur disque. De Gaulle, pour ne pas le

36. Cf. Martin Blumenson, « La place de la France dans la stratégie et la politique des Alliés », in *Libération de la France*, p. 200-201.

cautionner, refuse de prendre la parole après lui à la radio ; il s'adressera aux Français à son heure, le 6 juin au soir, et il se refuse de même à mettre à la disposition du commandant allié les 160 officiers français dits de liaison administrative qui ont été entraînés à servir dans les zones libérées[37].

La crainte de l'AMGOT est en réalité exagérée. Ni l'entêtement de Roosevelt, ni la dramatisation gaullienne, ni la fureur de Churchill ne doivent donner le change, les jeux sont faits et les acteurs le savent bien, du moins à Londres ; seul le CFLN dispose du crédit et de l'autorité nécessaires pour prendre en charge l'administration des régions libérées. Eisenhower ne demande qu'à en être dispensé ; il en a délégué la responsabilité en Normandie au commandant en chef anglais Montgomery ; celui-ci ne souhaite pas davantage s'en encombrer. Churchill lui-même, s'il voue de Gaulle aux gémonies, est opposé à tout AMGOT, sauf en territoire ennemi. Le Cabinet britannique et le Foreign Office ont hâte qu'un pouvoir stable et ami s'enracine en France, point d'appui nécessaire dans l'Europe déstabilisée de l'après-nazisme. Eden a annoncé dès le début de mai aux Communes la conclusion prochaine des accords de débarquement. Et de premiers actes suivent, qui sont des gages d'une reconnaissance implicite[38], même s'il est vrai que le haut commandement allié en prend à son aise avec les Français en lançant le 5 juin au soir la consigne d'action immédiate à toute la Résistance sans en avoir avisé Kœnig, sinon à la dernière minute.

En fait, tout est prêt pour que de Gaulle prenne possession de la terre de France lors de sa visite du 14 juin en Normandie. L'accueil bon enfant que lui fait la population de

---

37. Cf. Charles de Gaulle, *Mémoires de guerre*, t. II ; F. Kersaudy, *op. cit.,* p. 289-296 ; André Gillois, *Histoire secrète des Français à Londres*, p. 18-224 ; Elisabeth Barker, *Churchill and Eden at War*, p. 107-109.
38. Sur les réactions du Foreign Office, très décidé à se désolidariser discrètement des Américains, cf. les *Diaries* de sir Alexander Cadogan, p. 625-640.

Bayeux, puis l'enthousiasme d'Isigny en ruine ont valeur de symbole : ils confirment la légitimité qu'il revendique. Il fait acte de souveraineté, n'en déplaise à Roosevelt, en intronisant un commissaire de la République et en remplaçant le sous-préfet nommé par Vichy : quatre ans presque jour pour jour après l'appel du 18 juin 1940, il ne peut plus y avoir en France libérée d'autre légitimité ni d'autre autorité que celle du général de Gaulle et du Gouvernement provisoire qui assument, sur les décombres de l'État français, les pouvoirs de la République.

La nouvelle armée française

Christian Bachelier

La reconstitution de l'armée

Le débarquement en Afrique du Nord pose une nouvelle fois la question du sens de l'obéissance et du devoir militaires. Voulant ouvrir la voie aux Alliés, le général Béthouart, au Maroc, s'assure de la personne du résident, le général Noguès, qui, quelques heures après, est délivré, et c'est au tour de Béthouart d'être arrêté. Ainsi s'engagent les combats au Maroc. Le 1er régiment de tirailleurs marocains, tenant garnison à Port-Lyautey, est l'un des premiers, après quelques contrordres, à être jeté dans la riposte au débarquement allié et l'une des unités terrestres les plus lourdement touchées. Le 11 novembre, les tirailleurs apprennent la conclusion d'un armistice : « Rentré dans ses cantonnements, le régiment pleure ses morts inutiles[1]. » De même, les pilotes de la base aérienne de Sétif, entre Alger et la Tunisie, reçoivent, eux aussi, ordres et contrordres : « "Où est le devoir ?…" Et personne ne répondait. Chacun de nous était suspendu à la parole de son chef, et séparé du reste de l'armée. Mon chef ne savait plus. S'il s'était écouté, il aurait brisé son poste de radio et son téléphone[2] », rapporte le capitaine Roy. La marine, plus acharnée, a perdu 1 cuirassé, 2 croiseurs, 3 contre-torpilleurs, 7 torpilleurs et 14 sous-marins. Au total, les forces françaises comptèrent 1 368 tués

---

1. Historique du 1er RTM rédigé en 1947.
2. Jules Roy, *Le Métier des armes*, Paris, Gallimard, 1948, p. 74.

et 1 915 blessés et les Alliés 453 tués, 770 blessés et 96 disparus[3]. C'est au nom de la fidélité au maréchal Pétain que Darlan prend le titre de haut commissaire en Afrique et nomme, sous pression américaine et malgré l'hostilité générale des chefs militaires, Giraud commandant en chef. Après la mort de Darlan, le 24 décembre 1942, Giraud est désigné deux jours plus tard à la tête de l'Afrique française, puis devient « commandant en chef civil et militaire », ce qui, selon l'ordonnance du 5 février 1943, lui confère compétence exclusive sur la Défense nationale, les Affaires étrangères, les Finances, la Justice, ainsi que le droit de nomination des hauts fonctionnaires. Un Comité impérial, formé notamment des gouverneurs généraux d'Afrique du Nord et d'AOF, l'assiste.

Le 19 novembre 1942, en Tunisie, l'armée d'Afrique a repris le combat contre les forces de l'Axe et c'est elle qui supporte le poids des premières opérations. Disposant de matériel insuffisant et désuet, elle fournit l'essentiel de l'infanterie. Ses pertes sont très lourdes : 15 000 tués et blessés sur une armée de 80 000 hommes. Venant d'Égypte et du Tchad, les FFL, qui comptent environ 20 000 hommes, intégrées à la VIIIe armée britannique, poursuivent leur progression : une colonne motorisée FFL établit, le 18 mars 1943, la liaison avec les troupes de l'armée d'Afrique, dans le Sud tunisien. Malgré six mois de combats communs, la division des forces françaises demeure, comme en témoigne le défilé du 20 mai à Tunis où le 19e corps d'armée d'Alger fait partie du cortège des Américains et de la Ire armée britannique tandis que les FFL défilent avec la VIIIe armée.

Le 14 mars, Giraud prononce « le premier discours démocratique[4] » de sa vie. Mais la politique giraudiste est moins audacieuse que ses proclamations, et le rétablissement de la légalité républicaine s'effectue par des demi-mesures dis-

3. Cf. Paul Gaujac, *L'Armée de la victoire. Le réarmement 1942-1943*, Paris-Limoges, Charles Lavauzelle, 1984, p. 83.
4. Général Giraud, *Un seul but : la victoire. Alger 1942-1944*, Paris, Julliard, 1945, p. 121.

crêtes et décevantes. Dans le même temps, les gaullistes provoquent des « changements de corps spontanés » de soldats de l'armée d'Afrique. Aussi, les autorités giraudistes obtiennent-elles des Alliés que les deux DFL soient renvoyées en Libye. Muselier, qui a rejoint Giraud et fait alors fonction de préfet à Alger, tente de contrecarrer l'influence gaulliste, secondé avec « répugnance » par le capitaine de vaisseau Villefosse : « Les "déserteurs" contre lesquels nous alertions la gendarmerie et la police pour les renvoyer à leurs corps étaient des hommes qui pensaient de leurs chefs ce que je pensais des miens à Alexandrie, qui avaient jadis été brimés et punis pour avoir manifesté leur sympathie à la Résistance et qui, en rejoignant les FFL, souhaitaient échapper à l'atmosphère étouffante du pétainisme, se battre puis débarquer en France dans une véritable armée de Libération [5]. » Et de Gaulle de constater : « Armée profondément ébranlée. Milliers de ralliements individuels. Soldats courant la campagne pour rejoindre Larminat. Des unités constituées me télégraphient pour que je les prenne sous mes ordres [6]. »

La fusion des forces commence avec l'institution du Comité français de la Libération nationale (CFLN) qui, au début de juin 1943, réunit les deux organismes rivaux, le Comité national français de Londres et le Conseil impérial d'Alger, sous la coprésidence de De Gaulle et de Giraud. La répartition des compétences dans le CFLN, établie le 4 août, attribue à Giraud le commandement en chef. On procède ainsi à l'unification des FFL et de l'armée d'Afrique. Mais ce n'est pas sans difficultés, les giraudistes reprochant leurs avancements trop rapides et leur indiscipline aux gaullistes, ces derniers rappelant aux premiers leur sympathie encore vive envers Pétain. L'animosité ira décroissant avec le feu des combats.

---

5. Louis de Villefosse, *Les Îles de la liberté. Aventures d'un marin de la France libre,* Paris, Albin Michel, 1972, p. 269-270.
6. Télégramme de De Gaulle au CNF de Londres, Alger, 1er juin 1943.

De nouvelles formations sont créées en Afrique du Nord. L'École de Cherchell ouverte en décembre 1942 devient, en avril 1943, École d'élèves-aspirants. À Douéra, au début de 1944, de Lattre, qui s'est évadé après avoir été condamné à dix ans de prison par Vichy pour son attitude en novembre 1942, crée une école de cadres pour les militaires appelés à prendre les premiers contacts avec les maquis. À la fin de 1942, le Corps franc d'Afrique est créé par Giraud et, en avril 1943, est constituée une autre unité spéciale, le Bataillon de choc, placé sous la direction du commandant Gambiez et entraîné aux coups de main. À partir de décembre 1942, Alger met sur pied diverses formations féminines dans les transports automobiles, les transmissions, le personnel d'état-major et les services du corps expéditionnaire ainsi que dans le service de santé. L'ordonnance du 22 octobre 1943 autorise l'engagement dans une formation militaire de toute femme de dix-huit à quarante-cinq ans. Le 11 janvier 1944, un décret stipule que chacune des armées comprend des formations féminines auxiliaires. Le 26 avril est instaurée la fusion des volontaires féminines d'Afrique et de Londres. Et le 21 août, apparaît le terme d'arme féminine de l'armée de terre (AFAT).

Un effort très important est exigé des populations d'Afrique du Nord. Pour compléter les effectifs des corps de troupe, on décrète la mobilisation de 20 classes en Afrique du Nord (1924-1944) : au 1er novembre 1944, 176 500 Européens sont sous les drapeaux (soit 13 % de la population de souche européenne) et 233 000 indigènes (1,6 % de la population musulmane)[7]. Aux mobilisés d'Afrique du Nord s'ajoutent les évadés de France par l'Espagne : 20 000 parviennent à rejoindre l'Afrique du Nord, dont plus de 1 500 « spécialistes » (conducteurs de chars, pilotes de chasse, ouvriers et techniciens militaires) recrutés parmi les saint-cyriens, les aviateurs et les anciens des Chantiers de jeunesse.

---

7. Cf. Paul Gaujac, *L'Armée de la victoire. De la Provence à l'Alsace, 1944,* Paris-Limoges, Charles Lavauzelle, 1985, p. 31.

Dans l'été de 1943, l'épuration administrative de l'armée d'Afrique commence, généralement limitée aux grades les plus élevés. Le 7 juillet 1943, le général Bergeret, commandant en chef de l'aviation en AOF et ancien secrétaire d'État à Vichy, et l'amiral Michelier, chef d'état-major de la marine, sont placés en disponibilité ; l'amiral Moreau, préfet maritime d'Alger, est mis à la retraite. Le lendemain, le CFLN décide qu'il y a lieu de rajeunir les cadres de l'armée, de la marine et de l'aviation, et, le 17 août, sont ainsi mis en disponibilité 240 officiers dont 40 généraux.

Progressivement, les compétences de Giraud sont réduites. Selon le décret du 6 novembre 1943, le CFLN est réorganisé et les pouvoirs civil et militaire sont séparés : de Gaulle, seul président du CFLN, exerce la direction de la Défense nationale, Giraud demeurant commandant en chef. Enfin, l'organisation de la Défense nationale déterminée par l'ordonnance du 4 avril 1944 affirme la primauté du pouvoir civil sur le militaire : « Le président du CFLN, chef des armées, décide en dernier ressort de la composition, de l'organisation et de l'emploi des forces armées » (ce principe sera repris notamment dans le décret du 4 janvier 1946). Le 8 avril 1944, Giraud refuse les fonctions d'inspecteur général qui lui sont offertes. Le 15, il est placé en réserve de commandement.

Son principal mérite est d'avoir réarmé l'armée française. De la conférence interalliée de janvier 1943, Giraud revient avec le « plan d'Anfa », qui prévoit la dotation de l'armée française en matériel représentant 8 divisions d'infanterie, 3 divisions blindées ainsi que 500 chasseurs, 300 bombardiers, 200 appareils de transport et la modernisation de la flotte. Il obtient aussi le bénéfice de la loi prêt-bail. Mais, selon la conception américaine, il faut peu de combattants et beaucoup de servants, ce qui entraîne la « guerre des services ». Au début de 1944, le CFLN doit céder et se conformer aux « standards » américains ; il est aussi obligé, à cause de l'important déficit en personnel qualifié, de se résigner à ce que soient armées seulement 5 DI et 2 DB, une troisième blindée, celle de Leclerc, le sera par la suite. À l'armée de l'air française, les États-Unis fournissent, de

1942 à 1945, près de 1 500 avions. Des pilotes français sont formés outre-Atlantique. Le réarmement de l'aéronautique est l'œuvre des Britanniques. En ce qui concerne la marine, l'aide américaine consiste en la réparation, la modernisation d'unités, comme le *Béarn* ou le *Richelieu*, et la cession de bâtiments légers[8].

L'armée française, reconstituée, réarmée, réunifiée, s'est affirmée sur le terrain. Si seul le 4e tabors marocains a participé aux opérations de Sicile, la libération de la Corse est réalisée avec des moyens français un peu plus importants. Après la conquête de la Sicile, la capitulation italienne neutralise en Corse 80 000 soldats italiens qui, en majorité, rallient la Résistance. Le 10 septembre 1943 éclatent des heurts entre soldats italiens et allemands, et Ajaccio se soulève. Giraud, en contact avec la Résistance organisée par les communistes de l'île, lance l'opération Vésuve : le 11, le bataillon de choc débarque à Ajaccio suivi par 6 000 hommes des troupes de montagne marocaines. C'est au cours de ces opérations que s'effectuent les premiers contacts armée-maquis. Une compagnie corse est formée dans le bataillon de choc où règne un état d'esprit particulièrement favorable, notamment avec la présence d'anciens stagiaires des écoles de cadres de De Lattre[9]. Le 4 octobre, la libération de la Corse s'achève avec celle de Bastia. Les pertes furent de 76 maquisards, 75 soldats français et 245 italiens tués tandis qu'il y eut du côté allemand 1 000 tués et 350 prisonniers.

Si la libération de la Corse s'est effectuée avec des moyens limités, le corps expéditionnaire français (CEF) en Italie,

---

8. Cf. Marcel Vigneras, *Rearming the French*, Washington, Department of the Army, 1957 ; chef de bataillon Jacques Vernet, *Le Réarmement et la réorganisation de l'armée de terre française, 1943-1946*, Vincennes, SHAT, 1980 ; Patrick Facon, « Réarmement et reconstitution de l'armée de l'air », *Revue historique des armées*, n° 2, 1979, p. 96-111.

9. Cf. Fernand Gambiez, *Libération de la Corse*, Paris, Hachette, 1973, p. 200-202 ; J.-M. Torris, *Corse, première étape*, Alger, Office français d'édition, 1944, p. 51-52 ; Maurice Choury, *Tous bandits d'honneur*, Paris, Éditions sociales, 1956, p. 151.

sous le commandement du général Juin, se compose de grandes unités. Le 15 novembre 1943 arrivent à Naples les premiers éléments du CEF. Et, le 8 décembre, les premières troupes françaises montent en ligne. Alors que le général Clark avait l'intention d'utiliser les Français comme troupes supplétives disséminées parmi les unités de la Ve armée américaine, Juin obtient une plus grande autonomie pour le CEF qui prend, le 6 janvier 1944, la relève d'un corps d'armée américain. Le CEF joue alors un rôle important dans la bataille du mont Cassin où, occupant le secteur du Garigliano, il rompt la ligne Gustav en quelques jours, les 11 et 13 mai, au mont Majo. Sur ses 120 000 hommes, le CEF a plus de 6 000 tués et 4 000 disparus ou prisonniers durant la campagne d'Italie. Le CEF, qui atteint Sienne le 4 juillet 1944, est alors retiré du théâtre d'opérations italien pour constituer l'armée B.

L'armée et la Résistance

À l'origine des mouvements de résistance et des réseaux se trouvent très souvent des officiers. À l'obéissance, le capitaine Frenay, qui s'était évadé en juin 1940 et avait été affecté au 2e Bureau de l'ÉMA à Vichy, puis en « congé d'armistice », a préféré la Résistance en fondant le mouvement Combat. Le lieutenant de vaisseau d'Estienne d'Orves, rallié à la France libre, organisateur d'un réseau de renseignements sur les ports de l'Ouest en décembre 1940, est arrêté le 22 janvier 1941, condamné à mort le 26 mai par la cour martiale allemande de Paris et fusillé le 29 août. De l'autre côté, l'inaction de beaucoup d'officiers et les parades de l'armée d'armistice entre l'été de 1940 et novembre 1942 inspirent la méfiance et le mépris de nombreux résistants : « L'armée dissoute jouit d'un discrédit jamais égalé, on lui reproche d'avoir perdu la guerre, de s'être installée dans la défaite, d'y avoir pompeusement prôné des vertus qu'elle ne savait pas pratiquer et de s'être laissé prendre au lit à l'aube de ce jour de novembre où la flotte de Toulon, plus

théâtralement sans doute, se sabordait[10] », rendra compte en
1944 un officier de l'Organisation de résistance de l'armée
(ORA).

Sur un total d'environ 11 000 officiers de l'armée de terre
présents en métropole en novembre 1942 (4 200 dans l'armée d'armistice, 2 000 dans les corps civilisés, 4 800 dégagés des cadres), 1 500 sont passés en AFN, 4 000 ont participé à la Résistance intérieure (dont 1 500 dans l'ORA,
1 400 dans les réseaux et 1 000 dans les autres organisations
de résistance, notamment AS et FTP)[11]. Par ailleurs, sur 760
officiers déportés, 360, dont 27 officiers généraux, sont
morts en déportation. À partir de la dissolution de l'armée
d'armistice, l'ORA constitue le principal regroupement de
militaires résistants en métropole. Son premier chef est le
général Frère, qui présida le tribunal condamnant de Gaulle
en 1940 et mourra en déportation. Son successeur, le général Verneau, ancien chef de l'état-major de l'armée d'armistice, connaîtra la même fin tragique. Son dernier chef, le
général Revers, avait été chef d'état-major de Darlan.
L'ORA s'affirme comme « l'avant-garde de l'armée française », l'avant-garde métropolitaine de l'armée d'Afrique.

« La guerre d'armées est devenue guerre des peuples[12] »,
notait Jacques Maritain dès 1939. Or, tandis que Giraud,
pourtant commandant en chef *civil et militaire*, répugne à
mêler politique et affaires militaires, de Gaulle rappelle :
« Pourquoi voulez-vous que le peuple français fasse la
guerre, souffre de la guerre, combatte, autrement que pour
une politique[13] ? » Le giraudisme[14] suscite l'hostilité d'une

---

10. Compte rendu du capitaine Peynaud, avril 1944, cité dans
Colonel Augustin de Dainville, *L'ORA. La Résistance de l'armée*,
Paris-Limoges, Lavauzelle, 1974, p. 117.
11. Selon une évaluation de la Direction des personnels militaires
de l'armée de terre, cité dans Colonel Dainville, *op. cit.*, p. 105-106.
12. Jacques Maritain, *De la justice politique. Notes sur la présente
guerre*, Paris, Plon, 1940, p. 17-18.
13. Conférence de presse tenue à Londres, le 9 février 1943, par le
général de Gaulle.
14. Le « giraudisme » est, selon Henri Michel, « un mouvement

part importante de la Résistance intérieure : « Il ne faut pas qu'il y ait deux armées françaises, l'une se battant au nom du plus pur honneur, l'autre au nom de la pire équivoque » (*Combat*, janvier 1943) ; « Qu'entre l'homme qui, dès 1940, criait "France", et l'homme qui, en 1942, balbutiait "Vichy", il ne peut être question de choisir ; Giraud, c'est l'erreur qu'on excuse, de Gaulle, la foi qu'on salue » (*Le Franc-Tireur*, 15 juillet 1943[15]). Dans la « querelle des généraux », la majeure partie de la Résistance intérieure appuie résolument de Gaulle. En mai 1943, le Conseil national de la Résistance (CNR) appelle à l'unité et au soutien à de Gaulle : « Le peuple de France n'admettra jamais la subordination du général de Gaulle au général Giraud, mais réclame l'installation rapide à Alger d'un gouvernement provisoire sous la présidence du général de Gaulle, le général Giraud devant être chef militaire ; le général de Gaulle demeurera le seul chef de la Résistance française, quelle que soit l'issue des négociations. »

« L'armée des volontaires de l'intérieur », selon de Gaulle et le BCRA, est conçue d'abord comme « un réseau de coups de main », mais cette conception doit céder la place, au cours de l'été de 1942, à la notion d'Armée secrète (AS), concrétisée par la réunion des groupes paramilitaires des mouvements Combat, Franc-Tireur et Libération. Le général Delestraint, nommé par de Gaulle pour prendre la tête de l'AS, considère que celle-ci dépend « exclusivement du commandement militaire » et ne saurait être subordonnée à « aucun commandement politique local[16] ». Frenay s'y oppose et définit

---

d'origine militaire, qui ne trouve d'intérêt qu'aux problèmes militaires et qui ne veut pas "faire de politique" » (H. Michel, « Le giraudisme », *Revue d'histoire de la Deuxième Guerre mondiale,* juillet 1959, p. 25-48).

15. Cf. Dominique Veillon, *« Le Franc-Tireur ». Un journal clandestin. Un mouvement de Résistance, 1940-1944*, Paris, Flammarion, 1977, p. 300-302.

16. Rapport du général Delestraint au général de Gaulle sur l'AS en zone nord, 10 mai 1943, cité dans Henri Noguères, *Histoire de la Résistance en France,* Paris, R. Laffont, 1982, t. III, p. 350.

l'AS comme « une armée révolutionnaire [17] ». De même, les Francs-Tireurs et Partisans (FTP), encadrés par les communistes, se considèrent comme « le noyau de l'armée populaire de Libération [18] ». La question de l'armée étant intégrée à la problématique générale des élites et des institutions qui ont failli en 1940, l'armée future est liée à la logique résistante de la rénovation nationale. Se faisant l'écho des conceptions militaires de la Résistance, le responsable communiste Pierre Villon, représentant du Front national au CNR, impose dans le projet de Charte de la Résistance en novembre 1943 une définition de la future armée française qui demeurera dans le programme du CNR du 15 mars 1944 : « Une armée expérimentée, rompue au combat, dirigée par des cadres éprouvés devant le danger, une armée capable de jouer un rôle lorsque les conditions de l'insurrection nationale seront réalisées, armée qui élargira progressivement ses objectifs, ses effectifs et son armement [19]. »

L'afflux de réfractaires au STO est souvent à l'origine des maquis. Les formations militaires de la Résistance se présentent ainsi à la fois comme des cadres sans troupes et des troupes sans cadres, des soldats sans armes et des armes sans soldats. L'exceptionnelle qualité de certains officiers, tels le lieutenant Tom Morel, héros et martyr des Glières, et le capitaine Romans-Petit, organisateur des maquis de l'Ain, ne pallie pas la pénurie des cadres. C'est notamment en termes d'encadrement et d'armement que se posent les relations entre l'ORA et les autres mouvements de résistance. Durant l'été de 1943, l'ORA fournit quelques cadres aux maquis des autres mouvements, mais les relations se dégradent à la fin de 1943 avec l'échec des négociations entre l'ORA, les FTP et l'AS, lié à la mise à l'écart de Giraud.

Si le projet ORA-FTP n'aboutit pas, les négociations entre

---

17. Lettre de Gervais [Frenay] à Duchêne [Delestraint], 8 avril 1943, *in* Henri Noguères, *op. cit.*, p. 83.

18. *L'Humanité*, 9 et 15 avril 1943.

19. Cité dans Claire Andrieu, *Le Programme commun de la Résistance*, Paris, Éditions de l'Érudit, 1984, p. 147.

l'AS et les FTP s'achèvent par un accord le 29 décembre 1943 préfigurant la formation des FFI en un seul organisme. Selon un rapport d'octobre 1943 de la délégation militaire du CFLN, seraient disponibles 134 000 hommes en zone nord et 115 000 en zone sud dont respectivement 45 000 et 24 000 immédiatement. Une ordonnance du CFLN du 1er février 1944 crée les Forces françaises de l'intérieur (FFI) groupant théoriquement toutes les formations militaires de la Résistance. Deux commandements parallèles se mettent en place : d'une part, un EMFFI à Londres avec envoi de délégué militaire, « autorité unique » de la France combattante et « officier de liaison auprès des chefs régionaux de la Résistance », selon de Gaulle, « ambassadeur et technicien », selon Frenay ; d'autre part, en France occupée, le COMAC auquel de Gaulle n'accorde qu'une mission d'inspection, tandis que celui-là revendique un pouvoir de commandement. De surcroît, Revers, représentant l'ORA, n'est admis au COMAC qu'en tant que conseiller technique, bien qu'il ait été nommé membre à part entière par un décret d'Alger en date du 8 mars 1944. Le 3 juin, une note du SHAEF approuve la nomination de Kœnig au poste de commandant de l'EMFFI. Du débarquement à la Libération, Kœnig rencontre quelques difficultés à ordonner les FFI, en raison de divergences de conception de l'action entre Résistance intérieure et extérieure ainsi qu'entre les divers mouvements[20].

---

20. Cf. notamment Gilbert Grandval et A. J. Collin, *Libération de l'Est de la France*, Paris, Hachette, 1974, p. 178 ; Gilles Lévy et Francis Cordet, *À nous Auvergne !,* Paris, Presses de la Cité, 1981, p. 281 ; Henri Ingrand, *Libération de l'Auvergne*, Paris, Hachette, 1974, p. 92 ; et J. Girard, « Les FFI dans les Alpes-Maritimes », *Revue d'histoire de la Deuxième Guerre mondiale*, n° 85, janvier 1972, p. 73-94.

L'armée de la Libération

« Comme elle est courte l'épée de la France au moment où les Alliés se lancent à l'assaut de l'Europe[21] ! », écrira de Gaulle. Le 6 juin, lors du débarquement de Normandie, seuls les fusiliers marins du commandant Kieffer sont directement engagés tandis que des parachutistes français sous les ordres du commandant Bourgoin sont largués en Bretagne, la marine et l'aviation participant aux opérations de préparation et de soutien.

L'armée française n'est en effet qu'un petit rouage dans le mécanisme allié. Les autorités françaises ne sont pas consultées. Il y a subordination organique, tout comme en Italie celle du CEF à la Ve armée américaine, de l'armée B (dénommée Ire armée, au 25 septembre 1944) à la VIIe armée américaine et de la 2e DB à la IIIe armée américaine.

En Normandie, hormis lors de la visite du général de Gaulle à Courseulles et à Bayeux le 14 juin, il n'y a qu'indifférence et tiédeur dans une population qui vient d'être éprouvée par les combats et les bombardements. Cette population est d'ailleurs surprise dans les premiers temps de rencontrer des officiers français, selon le correspondant de presse Jacques Kayser, qui note, au 7 juillet, après une tournée de Kœnig dans la région : « Je médite sur cette journée. La reprise de contacts de certaines villes françaises avec les autorités militaires, avec un général, me déçoit. Nulle part, je ne constate le miracle de la rencontre ou le miracle du réveil[22]. » Avec la 2e DB débarquée le 1er août et qui, dès le

---

21. Charles de Gaulle, *Mémoires de guerre*, t. II, Paris, Plon, 1956, p. 245.
22. Jacques Kayser, *Un journaliste sur le front de Normandie. Carnets de route, juillet-août 1944*, Paris, Arléa, 1991, p. 60-61 et 85. Cf. aussi Jean Quellien, « Le département du Calvados à la veille du débarquement », François Bédarida (dir.), *Normandie 44*, Paris, Albin Michel, 1987, p. 143-145.

4, participe à la bataille de France, l'enthousiasme croît à mesure qu'elle se rapproche de Paris.

Le 25 août, Paris libéré découvre les armées libératrices : « Les troupes de Leclerc et l'armée américaine stupéfient les ex-militaires professionnels. Plus de garde-à-vous, plus de "marques extérieures de respect", plus de colonel Ronchonot ni d'adjudant Flick : une armée de mécanos où les officiers ne se distinguent de leurs camarades spécialistes que par des insignes imperceptibles [23] », remarque le bien peu militariste directeur du *Crapouillot*.

Le premier geste de De Gaulle au soir du 25 est de s'installer au ministère de la Guerre. Les signatures de Rol-Tanguy et de Leclerc, portées sur l'acte de reddition du général von Choltitz, symbolisent la dualité des autorités militaires françaises à laquelle s'oppose de Gaulle. Il reçoit rue Saint-Dominique les dirigeants de l'insurrection parisienne pour les remercier et les congédier, puis annonce la dissolution des états-majors FFI et l'incorporation des FFI « susceptibles de participer aux opérations ultérieures ». Le même jour, le COMAC émet un ordre du jour appelant les FFI à continuer la lutte « jusqu'à la fin victorieuse aux côtés de nos Alliés » et à se constituer en comités militaires destinés à « organiser des unités, contrôler les cadres, veiller à l'instruction des combattants » et proclame que « les FFI seront le noyau de l'armée nationale nouvelle ». Le COMAC est porté par un vaste mouvement : avec environ 100 000 hommes au moment du débarquement, les effectifs des FFI doublent après la Libération puis atteignent les 400 000 en octobre. Cette explosion s'accompagne de la diversité et de la complexité organisationnelles propres à ces unités improvisées, disparates et de valeur inégale. Malgré cela, les FFI parviennent à « fixer », ralentir, retenir, voire à anéantir des unités allemandes, comme la colonne Elster.

L'amalgame conçu par de Gaulle « tourne le dos à la réor-

---

23. Jean Galtier-Boissière, *Mon journal sous l'Occupation*, Paris, La Jeune Parque, 1944, p. 288.

ganisation de l'armée française sur des bases populaires »,
déclare le dirigeant communiste Jacques Duclos, le 3 septembre, cela avec d'autant plus d'assurance que « dans beaucoup de villes, les officiers français, nommés dans les circonscriptions militaires, […] se sont montrés en dessous de
leur tâche. La plupart d'entre eux se sont bornés à remettre
des uniformes qu'ils avaient abandonnés pendant les années
dures de l'occupation allemande et ont cru que la présence
de leurs galons pouvait ramener un respect qui avait malheureusement disparu[24] ». L'amalgame se fait empirique-
ment, les prévisions étant submergées par l'explosion du
phénomène FFI et dépassées quant à la progression de
l'offensive : Lyon est libéré vingt jours après le débarquement de Provence contre trois mois initialement prévus.
Avec cette levée en masse spontanée, la référence au modèle
de la nation armée issue de la Révolution française est à
l'ordre du jour. Un historien communiste spécialiste de la
Révolution donne alors sa définition de l'amalgame : « En
un système unique furent fondus les restes de l'organisation
militaire ancienne et les ébauches de l'organisation nouvelle,
en portant du côté des volontaires le centre de gravité de
l'armée nationale[25]. » La « politisation », le recrutement
improvisé et les exubérances des FFI suscitent une commune méfiance dans l'armée régulière.

De Lattre est l'officier général le plus à même de mener
l'amalgame des FFI et de l'armée régulière, notamment par
le prestige de son geste de novembre 1942. Son évasion, la
clandestinité et le contact avec les résistants, notamment
Claudius-Petit qui l'accompagna dans son voyage à Londres,

---

24. Rapport de la Mission militaire de liaison administrative,
15 septembre 1944, cité dans Philippe Buton, « Le PCF, l'armée et
le pouvoir à la Libération », *Communisme*, n° 3, 1983, p. 51.
   25. Albert Soboul, *L'Armée nationale sous la Révolution (1789-
1794)*, Paris, Éditions France d'abord, 1945, cité dans Ph. Buton, « Le
PCF et l'armée », Institut Charles-de-Gaulle et Institut d'histoire du
temps présent, *De Gaulle et la Nation face aux problèmes de défense
1945-1946*, Paris, Plon, 1983, p. 156.

l'amènent à prendre la mesure de la Résistance intérieure. Son souci pédagogique s'allie ainsi avec la nécessité de mettre l'armée renaissante « en phase avec la France qu'"enfante la Résistance"[26] ». Après le débarquement de Provence et avoir rencontré les chefs régionaux de la Résistance, il définit l'amalgame dans une interview donnée au *Patriote* de Lyon, le 9 septembre 1944 : « Ce ne peut être une intégration dans l'avenir, mais une synthèse où ils [les FFI] garderont leur particularisme et leur autonomie. »

Dans la Ire armée sont intégrés 114 000 hommes[27] : 57 000 hommes en unités constituées qui se maintiennent en tant que telles jusqu'à leur transformation en unités régulières ; 30 000 par engagements volontaires individuels ; 27 000 sous forme de renforts mis sur pied et acheminés sur ordre de l'administration centrale par les régions militaires. Ces effectifs se répartissent en 94 000 rejoignant le front nord-est et 20 000 le secteur français des Alpes ; à cela s'ajoutent les 4 000 du groupe alpin sud. Plus des trois quarts des FFI amalgamés dans la Ire armée proviennent des régions au sud d'une ligne Pau-Troyes-Strasbourg, zone montagneuse propice aux maquis, située sur le parcours de la Ire armée, ayant accueilli de nombreux réfugiés alsaciens-lorrains ; un dixième vient de la région parisienne. Le FFI est un soldat lié à son terroir : les régions militaires de Marseille et Lyon fournissent l'essentiel des troupes du front des Alpes tandis que l'Ouest fournit celles du front de l'Atlantique[28]. Le moral des FFI peut passer rapidement de l'enthousiasme

---

26. Jean de Lattre de Tassigny, *Histoire de la première Armée française*, Paris, Plon, 1949, p. 33. Cf. aussi son entretien avec M. Winant, ambassadeur des États-Unis à Londres, 10 novembre 1943, dans Maréchal de Lattre, *Ne pas subir. Écrits 1914-1952,* Paris, Plon, 1984, p. 288.

27. De Lattre donne le chiffre de 137 000 dans son *Histoire de la première armée*.

28. Cf. Lieutenant-colonel Roger Michalon, « L'amalgame FFI-première Armée et 2e DB », Comité d'histoire de la Deuxième Guerre mondiale, *La Libération de la France*, Paris, Éditions du CNRS, 1976, p. 593-665.

à la dépression, ainsi le commandant des bataillons de choc
constate-t-il, à la fin de novembre 1944, après la bataille de
Belfort : « Le 2ᵉ bataillon de choc, recruté au lycée Janson-
de-Sailly à partir de lycéens, d'étudiants, d'ouvriers et de
petits commerçants, a l'ardeur des Marie-Louise, mais
engagé à Masevaux et voulant se surpasser, il a de lourdes
pertes[29]. » Les unités mises sur pied dans l'Empire ne sup-
portant pas l'hiver des Vosges et de l'Alsace, l'amalgame va
ainsi s'articuler avec le « blanchiment » et le recomplète-
ment de ces unités.

L'amalgame révèle la vulnérabilité de la Résistance intérieure qui n'était pas consciente des enjeux politico-straté-
giques et du relèvement de l'armée française depuis la campagne de Tunisie. L'échec du projet du parti communiste de
transformer l'armée par l'amalgame l'amène, à la mi-sep-
tembre 1944, à adopter une attitude défensive, « contre
toutes les mesures qui pourraient être prises par les pouvoirs
publics en vue de disloquer les unités FFI[30] ». Les décrets
des 19 et 29 septembre apportant des concessions aux FFI,
le COMAC ordonne, le 16 octobre, de s'y conformer. En
décembre 1944, Maurice Thorez, revenu d'Union soviétique, appelle à la constitution d'une grande armée française,
puissante et moderne[31]. Le tournant est définitivement effectué lors du comité central d'Ivry des 21-23 janvier 1945 au
cours duquel Thorez proclame qu'« il convient d'en finir
avec les formations séparées et parfois antagonistes, d'unifier vraiment de bas en haut, et de haut en bas, l'armée de la
nation en assurant l'unité de commandement ». La base en

29. Général Gambiez, « Les problèmes du moral dans les Bataillons
de Choc de 1943 à 1945 », Fondation pour les études de Défense
nationale, *Étude historique sur le moral des combattants*, Paris, Institut d'histoire militaire comparée, s.d. [1983], p. 47.
30. Déclaration du Bureau politique du PC, *L'Humanité*, 15 septembre 1944.
31. Cf. Jean-Jacques Becker, « La puissance française vue par le
Parti communiste français », René Girault et Robert Frank (dir.), *La
Puissance française en question, 1945-1949*, Paris, Publications de
la Sorbonne, 1988, p. 337-346.

est surprise, mais obtempère pour l'essentiel, non sans quelques réticences[32]. Reste alors l'épopée, pareille à celle des volontaires de l'An II, que décrit notamment avec lyrisme Roger Vailland, correspondant de guerre pour *Libération* et *Action* : « Derrière les premiers tanks, c'est un groupe FFI de Paris, des ouvriers de Billancourt, un "flic" du XVIIIᵉ, un électricien de Montmartre, devenus infanterie d'accompagnement des blindés, montés sur halftracks, qui pénètrent les premiers dans Strasbourg[33]. »

C'est aussi en termes militaires que se traduit la résurrection de la souveraineté française, quand l'offensive allemande des Ardennes lancée le 16 décembre 1944 met en péril le dispositif allié et que les Américains envisagent le repli sur la ligne des Vosges et donc l'abandon de Strasbourg, moins d'un mois après sa libération. De Gaulle s'y oppose et ordonne que la cité rhénane soit défendue. De la rencontre entre Churchill, de Gaulle et Eisenhower sort la décision de tenir Strasbourg menacé sur trois côtés. Le 2 février 1945, Colmar est libéré ainsi que l'ensemble de l'Alsace. La popularité de l'armée demeure forte durant l'hiver de 1944-1945 : la mobilisation de certaines classes est massivement approuvée, malgré des réserves portant sur les insuffisances de l'équipement et de l'armement que l'on souhaite renforcés par des importations « pour en finir avec la guerre » et « avoir une armée forte[34] ». La participation à la campagne d'Allemagne est nécessaire pour peser dans le règlement de la question allemande. Le 31 mars 1945, les forces françaises franchissent le Rhin, s'emparent de Karlsruhe le 4 avril, et un mois plus tard parviennent à Berchtesgaden. Le 2 avril, à Paris, a lieu une cérémonie

---

32. Cf. Grégoire Madjarian, *Conflits, Pouvoirs et Société à la Libération*, Paris, 10-18, 1980, p. 195 *sq.*
33. R. Vailland, *La Bataille d'Alsace. Novembre-décembre 1944*, Paris, Jacques Haumont, 1945, p. 15.
34. Sondages de décembre 1944 à février 1945 analysés dans Claude Lévy, « L'opinion publique, de Gaulle et l'armée », *De Gaulle et la nation, op. cit.*, p. 146.

consacrant la résurrection de l'armée française par la remise des drapeaux aux unités nouvelles ou renaissantes, qui suscite une certaine émotion[35]. Toutefois, tout en demeurant favorable aux combattants, l'on commence à manifester son impatience contre les effectifs trop nombreux des services « où l'on ne fait pas grand-chose[36] ».

Le 8 mai 1945, la présence du général de Lattre de Tassigny à la cérémonie de la capitulation allemande tend à montrer que la France a retrouvé son « rang ». Mais la victoire est fêtée diversement : « Les manifestations d'enthousiasme dont le "jour V" a été l'occasion dans la population civile auraient déçu une grande partie des militaires, surtout ceux qui ont connu le délire de 1918. La joie des Français leur semblerait plus artificielle et plus tempérée qu'alors[37] », note le contrôle postal qui signale que « la victoire en apportant aux combattants la fin de leurs peines semble n'avoir soulevé en eux qu'un enthousiasme modéré et réveillé les rancœurs qu'ils nourrissaient vis-à-vis des gens de l'arrière, de "ceux qui ne l'ont pas faite et sont certains de ne pas la faire"[38] ».

Au lendemain de la victoire, 80 % des interrogés considèrent la France comme une grande puissance[39]. Mais la puissance militaire française est limitée en effectifs : le 8 mai, on compte sur le continent européen 1 300 000 soldats français, 5 millions d'Anglo-Saxons et 22 millions dans l'Armée rouge. À l'infériorité numérique s'ajoutent la subordination opérationnelle et la dépendance matérielle. Ce dernier aspect

---

35. AN F7 14936, synthèse des contrôles techniques pour la seconde quinzaine d'avril 1945.

36. AN F1A 4021, rapport du commissaire de la République de Bourgogne-Franche-Comté première quinzaine d'avril 1945 ; AN F1CIII 1221, rapport du préfet du Cantal 15 avril-15 mai 1945, cités dans Cl. Lévy, *op. cit.*, p. 147.

37. AN F7 14936, synthèse pour la seconde quinzaine de mai 1945.

38. *Ibid.*, synthèse pour la première quinzaine de juin 1945.

39. Enquête IFOP, 18-30 mai 1945 (*Bulletin d'information de l'IFOP*, 1er juillet 1945). Cf. aussi R. Girault et R. Frank (dir.), *La Puissance française…, op. cit.*

se manifeste lorsque Truman, opposé aux tentatives françaises sur la frontière italienne et la zone d'occupation en Allemagne, menace d'arrêter toute fourniture le 7 juin. Deux jours plus tard, les forces françaises commencent à se retirer des zones contestées : « La France reçoit du dehors les armes de ses soldats et les matières premières de ses usines. Tant qu'elle dépendra pour son existence même de la bienveillance des autres, elle n'aura pas le plus indispensable attribut d'une grande puissance[40] », constate Raymond Aron.

La démobilisation et l'isolement

« Hier, il n'y avait pas de devoir national qui l'emportât sur celui de combattre. Aujourd'hui, il n'y en a pas qui l'emporte sur celui de produire », déclare, le 24 mai 1945, de Gaulle. Le temps des armes est donc clos, c'est désormais « la bataille de la production » qu'il s'agit de remporter. L'armée n'est plus prioritaire.

« Aussi beau qu'un triomphateur antique, à la tête de ses fameux blindés[41] », Leclerc descend les Champs-Élysées lors du défilé du 18 juin 1945 et, quant à la revue du 14 juillet, elle fut « comme l'apothéose et aussi, pourrait-on dire, le "chant du cygne" de la Ire armée qui allait être, dès les jours suivants, dissoute[42] », rapporte *L'Armée française au combat*, la publication illustrée du ministère de la Guerre. Mais ce ne sont là que manifestations illusoires de puissance, comme l'écrit Raymond Aron : « De la Bastille à l'Étoile, les défilés militaires font accourir des foules enthousiastes qui échappent pour quelques heures aux misères du présent et s'abandonnent à l'illusion des jours de gloire. Mais le train de l'existence quo-

---

40. Raymond Aron, *L'Âge des empires et l'Avenir de la France*, Paris, Défense de la France, 1945, p. 346 (rééd. *Chroniques de guerre*, Paris, Gallimard, 1990, p. 969).

41. Edmond Delage, « Le défilé du 18 juin », *L'Armée française au combat*, n° 4, août 1945, p.29-31.

42. E. Delage, « La revue du 14 juillet », *ibid.*, p. 34.

tidienne est tout autre[43]. » Dans le second semestre de 1945, le mécontentement à l'encontre de l'armée trouve des motifs tant parmi la population que parmi la troupe.

Après la fin du conflit, la population n'accepte plus les sacrifices qui lui étaient imposés auparavant : ainsi l'on ne supporte plus la situation alimentaire privilégiée faite aux militaires, la multitude de véhicules et d'immeubles réquisitionnés : « Personne ne veut admettre que, parce que l'on porte un uniforme, on ait droit à un traitement de faveur qui ne corresponde à aucun travail ou à aucune fatigue supplémentaire[44] », rapporte un commissaire de la République. Par ailleurs, les quelque 15 000 femmes volontaires dans l'armée française deviennent l'objet de médisances, bien que, par deux articles sur « Les femmes dans la guerre » publiés dans *L'Armée française au combat*[45], le ministère tente de répondre : c'est là aussi le signe de la fin du temps de guerre.

L'armée est affectée par une soudaine perte de raison d'être. Les meilleures troupes, telles celles de la Ire armée, n'ont plus que le désir de se voir démobiliser et de rejoindre leur foyer[46]. Cela est aussi lié à l'épuisement physique et psychologique de combattants qui estiment « avoir suffisamment lutté depuis la Tunisie[47] » : un rapport confidentiel de l'EMDN de la fin de décembre 1944 signale que, dans certains bataillons d'infanterie de l'armée d'Afrique qui ont été déjà engagés en Italie, 100 % des officiers ont été tués ou mutilés depuis décembre 1943[48]. Les doléances de la troupe vont se multipliant contre l'ordinaire de mauvaise qualité et

43. R. Aron, « Les désillusions de la liberté », *Temps modernes*, n°1, octobre 1945, p. 76.

44. AN F1A 4020, rapport du commissaire de la République de Châlons-sur-Marne, 15 juin 1945, cité dans Cl. Lévy, *L'Opinion publique…, op. cit.*, p. 152.

45. « Les femmes dans la guerre », *L'Armée française au combat*, n°3, août 1945, p. 55-57, et n°4, novembre 1945, p. 53-58.

46. AN F7 14936, synthèses pour la seconde quinzaine de juin et la première quinzaine de juillet 1945.

47. *Ibid.*, synthèse pour la première quinzaine de juillet 1945.

48. Cité dans lieutenant-colonel Michalon, *L'Amalgame…, op. cit.*, p. 597.

de quantité insuffisante, de même pour les vêtements et les chaussures, contre la pauvreté de la solde et la rareté des permissions ainsi que contre la lenteur des opérations de démobilisation et de rapatriement. Les plaintes montent à partir du mois d'août 1945. En effet, la solde des hommes de troupe est abaissée de 34 à 6 francs par jour à compter du 1er août. C'est aussi à partir de cette date que l'on commence à observer des manifestations de désobéissance collective [49]. Dans le même temps, les Américains cessent leurs approvisionnements ; le matériel, l'essence, les vivres, les fournitures, l'habillement viennent à manquer. La fin de l'aide américaine entraîne aussi la suppression des départs d'aviateurs pour les États-Unis : « Adieu les écoles intéressantes et l'instruction d'après les méthodes modernes [50] », écrit un élève pilote.

Parmi les cadres et les engagés, règne la déception. La faiblesse des traitements et le peu d'avancement en perspective amènent de « nombreuses demandes de mise à la retraite formulées par des gradés ainsi que le refus des engagés de renouveler leur contrat [51] ». Au sortir de la guerre, le corps des officiers est hétérogène, le dernier concours remontant à mai 1939 : officiers issus des grandes écoles reconstituées à Aix (Saint-Cyr), Lyon (Polytechnique et Santé militaire), Montpellier (Santé navale) ; cadets de la France libre ; aspirants d'active et de réserve formés à Cherchell ; élèves officiers de Tong en Indochine ; stagiaires des écoles de cadres de De Lattre ; officiers FFI. Ce dernier apport est limité, en termes d'effectifs : alors qu'en mars 1945 on comptait 13 000 officiers d'origine FFI sur 27 000, environ 5 000 officiers venant des FFI sont intégrés dans le cadre de l'armée active [52].

Dans le même temps s'opère le dégagement d'une partie des

---

49. ANF7 14936, synthèses pour la première quinzaine d'août et la seconde quinzaine de septembre 1945.

50. *Ibid.*, synthèses pour la première quinzaine de septembre et la seconde quinzaine d'octobre 1945.

51. *Ibid.*, synthèses pour les premières quinzaines d'août et de septembre 1945.

52. Ils ne seront plus que 1 815 officiers « intégrés » sur 29 276 en 1947 (*La Nouvelle Critique*, janvier 1961).

cadres suivant un double objectif. Tout d'abord, l'épuration :
s'impose alors le principe que l'impératif militaire d'obéissance ne saurait justifier tout acte. La circulaire n°1010 du
commissaire à la Guerre du 27 août 1944 place ainsi en position de disponibilité les officiers « ne servant régulièrement ni
dans les unités constituées en Corse ou sur le sol de l'Empire,
ni dans les FFI », et les oblige à passer devant un jury d'honneur. Le 22 septembre 1944 sont instaurées les commissions
d'épuration et de réintégration des personnels militaires.
Contre une épuration trop sévère, de Gaulle déclare devant
l'Assemblée consultative, le 16 juin 1945 : « Je me permets de
vous rappeler qu'à Bir Hakeim, la moitié des soldats que nous
y avons emmenés étaient ceux qui, quelques mois auparavant, tiraient sur nous devant Damas. Et j'ajoute qu'en Italie,
et même en Alsace, une grande partie de l'armée qui s'était
couverte de gloire pour le compte du pays venait de cette
Afrique du Nord où il est vrai que, par suite de consignes
absurdes et criminelles, elle s'était trouvée en effet opposée au
pays lui-même et à ses Alliés. Je rappelle enfin que, par
exemple, le *Richelieu*, ce cuirassé magnifique qui porte
aujourd'hui en Extrême-Orient le pavillon de la France, est le
même bâtiment qui tirait naguère, près de Dakar, sur des gens
que vous connaissez bien. Voilà la victoire de la Résistance,
qui n'a de valeur et qui n'a d'avenir qu'à condition qu'elle rassemble la France. » Cela n'empêche pas pour autant
l'Assemblée, quatre jours plus tard, de demander au gouvernement d'intensifier l'épuration dans l'armée. Les avis de la
commission d'épuration de l'armée de terre frappent pro-
portionnellement plus les officiers généraux : sur 181 cas exa-
minés, seuls 39 n'ont pas été sanctionnés[53]. Ensuite, les
contraintes budgétaires dus au retour au temps de paix dictent

---

53. Cf. chef de bataillon Vernet, *Le Réarmement, op. cit.*, p. 121
sq. ; étude faite en 1957 par un groupe d'élèves de l'École de guerre,
citée dans Jean Planchais, *Une histoire politique de l'armée 1940-
1967,* Paris, Le Seuil, 1967, p. 105 ; Peter Novick, *L'Épuration française 1944-1949,* trad. franç., Paris, Balland, 1985, p. 155-156, et
Paul-Marie de La Gorce, *La République et son armée*, Paris, Fayard,
1963, p. 431-433 et 438-440.

les termes de l'ordonnance du 2 décembre 1945 offrant aux officiers de carrière de quitter volontairement l'armée en échange de divers avantages matériels. Ses effets étant très insuffisants, la loi du 5 avril 1946 décrète le dégagement massif d'officiers de carrière. Entre 1945 et 1948, 658 officiers sont épurés, 12 679 dégagés des cadres et 604 ont démissionné[54].

Le premier militaire à passer en Haute Cour, l'amiral Estéva, qui avait laissé la Tunisie aux forces de l'Axe en novembre 1942, est condamné à la détention à perpétuité le 15 mars 1945. Le suivant, le général Dentz, qui s'était opposé aux Anglo-gaullistes au Levant, est condamné à mort le 20 avril; sa peine sera commuée. Mais les accusations portées contre Pétain sont aussi des attaques contre un maréchal de France et comprises parfois comme étant contre toute l'armée; ainsi sont publiés, en 1944 et 1945, une dizaine d'ouvrages dont les titres ne ménagent guère les militaires : *Tradition de la trahison chez les maréchaux*, *Le Maréchal Défaite*, etc. Aussi, en mai 1945, le retour de Pétain en France est-il perçu, par les militaires, comme le retour des divisions franco-françaises[55]. Ouvert le 23 juillet, le procès Pétain retient particulièrement l'attention des militaires qui se divisent en proportions sensiblement différentes de l'ensemble de l'opinion publique si l'on suit les appréciations portées dans la synthèse du contrôle postal de la première quinzaine d'août 1945 : « Si certains estiment que "son ignoble trahison, qui fut payée par le sang et la vie de centaines de milliers de Français" doit faire l'objet d'une sévère condamnation, beaucoup jugent ce procès "très pénible" d'autant qu'ils ont "l'impression que tous les journaux et même les juges partent avec l'idée préconçue que le Maréchal est coupable, qu'il faut qu'il soit coupable". D'autre part, nombreux sont ceux qui s'indignent de voir que "des salopards comme Blum, Daladier, Reynaud" se

---

54. *Journal officiel*, débats de l'Assemblée nationale du 19 mai 1948, p. 2704-2705.
55. AN F7 14936, synthèses pour les première et seconde quinzaines de mai 1945.

servent de Pétain pour masquer leurs propres responsabilités, "eux qui furent incapables de rien faire". »

L'arrière, la situation politique, sont perçus négativement. Le souci de l'ordre intérieur prime parmi les militaires[56]. Partis et hommes politiques sont objets d'opprobre[57]. L'octroi aux militaires de l'électorat et de l'éligibilité par l'ordonnance du 17 août 1945 est accueilli sans enthousiasme particulier : du citoyen à part qu'il était depuis la fin du XIXe siècle, le militaire passe au rang de citoyen ordinaire. Selon le contrôle postal, c'est le désintérêt qui règne pour les élections générales d'octobre 1945[58] tandis que, dans un sondage réalisé au début de novembre 1944, 72 % des Français interrogés (contre 21 %) s'étaient prononcés pour donner le droit de vote aux soldats[59]. Quant à la question budgétaire, elle oppose fondamentalement l'armée à l'opinion. Les militaires craignent de revoir « au milieu de l'indifférence générale des années d'économies sordides semblables à celles de la période 1919-1929[60] » alors que 67 % de l'opinion est pour une réduction massive des dépenses militaires dans le budget de 1946[61]. Et de Gaulle de démissionner sur cette question, en janvier 1946[62].

Par ailleurs, avec l'explosion, le 6 août 1945, de la bombe atomique sur Hiroshima, s'ouvre une nouvelle époque pour la réflexion stratégique. Outil de guerre ou de paix, l'atome partage l'opinion publique française, son plus fort courant (37 %) estimant qu'il s'agit d'une arme à double tranchant[63]. Cette ambivalence est relevée par de Gaulle, le

---

56. *Ibid.*, synthèse pour la première quinzaine de juin 1945.
57. *Ibid.*, synthèse pour la seconde quinzaine de juin 1945.
58. *Ibid.*, synthèse pour la première quinzaine d'octobre 1945.
59. Enquête IFOP, Paris 1er-10 novembre 1944 (*BIIFOP*, n°5, 1er décembre 1944).
60. AN F7 14936, synthèse pour la première quinzaine d'octobre 1945.
61. Enquête IFOP, 7-15 janvier 1946 (*Sondages*, 1er février 1946).
62. Cf. Jean-Pierre Rioux, « Les forces politiques et l'armée », et Robert Frank, « Contraintes budgétaires et choix politiques, mai 1945-avril 1946 », *De Gaulle et la nation, op. cit.*, p. 83-91 et 173-185.
63. 25 % pensent que la bombe atomique sert la cause de la paix,

12 octobre, lors d'une conférence de presse : « Cette bombe a abrégé la guerre. Pour le moment, c'est une justice à lui rendre. Nous avons à faire en sorte qu'elle ne devienne pas un cataclysme mondial. » Le 18, il signe l'ordonnance créant le commissariat à l'Énergie atomique, qui doit poursuivre « les recherches scientifiques et techniques en vue de l'utilisation de l'énergie atomique dans les divers domaines de la science, de l'industrie, de la défense nationale ». Toutefois, le ministère de la Guerre, dans sa presse, considère que « les armes nouvelles, la bombe atomique qui trouvera inévitablement sa parade et sa riposte, modifient les conceptions de la stratégie mais n'en suppriment pas les données essentielles » et qu'« une poignée de savants, d'ingénieurs, de chimistes ne suffisent pas à faire une armée[64] ». À ce sujet, la moitié des Français pensent que, s'il y a un nouveau conflit, la bombe atomique sera utilisée et 56 % recommandent sa fabrication[65].

L'armée se replie sur elle-même. Elle approuve le principe de l'armée de métier préconisé par le gouvernement[66] quand l'opinion y est indifférente ou hostile. Confronté à un quotidien misérable et ingrat, le regard des militaires se tourne alors vers l'outre-mer. Les plus motivés s'engagent dans le corps expéditionnaire pour l'Extrême-Orient[67]. Isolement et éloignement sont constatés par Edmond Michelet, nouveau ministre des Armées, dans sa directive n°1 du 4 décembre 1945 : « L'armée traverse une crise sans précédent qui mine sa force matérielle, affecte le moral de ses meilleurs éléments et détache d'elle l'opinion publique[68]. »

---

et 23 %, celle de la guerre, selon l'enquête IFOP, 10-15 septembre 1945 (*Sondages,* 1er octobre 1945).
64. Pierre Thibault, « L'armée, élément essentiel de la renaissance française », *L'Armée française au combat,* n° 4, novembre 1945, p. 2.
65. Enquête IFOP, 10 décembre 1945-8 janvier 1946 (*Sondages,* 16 janvier 1946).
66. AN F7 14936, synthèse pour la première quinzaine d'octobre 1945.
67. *Ibid.,* synthèse pour la seconde quinzaine de juillet 1945.
68. Cité dans Chef de bataillon Vernet, *Le Réarmement, op. cit,* p. 133.

Des résistances à la Résistance

Jean-Pierre Azéma

Comme dans tous les pays de l'Europe occupée, des femmes et des hommes ont choisi, par patriotisme et/ou pour des motifs idéologiques (la défense de la République ou la croisade antifasciste) d'agir contre l'occupant allemand et nazi. Chacune de ces luttes de libération nationale, qui découvrirent souvent les modalités des guerres subversives, eut une relative spécificité. L'une des originalités de la Résistance française, plurielle et multiforme comme les autres, tient au fait que deux, voire trois France résistantes (en y incluant le giraudisme algérois) ont pu trouver le chemin de l'unification. Avec des à-coups, des heurts qui laissèrent des cicatrices, elle sut, en muselant les forces centrifuges, éviter que ne se développent les ferments d'une guerre civile.

La mémoire collective a volontiers retenu le nom de l'organisme clandestin qui réalisa cette union : le CNR, dont on célébra le programme ; puis la figure d'un homme : Jean Moulin, dont la panthéonisation, le 19 décembre 1964, a scellé le destin commémoratif. On fera pourtant attention à ne pas se laisser enfermer dans l'approche gallocentrique : la France libre comme la Résistance intérieure sont tributaires des contraintes extérieures ; aux yeux des grands alliés, de Gaulle était un interlocuteur parmi bien d'autres, et la Résistance hexagonale, un modeste pion sur le grand échiquier de la guerre. Reste que le CNR a joué, ne serait-ce qu'au plan symbolique, un rôle non négligeable, et c'est avec raison que Malraux, dans l'éloge funèbre de Moulin, affirme : « Ce n'est pas lui qui a fait les régiments, mais c'est lui qui a fait l'armée. » C'est pourquoi, après une étude des premiers temps, ceux où chacun agissait dans son coin, le chapitre sera articulé autour de la « Mission Rex ». Après avoir pris en compte le temps de l'après-Moulin, nous terminerons sur l'analyse des enjeux de mémoire spécifiques à la « Mission Rex ».

Soulignons encore au préalable que ce sont à peine quelques dizaines de responsables des services de la France libre et des mouvements de résistance proprement dits qui allaient discuter, négocier, voire s'affronter : les soutiers de la gloire, le gros des bataillons des Français libres et du peuple résistant n'ont pas eu connaissance de ces débats, bien loin d'en soupçonnner les enjeux. Reste que les problèmes posés et les solutions apportées commandaient dans une large mesure les destinées politiques de la France libérée.

Enfin, précisons que si l'histoire complexe de cette unification peut maintenant s'écrire en se gardant de l'hagiographie, de l'anachronisme et du schématisme, c'est que les témoignages fournis par de grands acteurs (on privilégiera les Mémoires du colonel Passy, d'Henri Frenay et surtout de Claude Bourdet[1]) sont dorénavant recoupés par des travaux sur archives, et en tout premier lieu ceux – exemplaires – réalisés par Daniel Cordier[2].

---

1. Consulter Passy, *Missions secrètes en France,* Plon, 1951 ; Henri Frenay, *La nuit finira,* Laffont, 1973 ; et surtout Claude Bourdet, *L'Aventure incertaine,* Stock, 1975.

2. Consulter notamment Jean Moulin, *La République des catacombes,* Gallimard, 1999. Se référer également à Guillaume Piketty, *Pierre Brossolette un héros de la Résistance,* Odile Jacob, 1997 ; Laurent Douzou, *La désobéissance. Histoire du mouvement Libération-Sud,* Odile Jacob, 1995 ; Olivier Wieviorka, *Une certaine idée de la Résistance. Défense de la France 1940-1949,* Le Seuil, 1995 ; Alya Aglan, *La Résistance sacrifiée, Le Mouvement « Libération-Nord »,* Flammarion, 1999 ; *La Résistance et les Français : villes centres et logiques de décision,* IHTP, 1996. Pour une réflexion globale, se reporter à François Bédarida, « L'histoire de la Résistance. Lectures d'hier, chantiers de demain », *Vingtième Siècle,* juillet 1986.

Le temps du chacun dans son coin

Comme un peu partout dans l'Europe occupée, les débuts sont très modestes. Quand tout semblait perdu, s'engager relevait de l'acte de foi, d'un pari où il n'y avait rien à gagner. Jusque dans l'hiver 1941-1942, c'est le temps du bricolage héroïque et dispersé.

Les difficultés d'être résistant

Sans doute, dès les premiers jours, il y eut des hommes et des femmes pour dire non à l'occupation. C'est ce que fait François de Menthon, dans le premier numéro du journal clandestin *Liberté*, daté du 25 novembre 1940 : « Nous refusons de nous avouer vaincus. Nous refusons plus encore d'aider l'Allemagne à nous vaincre indéfiniment. Nous pouvons contribuer à la défaite allemande et il n'est pas pour les Français de devoir plus impérieux. » Il y eut donc des gens qui, dans la résignation ambiante, manifestèrent leur non-conformisme, convaincus qu'il faudrait, d'une manière ou d'une autre, combattre l'occupant, voire un gouvernement qui prônait la collaboration.

Dès l'automne 1940, dans les deux zones, on s'efforce de « faire quelque chose ». Et soulignons que cet engagement actif n'a ni modèle, ni directives, ni mentor. Ce qui n'empêche pas le mouvement du Réseau du Musée de l'Homme, mis en place par Boris Vildé, Anatole Lewitsky ou Léon-Maurice Nordmann, de sortir un journal, d'organiser des filières d'évasion et de se préparer à la lutte.

Mais ces premiers combattants de l'ombre étaient quelques poignées (moins d'une centaine de milliers à la fin de l'année 1941), au point que certains d'entre eux se dépeindront comme des sortes de marginaux. Les raisons de cet isolement sont relativement claires. Le traumatisme de la déroute qui, en brouillant les repères politiques et sociaux, jetait le plus grand nombre dans les bras du vainqueur de Verdun, incitait aussi une partie de ceux qui refusaient ce climat à rentrer chez eux : cette tentation du repliement sur soi gênera lourdement la Résistance à ses débuts. Ajoutons que la conjoncture n'incitait guère à s'engager inconsidérément : sans doute, l'Allemagne n'était-elle pas parvenue à gagner la bataille d'Angleterre, mais la puissance de la Wehrmacht semblait, par ces temps de Blitzkrieg, intacte. Enfin nombre de militants communistes étaient empêtrés dans les avatars de la ligne de la « guerre impérialiste ».

Jusqu'en 1941, on se cherche, en utilisant les relations socioprofessionnelles, voire les affinités politiques (c'est patent pour les militants socialistes blumistes ou les démocrates-chrétiens). On tâtonne et on improvise, car personne n'a été préparé ni à la subversion ni, *a fortiori,* à la clandestinité.

La Résistance est dès le départ plurielle, multiforme ; ce qui pourra présenter des avantages a, pour l'heure, les inconvénients de l'émiettement. Cette dispersion, qui répond aussi à des impératifs de sécurité, est encore aggravée par l'existence de la ligne de démarcation. Le Front national mis à part (et encore son développement fut-il tardif et restreint en zone sud) – aucun mouvement ne put durablement se développer dans les deux zones.

En outre, la diversité des motivations poussant les uns et les autres à entrer en Résistance n'incitait pas à chercher des contacts. Car on peut distinguer, en gros, au moins trois familles d'esprit : les antifascistes, les nationalistes et les jacobins. Les premiers réagissent selon leur tradition : social-démocrate ou marxiste-léniniste ; en plus petit nombre, des chrétiens, catholiques et protestants, combattent le nazisme au nom de leurs convictions religieuses. Ensuite, le nationalisme, pris au sens large du terme, pousse aussi à lutter contre l'envahisseur, mais nombre de nationalistes (certains reprenant vontiers à leur compte les thèmes majeurs de la Révolution nationale) répugnent à toute entreprise qui toucherait de près ou de loin à la « politique ». Enfin, ceux qu'on nommera, faute d'un meilleur terme, les « jacobins » estimaient, eux, que le combat contre l'ennemi devait préparer dès la clandestinité l'émergence d'une république pure et dure, exempte de compromission avec les notables. Cette diversité explique partiellement que certains aient été amenés à s'intégrer plus facilement dans un réseau que dans un mouvement ou à préférer un mouvement pratiquant (comme souvent en zone nord) presque exclusivement des objectifs militaires (le renseignement, les filières d'évasion, l'action) alors que d'autres – et ils seront plus nombreux en zone sud – estimaient logique de s'investir dans la Résistance « civile », en privilégiant dans un premier temps les tâches de contre-propagande et le développement d'une presse clandestine.

La France libre : écoutée mais vulnérable

On peut se demander comment des Françaises et des Français ont pu prêter attention à ce général de Gaulle jusqu'au-boutiste et peu connu au-delà de quelques cercles. Sans doute son projet nationaliste était-il clairement formulé, parfaitement cohérent, présentant la France comme n'ayant pas désarmé, et refusant de constituer une légion étrangère manipulée par Churchill. Mais ce militaire qui se voulait la France, la seule France légitime (affirmation violemment contestée par des exilés tant à Londres qu'aux États-Unis), n'aurait eu qu'une audience d'estime dans l'Hexagone s'il n'avait disposé de ces précieuses cinq minutes quotidiennes accordées par la BBC.

Les rapports des préfets en avertissent le gouvernement dès l'automne 1940 : il existe bien un capital de sympathie « gaulliste » chez celles et ceux qui, le plus souvent après Montoire, ont pris leurs distances à l'égard du régime. Claude Bourdet le rappelle : « Gaullistes nous l'étions déjà, et pratiquement aucun républicain à l'époque ne songeait à être autre chose que gaulliste[3]. »

Reste ce qu'ignoraient à l'époque tous ceux qui écoutaient Radio-Londres : de Gaulle était bien démuni ; le recrutement des Français libres avait été tari par Mers el-Kébir suivi de

---

3. Claude Bourdet, *op. cit.*, p. 127.

l'échec devant Dakar ; les moyens financiers, matériels et autres, dépendaient du bon vouloir des Anglais, qui entendaient les contrôler au moins indirectement, au point par exemple d'imposer que les courriers venant de France fussent automatiquement remis en double aux services secrets britanniques.

Des convergences laborieuses

Les chemins empruntés par les mouvements de résistance et par la France libre gaullienne allaient rarement se rencontrer. La Résistance hexagonale était elle aussi démunie de tout, d'argent pour ne rien dire des armes inexistantes, comme d'accès auprès des puissances luttant contre le Reich. Rien n'aidait ces non-conformistes plus ou moins subversifs à devenir des rebelles opérationnels. Le 5 septembre 1941, deux mouvements de résistance de zone sud, le MLN et Liberté, avaient bien fusionné ; mais Emmanuel d'Astier de La Vigerie, dont le mouvement Libération avait surtout recruté dans les milieux de la gauche non communiste et syndicale, avait refusé de les rejoindre dans ce qui allait devenir Combat, pour des raisons qui se voulaient idéologiques : on reprochait à certains responsables de Combat de trop tergiverser avec Vichy, soupçons renforcés par l'entrevue de Frenay avec Pucheu cherchant à obtenir la libération de camarades emprisonnés ; Libération-Sud craignait surtout d'être phagocyté.

Au total, non seulement ces mouvements n'avaient pas la moindre audience à l'étranger, mais leur dispersion les rendait encore moins crédibles auprès de pragmatiques qui avaient déjà tendance à les considérer comme des bandes certes plutôt sympathiques, mais n'ayant pas les pieds sur terre.

Sans doute Passy avait-il su très rapidement organiser ce qui deviendra le BCRA pour envoyer en France des agents chargés de mettre en place des réseaux capables de fournir des renseignements fort utiles en eux-mêmes et de surcroît monnayables auprès des Anglais ; mais, pendant de longs mois, aucune mission plus proprement politique n'avait été entreprise, si l'on excepte celle de Pierre Forman, qui avait eu quelques contacts sans lendemain avec le mouvement Liberté, et celle d'Yvon Morandat, parachuté à l'aveuglette le 7 novembre 1941, en éclaireur. Quant aux responsables des mouvements, ils n'avaient pu établir aucun contact suivi avec Londres.

Il est vrai qu'il fallait bien surmonter des difficultés techniques. Rappelons que le premier atterrissage d'un petit Lysander, emmenant en tout et pour tout trois hommes et du courrier, date de septembre 1941. Mais la technique est peut-être moins importante que la relative méconnaissance de ce qui se faisait de l'autre côté de la Manche ; lors de son premier séjour londonien dans l'automne 1941, Jean Moulin apprendra beaucoup à de Gaulle, hésitant sur ce qu'il convenait de faire en France. Ajoutons que quelques dirigeants des mouvements éprouvaient de la défiance envers le chef de la France libre, somme toute un militaire, au passé disait-on maurrassien, et qui allait attendre le 15 novembre 1941, à l'Albert Hall, pour faire une profession démocratique dénuée de toute ambiguïté.

La Mission Rex et la fondation du CNR

Rex est l'un des pseudonymes de Jean Moulin ; celui-ci est parachuté en Provence, dans la nuit du 1er au 2 janvier 1942, avec le titre de « représentant personnel du général de Gaulle et délégué du Comité national ». Moulin n'est pas le seul missionnaire envoyé en France par le commissariat à l'Intérieur de la France libre ou par le BCRA : Philippe Roques eut à sonder des personnalités politiques de la IIIe République ; Yvon Morandat devait contacter les milieux syndicaux de zone sud ; André Manuel mena l'importante mission Pallas du 27 novembre 1942 au 27 janvier 1943 ; puis il y eut la célèbre mission Brumaire-Arquebuse (Brossolette et Passy) ; Claude Bouchinet-Serreulles et après lui Jacques Bingen, à nouveau Brossolette et quelques autres firent, à leur manière, un travail remarquable. Mais – tout en évitant de tomber dans l'hagiographie – c'est bien Moulin qui, en dix-huit mois, de janvier 1942 à juin 1943, avec des moyens dérisoires, notamment en personnel, fit le plus pour l'unification des résistances. Qu'on en juge : il aida patiemment à la fusion des trois principaux mouvements de zone sud ; il jeta les bases d'une armée secrète pour partie unifiée en zone sud, avant de parvenir à fédérer mouvements, centrales syndicales et partis politiques dans un Conseil de la Résistance. Cette unification s'est faite – soulignons-le bien – au bénéfice de Charles de Gaulle, et nous allons voir comment la Résistance intérieure se lia organiquement au chef de la France libre, lui offrant, à un moment décisif, une légitimité démocratique tant à l'égard des Anglo-Saxons qu'à l'endroit de Giraud.

La marche à l'unification

Précisons quelques repères chronologiques.

Quand Moulin est parachuté en zone sud (sa mission n'est élargie à la zone nord qu'en février 1943, après son deuxième voyage à Londres), il a reçu de Charles de Gaulle en personne la double directive d'établir son contrôle sur les forces militaires de la Résistance et de réaliser l'unité d'action de tous ceux qui s'opposent à l'occupant et à ses auxiliaires.

Il obtient rapidement que, en l'écrivant dans leurs journaux, Libération-Sud, le premier le 20 janvier 1942, puis Franc-Tireur et enfin Combat reconnaissent en de Gaulle le symbole et le chef militaire de la France combattante. Après quoi, il joue patiemment les arbitres entre les responsables des trois mouvements pour que se réalise leur fusion. Elle est facilitée par le voyage que finissent par accomplir ensemble à Londres, entre la fin septembre et la fin novembre 1942, Henri Frenay et Emmanuel d'Astier de La Vigerie ; ils donnent le 2 octobre leur accord à la création d'un comité de coordination, rattaché organiquement à la France libre, et dont la présidence doit revenir à Moulin ; ils reconnaissent « l'autorité du général de Gaulle comme chef politique et militaire », recevant en contrepartie le rattachement à leur mouvement des autres formations résistantes de zone sud et la promesse d'une concertation régulière avec Londres. Cela dit, de la coordination à la fusion souhaitée et déjà le plus souvent pratiquée localement par les militants, le pas n'était pas encore franchi : subsistaient des différends, à la fois idéologiques et suscités par l'esprit de clan, surtout entre les têtes de Libération-Sud et de Combat, dont d'aucuns redoutaient – avec quelques raisons – l'impérialisme.

L'action de Jean Moulin mena finalement à l'émergence, le 26 janvier 1943, des Mouvements unis de Résistance (les MUR). C'est pour notre propos un accord important, qui n'avait pu être acquis que moyennant un certain nombre de compromis : chacun des mouvements continuait d'éditer sa propre presse et, surtout, Frenay avait dû accepter de ne pas diriger la nouvelle Armée secrète. Mais on pouvait considérer que la Résistance de zone sud était dorénavant dirigée par un comité directeur, dont Moulin gardait de fait la présidence, assisté de trois « commissaires » : Henri Frenay aux « affaires militaires », Emmanuel d'Astier de La Vigerie aux « affaires politiques », Jean-Pierre Lévy « aux renseignements et à l'administration ». Dans les six régions de zone sud, l'unification se réalisait également, tandis que les services paramilitaires et civils des uns et des autres – la presse mise à part – fusionnaient aussi [4].

Un point mérite tout particulièrement d'être souligné : la fusion des forces paramilitaires des trois mouvements en une « Armée secrète » (AS) dont le commandement était confié – sur recommandation de Claude Bourdet – et avec l'accord de Charles de Gaulle – à Charles Delestraint, un général en retraite, spécialiste des chars, patriote irréprochable qui n'avait eu aucune accointance avec Vichy.

Moulin s'était beaucoup dépensé, mettant à profit les bons offices du conciliant Jean-Pierre Lévy, chef de Franc-Tireur, pour réaliser les objectifs de sa mission : la création de l'AS

---

4. Consulter John F. Sweets, *The Politics of Resistance in France 1940-1944*, Northern Illinois University Press, 1976.

et l'unification des mouvements de zone sud, le tout sous la direction de De Gaulle. Cela dit, il avait bénéficié des aspirations à l'unité des résistants de base et de bon nombre des responsables des mouvements.

C'est alors qu'allaient surgir de nouvelles difficultés de deux ordres. Les unes tiennent aux retombées de l'opération Torch, qui mettent en cause la légitimité de De Gaulle comme chef de la France combattante, puisque apparaît à Alger (après l'intermède Darlan) une Résistance giraudiste qui prétend représenter mieux que les Français libres la nation et l'Empire. Elles tiennent également au fait que la prétention du Comité de coordination, puis des MUR, à prendre en charge le destin de la Résistance intérieure est contestée. Et notamment par les socialistes du Comité d'action socialiste (le CAS), tenus en lisière par les responsables des mouvements et de surcroît ulcérés par le fait que, dans un tract distribué dans la région lyonnaise le 16 octobre 1942, figure la signature du PCF (et du Front national) avec celles des trois mouvements de zone sud et de leur commission ouvrière ; or, avant janvier 1943, le PCF et la France libre n'ont pas encore noué des relations en bonne et due forme, et aucune place n'a encore été faite aux partis. Dans un article du *Populaire* (clandestin) de novembre 1942, Daniel Mayer menaçait non seulement de demander à ses militants de se retirer des mouvements, mais encore de mettre sur pied, sous l'égide du parti socialiste, une sorte de parlement clandestin. Aux yeux de Moulin surgissait le risque majeur de voir se briser l'unité de la Résistance et se rompre le lien organique avec la France libre, si se juxtaposaient une Résistance des mouvements de zone sud, une Résistance communiste, une Résistance sous obédience socialiste, sans parler d'une Résistance vichysto-giraudiste, cette dernière soutenue par les Américains et menaçant directement la primauté politique de De Gaulle.

L'idée de mettre en place un organisme représentatif de toutes les forces luttant contre l'occupant, en y incluant les partis politiques, fait alors son chemin. Jean Moulin s'y rallie malgré les réserves de la plupart des responsables des mouvements à l'égard des partis politiques. Et sur les conclusions presque concordantes d'André Manuel, au retour de sa mission en France, et d'une délégation de résistants proches des socialistes – notamment Christian Pineau –, de Gaulle donne le feu vert. Après en avoir conversé avec Jean Moulin, qui séjourne à Londres du 14 février au 20 mars 1943, le chef de la France libre arrête, en date du 21 février 1943, de « nouvelles instructions » : il donne l'ordre que soit installé au plus vite en France un Conseil de la Résistance qui, comprenant des représentants des partis politiques, sera « l'embryon d'une représentation nationale réduite ».

Moulin dont la mission est désormais élargie à l'ensemble des deux zones, qui devient membre du Comité national français et ministre itinérant dans la France occupée (nomination demeurée secrète pour des raisons de sécurité), est chargé de mettre en œuvre ce nouveau Conseil.

Mais, à son retour en zone sud, il trouve les responsables des mouvements en très grande effervescence : les services londoniens et ceux de la délégation générale sont accusés de tout diriger de façon autoritaire, sans connaissance des problèmes du terrain et, en l'occurrence, de la difficulté à prendre en charge les réfractaires au STO.

Deuxième source de tensions : la mission Brumaire-Arquebuse en zone nord ; Pierre Brossolette, arrivé le 27 janvier, chargé d'une mission plutôt politique, est rejoint le 25 février par Passy-Dewavrin chargé des aspects militaires ; ils dressent le bilan de l'action menée par les mouvements de zone nord, avec lesquels jusqu'alors la France libre n'a que des relations épisodiques. Ils cherchent aussi à faire avancer la construction du Conseil de la Résistance. Mais, sur ce point, Moulin juge que les initiatives prises par Brossolette sont en contradiction avec les instructions de Charles de Gaulle, pourtant transmises par Passy, et il s'ensuit, le 31 mars, une violente algarade entre les deux hommes. Sans doute, aux yeux de Rex, Pierre Brossolette avait-il fait du bon travail, coordonnant certains mouvements qui, jusqu'alors, s'ignoraient, rassemblant leurs forces militaires, tout en leur faisant reconnaître sans ambages l'autorité de la France libre. Mais il avait donné plus de gages qu'il ne convenait à deux mouvements : à l'OCM et encore plus au Front national que venait de relancer le PCF ; et il avait aussi freiné au maximum l'introduction des partis politiques ; Brossolette donnait l'impression de vouloir faire de la zone nord une sorte de chasse gardée et de défendre un point de vue personnel dans le débat sur la place à accorder aux partis.

Jean Moulin avalisa tout de même les initiatives prises par Brumaire, négocia pied à pied avec les uns et les autres pour que puisse se réunir un « Conseil de la Résistance », celui qu'on prendra l'habitude de nommer le Conseil national de la Résistance, le CNR. Il lui fallut procéder à d'ultimes arbitrages, tout en regrettant que, pour des raisons d'équilibre entre les mouvements d'une part et les partis et les centrales syndicales d'autre part, certains mouvements (notamment Défense de la France, Résistance, Lorraine) ne puissent siéger. Et le 27 mai 1943, en plein Paris occupé, au 47 de la rue du Four, purent se réunir des hommes mandatés par les diverses forces résistantes, politiques, syndicales et issues des mouvements proprement dits. Ils étaient 16 qui représentaient : Ceux de la Libération (Roger Coquoin), Ceux de la Résistance (Jacques Lecompte-Boinet), le Front national (Pierre Villon), Libération-Nord (Charles Laurent), l'Organisation civile et militaire (Jacques-Henri Simon), Combat (Claude Bourdet), Franc-Tireur (Claudius-Petit), Libération-Sud (Pascal Copeau) ; le PCF (André Mercier), la SFIO (André Le Troquer), le parti radical-socialiste (Marc Rucart), le parti démocrate-populaire (Georges Bidault), l'Alliance démocratique (Joseph Laniel), la Fédération républicaine (Jacques Debû-Bridel) ; la CGT (Louis Saillant) et la CFTC (Gaston Tessier). Jean Moulin prit la parole et lut un message de Charles de Gaulle ; puis fut votée, après une brève discussion provoquée par Pierre Villon au nom du Front national, une motion préparée, en accord avec Moulin, par Georges Bidault, exigeant que le « gouvernement » soit confié à Charles de Gaulle et le « commandement de l'armée » au général Giraud. Pour la première fois dans l'Europe occupée s'était réuni un mini-Parlement clandestin où étaient représentées, sous la présidence d'un ministre délégué par la Résistance extérieure, les mouvances de la Résistance intérieure et les tendances politiques, des communistes aux nationalistes conséquents avec eux-mêmes. Il était bien fini, le temps de la dispersion.

Les contraintes extérieures et l'action d'un homme

Les événements extérieurs, contraintes perçues à l'époque de manière plus ou moins confuse, ont pesé dans l'évolution des rapports entre les diverses composantes de la Résistance. Leur rôle est patent lors du passage du Blitzkrieg à la guerre totale, qui accroît la sujétion à l'occupant de Français de plus en plus exposés. Il n'est pas négligeable non plus avec l'établissement de relations relativement cordiales, à la fin du printemps 1942, entre la France libre et l'Union soviétique : elles ont sans conteste incité le PCF clandestin à se rallier à la France libre.

Mais, pour notre propos, ce sont surtout les retombées de l'opération « Torch » qui ont le plus compté. Car de Gaulle cessait d'être le seul symbole de la France combattante. S'ouvrait alors une bataille de légitimité, qui opposait plus que les personnes. Ceux qui, dans les rangs de l'armée et ailleurs, ne se retrouvant plus dans un gouvernement empêtré dans l'engrenage de sa collaboration d'État, mais soutenant encore les thèmes autoritaires de Vichy, étaient prêts à lutter contre l'occupant et donc à constituer une Résistance vichyste, pouvaient se regrouper derrière Darlan et, mieux encore, derrière Giraud : ce dernier, après son évasion, s'était fait un nom, avait acquis la réputation d'être foncièrement hostile aux Allemands sans être pour autant un dissident subversif ; il bénéficiait de surcroît du soutien américain qui pouvait être efficace. Dans un premier temps, le giraudisme, eut – semble-t-il – un relatif impact, ce qu'illustrent les tergiversations de certains mouvements de zone nord, ou certains articles de *Défense de la France*. En tout cas, de Gaulle se trouva pour quelques mois en réel danger politique.

Le rapport de forces s'en trouvait modifié. Dans un premier

temps, les mouvements, ceux en tout cas de zone sud, s'étaient ralliés aisément à de Gaulle, éprouvant de la gratitude à l'égard de la France libre qui leur procurait de l'argent, leur promettait des armes et leur permettait d'échapper à l'enfermement hexagonal. Mais, pour des raisons que nous allons étudier, des différends allaient naître, tandis que certains chefs de mouvements se rendaient compte que Charles de Gaulle était loin d'être *persona grata* auprès des Anglo-Saxons. Et, surtout, dans le conflit de légitimité opposant de Gaulle et Giraud, la Résistance intérieure devenait, sinon le seul facteur de légitimation, du moins un enjeu d'importance. C'est pourquoi les chefs des mouvements se sentaient plus forts à l'égard des bureaux londoniens ; et, dans le même temps, les partis politiques d'antan étaient sollicités par la France libre pour offrir, vis-à-vis des Anglo-Saxons, leur caution démocratique.

Mais, à côté des facteurs extérieurs, l'action d'un homme fut décisive. La mise en œuvre de cette unification bien complexe doit suffisamment à Jean Moulin pour que lui soit consacré un bref développement. Quand il parvient à Londres, le 20 octobre 1941, pour rechercher un soutien militaire, il a derrière lui, à quarante-deux ans, une carrière préfectorale déjà brillante que Vichy a interrompue en le révoquant ; par ses passages dans divers cabinets de Pierre Cot, il avait acquis de surcroît une expérience des affaires plus spécifiquement politiques ; il eut notamment à traiter avec l'Espagne républicaine, et il en avait retenu que la désunion et l'absence de soutien extérieur pouvaient mener à l'écrasement d'une cause notoirement juste. Rien, et surtout pas leurs cultures politiques respectives, ne prédisposait le chef de la France libre et l'ex-préfet d'Eure-et-Loir à s'apprivoiser et s'entendre, hormis un sens exigeant de l'État, cet État bafoué dans le désastre de 40. S'il est vrai qu'il n'eut alors guère le choix, de Gaulle jugea à sa convenance ce haut fonctionnaire venu de France, décidé à y repartir, déterminé, développant des idées claires et précises ; Moulin, de son côté, semble avoir été séduit par la cohérence du projet opiniâtrement soutenu par de Gaulle ; il n'est pas certain qu'il soit revenu de ce premier séjour à Londres totalement gaulliste ; on peut affirmer qu'il l'était devenu dans le printemps de 1943 et qu'il est mort gaullien. Ce fonctionnaire ambitieux à qui la vie avait, presque à tous égards, souri, se lançait dans une aventure qu'il savait incertaine ; il avait donné la mesure de son caractère en tentant de se suicider, le 17 juin 1940, pour n'avoir pas à signer, lui, préfet, un texte déshonorant l'armée française, puis en témoignant lors de l'instruction du procès de Riom en faveur de son ancien « patron », Pierre Cot ; lui qui était exigeant dans le service, voire brutal avec certains de ses interlocuteurs, il sut, devenu Rex ou Max, manifester son habileté dans sa mission de délégué général.

Il disposait de moyens matériels et humains dérisoires : la « délégation générale » *stricto sensu* regroupait une petite vingtaine de personnes, et il lui fallut attendre le parachutage de Daniel Cordier, en juillet 1942, pour que s'organise un minuscule secrétariat indispensable dans la double vie qui était devenue la sienne. Cela dit, il dota la délégation de rouages et de services qui demeurèrent des atouts entre les mains des représentants de la France libre, puis du CFLN. Il créa dès avril 1942 une agence de presse clandestine, le BIP, confiée à Georges Bidault ; reprenant une idée lancée par des responsables de mouvements, il installa, en juillet 1942, le CGE (Comité général d'études), une instance de réflexion sur les mesures à prendre pour la Libération et l'après-Libération (François de Menthon y côtoyait Robert Lacoste, Alexandre Parodi, Paul Bastid, René Courtin, auxquels allaient se joindre Pierre-Henri Teitgen puis Michel Debré, Jacques Charpentier et Pierre Lefaucheux). Et, surtout, Moulin établit un contrôle strict de l'argent (envoyé d'Angleterre par Lysander), des moyens de transmission radio entre la France et Londres (c'est le service WT), des opérations aériennes enfin (parachutages et atterrissages) organisées par ce qui s'appellera d'abord le Service des opérations maritimes et aériennes (SOAM). Ces deux derniers rouages étant mis en œuvre par des hommes venus des Forces françaises libres.

Les logiques des affrontements

L'unification progressive des résistances et la fondation du CNR ne sauraient occulter les différends surgis au fil des mois. Les clivages, sensibles en zone sud, se retrouvaient aggravés entre les mouvements de zone nord, moins liés avec la France libre et se défiant volontiers, de surcroît, des questions qu'ils qualifiaient de « politiques ». Ces différends portent sur les modalités de l'action, sur la place des partis politiques et développent, en fin de compte, les arguments d'un conflit entre raison d'État et les revendications de ce qu'on pourrait appeler la société civile résistante.

Il faut, il est vrai, faire leur part aux affrontements de personnalités affirmées. Frenay s'en prit ainsi au général Delestraint, qu'il jugeait incapable de mener l'action clandestine d'une Armée secrète tout en le soupçonnant de vouloir la soumettre aux ordres de Londres. C'est surtout entre l'ex-préfet Moulin, qui entendait mener à son terme sa mission, et Henri Frenay, un officier de carrière, sûr de son bon droit, que le ton, au fil des mois, monta au point que le chef de Combat (appuyé par quelques autres) exigea de Londres, au printemps 1943, le rappel de Moulin.

D'autres rivalités personnelles (ainsi entre Emmanuel d'Astier de La Vigerie et Henri Frenay) étaient soutenues par une sorte d'esprit de clan qui se manifestait dans les mouvements (notamment à Combat) ; par le sentiment qu'éprouvaient des chefs historiques de se voir dépossédés de leur œuvre (« Vous avez recueilli le fruit d'un travail de deux années ; vous concevrez aisément que nous ne saurions nous désintéresser de son sort », écrit Frenay à Delestraint dans une lettre du 8 avril 1943) ; enfin, par le climat de tension lié à la vie clandestine et à la répression.

Au-delà de ces impatiences diverses, on s'opposait sur la manière de mener l'action résistante, également sur la place à accorder aux partis politiques. On débouchait sur une interrogation majeure : quelle devrait être la nature des relations entre le chef de la France libre et les mouvements de résis-

tance ? En schématisant : des liens d'allégeance ou un ralliement à la carte ?

Il y avait le postulat gaullien fondamental : la France était
toujours en guerre, et cette France combattante avait besoin
d'unité ; Moulin le dit en clair à Frenay : « Mon cher
Charvet, nous sommes en guerre. Dans la guerre, il faut un
chef, et ce chef, c'est de Gaulle[5]. » Et la rupture de l'unité
affaiblirait la France au combat, y compris à l'égard des
alliés anglo-saxons. L'unité exigeant la discipline, les
consignes d'ordre militaire devaient être impérativement
suivies par ces soldats sans uniforme qu'étaient les résistants ; ce qui excluait également toute divergence fondamentale sur les tâches « civiles » ; et Frenay raconte que lorsqu'il aurait déclaré, un soir de novembre 1942, vouloir
demeurer un citoyen libre et donc exprimer ses désaccords,
Charles de Gaulle lui aurait rétorqué : « Eh bien, Charvet, la
France choisira entre vous et moi[6]. »

Un certain nombre de responsables de mouvements partageaient en l'occurrence le souci du chef de Combat : ils
étaient sans doute gaullistes, ils n'en étaient pas pour autant
« De Gaullistes » (nous dirions : gaulliens). De Gaulle était
un symbole, un drapeau, un ambassadeur extraordinaire en
poste à Londres ; il était aussi le commandant en chef des
forces françaises combattantes ; mais les résistants devaient
– pour l'heure et *a fortiori* pour l'après-Libération – garder
leur liberté pleine et entière de citoyens-soldats ; d'autant
que les chefs historiques des mouvements éprouvaient le
sentiment que, demeurés dans l'Hexagone, ils exprimaient,
eux aussi, une légitimité résistante et représentaient mieux
que quiconque les aspirations des Françaises et des Français.
Au total, il s'agissait moins d'un affrontement entre militaires et civils (Frenay – et il n'était pas le seul – était officier de carrière) que d'une confrontation entre ceux qui ne
pensaient qu'à la raison d'État et ceux qu'on pourrait appe-

5. Henri Frenay, *op. cit.*, p. 261.
6. *Ibid.*, p. 257.

ler, avec un brin d'anachronisme et de façon un peu sché-
matique, la société civile. C'est ce qui confère à ce conflit
interne à la France combattante un intérêt durable.

La position de Rex est assez bien résumée dans son rapport du 7 mai adressé directement à de Gaulle : « Vous savez
combien j'ai soutenu le point de vue des mouvements de
résistance. Je ne cesse de le faire encore. En ce qui concerne
particulièrement Merlin et Nef (Emmanuel d'Astier et Henri
Frenay), je les ai défendus et les défendrai. Ils ont su, par
leur action personnelle, secouer l'apathie générale de zone
sud en des heures très difficiles, rassembler de nombreuses
énergies autour de vous… Mais quant à la thèse de l'indépendance absolue des mouvements, elle est, à mon avis,
impensable[7]. » Moulin répondait indirectement à une lettre
aux termes mûrement pesés que lui avait envoyée Frenay le
8 avril : « Vous semblez méconnaître ce que nous sommes
vraiment, c'est-à-dire une force militaire et une expression
politique révolutionnaire. Si, sur le premier point et avec les
réserves que j'ai faites à notre dernière réunion, nous nous
considérons aux ordres du général de Gaulle, sur le second
nous conservons toute notre indépendance[8]. » Les adversaires de Moulin le taxaient d'autoritarisme, comme lorsqu'il enjoignait, le 12 avril 1943, aux deux représentants du
Front national d'avoir à « claquer les talons » ; ils lui reprochaient également de concentrer entre ses mains argent,
moyens radio, etc., et d'agir à la hussarde pour subordonner
la Résistance à de Gaulle. C'est pourquoi ils s'efforcèrent de
passer par-dessus sa tête, avant de demander son rappel en
avril 1943. En février 1943, les responsables de Combat
tentèrent aussi de court-circuiter non seulement la délégation générale, mais, pour partie, les services londoniens en
voulant obtenir de l'antenne bernoise des services secrets
américains, entre autres choses, de l'argent : c'est ce qu'on

---

7. Cité dans Francis Louis Closon, *Le Temps des passions*, Presses
de la Cité, 1974.
8. Voir Daniel Cordier et la contribution de Robert Belot *in Jean
Moulin face à l'Histoire*, Flammarion, 2000.

nomme l'« affaire suisse », significative à bien des égards des impatiences des dirigeants de Combat.

On s'explique alors que la conduite de l'action en métropole ait été une source de différends sur trois points conflictuels : la délimitation de la Résistance militaire, l'utilité de l'action immédiate et la création de l'Armée secrète.

Le BCRA, suivant en cela des consignes impératives des Anglo-Saxons, entendait imposer à tous les niveaux une séparation stricte entre les activités militaires et l'action politique. Car il fallait mettre sur pied une Armée secrète, protégée de la répression pour être opérationnelle au jour J. Les responsables des mouvements estimaient cette séparation impossible, sauf pour des militaires programmant les choses de loin, car les militants, déjà peu nombreux, avaient une activité forcément polymorphe (c'est le constat que finira, d'ailleurs, par faire Brossolette en septembre 1943) ; certains dirigeants dénonçaient dans cet oukaze au mieux un mépris de l'action politique, censée être inefficace et source de divisions, au pire une volonté de contrôler les mouvements.

Des divergences allaient aussi se manifester au sujet de « l'action immédiate » – mal vue – et cela se comprend – des hommes de Londres. Les communistes, pour des raisons stratégiques (l'insécurité entretenue en France devant soulager la pression de la Wehrmacht en URSS) et tactiques, récusaient la mise en place de ce qui selon eux ne serait guère plus que des « casernes clandestines » immobilisant des « jour-jouistes » (les maniaques du « jour J ») ; avec eux, d'autres responsables n'appartenant pas au PCF voyaient dans l'action une sorte de gymnastique nécessaire aux militants ; et Jean Moulin dut lâcher du lest : « Il n'a jamais été dans nos projets d'interdire de façon absolue aux militants de l'AS de se livrer à aucune activité en attendant le jour J. »

Se posait alors en filigrane la question du statut de l'Armée secrète ; sans doute était-il tout à fait admis, dans les rangs des mouvements, qu'elle était aux ordres de l'état-major de la France libre ; mais on n'entendait pas pour autant obéir le petit doigt sur la couture du pantalon, et on revendiquait une liberté de ton et d'initiative qui permettrait de répondre de façon appropriée aux situations imprévues – à l'émergence des maquis notamment ; pour Frenay, l'Armée secrète était « une armée révolutionnaire » et à ce titre « elle nomme ses chefs, on ne les lui impose pas » ; une idée contestée aussi bien par Delestraint que par Moulin, pour qui l'AS, quelle que soit son indéniable spécificité, devait être aux ordres.

Une deuxième source d'affrontements fut celle de la reconnaissance des partis politiques comme membres à part entière de la Résistance. Si l'on excepte quelques cercles démocrates-chrétiens et socialistes, le rejet du régime d'Assemblée ou, à tout le moins, la profonde défiance envers les partis, tenus pour largement responsables du désastre, est, dans l'automne 1940, largement répandu des deux côtés de la Manche. Or, deux ans plus tard, les partis avaient acquis une certaine place, tout en continuant à susciter des débats complexes.

De Gaulle avait choisi d'obtenir le ralliement des hommes politiques, mais qui le rejoignaient à titre personnel. Pour sa part, Pierre Brossolette[9], qui avait naguère milité brillamment dans les rangs de la SFIO avant de devenir un gaullien convaincu, estimait désormais nécessaire de préparer pour l'après-Libération un mouvement « gaulliste » qui transcenderait les clivages traditionnels ; et c'est pourquoi, il avait ramené à Londres Charles Vallin, personnalité patentée de l'ex-PSF, qui contrebalancerait le socialiste André Philip. Mais Charles de Gaulle récusait alors cette démarche : il lui était nécessaire de représenter la France dans son unité, et il ne souhaitait en aucun cas apparaître comme un chef partisan, ce qui ne l'empêchait pas, notamment dans son discours du 20 avril 1943, de dénoncer « la faillite des Corps qui se disaient dirigeants » et d'affirmer que « tout ce qu'elle subit, la France ne l'aura pas subi pour reblanchir les sépulcres ».

La plupart des chefs des mouvements des deux zones, eux aussi, rejetaient la IIIe, le système des partis. Les plus déter-

---

9. Se reporter nécessairement à Guillaume Piketty, *Pierre Brossolette un héros de la Résistance*, op. cit.

minés (à la tête de la majeure part des mouvements de zone nord) assimilaient purement et simplement la « politique », présentée comme un facteur mortel de division, à la classe parlementaire. Les mouvements de zone sud, plus modérés, tout en condamnant vigoureusement la résurrection de partis qui s'étaient terrés depuis l'été 1940, admettaient qu'on accordât des strapontins à la SFIO et au PCF clandestins. Mais, au nord comme au sud, on s'accordait à dire que les mouvements, et eux seuls, étaient en mesure, pour l'après-Libération, de régénérer la vie politique française et, dans l'immédiat, de diriger l'action résistante. Et que toute intrusion des partis politiques tuerait la « révolution » à venir.

Il est vrai que, dès 1941, une fraction des responsables des mouvements ne partageaient plus cette analyse. Des démocrates-chrétiens engagés dans Combat qui, petit à petit, prenaient leurs distances avec Frenay et ses amis, les socialistes demeurés fidèles à Blum, estimaient que le système partisan était une armature indispensable de la démocratie ; ils ajoutaient que si les mouvements faisaient pour l'heure œuvre utile, fournissant des militants qui rajeuniraient ensuite les partis, ces apports ne pourraient être rendus fructueux qu'à l'intérieur des structures partisanes classiques ; car, précisait Blum, dans une lettre du 15 mars 1943 adressée à Charles de Gaulle, les mouvements réduits à eux mêmes seraient, à la Libération, au mieux « des syndicats d'intérêts égoïstes et surannés comme les associations d'anciens combattants de l'avant-guerre », au pire « des milices paramilitaires redoutables à toute république [10] ».

Insistons sur l'évolution du parti socialiste clandestin [11], car – comme nous l'avons vu – elle a eu son importance dans la genèse du CNR. Ceux des socialistes qui étaient bien décidés, dès l'été 1940, à « faire quelque chose », eurent à surmonter l'hostilité des uns et les critiques d'autres qui

---

10. Cité par Jean Lacouture, *Léon Blum,* Le Seuil, 1977, p. 492-493.

11. Se reporter à Marc Sadoun, *Les Socialistes sous l'Occupation*, Presses de la FNSP, 1982 et à Pierre Guidoni, *Les Socialistes en Résistance, 1940-1944*, Paris, Arslan, 1999.

reprochaient au parti son impuissance dans les jours décisifs. Henri Ribière en zone nord et tout autant, en zone sud, Daniel Mayer, ancien responsable des Jeunesses socialistes, parvinrent pourtant à mettre sur pied – dès le printemps 1941 – des Comités d'action socialiste (CAS). Mais les CAS – surtout celui de zone sud – se voulaient, dans un premier temps, bien plus un instrument de réflexion politique qu'un moyen d'action, et on conseillait aux militants de rejoindre également, qui Libération-Nord, qui Libération-Sud. Puis, quand la signature du PCF apparut en octobre 1942 dans des tracts cosignés par les mouvements de zone sud, quelques semaines avant que Fernand Grenier ne gagne Londres ès qualités, les socialistes modifièrent leur tactique, craignant d'être une simple force d'appoint, coincée entre le PCF et les mouvements. Or, le parti socialiste clandestin gagnait en adhérents, bénéficiant notamment des retombées du procès de Riom et de l'attitude exemplaire de Léon Blum. C'est pourquoi Daniel Mayer, décidé à donner à son parti la place qui devait être la sienne, avait, en novembre 1942, préconisé la création d'un Conseil de la Résistance.

Reste le PCF, qui, en tant qu'instance partisane, était à la recherche d'une nouvelle légitimation nationale. Jusqu'à l'automne 1942, le mot d'ordre, développer coûte que coûte l'action immédiate pour soulager l'Armée rouge, le maintient dans son isolement. Après quoi, il saura adapter la ligne jacobine, à laquelle il restera fidèle jusqu'à la Libération, recrutant dans tous les milieux ou presque ; et c'est alors que se met véritablement en place, fin 1942, le Front national, une nouvelle structure d'accueil irénique. Non seulement il multiplie les contacts avec les dirigeants de mouvements, mais il prend langue avec la France libre ; c'est ainsi que Fernand Grenier, convoyé par Rémy, arrive à Londres le 12 janvier 1943 pour le représenter auprès de la France libre ; parallèlement, le PCF envoie également un émissaire auprès de Giraud. En quelques mois, il avait recouvré toute sa légitimité. Et, en bon parti léniniste, le PCF savait le prix d'un parti.

Moulin, pour tenir compte à la fois de la conjoncture en

Afrique du Nord et des positions des uns et des autres, allait évoluer. Lui qui avait, en juin 1942, jugé inopportune la représentation ès qualités des partis, estima nécessaire de les intégrer dans un parlement clandestin qui prendrait en compte toutes les modalités de la lutte contre l'occupant, ce pour éviter un éclatement de la Résistance qui eût affaibli la position de Charles de Gaulle, déjà menacé par Giraud ; quant au chef de la France libre, tout en continuant de manifester les plus grandes réserves à l'égard d'un régime d'Assemblée, il donne l'ordre, par ses instructions du 21 février, pour les raisons déjà dites, d'intégrer les partis dans le Conseil de la Résistance ; dans le même temps, il écrit à Blum qu'il est « normal et même souhaitable que la Résistance – tout en demeurant unie et cohérente – se teinte et se nuance des tendances politiques traditionnelles et diverses[12] ».

La fondation du CNR et ses ambivalences

Le CNR put donc être réuni le 27 mai 1943 sous la présidence de Jean Moulin : l'unification l'emportait sur les dissensions. Et si j'ai volontairement fait la part belle aux différends qui pouvaient mettre aux prises les uns et les autres, il serait tout à fait erroné de minimiser l'importance que pouvait revêtir à l'époque et que revêt rétrospectivement cette création d'une instance réunissant toutes les forces – ou presque – de la Résistance intérieure, à l'instigation du délégué de celui qui symbolisait la Résistance extérieure.

Nombre des chefs des mouvements n'avaient accepté qu'à contre-cœur la « politisation » de la Résistance, à savoir la présence dans le Conseil de la Résistance de « formations partisanes », qui n'occupaient à leurs yeux que des strapontins temporaires. Moulin, quant à lui, avait pris soin d'indiquer que la conduite de l'action demeurait du ressort des mouvements, tout en formulant une mise en garde : « Si [...] le jeu de la démocratie supposait l'existence de partis organisés et forts, la présence au sein du Conseil des représentants

---

12. Cité par Marc Sadoun, *op. cit.*, p. 191.

des anciens partis politiques ne devait pas être considérée comme sanctionnant officiellement la reconstitution des dits partis tels qu'ils fonctionnaient avant l'armistice. »

Est-ce à dire que les divergences étaient aplanies ? Évidemment non. C'est la nécessité qui avait imposé à Moulin la création du CNR et sa composition. Mais il était satisfait que se mette en place un conseil de réflexion, sans doute seulement consultatif (sauf aggravation dramatique des relations entre la France libre et les Anglo-Saxons), mais représentatif et symbolisant, derrière de Gaulle, qu'il légitimait à sa manière, l'unité de la France combattante. Pour la majorité des dirigeants des mouvements, cette représentation des partis était une simple nécessité tactique visant à renforcer de Gaulle contre les manœuvres américaines, puisque les Anglo-Saxons semblaient attacher tellement d'importance aux partis traditionnels ; dans le fond, ils estimaient que ce CNR, instance symbolique d'une unification à laquelle ils étaient très attachés, ne saurait pourtant fonctionner ni comme un mini-parlement ni *a fortiori* comme une sorte d'exécutif de la Résistance.[13]

La motion lue par Georges Bidault réclamait avec force que le « gouvernement [...] soit confié au général de Gaulle qui fut l'âme de la Résistance aux jours les plus sombres et qui n'a cessé depuis le 18 juin 1940 de préparer en pleine lucidité et en pleine indépendance la renaissance de la Patrie détruite, comme des libertés républicaines déchirées » ; et comme on le sait, il était souhaité que le général Giraud se contentât de prendre « le commandement de l'armée française ressuscitée[14] ». Le texte en fut connu avec un certain retard. Mais les services de la France libre modifiant la présentation d'un télégramme de Moulin daté du 8 mai laissèrent entendre, le 13, que le CNR s'était déjà réuni et qu'il avait adopté un texte on ne peut plus explicite : « Quelle que soit l'issue des négociations, de Gaulle demeurera, pour

---

13. Outre les travaux de Daniel Corbier, consulter *Jean Moulin face à l'Histoire*, Flammarion, 2000.
14. Daniel Cordier, *op. cit.*, p. 388.

tous, seul chef de la Résistance française. » L'effet de cette fausse nouvelle semble en avoir été immédiat, puisque, quatre jours plus tard, Giraud invitait de Gaulle à « se rendre immédiatement à Alger pour former un gouvernement »… Le but visé – ou accepté – par tous pour le court terme était bel et bien atteint. Restait à gérer un Conseil de la Résistance dont la composition demeurait pour partie controversée, mais dont l'une des missions spécifiques était de préparer la Libération.

L'après-Moulin

L'arrestation de Jean Moulin, le 21 juin, modifie notablement le cours de cette unification pour au moins deux raisons : la Résistance s'affranchit de la tutelle gaullienne ; c'est le CNR, dans lequel l'influence des partis va croissant, qui est l'instrument politique de cette émancipation. Mais il ne faudrait pas voir ce désir d'indépendance comme une intention d'en découdre et de remettre en cause l'unification, d'autant que les résistants de base ne se sentent guère concernés par les antagonismes au sommet et continuent d'aspirer au rassemblement de toutes les forces.

Rappelons ce qui dans l'évolution de la conjoncture extérieure a pu peser dans les choix qui ont été faits : la libération/insurrection paraissait dorénavant pouvoir se dérouler dans des délais, sinon immédiats, du moins relativement proches ; aux yeux des Anglo-Saxons la création d'un deuxième front en zone occupée (repoussée à 1944, en juin 1943) impliquait à la fois que les résistants français effectuent au jour J les sabotages programmés et qu'ils ne provoquent pas, par des actions prématurées, l'arrivée de renforts allemands ; quant à l'URSS, son image, dans la foulée de Stalingrad et des succès de l'Armée rouge, était devenue très positive. Dernier élément à prendre en compte – et il n'est pas le moindre : la semi-capitulation du général Giraud, qui le 2 octobre accepte que soit mis fin à la pratique bicéphale des débuts du CFLN.

La succession malaisée de Jean Moulin

L'enchaînement de maladresses et de trahisons qui livrait Rex à Klaus Barbie se produit sur ce fond de conflits spécifiques du moment : c'est pour contrer Jean Moulin que des responsables de Combat envoient René Hardy, au mépris des règles de sécurité élémentaires (il n'avait pas été convoqué), à la réunion de Caluire où l'on devait décider des mesures à prendre après l'arrestation de Delestraint. La disparition de Rex était un événement d'importance : il cumulait les fonctions de ministre-délégué de la France libre, de président du CNR et des MUR, et arbitrait entre les divers mouvements ou partis résistants. Homme lige de Charles de Gaulle, agissant en son nom, il incarnait aussi, qu'on le souhaitât ou non, la Résistance intérieure.

Or Claude Bouchinet-Serreulles, qui venait tout juste d'être envoyé en France pour seconder Moulin et fit fonction de délégué général par intérim, ne put reprendre tous ces rôles : à l'instigation des dirigeants de Combat et de l'OCM, le commandement de l'Armée secrète passe aux mains d'hommes qui exercent des responsabilités dans les mouvements ; et surtout, le président du CNR n'est plus le délégué général du CFLN, mais un homme issu de la Résistance intérieure, élu en septembre par ses pairs, Georges Bidault. Sans doute, le choix de ce gaulliste déclaré, proche de Moulin, démocrate-chrétien, membre du Front national après l'avoir été de Combat, était-il raisonnable. Reste que la délégation générale, qui continuera de contrôler de fait l'argent, les services radio et les liaisons aériennes, avait dû, sur le point politiquement important de la présidence du CNR, composer avec les chefs de la Résistance intérieure. Claude Bourdet a pu présenter Serreulles et ses seconds ou ses successeurs comme des « ambassadeurs » en mission extraordinaire, exerçant une magistrature d'influence, pour sauvegarder l'essentiel et désamorcer les antagonismes qui pouvaient surgir de part et d'autre de la Méditerranée. Si on aurait tout à fait tort de sous-estimer leur action, il reste qu'ils avaient cessé d'agir en tant que chefs de la Résistance hexagonale.

Cette évolution tient d'abord à des carences de Londres et d'Alger[15]. De Gaulle et ses services, en effet, furent incapables de nommer un successeur à Moulin avant septembre et laissèrent Bouchinet-Serreulles presque sans instructions : « L'oracle était muet », écrira plus tard, non sans aigreur, Georges Bidault. Il est vraisemblable que Charles de Gaulle considérait comme absolument prioritaire l'élimination politique de Giraud et ne pouvait risquer de procéder à la nomination d'un délégué général pour laquelle il lui fallait l'accord du coprésident ; de surcroît, l'éclatement des services de la France libre entre Londres et Alger ne facilitait guère les choses. Au fil des mois, la situation demeura relativement bancale : on ne sait pourquoi de Gaulle ne choisit pas Brossolette pour succéder à Moulin ; le préfet Émile Bollaert (nommé en septembre mais arrêté avec Brossolette en février 1944) eut du mal à s'imposer et René Parodi, le troisième délégué général, issu, lui, des rangs de la Résistance métropolitaine ne prit ses fonctions qu'en avril 1944 ; ceux qui furent donc délégués par intérim, Claude Bouchinet-Serreulles et Jacques Bingen, accomplirent de fait un travail d'« ambassadeurs » d'autant plus remarquable qu'ils furent souvent privés – et tous les deux s'en plaignirent amèrement – d'instructions, voire de liaisons ; ils se firent malgré tout rappeler à l'ordre par les services d'Alger, qui les jugeaient trop complaisants à l'égard de la Résistance intérieure. Tout se passe comme si, aux yeux de Charles de Gaulle, la manière dont évoluait la Résistance française était devenue sinon subsidiaire, du moins dénuée du caractère d'urgence qu'elle avait eu dans le printemps de 1943. Il est vrai que, depuis l'automne, de Gaulle avait jeté les bases d'un véritable État *bis*, avec un gouvernement, où siégeaient des chefs historiques de la Résistance (Emmanuel d'Astier de La Vigerie, Henri Frenay, François de Menthon), une assemblée

---

15. Sur l'évolution du CNR, consulter en premier lieu René Hostache, « L'organisation de la Résistance au printemps de 1944 », in *La Libération de la France*, CNRS, 1976.

consultative (où les délégués des résistants métropolitains étaient les plus nombreux), une armée forte de quelque 500 000 hommes.

Les mouvements et les partis s'émancipent

Parallèlement à ces hésitations gaulliennes, les citoyens-soldats que voulaient être les résistants entendaient recouvrer une plus grande latitude d'action : c'est qu'au fil des mois la Résistance, malgré la répression et la montée d'une certaine lassitude, prenait de l'épaisseur, apparaissait comme une relève et, en tout cas, se sentait crédible. Mais, dans le même temps, les uns et les autres cherchaient à pousser leur avantage.

Une bonne partie des dirigeants des mouvements cherchèrent immédiatement, après la disparition de Moulin, à tuer dans l'œuf le CNR pour en finir avec les prétentions des partis. Ceux de la Résistance, l'OCM, Combat mettent sur pied un « Comité central des mouvements de résistance », regroupant les huit mouvements siégeant au CNR ; il se dote de six commissions (tels le Comité d'action immédiate élargie et le Comité d'action contre la déportation), et c'est sous son patronage que sont institués, le 29 décembre 1943, les FFI regroupant en principe toutes les forces paramilitaires de la Résistance ; mais il représente uniquement huit mouvements et, en butte à la défiance des partis clandestins, il ne parvient pas à s'imposer face au CNR et disparaît de fait en janvier 1944. Entre-temps, les MUR avaient repris à leur compte le projet initial : coordonner l'action, tout en limitant l'influence des partis, et en intégrant des mouvements jusque-là exclus des instances résistantes ; et se crée le 15 janvier 1944 le Mouvement de libération nationale (MLN) ; Résistance, Défense de la France, puis Lorraine allaient effectivement adhérer, mais les autres grands mouvements de zone nord, se défiant d'une entreprise trop « sudiste », ne jugèrent pas opportun d'en faire partie ; le Front national avait également refusé, comme il le fera à nouveau, quand est lancée, en février, une Union nationale de la Résistance (UNR). Bref, la tentative des mouvements, de prendre en main, en rassemblant toutes leurs forces, les destinées de la Résistance était un semi-échec, même si ceux qui animaient le MLN gardaient l'espoir de pouvoir à la Libération lancer, qui un grand mouvement travailliste, qui un rassemblement incluant les communistes[16].

Le CNR, au contraire, voyait grandir son rôle. La mémoire collective a surtout retenu la « Charte » du CNR, datée du 15 mars 1944, qui devint pour beaucoup, mais après la Libération, la référence obligée d'un authentique programme de gouvernement (elle s'inspirait, avec des élargissements, de la plate-forme du Front populaire) ; or, ce manifeste était avant tout un appel à l'action immédiate[17]. Plus intéressant pour notre propos est l'émergence politique du CNR. Ce Conseil travaille assez efficacement, se dotant d'un bureau permanent qui réunit, deux fois par semaine, le plus souvent Georges Bidault, Pierre Villon (Front national), Maxime Blocq-Mascart (OCM), Pascal Copeau (MLN), Louis Saillant (CGT), censés représenter les diverses sensibilités du Conseil. Il s'adjoint progressivement les commissions qui naguère dépendaient du Comité central des mouvements et, en particulier, il se rattache le 13 mai 1944 le COMAC, le Comité d'action militaire, chargé à la fois de coordonner l'action immédiate et d'organiser les FFI. Il se pose surtout comme la « seule autorité authentiquement française constituée sur le sol de la patrie » (déclaration du 26 novembre 1943), après avoir proclamé dans un manifeste daté du 14 juillet qu'il assumerait « les responsabilités de gérant et d'organe provisoire de la souveraineté nationale ». Jacques Bingen, qui assista, ès qualités, à un bon nombre des séances du bureau, écrit, dans l'un de ses rapports d'avril 1944, que le CNR était « l'émanation suprême » de la France patriote et « l'expression la plus autorisée de la volonté de la grande majorité du pays[18] ».

---

16. Consulter Olivier Wieviorka, *op. cit.*
17. Voir Claire Andrieu, *Le Programme commun de la Résistance*, Les Éditions de l'Érudit, 1984.
18. Cité dans René Hostache, *op. cit.*, p. 403.

On a pu par la suite se demander si le CNR fonctionnait comme un gouvernement ou comme un parlement. Disons qu'en fait cette instance clandestine a évolué de façon parfaitement inédite. Son audience (limitée il est vrai par la clandestinité), il la devait à sa composition, regroupant mouvements, partis, syndicats ; mais aussi à son image ambivalente : il a continué contre vents et marées à faire allégeance au CFLN ; Georges Bidault, dont Bingen loue « le rôle modérateur » et vante la « loyauté » aussi bien que « l'habileté »[19] veillera, en accord avec la délégation générale, à arrondir les angles. Et/mais, dans le même temps, le CNR faisait sciemment entendre sa différence, en cultivant volontiers une manière de patriotisme hexagonal. Il n'hésitait pas, notamment, à fustiger le fameux « jourjouisme », pour mieux affirmer la nécessité de l'action immédiate qui préparerait à l'insurrection/libération.

Enfin les responsables des partis n'étaient pas cloués sur les strapontins que les chefs des mouvements leur avaient chichement accordés au printemps 1943. Communistes et non-communistes programmaient l'après-Libération, dans laquelle le système partisan, renouvelé, épuré sans doute, mais bien présent, allait recouvrer toute sa place. Dès le printemps 1944, trois forces semblaient pouvoir se compter : elles donneront naissance au tripartisme.

Les démocrates-chrétiens apparaissaient presque comme des nouveaux venus. Nombre de leurs responsables étaient les chefs historiques du mouvement Liberté et avaient participé à ce titre à la fondation de Combat, dont ils s'étaient progressivement éloignés. Ils espéraient supprimer le ghetto politique dans lequel les catholiques français s'étaient enfermés et avaient été confinés ; laissons la parole à Charles d'Aragon évoquant Stanislas Fumet : « Pour lui, parler de la Résistance, c'était parler du "Mouvement" ; sa voix tremblait d'espérance quand il évoquait ces chevaliers sans reproche qui devaient, la Libération

---

19. Rapport de février 1944.

venue, entourer de Gaulle au sacre de Reims ou de l'Hôtel de Ville[20]. »

La SFIO (elle avait repris son sigle) estimait avoir, elle aussi, le droit de participer à une République pure et dure : ne pouvait-elle pas se prévaloir de 60 000 militants engagés à des titres divers dans la Résistance ? Et pourtant ils subissaient des rebuffades (ainsi, en décembre 1943, les socialistes se virent à nouveau refuser un siège au bureau du CNR), se heurtant le plus souvent à une double opposition. Le PCF récusait la stratégie de rassemblement populaire préconisée par les socialistes : « Nous rejetons tout ce qui pourrait donner une allure de classe à notre lutte actuelle, pour ne pas donner un motif de division entre Français[21]. » Pour argumentée qu'elle soit, cette analyse d'Auguste Gillot dissimulait à peine le dessein des communistes de minorer une fois pour toutes l'influence de la famille socialiste. De leur côté, les mouvements, notamment ceux de zone sud qui recrutaient dans des milieux voisins, facilitaient d'autant moins la tâche de la SFIO clandestine, qu'elle avait, en février 1944, rejeté le projet d'établir en commun un grand parti travailliste.

Les mouvements allaient *in fine* assouplir leurs réserves à l'endroit des socialistes, quand devint patente la montée en puissance du PCF clandestin, qui exploitait après Stalingrad leur attachement indéniable à une ligne jacobine pure et dure. Du fait d'arrestations ou de départs, comme de la solidarité des membres du Parti, il se trouva qu'au MLN et surtout au COMAC les communistes occupèrent des postes clefs. On remarquera bien que cette progression du PCF ne se fit pas avant 1944. Par ailleurs, on peut se demander si elle a été suffisante pour qu'on puisse parler d'un compromis historique, avant la lettre, entre de Gaulle d'une part et le PCF d'autre part. L'appellation est par trop anachronique.

20. Charles d'Aragon, *La Résistance sans héroïsme*, Le Seuil, 1977, p. 156.
21. Marc Sadoun, *op. cit.*, p. 198.

Il est en revanche pertinent de souligner que le PCF mit en œuvre une ligne habile qui comportait à la fois un soutien sans ambages au GPRF et une « stratégie de rupture[22] » pour le moyen terme, visant à opposer légitimité populaire (par le biais des Comités départementaux de libération – CDL – ou des Milices patriotiques) et légitimité de la bourgeoisie nationaliste gaullienne.

Le sentiment unitaire prévaut

Les sujets de désaccord foisonnaient : sur l'importance de la raison d'État, sur le système politique à mettre en place, sur la nature de cette « révolution » que chacun invoquait, sans parler de l'action immédiate, des FFI… Il serait pourtant anachronique de durcir l'antagonisme entre le CFLN et une Résistance intérieure prise en bloc. D'abord, parce que dans cette Résistance (qui demeurait unitaire et plurielle), personne – ou presque – ne remettait fondamentalement en cause la légitimité de ce qui devenait, le 3 juin, le gouvernement provisoire de la République française. Et puis, répétons-le bien, ces pages sont avant tout consacrées à la Résistance des chefs. La base, comme on peut l'appeler, était largement gaulliste, entre autres raisons parce que le Général se voulait fédérateur. Ajoutons que les services de la délégation étaient bien rodés, que les commissaires de la République et les préfets, les secrétaires généraux provisoires dont la liste avait été arrêtée de part et d'autre de la Méditerranée étaient prêts à prendre leurs postes. Enfin, Alger pouvait compter sur l'organisation efficace, à l'échelle nationale ou régionale, des délégués militaires qui contrôlaient les services radio, les liaisons et aussi le gros de l'armement que les Anglo-Saxons voulaient bien accorder.

Bref, les résistances étaient bien devenues la Résistance et, dans cette unification, le CNR, qui avait été l'œuvre ultime de Rex, avait eu un rôle de première importance.

---

22. Se reporter avant tout à Stéphane Courtois, *Le PCF dans la guerre*, Ramsay, 1980.

Histoire, mémoire et rumeur

Cette unification et, en tout cas, la « Mission Rex » allaient devenir quasi immédiatement un enjeu de mémoire, avant d'être un sujet d'histoire et, malheureusement, un objet de rumeurs.

L'échec du MLN à la Libération et l'évolution partisane de la IVᵉ République ont fait dire à certains des chefs historiques des mouvements qui avaient combattu l'entrée des partis dans le CNR, que l'année 1943 avait été celle des occasions manquées. Retenons les interprétations significatives de Claude Bourdet et d'Henri Frenay

Claude Bourdet voit dans la politique suivie par la délégation générale le reflet de « la dictature des bureaux londoniens » et tout autant de l'« autoritarisme maladif » qui caractérisait, selon lui, Charles de Gaulle. Il ajoutait que c'était l'action pernicieuse du chef de la France libre qui allait bloquer les aspirations multiformes à une transformation profonde du système politique, pour déboucher sur une simple « restauration », celle, entre autres, des notables.

Frenay, quant à lui, a entamé dès 1950 le procès de l'action personnelle de Moulin ; il ne cessera, sa vie durant, d'en poursuivre l'instruction[23]. En 1973, il croyait avoir trouvé le sésame : « Jean Moulin crypto-communiste ?... C'est une réponse satisfaisante à toutes mes questions et alors tout brusquement s'éclaire[24]. » Cette thèse, qui n'était étayée par aucun document et véhiculait une mémoire déçue, fut en son temps réfutée avec pertinence[25]. Car les relations entre le PCF et la France libre furent établies par Rémy ; Moulin, qu'avait révulsé le pacte germano-soviétique, fit tout pour

23. Cette thèse déjà développée dans *La nuit finira* est amplifiée dans *L'Énigme Jean Moulin*, Laffont, 1977.

24. Henri Frenay, *La nuit finira*, p. 565.

25. Voir notamment Pierre Vidal-Naquet, *Le Trait empoisonné, réflexions sur l'affaire Jean Moulin*, La Découverte, 1993.

minorer l'influence du Front national, ne donna à aucun communiste un poste de responsabilité. Si les communistes allaient bien acquérir du poids dans le CNR, ce fut après la disparition de Rex.

Trente ans plus tard, Daniel Cordier, dont Jean Moulin avait fait le responsable de son secrétariat, en même temps que son homme de confiance, allait dépouiller méthodiquement les archives de la Mission Rex pour en proposer la première lecture véritablement historique. Elle suscita des interrogations, voire des polémiques, car elle faisait surgir à nouveau les affrontements internes de la Résistance, et notamment les différends entre Rex et Brossolette pendant la mission Brumaire-Arquebuse.

Cette avancée des analyses historiques n'allait pas empêcher que s'amplifie la vieille rumeur, faisant cette fois de Jean Moulin un agent pur et simple des services secrets soviétiques. Ces allégations calomnieuses, bâties sur des sources exclusivement policières et pour partie douteuses, reflétant seulement les *a priori* idéologiques, ne valent que ce que valent les rumeurs et les reconstructions partisanes.

Pour conclure ce chapitre, citons Claude Bourdet : « Le rôle de Moulin avait été capital, indispensable à la fois pour ouvrir les yeux à de Gaulle et aux bureaux sur la nature et les besoins de la Résistance, et pour amorcer et faire progresser l'unification à travers beaucoup d'hostilités, de réticences et d'incompréhensions. Pour cette double tâche, il fallait des dons exceptionnels d'autorité et de persévérance. De telles qualités vont rarement sans une bonne dose d'autoritarisme et d'entêtement [...]. La Résistance a énormément profité de ses qualités ; elle a aussi nécessairement souffert de ses défauts et de ses erreurs[26]. »

---

26. Claude Bourdet, *op. cit.*, p. 258.

STO et maquis

H. Roderick Kedward

«La vie au maquis était très dure… mais très exaltante.»
Ces mots sont du Montpelliérain Henri Prades, mais l'opinion qu'ils expriment pourrait être celle de n'importe quel maquisard. Henri Prades se dépeint comme un réfractaire au STO typique. Âgé de vingt-deux ans en 1942, il exerçait le métier d'instituteur depuis sa sortie de l'École normale en 1940. En novembre 1941, il avait été appelé aux Chantiers de la jeunesse pour une période de huit mois. C'est en février 1943 qu'il reçut sa convocation pour le STO. Il obtint, par le biais de l'inspecteur d'académie, un sursis de trois mois, mais les gendarmes ne cessaient de le relancer. En juin, voyant qu'il n'y avait plus d'espoir d'obtenir de prolongation et craignant d'être dénoncé par un voisin collaborateur, il se rendit auprès d'un bureau situé près de la gare de Montpellier, chargé d'organiser les départs des requis, où on lui remit des vêtements de travail pour l'Allemagne. Peu avant l'heure prévue, il prit un autre train à destination de Ganges où sa fuite avait été organisée par sa femme, originaire de la région et qui savait que le maire aidait les réfractaires. Muni de nouvelles cartes d'identité et d'alimentation, il parcourut à pied les 30 kilomètres séparant Ganges du massif de l'Aigoual pour rejoindre le maquis créé par le pasteur Olivès. Ces événements intervenus dans la vie d'Henri Prades se sont répétés des milliers de fois à travers toute la France, et nous reviendrons ultérieurement sur cette expérience collective. Son histoire, racontée en si peu de phrases, semble toute simple. Mais il ne s'agit là que d'une apparence trompeuse.

Dans la plupart des récits consacrés à l'histoire de Vichy
et de la Résistance, l'instauration du STO est considérée
comme le moment où Vichy bascule dans la collaboration la
plus extrême et où la Résistance bénéficie d'un afflux de
jeunes recrues qui prennent le maquis. La raison déterminante de cette situation, c'est que Fritz Sauckel exige l'envoi
d'un nombre croissant d'ouvriers français en Allemagne
pour pallier la crise de main-d'œuvre dans les usines au
moment où la guerre contre l'Union soviétique prend la
dimension d'une catastrophe pour le Reich. Il fallait que la
France payât – à titre de sanction supplémentaire – pour les
épouvantables pertes subies par les Allemands au cours de la
bataille de Stalingrad. Tout au long des années 1942 et 1943,
Sauckel utilisa l'intimidation et la menace tandis que Laval
négociait, temporisait et acquiesçait. Leurs relations étaient
tendues : Sauckel tantôt louant Laval pour sa coopération
tantôt le condamnant pour son obstruction.

On sait comment la Relève, imaginée par Laval en juin
1942 pour répondre aux exigences de Sauckel, avait conforté
les espoirs d'une réciprocité dans le cadre de la collaboration
acceptée à Montoire en octobre 1940 : chaque fois que trois
ouvriers spécialisés se porteraient volontaires pour aller travailler en Allemagne, un prisonnier de guerre serait rapatrié. « Finis les mauvais jours, proclamait une affiche de
Vichy, Papa gagne de l'argent en Allemagne. » Une autre
affiche montrait un prisonnier souriant retrouvant sa femme
et sa fille ; il y en avait même une qui, sur un ton de forfan-
terie patriotique, proclamait : « En travaillant en Allemagne,
tu seras l'ambassadeur de la qualité française. » Tant qu'il
s'agissait d'un recrutement volontaire, pareille propagande
était possible. Mais le 4 septembre 1942, après l'évident
échec du volontariat, la conscription obligatoire de la main-
d'œuvre fut introduite pour tous les hommes âgés de dix-
huit à cinquante ans et pour les femmes célibataires âgées de
vingt et un à trente-cinq ans, celles-ci n'étant requises que
pour travailler en France. La Relève, dont les bénéfices
escomptés pour la France n'étaient plus qu'illusions, devenait désormais dangereuse, tandis que la coercition exercée

par Vichy prenait chaque jour davantage le caractère oppressif des forces d'occupation. Sauckel avait laissé entendre que si Vichy ne pouvait ou ne voulait pas fournir la main-d'œuvre exigée par l'Allemagne, ce serait alors l'armée d'occupation qui se chargerait de le faire. Toute la politique de Laval – inspirée de la théorie dite du « bouclier » – était menacée, et il fut contraint à des concessions de plus en plus nombreuses afin de préserver une vague apparence à l'indépendance vacillante de Vichy.

La promulgation du STO est à juste titre considérée comme une étape de la plongée de Vichy dans une collaboration de plus en plus poussée. En janvier 1943, Sauckel exigea qu'en plus des 240 000 ouvriers déjà partis en Allemagne – la plupart sous la contrainte après le 4 septembre – un nouveau contingent de 250 000 hommes soit expédié pour la mi-mars. Or Vichy savait que même la réquisition du mois de septembre précédent n'aurait pu fournir un tel nombre d'hommes. Il fallut recourir à une nouvelle législation. Le 16 février 1943, la loi sur le STO fut donc promulguée, imposant l'enregistrement de tous les jeunes hommes nés entre 1920 et 1922 et les rendant requérables pour le service du travail en Allemagne. Initialement, les femmes n'étaient pas concernées par la loi, mais celles visées par les mesures du 4 septembre restaient constamment passibles de la réquisition, et par la suite les catégories furent étendues. Avec l'instauration du STO, c'était le sacrifice de la jeunesse qui était cyniquement consenti et les illusions sur une quelconque réciprocité définitivement abandonnées. À cet égard, la loi sur le STO constitue le point culminant de la politique de collaboration de Vichy.

Le STO généra pour la Résistance de nouvelles et importantes possibilités après la fusion, en janvier 1943, des trois mouvements, Combat, Franc-Tireur et Libération-Sud, réunis dans les Mouvements unis de la Résistance (MUR). Le succès de cette entreprise de Jean Moulin est considéré comme le véritable point de départ de l'essor de la Résistance grâce en particulier au Service national du maquis (SNM), mis en place sous la responsabilité de Michel Brault en avril. Le Front national et ses FTP qui étaient déjà engagés dans la lutte armée vinrent grossir les rangs des unités du SNM dans les maquis, dont le constant développement au cours de l'année 1943 aboutit à une croissante militarisation de la Résistance dans la première moitié de 1944 et, par la suite, à la création des Forces françaises de l'intérieur (FFI). Ainsi racontée, l'histoire montre le STO comme le moment crucial à partir duquel commence l'« inévitable » montée de la Résistance en direction de l'insurrection nationale, et Sauckel est ironiquement célébré comme le principal officier recruteur des unités de maquisards, rendant ainsi cette insurrection possible.

Tout récit intégrant les événements les plus dramatiques dans une histoire évolutive risque de simplifier les faits et même de falsifier la réalité. Ceci est particulièrement vrai pour le STO et pour les origines du maquis. Loin d'être le résultat d'un processus cumulatif, nous devons comprendre que ces événements sont, dès l'origine, comme un choc, une rupture, un moment où tout est dislocation, ambiguïté et où tout peut basculer dans un sens ou dans l'autre, aussi bien pour l'histoire de la Résistance que pour celle de Vichy.

Le choc initial provoqué par le STO fut si sévère et si paralysant dans sa soudaineté et dans sa rigueur qu'il réussit là où la Relève avait échoué. En termes statistiques, les exigences de Sauckel réclamant 250 000 départs pour l'Allemagne avant la fin de mars furent non seulement satisfaites mais dépassées. Sauckel lui-même fut content et félicita les Français d'avoir été les seuls en Europe occupée à lui avoir permis de remplir son objectif à 100 %. En mars, les trains emportant les ouvriers en Allemagne étaient si bien remplis que ce nazi brutal et obtus tira profit de la situation pour exiger le départ de 220 000 hommes de plus pour la fin de juin, dernier délai. Le succès de Vichy l'avait incité à pressurer les Français encore davantage. Mais les premières statistiques ne montrent qu'un aspect des choses. Le nombre d'hommes envoyés en Allemagne entre février et avril semble indiquer que le STO avait fonctionné sans à-coups, mais, en réalité, les rapports de préfets révèlent une tout autre histoire.

Dans les villes de grande et de moyenne importance, les autorités eurent à faire face à un véritable cauchemar sur le plan administratif, cauchemar qui ne fit qu'empirer au fil des mois. Le processus d'enrôlement soulevait d'innombrables problèmes de cohérence et d'équité en raison des modifications constantes de définition concernant les exemptions et les sursis. À l'origine, il semblait que tous les ouvriers agricoles dussent être exemptés, mais le gouvernement décida que ceux de la classe 1942 seraient requérables. Les jeunes en train d'effectuer leur service de huit mois aux Chantiers de la jeunesse devaient-ils être épargnés ? Vichy répondit par la négative, et un premier détachement de 5 000 jeunes hommes fut envoyé en Allemagne à la fin du mois de mai, peu après leur libération des Chantiers. Selon quels critères les autorités allaient-elles pouvoir décider qui était véritablement agriculteur ? Les cultivateurs allaient-ils être mis en mesure d'engager une main-d'œuvre supplémentaire et de protéger ainsi des centaines de jeunes gens contre le service en Allemagne ? Afin d'empêcher cela, Vichy spécifia que les exemptions ne seraient accordées qu'à ceux dont les métiers bénéficiaient déjà d'une telle exemption depuis au moins octobre 1942. Il restait cependant d'autres échappatoires. Combien de temps allait-il s'écouler entre la conscription et la visite médicale, ou entre cette dernière et le départ pour l'Allemagne ? Le préfet de Marseille se plaint de ce que la mise en application est bien trop bousculée et ne laisse pas le loisir d'étudier en profondeur les cas d'exemption. Son rapport concernant le départ du 1er avril nous donne une description caractéristique illustrant clairement les complexités du STO : « Nombre de jeunes gens convoqués : 866 ; nombre de jeunes gens présentés : 486 ; nombre de jeunes gens exemptés : 250, se décomposant de la façon suivante : inaptes temporaires : 65 ; inaptes définitifs : 45 ; jeunes gens travaillant pour les autorités allemandes : 91 ; pères de famille : 11 ; plus d'un an de service militaire : 9 ; milice : 7 ; étudiants : 7 ; agriculteur : 1 ; électricité : 2 ; PTT : 2 ; trésor : 1 ; Juifs : 2 ; déjà parti pour l'Allemagne : 1 ; DAT : 1 ; SNCF : 1 ; étranger : 1 ; marin : 1 ; industrie protégée : 1 ;

sans motif apparent : 1 ; nombre de jeunes gens partis pour l'Allemagne : 236 ; nombre de jeunes gens absents : 380. »

Le préfet de la région de Montpellier prétendait, quant à lui, que le STO ne serait gérable qu'en l'absence de toute exemption et son point de vue est important. En effet, si Vichy avait été un État totalitaire, il n'aurait pas fait de si nombreux ni de si subtils efforts pour tenter d'ajuster et de reconsidérer la réglementation et l'application du STO. Il n'aurait pas laissé les médecins invoquer n'importe quelle excuse physique pour déclarer « inaptes » tant de jeunes ouvriers, et il aurait aussi beaucoup moins hésité à établir des « camps d'hébergement » dans les grandes villes afin d'empêcher les ouvriers requis de s'enfuir entre le moment de la visite médicale et celui du départ. Des camps de ce type furent créés et l'on réquisitionna des hôtels près des gares, mais la surveillance étant généralement insuffisante, le nombre des fuyards allait croissant. Confrontées à toutes ces ambiguïtés et à toutes ces confusions, aux protestations et à la colère des gens, les autorités locales représentant Vichy ajustèrent les choses chacune à leur manière. Certains appliquaient la loi à la lettre avec le plus grand zèle, d'autres fermaient les yeux devant des manquements mineurs et parfois majeurs à la loi. Il est clair que, face au STO, les responsables administratifs de Vichy furent livrés à leur seule conscience pour décider jusqu'à quel point collaborer et où s'arrêterait leur contribution personnelle aux exigences allemandes. En raison de la complexité de la loi, ils disposaient d'une marge de manœuvre considérable leur permettant de pratiquer une résistance administrative d'ordre technique. Quant à la gendarmerie, chargée de la chasse aux insoumis et aux défaillants, elle se trouvait dans une situation identique où il revenait à chaque individu de prendre ses propres décisions. C'est à partir de l'instauration du STO que l'on peut commencer à dater l'effondrement interne de Vichy. Envoyer de jeunes ouvriers français travailler en Allemagne était tellement en contradiction avec la devise « Travail, Famille, Patrie » qu'aucune tentative de justification n'était plus crédible.

Le préfet de la Côte-d'Or s'exprimait au nom de toutes les zones rurales lorsqu'il se plaignait auprès de Vichy de ce que la conscription des agriculteurs nés en 1922 allait frapper la paysannerie en plein été tout juste au début des moissons et, dans la Haute-Vienne, le préfet parle de « doléances paysannes », par référence aux Cahiers de doléances de 1789. Le préfet de la Lozère lui-même – pourtant bien connu pour ses positions collaborationnistes et pour la chasse sans merci qu'en 1942 il avait livrée aux Juifs – demanda comment Vichy pouvait justifier le nombre des requis exigé dans son département alors que ce dernier ne comptait que quatre petites villes où trouver des ouvriers. Ce qui rendait le STO différent des autres modes d'oppression ouvrière, c'est que la loi touchait tous les jeunes gens au même titre, qu'ils soient instituteurs, épiciers, tourneurs ou séminaristes. L'opposition jaillit non seulement dans la classe ouvrière, mais aussi chez les paysans et dans la classe moyenne, c'est-à-dire dans les deux classes sociales sur le soutien desquelles Vichy avait compté jusque-là.

N'en déduisons pas que l'opposition au STO ait été unanime. Certes, la grande majorité de la population y était farouchement hostile, mais beaucoup de notables et de patrons directement concernés exprimèrent ouvertement l'opinion selon laquelle les jeunes hommes devaient accepter la nécessité de servir leur pays en Allemagne sans fuir leurs responsabilités. C'était là le langage du « devoir » et même du « sacrifice » personnifié par le Maréchal, dont les notables, bons et loyaux pétainistes, s'inspiraient pour infliger aux jeunes de leur région les leçons de morale les plus explicites, à travers discours, sermons et lettres pastorales. Pétain lui-même, à l'occasion d'un discours radiodiffusé le 4 avril 1943, apporte son soutien à Laval et demande aux requis du STO d'accepter les « nouvelles épreuves » avec discipline. Ce fut un mot d'ordre politique. « Discipline » devint le terme le plus fréquemment employé pour clouer au pilori ceux qui cherchaient à enfreindre les rigueurs de la loi ; certains même – tel le recteur de l'académie de Lyon – allèrent plus loin encore en stigmatisant les réfractaires

comme des « déserteurs, traîtres à leur pays ». L'évêque de
Mende exhortait les jeunes gens à penser à leur devoir, mais
aussi à leurs amis, qui seraient expédiés en Allemagne à leur
place, et à leurs familles qui subiraient les plus graves
ennuis. « Votre intérêt et la sagesse exigent que vous partiez
[…]. La charité chrétienne ne permet pas de se décharger
sur le voisin. »

La menace pesant sur les familles n'était pas de pure
forme. Des amendes allant de 10 000 à 100 000 francs furent
fixées au début de juin pour quiconque aiderait un réfractaire, et c'est une femme d'Ussel, le 15 juin, qui, la première,
fut mise à l'amende. Mais les rafles étaient plus menaçantes
que les amendes. Les autorités allemandes commencèrent à
faire des perquisitions et des contrôles de police au hasard
dès le 19 février à Paris et dès le 1er mars à Lyon, en prenant
pour principaux objectifs les cinémas et les terrains de football. Les jeunes gens attrapés au cours de ces rafles pouvaient être expédiés immédiatement en Allemagne au titre
du STO, se faisant confisquer la prime de 1 000 francs que
leur accordait la loi et qui leur était remise avant le départ
pour se procurer vêtements et chaussures. Telles furent les
pressions morales et physiques exercées sur les classes 1940,
1941 et 1942, cibles des poursuites durant l'été de 1943,
auxquelles durent se joindre, pour renforcer les effectifs, les
jeunes gens nés au cours du dernier trimestre de 1919, quand
Sauckel exigea un second contingent d'ouvriers pour les
mois d'avril et de juin. Mais à ce moment-là les échappatoires, les confusions, les hésitations de l'administration et,
par-dessus tout, le refus du STO par le Français moyen, en
firent non seulement un cauchemar pour les personnels chargés de l'appliquer, mais aussi un désastre pour la politique
de Vichy ébranlée jusque dans ses fondations.

Pour la majorité des Français, le STO servit de révélation
du pillage humain provoqué par l'Occupation. Jusque-là, le
fardeau de la présence allemande avait pesé inégalement sur
la population. Le STO fit entrer une nouvelle et dure réalité
dans des foyers qui n'avaient connu les effets de la défaite qu'à
travers les difficultés de la vie quotidienne. La presse clan-

destine avait bien tenté de sensibiliser l'opinion publique en
la mettant en garde contre les soi-disants bénéfices promis par
la Relève, mais l'argument de Vichy, maintes fois ressassé,
selon lequel le monde rural ne pouvait que gagner au retour
des prisonniers de guerre, avait affaibli l'efficacité du discours
de la Résistance. Avec le STO, l'argument de Vichy tombait.
La presse clandestine et la BBC cataloguèrent immédiatement
le STO comme une déportation et, pour la première fois
depuis l'acceptation de la défaite par Pétain en juin 1940,
quelque chose ressemblant fort à un mouvement général
d'opinion balaya le pays. Le STO affectait le travail et la vie
de milliers de gens qu'on ne pouvait sous aucun prétexte
mettre en marge de la nation, mais qui, tout au contraire,
tenaient une place centrale dans son économie. Avec la première réaction de l'opinion publique face aux départs forcés
et les premières estimations concernant les défaillants, Vichy
se trouvait devant un dilemme auquel il n'échappera plus
jamais : les défaillants ou réfractaires devaient-ils être traités
comme des jeunes gens irréfléchis mais innocents, ne cherchant qu'à s'autoprotéger, ou bien devaient-ils être pourchassés et traqués comme des ennemis de l'État et fallait-il les
ajouter à la liste de tous ceux que Vichy avait déjà proscrits,
c'est-à-dire les communistes, les Juifs, les francs-maçons, les
gaullistes et autres « indésirables » ?

La nature des protestations spontanées qui éclatèrent dans
les villes et les villages à travers la France mit bien vite ce
dilemme en évidence. Les manifestations des femmes furent
particulièrement importantes. On en vit certaines se coucher
sur les rails pour empêcher les trains de partir, criant « À bas
Laval ! » et « Non à la déportation ! » et bombarder les représentants de Vichy de fruits et de légumes pourris. C'était à
la police de décider jusqu'à quel point il convenait de poursuivre les protestataires et s'il fallait attribuer aux manifestations une nature politique ou circonstancielle. À Mazamet,
dans le Tarn, petit mais important centre textile au pied de la
Montagne Noire, 116 jeunes gens étaient inscrits sur la liste
des départs pour le STO du 11 mars. De violentes scènes de
protestation organisées par les parents et par les amis eurent

lieu au moment du départ, réunissant une foule estimée à 2 000 personnes, soit au moins le sixième de la population de la ville. Dans le rapport de gendarmerie qui suivit, plusieurs femmes sont désignées comme les meneuses de l'affaire, mais elles sont toutes décrites comme des femmes « de bonne réputation », et les incidents sont attribués à une légitime indignation devant l'insuffisance de bons de vêtements et de chaussures. Le rapport poursuivait en indiquant qu'une poignée d'agitateurs politiques avaient provoqué la foule et désignait quatre Espagnols en demandant leur arrestation. Dans ce rapport, la différence entre les motivations d'origine politique et non politique des manifestants était clairement marquée, mais pareilles distinctions devinrent de moins en moins possibles. Des hommes et des femmes ordinaires, citoyens honnêtes en temps normal, se découvraient la vocation de hors-la-loi actifs ou passifs sous la pression du STO. Leur défi signifiait la révolte d'une communauté contre un gouvernement jugé avoir outrepassé ses droits. Laval et Vichy étaient vus comme ceux qui violaient la loi et furent accusés de trahison et d'injustice. Les protestataires et les réfractaires étaient de plus en plus nombreux à affirmer que le droit et la justice naturelle étaient de leur côté à eux. Et nombreux aussi étaient les gens qui voyaient avec un malin plaisir les responsables de Vichy, impuissants, perdre la face. Une lettre de Mende, datée du 23 mai, décrit un départ en car pour le STO : « Mercredi dernier a eu lieu un autre départ de travailleurs. Mais c'est assez rigolo, voici comment ça s'est passé. Il devait en partir 83. Lorsque le car a été là pour les prendre, il y en a eu 17. Le car est tombé en panne avant d'arriver au Monastier. Du temps qu'ils réparaient, les autres se sont camouflés, sauf deux. Arrivés à Sévérac, les deux ont fait de même. Les Lozériens seront nombreux cette fois ! »

À l'époque où toute la presse clandestine encourageait les jeunes gens à échapper au STO avec l'aide de la famille et des amis, cette lettre et les faits qu'elle raconte sont indéniablement favorables à la Résistance. Mais il est vrai aussi que seule une minorité de réfractaires se firent combattants dans le maquis. Des chiffres sérieux ont été avancés, montrant que la plupart de ceux qui avaient échappé au STO avaient été travailler chez des parents à la campagne ou avaient même régularisé leur situation, plus tard dans le courant de l'année, lorsqu'une amnistie fut décrétée par Vichy. Mais quelle que soit la relation exacte entre réfractaire et maquisard, les historiens admettent que ce fut la sympathie largement partagée pour les jeunes gens en fuite qui permit aux maquis de s'implanter et de survivre. C'est en ce sens que le refus du STO et les manifestations de protestation qu'il souleva devinrent un acte politique.

La diversité des faits décrits, selon les régions, doit nous garder des généralisations, et la condition des réfractaires qui change de façon considérable entre février et la fin de l'été rendrait en outre les comparaisons risquées. Dans le Lot, on considère que 28 % ont refusé le STO en juin, mais 95 % en août ; le 19 mai, à Lyon, 23 requis demandèrent leur incorporation dans la Milice pour éviter le STO ; dans le département du Nord, sur 62 700 inscrits des classes 1940 et 1941, on estime à 38 000 au moins ceux ayant fourni de faux certificats d'exemption ; en août, dans le Finistère et le Morbihan, le bruit courut que de 14 000 à 16 000 réfractaires erraient dans la campagne ; le 15 mars, *Le Journal de Genève* écrit que 90 % des hommes passibles du STO dans l'arrondissement de Thonon étaient en fuite ; en Isère, on compte que 30 % des réfractaires ont rejoint le maquis, 20 % en Côte-d'Or, 19 % dans le Tarn et 6 % dans l'Aude. Mais ces statistiques doivent être considérées avec prudence. Tout est affaire de définition : on sait combien il est difficile de s'entendre sur ce qui constitue exactement un acte de résistance. Personne, dans ces conditions, ne peut prétendre qu'un réfractaire, sous prétexte qu'il n'est pas devenu maquisard, a de ce fait manqué le rendez-vous de l'Histoire. Beaucoup d'entre eux, se cachant dans les villes, ont rejoint en 1944 des unités FTP urbaines. Certains, défiant la loi avec une véritable audace, devenaient tout naturellement des recrues pour d'autres tâches dans la Résistance, celles de passeur ou de saboteur de l'Action ouvrière.

Il y avait d'autres personnes recherchées par la police au début de 1943, des hommes et des femmes qui ne fuyaient pas le STO, et il y avait des villages, des fermes et des camps forestiers qui recueillaient ces fugitifs poursuivis par Vichy et par la répression allemande. Juifs, communistes, républicains espagnols, antifascistes de tout poil originaires d'Autriche, de Pologne et d'autres pays d'Europe centrale, déserteurs de l'armée allemande : leur nombre ne sera jamais précisément connu, mais c'est leur détermination à vouloir rester libres qui fut à l'origine de l'aide et de la protection que leur prodiguèrent des communautés isolées d'un bout à l'autre de la France rurale. Des lieux, en montagne et en forêt, où un travail agricole était possible et où des fermes abandonnées et des bergeries offraient des abris tout trouvés, furent recherchés par des organisations comme la CIMADE (Comité intermouvements auprès des évacués). C'est la CIMADE qui, la première, organisa des itinéraires d'évasion pour les Juifs échappés des camps du Sud-Ouest et notamment du camp de Gurs. On donnait travail et nourriture à chacun et l'on posait peu de questions. Dans les Cévennes, certains paysans protestants ne demandèrent même pas leur nom à ceux qu'ils avaient accueillis. Il leur suffisait de savoir que ces gens étaient injustement victimes de persécutions et qu'ils avaient besoin d'aide.

Le refuge est une chose, le combat armé est une tout autre affaire, mais le refuge pouvait conduire au combat, et il y eut de nombreux degrés de résistance entre ces deux situations. À l'origine, ce fut plutôt la quête de refuges qu'une volonté d'organiser la lutte armée qui amena tant de régions et de communautés rurales à entrer dans la Résistance. Qu'ils appartinssent à l'Armée secrète des MUR ou au FTP, les résistants des villes n'étaient pas préparés à un élargissement de l'action résistante dans les campagnes. On comprenait bien la nécessité des refuges, mais durant l'hiver de 1942-1943, on n'imaginait pas qu'on pourrait prendre les campagnes comme bases de sabotage, d'embuscades ou de confrontations armées avec l'ennemi. Le concept de guérilla n'existait pas. Dans son *Histoire de la Résistance en Lozère*,

Henri Cordesse s'exprime pour la plupart des départements lorsqu'il dit : « Il y a loin d'un refus du STO à un engagement dans la Résistance, surtout si cet engagement implique de "prendre le maquis". Pour la grande majorité des réfractaires, il s'agit de se camoufler afin d'échapper aux recherches. D'ailleurs l'idée de constituer des maquis est considérée, en ce début de 1943, comme une folie par la génération aînée des résistants eux-mêmes. Objectivement, cette attitude est parfaitement fondée [...]. Ce n'est que petit à petit que la formule "maquis" s'imposera. » Lorsque cela commença à se produire, il n'y eut pas une formule unique servant de modèle au maquis. Les récits sur les premiers maquis présentent une grande diversité. En Normandie, écrit Marcel Baudot, le nom d'un résistant, Robert Leblanc, « a pris valeur de symbole et est entré vivant dans la légende ». C'était un petit commerçant dans un village à l'ouest de la Risle, au-dessus de Brionne, qui, dès novembre 1942, créa ce qui allait devenir le célèbre maquis Surcouf, avec l'intention bien arrêtée d'attaquer les installations militaires allemandes. En un an, il réunit 7 sections de 16 hommes. Le premier maquis de Lozère ou plutôt le premier embryon de maquis fut créé sur les hauts plateaux de l'Aubrac, en pleine neige, quand on y cacha 5 travailleurs étrangers au début de 1943. Dans le Jura, Albert Thomasset, garde des Eaux et Forêts d'Ivory, un passeur bien connu, incita deux réfractaires des premiers temps, Léon Tonnaire et Paul Chatot, à se cacher dans « sa » forêt. Ils avaient espéré, écrit François Marcot, s'échapper jusqu'en Afrique du Nord pour y rejoindre les Français libres, mais ils avaient été bloqués par les neiges. Ils étaient réfractaires avec l'intention de faire de la résistance, mais ils n'imaginaient pas qu'ils seraient à l'origine d'un noyau de résistance dans leur propre forêt.

Le premier maquis du Gard fut appelé « la Pouponnière ». Aimé Vielzeuf raconte qu'il avait été constitué par un résistant socialiste de Nîmes, René Rascalon, qui groupa une poignée de réfractaires dans une ferme isolée proche de la ville avant de les transférer dans les Cévennes. C'était au début de mars 1943. Quatre mois plus tard, ou presque, le 28 juillet, le pasteur Gillier de Mandagout recevait dans son presbytère des Cévennes deux déserteurs de la Compagnie des travailleurs du Vigan et les installait dans une bergerie isolée. Par ce seul acte, écrivait-il, « le maquis de Mandagout était créé ». Mais ce ne fut que plusieurs mois plus tard qu'il devint un maquis de combat, lorsque des officiers de l'ORA en firent le maquis des Corsaires. En Isère, deux communistes, P. Billat et R. Périnetti, échappés d'un camp d'internement, se réfugièrent dans une ferme près de Malleval où, armés d'un revolver et d'un fusil de chasse, ils constituèrent la première unité FTP de la région, le camp *En Avant*. Dans la vallée de la Dordogne, au début d'avril 1943, le camp de Chambon fut installé : l'on y donna une formation aux réfractaires et il constitua le premier maquis de la région. Son originalité, revendiquée par Louis Le Moigne et Marcel Barbanceys, réside dans le fait que ce camp avait été conçu dès le départ pour être une unité militaire. Dans son ouvrage consacré aux maquis du Morvan, Jacques Canaud distingue les « maquis-refuges » et les « maquis-combat », mais il estime que presque tous les maquis de sa région, quelle que fût leur forme, ont pour origine des petits groupes de « résistants luttant depuis longtemps contre l'occupant et qui, la plupart du temps, doivent entrer dans la clandestinité, après avoir fui la région où ils sont grillés ».

Ces exemples n'ont qu'une valeur d'échantillon. Ce que l'on peut dire, en gros, c'est que les premiers camps furent une réponse locale au problème urgent que posait le refuge des réfractaires, mais que l'idée du combat prit bientôt le dessus, particulièrement là où les camps étaient composés en majorité d'anciens des Brigades internationales, d'antifascistes d'Europe centrale et de résistants de l'intérieur, expérimentés, contraints de fuir les villes. Vers le mois de juin, le nombre croissant de recrues imposa la nécessité de trouver de nouveaux modes d'organisation, de nouvelles stratégies et de nouveaux chefs. C'est ce que veulent dire les historiens lorsqu'ils écrivent que « le maquis s'imposait à la Résistance ». Si le SNM avait été créé au sommet par les MUR pour répondre aux développements de la situation à la base, il n'en reste pas moins qu'à l'échelon local le passage de l'état de réfugié à celui de combattant était difficile à envisager pour nombre de résistants. Deux facteurs essentiels facilitèrent ce passage, à partir de la seconde moitié de 1943 : le premier fut la propagation de la mystique des maquis, et le second, la conviction qu'un débarquement allié était imminent en France, surtout après la libération de la Corse.

Bien avant que l'armement des maquis ne devienne une réalité, l'imagination des résistants dans toute la France avait été saisie par les nouvelles venant de Haute-Savoie. En mars 1943, la radio suisse se mit à annoncer la montée de plusieurs milliers de réfractaires dans les montagnes de Haute-Savoie, une histoire que Maurice Schumann enjoliva en célébrant à la BBC la « Légion des Montagnes [...], les irréductibles, les réfractaires de la France des Alpes, portrait de tout un peuple ». Ces rumeurs en provenance des Alpes n'étaient pas sans fondement. Tôt en mars, le préfet avait signalé à Vichy l'existence de plusieurs milliers de réfractaires dans les montagnes, décrivant la situation comme très sérieuse, car les hommes – disait-on – avaient des armes et des munitions. Mais ces rassemblements ne durèrent qu'un temps, et la plupart des hommes retournèrent peu à peu à leur existence dans les villes et dans les villages, lorsqu'il s'avéra qu'il n'existait aucune organisation ni aucune stratégie permettant une mobilisation militaire. André Philip mit en garde Maurice Schumann contre le danger qu'il y avait à légitimer ce genre de « mouvement » spontané mais, comme Jean-Louis Crémieux-Brilhac en fait la remarque avec perspicacité, « pour la première fois le lien entre la fuite devant le STO et l'éventualité d'une Résistance populaire armée est apparu explicitement ».

Le scénario d'une nouvelle forme de résistance avait ainsi été annoncé et, dans les trois mois qui suivirent, c'est le mot « maquis » qui l'emporta sans partage. Le pourcentage des réfractaires passant dans la plupart des départements d'environ 20 % en mai à 50 à 70 % en juillet et août, puis à 80-90 % durant les derniers mois de l'année, l'image d'une jeune force combattante, dans les montagnes et dans les forêts, activement impliquée dans une aventure patriotique, prit forme et couleur, alimentée par la presse clandestine et rendue séduisante par l'arrivée du printemps et de l'été qui donnaient à la vie « en plein air », « au large », « sous le ciel » et « au maquis » le caractère tout à la fois d'un accomplissement stimulant mais aussi d'une réalité concrète. Ce fut en mai que la pression du STO sur les agriculteurs de la classe 1942 affecta pour la première fois les zones rurales et, à partir de juin, on constate de manière significative une amélioration des relations entre le monde paysan et les réfractaires. Presque partout, les agriculteurs avaient accueilli avec prudence cette main-d'œuvre supplémentaire fournie par les réfugiés et par les réfractaires, mais ils se méfiaient terriblement de tout ce qui pouvait avoir un caractère « politique » et étaient hostiles aux activités risquant d'attirer l'attention de la police de Vichy ou, pis, des autorités allemandes. Mais dès que leurs jeunes ouvriers furent concernés par les réquisitions pour le service en Allemagne, leur indulgence pour une résistance ouverte dans les campagnes augmenta notablement et de petits groupes mobiles de maquisards commencèrent à pouvoir se déplacer d'un endroit à l'autre avec plus de sécurité et d'assurance. Cette mobilité était cruciale tout à la fois pour l'efficacité du maquis et pour sa mystique. À l'image des grands rassemblements de patriotes sur les plateaux alpins vint s'ajouter celle encore plus évocatrice de la bande de hors-la-loi, frappant la nuit, invisibles, durs et infatigables vengeurs, personnages tout droit sortis du folklore et de la légende.

La mystique du maquis était à double tranchant. Elle inspirait l'action, mais elle engendrait aussi la frustration. En juin et juillet 1943, des rapports de gendarmerie concernant les régions montagneuses du Massif central et les contreforts des Alpes font état de réfractaires arrêtés facilement à la suite de dénonciations ou d'enquêtes de police et qui exprimaient leur déception et leur ennui en découvrant que le maquis, privé de moyens militaires, leur offrait une vie de désœuvrement et sans héroïsme. À Aire-de-Côte, dans le massif de l'Aigoual, un camp de réfractaires fut cerné puis décimé par les forces allemandes par suite de discordes

internes, de trahison et du manque d'armes et de munitions.
C'était le 1er juillet, peu après l'arrivée de Henri Prades dans
le secteur, après sa fuite du STO organisée depuis Ganges.
Comme tous les autres dans la région, il fut bouleversé en
prenant conscience qu'être réfractaire ne consistait pas seulement à échapper aux poursuites de Vichy, mais pouvait
aussi conduire à une mort brutale par la main des Allemands.
À Aire-de-Côte 3 maquisards furent tués, 15 blessés et 43
faits prisonniers et déportés en Allemagne. Quant au camp
de Chambon, dont nous avons vu qu'il avait été conçu pour
le combat, il fut lui aussi décimé, mais par la police mobile
de Vichy, les GMR. Les responsables durent alors prendre
conscience qu'organiser un maquis était une chose plus
importante que de lui trouver une localisation isolée et que
le fait de disposer de moyens de communication fiables et
d'itinéraires de retraite rapides était non moins important.
De tels échecs nous rappellent la véritable nature de l'expérience du réfractaire et du maquisard : il ne s'agissait pas du
passage facile d'une activité professionnelle à une vie de
refuge ou de combat, mais d'une nouvelle vie, inconnue,
dure et dangereuse.

   L'image du maquisard, combattant endurci vivant dans les
bois, n'échappe pas à Vichy. Laval fut obligé de reconnaître
face à Sauckel que les 200 000 ouvriers requis pour la fin de
juin ne pourraient être recrutés. En juillet, il lui manquait
encore 50 000 hommes et les maquis grossissaient partout en
nombre et en assurance. Incapable de défendre sa politique
ni auprès des Allemands ni auprès des Français, Laval aurait
pu renoncer totalement à la politique du bouclier. Au lieu de
quoi, il l'aménagea en proposant une amnistie pour tous les
réfractaires qui viendraient régulariser leur situation et il
annonça aux préfets qu'il allait désormais assurer la protection du jeune réfractaire « abusé » par les « terroristes politiques » et les « bandits » du maquis. Une campagne de propagande contre les « hors-la-loi » fut lancée dans la presse et
à la radio. Les discours radiodiffusés de Philippe Henriot
jouaient sur la peur des communautés rurales, en répétant
insidieusement que chaque « coup de main » du maquis

entrait dans une stratégie à long terme visant à établir le pouvoir communiste en France. Henriot, l'instrument de la propagande de la Milice, était, à bien des égards, beaucoup plus
menaçant pour le maquis que les forces allemandes. Les
miliciens pouvaient s'infiltrer et attaquer de l'intérieur.

Le second facteur qui accéléra le développement des
maquis de combat, c'était l'espoir que la Résistance allait
bientôt être impliquée dans un débarquement allié en France.
La chute de Mussolini, l'avance des Alliés en Italie et la libération de la Corse firent naître ce que quelques témoins
appelèrent un climat d'espoir fébrile. Cela commença durant
les mois d'été 1943 et dura jusqu'en novembre lorsque s'installa la désillusion et que de nombreux maquis concentrèrent
toute leur énergie simplement pour survivre. La période
durant laquelle l'espoir avait régné avait suscité une rapide
militarisation, une planification stratégique ainsi qu'un
entraînement tactique. Ce fut aussi au cours de ces mois que
les structures du maquis s'imposèrent avec force dans l'existence de milliers de Français n'ayant de leur vie jamais
construit un campement dans les fougères, ni dormi dans
une grotte, non plus que salué les couleurs sur un plateau
couvert de neige, mais qui tinrent néanmoins une part essentielle dans l'existence et dans le développement des maquis.
Leur histoire doit être contée. Mais avant cela, voyons
quelles furent les différentes stratégies des maquis.

On a beaucoup écrit sur les différends et les rivalités entre
les maquis de l'AS ou des MUR et les maquis FTP. Or cette
rivalité a été intense dans certaines régions et inexistante
dans d'autres. Les résistants des MUR avaient conscience de
leur lien avec de Gaulle et les Alliés et ils étaient prêts à se
joindre à une stratégie dans laquelle les maquis tiendraient en
fin de compte un rôle militaire, en tant qu'« armée de l'intérieur », dès que les plans du débarquement allié en France
seraient prêts. En attendant, entraînement et discipline
étaient à l'ordre du jour. Les comparant à des actions spectaculaires de portée stratégique limitée, Henri Romans-Petit
écrit : « Dans l'Ain, dès la création des groupes organisés, la
consigne formelle est de passer inaperçus. Une seule fois et

pour quelques heures, le 11 novembre 1943, à Oyonnax, ils rompront volontairement avec la règle qu'ils se sont eux-mêmes imposée. Ils se montrent au grand jour. Une foule, délirant d'enthousiasme, les acclame, tant ils ont fière allure, tant ils incarnent l'espérance française. Les réfractaires sont désormais des soldats et, après une instruction éclair, des combattants. Les opérations de parachutage sont de plus en plus fréquentes à partir de novembre. » Ce récit est un classique de l'histoire des maquis. Romans-Petit y montre comment les chefs des maquis, qui étaient passés par l'une des écoles de cadres spécialement conçues et organisées dans ce dessein en Haute-Savoie, en Isère, dans l'Ain, et en Corrèze, y avaient appris les techniques de base de la guérilla, mais il reconnaît que la seule leçon sur laquelle on n'avait pas suffisamment insisté, c'était la nécessité de la mobilité. Trop de chefs des MUR étaient partisans du « camp retranché », c'est-à-dire d'une place forte mais immobile, conçue pour résister à une vigoureuse attaque des forces allemandes. Jean Moulin et le général Delestraint avaient donné leur accord, au printemps de 1943, à ce qui fut désigné sous le nom de « Plan montagnards », en vue de la création d'une ou de plusieurs forteresses de type alpin, destinées à immobiliser un grand nombre d'ennemis lors de l'invasion alliée. Ce plan tomba dans les oubliettes de l'histoire après la mort de Moulin et la déportation de Delestraint, mais l'idée avait fait son chemin et, en 1944, les plateaux des Glières et du Vercors furent le siège des deux plus vastes concentrations de maquisards en France, une mobilisation héroïque, inspirée par la conviction de contribuer pour une part importante à la stratégie alliée. Leur résistance à des forces allemandes considérablement supérieures et leur fin tragique relèvent d'une autre histoire. En 1943 déjà, l'idée du « maquis-forteresse » ainsi que la grande confiance en l'organisation alliée, en ses ressources et même en son commandement, sont caractéristiques des MUR. Cela est loin de représenter l'opinion générale partagée plus communément par les organisateurs et par les chefs de maquis locaux de l'AS, prompts à adopter les tactiques qui leur semblaient les mieux appropriées aux circonstances. Certains d'entre eux pouvaient satisfaire leurs maquisards en leur faisant faire de l'entraînement et participer à d'occasionnels coups de main, mais d'autres se lançaient dans le sabotage, les attaques et les embuscades, convaincus que l'essence de la stratégie du maquis résidait dans l'action immédiate.

Les FTP arrivèrent en plus petit nombre dans les zones rurales que les maquis de l'AS. Ils préféraient l'appellation de « camp FTP » à celle de « maquis », bien qu'à la fin de l'année les deux expressions fussent devenues interchangeables. Ils amenèrent dans les camps la même politique de lutte armée et la même organisation qu'ils avaient mises au point dans les villes. Les premières attaques contre des militaires allemands, à l'automne de 1941, avaient marqué la différence entre la stratégie communiste et le gaullisme, et malgré les avances faites en 1942 par les gaullistes à la Résistance communiste, et en dépit de la mission à Londres du chef communiste Fernand Grenier, les FTP n'attendirent ni ne reçurent le même soutien que celui prodigué par les Alliés aux maquis des MUR. Ils ne pouvaient compter que sur eux-mêmes pour se procurer armes et munitions, leurs camps étaient mobiles et de petite dimension ; ils se spécialisaient dans des actions régulières contre les voies de chemin de fer, les installations électriques et les dépôts en tout genre, relevant de Vichy ou des Allemands et vulnérables aux attaques soudaines. Leur réputation en matière d'action leur attira des recrues venant de maquis plus anciens contrôlés par les MUR. L'une d'entre ces recrues dans les Cévennes, Raymond Brès, expliqua qu'il s'était senti marginalisé dans son maquis des MUR : « On nous avait même dit que nous n'étions pas là pour nous battre ; que nous devions attendre la Libération pour aller maintenir l'ordre à Montpellier, ce qui nous avait un peu choqués. » Les FTP n'admettaient pas de tels transfuges : l'expression « changer de camp » désignait par euphémisme ceux à éliminer.

Leur attitude dure, inflexible, renforcée par la présence d'un « commissaire politique aux effectifs » les fit accuser de sectarisme idéologique par d'autres hommes au sein du maquis. Cela pourrait difficilement être interprété comme une faiblesse, puisque c'est précisément ce qui attira bon nombre d'anciens combattants de la guerre d'Espagne et autres antifascistes dans les camps FTP, ces derniers constituant alors d'efficaces unités combattantes. Il faut prendre bien plus au sérieux l'opinion de certains détracteurs des FTP selon laquelle l'« action immédiate » était menée sans se soucier des non moins immédiates représailles allemandes. Mais pas plus dans un cas que dans l'autre, le débat entre cette pratique des FTP (l'action immédiate) et le prétendu « attentisme » des MUR ne peut déboucher sur une quelconque conclusion d'ordre moral ou militaire.

Armée secrète ou FTP, tous contribuèrent activement à donner du maquis une image légendaire. Cette image n'est pas le fruit de l'histoire : elle a bel et bien été construite et entretenue sur le moment. Il était alors essentiel de créer un climat de mystère, de force et de puissance, et c'est pourquoi il était indispensable d'utiliser les explosifs partout où, et chaque fois que, cela était possible. On éprouvait le besoin de se rattacher à la longue épopée guerrière en s'efforçant d'être dignes du « guerrier » et du « dur » illustrés par l'imagerie d'Épinal, et de livrer une « guerre à outrance » sans faire de quartier aux collaborateurs. Henri Cordesse a appelé cela une « mentalité terrible » qui fut à l'origine de nombreuses « bavures ». L'esprit de revanche était très développé chez les maquisards et, si Henriot avait le pouvoir de provoquer la peur, l'activité des maquis pouvait aussi susciter le respect. Les pillages, les expéditions punitives, les sabotages en tout genre, nous dit Cordesse, « créaient un sentiment de force », et Pierre Laborie, parlant de l'ambivalence des réactions paysannes face aux « coups de main », écrit : « Si le paysan modeste est attiré par l'ordre, il est en même temps, et contradictoirement, fasciné par les moyens de contourner la norme, l'idéal semblant être de n'obéir qu'aux lois qui lui conviennent. » Les maquis rompaient les règles, sapaient l'ordre établi par Vichy, sabotaient l'économie de guerre et les communications allemandes, redistribuant par endroits les vivres et le bétail arrachés par eux aux

trains de ravitaillement allemands ou aux entrepôts de
Vichy. Leur présence dans les campagnes était toujours
inquiétante mais pas pour toute la population. Dans la plupart des régions, les maquis prenaient grand soin d'instituer
leur propre « légalité de hors-la-loi », marquant une discrimination à l'encontre des collaborateurs notoires par voie
d'« expéditions punitives ». L'une d'entre elles, en octobre
1943, dans le Morvan, a été consignée par le capitaine
Joseph, du maquis de Montsauche : « But : infliger une leçon
à ce mauvais Français, le rançonner en argent, vêtements et
vivres. J'avais à ce moment huit hommes à nourrir dans les
bois. Résultat : rançon de 25 000 francs… un cochon de
40 kilos, 100 kilos de pommes de terre, 75 kg de blé, une
paire de chaussures et une couverture. Depuis cette affaire
[le collaborateur] sembla avoir cessé toutes relations avec
les Boches. » Dans le Limousin, Georges Guingouin poussa
si loin le principe de la justice parallèle qu'il était connu
comme le « préfet du maquis », ce qui n'est pas une mauvaise description du personnage.

En novembre 1943, alors que s'évanouissait l'espoir d'un
proche débarquement allié, les maquis se trouvèrent face à la
perspective d'avoir à affronter un long et cruel hiver au cours
duquel toute stratégie devrait céder le pas à la nécessité de survivre. À l'occasion d'une réunion à Paris, à la fin d'octobre,
les responsables du SNM estimèrent que le nombre des
maquisards dans l'ancienne zone sud s'élevait aux environs de 14 000 à 15 000, auxquels Henri Amouroux a ajouté
5 000 FTP, tandis que, pour la zone nord, il en compte un total
de 6 000. Ce dernier chiffre dénombrant les combattants
actifs des maquis semble à tout le moins excessif. Gilbert de
Chambrun, l'un des responsables de la région R3 s'étendant
de Montpellier jusqu'aux contreforts du Massif central, pré-
férait, quant à lui, parler seulement de « quelques centaines
de jeunes ». La plupart des unités du maquis étaient médio-
crement équipées à cette époque. À la fin de 1943, on ne peut
parler de résistance armée qu'en puissance. Plusieurs agents
britanniques parachutés en France en 1943 y furent envoyés
en vue d'établir une coordination avec cette « armée en

réserve », mais nombre d'entre eux prirent contact avec d'autres groupes de combat et de sabotage : avec les groupes francs des MUR, avec la « Résistance Fer », et même avec des unités FTP dans des centres urbains stratégiques. Les maquis n'avaient pas le monopole de la résistance armée et certains d'entre eux furent exclus des plans alliés, non parce qu'ils étaient d'obédience communiste, mais parce qu'ils étaient implantés trop loin des principales voies de communication. Dans le département de la Lozère, plusieurs terrains de parachutage avaient été homologués par Londres, mais les maquisards de la région attendirent en vain un message codé de la BBC annonçant un parachutage. Ils n'étaient pas considérés comme une priorité militaire, à la différence des maquis proches de la vallée du Rhône ou de ceux qui seraient utilisés pour couper la retraite des Allemands remontant de Toulouse vers le Nord en passant par la Dordogne et la Corrèze. Mais cela n'était encore qu'une éventualité. Les parachutages suivaient les agents britanniques, mais il fallut attendre mars 1944 pour que Churchill donne l'ordre d'armer véritablement les maquis.

L'histoire militaire des maquis au cours de la première année qui suivit le choc provoqué par l'instauration du STO se réduit aux quelques centaines de coups de main et attentats locaux qui déstabilisèrent l'administration de Vichy et mirent les populations rurales en contact avec la lutte de la Résistance pour la liberté. C'est ce tournant majeur dans la vie de femmes et d'hommes amenés à constituer le support vital sur lequel allaient reposer les combattants du maquis qui nécessite d'être souligné une dernière fois. L'expérience des premiers maquis eut pour conséquence l'apparition d'une nouvelle génération de jeunes hommes chargés du commandement, très rarement entraînés à la vie de soldat et méprisant souvent les officiers de carrière. Cette expérience engendra aussi une nouvelle forme de camaraderie entre les hommes et les chefs. Elle ne put se faire qu'au prix d'une totale dépendance envers les villages et les fermes où des civils sans armes eurent à affronter la Milice, les GMR et les forces allemandes qui semaient la terreur et dont la rage et la brutalité s'exaspéraient de frustration à la disparition des maquisards dans les bois. Ce furent ces villages et ces fermes qui fournirent l'infrastructure des maquis, le ravitaillement, les liaisons, la connaissance de l'environnement, tandis que, dans les petites villes, il se trouvait des médecins et des infirmières pour assurer un service de santé, ainsi que des sédentaires de l'AS et des FTP pour se charger du recrutement et de l'organisation. Les premiers maquis de 1943 durent leur existence au concours conjugué de résistants et d'antifascistes expérimentés, de bleus et de réfractaires, d'un très petit nombre d'agents alliés et d'une minorité de gens qui gagna peu à peu au sein de la population rurale. Les grands jours des maquis et les grandes tragédies étaient encore dans les limbes : à la fin de 1943, on était loin de l'insurrection nationale en France, mais il s'y forgeait une forme de révolte populaire radicalement nouvelle.

Traduction Denis et Marianne Ranson

1943 : solidarités et ambivalences de la France moyenne

Pierre Laborie

> « Quant à la guerre, depuis ma venue en mai, quel chemin
> parcouru ! La Sicile conquise, l'Italie envahie capitule, après
> que Mussolini a été renversé. Le front de Russie s'effondre.
> Oui, les jours sont proches. Mais que de douleurs ! »

Ces quelques lignes sont de François Mauriac et datent du
18 septembre 1943[1]. Elles témoignent, après quatre ans de
guerre, des espoirs d'une nation longtemps désorientée et
des attentes impatientes d'une population fatiguée par les
épreuves, les privations et les désappointements.
Rien n'est plus hasardeux que de vouloir prêter à tous le sentiment d'un seul quand, comme ici, les situations contrastées
et les passions d'une période troublée multiplient à l'infini
l'expression des diverses sensibilités. Pourtant, dans le cas
présent, il n'y a que peu de risque à passer du singulier au
collectif. Les notations brèves de François Mauriac donnent,
ce jour-là, un reflet fidèle d'un sentiment largement partagé,
au même moment, dans l'ensemble du pays. Après la grisaille et le pessimisme des longues semaines de l'hiver précédent où le renforcement annoncé de la collaboration[2], la

---

1. Cf. « Le livre de raison de Malagar, 1939-1945 », *in* Jean Touzot, *Mauriac sous l'Occupation*, Paris, La Manufacture, 1990. Livre
de raison où François Mauriac notait déjà, le 15 mai 1943 : « Pendant
les six mois écoulés depuis mon dernier séjour, que d'événements ! »
2. Le 13 décembre 1942, lors d'une déclaration à la presse, Pierre
Laval réitère ses propos antérieurs : « J'ai choisi la seule [voie] qui

création de la Milice et la mise en application du STO avaient suivi le sombre automne de 1942, la confiance revient lentement et imprègne à nouveau l'air du temps. Les succès alliés de l'été 1943 et la libération de la Corse en septembre sont venus confirmer, à l'extérieur, le revirement de situation amorcé auparavant. Dans la série d'événements qui ont préparé ce retour vers un optimisme raisonnable, une place particulière revient à l'extraordinaire retentissement, dans toutes les couches de l'opinion, de la capitulation allemande à Stalingrad au début du mois de février. La victoire alliée en Tunisie, qui marque, en mai, la fin des combats en Afrique, finit de persuader que le sort de la guerre est bien en train de se jouer.

Certitudes et faux espoirs de l'été 1943

Ainsi, dans cette fin d'été 1943, les doutes et les prudences calculées des divers attentismes semblent reculer devant les perspectives rassurantes qui se précisent pour l'avenir. L'hostilité à Vichy et à l'occupant, ancienne mais longtemps rentrée et différenciée, se manifeste globalement et plus ouvertement. Si ce mouvement de l'opinion confirme et renforce le sens des évolutions antérieures, il n'a ni la puissance de conviction ni les dimensions d'un élan irrésistible. Nombreux sont encore ceux chez qui l'aveuglement des fidélités inconditionnelles à la personne du maréchal Pétain continue à entretenir la confusion et la paralysie[3]. Avec des conséquences beaucoup plus graves, les fanatiques de la col-

---

puisse conduire au salut de notre pays. La victoire de l'Allemagne empêchera notre civilisation de sombrer dans le communisme. La victoire des Américains serait le triomphe des Juifs et du communisme. »

3. Dans plusieurs régions des deux zones, et plus spécialement, semble-t-il, dans les milieux inquiets des risques de déclenchement d'une guerre civile, le Maréchal apparaît de nouveau comme une solution refuge pour maintenir l'union entre les Français. Cf. Jean-

laboration et de l'exclusion exercent des ravages d'une autre ampleur. Enfermés dans des milieux de plus en plus étroits, isolés et rejetés par la population, ils cherchent à compenser, par une agressivité accrue, une audience-peau de chagrin. À ces exceptions près, la majorité des Français a pris lucidement conscience des bévues de la myopie hexagonale dans laquelle le régime n'a cessé de s'enfoncer. Elle est désormais sans illusion sur la réalité du pouvoir de Vichy, comme sur sa capacité à reconstruire la nation et à protéger les Français. Sur les questions essentielles du sens et de l'issue du conflit, malgré les pressions d'une propagande qui cherche à brouiller les cartes, à exploiter l'anticommunisme et à jouer sur une sensibilité extrême à la peur, sa religion est faite. L'opinion, dans sa masse, sait maintenant où se situent les vrais enjeux. Elle sait que le sort de Vichy est irrévocablement lié à celui de l'Allemagne nazie. Elle sait, justement, qu'il n'y a plus grand risque à parier sur le nom des vainqueurs. Elle sait, dans ces derniers mois de 1943, que le problème est moins de se demander qui va gagner la guerre que de tenir jusqu'au jour où elle sera enfin gagnée.

Observer la coïncidence, en 1943, entre le renversement de la situation militaire et un meilleur discernement dans le sens commun ne doit pas prêter à malentendu. En dépit de schémas simplistes, mais toujours répandus, sur leur virtuosité présumée à décliner les ressources inépuisables de l'opportunisme, les Français n'ont pas attendu d'avoir des certitudes sur le sort des armes pour faire des choix, exprimer leurs sympathies et les maintenir. Contrairement à l'idée reçue, le refus de s'accommoder d'une victoire allemande s'est exprimé très vite. Et cela, malgré le discours officiel ambiant, la propagande agressive, la pente naturelle au consentement et les aléas d'une conjoncture extérieure longtemps favorable aux armées hitlériennes. L'adhésion à la

Marie Flonneau, « L'évolution de l'opinion publique de 1940 à 1944 », *in* Jean-Pierre Azéma et François Bédarida (dir.), *Vichy et les Français*, Paris, Fayard, 1992.

cause des Alliés et, avec plus de circonspection, il est vrai, le soutien actif au combat de la Résistance, ne découlent pas mécaniquement d'un sens alterné de l'intérêt bien compris. Il va de soi que les revers militaires des puissances de l'Axe, en 1943, ont contribué à faire basculer les hésitants et à raffermir l'assurance du plus grand nombre. Mais, une fois cette évidence rappelée, le contentement éprouvé devant la perspective jugée inéluctable d'une défaite allemande est ressenti avec force, car il comble, avant tout, un vœu profond, ancien et jamais renié.

De là, sans doute, l'ampleur des déconvenues qui vont succéder aux moments d'espoir qui traversent les dernières semaines de l'été 1943. L'affirmation d'un renversement de tendance au profit des Alliés laisse croire trop vite à la proximité de la libération du territoire. En septembre 1943, tout un ensemble de rumeurs relaient les allusions du Premier ministre anglais à l'éventualité d'un débarquement qui pourrait avoir lieu, selon l'image utilisée par Winston Churchill lui-même, avant la chute des feuilles. Dans une atmosphère de grande excitation, la déraison se mêle à la précipitation. L'une et l'autre favorisent une véritable intoxication psychologique qui n'épargne ni les résistants, devenus vite imprudents – ils vont parfois chèrement le payer –, ni, pour des raisons opposées, les vichystes et les autorités. La décision de retarder la rentrée scolaire et les bruits sur la préparation de plans de maintien de l'ordre dans les préfectures participent à l'illusion et contribuent à l'entretenir. La réaction de François Mauriac, « Oui les jours sont proches », en porte la trace. C'est dans les tensions de l'attente que les Français, suspendus à l'écoute de la radio de Londres, vivent les premiers jours de cet automne 1943.

Les désillusions et l'immense lassitude de l'hiver 1943

Attente vite déçue, attente vaine. Dès le mois d'octobre, les émissions de la France libre demandent le soutien de la population pour aider les réfractaires du STO à affronter l'hiver. Le message n'est pas, loin s'en faut, celui espéré.

Ces appels à la solidarité, qui signifient le report *sine die* du débarquement, provoquent partout émotion et désillusion[4]. Le contrecoup fait resurgir de nouveaux découragements et des appréhensions un instant oubliées. Le 7 novembre, Charles Rist, qui s'efforce de garder en toutes circonstances une attitude mesurée et qui appartient, par ses fonctions, à une catégorie de Français relativement épargnés, laisse percer son désappointement :

« L'idée d'un cinquième hiver à passer dans l'obscurité, le chauffage insuffisant et les difficultés de ravitaillement nous glace à l'avance. Mais on voit enfin le bout du tunnel. C'est l'essentiel[5]. »

Tout porte à croire que cette relative sérénité reste le privilège d'une minorité moins exposée. Les divers observateurs soulignent à l'envi que le moral de la nation est au plus bas et qu'elle ne parvient pas à dominer son abattement. En quelques semaines, le tableau a brutalement viré au sombre. Le durcissement de la répression et des représailles, la « grève du pouvoir » décidée par le chef de l'État et toutes les spéculations pessimistes que favorise le silence dans lequel il s'enferme pendant un mois[6], le déchaînement des

---

4. Ainsi que le montrent des recoupements entre les rapports des préfets, les synthèses des directions régionales des renseignements généraux et celles des contrôles techniques (expression inoffensive qui dissimule la surveillance du courrier personnel, des télégrammes et du téléphone).

5. Cf. Charles Rist, *Une saison gâtée, Journal de la guerre et de l'Occupation, 1939-1945*, établi, présenté et annoté par Jean-Noël Jeanneney, Paris, Fayard, 1983. Charles Rist qui écrivait quelques jours auparavant, le 23 octobre : « Ces journées sont décisives pour l'issue plus ou moins proche de la guerre. Chacun le sent et reste haletant. »

6. Le 13 novembre 1943, les Allemands interdisent la diffusion à la radio d'un message du maréchal Pétain. Il y annonçait l'achèvement d'une nouvelle Constitution et le transfert du pouvoir constituant à l'Assemblée nationale « dans le cas où nous viendrions à décéder » avant d'avoir pu faire ratifier le texte par la nation. Dès le lendemain, en guise de protestation, le chef de l'État cesse ses fonctions et ouvre une crise qui se dénoue entre le 6 et le 11 décembre.

violences intérieures avec leurs perspectives de guerre civile, l'aggravation enfin des difficultés quotidiennes alourdies par la rigueur du froid viennent s'ajouter aux effets de la déconvenue. Pour le plus grand nombre, être rassuré sur l'issue de la guerre ne suffit pas à rendre celle-ci supportable. Les motifs d'inquiétude s'accumulent dans une population au bord de l'épuisement. Avec la proximité de l'hiver, les Français ont le sentiment de replonger dans le noir et de s'enfoncer à nouveau dans l'inconnu.

Au temps de l'espérance trompée succède celui de la lassitude. Le mot, avec toute une gamme de variantes, est systématiquement employé dans les rapports des autorités et des diverses officines de surveillance. Il semble devenu inséparable de toute forme de réflexion sur le moral du pays. Son utilisation n'est pas neuve. On l'a vu à plusieurs reprises apparaître depuis 1940 lors des moments difficiles, mais il revient cette fois avec insistance chez ceux qui, au service du pouvoir et avec des moyens d'investigation considérables, continuent inlassablement à décrire et à commenter l'état de l'opinion[7]. C'est une France infiniment lasse qui entre dans son cinquième hiver de guerre.

Le trait, si dominant et incontestable soit-il, ne doit pas toutefois nous conduire à schématiser avec excès. La lassitude envahissante, dans cette période éprouvante de la fin de 1943, ne dit pas tout de l'état psychologique de la nation. Elle n'en est pas l'unique miroir. Elle ne doit surtout pas être isolée et analysée comme un phénomène autonome, mais resi-

---

Elle se termine par l'acceptation des conditions imposées par l'occupant. Sur cette question, cf. Marc Ferro, *Pétain*, Paris, Fayard, 1987.

7. Sans vouloir s'étendre ici sur le problème des sources, il convient cependant de signaler l'importance exceptionnelle du dispositif de surveillance mis en place par le gouvernement de Vichy pour suivre, jour après jour, le mouvement de l'opinion publique. À côté d'une multitude de rapports exploités par les préfets et par les membres du gouvernement, il faut souligner l'utilisation méthodique, à grande échelle, des informations tirées du secret de la correspondance privée et des conversations téléphoniques.

tuée dans tout ce qui forme alors l'environnement mental des Français, dans cet ensemble complexe où, depuis des années, interfèrent en permanence, et de manière parfois conflictuelle, les blocages craintifs et les sympathies : fidélités affectives et trouble des consciences face aux dérives de la logique politique de Vichy, et en particulier face à celles qui conduisent aux grandes rafles des Juifs pendant l'été 1942, entraves et contradictions des peurs accumulées, effets d'ankylose du souci d'autoconservation et des enlisements dans le quotidien, mais aussi fermeté des convictions sur le refus de la collaboration, complicités des réseaux d'entraide à l'égard des persécutés ou solidarités des diverses formes de soutien au mouvement de Résistance.

Indissociable des rudesses d'un contexte sans précédent, l'immense lassitude de l'hiver 1943 n'est pas non plus tout à fait neuve. Elle a une histoire. Elle vient de loin et porte les traces accusées d'une longue usure très antérieure à la défaite[8]. Elle prolonge les désarrois de longues et épuisantes expectatives, elle est un reflet des ambivalences qui persistent dans les attitudes dominantes de l'opinion ordinaire. Si, en effet, à la fin de 1943 et d'un point de vue général, il est indéniable que des rejets catégoriques s'expriment plus clairement, s'ils indiquent l'ancrage profond d'une hostilité complète aux occupants et à leurs complices de l'intérieur, ils ne se traduisent pas avec autant de netteté et de façon concrète dans les comportements. Certaines formes d'engagement s'en ressentent et accusent des déficits. Il en est ainsi pour la participation active à la lutte de libération. Si, dans les têtes, la décantation est effectuée, les inerties et les blocages qui continuent à peser reflètent d'autres aspects d'une même lassitude.

---

8. Les travaux récents convergent, sur ce point, avec cette analyse. Ils soulignent les effets durables et immenses des épreuves de la Grande Guerre. Cf. en particulier Jean-Jacques Becker, *La France en guerre, 1914-1918. La grande mutation*, Bruxelles, Complexe, 1988 ; Jean-Louis Crémieux-Brilhac, *Les Français de l'an 40*, Paris, Gallimard, 1990 (2 tomes) ; Maurice Agulhon, *La République, 1880 à nos jours*, coll. « Histoire de France », Hachette, 1990.

Éléments de fragilité et mutations décisives

Cette part d'ambiguïté, ces écarts, ces retenues et l'instabilité caractéristique des temps troublés sont au cœur même des problèmes posés par l'analyse des réactions de l'opinion moyenne sous Vichy et l'Occupation. Autant il est nécessaire, pour comprendre les attitudes collectives, de ne pas négliger l'influence paralysante de tout un réseau de contraintes, d'inhibitions et de contradictions, autant il est impératif de ne pas surévaluer leur rôle et de ne pas se laisser aveugler par les multiples et incessantes manifestations de leur présence. La permanence évidente, dans la France ordinaire des années quarante, d'une fragilité morale, où lassitudes et incertitudes vont de pair, ne doit pas fausser les interprétations. Largement décrite dans les sources officielles, à l'évidence avec complaisance, elle peut contribuer à donner, de l'extérieur, une impression exclusive d'immobilisme et d'envasement. Elle comporte le risque de renforcer l'image trop banale d'une nation frileuse, passive, encline à consentir et repliée sur sa résignation jusqu'aux limites de la veulerie. Appréciation superficielle et exagérément négative dans sa généralisation.

En effet, malgré la grisaille persistante de l'air du temps, beaucoup de choses changent, dans les esprits, au cours des quatre années qui suivent le ralliement massif de l'été 1940 au sauveur providentiel. Si le réveil de la conscience nationale reste inégal, si l'expression des convictions continue à se faire à travers toute une hiérarchie de niveaux et si, en 1943, selon les lieux ou les milieux, on peut toujours observer de fortes irrégularités dans les rythmes d'évolution, le jeu des réseaux d'influence s'est modifié en profondeur. De nouveaux systèmes de représentations mentales se sont formés et ils produisent des effets en chaîne sur les jugements d'ensemble. À l'échelle de la nation, l'opinion commune s'est progressivement restructurée. Des clarifications se sont effectuées, des clivages se sont affirmés, des lignes de force se sont précisées, des orientations se sont confirmées, des mutations fondamentales se sont produites.

Les derniers mois de 1943 concentrent de façon significative ce mélange de certitudes retrouvées, d'espoirs, de doutes, de fatigues désabusées et d'angoisses qui peuplent, dans des proportions variables, l'univers mental des Français tout au long des années noires. Pour ces raisons et pour sa situation dans l'histoire du régime, juste avant la dérive vers les tragiques affrontements du Vichy policier de 1944, la période est propice à un bilan de l'état moral du pays et de son évolution. La multiplicité des situations et des réactions, les difficultés à en saisir chaque fois la signification véritable, la nécessité de soulever les masques pour traverser les miroirs altérés d'une nation en pleine crise d'identité, l'abondance et l'interférence des facteurs d'influence indiquent quelques traits d'une indiscutable complexité. La nature des problèmes ainsi posés oblige l'historien à faire montre d'exigences peu compatibles avec les contraintes d'une analyse succincte. Des choix inévitables ont conduit à privilégier quelques axes de réflexion :

– revenir sur le proche passé pour remettre les attitudes collectives en perspective et tirer les enseignements qui tiennent à la chronologie propre du mouvement de l'opinion ;

– chercher, en utilisant des indications recueillies à la fin de 1943, à discerner les mécanismes des choix collectifs et à élucider les ressorts de leur évolution ;

– s'efforcer enfin, pour éviter la confusion entre synthèse et uniformité, de mettre en évidence quelques-unes des différences observées dans les diverses réactions du tissu national.

Le poids du temps : les grandes phases de l'évolution des esprits

Quelles sont les réactions collectives les plus caractéristiques de la France moyenne entre l'été de 1940 et l'hiver de 1943-1944 ? Dans quelle mesure peut-on reconstituer les phases essentielles de l'évolution des esprits et en dégager les tendances significatives ? Ces questions nécessitent, là encore, quelques éclaircissements préalables. Il va de soi que le découpage du temps et la réduction de l'expression foisonnante du sentiment commun à quelques aperçus symptomatiques appellent toute une série de réserves. La canalisation de phénomènes aussi multiformes que fuyants impose un écrasement des profondeurs de champ sur lequel il n'est pas utile d'insister longuement. Pour nous en tenir à un seul exemple, une donnée banale et souvent évoquée comme les « attitudes à l'égard de Vichy » semble faire référence à une vision globale et cohérente de tout ce que peuvent signifier le nouveau régime et son chef. Il n'en est évidemment rien dans la réalité. Lors des premières années, au moins jusqu'à l'hiver de 1942-1943, les diverses réactions observées peuvent renvoyer, cas par cas, à la représentation sélective que, selon le moment, la sensibilité ou le lieu, chaque secteur de l'opinion se fait de l'idée de Vichy. Elle peut être, tout à la fois ou séparément, identifiée à de multiples images-symboles, à l'homme mythe qui lui sert d'emblème, à ceux qui se réclament de lui, mais s'en distinguent par leurs positions propres, aux institutions, à l'idéologie, aux politiques gouvernementales, aux pratiques sociales, etc. Au total, des angles d'approche distincts, des repères changeants et multiples, des milliers d'exemples particuliers, de fortes irrégularités dans le temps de réaction des divers milieux, des renversements ponctuels de tendance et des variables innombrables peuvent, dans le détail de chaque situation, contredire les grandes lignes de force dégagées. Cela établi, si les déficiences d'une approche trop générale ne doivent jamais être oubliées, elles ne doivent pas non plus servir de prétexte à un culte exagéré du relativisme qui aplatirait tous les reliefs et arrondirait toutes les lignes de crête. Elles ne suffisent certainement pas à nier tout intérêt à l'établissement de repères, d'idées-forces, de lignes de pente, de tout ce qui peut aider à établir des jalons pour un travail indispensable de hiérarchisation et de comparaison.

Une dernière observation doit être ajoutée à ce bref inventaire des limites liées à l'appréhension de phénomènes connus pour leur fugacité. C'est seulement par souci de simplification que le début de cette périodisation du mouvement de l'opinion a été fixé aux lendemains de la défaite. Une analyse en profondeur des attitudes collectives pendant les années noires exigerait un long retour en arrière pour rappeler combien des schémas de pensée antérieurs à 1940 ont pesé sur la conscience de la nation. La mémoire traumatisée du premier conflit mondial et les engrenages pervers des pacifismes, la violence des affrontements idéologiques et les divisions aggravées du corps social, les dérives et les confusions de la crise d'identité nationale perceptible dès les années trente, les logiques anesthésiantes de la drôle de guerre sont, parmi d'autres aspects du passé, des facteurs à ne pas négliger dans la recherche des explications.

Cependant, si, là aussi, malgré la violence des ruptures qui marquent l'année 1940, la contingence ne donne pas réponse à tout, il faut répéter que l'on n'insistera jamais assez sur la dimension tragique, l'humiliation et les conséquences morales de ce que fut, pour citer Marc Bloch, le « plus atroce effondrement de notre histoire[9] ». L'adhésion provisoire, mais spectaculaire par ses dimensions, au vieux maréchal, le ralliement au père protecteur, au soldat glorieux et à l'homme d'ordre, le renoncement, lui aussi, selon Raymond Aron, « sans équivalent dans l'histoire de la France[10] » ou encore les piètres consentements et autres médiocres lâchetés qui vont suivre sont inséparables des conditions de désarroi extrême dans lesquelles ces attitudes se forment.

Toutes ces lacunes et ces imperfections indiquent bien que les raccourcis des synthèses s'accommodent mal de la nature multiforme des faits d'opinion. Cependant la mise en perspective des tendances qui indiquent l'orientation des comportements d'ensemble permet au moins de déblayer un terrain passablement encombré d'idées reçues. Les interprétations caricaturales, qui continuent à perdurer, sur les millions de pétainistes du printemps de 1944 devenus subitement et opportunément gaullistes à la Libération, appartiennent à cette catégorie de poncifs. Elles reposent sur une conception

---

9. Marc Bloch, *L'Étrange Défaite*, Paris, Armand Colin, 1957.
10. Raymond Aron, *Chroniques de guerre*, Paris, Gallimard, 1990.

primaire du fonctionnement de l'opinion, ignorent les divers stades de son évolution et font abstraction des effets du temps pour mieux imposer des grilles de lecture idéologiques. Face aux similitudes trompeuses des mises à plat indifférenciées qui ignorent l'épaisseur des durées et ne savent pas dépasser le stade des apparences, ou face aux simplifications abusives des retournements trop brusques, les leçons de la chronologie restent un des garde-fous les plus sûrs.

Les dynamiques de l'opinion ne suivent pas des trajectoires rectilignes et ne coïncident pas obligatoirement avec le découpage du temps politique. Quatre phases ont été retenues ici pour la période qui va de 1940 à 1943. Chacune marque une étape dans l'évolution des esprits. Brièvement et inégalement décrites[11], elles proposent, sans chercher à imposer l'idée d'une mécanique rigide contraire aux modes de fonctionnement de l'opinion, un cadre de références. Ce premier état des lieux devrait aider à remettre à sa juste place une pseudo-histoire des attitudes sous Vichy, experte dans l'art de gommer les effets de la complexité et dans la volonté de dissimuler des partis pris derrière les fausses ressemblances des alignements fallacieux.

L'été 1940 : rassemblement et ralliement

Le processus de décomposition qui prolonge la défaite, le désarroi général, les détresses et les pressions de toutes sortes qui pèsent alors sur une population à la dérive, amènent deux constatations simples. La difficulté, dans de telles conditions de dérèglement, à discerner les réactions d'ensemble et à juger le sens des choix collectifs, le terme lui-même étant ici en partie impropre. L'impossibilité, ensuite, d'en parler sans rappeler les effets considérables, sur le moral de la population, de ce climat particulier de culpabilisation où, selon l'expression du général de Gaulle, l'« immense concours de la peur,

---

11. Seule la phase de l'année 1941, la plus méconnue, a été privilégiée. Pour des approfondissements, on pourra se reporter à *Vichy et les Français, op. cit.,* et à Pierre Laborie, *L'Opinion française sous Vichy*, Paris, Le Seuil, « L'univers historique », 1990.

de l'intérêt, des désespoirs[12] » effectue ses ravages dans une nation éclatée, anéantie, sans autre éclairage qu'une presse aux ordres et un déferlement de rumeurs extravagantes. C'est cette France déboussolée, écrasée par les événements, qui se rallie, consentante, au vainqueur prestigieux de Verdun, à celui qui reste alors pour le gros des Français le modèle du chef désintéressé et du patriote insoupçonnable.

Les apparences d'un consensus massif sont immédiatement exploitées par une intense propagande qui ne doit rien à l'improvisation. Elles étouffent les protestations symboliques d'une opposition réelle, mais minoritaire, et qui, incomprise, se retrouve le plus souvent réduite à l'exil ou au silence. Suivant de près la liquidation funèbre de la IIIe République, les premières mesures d'exclusion donnent très vite le ton de l'ordre nouveau. Elles sont reçues dans un silence résigné. Aucune réaction d'envergure ne parvient à perturber un climat d'assentiment passif à des décisions indignes. L'inertie se trouve favorisée, il est vrai, par les prolongements des fractures de l'exode, les inquiétudes sur le sort des 1 600 000 prisonniers et la place grandissante que prennent, dans les préoccupations quotidiennes, les privations et les difficultés matérielles de toutes sortes[13]. Sous bénéfice d'inventaire, à l'exception de la région du Nord rattachée au commandement allemand de Bruxelles, foncièrement et immédiatement hostile à l'armistice, le ralliement, avec des variables d'intensité, est un phénomène général. Le besoin viscéral de changement, la peur du vide, l'attachement affectif à la personne du chef de l'État et la sacralisation d'un phénomène politique exceptionnel s'enracinent profondément dans les représentations d'un imaginaire social déjà traversé par la tentation de l'irrationnel. Au-delà du choc traumatique de la défaite habi-

---

12. *Mémoires de guerre, L'Appel, 1940-1942*, Paris, Plon, 1954.

13. Quelques restrictions avaient été imposées dès la drôle de guerre, mais c'est le 23 septembre qu'apparaissent les premières cartes d'alimentation pour le pain, la viande et le fromage. À partir d'octobre, ce sera le cas pour le lait et les pommes de terre puis, rapidement, pour tous les autres produits de première nécessité.

lement entretenu et utilisé par Vichy, tout un réseau de facteurs expliquent une adhésion où la confiance ne se distingue pas aisément de l'atonie ambiante. Trois d'entre eux méritent d'être plus spécialement soulignés.

La tragédie de l'effondrement fait émerger et reconnaître comme légitimes certains héritages pernicieux de la crise d'identité nationale qui a marqué la fin des années trente. Ils accentuent la perméabilité à la recette éprouvée des boucs émissaires et facilitent une vaste exploitation des logiques d'exclusion. Renforcé par un véritable matraquage sur la dénonciation des responsables du désastre – de ceux du moins désignés comme tels –, un large accord se fait sur la condamnation sans appel de la République et d'une démocratie parlementaire totalement identifiée à ses incapacités et à ses tares. Le ralliement à l'ordre nouveau se nourrit d'un puissant mouvement de rejet de l'« ancien régime », le vote sans appel du 10 juillet à Vichy, symbole saisissant d'une autopunition de la classe politique, ayant servi à écarter les derniers scrupules. La « pleine confiance au maréchal Pétain » et le oui aux réformes, « même les plus hardies si elles devaient éviter le retour des erreurs commises », selon les termes du préfet des Alpes-Maritimes, traduisent une volonté générale de rompre avec le passé[14]. Sur ce point, les signes convergents abondent partout.

En deuxième lieu, divers phénomènes psychologiques contribuent à renforcer une même préoccupation centrale : sortir des incertitudes et de la confusion. La peur insupportable du vide, la pente du consentement docile, le sentiment du châtiment mérité et la valeur rédemptrice de la souffrance expriment tous le besoin de retrouver des repères fixes et des cadres de pensée solidement établis. Ils entraînent l'adhésion à toute une panoplie de solutions-refuges et de potions tranquillisantes : celle du repli sur la France seule, celle du partage manichéen entre les vrais Français et les citoyens de

---

14. Rapport du 27 juillet 1940. Cf. Jean-Louis Panicacci, « L'évolution de l'opinion de 1940 à 1944 dans les Alpes- Maritimes », in *Vichy et les Français*, 1992, *op. cit.*

seconde zone, entre les bons et les malfaisants, celle du culte de l'obéissance, de la célébration de l'ordre, des vertus de la morale et de la grandeur du devoir[15]. Dans un paysage dégagé à la serpe, des schémas simples tracent des voies droites et matérialisent des frontières nettes.

Le troisième facteur d'explication a certainement été l'un des plus influents dans les débuts de Vichy. Trop négligé, il constitue pourtant un des éléments déterminants de la longue paralysie de l'opinion. En juin 1940, la désagrégation du pays a durement frappé les imaginations. Elle apparaît, aux yeux de la grande majorité des Français, comme la sanction des divisions et des affrontements antérieurs. Le sentiment d'une reconstruction nécessaire de l'unité perdue de la nation, avec toute la force souterraine du mythe[16], est alors ressenti comme une priorité absolue. Fortifié par le réflexe de légitimité, le rassemblement autour du « plus illustre des Français » en offre le moyen. Il s'impose très vite comme le seul choix possible et la condition de toute survie. Au lendemain de la prise de conscience du désastre, il semble difficile de contester l'importance de la lame de fond portée par l'obsession de l'unité nationale[17]. Dans ces premières semaines de l'été 1940, pour beaucoup de Français, en dehors de tout clivage idéologique, l'adhésion à Vichy a été sincèrement vécue comme une tentative indispensable de redressement et

---

15. Cf. les déclarations du chef de l'État à propos de la politique d'éducation : « L'école française de demain [...] ne prétendra plus à la neutralité. La vie n'est pas neutre ; elle consiste à prendre parti hardiment. Il n'y a pas de neutralité possible entre le vrai et le faux, entre le bien et le mal, entre la santé et la maladie, entre l'ordre et le désordre, entre la France et l'anti-France. » « L'Éducation nationale », *Revue des Deux Mondes,* 15 août 1940.

16. Cf. Raoul Girardet, *Mythes et mythologies politiques*, Paris, Le Seuil, 1986.

17. C'est, pour reprendre la typologie proposée par François Bédarida, le Vichy des illusions, le Vichy patriotique et rénovateur dont l'école d'Uriage constitue l'un des paradigmes. Cf. F. Bédarida, « La singularité de Vichy dans le temps : Vichy et la crise de conscience française », *Colloque Le régime de Vichy et les Français*, IHTP-CNRS, Paris, 11-13 juin 1990.

de reconstitution du tissu national. Qu'elle puisse se faire autour d'un vieil homme couvert d'honneurs, symbole prestigieux d'une victoire où la grandeur de la nation s'était affirmée par des liens exemplaires de solidarité, apparaissait alors, à ces mêmes Français, comme une chance inespérée.

Automne 1940-printemps 1941

Les illusions et les dimensions impressionnantes du premier consensus vichyssois masquent provisoirement ses malentendus. Ils se dévoilent dès l'automne 1940, quelques mois à peine après l'installation du nouveau régime. Si, pour des raisons facilement compréhensibles, les indications montrent que la prise de distance à l'égard de Vichy est plus nettement marquée dans la zone occupée, la tendance, d'intensité variable, va partout dans le même sens. Ainsi que cela a déjà été relevé, ce premier écart doit peu à la politique de remise en ordre et aux mesures d'épuration contre les « tenants de l'ancien régime ». Malgré la rupture avec toute une tradition, le durcissement par la répression et l'exclusion ne paraissent pas avoir joué de façon sensible. C'est dans une France devenue apathique que sont prises les mesures contre le « danger communiste », les francs-maçons et autres « éléments malsains », ainsi que diverses décisions restrictives à l'égard des étrangers. Même constat à propos de la législation antisémite : c'est dans une indifférence presque totale que le premier Statut des Juifs est promulgué et que le décret Crémieux est abrogé en Algérie[18].

Cette passivité sert les premiers desseins de Vichy. Mais, de plus en plus pesante au fil des jours, elle va ensuite jouer contre lui. Elle met un frein à ses ambitions et devient une

---

18. Les mesures datent, respectivement, des 3 et 7 octobre 1940. Le décret Crémieux du 24 octobre 1870 accordait la pleine citoyenneté française aux Juifs d'Algérie. Pour des approfondissements, se référer à *Il y a 50 ans : le Statut des Juifs de Vichy*, Paris, CDJC, 1991, à Pierre Laborie, *« The Jewish Statutes » in Vichy France and Public Opinion, Yad Vashem Studies,* vol. XXII, Jérusalem, 1992, et à André Kaspi, *Les Juifs pendant l'Occupation*, Paris, Le Seuil, 1991.

source d'inquiétude pour le régime. Elle répond mal en effet aux sollicitations incessantes des autorités, au message des élites, et aux moyens de persuasion d'un énorme appareil de propagande. Les initiatives qui se multiplient de tous côtés – la plus ambitieuse est la création de la Légion française des combattants le 29 août 1940 – pressent la population de s'engager activement dans le soutien à l'œuvre de discipline et de « redressement intellectuel et moral » qu'incarne la Révolution nationale. Les résultats sont minces, sans qu'il soit possible, cependant, de voir dans ce début d'attentisme prudent aux formes encore confuses une véritable volonté d'opposition. Pour l'instant, les premières lézardes significatives apparaissent ailleurs, essentiellement dans trois domaines.

À propos tout d'abord de l'attachement au chef de l'État. Les manifestations de ferveur que déclenchent les voyages du maréchal Pétain en zone sud sont spectaculaires, mais reflètent un phénomène complexe, assez éloigné de la signification que les commentaires officiels lui attribuent. Il repose sur une dissociation entre la solidité incontestable de liens affectifs qui expriment la gratitude du pays au sauveur-protecteur, et une attitude de plus en plus réservée dans le soutien aux initiatives politiques d'un gouvernement placé sous l'autorité du même Philippe Pétain. Les logiques de l'opinion ne sont pas celles de la raison. Pour une majorité de Français, ce décalage entre maréchalisme de sentiment et pétainisme n'est pas perçu, à ce moment-là, comme une incohérence. Avec les années, l'écart ne va pourtant pas cesser de grandir et la contradiction de s'affirmer. Cette tendance schizoïde constitue l'un des ressorts essentiels des attitudes collectives tout au long des années noires. Elle traduit, très vite, sur un point de référence majeur, une forme de repli hors de la réalité et une ambivalence caractéristique de la sensibilité commune.

Les réactions à l'égard de la Grande-Bretagne et de la guerre qu'elle poursuit contre l'Allemagne sont un second révélateur des équivoques du consensus vichyssois. L'émotion suscitée par le drame de Mers el-Kébir, relayée et exploi-

tée par le discours anglophobe de la propagande, n'entraîne
dans l'opinion qu'un trouble passager. L'impact de l'affaire
de Dakar, à la fin du mois de septembre, ne laisse lui aussi
que des traces superficielles. Les deux événements révoltent
ou irritent, mais, fondamentalement, ils ne changent rien au
sentiment dominant. Malgré les ressentiments et les événements contraires, la cause de l'Angleterre bénéficie d'un
large soutien dans l'opinion et porte les derniers espoirs[19].
La profondeur de l'anglophilie est sans doute inégale, mais
le pro-britannisme se retrouve à peu près partout, souvent exprimé avec intensité. On l'observe en particulier en
Bretagne, malgré les nombreux marins de la région tués à
Mers el-Kébir, malgré les ports bombardés et les bateaux de
pêche coulés. Ainsi, le 30 décembre 1940, les obsèques de
trois aviateurs anglais abattus par la DCA allemande rassemblent 2 000 personnes à Lanester[20]. C'est, dans la région,
le début d'un mouvement où l'hommage aux disparus permet
d'afficher ouvertement émotion et convictions. Dans le
même esprit, des lieux symboliques sont régulièrement fleu-
ris et il en sera ainsi jusqu'à la fin des hostilités[21]. On peut

---

19. Une anecdote rapportée par Jean-Pierre Vernant en donne une
idée tout à fait révélatrice. En juillet 1940, à Narbonne, alors qu'il
reçoit des tracts de son parti dénonçant à la fois Vichy et la plouto-
cratie britannique, le communiste qu'il est va coller avec son frère,
sur les murs de la ville, des papillons qui portent, imprimés par leurs
soins : « Vive l'Angleterre pour que vive la France ! » *L'Histoire*,
Paris, SES, n°129, janvier 1990.
20. D'autres manifestations symboliques se poursuivent en 1941.
Le 17 juin 1941, à Rennes, malgré l'interdiction du préfet qui fait fer-
mer le cimetière, 3 000 à 4 000 personnes déposent des gerbes devant
les grilles, chantent *La Marseillaise* et crient des slogans hostiles à
Pétain. Des cris « Vive l'Angleterre » fusent lorsque le corps d'un
aviateur anglais est débarqué à Lorient le 28 juillet 1941 et, tout au
long de la guerre, le fleurissement des tombes et les obsèques des
aviateurs anglais donnent lieu à des manifestations d'anglophilie. Cf.
Christian Bougeard, « La Bretagne », in *Vichy et les Français, op. cit.*
et Jacqueline Sainclivier, *La Bretagne de 1939 à nos jours*, Rennes,
Éditions Ouest-France, 1989.
21. Parmi ces lieux, la tombe de la mère du général de Gaulle, à
Paimpont. Cf. Jacqueline Sainclivier, *supra.*

certes concéder que cette solidarité morale avec l'esprit de résistance entre, en 1940, dans les spéculations sur la croyance populaire au double jeu supposé du Maréchal ; ou qu'elle traduit autant un sentiment d'agressivité contre l'occupant qu'une affection intacte à l'égard d'un ancien allié et d'un pays ami. Mais, et c'est là l'essentiel, elle donne, trois mois après l'installation du nouveau régime, une indication révélatrice sur les multiples significations du mouvement d'adhésion et l'état incertain des consentements affichés. La confiance sélective commence à pointer sous les apparences d'un assentiment unanime.

Les réactions à la rencontre de Montoire du 24 octobre et à l'annonce d'une politique de collaboration confirment l'observation. Les rumeurs sur les manœuvres de Pierre Laval et l'ébauche d'une négociation symbolisée par la poignée de main entre le Führer et le chef de l'État provoquent une inquiétude considérable. Son ampleur confirme la permanence d'une puissante germanophobie et traduit l'émergence d'une forte opposition morale à la collaboration. En dépit d'une certaine confusion et de motivations diverses, la manifestation des lycéens et des étudiants le 11 novembre à Paris en est l'un des prolongements [22]. Les protestations devant les expulsions des Lorrains puis, peu après, la satisfaction éprouvée lors du renvoi de Pierre Laval le 13 décembre – décision interprétée à tort, par l'opinion commune, comme un coup d'arrêt à la collaboration – donnent un témoignage supplémentaire de l'existence d'un large courant hostile à un rapprochement avec les vainqueurs et occupants.

Ainsi, dès 1940, le refus de la collaboration est une tendance profonde, solidement accrochée, mais rentrée. Elle ne traduit en aucun cas, à ce moment-là, un retournement en faveur du gaullisme ou de la Résistance intérieure, encore bien timide. L'appel dans lequel, le 23 décembre 1940, le général de Gaulle demande aux Français de ne pas se montrer dans les

---

22. Cf. la récente mise au point de Jean-Pierre Azéma dans *1940 l'Année terrible*, Paris, Le Seuil, 1990.

rues et de se recueillir pour « une heure d'espérance », le
1er janvier 1941 après-midi, ne semble avoir obtenu qu'un
modeste succès, principalement en zone occupée[23]. Au début
de 1941, l'équivoque du ralliement est loin de se clarifier.
Elle s'épaissit au contraire à nouveau. Bénéficiant de l'effet
repoussoir provoqué par l'image pro-allemande, et donc
négative, de Pierre Laval, le prestige du maréchal Pétain
revient à son plus haut niveau. Pour l'opinion, le choix de
l'amiral Darlan entre à son tour, provisoirement, dans la
même logique d'interprétation, celle d'une affirmation d'indépendance face à l'occupant. Ces faits indiquent une fois
encore l'impossibilité, pour percer la vérité des comportements collectifs, de s'arrêter aux seuls enseignements de
leurs manifestations visibles. On sait que, dans ce domaine,
l'évidence du sens est souvent trompeuse. Ses images lisses
gomment la part de balancement qui caractérise les attitudes
sous Vichy. Pour peu de temps encore, la sacralisation des
liens de fidélité au Maréchal et les illusions du repli sur la seule
France entretiennent la confusion. C'est seulement après le
terrible hiver de 1940-1941 que les fissures du consensus
vont apparaître et continuer à se creuser. C'est alors, la lour-
deur du contexte aidant, que va se développer, dans les sub-
tilités de l'attentisme, le processus de détachement.

1941 : le détachement et la clarification

En dépit des événements considérables qui s'y produisent,
1941 n'a longtemps bénéficié, chez les historiens de Vichy,
que de l'attention modeste réservée aux années charnières. Les
raisons ne manquent pas. Elles semblent tenir, pour beaucoup, aux interprétations habituelles qui s'appuient sur les ruptures spectaculaires de 1942 et insistent tout particulièrement

---

23. L'horaire indiqué était de 14 à 15 heures pour la zone libre et
de 15 à 16 heures pour la zone occupée. Cf. Jacques Semelin,
Sans armes face à Hitler, La Résistance civile en Europe 1939-1943,
Paris, Éditions Payot, 1989. L'auteur rapporte, sans autres commentaires, qu'à l'heure dite les Allemands organisèrent une distribution
gratuite de pommes de terre à Paris.

sur l'importance du retour au pouvoir de Pierre Laval et sur son rôle déterminant dans l'évolution détestable du régime[24].

Les perspectives sont autres si l'on s'attache spécifiquement à l'analyse des attitudes collectives. Le rôle de 1941 y apparaît comme primordial. C'est à ce moment-là que s'installent les premières fractures significatives entre la population et le régime. C'est là que s'effectue un décrochage qui va laisser des traces et amorcer le basculement décisif de l'opinion. Des hésitations, des contradictions et des phases de régression vont encore se prolonger, des réactions fortement contrastées vont subsister, mais l'orientation générale qui se dessine en 1941 demeurera inchangée.

Avec leur lot inévitable de contre-exemples, des indications convergentes indiquent une détérioration sensible du consentement collectif au printemps de 1941 et au cours de l'été. Dans diverses régions, des signes de mécontentement, d'irritation, ou de détachement par indifférence expriment une tendance analogue, avec, dans la zone occupée, une perte de confiance plus nettement accusée et une opposition allant parfois jusqu'à un véritable mouvement de revendication. Ainsi, dans les derniers jours de mai et au début du mois de juin 1941, la grève de dizaines de milliers de mineurs du Nord et du Pas-de-Calais apparaît bien, par sa précocité et par son caractère exceptionnel, comme un événement considérable. Elle constitue, pour les auteurs de l'*Histoire de la Résistance en France,* la « manifestation la plus spectaculaire et la plus massive de la résistance face à l'occupant[25] ».

Dans un autre registre, l'exemple de la Bretagne est également éloquent. Après une mauvaise humeur latente signalée dès le mois de mars, « la coupure entre l'opinion et le

24. Après l'avoir rencontré discrètement le 27 mars 1942 près de Vichy, le maréchal Pétain nomme Pierre Laval chef du gouvernement le 16 avril 1942. Le lendemain, l'acte constitutionnel n°11 lui confère des pouvoirs exceptionnels.
25. Henri Noguères, en collaboration avec Marcel Degliame-Fouché et Jean-Louis Vigier, *Histoire de la Résistance en France*, Paris, Robert Laffont, 1967, t. I.

gouvernement de Vichy est évidente au milieu de l'année »
dans l'Ouest du pays[26]. Des indications révélatrices de cet
état d'esprit peuvent être relevées à divers endroits. À
Rennes, le 17 juin, un an après le bombardement allemand
de l'agglomération, des milliers de personnes se rassemblent
devant l'un des cimetières de la ville. Elles entonnent *La
Marseillaise* face aux gendarmes qui, malgré les ordres du
préfet, refusent de charger pour les disperser. Le lendemain,
pour l'anniversaire du 18 juin, des lycéens de Saint-Brieuc
manifestent leurs sentiments gaullistes, comme ils l'avaient
déjà fait le 11 novembre 1940[27]. Quant aux visites des
ministres et des autorités, elles suscitent plus de froideur
polie que d'enthousiasme. Elles peuvent même devenir hou-
leuses, comme c'est le cas à Vannes et à Lorient, lors des
réunions tenues par le secrétaire d'État à la Jeunesse Lami-
rand. Au mois d'octobre, le succès mitigé de la visite de
Darlan à Saint-Brieuc ne reflète pas l'« adhésion unanime au
régime » dont le préfet des Côtes-du-Nord croit pouvoir faire
état. Et cela d'autant moins que, devant l'évolution inquiétante de l'opinion publique, l'amiral est dissuadé de poursuivre son voyage jusqu'à Brest.

   Des observations du même ordre sur la dégradation du climat peuvent être faites dans des régions comme l'Auvergne,
la Provence, le Jura ou plusieurs départements du Sud-
Ouest[28]. En Dordogne, dès mars 1941, lors de l'inauguration

---

   26. Christian Bougeard, « La Bretagne », in *Vichy et les Français*,
op. cit. Entre autres faits révélateurs, l'auteur signale que, à Ploemeur,
(Morbihan), les affiches pour la Saint-Philippe, le 1er mai 1941, sont
renvoyées, faute de colle…
   27. Jacqueline Sainclivier, *La Résistance en Haute-Bretagne, 1940-
1944*, thèse, 2 vol., université de Rennes-II, et *La Bretagne de 1939
à nos jours*, *op. cit.*
   28. Cf., par exemple : Gilbert Beaubatie, « L'opinion publique en
Corrèze, son évolution en 1941 », *Bulletin de la Société des lettres,
sciences et arts de la Corrèze*, Tulle, 1987, CXC, p. 152-159 ; Michel
Goubet et Paul Debauges, *Histoire de la Résistance en Haute-
Garonne*, Toulouse, Milan, 1986 ; Pierre Laborie, *Résistants, Vichyssois et autres*, Paris, Éditions du CNRS, 1980.

de la place du Maréchal-Pétain à Périgueux, en présence du général Laure, la froideur à l'égard des autorités frappe les observateurs. Il est vraisemblable, en dépit de l'argument avancé par les autorités, qu'elle ne s'explique pas seulement par le « tempérament peu expansif des Périgourdins[29] »... Si la crise de confiance gagne du terrain et touche des couches diverses de la population, elle ne vise encore que la politique du gouvernement. Le chef de l'État, dont le prestige personnel reste immense, est épargné par ce discrédit. D'où cette dualité caractéristique de la période, justement résumée dans l'appréciation que le préfet des Alpes-Maritimes rédige en mai 1941 : « L'unanimité de l'opinion, quand il s'agit du chef de l'État, cache cependant de vives dissensions entre les divers éléments de la population quand on considère les problèmes de politique intérieure et de politique extérieure[30]. »

Trois grands facteurs peuvent expliquer le décrochage. La montée en puissance de l'Allemagne liée à l'extension de la guerre à l'extérieur – élargissement aux Balkans, en Grèce, en Afrique du Nord, en Syrie et surtout en Union soviétique – crée de nouvelles inquiétudes. Elles sont aggravées par la déception que provoquent la relance de la politique de collaboration et les rumeurs qui entourent les négociations menées avec l'Allemagne. L'image de Darlan en sort considérablement ternie et la détérioration accélérée de la situation économique ne fait qu'amplifier les critiques. La multiplication des contraintes dans tous les domaines de la vie quotidienne, le rationnement accru, la montée vertigineuse des prix et la pratique de plus en plus courante du marché noir entretiennent et exaspèrent les mécontentements. Les passe-droits, les injustices et les inégalités choquantes qui en découlent deviennent maintenant insupportables à un « corps social envahi et disloqué par un impératif, survivre »,

---

29. Cf. Marie-Thérèse Viaud, « La Dordogne », in *Vichy et les Français, op. cit.*

30. Cité par Jean-Louis Panicacci, « Les Alpes-Maritimes », in *Vichy et les Français, op. cit.*

selon l'heureuse expression de Jean-Pierre Rioux[31]. Même
s'il est difficile, en 1941, d'en mesurer les effets sur l'ensemble du pays, il faut ajouter à ce rapide tableau un dernier
sujet de préoccupation. Il provient du net durcissement de la
répression, du passage de la résistance communiste à la lutte
armée et de l'entrée brutale dans l'engrenage aveugle de la
violence[32]. On rappellera seulement quelques faits : les premières rafles de Juifs étrangers, le renforcement de l'antisémitisme d'État par la promulgation du second Statut des
Juifs et de diverses mesures aggravant la persécution, puis la
création, en août, des sections spéciales auprès des tribunaux
militaires ou des cours d'appel[33]. Le 27 août, celle de Paris
prononce trois peines de mort au mépris des fondements élémentaires du droit et trois communistes sont envoyés à la
guillotine dès le lendemain. Dans ces derniers jours du mois
d'août, des affiches jaune et rouge annoncent, sur les murs
de Paris, plusieurs exécutions par les Allemands, pour faits
de Résistance[34].

La fameuse phrase du maréchal Pétain, « Français, j'ai des
choses graves à vous dire », n'est donc pas une simple figure
de style. Le discours du 12 août 1941, où le chef de l'État
dénonce le « Vent mauvais » qu'il sent se lever dans plusieurs
régions de France et énonce une longue liste de mesures de
remise en ordre, confirme l'existence d'un vrai malaise dans
le pays. Les informations sur l'état de l'opinion reconnais-

---

31. Jean-Pierre Rioux, « Survivre », *L'Histoire*, 1985, n° 80, p. 84-
109.
32. Cf. Denis Peschanski, « La lutte contre l'anti-France : exclusion, persécution, répression », in *Vichy et les Français, op. cit.*
33. Par un décret du 14 août 1941, le maréchal Pétain institue une
section spéciale auprès de chaque tribunal militaire ou de chaque tribunal maritime. Dans les parties du territoire où ne siègent pas ces tribunaux, la compétence des sections spéciales est dévolue à une
section de la cour d'appel. Cf. Hervé Villeré, *L'Affaire de la Section
spéciale*, Paris, Fayard, 1973.
34. Cinq militants communistes sont fusillés le 27 août. Le 29,
Honoré d'Estienne d'Orves est exécuté avec ses deux compagnons
Maurice Barlier et Jean-Louis-Guillaume Doornik.

sent, pour citer encore le Maréchal, que le doute s'est bien emparé des âmes. La légère consolidation du courant favorable à la collaboration qui se précise après l'attaque contre l'Union soviétique, et résulte de conversions opérées par le ralliement au thème de la croisade européenne contre le bolchevisme, est loin de compenser l'indication essentielle qui ressort de l'évolution générale des esprits. Elle montre une détérioration persistante du soutien au gouvernement, alors que la plus large confiance serait indispensable au succès du projet de redressement intérieur défini par la Révolution nationale. Les préfets qui s'aventurent à établir des pourcentages sur la répartition des diverses sensibilités dans la population constatent l'amenuisement de ce qu'ils s'obstinent à nommer le « courant national[35] ». Les conséquences sont encore plus nettes sur les orientations de politique extérieure. Le modeste renforcement des effectifs pro-collaborateurs pèse peu face à l'obstination têtue avec laquelle, en dépit des victoires allemandes, la très grande majorité des Français continue à exprimer un profond rejet des occupants.

Toutefois, si incontestable soit-il, le refus de la collaboration n'est pas incompatible, à l'automne de 1941, avec le maintien d'une fidélité affective à la personne du chef de l'État. À l'inverse même, principalement dans la zone libre, des Français se persuadent toujours que la discipline et le loyalisme constituent le moyen le plus efficace d'exprimer leur sentiment « national ». Toujours nourri de nombreuses contradictions, le maréchalisme reste porté par la ferveur des foules. Il s'exprime encore lors des fêtes organisées pour le premier anniversaire

---

35. En juin 1941, le sous-préfet des Andelys (Eure) estime que les « véritables et sincères tenants du nouveau régime ne sont […] qu'une infime poignée » (Cf. Marcel Baudot, *L'Opinion publique sous l'Occupation,* Paris, PUF, 1960). Dans les Alpes-Maritimes où l'adhésion était encore quasi unanime à l'automne de 1940, on ne compte plus que 40 % de nationaux et 20 % d'« apparemment nationaux »… Dans l'arrondissement de Saint-Brieuc, les deux tiers des Briochins sont attentistes et le troisième tiers est défavorable au régime ; il est nettement rejeté par plus du quart de la population dans la région de Guingamp.

de la Légion française des combattants[36] ou, par exemple, et
avec un enthousiasme particulier, lors de la visite du Maréchal
en Savoie le 22 septembre 1941[37].

Le détachement à l'égard du régime et le refus de la politique
de collaboration ne signifient pas non plus, en 1941, le passage
dans le camp opposé et la pleine adhésion à la Résistance.
Moins encore à la nécessité de la lutte armée. Loin d'être
approuvés par la majorité de l'opinion, les premiers attentats
individuels de résistants communistes contre des militaires
allemands n'y recueillent qu'incompréhension ou condamnation. Mais les sensibilités sont à vif et les exécutions
d'otages qui marquent l'automne sanglant de 1941[38] révoltent
la population. Elles ne font qu'amplifier la germanophobie de
la masse, également renforcée par le renvoi, en novembre, du
général Weygand. La confirmation de cette sensibilité va
pourtant profiter encore, paradoxalement, au maréchal Pétain.
Son appel pathétique au moment des exécutions d'otages
et les rumeurs qui font état de ses démarches pour obtenir la
clémence de l'occupant entretiennent l'illusion et préservent
toujours son image de protecteur[39]. L'attachement persiste,

---

36. C'est au printemps de 1941 que la LFC atteint le sommet dans
le nombre de ses adhérents avec 1 500 000 membres. Son rayonne-
ment se prolonge jusqu'à l'été pour décliner ensuite. Au milieu de
l'année suivante, ses effectifs ont diminué de moitié. Cf. les travaux
de J.-P. Cointet qui consacre une thèse d'État à la Légion. Pour un
aperçu, cf. « Les chevaliers du Maréchal », *L'Histoire*, n° 80, 1985.

37. Le triomphe que les populations savoyardes réservent au maréchal Pétain semble avoir dépassé les pronostics les plus optimistes des
responsables de la Légion locale. On peut toutefois noter que les ova-
tions les plus vibrantes ont salué, à Chambéry, la détermination avec
laquelle le « Chef » Costa de Beauregard a affirmé la volonté de préserver l'indépendance nationale. Cf. le témoignage du chef de cabinet du préfet, Charles Rickard, *Vérités sur la guerre, 1940-1942*, Éd.
Jean-Paul Gisserot, 1989.

38. Après les attentats des 20 et 21 octobre 1941 contre deux officiers allemands à Nantes et à Bordeaux, 98 otages sont fusillés les 22
et 23 octobre sur l'ordre du général von Stülpnagel : 27 à Châteaubriant, 16 à Carquefou, près de Nantes, et 5 au mont Valérien, à Paris,
puis 50 au camp de Souges, près de Bordeaux.

39. « Je vous jette ce cri d'une voix brisée : ne laissez plus faire de

mais une observation attentive de ses manifestations montre qu'il se fait plus restrictif. L'affectivité en devient le moteur essentiel et en modifie la nature, accentuant un glissement perceptible depuis de nombreux mois. Le maintien d'une vénération respectueuse à l'homme dernier garant d'une « union toute factice [40] » implique de moins en moins la reconnaissance incontestable de l'autorité du chef de l'État.

À la fin de 1941, les conclusions qui ressortent des bilans officiels reprennent la même constatation déprimante : les Français s'éloignent de plus en plus du gouvernement. Depuis l'été, sous la forme dominante d'un attentisme critique et à des rythmes différents selon les régions, selon les milieux sociaux, selon aussi le cadre de vie – urbain ou rural –, le décrochage entre l'opinion ordinaire et le régime s'est confirmé. Le fossé est encore étroit et de profondeur inégale, mais il est creusé, va s'élargir, s'approfondir et ne sera jamais plus comblé.

C'est aussi en 1941 qu'une première clarification des enjeux contribue à arracher la nation à la confusion ambiante. Les progrès du mouvement de Résistance, ses efforts de propagande et les débuts d'un travail de coordination modifient les rapports de force. Les trois grandes sensibilités qui partagent l'opinion selon des frontières encore incertaines – courants minoritaires de la collaboration et de la Résistance, courant largement majoritaire des attentismes – vont fixer le cadre de son évolution jusqu'à la Libération. C'est au sein de la masse attentiste recroquevillée sur ses préoccupations immédiates, mais de plus en plus perméable aux influences, que les pressions vont s'exercer et que les équilibres vont se

---

mal à la France », déclare le maréchal Pétain dans le message radiodiffusé qu'il prononce le soir même de l'exécution des otages de Châteaubriant. Il n'émet aucune protestation et ne prononce aucune critique, même allusive, sur les méthodes de représailles des Allemands.

40. Le 17 octobre 1941, la synthèse du contrôle postal conclut : « Actuellement, seule la personnalité du chef de l'État maintient une union toute factice. » Archives A. Tasca in *Vichy 1940-1944*, édité par Denis Peschanski, Milan-Paris, Feltrinelli-CNRS, 1986.

360 de la page

modifier. L'idée qu'une communauté de destin lie désormais le sort de Vichy à l'Allemagne fait son chemin. De nouvelles logiques de pensée préparent les ruptures.

Printemps 1942, hiver 1942-1943 : les fractures

L'année 1942 et les mois d'hiver qui débordent sur 1943 forment en effet la période des fractures décisives. Elle est surtout, avec le retour aux affaires de Pierre Laval, avec le choc émotif des rafles de dizaines de milliers de Juifs pendant l'été[41], y compris dans la zone libre, avec l'invasion de cette même zone en novembre et avec la mise en œuvre du STO en février 1943, la phase du basculement quasi général de l'opinion[42]. Les mutations ne résultent pas seulement d'une conjonction exceptionnelle d'événements, de leur gravité et de leur brutalité. Elles prolongent les cassures précédemment apparues et se développent le long des axes déjà tracés. Les bouleversements de la situation, à l'intérieur comme à l'extérieur, accélèrent le mouvement plus qu'ils ne le déclenchent.

Le rôle majeur de 1942 est connu et son influence sur le mouvement des esprits a été maintes fois souligné. Aussi, à la différence de 1941, on se limitera au rappel des grandes lignes. Les tendances déjà indiquées confirment leur ancrage et se manifestent de façon de plus en plus explicite, sur plusieurs terrains. L'opposition à la politique de Vichy, le refus de la collaboration et l'hostilité aux occupants s'expriment

----

41. L'année 1942 a été la plus meurtrière. Sur les 76 000 Juifs de France déportés, 43 000 l'ont été entre mars et décembre 1942. Cf. Serge Klarsfeld, *Vichy-Auschwitz*, Paris, 1983 et 1985, 2 t.

42. Énumération très incomplète à laquelle il faudrait au moins ajouter, pour ce qui relève exclusivement des affaires intérieures : la suspension du procès de Riom, l'organisation du Service d'ordre légionnaire (antichambre de la Milice qui sera créée le 30 janvier 1943), l'arrivée de Darquier de Pellepoix au Commissariat général aux questions juives, l'obligation du port de l'étoile jaune en zone occupée, l'institution de la Relève, le discours où Laval souhaite la victoire de l'Allemagne, les accords Oberg-Bousquet, la multiplication des exécutions d'otages…

délibérément, par exemple, dans le rejet de Pierre Laval. Déjà suspect à l'automne de 1940, le chef du gouvernement est définitivement identifié comme l'homme de l'Allemagne. Les signes d'inimitié qui se multiplient à son égard servent visiblement d'exutoire à la manifestation d'une aversion viscérale pour l'occupant.

La solidité des convictions s'observe aussi dans la fidélité à la cause des Alliés et, au moins depuis les événements de juin 1941 en Syrie, à celle de la France libre qui combat à leurs côtés sur plusieurs fronts. On peut en juger par les réactions aux bombardements anglo-américains. En dépit du nombre des victimes, de la dramatisation des faits par la propagande et du profit politique que le gouvernement de Vichy cherche à tirer des raids meurtriers de l'aviation alliée, la majorité de la population montre ouvertement où vont ses sympathies profondes. Comme le soulignent les préfets de région en avril 1942, « l'opinion éprouve une douloureuse émotion devant les victimes innocentes, mais, une fois le premier moment de stupeur passé, elle tend à excuser ces gestes ».

Même si, pour ce qui le concerne, les signes ne transparaissent pas avec la même netteté, le Maréchal n'est plus épargné par le processus de détérioration. Sa popularité oscille entre des phases d'effacement et des regains de ferveur liés à de brefs moments d'émotion. Une réserve grandissante et des silences de plus en plus longs marquent les étapes d'un déclin en pente douce. À partir de l'automne 1942, plusieurs sources officielles enregistrent sans dissimulation la chute sensible de son prestige[43]. Des élans de sympathie vont continuer à se manifester à diverses occasions – comme le 26 avril 1944 à Paris –, mais l'image du protecteur est définitivement atteinte. Les manifestations imposantes qui, à

---

43. À Clermont-Ferrand, où la population n'avait pas manifesté l'enthousiasme habituel lors de la visite du chef de l'État le 22 mars 1942, les autorités relèvent que de nombreux commerçants font disparaître de leur vitrine les portraits du Maréchal en novembre 1942. Cf. John F. Sweets, *Choices in Vichy France*, New York, Oxford University Press, 1986.

Lyon, Marseille, Nice, Toulouse, Grenoble et dans de nombreuses autres villes de la zone sud, marquent la célébration illégale du 14 juillet 1942[44], puis, quelques semaines plus tard, l'échec du deuxième anniversaire de la Légion, indiquent un point de non-retour. Le ressort est brisé.

Les réactions aux rafles de Juifs dans les deux zones, pendant l'été de 1942, constituent l'un des signes les plus probants de l'aggravation du processus de rupture avec le régime. Ces événements, et la manière dont ils se déroulent, soulèvent une indignation dont l'ampleur préoccupe les autorités. Elle est confirmée par l'écho exceptionnel que rencontrent les prises de position courageuses, avec des nuances importantes de forme, de six prélats de la zone sud. Celle de l'archevêque de Toulouse, Mgr Saliège, la plus célèbre et l'une des plus vigoureuses, sera connue partout grâce à une diffusion illicite et aux émissions de la BBC. Le mouvement de protestation provoque un réveil des consciences. Il modifie les comportements d'une population jusque-là passive et entraîne, en particulier chez les catholiques et les protestants[45], le développement accru des réseaux d'entraide et l'organisation de structures d'accueil clandestines[46]. La violence de la répression antisémite, bientôt relayée par l'entrée des Allemands en zone sud, puis par l'établissement du travail obligatoire, accélère une mutation déterminante. La

---

44. Ces manifestations prolongent et amplifient celles du 1er mai 1942 dont le succès avait montré les progrès de la communion d'idées avec la Résistance. Le mot d'ordre, lancé par la radio de la France libre à Londres, était relayé par les organisations de la Résistance intérieure. Cf. Jacques Semelin, *Sans armes face à Hitler, op. cit.*

45. Globalement parlant, la prise de conscience et l'organisation du sauvetage des Juifs persécutés ont été plus précoces dans les régions de culture protestante dominante.

46. Cf. *Églises et Chrétiens dans la Deuxième Guerre mondiale, La France*, Presses universitaires de Lyon, 1982, Renée Bédarida, *Les Armes de l'esprit, Témoignage chrétien, 1941-1944*, Paris, Éditions ouvrières, 1977 et du même auteur, *Pierre Chaillet, Témoin de la Résistance spirituelle*, Paris, Fayard, 1988, Pierre Bolle (dir.), *Le Plateau Vivarais-Lignon, Accueil et Résistance, 1939-1944*, actes du colloque de Chambon-sur-Lignon, Chambon-sur-Lignon, SHM, 1992.

majorité des Français perd ses dernières illusions sur le nouveau régime et la jonction s'opère, dans les têtes, entre l'hostilité de toujours à l'Allemagne et l'hostilité à Vichy.

C'est enfin au cours de cette même période de l'hiver 1942-1943 que, dans des conditions inégales fortement dépendantes des situations locales, l'influence de la Résistance devient une réalité sensible. En s'identifiant progressivement à la seule expression possible du sentiment national, elle réussit précisément sur le terrain où Vichy enregistre son échec le plus lourd. Pour des Français de plus en plus nombreux, la Résistance symbolise désormais la patrie retrouvée. Cette adhésion morale à un idéal de rassemblement et à la nécessité de lutter pour chasser l'occupant ne fait pas des Français de 1943 un peuple de résistants dans le sens héroïque des légendes d'après guerre. Même en 1944, à la veille de la Libération, la Résistance active n'a jamais ressemblé à une insurrection de masse. Mais, et c'est là le fait essentiel, les organisations de lutte clandestine peuvent maintenant agir et progresser dans un climat de compréhension et de solidarité. Des complicités silencieuses et de multiples gestes anonymes font que la Résistance, phénomène minoritaire mais non marginal, n'est plus isolée dans la nation. L'implantation et le développement des maquis en apportent une preuve concrète. La réunion constitutive du CNR, qui marque l'aboutissement d'un long processus d'unification[47], traduit, au niveau politique, les mutations en cours. L'identification de la Résistance au gaullisme contribue par ailleurs à fournir à la France attentiste une alternative convaincante et rassurante. Renforcé par le tournant des événements extérieurs, le rythme des évolutions s'accélère. Il éclaire l'état d'esprit confiant de ces semaines de septembre 1943 où, nous l'avons vu, des espérances trop hâtives avaient fait momentanément reculer le poids des lassitudes.

---

47. La première réunion du Conseil national de la Résistance a lieu à Paris, rue du Four, le 27 mai 1943, sous la présidence de Jean Moulin.

Certitudes, ambivalences
et différences des rythmes

Ainsi, entre 1940 et la fin de l'année 1943, sans donner lieu
à des explosions brutales ou à des retournements spectaculaires, des changements en profondeur se sont opérés dans
les attitudes et les comportements des Français. L'histoire ne
s'arrête pas. De terribles épreuves attendent la population,
mais les derniers mois qui la séparent de la Libération
n'amènent pas de renversement significatif dans les choix
effectués ni dans les directions déjà tracées. Certaines,
comme le rejet de l'État policier de Vichy ou les attitudes de
solidarité avec la Résistance, vont continuer à se renforcer.

Les leçons de la chronologie restent irremplaçables, mais
les effets du temps ne suffisent pas à tout élucider. Elles
obligent avec raison à juger de l'amont et soulignent l'imbri-
cation des facteurs d'influence, mais elles ne permettent pas
toujours de les hiérarchiser. Elles font émerger les tendances
dominantes, mais conduisent à négliger les particularités des
rythmes ou la diversité des réactions collectives. Aussi faut-
il prendre un peu de distance pour recouper le champ de
vision. L'élargissement des perspectives sert à mieux situer
les lignes directrices de l'opinion moyenne et à mieux discerner les moteurs essentiels de son fonctionnement. Quatre
grandes constatations se détachent alors distinctement du
bilan : des constantes d'attitudes se sont confirmées ; des
mutations décisives se sont produites ; des zones incertaines
demeurent ; des nuances multiples soulignent en permanence la complexité des phénomènes.

Les invariants

Un double rejet, une longue fidélité et les pesanteurs enva-
hissantes des difficultés quotidiennes forment les données
stables et durables de l'univers mental des Français tout au
long des années noires. Les initiatives politiques, les arguments et même les appels du Maréchal n'ont pas réussi à

faire reculer la force de l'évidence : le pays est occupé et opprimé par une armée étrangère ; aujourd'hui comme hier, les Allemands sont des ennemis. Le durcissement progressif d'une germanophobie irréductible est bien une des clés majeures de l'évolution des esprits[48]. Le refus de la collaboration en est le prolongement naturel. Pour la majorité des Français, très vite, les deux attitudes sont devenues indissociables et elles n'ont pas varié, sur le fond, en fonction de la conjoncture.

Malgré de dures épreuves et quelques poussées de fièvre, de Mers el-Kébir aux bombardements de la RAF, le pro-britannisme n'a pas fondamentalement varié, lui non plus. Les motivations ont été diverses, parfois la simple continuité d'un antigermanisme viscéral, mais la cause de la Grande-Bretagne a donné au plus grand nombre, dès 1940, ses véritables raisons d'espérer.

À ces convictions durables et à ces certitudes profondément ancrées vient s'ajouter une préoccupation d'une autre nature. Comme les précédentes, son influence s'exerce aussi en permanence. La pénurie, les privations, les problèmes de ravitaillement, le marché gris ou noir, l'accumulation des soucis matériels mobilisent souvent la plus grande part de ce qui reste d'énergie. Sans être la cause de tout, comme on l'avance parfois un peu vite, les difficultés du quotidien sont, elles aussi, l'un des ressorts essentiels du fonctionnement de l'opinion commune. Ses effets peuvent agir, selon le cas, dans des directions contraires. Soit comme un moyen de réveiller les consciences : s'il n'est pas certain que Vichy ait perdu la confiance des Français en premier lieu sur ce terrain, l'aggravation des mécontentements a joué un rôle

---

48. Partisan de la collaboration, Jacques Benoist-Méchin note dans ses Mémoires (rédigés en 1944) que 90 % de la population étaient dressés contre les occupants au printemps de 1942 et que la virulence de cette hostilité « rejaillissait contre tous ceux qui parlaient de s'entendre avec l'Allemagne ». J. Benoist-Méchin, *De la défaite au désastre, Les occasions manquées, juillet 1940-avril 1942*, Paris, Albin Michel, 1984.

incontestable dans le processus de détachement qui se met
en marche à partir de 1941. Soit, plus généralement, comme
un frein et un écran. Le glissement constant vers des préoccupations immédiates modifie en profondeur l'ordre des
priorités et le sens des « valeurs ». L'obsession du court
terme s'accommode mal de la vigilance morale[49]. Elle favorise mécaniquement les solutions de repli, l'indifférence aux
autres et le principe souverain d'autoconservation. « Il
semble bien, hélas ! […] que nous ayons plus duré que
vécu », écrit Charles d'Aragon à propos de la situation dans
la « morne zone libre » avant 1942[50]. Durer, et attendre pour
mieux durer, tiendront lieu, pour beaucoup et en toutes circonstances, de seule ligne d'horizon[51].

Les changements décisifs

Peu visibles sur le moment, ils ont contribué à enrayer la
mécanique des forces d'inertie. La dissociation précoce
entre la fidélité affectueuse au vieillard prestigieux et le soutien au régime dont il est le chef, entre maréchalisme de sentiment et pétainisme, constitue un phénomène complexe et
incontestablement équivoque. La variation de l'écart apparaît toutefois comme l'un des ressorts essentiels des attitudes
collectives. Si de telles contradictions sont un facteur évident des ambivalences de l'attentisme, elles ouvrent une
brèche qui permet, dès 1941, d'amorcer le processus de détachement déjà décrit.

---

49. Ainsi que le rappelle Dominique Veillon, « Le Français moyen
passe le plus clair de son temps à chercher de quoi faire bouillir sa
marmite ou alimenter son poêle », *Images de la France de Vichy*,
Paris, La Documentation française, 1988.
50. Charles d'Aragon, *La Résistance sans héroïsme*, Paris, Le
Seuil, 1977.
51. Sans doute dans un moment de pessimisme, Jean Guéhenno
s'interroge, le 30 avril 1944, sur l'« impression de mollesse que
donne l'opinion » et sur ses préoccupations étriquées, « comme si la
grande masse de ce pays ne tenait plus à rien qu'à vivre, à n'importe
quel prix ». Jean Guéhenno, *Journal des années noires, 1940-1944*,
Paris, NRF, Gallimard, 1947.

À côté de ce mécanisme à action opposée, il faut retenir l'importance des mutations qui, en profondeur, ont eu des effets déterminants sur le mouvement des esprits. Elles indiquent une moindre sujétion au mode de pensée dominant, fortement imprégné d'irrationnel. Trois doivent être principalement relevées.

C'est, d'abord, la prise de conscience de la collusion entre Vichy et l'Allemagne nazie, de son incapacité à maîtriser son propre devenir, du sort commun qui lie étroitement les deux régimes. Elle détruit la solution refuge d'un certain attentisme qui avait cru pouvoir concilier nationalisme germanophobe et loyalisme vichyste. Les choix politiques et les décisions qui accompagnent le rappel de Pierre Laval, puis les chocs successifs des rafles des Juifs pendant l'été de 1942, de l'occupation de la zone libre et du STO démontrent clairement dans quel camp se trouve l'État français.

Ensuite, et dans la même logique de pensée, c'est la désagrégation d'une des images fondatrices de Vichy. La fonction de protection et la représentation du Maréchal-bouclier ne résistent pas à l'accumulation des faits. Pendant l'hiver de 1943-1944, l'identification du régime à un État policier, à travers le climat de répression, les exactions de la Milice et les méthodes expéditives des cours martiales, donne la mesure des écarts qui séparent le pays réel des illusions des premières semaines.

Enfin, l'échec de Vichy est total sur la question centrale de la crise d'identité nationale, sur ce qui avait joué un rôle primordial dans le ralliement massif de l'été 1940. Alors que le nouveau régime avait exploité un profond besoin d'unité en s'imposant comme la seule voie possible de la reconstruction nationale, il a, à l'inverse, exacerbé les passions et divisé tragiquement les Français. C'est contre lui et contre ceux dont il épouse la cause, autour du patriotisme de la Résistance, que l'identité de la nation se reconstitue.

Les ambivalences et les ambiguïtés

La force des rejets, les progrès de la solidarité ou les prises de conscience n'ont pas empêché la persistance des attentismes. Des zones d'ombre demeurent dans la compréhension des attitudes collectives. Elles soulèvent tous les problèmes du sens des incohérences apparentes, de la logique des sentiments antinomiques, des espaces entre les opinions et l'action, des interprétations sur les nuances entre masse inerte et opposition par inertie[52].

L'attentisme est un concept clé de la période, propice aux généralisations et largement utilisé dans les explications. Mais il n'est pas univoque et prend, selon le temps et selon ce qu'il cache, des couleurs diverses. Pendant quatre ans, les Français conjuguent à des rythmes différents les nuances subtiles d'un attentisme changeant, avec des glissements sensibles de signification. Des observations recoupées montrent que l'on peut passer, ou ne pas passer, à partir d'un attentisme refuge de simple passivité, à un attentisme critique et sélectif, puis d'opposition, puis de complicité ou de solidarité. S'il n'est pas possible, dans le contexte de la période, d'assimiler l'irrésolution apparente à l'indifférence complice ou à l'opportunisme calculateur, il reste que la persistance d'un tel état d'esprit ne va pas, là encore, sans une part d'ambiguïté[53]. Il laisse des questions en suspens, et le long silence de l'opinion française à l'égard des Juifs, au moins jusqu'en 1942, en est un des exemples les plus troublants. Michel Debré témoigne ainsi de son malaise : « De cette dure époque où l'honneur eut tant de mal à triompher de la honte, je garde un souvenir et un sentiment qui ne

---

52. Ainsi, le même jour où il exprime ses inquiétudes sur la mollesse ambiante (cf. *supra*), Jean Guéhenno ajoute quelques lignes plus bas : « Mais si l'on y songe, l'espèce d'inertie qu'oppose à la propagande la masse d'ordinaire si malléable est un bon signe de la dignité instinctive du pays », *Journal des années noires*, 30 avril 1944, *op. cit.*

53. En mars 1944, le deuxième numéro du journal clandestin *Le Patriote martiguais* stigmatise ainsi l'attente passive d'une partie de la population : « Beaucoup de gens se contentent de se plaindre, d'écouter les radios alliées, de souhaiter que la guerre finisse et que les Boches quittent la France, bien tranquillement... » Cf. Jacky Rabatel, *Une ville du Midi sous l'Occupation, Martigues 1936-1945*, Martigues, CDAC, 1986.

m'ont jamais quitté. Souvenir d'une constatation amère : le peuple français accepte longtemps le malheur avant de commencer à réagir[54]. »

Dans le réseau des pesanteurs qui perpétuent les attitudes de repli et retardent la manifestation de soutiens actifs au refus, les effets inhibiteurs de la peur jouent un rôle considérable et durable. Inégalement ressenties selon les lieux et les milieux, les pressions divergentes des peurs et des solidarités renvoient encore à l'ambivalence. La peur n'obéit pas aux mêmes causes, mais elle ne semble jamais avoir cessé d'habiter les Français[55]. Au *Cahier noir* de François Mauriac qui regrette, à la fin de 1941, que tant de Français soient mus par une « passion élémentaire, la peur[56] » répond, deux ans plus tard, le constat de Charles Rist : « La peur décide des opinions[57]. » Ceux que Charles d'Aragon appelle les trembleurs ne sont peut-être pas toujours les mêmes, mais ils semblent être restés nombreux. À quelques semaines du débarquement, Jean Guéhenno note : « C'est toujours la même peur, le même pourrissement. On tremble[58]. »

La présence d'ambivalences constantes est l'un des signes les plus visibles d'une complexité des comportements qui a été plusieurs fois soulignée. Elle caractérise la nature même des réactions collectives et explique la difficulté à en saisir les multiples cas de figure. Malgré les limites inhérentes à toute généralisation, les premiers enseignements d'un essai

---

54. Michel Debré, *Trois Républiques pour une France, Mémoires*, Paris, Albin Michel, 1984.

55. Au printemps de 1944, les peurs d'une possible guerre civile n'épargnent pas des milieux hostiles à Vichy. Elles ont été relevées partout et on peut en trouver les signes dans le Journal de Claude Mauriac. Cf. *Le Temps immobile, Les espaces imaginaires*, Paris, Grasset, 1975.

56. Forez, *Le Cahier noir*, publié clandestinement, « aux dépens de quelques lettrés patriotes » le 15 août 1943. Cf. Jean Touzot, *Mauriac sous l'Occupation, op. cit.*

57. 6 décembre 1943. Cf. Charles Rist, *Une saison gâtée, Journal de la Guerre et de l'Occupation 1939-1945*, Paris, Fayard, 1983.

58. 30 avril 1944, *Journal des années noires, op. cit.*

de synthèse ont permis d'opposer une réalité nuancée à la rigidité des modèles d'interprétation trop facilement répandus. Il faudrait pourtant pouvoir diversifier encore et s'interroger, pour chaque période et chaque endroit, sur le sens des divers attentismes et des variations d'intensité dans les soutiens ou les refus, sur la portée réelle des contrastes, des paradoxes, des choix atypiques, des exceptions ou des chronologies aberrantes. Dans l'ensemble du pays, quels que soient le statut des zones ou la spécificité des lieux, des facteurs de toutes sortes, structurels ou autres, entraînent des décalages dans les ruptures et des variations sensibles dans les trajectoires de l'opinion moyenne. Ces réactions différentielles du tissu social doivent être mises en évidence sans toutefois masquer, comme cela a déjà été indiqué, les indications des tendances majeures. Autant le rappel des dissemblances est nécessaire pour éviter les schématisations, autant il ne doit pas amener à multiplier les contradictions de détail et à relativiser à l'infini, au risque de tout aplanir.

Le temps est une première cause de diversité. Sans être jamais la même, son influence a été considérable. La chronologie a pu dégager les phases importantes de l'évolution générale, mais les rythmes de ce mouvement diffèrent selon les espaces, les groupes humains et les conjonctures particulières. Ici, les mesures de réquisition du STO sont, à la fin de l'hiver 1943, le début d'une prise de conscience tardive. Là, elles ne font que confirmer et amplifier des convictions et des rejets déjà en place depuis près de deux ans. Non seulement le temps qui passe n'agit pas partout et chez tous de manière identique, mais son action ne s'exerce pas non plus de façon progressive et dans une direction unique. Dans les relations entre les Français et le maréchal Pétain, mais c'est vrai de presque tout, des observations fines ne montrent pas une évolution continue et linéaire des attitudes. Des orientations prévisibles alternent avec des phases de stagnation, voire des régressions. Le temps, c'est aussi le poids des générations, des contraintes sociales inégales selon les âges et les différences de comportements qui en découlent. Si les engagements dans la Résistance active reflètent imparfaitement les diverses composantes de la nation, les moins de trente ans y sont à peu près partout en majorité. Le temps, c'est encore, à ce moment-là, des réactions marquées par une extrême sensibilité aux émotions et aux événements du quotidien, que ce soit la propagation de rumeurs extravagantes, le choc d'une rafle ou de représailles, la promesse d'arrivage de telle ou telle marchandise impatiemment attendue ou, banalement, les aléas d'un simple changement de saison.

La géographie est un second facteur d'hétérogénéité. La spécificité des zones, au moins jusqu'à la fin de 1942, avec la présence ou l'absence des occupants, transparaît à l'évidence dans les attitudes collectives. Ainsi, le Nord et le Pas-de-Calais, comme la zone interdite, présentent des modèles d'évolution caractéristiques. L'influence du statut d'occupation y est indéniable, mais elle n'est pas la seule, et ces régions constituent des cas particuliers non révélateurs de la situation d'ensemble. Il faut se méfier, là encore, des simplifications et ne pas opposer de façon grossière une zone occupée au patriotisme exemplaire à une zone libre engluée dans les mollesses consentantes ou dans le rituel désuet de la Révolution nationale. Si le Service d'ordre légionnaire et la Milice se développent dans la zone sud, l'adhésion à la collaboration et l'audience des collaborationnistes y restent cependant très minoritaires. Non seulement le temps atténue les disparités, mais il peut en inverser le sens. Contrairement à ce qui est souvent avancé, le pétainisme n'est pas « moins vif dans les régions occupées que dans la zone libre[59] » et il y dure parfois plus longtemps. Les représentations qu'une partie de l'opinion de la zone nord se fait de Philippe Pétain et de la fonction de recours ultime qui pourrait être encore la sienne expliquent sans doute ce phénomène.

En fait, les variantes sont multiples et chaque approfondissement en fait surgir de nouvelles. Les attitudes peuvent résulter localement de facteurs spécifiques et donner lieu à

---

59. Cf. Yves Durand, *La France dans la Deuxième Guerre mondiale, 1939-1945*, Paris, Cursus, Armand Colin, 1989.

des particularismes prononcés. On en retrouve à l'intérieur des zones, à l'intérieur des régions, et ils peuvent même être observés à l'échelle d'espaces beaucoup plus modestes. Des réactions contradictoires s'expriment parfois dans des lieux très proches. On le voit aussi bien en Dordogne ou dans l'Aveyron qu'en Bretagne ou en Auvergne. Dans la Normandie à peine libérée, à quelques kilomètres de distance, des contrastes saisissants marquent encore les sensibilités en juillet 1944[60].

Si ces permanences et ces rythmes décalés renvoient à des héritages culturels – visibles en Bretagne, à l'ouest de la péninsule, dans les pays de tradition bleue[61] –, ils tiennent aussi à la carte d'implantation des forces de la Résistance, à leur dynamisme et, dans certains cas, à leur appartenance. On comprendra facilement qu'une population rurale ne peut rester indifférente à la présence, précoce ou tardive, active ou effacée, de concentrations de maquis.

Étroitement imbriqué dans le culturel et le politique, le facteur social ne doit pas être oublié dans l'explication des différences. Ses effets sont indiscutables et on peut les observer distinctement quand, comme dans le Nord de la France ou lors des mouvements limités de grèves de l'automne 1942, notamment dans la région lyonnaise, il y a interférence entre les revendications sociales et l'expression du sentiment national[62]. C'est encore le cas quand, comme en 1941, l'aggravation brutale des difficultés économiques rend insupportables des inégalités criantes. Le fossé qui s'élargit entre les conditions de vie des salariés à revenus bloqués et les possibilités réelles d'accès aux produits de première

---

60. Cf. Jacques Kayser, *Un journaliste sur le front de Normandie, Carnet de route, juillet-août 1944*, Paris, Arléa, 1991.
61. Cf. Christian Bougeard, « La Bretagne », in *Vichy et les Français, op. cit.*
62. Cf. Étienne Dejonghe, « Le Nord isolé : Occupation et opinion (mai 1940-mai 1942) », *Revue d'histoire moderne et contemporaine*, janvier-mars 1979, et Jacques Semelin, *Sans armes face à Hitler, op. cit.*

nécessité par les marchés parallèles crée des antagonismes d'intérêt. Ils conduisent à des prises de conscience et à des comportements qui reconstituent des solidarités sociales. Ils font resurgir des clivages que le régime affirmait pouvoir faire disparaître. Ils accélèrent les ruptures dans les milieux les plus touchés par la pénurie, soit, au premier rang, les citadins démunis et le monde ouvrier.

Sans négliger l'importance de ces problèmes, il serait artificiel de vouloir caractériser les comportements en fonction d'un déterminisme social. La même remarque pourrait être faite à propos du poids des appartenances politiques. Il faut se méfier des clichés qui laisseraient croire à une distribution mécanique du patriotisme ou de la lâcheté. Ni l'un ni l'autre ne constituent un monopole de classe ou de parti. Cela dit, il tombe sous le sens que le chef d'entreprise ou le catholique pratiquant de sensibilité conservatrice qui, tous deux, pour diverses raisons, n'ont jamais oublié les peurs de l'été 1936, risquent d'être plus réceptifs aux valeurs de l'ordre nouveau et à la dénonciation du « terrorisme rouge » qu'un militant syndical montré du doigt en 1940 pour avoir soutenu les républicains espagnols, ou qu'un intellectuel devenu suspect pour avoir dénoncé le renoncement de Munich. Au total, sans parler du maréchalisme, largement partagé comme on sait, le pétainisme a trouvé des appuis dans tous les milieux et dans tous les groupes sociaux. Avec, là encore, de fortes inégalités dans la répartition et le degré actif de soutien. Dans la France de Vichy et dans l'explication des longues fidélités pétainistes, l'appartenance au groupe social semble avoir moins joué que la position sociale et la représentation d'« élite naturelle » que les intéressés ont pu se faire de leur propre statut. Les petits chefs et les notables locaux forment les gros bataillons du Maréchal et, comme l'écrit justement Yves Durand, une « mentalité élitiste, ou mieux, "notabiliste", constitue le fond de tous les pétainismes[63] ».

63. Yves Durand, *La France dans la Deuxième Guerre mondiale, 1939-1945*, *op. cit.*

Paysans et citadins

Les attitudes du monde paysan illustrent bien, à la fois, la pertinence et les limites des effets du conditionnement social sur
les conduites collectives. Souvent méconnues et sommaire-
ment perçues par le reste de la population, elles ont surtout
donné naissance à des appréciations où la préoccupation
obsédante de la nourriture fait rejouer et recoupe, en filigrane,
la vieille opposition entre citadins et ruraux. L'incompréhension réciproque se renforce, avec le retour de tous les stéréo-
types expéditifs qui marquent les représentations ordinaires
des uns et des autres. Si agressivité et animosité imprègnent
souvent les jugements à l'égard des paysans, – qui ne sont
pas en reste –, ce serait toutefois simplifier à l'extrême que de
vouloir tout ramener au clivage villes-campagnes. Sans doute
sert-il aussi à traduire d'autres ressentiments, moins faciles
à exprimer ouvertement. Faut-il le rappeler ? Les inégalités
les plus insupportables devant les conséquences de la pénurie ne tiennent pas aux seuls profits excessifs qu'une partie des
agriculteurs a pu chercher égoïstement à tirer de la situation.

Face à Vichy, les paysans ont, dans l'ensemble, réagi avec
un temps de retard par rapport à l'évolution générale. Ils ont
exprimé durablement leur loyalisme par une longue fidélité
affective à la personne du chef de l'État. Au-delà du maréchalisme de sentiment, ils ont cherché refuge dans l'attentisme
et ont accepté le régime plus longtemps que la moyenne
de la population. C'est le plus souvent au printemps 1943,
comme le montrent les exemples de la Franche-Comté, de
l'Auvergne, du Périgord ou du Quercy, que la rupture se produit et que l'on « tourne casaque[64] ». L'alourdissement des
contraintes administratives, les réglementations incessantes,
les réquisitions et surtout le STO ont conduit à la perte des dernières illusions. Avec le développement d'un climat d'insécurité de plus en plus accentué et le sentiment des populations

---

64. Selon l'expression d'un responsable de la Corporation paysanne du Puy-de-Dôme, dans un rapport cité par John F. Sweets,
« L'Auvergne », in *Vichy et les Français. op. cit.*

rurales d'être livrées aux représailles des occupants, ils ont été les facteurs déterminants du basculement.

Le tableau, ainsi résumé, ne dégage que des tendances grossières d'une situation « moyenne » qui correspond rarement aux situations concrètes observées sur le terrain. Aussi faudrait-il, une fois encore, y apporter de nombreux et importants correctifs, impossibles à développer dans le cadre de cette approche. On s'en tiendra aux plus significatifs, dessinés à gros traits.

Ne serait-ce que par les effets d'enracinement d'un patriotisme viscéral et par la permanence d'une longue tradition de germanophobie, il importe ainsi de souligner le sentiment largement partagé d'une hostilité profonde, instinctive, à la collaboration et à l'occupant. De relever ensuite, partout, des exceptions notables à l'inertie consentante et à la résignation prolongée généralement décrites. La singularité se manifeste à des niveaux et à des temps différents, mais elle peut parfois exprimer, bien avant les ralliements tardifs de l'été 1944, une culture du refus à l'échelle de tout un terroir. Certaines régions rurales du Nord, du pays bretonnant, du Limousin, du Jura, de Haute-Savoie, des Cévennes ou du Sud-Ouest – pour ne citer que quelques exemples parmi de nombreux autres – sont vite acquises à l'opposition au régime de Vichy. Plusieurs se rallient même clairement à des formes de résistance soit par des gestes de solidarité avec les exclus, soit par de mutiples signes de complicité avec l'action clandestine, en liaison avec les besoins de la lutte et les conditions de son évolution.

Il importe enfin de ne pas oublier qu'à partir de l'été 1943, quand la lutte armée sort des limites du milieu urbain et que commence véritablement le temps des maquis, les paysans jouent un rôle essentiel dans l'accueil des jeunes qui fuient le STO. Même si l'on sait que tous les réfractaires ne deviennent pas maquisards, les réseaux de solidarité se prolongent. Ils participent ainsi, avec une culture du silence transformée en instrument de combat, au développement des forces de la résistance armée. Non que tout soit idyllique entre les uns et les autres. Mais, au bout du compte, malgré les inévitables

tensions provoquées par le questions de sécurité des populations civiles, ou les problèmes de ravitaillement, la complicité des paysans, dans de multiples petits recoins de
France, a constitué un soutien déterminant à des aspects
essentiels de la lutte clandestine.

Les évolutions et les connivences silencieuses du monde
paysan comptent peu dans les images qui peuplent la
mémoire des années noires. Elles s'effacent derrière des
opinions beaucoup plus contrastées et souvent peu charitables. On sait la place que tenaient, avant le conflit, les relations entre citadins et ruraux dans l'imaginaire collectif des
Français. On sait également ce que les poncifs, auxquels
elles donnaient lieu, supposaient de méconnaissance réciproque. La considération que le maréchal Pétain porte au
monde paysan[65], le discours vichyssois sur les valeurs de la
terre – qui, elle, « ne ment pas » – et un incontestable sentiment d'un juste retour des choses de la part d'une catégorie
sociale qui se sentait souvent humiliée par un trop-plein de
condescendance redonnent à la relation ville-campagne une
actualité imprévisible. Mais surtout, en raison des effets de
la pénurie et des malheurs du temps, les échanges entre
villes et campagnes deviennent une nécessité vitale.

Sans être le pays de cocagne parfois évoqué, les campagnes
ont été incontestablement privilégiées pour ce qui est de la
nourriture. Même si elle reste difficile à chiffrer avec précision
en raison de la pratique courante des fausses déclarations,
l'autoconsommation augmente dans des proportions sensibles entre 1940 et 1945. Au-delà des satisfactions évidentes
qu'elle procure en période de privations, elle traduit psychologiquement une sorte de compensation et est « vécue comme
une revanche sur le citadin qui méprisait les *bouseux*[66] » et
autres *péquenots*. Sous l'Occupation, le monde paysan, dans

---

65. Elle ne date pas de 1940 et on peut se référer au discours que
le maréchal Pétain prononce dans l'Ariège, en novembre 1935, lors
de l'inauguration du monument aux morts du village de Capoulet-
Junac.
66. Jean-Pierre Rioux, « Survivre », art. cit.

son ensemble, n'a pas été confronté au problème de la faim. Trouver de quoi manger est, en revanche, le souci quotidien dans les villes où la ration officielle de calories permet à peine d'éviter les carences de la malnutrition[67].

Il faut pourtant se garder, une nouvelle fois, d'énoncer des généralités sur la ville sans les accompagner de réserves. Le fait de vivre en milieu urbain sous Vichy et l'Occupation ne suffit pas à définir un statut déterminant ou une condition décisive. Elle renseigne incomplètement sur le sort réel des citadins, très inégalement partagé, y compris à l'intérieur des diverses catégories sociales. Difficile, par exemple, de ne pas souligner celui des femmes des milieux populaires et modestes qui sont confrontées chaque jour, à travers les attentes épuisantes des heures de queue et en raison de moyens financièrement limités, au problème incessant d'un ravitaillement introuvable, avec les angoisses qui découlent de leur rôle et de leurs responsabilités spécifiques dans le foyer familial. Difficile aussi, sans même aborder le cas des proscrits, de parler sur le même ton du sort des ouvriers ou des salariés aux revenus modiques et de celui de certains commerçants ou intermédiaires divers qui, sans mener pour autant grand train, occupent une position stratégique dans les filières de répartition. Impossible enfin, mais l'énumération des particularités pourrait se poursuivre indéfiniment, de passer sous silence les nuances considérables à introduire entre le sort des personnes isolées et celles, d'origine rurale, qui ont eu la chance – ou la clairvoyance – de pouvoir maintenir des liens solides avec les membres de leur famille restés vivre à la campagne…

En bref, chez les hommes de la ville comme de la terre, les singularités et les différences objectives sont multiples. Elles

---

67. Les observations sur l'évolution des courbes des poids d'employés et d'ouvriers d'usine de la région parisienne (Gennevilliers et Aulnay) montrent une chute nette du poids moyen jusqu'en 1942, suivie d'une stabilisation jusqu'en 1944. Cf. Michel Cépède, *Agriculture et Alimentation en France pendant la Deuxième Guerre mondiale*, Paris, Éd. Génin, 1961.

n'effacent évidemment pas les contraintes communes. Parmi les plus fortes, l'obligation, pour les habitants des villes partis à la recherche de nourriture et désireux de ne pas revenir les mains vides après des voyages interminables dans des trains de plus en plus lents et bondés, de devoir en passer par le bon vouloir des cultivateurs et par les prix élevés, souvent prohibitifs, du marché parallèle. Ce sont ces expériences qui ont renforcé les clichés agressifs et provoqué, chez les citadins, des réactions d'hostilité contre les paysans que les rapports des préfets transcrivent et transmettent en haut lieu. Il est vrai que la course au ravitaillement dans les fermes, et les promenades obligées au grand air de la campagne normande ont laissé, c'est peu dire, des souvenirs mitigés chez de nombreux Parisiens. Il en est resté des images exagérément négatives sur l'insensibilité ou sur l'enrichissement forcené et général des « paysans-profiteurs-du-marché-noir ». Elles ont aggravé les incompréhensions. Elles appellent au moins une double réponse. Il convient de redire que les conditions de vie n'ont pas été également favorables pour tous les agriculteurs sur l'ensemble du territoire. La pénurie a mécaniquement limité les effets du profit et elle a rendu le travail plus pénible. Elle a entraîné le retour du troc qui a souvent servi de monnaie d'échanges. Elle a surtout provoqué des déséquilibres qui doivent nous mettre en garde contre les jugements d'ensemble : certaines régions, en particulier celles de monoculture viticole, ont connu de graves difficultés d'approvisionnement, comparables à celles des grandes agglomérations. En second lieu, si des égoïsmes détestables ont joué – mais les paysans n'en ont pas eu le monopole au cours de la période –, ils ne représentent qu'un versant des comportements. L'aide discrète aux persécutés, les soutiens à la Résistance et aux maquis, l'accueil de jeunes enfants et adolescents, l'envoi de dizaines de millions de « colis familiaux » ne peuvent pas être passés sous silence. Si des critiques étaient justifiées, beaucoup ont été douloureusement ressenties par un monde paysan convaincu, en majorité, que les citadins n'avaient aucune conscience des réalités de leur existence.

Que ce soit pour le milieu rural ou dans tout autre domaine, les oppositions binaires et les classifications strictes ne fournissent pas la meilleure approche pour comprendre les réactions des Français sous Vichy et l'Occupation. Tout ce que nous apprend l'étude des phénomènes d'opinion pendant les années noires montre que les choix collectifs ne sont jamais effectués en fonction des données tranchées d'une alternative simple et transparente. Tout renvoie à une ambivalence persistante, clé essentielle d'explication. Elle apparaît comme le miroir le plus fidèle de la plasticité des situations et des attentismes multiformes qui caractérisent les attitudes. Elle n'efface pas la part des certitudes, des fidélités et des convictions durables, et ne se confond donc pas avec les ambiguïtés de l'opportunisme. Elle traduit les signes d'une longue lassitude qui prolonge les pesanteurs et les contradictions d'une crise d'identité nationale bien antérieure à l'effondrement de 1940. Face à l'indiscutable complexité et aux multiples spécificités des comportements collectifs, l'équilibre est à trouver entre les nécessités de l'éthique et de l'histoire : souligner les diversités sans tout diluer dans les alignements trompeurs des fausses ressemblances ; expliquer, sans écraser les perspectives pour tout relativiser ; s'efforcer de comprendre sans faire oublier l'essentiel. L'espace est large entre le souci de durer et la rude exigence du refus.

La France de l'Ouest

Jacqueline Sainclivier

L'ouest de la France (de la Normandie à la Vendée en passant par la Bretagne, le Maine et l'Anjou), région profondément rurale avec des enclaves industrielles, est aussi une région à laquelle la longueur des côtes, avec leurs ports militaires, donne une importance stratégique essentielle, ce qui lui vaut l'attention toute particulière des états-majors français, puis allemands et alliés. De ce fait, l'Ouest de la France a été un enjeu militaire tout en subissant la loi commune de la France occupée dès 1940.

Jusqu'en mai 1940, cette région ne connaît guère de la guerre que la mobilisation des siens et l'arrivée des réfugiés dont le nombre s'accroît sans cesse de mai jusqu'au début de juillet 1940.

Le 25 juin, l'Ouest est totalement occupé, non sans des combats de retardement destinés à permettre le départ de nombreux navires de guerre ou de pêche emmenant des volontaires pour continuer le combat outre-Manche ; 162 ont pu ainsi quitter Brest et une soixantaine le port de Lorient.

Avec l'Occupation, les premières réactions spontanées d'hostilité ne se font pas attendre (par exemple, sifflets lors des actualités dans les cinémas des villes, suivis, en représailles, de la fermeture de ceux-ci pendant quelques jours) tandis que les tentatives de départ vers l'Angleterre continuent. Le plus bel exemple est donné par l'île de Sein d'où partent 133 pêcheurs (sur 1 100 habitants) le 24 juin 1940 ; Sein est la seule commune de France à avoir plus de tués militaires en 1939-1945 (27 morts) qu'en 1914-1918 (21).

De nouvelles autorités

Mais l'Ouest doit, comme le reste du pays, se réorganiser et
se plier aux lois de Vichy et de l'occupant. Dès l'automne de
1940, de nouveaux préfets sont nommés : dans le Finistère
en septembre, en Ille-et-Vilaine en novembre. Ce qui caractérise cette nouvelle administration, c'est, d'une part, la rota-
tion rapide des préfets, d'autre part, leur attitude de plus en
plus collaborationniste suivant l'évolution même du régime.
Comme dans toute la France, les instances municipales et
départementales sont remaniées. Dans les municipalités des
grandes villes, les maires sont désormais nommés. La plus
grande partie des révocations s'effectue en 1941. Le préfet,
en général, ne propose la révocation des maires que lorsqu'ils ont appartenu à l'un des trois partis de gauche : PCF,
SFIO et radicaux-socialistes (à vrai dire, les conseillers
municipaux ou maires communistes ont déjà été révoqués
par le gouvernement Daladier au début de 1940). Les premiers visés sont donc les maires, députés ou sénateurs qui, le
10 juillet 1940, ont refusé de voter les pleins pouvoirs à
Pétain, tel le sénateur Victor Le Gorgeu, destitué de ses
fonctions de maire de Brest à la fin de 1941. Révoqués également, les anciens ministres du Front populaire tels
Gasnier-Duparc, maire radical-socialiste de Saint-Malo ;
Pierre Mendès France, député de Louviers (qui s'évade de sa
prison de Clermont-Ferrand et gagne Londres). D'autres
préfèrent démissionner plutôt que de servir le régime de
Vichy comme le député-maire socialiste de Nantes, Pageot,
en décembre 1940 ou le maire de Lorient, E. Svob. En
revanche, d'autres maires sont maintenus, comme Victor
Bernier à Angers. Dans les communes rurales, il est plus
rare d'assister à la désignation de délégations spéciales, sauf
à la fin de l'Occupation. En 1940-1941, elles ne concernent
pratiquement que les conseils municipaux communistes, à
quelques exceptions près. Que ce soit pour appartenance à
des partis de gauche ou par hostilité ouverte envers le régime

de Vichy, de nombreux remaniements se produisent, sans compter la réduction du nombre de conseillers municipaux. Ainsi Vichy essaie de se construire un personnel et des relais politiques permanents, mais, très tôt (printemps-été de 1941), les notables se montrent réticents vis-à-vis du régime.

Quelles que soient les instances concernées, sont maintenus ou nommés des notables le plus souvent acquis aux idées de la Révolution nationale. L'un des grands thèmes de celle-ci est le retour au passé, retour à un passé mythique bien souvent : d'où la recherche des notables traditionnels (grands propriétaires terriens nobles comme en Mayenne ou en Anjou, professions libérales). Le « retour aux provinces » apparaît comme un élément de ce retour au passé. Si, en Normandie, le nouveau découpage provoque quelques réactions, c'est évidemment en Bretagne qu'il suscite le plus grand émoi, puisque la Bretagne se trouve limitée administrativement à quatre départements en excluant la Loire-Inférieure : un découpage qui ne respecte pas les limites de la Bretagne historique, celles-là mêmes de l'Ancien Régime. Ce découpage administratif et l'absence de toute décentralisation font apparaître le régionalisme de Vichy comme bien timide non seulement aux autonomistes mais aussi aux régionalistes modérés. Il révèle là les limites de la volonté régionaliste affichée par la Révolution nationale.

L'antisémitisme officiel

Les exclusions du régime de Vichy ne portent pas seulement sur les révocations d'élus. D'autres exclusions se manifestent très vite contre les francs-maçons et surtout contre les Juifs.

Dans l'Ouest, les communautés juives sont relativement peu importantes, composées en partie de Juifs français, en partie de Juifs étrangers venus d'Europe centrale pendant les années trente. Ces communautés juives, sur lesquelles nous manquons d'études, sont de taille très diverse (de quelques dizaines dans le Morbihan à quelques centaines de personnes en Ille-et-Vilaine, en Loire-Inférieure ou dans le Maine-et-Loire).

Comme dans le reste de la France, des commissariats régionaux aux questions juives sont créés (au début de décembre 1942 à Rennes pour la Bretagne). La persécution des Juifs suit le même calendrier que dans le reste du pays : il faut citer en particulier la grande rafle du 16 juillet 1942 qui aboutit à 95 arrestations en Loire-Inférieure. La population manifeste parfois son hostilité à ces persécutions (Angers). Dans tout l'Ouest, comme ailleurs, peu de déportés juifs revinrent : de 2 à 5 %.

Le monde du travail

Le monde du travail ouvrier et agricole voit son organisation transformée par une succession de lois dont l'application est lente et d'ampleur variable.

La dissolution des confédérations syndicales ouvrières et la mise sur pied de la Corporation paysanne ont des répercussions importantes. Si les confédérations syndicales sont dissoutes, leurs unions locales voire départementales continuent de fonctionner jusqu'en 1942. Ainsi, en Ille-et-Vilaine, la CFTC mène une existence presque « normale » jusqu'en 1942 ; il en est de même en Loire-Inférieure pour la CGT.

Parfois, certains représentants de ces syndicats participent à des réunions à la préfecture sur les problèmes de salaires, à des rencontres avec l'inspecteur du Travail…

Par contraste, la Corporation paysanne, instituée en décembre 1940, est rapidement mise en place, particulièrement en Bretagne où elle joue un rôle important. Il est vrai que le terrain est favorable : nombre de syndicats agricoles sont imprégnés de l'idéologie corporatiste ainsi que l'Office central de Landerneau. Le président de celui-ci, Hervé Budes de Guébriant, est également le président de la commission nationale chargée de procéder au passage de l'organisation professionnelle à l'organisation corporatiste ; membre du Conseil national corporatiste, il est aussi membre du Conseil national.

Exemple type du notable traditionnel, de Guébriant fait de l'Ouest un terrain d'expérimentation. La Bretagne est donc la première région à posséder son organisation corporative agricole dont de Guébriant est, bien sûr, le délégué régional. Ailleurs, le processus est plus lent. Pourtant la Corporation paysanne correspond à la sensibilité idéologique de la plupart des dirigeants des anciens syndicats agricoles de l'Ouest. On y retrouve les mêmes hommes que dans les Chambres agricoles départementales d'avant guerre. Favorables à la Corporation paysanne, ils ne sont pas pour autant collabora- tionnistes. Quand la situation économique se dégradera sous la pression croissante des prélèvements allemands, la Corpo- ration devient pour eux un mal nécessaire, le tournant se situant en 1943. Certains responsables se tournent alors vers la Résistance.

Le poids de l'Église

Si la famille est l'un des thèmes fondamentaux du régime de Vichy, au-delà c'est tout le problème de l'éducation qui est en jeu : l'Église s'y trouve donc directement impliquée. Avec le nouveau régime, l'école privée confessionnelle est l'objet de mesures favorables, même si celles-ci ne sont pas à la hauteur des espérances de la hiérarchie. Cette nou- velle situation conforte la position des écoles privées dans la région – position déjà très forte puisque, dans toute une partie de l'Ouest (Bretagne, Vendée, Maine-et-Loire et Mayenne), les écoles primaires catholiques rassemblent plus de la moitié, voire les deux tiers des élèves du primaire.

Si l'Église obtient quelques satisfactions en matière d'en- seignement, son accord avec le régime de Vichy n'est pas total. Or l'Église est au cœur de la société de l'Ouest, et les évêques et archevêques jouissent auprès de la population d'un prestige considérable. Vis-à-vis de l'occupant et vis- à-vis des autorités officielles, l'attitude des membres de l'Église varie, selon le niveau d'intervention et son caractère privé ou public. La prudence domine. La diversité des attitudes s'explique aussi par la chronologie, par les choix personnels des prêtres eux-mêmes (résistants, pétainistes, attentistes). Même si la hiérarchie est, dans son ensemble, favorable à la politique de Vichy sur les thèmes qui lui sont chers, en revanche, des divergences apparaissent vis-à-vis des autorités allemandes. Par exemple, l'évêque de Quimper, Mgr Duparc, condamne fermement les autonomistes bretons qui collaborent avec les nazis. L'archevêque de Rennes s'efforce de venir en aide aux persécutés au point qu'un moment les Allemands songent à demander son remplacement. De même, l'archevêque de Rouen, Mgr Petit de Julleville, a une attitude anti-allemande. En revanche, Mgr Serrand, évêque de Saint-Brieuc, fait des choix beaucoup plus favorables à la collaboration. C'est ainsi qu'il écrit encore en mai 1944 dans le journal collaborationniste *La Gerbe*. Inversement, dans le même département, l'un des chefs de la Résistance est un prêtre. Ces exemples montrent la complexité des attitudes dans cette région très catholique.

Les prisonniers de guerre et les problèmes de main-d'œuvre

L'absence des prisonniers de guerre est durement ressentie particulièrement dans les familles dont ils constituent le soutien économique. Leur nombre dans l'Ouest est difficile à évaluer d'autant plus que le chiffre a varié.

Certains ont bénéficié de « congés de captivité ». Quelques autres, à l'initiative de dirigeants nationalistes bretons, sont libérés par les Allemands dans l'été de 1940 (mais ils ne sont guère plus d'une centaine sur plusieurs dizaines de milliers).

L'absence des prisonniers de guerre raréfie la main-d'œuvre disponible, et les accords Sauckel aggravent la situation. La Relève ne donne pas les résultats escomptés. Au total, la Bretagne fournit 7 385 personnes au titre de la Relève, la Normandie 5 302, la Sarthe 3 541 ; dans un cas comme dans l'autre, beaucoup sont des « volontaires désignés ». En effet, devant le petit nombre de volontaires, les

autorités d'occupation procèdent à des réquisitions avant
même le STO.

Le STO représente un tournant dans l'évolution de l'opinion. Celle-ci en rejette moins le principe que le fait de
devoir partir en Allemagne. Aussi des manifestations et des
grèves contre le STO ont-elles lieu dans plusieurs villes
(comme à Nantes). Par ailleurs, pour éviter le départ et rester dans la légalité, beaucoup se font embaucher sur les
chantiers de l'organisation Todt, sur les côtes de l'Ouest
avec le Mur de l'Atlantique, sur les aéroports… Un signe de
ce refus généralisé du STO est la multiplication des rafles
dans les rues. En définitive, ceux qui partent représentent à
peine 10 % des recensés en Bretagne, mais près de 20 % en
Sarthe. En Bretagne (cinq départements) comme en Normandie, environ 15 000 personnes sont parties pour l'Allemagne soit comme volontaires soit comme requis.

À partir de septembre 1943, ceux qui sont employés sur les
chantiers de l'organisation Todt rompent de plus en plus
souvent leur contrat. Dès lors, rafles et réquisitions se multiplient dans les communes côtières, provoquant des départs
vers l'arrière-pays, phénomène accentué par la multiplication des bombardements. Si, globalement, le STO accentue
le mécontentement de la population, les départements côtiers
réagissent encore plus violemment.

La vie quotidienne

Les problèmes de main-d'œuvre sont révélateurs de la vie
quotidienne. Dans ces contrées rurales, peu urbanisées, bien
que la vie quotidienne soit bouleversée par les mesures
d'ordre général, la situation est totalement différente pour le
citadin et pour le rural. Pendant presque toute l'Occupation
(au moins jusqu'au 6 juin 1944), ce dernier n'a pas de problème pour se nourrir et ne ressent que faiblement la présence de l'occupant, même s'il est gêné pour tout le ravitaillement non agricole, ce qui lui interdit, par exemple, de
renouveler son matériel. Certes, les impositions et les prélè-

vements sont à l'origine de relations difficiles avec les autorités allemandes et françaises, mais le rationnement favorise
par ailleurs les agriculteurs qui pratiquent le marché noir.
Pour le citadin, en revanche, les difficultés de ravitaillement,
principalement mais non exclusivement alimentaire, ne cessent de s'accroître, et ses conditions de vie s'aggravent,
notamment avec les bombardements.

Sans doute les grandes villes de l'Ouest souffrent-elles
moins du rationnement que Paris, Lyon ou Marseille. Bon
nombre de leurs habitants ont encore de la famille implantée dans des campagnes où la production agricole est relativement riche, la « tournée des fermes » le dimanche sert à
pallier l'insuffisance des rations officielles, mais à condition de pouvoir payer le prix fort. Tous ceux qui ne peuvent
effectuer ce type de tournée ont du mal à vivre et à trouver
le nécessaire pour s'habiller, se chauffer, voire pour travailler lorsque les entreprises n'obtiennent pas suffisamment de matières premières, ou n'ont plus l'eau ni l'électricité nécessaires.

Presque toutes les grandes villes de l'Ouest subissent des
bombardements importants. Ces bombardements se répartissent inégalement dans le temps : avant l'Occupation,
avant et après le débarquement en Normandie.

Dès juin 1940, la Normandie subit plusieurs attaques
aériennes de la part de la Luftwaffe sur les voies de communication et les villes (Évreux, Louviers, Rouen) ; en
Bretagne, le bombardement de la gare de Rennes provoque
l'explosion d'un train de munitions stationné à côté de trois
trains de soldats et de civils : on compte entre 1 600 et
2 000 tués.

Sous l'Occupation, à partir de 1941, les principaux ports
– Brest, Le Havre, Lorient, Saint-Nazaire – subissent de
sévères bombardements, mais les villes de Nantes, Rennes et
Rouen ne sont pas épargnées. Ces bombardements s'intensifient à partir de 1943. Bien avant le 6 juin 1944, deux villes
subissent un pilonnage systématique : les bases militaires de
Lorient et de Saint-Nazaire dont les populations sont évacuées au début de 1943. Les habitants doivent, en principe,

se réfugier dans le Maine, mais beaucoup préfèrent rester à proximité de leur ville. Ces bombardements, outre les victimes, provoquent une désorganisation de la vie urbaine (canalisations rompues, routes bloquées), rendant encore plus aléatoires le ravitaillement et le travail des entreprises et nécessitant de reloger les sinistrés. Leurs difficultés sont telles que les sinistrés de Lorient en viennent dès août 1943 à créer une association destinée à défendre leurs intérêts.

À partir du 5 juin 1944, la situation des villes de l'Ouest empire. La Normandie est certes la première région de France métropolitaine à être libérée (en dehors de la Corse), mais elle le paye très cher. Des tracts et des émissions de la BBC annoncent avant le débarquement que des villes allaient être bombardées pour retarder l'arrivée des renforts allemands et demandent à la population d'aller trouver refuge ailleurs. Par crainte des pillards ou par incrédulité, une grande partie de la population est restée. Or de nombreuses villes sont totalement dévastées et parler de champs de ruines n'est pas trop fort. En juin 1944, Caen, Saint-Lô, Vire, par exemple, sont détruites à plus de 70 % ; en août et septembre 1944, c'est au tour de Saint-Malo, Brest et Le Havre, Lorient et Saint-Nazaire étant déjà détruites depuis 1943. Des villes de l'intérieur sont également sévèrement bombardées à partir de 1943 comme Nantes, Rennes et Rouen. En revanche, Angers est épargnée jusqu'en mai 1944. Si la propagande de Vichy qui se déchaîne contre les bombardements alliés n'obtient guère d'effet, néanmoins la population est partagée. D'un côté, elle est heureuse de la domination alliée dans le ciel, gage de victoire à plus ou moins brève échéance. De l'autre côté, elle est choquée par les pertes humaines et matérielles souvent lourdes. Il est vrai que, dans le cas de Lorient et de Saint-Nazaire, deux villes anéanties dont les habitants sont évacués par vagues successives, les pertes sont relativement peu élevées. Mais les Havrais, qui ont refusé toute évacuation pendant l'été de 1944, perdent plus de 2 000 des leurs. Également très meurtriers ont été les bombardements de 1943 à Nantes et Rennes, et ceux de 1943 et 1944 à Rouen.

Les collaborationnistes

Si la population, dans sa grande majorité, est restée passive, cette passivité ne veut pas dire indifférence ni approbation. Deux minorités d'ampleur et d'importance inégales dans le temps et dans l'espace s'engagent l'une dans la Résistance, l'autre dans la collaboration.

Les collaborationnistes rejoignent les différents partis politiques créés à Paris soit avant la guerre comme le PPF, soit depuis 1940 comme le RNP. Des permanences sont ouvertes dans toutes les villes. Mais que représentent-ils ? Bon nombre d'études montrent qu'ils sont peu nombreux : moins de 1 % de la population adulte. Le mouvement des adhésions en Bretagne, par exemple, est à peu près partout le même : un flux d'adhésions en 1940-1941, puis une stagnation en 1942 et ensuite un quasi-arrêt, sauf pour les formations paramilitaires telles que la LVF, les Waffen SS et la Milice bretonne. Cette chronologie est sensiblement identique en Normandie. Les adhérents des partis collaborationnistes sont le plus souvent des commerçants, des chefs d'entreprise, des employés et quelques notables, ainsi que des manœuvres, tandis que les agriculteurs y sont très peu nombreux. Cependant, échappent en grande partie aux investigations de l'historien la collaboration économique et les dénonciations anonymes.

Le pis pour la population des territoires occupés est l'action des militants collaborationnistes comme auxiliaires des polices allemandes soit comme indicateurs, soit comme miliciens. L'apparition des milices s'inscrit dans une logique jusqu'au-boutiste. En 1944, les affrontements entre miliciens et résistants sont inévitables. La Milice s'installe dans l'Ouest à partir de 1944 (à Rouen en janvier, à la fin de février dans l'Eure, à Rennes en avril). Son action essentielle est la lutte contre les maquis, contre lesquels elle opère seule ou en coopération avec le SD et des groupes paramilitaires du PPF. L'appareil de répression contre les résistants

connaît un développement particulier en Bretagne avec la
« milice Perrot » (du nom du recteur de Scrignac – Finistère
–, militant régionaliste, tué par des FTPF en décembre
1943) ; cette milice est issue de la branche nazie, minoritaire, du mouvement breton. En février 1944, la « bezenn
Perrot » comprend de 40 à 50 hommes issus de tous les
départements bretons et n'a sans doute jamais atteint la centaine d'hommes. Elle est rattachée au SD de Rennes et reçoit
un uniforme allemand avec l'écusson breton.

Le mouvement breton

En Bretagne, au sein du mouvement breton, dès avant la
guerre, s'opposent les partisans de l'indépendance et ceux
d'une autonomie dans un cadre fédéral ou dans tout système
préservant l'identité culturelle de la Bretagne. Avant la
guerre, certains services nazis ont, semble-t-il, envisagé la
création d'un État autonome breton sur le modèle de l'État
slovaque, mais la signature de l'armistice et l'occupation de
la zone nord modifient cette attitude pour des raisons stratégiques. Pendant quelques jours (fin juin-début juillet 1940),
l'existence d'un Journal officiel émanant d'un gouverneur
militaire en Bretagne rend la situation encore plus confuse.
Cependant, comme le montrent les archives allemandes
et contrairement à une opinion souvent admise, l'occupant
n'encourage pas à cette date la formation d'un État indépendant. Cette attitude déçoit Debauvais et Mordrel, les dirigeants du parti national breton (PNB) qui ont rejoint
l'Allemagne en août 1939 et reviennent avec l'occupant.
   Malgré cette défection, et pour faire pression sur le gouvernement de Vichy, le 3 juillet 1940 se constitue à Pontivy
un Comité national breton (CNB) à l'initiative de Debauvais
et de Mordrel. Hormis une déclaration de principe en faveur
d'un « État national » breton et un programme très proche de
la doctrine nazie, la seule décision importante est la création
d'un journal, *L'Heure bretonne,* hebdomadaire qui paraît
du 14 juillet 1940 au 4 juin 1944, avec un tirage d'environ

8 000 exemplaires. Il exalte le sentiment national breton et est le porte-parole du PNB. Ce dernier a une histoire marquée par les divisions entre ses dirigeants, en particulier sur l'attitude à adopter vis-à-vis de l'occupant et du régime de Vichy. Le PNB est d'abord dirigé par Mordrel qui préconise une politique nationaliste, nettement antifrançaise et séparatiste ; devant l'opposition soulevée, Mordrel démissionne et est remplacé par Raymond Delaporte en décembre 1940. Ce dernier assume la direction du PNB jusqu'à la fin de la guerre.

Jusqu'en 1943, le PNB affiche une attitude conciliante par rapport au régime de Vichy, en développant des thèses fédéralistes et non plus séparatistes. Mais cette attitude conciliatrice mécontente les extrémistes, partisans de l'indépendance, ce qui conduit à l'éclatement du PNB en 1943-1944. La fraction dure dirigée par Célestin Lainé crée un second PNB le 20 mai 1944 et se dote d'un journal, *Breiz Atao*. Ce second PNB ne rassembla jamais qu'un petit noyau d'extrémistes, mais c'est cette branche du mouvement breton qui est à l'origine de la Milice bretonne ; celle-ci se fait connaître par ses exactions et suit le sort de l'Allemagne nazie. Ainsi, à la veille de la Libération, les autonomistes sont plus que jamais divisés.

Cependant, le mouvement breton ne se résume pas à l'action des autonomistes. Il existe aussi un courant régionaliste animé, entre autres, par Yann Fouéré, sous-préfet de Morlaix en 1940, régionaliste convaincu, qui met ses espoirs dans le nouveau régime. Pour faire pression sur le gouvernement, ce courant fonde un nouveau quotidien, *La Bretagne,* dont le premier numéro sort le 20 mars 1941. Ce régionalisme connaît quelques satisfactions, telle la création le 12 octobre 1942 d'un Comité consultatif de Bretagne (CCB), dont les membres sont nommés par le préfet. Le CCB doit « donner son avis, présenter ses suggestions sur les questions culturelles, linguistiques, folkloriques et en général tout ce qui peut intéresser les traditions et la vie intellectuelle bretonne » (article 2). La langue bretonne est admise comme matière d'examen au certificat d'études primaires, dans les examens et les concours administratifs ; parallèlement, un collège d'été Auguste-Brizeux est créé en 1943 pour permettre aux instituteurs le désirant de se préparer à l'enseignement du breton. Enfin, une chaire d'histoire de la Bretagne voit le jour à l'université de Rennes. Ces quelques mesures font de cette période un moment relativement faste pour le mouvement breton dans le domaine culturel. La création de journaux est particulièrement significative en cette période de censure et de pénurie de papier.

Quoi qu'il en soit, dans son ensemble, le mouvement breton pendant l'Occupation s'est donc orienté soit vers un soutien critique envers le gouvernement de Vichy, soit vers l'alliance avec le nazisme. Cette double compromission – la seconde ne concernant qu'une frange marginale du mouvement – se révèle un double échec politique aux conséquences graves ; l'action de certains d'entre eux compromet pour longtemps l'avenir du mouvement breton.

La Résistance dans l'Ouest

Si l'Occupation et le régime de Vichy suscitent des émules dans la région, ils provoquent aussi une réaction d'hostilité qui s'organise peu à peu sous la forme de réseaux ou de mouvements de Résistance.

En dehors des formes spontanées d'hostilité, la Résistance organisée de l'Ouest de la France présente les mêmes formes de développement que l'ensemble de la Résistance en zone occupée. Toutefois, quelques particularités peuvent être soulignées : la précocité des réseaux de renseignements, l'assassinat du Feldkommandant de Nantes et ses conséquences, le développement des maquis et le rôle particulier de la Résistance dans cette région de débarquement des forces alliées.

La position stratégique de l'Ouest de la France, la présence des ports militaires et de chantiers navals tenus désormais par la Kriegsmarine expliquent largement la précocité de l'implantation des réseaux de renseignements. Dès l'été de 1940, les premiers maillons de ces réseaux en France occupée sont mis sur pied par la France libre. Parmi les premiers agents, envoyés en mission en France, se trouvent Jacques Mansion qui débarque en Bretagne au cap de la Chèvre, l'aspirant Moreau dans la région de Guilvinec. Pendant ce même été de 1940, la côte normande fait aussi l'objet d'une mission destinée à faire état des préparatifs allemands de débarquement en Angleterre. Divers réseaux sont ainsi créés avec des ramifications dans tout l'Ouest, mais, dans un premier temps, ils sont surtout localisés dans les ports et partout où existent des installations militaires allemandes importantes. En octobre, part d'Angleterre le lieutenant de vaisseau Honoré d'Estienne d'Orves, qui avait décidé de se rendre en France dès que ses trois premiers agents (dont Mansion) seraient en place, afin de coordonner leurs efforts. Il débarque en Bretagne et établit sa première liaison radio à Nantes le jour de Noël. Trahi par son radio, il est arrêté le 21 janvier 1941 et avec lui d'autres membres de ce réseau qui était le premier de la France libre à disposer de ses propres moyens de transmission.

Vers la même époque, l'un des grands réseaux de renseignements du Nord de la France se met en place toujours à partir de l'Ouest ; c'est le réseau fondé en novembre 1940 par Gilbert Renault *alias* Rémy qui prend le nom de Confrérie Notre-Dame. À partir de Vannes, il s'étend sur toute la Bretagne, en Normandie, dans la Sarthe et au-delà, dépassant largement le cadre de l'Ouest. Ses premiers renseignements proviennent de Bretagne. Les villes de l'intérieur ne sont pas inactives. À Angers, par exemple, naît le réseau Honneur et Patrie qui, après avoir commencé par de la propagande clandestine, collecte aussi des renseignements pour le BCRA ; il groupe jusqu'à 296 agents dans le Maine-et-Loire. Les villes de l'intérieur servent aussi de relais, de postes de commandement en raison des facilités relatives qu'elles offrent en matière de communication pour le courrier transmis par l'Espagne ou par la voie maritime, quand ces réseaux ne bénéficient pas de postes émetteurs, ce qui, en ces débuts de Résistance, est le plus fréquent.

Outre les réseaux de renseignements se développent divers

groupes autour de telle ou telle structure ancienne et qui, peu à peu, se fondent dans les mouvements permettant une plus grande efficacité dans la propagande et l'action.

L'organisation la plus structurée est celle des communistes. Malgré la répression contre le PCF depuis septembre 1939, les structures clandestines du Parti sont réactivées après l'occupation du territoire, avec un rythme et des modalités variant selon la force relative du Parti avant la guerre. Par exemple, dans la région nantaise, des actions de propagande et de récupération d'armes commencent dès la fin de l'été 1940. En même temps se constituent les premiers groupes armés de l'OS dès la fin de l'année 1940 ou le début de l'année 1941 selon les départements. Le résultat de cette réorganisation est une action de propagande de plus en plus intensive à partir de 1940 sous la forme de tracts ou de journaux confectionnés sur place ou venant de la région parisienne. Ces groupes organisent aussi les premiers sabotages, les premiers attentats contre les permanences de partis collaborationnistes, mais, jusqu'en octobre 1941, ces actions ne provoquent que des dégâts matériels. Le 20 octobre 1941, l'attentat de Nantes contre le lieutenant-colonel Hotz, commandant allemand de la place de Nantes, s'inscrit dans une stratégie générale du PCF ; il est le second de ce type. Immédiatement 300 personnes sont arrêtées sur place, puis relâchées dès le lendemain. L'auteur, que les Allemands ne retrouvent pas, est Gilbert Brustlein : en agissant ainsi, il suit les directives les plus récentes de son parti. Cet attentat entraîne immédiatement des répercussions d'envergure nationale. Le général von Stülpnagel, gouverneur militaire de l'administration allemande en France, ordonne de fusiller sur-le-champ 50 otages. Cela aboutit à l'exécution, le 22 octobre 1941, de 48 otages : 27 à Châteaubriant, 16 à Carquefou, près de Nantes, et 5 au mont Valérien. La plupart sont des communistes dont le député communiste Michels, le fils d'un député communiste, Guy Môquet âgé de dix-sept ans, mais il y a aussi parmi eux un socialiste, adjoint au maire de Nantes, Alexandre Fourny, et des résistants nantais. Cette brutale répression a un effet considérable sur l'opinion, communiste et non communiste, et à l'intérieur de la

Résistance. Châteaubriant prend d'emblée une résonance symbolique et est, de ce fait, un tournant pour l'opinion qui prend conscience que le nazisme ne recule devant rien, que la Résistance est possible et que le bouclier de Vichy n'en est pas un. Indirectement, Châteaubriant contribue à l'essor de la Résistance, en particulier dans tout l'Ouest.

Ces résistants sont jeunes pour la plupart (moins de trente ans). Plus citadins que ruraux, ils appartiennent à toutes les catégories sociales mais, parmi eux, dominent les ouvriers et les commerçants et artisans. La participation active des ruraux a été plus tardive qu'en ville ; elle est liée à la croissance de l'action armée, à l'hébergement et au ravitaillement de divers clandestins, dont les aviateurs alliés.

En effet, avec la multiplication des bombardements sur le continent, l'Ouest se trouve tout naturellement le point de passage obligé (avec les Pyrénées) des aviateurs alliés tombés au cours de leur mission, retrouvés par les résistants et convoyés par eux jusqu'à leur point d'embarquement sur la côte nord de la Bretagne. De même, l'intensification de la guerre conduit à la mise sur pied, de la part des Alliés, de réseaux d'action devant préparer des sabotages et des actions armées précises. Dépendant du SOE britannique, plusieurs d'entre eux sont implantés dans l'Ouest : « Satirist » et « Butler » dans la Sarthe et le Maine-et-Loire, « Salesman » à Rouen et Le Havre, « Oscar » en Ille-et-Vilaine, etc. De leur côté, les groupes FTPF continuent attentats et sabotages. Si la Résistance n'est pas intervenue lors du raid britannique sur Saint-Nazaire en mars 1942, en revanche, elle procède à des sabotages de lignes téléphoniques lors du raid de Dieppe en août 1942.

Peu à peu, l'action de l'ensemble de la Résistance se diversifie et surtout elle joue un rôle croissant dans l'aide aux réfractaires au STO qui sont loin de la rejoindre automatiquement.

Diversification, multiplication des actions, croissance des effectifs, mais aussi multiplication des arrestations révèlent une Résistance en pleine croissance en 1943. Cette même année, elle se structure au niveau national avec le CNR et au niveau des régions avec la mise en place des DMR. La région M (Le Mans) comprend treize départements et se subdivise en quatre zones : la Normandie (M1), la Bretagne (M2), les départements du bord de Loire (M3) et la Mayenne, la Sarthe et l'Orne (M4). Le commandement militaire de la région M revient à l'OCM, tout comme M1 et M4 tandis que les zones M2 et M3 passent sous les ordres du général Audibert de Libération-Nord. Le commandement civil suit la même répartition et l'*alter ego* du général Audibert est Tanguy-Prigent, député socialiste finistérien, dirigeant de Libération-Nord. Le commandement civil des deux autres zones reste entre les mains de l'OCM avec pour adjoint un responsable régional du FN. Quant au DMR Valentin Abeille (« Fantassin », « Méridien »), sous-préfet, gendre de Camille Chautemps, il est un ancien responsable des MUR à Lyon.

Cette réorganisation qui concerne toutes les activités de la Résistance vise à préparer directement la Libération sur le plan tant militaire que politique. Cependant, si les plans alliés donnent à l'Ouest une place capitale, sur place, les six mois précédant le débarquement en Normandie sont parmi les plus éprouvants. En effet, de nombreux responsables sont arrêtés qui jouaient un rôle clé soit à la direction départementale ou régionale de leur mouvement, soit dans l'organigramme général de la Résistance. Coup sur coup, des arrestations désorganisent la région M ; à la fin d'avril 1944 sont arrêtés à Rennes le responsable du BOA, l'adjoint du DMR, le chef du SNM pour la région M et à la fin de mai le DMR lui-même. Les liaisons sont donc bouleversées, leur reconstitution est difficile. Cette vague d'arrestations a diminué les capacités de lutte de la Résistance de l'Ouest lors du débarquement de Normandie. Cependant, les maquis se multiplient ; la plupart d'entre eux sont des maquis mobiles qui jouent un rôle important lors du déclenchement des divers plans de sabotage prévus au moment du débarquement et dans le harcèlement des troupes.

La seule tentative de « maquis mobilisateur » dans l'Ouest se situe à Saint-Marcel dans le Morbihan avec l'appui de parachutistes français (membres d'une brigade britannique du SAS) dirigés par le commandant Bourgoin. Cette action révèle un manque de coordination entre le BCRA et les services britanniques ainsi qu'une méconnaissance de l'état de la Résistance, de ses possibilités et de ses moyens d'action. En une dizaine de jours, de 2 000 à 3 000 hommes (parachutistes et FFI) sont rassemblés ; tous ne sont pas armés. Surtout, le va-et-vient, créé par leur présence, ne peut passer inaperçu malgré une gendarmerie acquise aux résistants. L'attaque allemande se déclencha le 18 juin et s'accompagna de représailles sur la population civile. Échec de la conception stratégique des Alliés, le maquis de Saint-Marcel a un impact psychologique important sur la population et galvanise la Résistance.

Après la percée d'Avranches, l'Ouest se transforme en champ de bataille général. De nombreuses actions de guérilla précèdent et accompagnent l'avance des troupes alliées. À proximité des villes, le scénario est presque toujours le même : arrêt des troupes, renseignements donnés par la Résistance, incrédulité des Alliés et entrée de leurs troupes, parfois après des bombardements d'artillerie inutiles. La plupart des grandes villes sont libérées dans le courant du mois d'août 1944 : vers l'ouest, Rennes, Saint-Brieuc, Nantes ; vers l'est, Laval, Angers, Le Mans, Rouen. Quant à la libération des ports, elle s'accompagne de destructions importantes et bien souvent tarde à venir. Saint-Malo, Brest et Le Havre en août et septembre 1944 subissent des sièges de deux semaines ou plus qui aboutissent à l'anéantissement de ces villes sans qu'il y ait de réels motifs stratégiques.

Quant à Lorient et à Saint-Nazaire, déjà détruites par les bombardements de 1943, les troupes allemandes s'y retranchent. Les troupes alliées n'y laissent qu'un faible effectif et confient aux FFI, mal équipés, le soin de réduire ces poches, qui, en fait, ne seront libérées qu'après la capitulation allemande du 8 mai 1945. Ainsi, l'Ouest, première région libérée, est aussi, en ce sens, la dernière libérée, ce qui pèse sur la population, plus consciente que d'autres de la poursuite et de la durée de la guerre, même si, par ailleurs, la mise en place des nouveaux pouvoirs s'y est faite rapidement et sans heurts.

1944-1945

_____

Les dénouements :
une France nouvelle ?

Vichy État policier

Denis Peschanski et Jean-Pierre Azéma

Dans le débat historiographique qui, depuis le début des années 1970, a infléchi la vision savante de l'État français, l'étude des politiques de répression et de persécution a occupé une place centrale. La répression s'en prend aux individus pour ce qu'ils font, ont fait ou sont présumés pouvoir faire, la persécution les vise pour ce qu'ils sont. Celle-ci, et particulièrement celle des Juifs de France, grâce aux travaux de Serge Klarsfeld, Robert O. Paxton, Michael R. Marrus et de nombreux autres historiens, a été bien étudiée, tandis que le contraste est flagrant entre le poids de la répression dans les témoignages des survivants, et le déficit de connaissances qui caractérise la production historique sur le sujet.

C'est donc à la répression que nous nous attacherons ici. On aurait garde d'oublier, d'une part, que l'essentiel de la législation répressive est en place avant juillet 1940, et, d'autre part, que des habitudes sont prises dans l'administration et dans l'opinion. Mais il y a, à notre sens, une différence de nature entre la politique de la IIIe République finissante qui relève explicitement de l'exception, et celle qui s'inscrit dans un projet idéologique et global : à Vichy, l'exclusion et l'obsession de l'ordre sont consubstantielles au régime.

S'interroger sur la répression conduit donc à mieux comprendre Vichy, son projet de société, ses contraintes ; c'est d'ailleurs sur ce terrain que s'entremêleront le plus la volonté de l'État français de voir sa souveraineté reconnue sur l'ensemble du territoire et l'impérieuse nécessité proclamée du côté allemand d'assurer la sécurité des troupes d'occupation. En croisant les politiques des uns et des autres,

sur fond d'évolution de la conjoncture internationale, on
repère aisément trois étapes : l'été 1941, le printemps et l'été
1942 et le début de 1944.

La répression est présente dès les débuts
juin 1940-juin 1941

Dès la signature de l'armistice, les Allemands ont des objectifs stratégiques et tactiques précis : la sécurité de la Wehrmacht doit être assurée, mais avec un minimum de forces ;
pour le reste, la machine administrative et économique française doit fonctionner au mieux dans le cadre de l'économie
de guerre du Reich. Pour le faire admettre à l'opinion
publique, un régime très conservateur avec à sa tête un maréchal auréolé et étoilé ayant autorité directe sur une partie
restreinte du territoire semble à beaucoup de dirigeants allemands la solution idoine. Dès lors, tant que l'efficacité est
obtenue et la sécurité assurée, l'occupant a tout intérêt à ne
pas apparaître au premier plan dans la répression. Aux Français de faire le sale travail : ainsi pourrait se résumer une
tactique qui permet en outre de creuser davantage le fossé
entre Vichy et Londres.

Dans la première année de l'Occupation, ce sont les militaires qui contrôlent la répression en zone nord, notamment
la Geheim Feldpolizei (GFP) qui relève donc du commandement militaire *(Militärbefehlshaber),* siégeant à Paris (et à
Bruxelles pour le Nord et le Pas-de-Calais). En Alsace et en
Moselle, les forces répressives relèvent des deux Gauleiter
qui mènent une politique de nazification intensive. Dans l'ensemble de la zone occupée, une autre force militaire se
montre alors très active, à savoir l'Abwehr, le service de
contre-espionnage militaire, qui traque les réseaux d'espion-
nage liés à la Grande-Bretagne. Le plus souvent l'Abwehr se
charge des investigations, et charge la GFP des arrestations.
Les choses changeront quand le SD s'affirmera face aux militaires ; mais la *Sichereitspolizei-Sichereitsdienst* (SIPO-SD)
n'a pas encore les moyens de concurrencer la GFP. Elle est

constituée de trois branches, le SD (organe du parti nazi), la Kripo (police criminelle d'État) et la Gestapo proprement dite (police secrète d'État).

Quatre exemples nous permettront de mieux appréhender les objectifs et les pratiques de la répression dans cette période. Celui des Espagnols « rouges » prisonniers de guerre est sans doute l'un des moins connus. Il s'agit des républicains espagnols faits prisonniers au printemps de 1940 sur les lignes françaises ; ils constituent la seule catégorie de prisonniers de guerre de France qui auront été recherchés dans les camps par les Allemands et transférés, pour la plupart d'entre eux, à Mauthausen, d'où un nombre infime reviendra. Jamais le gouvernement français n'élèvera la moindre protestation.

Sur le territoire français, l'Abwehr se montre très efficace, et les premiers réseaux tombent très rapidement. Ainsi, dès janvier 1941, celui qu'a mis en place Honoré d'Estienne d'Orves est démantelé : son radio, Marty, de son vrai nom Geissler, était un agent infiltré, qui deux mois encore passera des messages à Londres pour le compte de l'Abwehr, procédure habituelle d'intoxication. En mai 1941 à Paris, une cour martiale allemande prononce neuf condamnations à mort. Pendant le premier trimestre 1941, c'est aussi la chute de l'important « réseau du Musée de l'Homme », Nordmann et le « groupe des Avocats » en janvier, Lewitsky en février et Vildé en mars. Si l'Abwehr a pu exploiter la liste gardée malencontreusement sur lui par un des membres du réseau, arrêté tout au début de l'affaire, c'est un autre service, relevant de la SS et du capitaine Doering, qui a été mis sur la piste par un indicateur. Procès et exécutions suivront, en février 1942.

La répression de la grève à dimension sociale et nationale des mineurs du Nord et du Pas-de-Calais, qui dure du 27 mai au 9 juin 1941, est d'un tout autre ordre. Dans la foulée, les Allemands arrêtent 450 personnes, dont 244 seront déportées en Allemagne. On sait le rôle que les communistes ont joué dans l'organisation de cette grève, mais le cas du PCF mérite qu'on s'y arrête.

Le pacte germano-soviétique n'est toujours pas rompu et l'occupant est très désireux de voir la machine écono-

404   *La France des années noires*

mique se remettre en route. Les Allemands se sont jusqu'alors montrés très réservés dans la lutte anticommuniste,
à l'inverse de l'administration française. L'internement
administratif, si systématique en zone sud, sera interdit en
zone nord par les Allemands jusqu'en octobre 1940 (et l'été
1941 dans le Nord-Pas-de-Calais). Cela dit, les rafles de
militants communistes parisiens en octobre 1940 sont fort
instructives. Au chef parisien du SIPO-SD, qui l'avertissait
le 30 septembre de la demande française en ce sens, le chef
de la Gestapo, Müller, répondait de Berlin : « Après entretien avec le Führer, le Gruppenführer Müller ne s'oppose
pas aux propositions de la police parisienne sur les mesures
à entreprendre, mais il faut s'assurer : 1) qu'on épargne nos
indicateurs, 2) que les listes d'arrêtés soient obtenues, 3) que
le matériel soit examiné et que tout ceci soit très discret. Il
faut nous informer sur le succès. » En quelques jours, plus de
200 communistes, pour beaucoup des anciens élus et responsables syndicaux, sont arrêtés à leur domicile légal et
internés à Aincourt (Seine-et-Oise).

L'État français se réjouit ouvertement de ce changement
d'attitude de l'administration allemande. Il faut dire que le
discours dominant à Vichy accorde une place de choix à
la répression. Dans l'argumentaire qui est alors développé,
la défaite est présentée en effet comme le fruit de la
IIIᵉ République, une république minée par les complots,
complots ourdis par ce que Pétain appellera lui-même en
août 1940, sans les nommer cependant, les forces de « l'anti-
France » ; chacun comprend en l'occurrence qu'il s'agit du
communiste, de l'étranger, du franc-maçon et du Juif. Inutile
donc de lutter contre le symptôme – l'Occupation –, il faut
s'attaquer aux causes du mal et assurer la rénovation intérieure de la France, par le rassemblement de tous les éléments
« purs » autour des valeurs traditionnelles – travail, famille,
patrie, ordre… – et par l'exclusion des éléments « impurs ».
Cette thématique ultra-réactionnaire est mise en avant dès les
premiers mois du régime quand les anciens de l'Action française occupent une place de choix dans les sphères dirigeantes. On ne citera que le ministre de la Justice, Raphaël

Alibert, au sujet duquel le garde des Sceaux entre 1943 et 1944, Maurice Gabolde, écrira dans ses mémoires inédits : « Il avait une véritable âme de partisan, était antiparlementaire et nettement maurrassien ; il donnait l'impression du théoricien qui voit sonner l'heure d'appliquer ses doctrines et ignore l'art de ménager les transitions. »

Même écrites *a posteriori*, ces phrases illustrent la diversité des composantes du régime. En 1940 déjà, on doit établir une différence entre un Alibert et Laval, une personnalité plus complexe, qui privilégie la négociation avec le vainqueur, et considère les mesures d'exclusion plus comme des anticipations nécessaires de ce qu'il pense être le désir des Allemands que comme la voie nécessaire d'une rénovation intérieure. Reste que tous, pour des raisons diverses, sont habités par une véritable obsession de l'ordre, l'une des constantes du régime : il n'y a pas de différence de nature entre le premier Vichy et le Vichy milicien.

Dès l'été et l'automne 1940, une série de lois répressives sont donc promulguées. La répression prend deux formes légales, l'arrestation sanctionnant des affaires en cours, et l'internement administratif qui vise non pas l'acte mais l'intention supposée. L'internement administratif, mis en œuvre en 1939, connaît un développement spectaculaire. Dès le 8 juillet 1940, le ministère de la Guerre rappelle aux généraux commandant les régions que cette véritable loi des suspects est toujours en vigueur : « Décret du 18 novembre 1939… sur indésirables français reste applicable. STOP. » La loi du 3 septembre 1940 en reprend les termes, tout en supprimant les rares clauses de sauvegarde, et, surtout, Vichy en fait une arme de choix pour lutter contre les communistes, comme en témoigne cet arrêté du préfet de la Seine en date du 20 octobre 1940 : « Toute découverte de tracts à caractère communiste sur le territoire d'une commune entraînera l'internement administratif immédiat d'un ou plusieurs militants communistes notoirement connus résidant sur le territoire de cette commune, sans préjudice des poursuites judiciaires. » On imagine les conséquences de telles mesures dans une période où les militants sont loin d'avoir tous sauté le pas de la clandestinité.

La « dissidence » est également systématiquement visée. Les gaullistes sont ainsi les victimes désignées de la cour martiale mise en place après l'aventure de Dakar (20 septembre 1940), complétée quelques mois plus tard par la cour de Gannat, qui, il est vrai, aura peu d'affaires à instruire. Quant à de Gaulle lui-même, il est condamné à mort par contumace par le tribunal militaire de Clermont-Ferrand.

De même, il est décidé très vite de juger « les responsables de la défaite », devant une cour suprême de justice instituée par l'acte constitutionnel n° 5 en date du 30 juillet. L'instruction traînera : nous y reviendrons.

Une loi du 13 août 1940 s'attaque quant à elle aux francs-maçons, puisqu'elle dissout les « sociétés secrètes » ; elle impose également aux fonctionnaires une déclaration où ils assurent n'avoir jamais appartenu à une telle société (déclaration n°1) ou s'engagent à ne plus jamais y adhérer (déclaration n°2). Ce marquage constitue la première étape d'une répression contre les francs-maçons qui atteindra son point culminant à l'automne 1941.

Citons enfin la loi du 17 juillet 1940, moins connue mais aux conséquences importantes ; en effet, « Pendant une période qui prendra fin le 31 octobre 1940, les magistrats et les fonctionnaires et agents civils ou militaires de l'État pourront être relevés de leurs fonctions nonobstant toute disposition législative ou réglementaire contraire. La décision sera prise par décret, sur le seul rapport du ministère compétent et sans autres formalités. » La loi est prorogée régulièrement jusqu'à un décret du 21 septembre 1942 qui fixe comme borne la cessation des hostilités. Voilà qui menaçait l'indépendance des magistrats du siège, protégés jusque-là par l'inamovibilité *de facto* sinon *de jure*.

Dans la pratique, la répression connaît une grande intensité. Des personnalités de la IIIe République sont jugées rapidement, ainsi Mendès France et Jean Zay. Le parti communiste est particulièrement visé. Il suffit de constater qu'en un an, de juillet 1940 à juin 1941, dans le seul ressort de la Préfecture de police de Paris, 1 897 communistes ont été arrêtés après enquête ou en flagrant délit et 1 188 ont été internés administrativement. En mars, les responsables de la zone sud sont arrêtés et l'organisation de la région provençale a été démantelée. Reste que la direction centrale n'est pas atteinte, malgré l'arrestation en mai 1941 de Jean Catelas et de Gabriel Péri.

La radicalisation été 1941-printemps 1942

Jusqu'à l'été 1941, l'Alsace-Moselle exceptée, la répression est plus active en zone « libre ». Mais les bouleversements qu'engendre l'attaque allemande contre l'Union soviétique et les nouveaux objectifs que se fixe le parti communiste obligent les Allemands à monter en première ligne. Car le PCF s'engage désormais dans la lutte armée, et, pour ce, organise une série d'attentats individuels visant des militaires allemands.

Pour les occupants, ce changement stratégique est décisif, dans la mesure où l'un de leurs objectifs prioritaires, à savoir la sécurité de leurs troupes en France occupée, est ainsi remis en question. Ils vont certes continuer à solliciter la police et la justice françaises, en demandant par exemple, le 19 septembre 1941, que les hommes arrêtés pour activité communiste soient systématiquement internés administrativement, à l'expiration de leurs peines. Mais ils interviennent également très directement dans le processus répressif comme en témoigne l'exécution d'otages. Dès le lendemain de l'exécution de l'aspirant de marine Moser par le futur colonel Fabien, en août 1941, les autorités militaires annoncent que dorénavant tous les Français arrêtés par ou pour les autorités allemandes sont considérés comme otages. Le mois suivant, Hitler fixe la norme de 50 ou 100 otages exécutés pour un soldat allemand ; puis un « code des otages » établit les règles qui doivent présider au choix des victimes. On sait ainsi qu'après les attentats de Nantes et de Bordeaux, 98 otages sont exécutés en octobre, et 92 encore, dont Gabriel Péri, à la mi-décembre. En janvier 1942, l'inspecteur

408   La France des années noires

général adjoint des services administratifs, Petit, remet le long rapport que Pierre Pucheu, alors ministre de l'Intérieur, lui a demandé sur les exécutions d'otages de Nantes et de Bordeaux ; il souligne l'émotion soulevée dans la population, et conclut : « Si les attentats sont vraiment réprouvés, leurs sanctions indignent bien davantage. Je crois que les autorités locales réalisent la terrible erreur qu'on leur fait commettre. »

L'épisode accélère la lutte pour le pouvoir de police qui oppose le SIPO-SD aux autorités militaires, et la victoire définitive du premier. En effet, c'est pour protester contre la politique des otages qu'on lui impose d'appliquer qu'Otto von Stülpnagel, *Militärbefehlshaber in Frankreich,* démissionne en janvier 1942 ; il est remplacé par son cousin, dont les pouvoirs sont bientôt très amoindris après la nomination de Karl Oberg comme chef suprême de la SS et de la Police.

Ajoutons que l'occupant peut s'appuyer sur des auxiliaires français, telle la Gestapo française, et sur les mouvements collaborationnistes, notamment sur les « groupes d'action », particulièrement actifs, du PPF de Jacques Doriot.

Côté Vichy, l'été 1941 marque également un durcissement sensible. Quand Darlan est devenu vice-président du Conseil en février 1941, ses objectifs sont clairs et s'inscrivent dans la continuité de la politique antérieure ; il écrit dans une note manuscrite : « Lutte serrée contre les communistes (gaullistes), les Juifs et les maçons. Création rapide d'une police d'État [1]. » Il prend une série de mesures promulguées au printemps 1941 : elles ont pour conséquences une étatisation des polices urbaines et une forte centralisation, puisque les nouveaux préfets régionaux, et spécialement les intendants de police qui leur sont adjoints, contrôlent toutes les forces de police de leur région. Cette réforme, qui répond à une revendication ancienne (et, pour l'essentiel, régit encore

---

1. Note manuscrite, s.d. (février 1941), Papiers Darlan, citée par Hervé Coutau-Bégarie et Claude Huan, *Darlan,* Paris, Fayard, 1989, p. 479.

l'organisation actuelle), permet dans l'immédiat une accentuation significative des moyens répressifs contrôlés directement par l'administration centrale. Le secrétaire général pour la Police dispose de pouvoirs accrus, renforcés encore par la réorganisation de la direction générale de la Police nationale, autour de la direction de la Police du territoire et des étrangers, la Police judiciaire, les Renseignements généraux et la Sécurité publique. C'est de ce dernier service que dépendent les Groupements mobiles de réserve (GMR), dont le rôle dans le maintien de l'ordre sera déterminant.

C'est donc dans la continuité que s'inscrit la radicalisation de l'été 1941, même s'il ne faut négliger ni les contraintes de la conjoncture, ni la pression allemande. Dès le 25 juin 1941, soit trois jours après l'attaque allemande contre l'URSS, Darlan demande que soient mises d'urgence à l'étude l'aggravation sensible des peines visant les communistes et la mise en place d'une juridiction d'exception. Pétain pour sa part prononce un discours de combat à la radio, le 12 août suivant : « Français, j'ai des choses graves à vous dire. De plusieurs régions de France, je sens se lever, depuis quelques semaines, un vent mauvais (…). Le trouble des esprits provient, surtout, de notre lenteur à construire un ordre nouveau, ou plus exactement à l'imposer. (…) Un long délai sera nécessaire pour vaincre la résistance de tous les adversaires de l'ordre, mais il nous faut, dès à présent, briser leurs entreprises, en décimant les chefs. » Le jour précédent, une nouvelle loi interdisait aux dignitaires francs-maçons la fonction publique, et de longues listes de dignitaires allaient paraître, mois après mois, au JO, jusqu'au coup de frein décidé par Laval. La police était renforcée, avec la création, en octobre, du Service de police anticommuniste (SPAC), tandis que, dès le mois d'août, était réactivée, dans le ressort de la préfecture de police de Paris, la brigade spéciale des RG, dédoublée six mois plus tard, et qui, sous la férule du commissaire David, sera particulièrement efficace dans la lutte anticommuniste. Quant à la justice, elle s'adapte ; le projet formulé par Darlan se réalise à la demande expresse des Allemands ; après l'exécution de Moser, ils exigent des têtes, et c'est ainsi qu'à la fin août sont instituées des sections spéciales auprès des cours d'appel et des tribunaux militaires. Comme la première séance de la section de Paris n'offre pas le contingent promis de condamnations à mort, Vichy crée immédiatement un tribunal d'État, avec une antenne à Paris et une autre à Lyon.

Dans le même temps, le régime multipliait les tribunaux d'exception contre le « marché noir », le proxénétisme, etc. Les statistiques pénales montrent une explosion de la parquetisation en 1941-1942. Il n'est pas encore possible de savoir dans quelle mesure le discours pétainiste sur l'ordre moral s'est traduit dans la pratique par une répression accrue. Reste qu'une série d'incriminations bien spécifiques, comme l'avortement, présentent des bonds spectaculaires, et on constate que dans les camps d'internement les condamnés de droit commun, notamment pour faits de « marché noir », sont nombreux, même si leur séjour est le plus souvent temporaire.

En matière de répression strictement politique, les résultats sont on ne peut plus nets. L'une des conséquences directes du discours de Pétain est de relancer le procès contre les prétendus responsables de la défaite. Il met en place un Conseil de justice politique, qui devait remettre ses propositions pour le 15 octobre. Le procès se tiendra à Riom, mais les accusés auront tôt fait de retourner l'accusation contre les nouveaux responsables politiques ; Hitler imposera à la mi-mars 1942 d'y mettre un terme avant même le verdict.

Ce sont les communistes qui demeurent visés au premier chef. Comme on l'a vu, l'essentiel des structures nouvelles ou réactivées est destiné à les combattre, et la répression se durcit sensiblement. Elle devient particulièrement efficace, au point qu'au premier trimestre 1942, après une longue filature, une partie importante de la direction du PCF est arrêtée, y compris des responsables nationaux à l'organisation et aux cadres, notamment Arthur Dallidet qui est alors le n°4 dans la hiérarchie communiste clandestine et qui connaît les « planques » des trois dirigeants, Duclos, Frachon et Tillon. S'il parle, le PCF est décapité. La police française se charge également de la torture ; Dallidet ne parlera pas. C'est également une période noire dans le Nord, où les arrestations se multiplient : les chiffres de la section spéciale de Douai sont instructifs : 52 % des condamnations ont été prononcées en 1942 concernant pour l'essentiel les arrestations opérées au printemps[2].

Les résistants tentent de trouver la parade. En témoignent les consignes de sécurité données régulièrement aux militants. Garder un strict incognito, n'avoir ni liste ni adresse sur soi, ne jamais se réunir à plus de trois, limiter le nombre de rendez-vous dans la journée, ne pas déjeuner régulièrement au même endroit, etc. Au-delà, on essaie de trouver les structures qui laissent le moins de prise. L'ensemble de l'organisation est progressivement reconstitué sur la base des triangles, chaque militant n'ayant le contact qu'avec son correspondant des triangles inférieur et supérieur. Mais dans les faits, les consignes étaient bien difficiles à suivre à la lettre.

La répression pourra, il est vrai, servir la politique suivie par le PCF au second semestre 1941. *L'Humanité* clandestine allait attendre décembre pour assumer officiellement les attentats individuels ; et dans un premier temps, constatant les réactions hostiles de l'opinion et des militants eux-mêmes, les responsables communistes ont même fait courir le bruit qu'il s'agissait de provocations allemandes ; puis ils ont avancé l'idée de la légitime défense, en se fondant sur un double calcul : face à la multiplication des attentats, les Allemands ne pourraient continuer d'exécuter des fournées d'otages ; d'autre part, les Allemands allaient être contraints de se découvrir sous leur vrai visage, et l'opinion, malgré son apathie, serait amenée à basculer. De fait l'opinion basculera.

---

2. Cf. Michel Rouseau, *Douai pendant la Seconde Guerre mondiale,* doctorat de 3e cycle, Lille-III, 1980.

La collaboration des polices
printemps 1942-automne 1943

Au fil des mois, les rapports entre administrations française et allemande se stabilisent, et l'heure est à la collaboration des polices. Avec le retour au pouvoir de Laval et l'installation de René Bousquet au secrétariat général à la Police, de nouvelles réformes permettent de renforcer la concentration des pouvoirs. C'est ce que formule explicitement une note du 2 juillet 1942 : « Il est apparu indispensable au SGP, dès son installation, de réformer, renforcer et coordonner l'action des différents services de police chargés de la répression des menées antinationales et terroristes, jusqu'ici trop dispersés pour être vraiment efficaces. » Des sections spécialisées dans la lutte anticommuniste sont ainsi constituées, notamment à l'échelon régional autour des « Brigades régionales de sûreté ». Pour éviter la dispersion, les services spécialisés, dont le SPAC , avaient été dissous.

C'est Bousquet qui négocie les modalités de la collaboration des polices, tout d'abord en mai 1942, quand il rencontre Heydrich, chef du RSHA, et Oberg, puis en août, quand sont passés les premiers « accords Oberg-Bousquet », même si « accords » effectifs il n'y a pas eu. Il s'agit en fait d'une note officielle d'Oberg, négociée, que Bousquet commente comme suit à ses préfets :

« Il ne vous échappera pas que si la note de M. le général Oberg donne à la police française, tant sur le plan moral que matériel, des moyens d'action qu'elle n'avait pas jusqu'à présent, il importe que, par une activité encore accrue et par les résultats qu'ils obtiendront, les services de police fassent preuve de leur efficacité réelle. Il vous appartient de donner une impulsion vigoureuse dont vous sentez, comme moi, toute la nécessité dans les circonstances présentes. »

En avril 1943, de nouveaux « accords » précisent que les opérations de police relèveront des seuls Français, à moins que les biens et les personnes allemands soient atteints. Avec le temps, pourtant, Bousquet dénonce des empiétements allemands. Mais apparaît toujours en filigrane dans tous ces textes une règle d'or de la stratégie des dirigeants de Vichy : affirmer sa souveraineté sur l'ensemble du territoire national, quitte à prendre en charge les tâches les moins nobles, telle la répression.

De fait, la police française est en première ligne. Entre le 1er mai 1942 et le 1er mai 1943, la police parisienne aurait arrêté 3 500 « communistes ». Dans le même temps, la police de sûreté aurait procédé à 12 549 arrestations, soit 7 237 en zone sud et 5 212 en zone nord. Un exemple pris sur Paris illustre cette efficacité et les méthodes de travail des groupes spécialisés. Trois filatures qui couvrent pratiquement toute l'année 1943 sont en effet à l'origine du démantèlement des FTP-MOI (résistance communiste immigrée) de la région parisienne, et d'une partie des groupes plus particulièrement politiques de la MOI. Les seuls groupes armés qui continuaient la lutte armée dans la capitale, sous la direction militaire de Holban, puis de Manouchian, sont ainsi anéantis par la Brigade spéciale n°2 des Renseignements généraux qui assurait les repérages, les filatures, les arrestations et les interrogatoires, avant de livrer leur proie aux Allemands ; ceux-ci organisent en février 1944, pour les principaux combattants arrêtés, le procès connu sous le nom de « l'Affiche rouge ».

Les Allemands, tout en se félicitant de cette collaboration de la police française, se montrent particulièrement actifs. Donnons-en deux exemples.

D'avril à août 1943, l'Abwehr et le SD portent des coups sérieux au SOE, en démantelant notamment le réseau « Prosper », l'un des plus importants que la French Section du SOE, dirigée par Buckmaster, ait jamais mis en place dans la France occupée.

Quant à l'action de Klaus Barbie, elle est bien connue, d'autant qu'il a pu arrêter Jean Moulin, à cause d'imprudences, mais aussi de la trahison, sur fond d'enjeux de pouvoir au sein de la Résistance[3]. On sait que le point de départ

---

3. Daniel Cordier, *Jean Moulin, l'inconnu du Panthéon,* Paris,

est la trahison, en avril, de l'un des responsables des MUR, Multon, qui permet l'arrestation de plus de 120 personnes, dont celle, le 9 juin, du chef de l'AS, Delestraint, et de l'un de ses adjoints, Hardy. Ce dernier, après avoir été libéré par la Gestapo, est envoyé par Bénouville, l'un des chefs de Combat, et sans que Moulin soit prévenu, à la réunion où étaient convoqués différents chefs militaires des mouvements ; là, comme souvent dans cette guerre clandestine, on mit dans la balance, d'un côté, la transgression des règles de sécurité, de l'autre, l'enjeu stratégique que constituait en l'occurrence la direction de l'AS.

1944 : *Vichy milicien, Vichy policier*

En 1944, dans les mois qui précèdent la Libération, la répression se fait particulièrement violente. À côté de l'occupant, acculé maintenant à une guerre totale, décidé à ne ménager en rien les Français, émerge un État milicien. Vichy devait payer cher un jour le fait que le « maintien de l'ordre » ait été alors assuré par des chefs de la Milice française, agissant le plus souvent main dans la main avec les forces répressives allemandes.

Rappelons qu'une loi du 30 janvier 1943 instituait « sous l'autorité du chef du gouvernement » la Milice française[4]. Laval installait ainsi à Vichy une manière de garde prétorienne, une troupe de choc se réclamant d'une idéologie autoritaire et répressive. Il avait été contraint de le faire, après que Vichy fut sorti très affaibli des retombées de l'opération « Torch », qui lui avaient notamment fait perdre son armée d'armistice. Il tenait à montrer qu'il restait l'homme de la situation, aussi bien à Hitler qu'aux collaborationnistes parisiens et aux activistes de la droite extrême vichyssoise.

Lattès, t. I, *Une ambition pour la République*, 1989, préface, p. 243-262.

4. Se reporter à Jean-Pierre Azéma, *Vingtième Siècle*, octobre-décembre 1990.

Ces activistes avaient fondé, en décembre 1941, à l'intérieur de la Légion des combattants, le Service d'ordre légionnaire (SOL) qui s'était donné entre autres tâches d'aider la police en cas de mouvement insurrectionnel. Pucheu et Darlan les avaient vivement encouragés. Dorénavant, ils étaient totalement autonomes à l'égard de la Légion, tout en pouvant se prévaloir du titre de Milice de l'État français.

Qui étaient ces miliciens ? La Milice est dirigée par un noyau solidaire, provenant dans sa quasi-totalité de la droite extrême qui avait baroudé contre l'« ancien régime » tout au long de l'entre-deux-guerres ; un deuxième cercle est composé de pétainistes durs qui ont adhéré au SOL dans la foulée du vichysme triomphant ; dernière couronne : des jeunes peu politisés, issus de milieux plus populaires, qui rejoindront le plus souvent la Franc-Garde. Car, à côté des militants sédentaires (on disait « bénévoles »), la Milice allait se doter à compter de juin 1943 d'une Franc-Garde en uniforme et encasernée dont l'instruction allait être « orientée vers les combats de guerre civile axée sur la guerre des maquis mais aussi sur les combats de rue ».

Jusqu'à l'été 1943, la Milice connaît un développement relativement modeste. Un an plus tard, il n'est pas illégitime de parler d'un État milicien. Entre-temps, la Franc-Garde avait reçu un armement moderne et, surtout, après la crise qui avait secoué l'État français dans l'automne, « Jo » Darnand, le secrétaire général de la Milice, avait été nommé, avec l'appui de la SS et l'aval de Pétain, « secrétaire général au Maintien de l'ordre » : c'est dire que, dorénavant, il fréquentait les allées du pouvoir.

La Milice, autorisée par l'occupant à se développer aussi en zone nord, allait alors contrôler ou influencer trois domaines particulièrement sensibles dans un régime obsédé par l'ordre : la propagande (grâce aux interventions radiophoniques, quotidiennes, du secrétaire à l'Information, le milicien Philippe Henriot) ; l'administration pénitentiaire rattachée à l'Intérieur (des miliciens sont placés à la tête de onze directions régionales et d'un grand nombre de centrales, notamment celle d'Eysses où une tentative d'évasion sera sanctionnée, en février 1944, par des exécutions et des déportations) ; la police enfin, par où elle participe directement à la répression.

Le décret 256 du 10 janvier 1944 stipulait que « par délégation du chef du gouvernement, ministre de l'Intérieur, M. Joseph Darnand, secrétaire général au Maintien de l'ordre, a autorité sur l'ensemble des forces de police, corps et services, qui assurent la sécurité publique et la sécurité intérieure de l'État ». C'était lui conférer la haute main sur quelque 45 000 gendarmes, 6 000 gendarmes mobiles, les 25 000 membres des GMR et tous les corps de police. Il pouvait de surcroît utiliser les réseaux propres de la Milice, notamment le « Deuxième service », celui du renseignement, mis en place dans les régions et les départements. Darnand obtint enfin la création, le 20 janvier, de nouvelles cours martiales dont les modalités sont fixées le 14 février : elles comprenaient trois juges désignés (presque toujours des miliciens) devant qui étaient traduits, sans avocat, des inculpés réputés pris en flagrant délit, les armes à la main ; elles avaient à se prononcer sur cette qualification et, si elles la retenaient, la peine de mort était, sans recours possible, immédiatement exécutoire.

La répression fut menée continûment et jusqu'à la veille de la Libération. Si les brigades de gendarmeries, voire *in fine* quelques groupes de GMR se firent de moins en moins zélés et furent parfois de connivence avec la Résistance, Darnand et les responsables du maintien de l'ordre purent compter sur le soutien déterminé des miliciens. Ceux-ci réglèrent tout un arriéré de comptes politiques, en assassinant près de Lyon, le 10 janvier 1944, l'ancien président de la Ligue des droits de l'homme, Victor Basch, tué avec sa femme, Hélène, et, parmi bien d'autres, Jean Zay, le 20 juin, Georges Mandel le 7 juillet. Ils recherchaient les réfractaires au STO, et surtout ils traquaient l'« anti-France », les Juifs, les communistes, et les « terroristes » ; car il fallait en finir avec les résistants quelle que soit – ce qui est caractéristique de la Milice – leur appartenance idéologique ; c'est ce que soulignait fort clairement Darnand le 10 février 1944 : « Je ne fais aucune différence entre les hors-la-loi ; nous ne ferons pas de différence entre les assassins et les égarés dès l'instant où ils sont décidés à résister. » C'est pourquoi la Franc-Garde allait être systématiquement lancée, un peu partout en France, dans ce qui instaure une véritable guerre civile, contre les maquis, ceux de l'AS comme ceux des FTP, avant ou après le débarquement[5]. C'est ainsi que les miliciens furent chargés, avec des GMR, d'investir en février 1944 le plateau des Glières où des résistants s'étaient installés pour attendre des parachutages d'armes ; ils procédèrent, à la mi-mars, à l'ultime bouclage, mais côte à côte avec les soldats d'un régiment de la Wehrmacht qu'il avait fallu appeler en renfort.

Les miliciens, tout comme les policiers des brigades spéciales ou assimilées, étaient redoutés de certaines autorités en place et haïs par la grande majorité de la population qui les considérait comme des tortionnaires et des traîtres. Tous les miliciens ne furent pas des tortionnaires, mais nombre d'entre eux le furent : ils torturèrent sauvagement notamment dans la caserne Lauwe à Montpellier, et aussi dans le château des Brosses situé à quelques kilomètres de Vichy. Quant à la trahison, il était de notoriété publique que Darnand et son entourage, après avoir prôné la politique de Montoire au nom du réalisme politique, avaient fini par prêter serment de fidélité à Hitler, en devenant Waffen-SS.

Vichy finissait comme un régime ouvertement policier et cette ascension aux extrêmes de la répression lui donnait des allures et justifiait des pratiques de plus en plus totalitaires. Les contraintes externes, la sujétion à l'occupant ont eu leur rôle dans cette évolution. Mais elles ne sauraient occulter les logiques internes propres à Vichy, son autoritarisme foncier, son obsession de l'ordre, sa façon de diaboliser l'« anti-France ». Ces logiques-là ont une large part de responsabilité dans la mort de milliers de fusillés et dans la déportation des quelque 63 000 déportés non raciaux.

---

5. Consulter Jacques Delperrie de Bayac, *Histoire de la Milice*, Fayard, 1969.

La France atomisée

Philippe Buton

Une Résistance conquérante

En 1944, une affiche allemande montrant une main crochue à l'effigie de la faucille et du marteau déchirant la France prophétise : « Après l'Algérie et la Corse, demain ce sera la France. » L'approche évidente des échéances décisives a des effets contradictoires dans la population française mais univoques pour la Résistance intérieure. Ses énergies sont galvanisées et elle connaît une profonde évolution lors du premier semestre de l'année 1944[1].

---

1. Les ouvrages de référence sont en premier lieu les colloques organisés en 1974 par le Comité d'histoire de la Seconde Guerre mondiale (*La Libération de la France*, Paris, Éditions du CNRS, 1976), en 1989 par l'Institut d'histoire du temps présent (Philippe Buton, Jean-Marie Guillon dir., *Les Pouvoirs en France à la Libération*, Paris, Belin, 1994) et en 1994 par la Fondation Charles de Gaulle (Fondation Charles de Gaulle, *Le Rétablissement de la légalité républicaine*, 1944, Bruxelles, Éditions Complexe, 1996). Ces actes doivent être complétés par des synthèses régionales : les quinze volumes de la collection « Libération de la France », publiés chez Hachette en 1973-1974, les colloques sur la libération du Nord-Pas-de-Calais (*Revue du Nord*, n° 226-227, 1975), de Provence (*Provence historique*, n° 144, 1986) et du Midi (*La Libération dans le Midi de la France*, Toulouse, Eché Éditeur, Université de Toulouse-Le Mirail, 1986). Signalons également, parmi une bibliographie extrêmement abondante, quelques ouvrages particulièrement pionniers ou stimulants : Charles-Louis Foulon, *Le Pouvoir en province à la Libération*, Paris, Presses de la Fondation nationale des sciences politiques, 1975 ; Grégoire Madjarian, *Conflits, pouvoirs et société à la Libération*, Paris, UGE, 1980 ;

L'essor

Sa première mutation est d'ordre quantitatif : la Résistance devient un phénomène massif. Le signe le plus perceptible de cette nouvelle réalité est l'ampleur récemment acquise de sa propagande. Selon Henri Michel, en 1944, une centaine de journaux nationaux et 400 à 500 organes régionaux ou locaux sont diffusés à plus de 2 millions d'exemplaires au total. Le graphique n°1 ci-après révèle que les publications clandestines se multiplient depuis 1943[2].

De plus, cet indicateur de la puissance de la Résistance est imparfait, car il conviendrait également de faire intervenir les données concernant le tirage de chaque périodique. Nous savons que la large diffusion des organes de presse au cours de cette année 1944 n'a que peu de rapport avec leur communication souvent confidentielle durant les premières années de l'Occupation, mais les éléments disponibles sur les chiffres de tirage sont très parcellaires. Le tableau n°1 ci-après recense les rares indications dont nous disposons.

Jean-Pierre Rioux, *La France de la Quatrième République*, t. 1, *L'Ardeur et la Nécessité, 1944-1952*, Paris, Le Seuil, « Nouvelle histoire de la France contemporaine », 1980 ; Jean-Marie Guillon, « La libération du Var : Résistance et nouveaux pouvoirs », *Les Cahiers de l'IHTP*, n° 15, 1990 ; Jacques-Augustin Bailly, *La Libération confisquée. Le Languedoc 1944-1945*, Paris, Albin Michel, 1993 ; André Kaspi (dir.), *La Libération de la France, juin 1944-janvier 1946*, Paris, Perrin, 1995.

2. Les graphiques n[os]1 et 3 et les tableaux inclus dans ce chapitre ont été construits en utilisant les recensements des périodiques conservés dans trois bibliothèques parisiennes : la Bibliothèque nationale (*Catalogue des périodiques clandestins* [1939-1945], Paris, Bibliothèque nationale, 1954), la Bibliothèque de documentation internationale et contemporaine (*id.*) et l'Association pour un musée de la Résistance (Stéphane Courtois, *La Politique du parti communiste français et ses aspects syndicaux. Août 1939-août 1944*, thèse de troisième cycle, Documentation et annexes, Paris-X, 1978). Ce collectage ne concerne, par conséquent, que la propagande « haut de gamme » et néglige les tracts éphémères, ignore naturellement les exemplaires qui ne nous sont pas parvenus et minore notablement la Résistance provinciale. Nous n'avons pas pris en compte les périodiques syndicaux.

Tableau n°1. Tirage de quelques publications résistantes				
	1941	**1942**	**1943**	**1944**
Action	50 000	100 000		
Avenir	10 000	50 000		
Combat	40 000	300 000		
Défense de la France	5 000	10 000	150 000	250 000
L'École laïque	500	3 000	7 500	
Essor	8 000	20 000		
Le Franc-Tireur	6 000	15 000	125 000	165 000
L'Humanité	250 000			
Les Lettres françaises	12 000	15 000		
Libération-Nord	15 000	50 000		
Libération-Sud	15 000	145 000		
Le Populaire (zone sud)	95 000			
Le Populaire (zone nord)	115 000			
Résistance	20 000	100 000		

Graphique n° 1.
Les publications périodiques de la Résistance française
juin 1940-août 1944

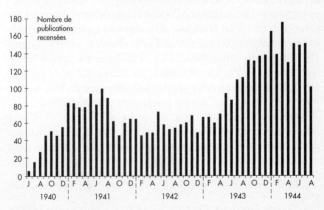

Naturellement, cet essor de la presse résistante est à mettre en relation avec le gonflement du nombre des militants clandestins. Tentant une estimation, Jean-Pierre Azéma avance le chiffre de 1 million de résistants ou de sympathisants actifs de la Résistance au printemps de 1944[3].

Certes, l'élargissement même de la Résistance implique souvent un relâchement des préceptes rigoureux de l'action clandestine. De même, l'expérience acquise par les services répressifs leur permet de remporter des victoires importantes contre les hommes de l'ombre. Çà et là, des réseaux et des mouvements sont décimés, le découragement gagne. Mais, globalement, l'espoir a définitivement changé de camp et la célèbre métaphore du *Chant des partisans* entendu pour la première fois sur les ondes de la BBC le 9 février 1944 – « Ami, si tu tombes, un ami sort de l'ombre à ta place » – cesse de relever du domaine symbolique pour devenir un constat d'évidence.

En outre – et surtout –, l'environnement a changé. La population, passée par un mélange complexe d'admiration, d'hostilité et de frayeur entoure désormais la Résistance d'une couronne protectrice. Les maquisards sont de moins en moins obligés d'« impressionner » les paysans pour obtenir du ravitaillement, le NAP (noyautage des administrations publiques) a maintenant véritablement pénétré les rouages essentiels de l'État français, servi dans sa tâche par les multiples assurances-retournements de veste de fonctionnaires plus ou moins compromis avec le régime en sursis. Signe des temps, le Vatican autorise, au début du mois de juin 1944, les évêques à envoyer des aumôniers dans les maquis, même si tous ne profiteront pas du feu vert pontifical[4].

Phénomène massif, peut-on pour autant parler d'une « Résistance de masse », entendue au sens d'une résistance de la masse de la population mobilisant ses énergies pour

_____

3. Jean-Pierre Azéma, « Résister », *L'Histoire*, Paris, Le Seuil, n°80, 1985.
4. Étienne Fouilloux, *Les Chrétiens français entre crise et libération, 1937-1947*, Paris, Le Seuil, « XXᵉ siècle », 1997, p. 198.

donner le dernier coup de boutoir aux occupants[5] ? En réalité, deux aspects sont à distinguer. En ce qui concerne la position de la majorité des Français, les rares renseignements dont nous disposons concernant l'opinion publique en 1944 témoignent d'une réelle ambivalence sur un fond de lassitude extrême[6]. Les enquêtes effectuées par le contrôle postal – plus de 300 000 lettres par semaine sont en moyenne ouvertes et analysées[7] – révèlent que la préoccupation première des Français demeure, en 1944, le problème du ravitaillement, suivi de près par la peur des bombardements. Même après juin 1944, le débarquement n'occupe que secondairement l'esprit de cette « opinion moralement épuisée, à la disponibilité émoussée et partagée entre les effets inhibiteurs de tout un imaginaire de la peur et la poussée d'une vague profonde de solidarité avec le mouvement de libération[8] ».

Effectivement, à l'approche du débarquement, la France apparaît exsangue. Depuis les premiers temps de l'Occupation, la pénurie ne cesse de s'aggraver et, en 1944, la situation devient dramatique : la consommation individuelle moyenne est inférieure à la moitié de celle d'avant la guerre, les tickets de ravitaillement ne sont plus qu'exceptionnellement honorés – le pain lui-même devient une denrée précieuse – et, dans de nombreuses villes, le gaz est coupé plus de douze heures par jour. La population espère que ce débarquement, si souvent annoncé, va enfin mettre un terme à son calvaire. Mais à cette attente fébrile pleine d'espoir se joint inextricablement la crainte diffuse des combats à venir. Car la guerre – et son cortège de destructions et de deuils – s'impose de nouveau spec-

---

5. Cette conception est défendue par les historiens de l'Institut de recherches marxistes. Cf. Germaine Willard, « 1944 : une résistance de masse ? », *Cahiers d'histoire de l'Institut de recherches marxistes*, n°34, 1988.

6. Pour toute cette question, se reporter au livre majeur de Pierre Laborie, *L'Opinion française sous Vichy*, Paris, Le Seuil, 1990.

7. Denis Peschanski, « Le régime de Vichy a existé », Denis Peschanski (éd.), *Vichy 1940-1944*, Paris-Milan, Éditions du CNRS, Feltrinelli, 1986, p. 42.

8. Pierre Laborie, *L'Opinion française…, op. cit.*, p. 313.

taculairement dans la vie quotidienne des Français, essentiellement par le biais des multiples bombardements que les Alliés effectuent pour faciliter la réussite d'Overlord. Ceux-ci deviennent massifs à partir du 22 mars 1944. Ce jour-là, les principaux aérodromes français sont la cible des aviateurs alliés. Le 1er mai, c'est le tour des gares : plusieurs dizaines d'entre elles – et les quartiers environnants – sont noyées sous les bombes. Le paroxysme survient les 26 et 27 mai 1944 : les seuls bombardements qui frappent dix des principales agglomérations françaises (Paris, Lyon, Marseille, Amiens…) occasionnent près de 6 000 morts et autant de blessés. Trois jours plus tard, une nouvelle vague destructrice s'abat sur la France. Au total, on dénombre 1 284 bombardements au cours de ce seul mois de mai 1944.

À cela s'ajoute l'appréhension du visage que revêtira la Libération. Le spectre du piétinement destructeur de la guerre de 1914-1918 hante l'esprit de nombreux Français. Et l'ombre de la guerre civile se profile derrière les exactions de la Milice et la poussée des maquis. Sans oublier les risques de représailles que ces derniers font courir à la population environnante[9]. Tous ces éléments expliquent la méfiance, parfois l'hostilité, dont témoigne la population à l'égard de l'avant-garde armée de la Résistance. Selon le contrôle postal, les opinions défavorables aux maquis sont continuellement majoritaires, les approbations, toujours inférieures à 20 %, ne dépassent 30 % qu'après le 5 août 1944[10].

Naturellement, il est nécessaire de prendre du recul à l'égard de ces données apparemment scientifiques. Il est clair, par exemple, que les Français les plus associés à la Résistance ne claironnaient pas leurs sentiments dans une correspondance dont le secret était fortement aléatoire.

---

9. Cf. François Marcot, « La Résistance et la population, Jura 1944 : relations d'une avant-garde et des masses », *Guerres mondiales et Conflits contemporains*, Paris, PUF, n°146, 1987.
10. Pierre Laborie, *op. cit.,* p. 313. Ces éléments sont confirmés pour le Var par Jean-Marie Guillon, *La Résistance dans le Var. Essai d'histoire politique*, thèse d'État, université de Provence, Aix, 1989.

Surtout, en 1944, la population est loin de renvoyer dos à dos les deux « minorités agissantes ». Depuis 1943, l'hostilité envers la politique du gouvernement, clairement identifiée à celle de l'occupant, est manifeste. L'engagement résistant demeure très minoritaire et la population est toujours attentiste mais l'« attentisme d'opposition à Vichy » est devenu un « attentisme de solidarité complice avec la Résistance[11] » permettant à cette dernière de passer d'une fonction de témoignage à un statut d'acteur.

Force en expansion, la Résistance intérieure est également en voie de rapide structuration. Le CNR, créé le 27 mai 1943, affirme de plus en plus son autorité par l'intermédiaire de sa direction effective – son bureau de cinq membres – qui se réunit régulièrement et des diverses commissions qu'il a constituées. À l'échelle départementale, un processus similaire se déroule avec la création des Comités départementaux de libération (CDL), organismes unitaires construits à l'image du CNR. Un mois avant le jour J, quatorze départements seulement sont dépourvus de CDL et, lorsque survient le débarquement, cette lacune est comblée, exception faite des départements annexés d'Alsace-Lorraine. Parallèlement, l'unification des multiples groupes armés apparus sur le territoire national progresse rapidement, car cette puissance montante, la Résistance veut la mettre au service du combat militaire. Il est frappant de constater, sur le graphique n°1, qu'à partir du mois d'avril 1944, le nombre total des publications résistantes fléchit. Désormais, l'arme de la critique cède le pas devant la critique des armes.

« *Aux armes, citoyens !* »

Fin décembre 1943 avaient été théoriquement fondées les FFI par la fusion des divers groupes de résistants armés. Il restait à faire entrer cette décision dans la vie. Le 1er février 1944 se constitue pour cela la direction politique de ces FFI. Dans un premier temps, cette direction s'appelle le COMIDAC

---

11. Pierre Laborie, *op. cit.*, p. 311.

(Commission d'action, mais l'usage est immédiatement pris de masculiniser ce sigle) et elle est rattachée au Comité central des mouvements de résistance[12]. Puis, le 13 mai 1944, en raison, d'une part, de l'homonymie involontaire avec le COMIDAC d'Alger (Comité d'action en France, comité interministériel présidé par le général de Gaulle) et, d'autre part, de l'effacement progressif de ce Comité central et, à l'inverse, de l'affermissement de l'autorité du Conseil national de la Résistance, cette direction passe sous le contrôle du CNR et prend dès lors l'appellation de COMAC (Comité d'action militaire du CNR)[13]. Ce COMAC comprend trois membres : un représentant des mouvements de chaque zone et un représentant du Front national puisque celui-ci est présent dans les deux zones. À l'origine, Jean de Vogüé, dit Vaillant, représente la zone nord, Maurice Chevance, dit Bertin, la zone sud et Roger Ginsburger, dit Pierre Villon – par ailleurs membre du bureau du CNR –, le Front national. Le 10 mars 1944, une instruction gouvernementale légalise cette nouvelle institution, mais elle exige l'entrée en son sein d'un représentant de l'Organisation de résistance de l'armée (ORA), mouvement de résistance issu de l'armée de l'armistice. Malgré leurs efforts, le général Revers, chef de l'ORA, et les représentants en France du général de Gaulle ne parviennent pas à lever la suspicion qui frappe l'ORA en raison de son origine (l'armée traditionnelle) et de sa politique « attentiste » : le général Revers, entré au COMAC le 24 février 1944, y demeurera seulement à titre technique et consultatif.

Cet ostracisme que subit l'ORA démontre que la philosophie d'action des combattants sans uniforme a profondément évolué. À l'origine, le principe de l'action immédiate n'était défendu que par les communistes, par le biais des FTP.

---

12. Organisme de direction de la Résistance, ce Comité central ne comprenait, à l'inverse du CNR, que des représentants des mouvements.

13. Pour des raisons de commodité, nous utiliserons systématiquement ce dernier nom sous lequel cet organisme est entré dans l'histoire.

Puis ce cercle s'est élargi aux groupes-francs des MUR. En 1944, la grande majorité des résistants – à l'exception notable de l'ORA – ont adopté le principe d'engager l'action armée sans attendre le débarquement. Afin d'impulser cette lutte, le COMAC met sur pied en février 1944 une direction militaire : l'état-major national des FFI dirigé alors par Dejussieu, dit Pontcarral.

Quelle force militaire représentent les FFI ? Un tel recensement est particulièrement difficile à réaliser, en raison des sources, extrêmement déficientes – la coutume de tenir des archives était rarissime chez les maquisards, d'où de nombreux refus d'homologation à la Libération –, mais aussi du fait de la nature particulière des FFI : leur recrutement dépend très étroitement de l'armement disponible, et de nombreux volontaires sont renvoyés chez eux faute d'armes pour les équiper. À l'inverse, se déclarent souvent FFI à la Libération des Français qui ont donné leur accord pour adhérer à l'Armée secrète mais dont la seule activité s'est limitée à cette position de principe. Ainsi, lorsque, en février 1944, Michel Brault évalue les effectifs de l'AS à 120 000 hommes [14], il convient de souligner que cette armée n'existe alors pour l'essentiel que sur le papier.

Entre 1946 et 1953, les chefs des unités de résistance ont constitué les dossiers collectifs de leurs maquis dans lesquels ils mentionnaient leurs états d'effectifs à sept dates différentes. Ces données ont été étudiées et publiées par le général de La Barre de Nanteuil [15]. Malheureusement, en dehors du fait que ce recensement ne couvre que 26 départements (9 de la zone nord, 8 de la zone sud, 9 traversés par la ligne de démarcation), les déclarations des responsables maquisards sont très imparfaites. Cela a pour inconvénient d'oublier certains maquis et, inversement, d'exagérer fortement l'importance de nombre d'unités résistantes. En

14. Rapport Jérôme, 162.1944, archives privées Gilles Lévy.
15. Général de La Barre de Nanteuil, *Historique des unités combattantes de la Résistance (1940-1944),* Service historique de l'armée de terre, 26 volumes parus.

outre, les dates mentionnées sont sujettes à caution. En particulier, en raison de problèmes juridiques, les états d'effectifs à la date du 1er juin 1944 apparaissent notablement grossis, minorant ainsi d'autant la poussée des maquis consécutive au débarquement, établie incontestablement par les autres sources disponibles. Malgré toutes ces limites, ces états statistiques révèlent bien la montée en puissance des FFI tout au long de l'année 1944. Ces données, groupées en ensembles régionaux[16], sont traduites par le graphique n° 2.

Il n'est pas non plus possible d'utiliser ces données disponibles pour quantifier les effectifs FFI à l'échelle nationale. D'une part, en raison des limites déjà signalées de cette source et, d'autre part, parce que le dépouillement effectué

Graphique n° 2. Les effectifs des FFI
juillet 1942-août 1944

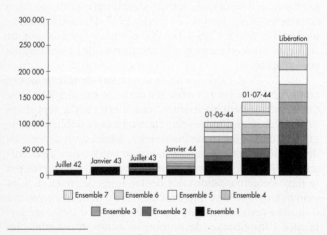

16. Ensemble 1 : Dordogne, Gironde, Lot-et-Garonne ; ensemble 2 : Côte-d'Or, Nièvre, Saône-et-Loire, Yonne ; ensemble 3 : Corrèze, Creuse, Haute-Vienne ; ensemble 4 : Charente, Charente-Maritime, Deux-Sèvres, Vienne, Vendée ; ensemble 5 : Cher, Indre, Indre-et-Loire ; ensemble 6 : Doubs, Jura, Haute-Saône, Territoire de Belfort ; ensemble 7 : Allier, Cantal, Haute-Loire, Puy-de-Dôme.

s'est spécialement attaché aux départements dans lesquels la Résistance était la plus implantée. Aussi nous semble-t-il préférable d'utiliser deux autres sources : le rapport Jérôme (Michel Brault, chef national du maquis) de février 1944 pour la situation au début de l'année 1944[17] et une synthèse réalisée par l'état-major général Guerre. Selon ces recensements, il semblerait que les FFI soient environ 50 000 en janvier 1944 et 100 000 en juin 1944.

Combien sont-ils à l'issue des combats de la Libération ? Les difficultés de communication et de restructuration de l'appareil militaire font qu'il n'existe pas, à notre connaissance, de synthèses utilisables avant le mois d'octobre 1944. Cela signifie une double distorsion entre les effectifs recensés et le nombre des résistants ayant véritablement appartenu aux FFI avant la Libération. D'une part, une majoration, car les FFI ont recruté, dans certaines régions massivement, après le départ des occupants. À l'inverse, ces chiffres oublient un certain nombre de FFI puisqu'ils ne comptabilisent que les membres appartenant toujours aux FFI en octobre 1944. Or une fraction non négligeable de ces combattants ont cessé leur activité militaire dès la Libération survenue. Ainsi, les FFI parisiens sont 35 000 à la veille de l'insurrection, 50 000 à l'issue de celle-ci[18] et nos états d'effectifs n'en mentionnent que 32 000[19]. Enfin, les trois synthèses que nous possédons – la première rédigée par l'état-major général de la Défense nationale, la deuxième par l'état-major général Guerre et la troisième par la direction FFI – sont imparfaites : lacunaires (ainsi la synthèse de la direction FFI ne concerne que huit régions militaires et, surtout, ne prend en compte que les FFI déjà groupés en bataillons) ou manifestement sous-estimées, car certains départements n'ont pas fourni les renseignements

---

17. Le rapport a été rédigé à Londres le 15 février, mais les données de base ont été rassemblées plusieurs semaines auparavant.

18. Chiffres issus des archives de l'état-major FFI de la région parisienne. Cf. Raymond Massiet, *La Préparation de l'insurrection et la bataille de Paris*, Paris, Payot, 1945.

19. EMGG. 32 900 (avec la colonne Fabien) pour l'EMGDN.

demandés. De plus, ces collectages ne prennent pas en compte la plupart des combattants étrangers qui, dans certaines régions, furent particulièrement nombreux, le cas des guérilleros espagnols dans le Sud-Ouest étant le plus connu. Ces limites nous ont amené à un double choix : privilégier le recensement effectué par l'EMGDN, car il descendait à l'échelon du département, et le corriger – en utilisant les deux autres sources – dans les cas manifestes où tous les états départementaux n'avaient pu être collectés. La somme des synthèses régionales ainsi réalisées doit nous amener à corriger en hausse les chiffres traditionnellement retenus. À la Libération, les FFI grouperaient plus de 500 000 combattants.

Cette Résistance, devenue à la fois massive et militairement active, connaît une troisième modification substantielle : une clarification politique qui prend la forme d'un déplacement vers la gauche de son centre de gravité.

À *gauche, toute*

Cette poussée à gauche s'explique principalement par l'expérience même de la Résistance et du régime vichyste qui, même s'il regroupe aussi des gens issus de la gauche, est pour l'essentiel marqué à droite et à l'extrême droite. En outre, un certain mimétisme se produit entre les communistes – qui impressionnent particulièrement leurs camarades par leur énergie et par leur dévouement – et les autres résistants. Ainsi, une exaltation de la classe ouvrière alliée à une condamnation morale de la bourgeoisie ne sera pas une marque spécifique des communistes mais bien de la grande majorité de la Résistance.

Ce mimétisme est également facilité par le phénomène des « sous-marins » communistes, ces communistes d'avant la guerre qui, coupés du PCF par les aléas de la guerre, n'ont pas adhéré au Front national mais à des mouvements de la Résistance non communiste. Leurs capacités leur permettent d'accéder à des postes de responsabilité au sein de leurs organisations sans qu'ils révèlent leur qualité de communistes.

Si l'on ajoute à tout cela le poids des anciens socialistes dans les divers mouvements de résistance, le langage et la sensibilité nettement marqués à gauche de la Résistance ne sauraient surprendre. Le texte le plus révélateur de cette évolution est le programme du CNR. Par cette charte adoptée le 15 mars 1944, l'organisme directeur de la Résistance condamne certains canons du capitalisme libéral. Il se donne comme but d'instaurer une « véritable démocratie économique et sociale impliquant l'éviction des grandes féodalités économiques et financières de la direction de l'économie » et il prône le « retour à la nation des grands moyens de production monopolisés » ainsi que le « droit d'accès, dans le cadre de l'entreprise, aux fonctions de direction et d'administration pour les ouvriers possédant les qualités nécessaires, et la participation des travailleurs à la direction de l'économie ».

Ce programme du CNR est le résultat de plusieurs mois de négociations entre les divers courants du Conseil. Mais il est également le signe de la place éminente qu'occupe peu à peu le PCF au sein de cet organisme et, plus généralement, à l'intérieur de la Résistance. En effet, après les présentations, sans résultats notables, de cinq projets – deux du parti socialiste (janvier et juillet 1943), un du Commissariat à l'intérieur de Londres (juillet), un de la CGT (septembre) et un du Comité national d'études (novembre) –, c'est un sixième texte, présenté en novembre 1943 et rédigé par les communistes Pierre Villon et Jacques Duclos, qui donne l'impulsion nécessaire et qui trace le cadre général et la philosophie conductrice qui, par-delà les modifications survenues dans la suite des négociations, seront respectés par le texte finalement retenu le 15 mars 1944[20]. La part croissante prise par les communistes au sein de la Résistance en 1944 se manifeste également à l'intérieur des Comités départementaux de libération. Selon Charles-Louis Foulon, 26 % en zone nord et 35 % en zone sud des membres des CDL appartiendraient au parti[21].

---

20. Cf. les différents projets reproduits chronologiquement par Claire Andrieu, *Le Programme commun de la Résistance. Des idées dans la guerre,* Paris, Éditions de l'Érudit, 1984.

21. Charles-Louis Foulon, « Prise et exercice du pouvoir en province

Mais la présence communiste est essentiellement visible au sein des organes militaires, qu'il s'agisse des FFI ou des nouvelles Milices patriotiques, et les sous-marins vont jouer dans ce phénomène un rôle décisif. Nous avons vu que le COMAC comprenait, à l'origine, un communiste sur trois membres, même si le CFLN souhaitait – grâce à l'introduction de l'ORA – que la proportion fût de un sur quatre. Or ce rapport de forces est entièrement bouleversé par une série d'événements déclenchés par l'arrestation, le 24 mars, du représentant de Combat au comité directeur des MUR : Claude Bourdet. Celui-ci avait envisagé sa succession et avait proposé Georges Rebattet, dit Cheval, ancien chef du Service national maquis. Mais Jacques Baumel fait nommer le 15 avril 1944 Marcel Degliame, dit Fouché, sans savoir que ce dernier est un communiste d'avant la guerre. Dans le même temps, le départ pour Alger de Chevance nécessite son remplacement au COMAC. Il suggère Rebattet, qui le remplace effectivement jusqu'en mai 1944. Mais, à ce moment-là, Marcel Degliame se voit confier par le comité directeur des MUR la charge de représenter ceux-ci au COMAC. Cette mission n'a rien d'illogique puisque Degliame est alors le chef des Corps francs de la libération, les forces militaires des MUR. Cependant, Degliame rétrocède immédiatement cette fonction, non à Rebattet, mais à son chef d'état-major, Maurice Kriegel, dit Valrimont, autre communiste non déclaré. Désormais, les communistes sont majoritaires au COMAC. Et, lorsqu'il faut remplacer le chef de l'état-major national FFI – Dejussieu est arrêté le 5 mai –, les deux communistes font nommer Alfred Malleret, dit Joinville, autre sous-marin, alors que les mouvements de zone nord, les MUR et la délégation militaire avaient opté pour la candidature de Rebattet. À partir du 24 mai 1944, l'EMN-FFI comme le COMAC sont dirigés par des communistes et les nominations auxquelles procéderont par la suite ces organismes ne sont

---

à la Libération », *La Libération de la France,* Paris, Éditions du CNRS, 1976, p. 511.

pas toutes exemptes de suspicion. Au total, sur les 38 postes hiérarchiquement les plus élevés de la Résistance militaire intérieure, les communistes en occupent en 1944, temporairement ou non, 22.

Cette puissance acquise au sein des FFI, les communistes tentent de la décupler en édifiant de nouvelles organisations militaires, plus larges que les FFI : les Milices patriotiques. La première mention dans la presse de la Résistance du terme de « milices ouvrières » à constituer dans les entreprises est faite par *L'Humanité* dans son édition du 15 août 1943. Quinze jours plus tard, l'organe central du parti communiste lui accole un second adjectif, celui de « patriotiques ». Pendant cinq mois, la presse communiste – et seulement elle – popularise l'idée de ces milices dont la création est envisagée comme concomitante de l'insurrection nationale afin d'encadrer la levée en masse de la classe ouvrière. À partir du 24 décembre 1943, les mots d'ordre communistes s'infléchissent : il faut immédiatement constituer ces Milices patriotiques. Cette tâche est confiée à des cadres communistes, souvent issus des FTP. Accompagnant ce mouvement, le PCF parvient, non sans mal, à obtenir l'accord de la CGT (janvier 1944), puis du CNR (mars 1944) pour la constitution de ces milices. Cependant, le PCF tient à conserver la direction totale de celles-ci. Peu de jours après le 20 mai 1944, date à laquelle le porte-parole d'Eisenhower annonce à la BBC le prochain débarquement, le PCF met en place une direction nationale de ces milices (le Conseil central des Milices patriotiques) qui ne comprend que des communistes représentant les différentes organisations de masse du Parti : Front national, FTP, Forces unies de la jeunesse patriotique, Union des femmes françaises, etc. Devant cette initiative pour le moins singulière, l'émotion s'empare du CNR qui exige que le pluralisme politique soit respecté. Pour la première fois, le communiste Pierre Villon est mis en minorité au bureau du CNR. L'accord ne se fera pas avant le 10 août 1944 et le PCF contrôlera totalement l'ensemble des Milices patriotiques constituées à l'échelle nationale ou départementale.

Il est vrai que la réalité de ces milices est très sujette à cau-

tion. Peu d'études ont été faites sur ces milices avant la
Libération. Lorsque des renseignements existent, ils révèlent
que celles-ci sont réductibles à un noyau de responsables et
à un cadre organisationnel ébauché qui ne sera véritablement rempli que lors des journées libératrices ou même
après. Dans la région parisienne, zone de force de ces
milices, elles semblent avoisiner les 2 000 membres en
juillet 1944[22]. Ce chiffre est de toute façon très théorique, car
les membres des milices restant « légaux », il est obtenu en
dénombrant ceux qui donnaient leur accord de principe sans
pour autant que cela se traduisît par un engagement effectif.

Les communistes impulsent également un considérable
effort de propagande. Alors que, depuis 1942, les publications de la Résistance non communiste étaient supérieures
en nombre à celles diffusées par les communistes, c'est
l'inverse en 1944 (tableau n°2).

Cet effort de propagande est essentiellement assuré par le
canal des multiples organisations de masse que les communistes ont constituées, spécialement le Front national qui
revêt à ce moment-là une force significative (graphique n°3
et tableau n°3 ci-après)[23].

Cette force acquise par le PCF n'est pas sans inquiéter un
certain nombre de responsables résistants. Le chef de
l'Organisation de résistance de l'armée, le général Revers,
adresse un rapport à Alger le 30 mai 1944 dans lequel il fait
part de ses appréhensions : « En face des mouvements initiaux, l'année 1943 a vu se créer, sous l'inspiration du parti
communiste, le Front national. En principe, le FN était apo-
litique et devait grouper les patriotes de toutes nuances en
vue uniquement de lutter contre l'Allemand. Le mouvement
a eu du succès, il a recruté des cadres et des troupes dans
tous les milieux. Seulement, on ne saurait trop remarquer
que tous les dirigeants réels du FN sont communistes et que

22. Chiffre issu des archives de l'état-major FFI de la région parisienne. Cf. R. Massiet, *op. cit.*
23. Les organes de presse les plus précoces ne sont rattachés qu'ultérieurement au Front national.

Tableau n°2. Part des publications communistes dans les publications de la Résistance française juin 1940-août 1944	
juin-décembre 1940	85 %
premier semestre 1941	72 %
second semestre 1941	61 %
premier semestre 1942	48 %
second semestre 1942	43 %
premier semestre 1943	35 %
second semestre 1943	41 %
janvier-août 1944	51 %
total juin 1940-août 1944	52 %

Graphique n° 3.
Les publications périodiques du Front national
juin 1940-août 1944

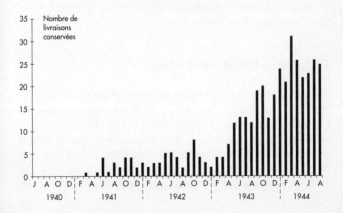

Tableau n°3. Part des publications du Front national dans les publications communistes 1940-1944	
1940	0 %
1941	3,7 %
1942	15,7 %
1943	29,9 %
1944	35,5 %

tous les représentants du FN dans les grands organes de la Résistance sont également des communistes. C'est un point sur lequel on ne saurait trop attirer l'attention, car il apparaît de plus en plus que c'est par le canal du FN que le parti communiste compte s'installer au pouvoir ou au minimum acquérir une place prépondérante dans les organes gouvernementaux (mairies, préfectures)[24]. »

Ces controverses démontrent que lorsque commence la seconde bataille de France – le 6 juin 1944, sur les cinq plages couvrant un secteur de 80 kilomètres de part et d'autre de Bayeux – toutes les cartes du jeu politique n'ont pas été encore distribuées.

La seconde bataille de France

Pendant l'été 1944, la France se retrouve atomisée, morcelée en de multiples territoires n'entretenant que peu de contacts entre eux et connaissant tous une chronologie particulière. Au cours de ces trois mois, alors que la liberté avance d'abord en piétinant (juin, juillet), puis à marches forcées (août), toutes les forces politiques poursuivent leur combat en épousant les particularités de situations locales

---

24. Archives du Service historique de l'armée de terre, fonds ORA.

qui sont on ne peut plus contrastées. Certaines régions vivent toujours selon les lois d'un État vichyste de plus en plus policier. D'autres – ou les mêmes à un moment différent – expérimentent la gestion des nouvelles forces de la Résistance intérieure. D'autres encore voient rapidement l'application des lois du gouvernement d'Alger tandis que certains Français ont parfois l'impression d'être placés sous protectorat américain et que d'autres connaissent le visage le plus affreux de l'ordre nouveau hitlérien. Mais, naturellement, à partir du 6 juin 1944, l'aspect qui occupe le devant de la scène est le fait militaire.

Le jour J

Là également, l'incertitude demeure. Pourtant les Alliés ont essayé de mettre toutes les chances de leur côté. Les moyens mis en œuvre sont impressionnants puisqu'il est prévu de faire débarquer en deux mois 2 millions d'hommes et 2 millions de tonnes de matériel. Pour approvisionner le corps expéditionnaire, les Alliés construiront deux ports artificiels, le premier à Saint-Laurent-sur-Mer (il sera détruit par la tempête le 19 juin), le second à Arromanches. Le 6 juin converge vers la Normandie une armada de 4 000 navires de transport et chalands de débarquement et de 1 500 bâtiments de protection, appuyée par 8 500 avions. Les plans alliés prévoient le débarquement, au cours du seul jour J, de 50 000 hommes, 1 500 chars, 3 000 canons et près de 13 000 véhicules divers. L'assaut est donné en deux temps et mené par huit divisions. Dans une première étape, entre 0 heure et 3 heures du matin, trois divisions aéroportées (deux américaines et une britannique) sont larguées de part et d'autre de la future tête de pont afin de verrouiller celle-ci et d'empêcher les contre-attaques allemandes. Puis, entre 6 h 30 et 7 h 30, cinq divisions d'infanterie partent à l'assaut des plages. Deux divisions britanniques et une division canadienne débarquent à l'est de Bayeux (sur trois plages, baptisées Gold, Juno et Sword, comprises entre Arromanches et Ouistreham) tandis que les deux divisions américaines prennent pied à l'ouest (à Utah, sur la côte

orientale du Cotentin, et à Omaha, à l'extrémité occidentale
de la côte du Calvados). Au soir du 6 juin, 2 500 soldats
alliés sont tombés, dont plus de 1 000 sur la seule plage
d'Omaha relevant du secteur américain.

Pour diminuer l'ampleur de la résistance allemande, les
Alliés ont établi un gigantesque plan d'intoxication afin de
faire croire aux Allemands que l'opération normande n'est
qu'une manœuvre de diversion et que le véritable débarquement aura lieu beaucoup plus au nord, de part et d'autre de
l'estuaire de la Somme. Dans l'ensemble, ce plan Fortitude
réussit, et les Alliés gagnent ainsi de précieuses heures qu'ils
mettent à profit pour consolider leur fragile tête de pont. Dix
jours encore après le jour J, les Allemands n'engagent sur le
front de Normandie que 9 des 34 divisions stationnées au
nord de la Loire.

Enfin, les Alliés ont lancé dans la bataille les forces de la
Résistance. Grâce à des phrases codées pour le moins énig-
matiques, la plus célèbre étant constituée des vers de
Verlaine « Les sanglots longs des violons de l'automne bles-
sent mon cœur d'une langueur monotone », les FFI exécu-
tent les divers plans mis au point par les stratèges alliés. Le
plan vert prévoit le sabotage des installations ferroviaires, le
plan bleu celui du réseau d'énergie électrique d'origine
hydraulique, le plan violet la destruction des lignes téléphoniques souterraines allemandes à grande distance et le
plan Bibendum (ancien plan Tortue) la paralysie du réseau
routier. Toujours dans le dessein de ne pas donner d'indications aux Allemands sur le lieu exact du débarquement,
l'état-major allié lance dans l'action le 5 juin l'ensemble des
FFI, proches ou non de la future tête de pont.

En dehors de ces combattants de l'intérieur, la participation française aux opérations de débarquement fut plus que
modeste. Sur les 5 500 navires engagés, 2 croiseurs, 1 tor-
pilleur, 4 frégates, 4 corvettes, 7 chasseurs de sous-marins et
6 vedettes rapides lance-torpilles étaient français. Il y avait
également les 177 hommes du commando de fusiliers-
marins Kieffer. Cette faiblesse de la présence française ne
peut que renforcer les craintes de ceux qui soupçonnent les

Alliés de ne pas vouloir confier les affaires de la France libérée aux forces résistantes.

De Gaulle contre Eisenhower

Au premier rang de ceux-ci se trouve le général de Gaulle. À Alger, l'homme du 18 juin a définitivement imposé son pouvoir : l'épilogue de l'affaire Giraud a été écrit en avril 1944. Le 4, les fonctions de commandant en chef de l'armée occupées par le général Giraud sont supprimées. Le 8, celui-ci est nommé à un poste essentiellement honorifique (inspecteur général de l'armée). Le 14 avril 1944, profitant du refus de l'ancien rival de De Gaulle d'accepter cette nouvelle fonction, le CFLN le place en réserve de commandement. Reste au général de Gaulle à faire reconnaître son autorité en France même. Symboliquement, le 3 juin 1944, le général de Gaulle modifie l'appellation de l'organisme qu'il préside : le Comité français de la Libération nationale devient le Gouvernement provisoire de la République française (GPRF).

Pourtant, dans sa proclamation lue à la BBC dans la matinée du jour J, et qu'il a communiquée l'avant-veille à de Gaulle, Eisenhower se garde bien d'agréer la prétention gaullienne. Ni le nom du général de Gaulle ni celui du GPRF ne sont mentionnés. Par contre, il prononce des phrases lourdes de dangers pour le Gouvernement provisoire : « En ma qualité de commandant suprême des forces expéditionnaires alliées, j'ai le devoir et la responsabilité de prendre toutes mesures essentielles à la conduite de la guerre. Je vous demande d'obéir aux ordres que je serais appelé à promulguer. Sauf instructions contraires, il faut que chacun continue à remplir sa tâche[25]. » Deux éventualités apparaissent ainsi menaçantes aux yeux des résistants français : que le régime de Vichy soit, sous une forme ou sous une autre, maintenu, à

---

25. Il existe plusieurs versions, fort proches, de cet appel du général Eisenhower. Nous utilisons ici le texte affiché dans les zones libérées françaises par les services américains. Cf. *Proclamation*, affiche, musée d'Histoire contemporaine.

l'image de ce qui s'était passé en Afrique du Nord après le 8 novembre 1942, ou que les Alliés imposent une administration militaire comme ils l'avaient fait en Italie à partir du 10 juillet 1943. Certes, l'hypothèse d'un strict régime d'occupation – appelé communément l'AMGOT (Allied Military Government of the Occupied Territories) – avait été écartée, et des accords, plus ou moins formalisés, avaient été passés avec le général de Gaulle pour que celui-ci fournisse des officiers spécialisés dans les problèmes administratifs. Ceux-ci constitueront la Mission militaire française de liaison administrative (MMLA), créée par le décret du 20 octobre 1943 et dont la principale branche, affectée à la zone des armées débarquées en Normandie et dirigée par le commandant Hettier de Boislambert, comptera 800 hommes à la Libération[26]. Mais l'administration future des territoires français libérés demeurait dans une grande opacité et, pour parer à toute éventualité, les Alliés avaient eux-mêmes constitué un corps composé de 1 500 administrateurs militaires.

Ce refus d'Eisenhower de reconnaître l'autorité du GPRF entraîne une vive réaction de la part du général de Gaulle. Le lendemain de sa rencontre avec le commandant en chef, de Gaulle lui propose une version remaniée de sa proclamation indiquant en particulier : « Quelles que soient les épreuves que vous traversez, je demande aux populations françaises de demeurer en ordre dans toute la mesure où cela est possible. Je leur demande de suivre les ordres de l'autorité française qualifiée [...]. L'administration de votre pays, à mesure de sa libération, appartient à l'autorité française. Vous savez que cette autorité vous assurera, quand les oppresseurs auront été chassés, les moyens de choisir vous-mêmes vos représentants et votre gouvernement[27]. » Devant le refus d'Eisenhower de modifier les termes de son appel – officiellement pour des rai-

---

26. Antoine de Gouberville, « Les missions militaires françaises de liaison administrative dans la Libération », *Revue historique de l'armée*, 1969, n°4, p. 145-154.
27. Charles de Gaulle, *Lettres, Notes et Carnets*, vol. V, juin 1943-mai 1945, Paris, Plon, 1983, p. 229.

sons matérielles –, le président du Gouvernement provisoire décide de refuser aux autorités alliées le concours des officiers de la MMLA et, afin de ne pas paraître cautionner la proclamation radiodiffusée à 9 h 30, et parce que la dernière place impartie à de Gaulle ne correspondait pas au rang de la France, il refuse de prononcer sa propre allocution à la suite des discours des gouvernements européens en exil. Il intervient sur les ondes de la BBC, seul, à 17 h 30. À cette occasion, il sait une nouvelle fois prononcer l'un de ces discours au souffle épique dont il a le secret : « La Bataille suprême est engagée ! Après tant de combats, de fureurs, de douleurs, voici venu le choc décisif, le choc tant espéré. Bien entendu, c'est la bataille de France et c'est la bataille de la France ! [...]. Pour les fils de France, où qu'ils soient, quels qu'ils soient, le devoir simple et sacré est de combattre par tous les moyens dont ils disposent. Il s'agit de détruire l'ennemi, l'ennemi qui écrase et souille la patrie, l'ennemi détesté, l'ennemi déshonoré [...]. La bataille de France a commencé. Il n'y a plus, dans la nation, dans l'Empire, dans les armées, qu'une seule et même volonté, qu'une seule et même espérance. Derrière le nuage si lourd de notre sang et de nos larmes voici que reparaît le soleil de notre grandeur ! »

Cependant, les menaces vichystes ou alliées vont être assez rapidement conjurées par un triple phénomène. Le premier est l'action de l'armée qui dépend du GPRF. Car cette armée française a grandi en puissance. Au début de l'année 1942, l'armée de terre française, pour l'essentiel deux divisions et quelques régiments ou bataillons, totalise moins de 50 000 hommes. Deux ans plus tard, 8 divisions sont effectivement opérationnelles : 4 sont en Italie, une interviendra dans l'île d'Elbe et 3 demeurent en Algérie, ossature de la future armée De Lattre[28]. Au total, l'armée de terre mobilise 550 000 combattants, dont 295 000 coloniaux[29]. Et cette

---

28. Deux autres divisions sont dissoutes en février 1944 et les deux dernières divisions parfois mentionnées ne sont que des unités-cadres qui seront également dissoutes en août 1944.

29. Jacques Vernet, « L'armée de terre au 8 mai 1945 », *De Gaulle*

armée française ressuscitée se distingue particulièrement lors de la difficile campagne d'Italie. Sous le commandement du général Juin, le corps expéditionnaire français en Italie, composé de 4 divisions d'infanterie et de 3 groupes de Tabors marocains, combat glorieusement, notamment lors des mois de janvier et de mai 1944. Surtout, le débarquement de Provence du 15 août 1944 révèle aux Alliés la complète résurrection de l'armée française. Les moyens mis en œuvre pour ce second débarquement sur les côtes françaises sont également impressionnants : 500 000 hommes, 2 300 navires (dont 24 bâtiments de guerre français sur 300) et 5 000 avions (dont 250 français). Mais, à la différence du débarquement de Normandie, celui de Provence enregistre une véritable présence française : l'armée commandée par le général de Lattre de Tassigny compte 256 000 hommes. Et le succès est immédiat puisque Toulon est libéré huit jours après le débarquement au lieu de l'être à J + 20, comme les plans le prévoyaient, et Marseille à J + 14 au lieu du J + 40 escompté.

En dehors de la qualité des combattants et du commandement de la future Ire armée française, alors appelée armée B, ces succès militaires sont à mettre également au compte de l'action de la Résistance intérieure. Celle-ci a déjà démontré son ardeur au combat lors de la phase préparatoire du débarquement de Normandie en multipliant les sabotages. Elle a, en particulier, parfaitement atteint les objectifs qui lui avaient été assignés par les plans vert et violet, et le général Bradley a publiquement salué la qualité des renseignements qu'elle avait fournis. Quelques semaines plus tard, une véritable guérilla s'engage et des régions entières entrent en insurrection.

Pour la Résistance, le jour J est en effet le signal du déclenchement de l'insurrection nationale tant attendue. Dès le 18 avril 1942, le général de Gaulle avait souligné que « la libération nationale ne peut être séparée de l'insurrection nationale ». Cependant, les autorités françaises

et la Nation face aux problèmes de défense, 1945-1946, Paris, Plon, « Espoir », 1983, p. 33-34.

étaient conscientes des risques que comportait une intervention généralisée des FFI avant le véritable basculement
du rapport de forces. Dans une instruction secrète en date
du 16 mai 1944 signée du général de Gaulle, le COMIDAC
d'Alger souligne qu'« un engagement général et inconsi-
déré, lors des débarquements initiaux, de la totalité des
divers embryons de l'armée de l'intérieur, est susceptible
de briser tous les ressorts de la Résistance française et de
nuire considérablement, sans contrepartie positive, au sort
des populations françaises. Pour être efficace, pour durer le
temps nécessaire, c'est-à-dire peut-être pendant plusieurs
mois et pour gagner toute l'amplitude souhaitable, la participation de l'armée de l'intérieur aux opérations militaires
doit prendre le caractère d'une action :

– dirigée, dans toute la mesure du possible, mais décen-
tralisée dans l'exécution,

– progressive et dosée,

– menée en liaison intime avec les opérations des
armées [30] ».

Toutefois, plusieurs facteurs vont perturber ce schéma initial. En premier lieu, des erreurs d'appréciation des autorités
algéroises. Malgré le tragique précédent des Glières [31] où, en
mars 1944, 155 maquisards avaient été tués et 160 faits prisonniers par les Allemands, Alger décide d'opérer d'importantes concentrations d'hommes dans deux régions montagneuses : l'Auvergne et le Vercors, ainsi qu'en Bretagne
(autour de Saint-Marcel dans le Morbihan). Mais ceux qui
mobilisent ainsi les FFI de ces trois régions ne se sont pas
au préalable assurés qu'ils auraient les moyens de vaincre
les réticences des Anglo-Saxons et d'approvisionner ces
réduits en munitions et en armement lourd. Dès le 18 juin, le
maquis de Saint-Marcel est contraint de se disperser, après
avoir infligé des pertes aux troupes d'occupation. Mais les
3 000 FFI et les parachutistes français (près de 500) ont

30. Archives du Service historique de l'armée de terre, fonds
Résistance.

31. Alain Dalotel, *Le Maquis des Glières*, Paris, Plon, 1992.

30 tués à déplorer et, surtout, les Allemands procèdent à de véritables massacres parmi les civils de la région. Puis, au cours de la quinzaine suivant le débarquement, la concentration du mont Mouchet (près de 6 000 hommes après la montée des résistants locaux) est détruite et 240 FFI sont tués, sans compter les civils assassinés par l'occupant. Dans le Vercors, les 400 maquisards devenus 3 000 après le débarquement et l'exécution des ordres d'Alger (3 900 un mois plus tard), sont attaqués par de puissantes forces allemandes à partir du 15 juin. Le 23 juillet, le maquis du Vercors a cessé d'exister, mais les sanglantes représailles allemandes durent encore une quinzaine de jours. Au total, 639 FFI et 201 habitants trouvèrent la mort, souvent dans des conditions particulièrement atroces (des cadavres ont été retrouvés les yeux crevés et la langue arrachée). Cela ne fait qu'illustrer une nouvelle fois la barbarie de certaines unités occupantes, à l'image du détachement de la division SS *Das Reich* qui, le 10 juin 1944, sans autre motivation que la volonté d'inspirer la terreur pure et simple dans cette région limousine où la Résistance est particulièrement nombreuse et efficace, assassine les 642 habitants d'Oradour-sur-Glane (Haute-Vienne), mitraillant les hommes dans les granges, brûlant les femmes et les enfants dans l'église. Ancré dans la mémoire collective, Oradour n'est pas pour autant la seule page douloureuse du martyrologe des populations françaises : des 86 habitants fusillés à Ascq (Nord) dans la nuit du 1er au 2 avril 1944, à la cinquantaine d'hommes, de femmes et d'enfants d'Argenton (Indre) assassinés le 9 juin, la sinistre liste serait longue.

La diffusion par la BBC des messages dits de « guérillas généralisées » couvrant toute la France provoque de multiples initiatives des FFI qui ne prennent pas tous les précautions indispensables. Dans un rapport d'août 1944, le colonel Zeller (responsable de l'ORA et chargé d'une mission d'inspection dans le Sud-Est) témoigne des résultats de cette mise en branle des FFI : « Se basant sur les directives données par le général Kœnig, les FFI se lançaient en plein dans l'action sans aucune restriction d'emploi, poussés d'ailleurs par un magnifique soulèvement national de toute la population des campagnes et des petites villes. Mais dans l'esprit de la plupart des exécutants, cette action devait être de courte durée, l'espérance d'un débarquement prochain dans le Sud-Est animant tous les cœurs […]. Je pars moi-même le 9 juin pour Barcelonnette par des moyens de fortune, les transports étant parfaitement désorganisés. Tout le long du chemin, je constate l'état de démoralisation, voire même d'affolement des Allemands dont plusieurs ont été abattus à proximité des villages que je traverse. Je constate également, non sans surprise, que de nouvelles autorités ont été installées par la Résistance dans certaines petites villes (Manosque, Forcalquier) sans que les précautions de sécurité les plus élémentaires aient été prises […]. À Barcelonnette où j'arrive dans la journée du 10 juin, toute la population est passée en entier à la Résistance armée […]. Les hommes sont peu armés ; ils espèrent des parachutages prochains ; ils espèrent également que leur action sera d'une durée relativement courte. Ce sont pour la plupart des montagnards endurcis, excellents tireurs qui se battent magnifiquement […]. Continuant leur marche avec une extrême prudence, [les Allemands] n'entraient dans Barcelonnette que dans la journée du 15 ; mais les ordres d'évacuation de la vallée avaient été donnés dès le 13 au soir ; quelques hommes passaient en Italie, la plus grande partie de la garnison se contentant de s'éloigner à quelques kilomètres au sud et à l'est de la vallée. La presque totalité du matériel était emmenée, les prisonniers allemands remis en liberté. Ce fait, joint à la prudence avec laquelle avaient été menées les opérations, loin de toute agglomération, évitait à la population des représailles sévères : dans toute la vallée 8 ou 9 personnes fusillées, 5 ou 6 maisons brûlées[32]. »

Malheureusement, plusieurs opérations prématurées se soldent par des pertes notablement supérieures. Le 7 juin, sur ordre de la direction zone sud du PCF, des FTP investissent la préfecture de la Creuse, Guéret, et celle de la Corrèze, Tulle, et font prisonniers les soldats des garnisons allemandes. Deux jours plus tard, ces deux préfectures sont reconquises par des

---

32. Archives du Service historique de l'armée de terre, fonds ORA.

unités de la division *Das Reich*. Les habitants de Guéret échappent aux représailles, mais 99 habitants de Tulle sont pendus et 149 déportés, dont 111 ne survivront pas.

Une autre raison de ces initiatives aventureuses réside dans le fait que la majorité des résistants voient dans les FFI non un détachement de l'armée débarquée, mais l'avant-garde du peuple tout entier. Or ce peuple doit conquérir une place dominante dans la France de demain. Pour ce faire, il n'a qu'une solution : gagner le droit de la proclamer grâce à l'insurrection nationale. Cette dernière a ainsi une fonction militaire – contribuer à la défaite de l'occupant –, une fonction nationale – liquider l'hypothèque alliée – et une fonction politique – faire pencher la balance en faveur du courant révolutionnaire de la Résistance.

Ces éléments d'ordre politique expliquent pour une part l'âpreté de la controverse qui oppose le COMAC au général Kœnig en juin 1944. Le 10 juin, conscient des risques que signifierait pour la population et pour les FFI le déclenchement prématuré du soulèvement national, le commandant en chef des FFI intime de Londres l'ordre de freiner la guérilla, ordre réitéré les 14 et 16 juin. Le COMAC rejette cette consigne de Kœnig qui reflèterait, selon lui, une incompréhension de la nature des FFI et une méconnaissance des particularités de leur action militaire. Le COMAC s'insurge d'autant plus facilement qu'il mène au même moment une campagne pour s'émanciper, en tant que direction rattachée au CNR, de la tutelle du général nommé par de Gaulle. Devant l'impossibilité de faire appliquer sa directive et compte tenu des situations de fait déjà créées, Kœnig reprend à son compte la position du COMAC le 17 juin : intensifier la guérilla mobile sans opérer d'importantes concentrations[33].

Naturellement, tous les résistants ne sont pas conscients des enjeux de la phase décisive qui s'annonce et la plupart ne souhaitent qu'effacer la honte de 1940, démontrer la renais-

---

33. Sur toute la rivalité COMAC/Kœnig, se reporter à Maurice Kriegel-Valrimont, *La Libération. Les archives du COMAC (mai-août 1944)*, Paris, Éditions de Minuit, 1964.

sance de la France. Dans de nombreuses régions françaises, le débarquement signifie une véritable montée au maquis et un gonflement des FFI comme nous l'avons précédemment signalé. Dans ses *Mémoires*, Eisenhower a évalué l'importance des FFI à 15 divisions, ce qui ne signifie qu'un ordre de grandeur, car les actions respectives ne sont nullement comparables. Mais il est certain qu'en retardant l'arrivée des renforts allemands et en accroissant l'insécurité des occupants, puis en assurant les tâches de reconnaissance et de protection des flancs des armées débarquées, les FFI aident notablement les Alliés, participant ainsi à l'accélération de la défaite allemande après la percée d'Avranches du 31 juillet 1944.

Certes, l'absence de tout soldat allié au sud de la Loire et à l'ouest du Rhône résulte avant tout du souci de la Wehrmacht d'échapper aux tenailles des troupes alliées venues de Normandie filant vers l'est et de celles de Provence remontant le Rhône : le 16 août, le commandement supérieur de la Wehrmacht donne l'ordre de repli général à toutes les forces du Sud-Ouest, à l'exception de quelques unités chargées de constituer des poches afin d'empêcher l'utilisation des ports par les Alliés. Mais dans cette retraite, souvent devenue déroute, les FFI jouent leur rôle. Compte tenu des faibles moyens matériels dont ils disposent, celui-ci est plus qu'honorable, et les 24 000 FFI morts au combat sont là pour rappeler les sacrifices consentis par ceux que rien n'oblige alors à risquer leur vie pour hâter la Libération.

En d'autres termes, la Résistance française a eu une fonction éminente dans la libération de la France : non pas essentiellement dans le domaine militaire – son action fut très secondaire au regard de celle des combattants débarqués – mais sur le plan politique : montrer que l'élite combattante des Français se rangeait derrière le Gouvernement provisoire. Car cette Résistance française qui conquiert ainsi ses galons dans les combats reconnaît entièrement le gouvernement du général de Gaulle, d'autant que la légitimité de ce gouvernement s'est accrue de nouveau le 4 avril 1944, puisque ce jour-là deux communistes (François Billoux, Fernand Grenier) y entrent comme ministres.

Toutefois, derrière cette indéniable communion nationale demeurent nombre de sous-entendus qui ont trait au problème de la place future de la Résistance intérieure dans la France de demain. Face aux Alliés, à Vichy ou à l'éventuel retour des caciques de la IIIe République, de Gaulle doit s'appuyer sur la Résistance tout en la contrôlant et en la maintenant dans une fonction purement consultative. Comme le prescrit le Général le 31 juillet 1944 à son représentant en France (Parodi) : « Vous êtes le représentant du gouvernement. C'est dire que vos instructions doivent s'imposer en dernier ressort. Nous attachons naturellement la plus grande importance au rôle consultatif et à l'action inspiratrice du Conseil de la Résistance et des comités locaux de la Libération. » D'où la minutie avec laquelle est préparée la prise du pouvoir par les autorités gaulliennes et l'édification, sans attendre la Libération, d'un appareil d'État en pointillé. À côté – ou en face – de la hiérarchie administrative résistante, le gouvernement est ainsi physiquement présent grâce à sa Délégation générale, dirigée par Alexandre Parodi depuis mars 1944 qui obtient rang de ministre le 12 août. Dans le domaine militaire, le délégué militaire national (Jacques Delmas, dit Chaban, depuis avril 1944) tente avec diplomatie de faire admettre les prérogatives gouvernementales, aidé par ses subordonnés, les délégués militaires de zone et les délégués militaires régionaux, qui jouent des armes qui avaient déjà été si précieuses à Jean Moulin : l'exclusivité des transmissions avec Londres et la distribution des aides extérieures. Dans le même temps, un arsenal juridique est élaboré : instruction du 10 mars 1944, ordonnances des 29 février, des 14, 21 mars, du 21 avril et du 9 août 1944. Pour l'appliquer instantanément après le départ des occupants, des commissaires régionaux de la République[34] et des préfets – choisis presque exclusivement parmi des hauts fonctionnaires non compromis avec Vichy[35] – sont intronisés dès la clandestinité

---

34. Charles-Louis Foulon, *Le Pouvoir en province à la Libération. Les commissaires de la République*, 1943-1946, *op. cit.*

35. Au regard des responsables vichystes qu'ils remplaceront, « le

dans toutes les régions et dans tous les départements français. Leur présence immédiate dans les préfectures n'est pas pour rien dans l'affirmation de l'autorité gouvernementale, à la fois face à la Résistance intérieure et face aux Alliés. À l'échelon gouvernemental, pour éviter toute vacance dommageable du pouvoir, le gouvernement a nommé des secrétaires généraux chargés d'assurer le bref intérim prévu entre la libération de la capitale et l'arrivée des ministres en titre.

Pour lever les ultimes réticences des Alliés, un troisième acteur, décisif, intervient après l'armée française et les FFI : la population.

Vox populi, vox Dei

Deux villes vont, à cet égard, jouer un rôle primordial : Bayeux et Paris. Bayeux, charmante petite sous-préfecture du Calvados, jusque-là célèbre pour la tapisserie de la reine Mathilde, est libérée le 7 juin. Une semaine plus tard, de Gaulle débarque en France et se rend à l'épreuve de vérité : quel sera l'accueil de la population ? Car une semaine après le départ des Allemands, rien n'a changé : à la sous-préfecture, le sous-préfet de Vichy est toujours là, le portrait du maréchal Pétain aussi. C'est à 15 h 30 que l'histoire bascule : de Gaulle arrive : acclamations, discours, *Marseillaise*. Pour emporter l'adhésion de la population, de Gaulle ne fait pas les choses à moitié. Commençant à construire le mythe du peuple résistant uni derrière son chef charismatique, il affirme : « Ce que le pays attend de vous, à l'arrière du front, c'est que vous continuiez le combat aujourd'hui, comme vous ne l'avez jamais cessé depuis le début de cette guerre et depuis juin 1940. » Pouvoir aussi facilement s'acheter par procuration une conduite patriotique indiscutable facilite le ralliement enthousiaste à l'homme du 18 juin. Après Bayeux, le scénario est identique : nulle part, les autorités vichystes ne tentent

---

renouvellement des hommes est net alors que la rupture socioprofessionnelle est insignifiante », Michel Margairaz, « La relève de l'État vichyste », *Cahiers d'histoire de l'Institut de recherches marxistes*, n°34, 2 1988, p. 29.

de se maintenir. En voyant l'accueil réservé par la population aux autorités nouvelles issues, soit du Gouvernement provisoire, soit de la Résistance intérieure, les Américains laissent le nouveau pouvoir prendre les choses en mains. Mais, naturellement, l'étape décisive fut Paris.

Paris est resté dans l'imaginaire résistant comme la manifestation éclatante de l'unanimité patriotique de la France, comme l'archétype de l'insurrection nationale. En réalité, Paris constitue plus l'exception que la règle. Car, malgré tous les efforts de l'aile marchante de la Résistance, l'insurrection nationale – et son cortège de grèves, de barricades et de combats armés – fut un échec. Pour mesurer cette insurrection, nous avons distingué trois catégories selon le degré de perception de la Libération par la population. La première catégorie groupe les villes dont les habitants, grâce aux combats qui ont eu lieu, grâce aux grèves ou aux barricades, ont eu une perception endogène de la Libération : le peuple et son avant-garde armée se sont libérés. La deuxième catégorie groupe les villes où la population est restée spectatrice, mais où les FFI ont joué un rôle militaire notable. La troisième catégorie recense les villes dont les habitants n'ont vu qu'une Libération de nature exogène : les Allemands ont quitté la ville sans être attaqués ou ils en ont été chassés par les forces débarquées. Sur les 226 chefs-lieux de département ou d'arrondissement pour lesquels nous avons pu collecter des données, 2 % seulement appartiennent à la catégorie n°1, soit 5 villes (Paris, Lille-Roubaix-Tourcoing, Marseille, Limoges et Thiers). 29 agglomérations relèvent de la catégorie n°2[36], soit 13 % de notre échantillon, mais dans 85 % des villes étudiées, le rôle de la population et des FFI fut inexistant ou marginal.

Échec à l'échelle nationale, mais réussite à l'échelle de la capitale. L'insurrection parisienne représente ainsi l'étape

---

36. Annecy, Autun, Bourgoin, Brest, Briançon, Brive, Castellane, Castres, Chalon-sur-Saône, Évian, Foix, Guingamp, Le Havre, Issoire, Issoudun, Jonzac, Langres, Lannion, Le Puy, Montluçon, Mortagne, Nancy, Nice, Privas, Saint-Flour, Saint-Julien-en-Genevois, Thonon-les-Bains, Toulon, Toulouse.

finale de l'affirmation de la volonté populaire permettant la levée définitive des hypothèques vichyste et alliée.

La préparation du processus insurrectionnel parisien réside dans l'effervescence entretenue par les organisations résistantes de la capitale et par les organismes unitaires parisiens qui sont tous dirigés par des communistes. Le 20 juin 1944, le CNR appelle à manifester le 14 juillet. Ces manifestations eurent une ampleur réelle, à Paris comme en banlieue[37]. Étape supplémentaire, le 10 août 1944, les cheminots se mettent en grève. Mais, pour la population, la date marquante est celle du 15 : le métro ne circule plus, la police a disparu. Le 18, la CGT et la CFTC appellent à la grève générale. Le 19, le CNR lance son appel à l'insurrection et 2 000 policiers occupent la préfecture de police. Le lendemain, l'Hôtel de Ville et la plupart des mairies d'arrondissement sont investis.

Pendant plusieurs jours, de nombreux accrochages se produisent entre les 20 000 soldats allemands et les 35 000 FFI parisiens (50 000 le 25 août). Les combats ne sont pas frontaux, car le commandement allemand veut simplement préserver 36 postes fortifiés. Sous la pression de la Résistance, il doit ramener ce chiffre à 12. Cependant, même si la garnison allemande n'a pas les moyens d'une reconquête totale de la capitale, elle peut concentrer ses forces pour effectuer de sanglantes représailles ou recevoir le renfort d'unités en retraite.

Cela explique la tentative de certains responsables de la Résistance parisienne (les socialistes et les membres de la délégation générale essentiellement) de conclure une trêve avec le commandant des troupes allemandes stationnées à Paris, von Choltitz. Cette perspective est acceptée le 20 août par le CNR au terme d'une discussion orageuse. Mais de nombreux résistants, au premier rang desquels se trouvent les communistes, dénoncent ce qu'ils considèrent comme une trahison inspirée par la peur de voir le peuple s'ériger en acteur indépendant. Ils refusent d'appliquer cette suspension

---

37. Danielle Tartakowsky, « La préparation du 14 juillet », *Cahiers d'histoire de l'Institut de recherches marxistes*, n°34, 1988.

d'armes, qu'au demeurant les SS ne respectent pas non plus, et le 21 août, le CNR revient sur sa position : la trêve est dénoncée. Le lendemain, les combats reprennent massivement, près de 600 barricades s'élèvent et la presse nouvelle sort de la clandestinité. Mais pour conjurer définitivement le danger d'un retour en force de l'occupant, le concours des armées débarquées reste indispensable. D'où les pressions gaulliennes pour l'envoi de troupes régulières sur Paris, ce que n'avait pas prévu le commandement allié. En fait, la demande gaullienne avait une double motivation : envoyer des soldats réguliers dans un but militaire. Et envoyer des soldats réguliers français dans un but politique. Comme le dit de Gaulle dès le 25 août : « Paris martyr, mais libéré par son peuple… » La 2e DB du général Leclerc et la 4e DI américaine parachèvent le travail des FFI. Le 25 août 1944, les troupes allemandes stationnées à Paris capitulent. L'insurrection parisienne a coûté la mort à 76 soldats de la 2e DB et à 901 FFI. 3 200 soldats allemands ont été tués et 12 800 faits prisonniers.

Sur le plan militaire, la libération de Paris est négligeable. Mais sur le plan symbolique et politique, sa portée est considérable. Même si le rôle principal dans la victoire appartient sans conteste aux Alliés, le soulèvement parisien réinsère la France dans le camp des vainqueurs et fonde la légitimité gaullienne. À l'occasion de l'énorme défilé du 26 août 1944 sur les Champs-Élysées, de Gaulle reçoit l'investiture d'un peuple vainqueur, donc maître de son destin.

Ces trois phénomènes – la valeur des troupes françaises régulières, l'ardeur de la Résistance, la *vox populi* – amènent les Alliés, avant tout les Américains, à cesser leurs tergiversations : le GPRF est reconnu par les Alliés officieusement le 12 juillet 1944 même si la proclamation officielle ne viendra que le 23 octobre 1944.

Ainsi, c'est un gouvernement désormais légitimé qui s'installe le 2 septembre 1944 dans la capitale libérée d'une France toujours en partie occupée.

L'État restauré

Philippe Buton

Dès la fin de la liesse populaire – les bals, interdits par Vichy, n'ont jamais rassemblé autant de monde qu'à la Libération –, de ces magnifiques journées de communion nationale scandées par l'accueil débridé offert aux soldats alliés, par des défilés enthousiastes encadrés par des maquisards armés, par des cérémonies recueillies pour célébrer la mémoire des disparus, la vie – quotidienne et politique – reprend ses droits. Après la libération de Paris, chacun comprend que la fin de la guerre n'est plus qu'une question de temps. Les problèmes se focalisent donc de nouveau sur la question du visage que revêtira la France libérée et, de la Libération à la victoire, les communautés nationale ou résistante se rassemblent ou se divisent au gré des urgences acceptées et des choix discutés[1].

La Résistance au pouvoir

Deux faits massifs dominent la vie politique des premiers mois de liberté : la Résistance conquiert partout le pouvoir et elle reçoit l'appui indiscuté de la population. Encore en 1945, la grande majorité des Français (56 % des Parisiens contre 17 % et 56 % des provinciaux contre 21 %[2]) estime

---

1. Les ouvrages de référence sont les mêmes que ceux indiqués dans le précédent chapitre.
2. *Bulletin d'informations de l'Institut français d'opinion publique*, 16.2.1945 (enquête du 29 décembre 1944 au 10 janvier 1945).

que les comités de libération ont joué un rôle utile et 70 %
des Français pensent que le gouvernement doit tenir compte
des avis du Conseil national de la Résistance[3]. Mais cette
Résistance est plurielle et mue par plusieurs logiques pour
une part contradictoires.

L'ordre républicain

La première logique est celle de l'État, incarnée on ne peut
mieux par le général de Gaulle. Dès son arrivée dans la
capitale, cet homme au goût symbolique prononcé prend
deux décisions parfaitement révélatrices. Il choisit comme
première destination de retourner au ministère de la Guerre
qu'il avait quitté quatre ans auparavant. « Pas un meuble,
pas une tapisserie, pas un rideau n'ont été déplacés […].
Rien n'y manque, excepté l'État. Il m'appartient de l'y
remettre[4]. » Puis, se rendant enfin à l'Hôtel de Ville où
les responsables de la Résistance intérieure font le pied de
grue, il décline l'invitation du président du CNR de proclamer la République car, selon lui, celle-ci n'aurait jamais
cessé d'exister. Le double message est clair : la parenthèse
vichyste est refermée et tout doit être subordonné à la
remise en place de l'appareil d'État. L'Occupation n'est pas
pour autant rejetée dans les limbes : l'État ne devra pas gouverner à l'identique mais il devra gouverner. La priorité est
alors de rétablir les rouages traditionnels de l'État républicain et les cadres, non moins traditionnels, de la vie politique et économique. Le changement doit s'imposer mais à
la marge et dans l'ordre.

Cette logique étatique, ce souci de l'ordre républicain ne sont
pas l'apanage du Général. Nombre de résistants les partagent
mais, au sein de la Résistance intérieure, cette logique est
contrebalancée par d'autres, celles de l'autonomie et de la
radicalisation. Dans le combat clandestin, la pyramide orga-

---

3. Contre 16 %. *Ibid.*, 16 avril 1945 (enquête du 5 au 18 mars
1945).
4. Général de Gaulle, *Mémoires de guerre. L'unité 1942-1944*,
Paris, Plon, 1956, « Livre de Poche », 1969, p. 372.

nisationnelle était plus théorique que réelle : prendre sur le champ des décisions sans en référer à quiconque, en ne tenant compte que de paramètres restreints (l'espace immédiat, le temps court) était une obligation permanente. Après la Libération, cette tendance à l'autonomie est maintenue en raison du morcellement du territoire national, résultat du rythme différencié des opérations militaires, de l'enclavement des régions par suite de la défaillance des communications, du maillage encore lâche de l'appareil d'État : au début de septembre 1944 « l'autorité du gouvernement se limitait à Paris, la banlieue et peut-être la grande banlieue », témoigne le ministre de l'Information de l'époque, Pierre-Henri Teitgen[5].

Le gouvernement provisoire a bien compris ce risque induit de délitement. C'est pour le conjurer qu'il a repris à son compte l'initiative de Vichy de reconstituer le cadre administratif régional. Succédant – ainsi le ressent la population – aux préfets régionaux, les 17 commissaires régionaux de la République[6] vont incarner l'État et sa logique jacobine. Leur réussite fut notable, mais là encore elle fut très progressive. Dans des pages savoureuses, Pierre Bertaux, le commissaire de la République en poste à Toulouse, évoque cette lutte pour imposer le respect des prérogatives de l'État. La première matinée de la Libération, il ne parvient à préserver que les 2 mètres carrés situés derrière son bureau à la préfecture de la Haute-Garonne avant que son expansionnisme ne triomphe des obstacles multiples, non sans incidents et concessions temporaires[7].

La tendance à la radicalisation – intimement liée à la précédente – est encore plus manifeste. Poursuivant là encore sur la lancée de l'Occupation, la Résistance veut tourner la page de Vichy mais aussi celle de la IIIe République et imposer sa marque.

---

5. *La Libération de la France*, Paris, Éditions du CNRS, 1976, p. 102.
6. Auxquels s'ajoutera ultérieurement celui de Strasbourg.
7. Pierre Bertaux, *Libération de Toulouse et de sa région*, Paris, Hachette, 1973.

La Résistance intérieure était naturellement multiple mais, au sein de cette nébuleuse, deux points faisaient l'unanimité : il faut faire du neuf et ce neuf ne saurait être que révolutionnaire. *Combat* adopte ainsi comme devise : « De la Résistance à la Révolution ». Dans la nouvelle presse sortie de la clandestinité se répand une idéologie qu'on peut qualifier de « démocratique révolutionnaire ». Souvent nourrie de références à la Révolution française, sous-tendue par des proclamations socialistes d'autant plus nombreuses que leurs implications précises demeurent vagues, cette idéologie vante les vertus d'une France débarrassée des traîtres et protégée des tièdes. Par-delà l'appel au sursaut moral et civique, le notable unifie les haines, les autorités traditionnelles sont suspectées et le rêve d'une démocratie directe est caressé. Pour ces résistants, dont l'enthousiasme est alors intact, celle-ci ne saurait être autre chose que la voie d'accès au pouvoir de ceux qui ont relevé l'honneur national et qui ont prouvé à la fois leur courage personnel et leur clairvoyance politique dans la nuit de l'Occupation. Pour eux, le pouvoir des comités de libération ou d'organismes analogues apparaît comme la garantie que le passé est définitivement révolu, que les « acquis de la Résistance » seront intégralement défendus.

Pour l'essentiel, toutes ces logiques, toutes ces priorités ne dessinent pas des camps aux frontières étanches : chaque organisation politique, chaque mouvement de résistance, et même chaque résistant et chaque Français est traversé par ces courants contradictoires qui le font alternativement applaudir les soldats sans uniforme qui pourchassent les collaborateurs puis protester contre la présence un peu trop voyante de tous ces inconnus armés. Il n'en demeure pas moins vrai que ces sensibilités diverses ne partagent pas à l'identique toutes les organisations qui interviennent dans le débat politique, au premier chef les partis.

Le premier parti à se reconstituer est le parti communiste. Dès le 31 août 1944, Jacques Duclos – numéro un par intérim, Maurice Thorez étant alors en Union soviétique – réunit les responsables présents à Paris. Ce conclave, pompeusement appelé session du Comité central bien qu'il n'y ait qu'une vingtaine de présents, diffuse les premiers éléments d'analyse et s'attache à remettre sur pied les structures d'organisation traditionnelles. Celles-ci sont rapidement remplies par les nouveaux adhérents : comptant peut-être 60 000 adhérents à la Libération, dès la fin de l'année, le parti a dépassé son apogée du Front populaire : 384 228 contre 328 547 en 1937. L'année suivante, c'est l'explosion : 785 292 personnes adhèrent au « parti des fusillés ».

La SFIO suit de peu son frère ennemi[8]. Certes, son ossature partisane est en général plus fragile que celle du PCF – pratiquement tous les rapports des préfets de cette période opposent la continuelle présence conquérante communiste aux difficultés organisationnelles des autres courants. Cependant, du 9 au 12 novembre 1944, la SFIO réunit un congrès national extraordinaire qui la remet véritablement sur les rails, sous la direction – comme pendant la clandestinité – de Daniel Mayer en attendant le retour d'Allemagne de Léon Blum. Menant avec fermeté une épuration interne importante, elle vit également cette période sous le signe de l'expansion : ses 50 000 militants d'août 1944 deviennent 100 000 à la fin de l'année et 335 703 en 1945 contre 286 604 en 1937[9]. Mais, à la différence de son rival communiste qui parvient à puiser une grande partie de ses cadres intermédiaires parmi la génération de la Résistance[10], la SFIO fait en priorité appel à ses adhérents d'avant la guerre, à ceux du moins qui n'ont pas démérité[11].

Un troisième parti joue un rôle essentiel pendant cette

8. Se reporter en priorité à Marc Sadoun, *Les Socialistes sous l'Occupation*, Paris, Presses de la Fondation nationale des sciences politiques, 1982.

9. Marc Sadoun, « Les socialistes ont-ils été résistants ? », *Études sur la France de 1939 à nos jours*, Paris, Le Seuil, coll. « Points Histoire », 1985, p. 145, et Jacques Kergoat, *Le Parti socialiste*, Paris, Le Sycomore, 1983, p. 367.

10. Philippe Buton, « Les générations communistes », *Vingtième Siècle, revue d'histoire*, n°22, 1989.

11. Marc Sadoun, *Les Socialistes sous l'Occupation*, op. cit., p. 240-241.

période : le mouvement démocrate-chrétien. Mais, dans son cas, il s'agit plus d'une fondation que d'une reconstitution, au regard de la clandestinité comme de l'avant-guerre. Naturellement, le courant démocrate-chrétien existait avant 1939. Mais malgré le parti démocrate populaire, les amis de *L'Aube* et les Nouvelles Équipes françaises, il ne rivalisait aucunement avec les autres mouvements politiques comme il le fait dès la Libération. Résultat de leur importante participation à la Résistance – et de la proximité idéologique de son chef[12] –, les démocrates-chrétiens sont massivement présents au gouvernement (six ministres[13]), dans les institutions nouvelles et dans les organismes unitaires résistants. Sans plus attendre, les 25 et 26 novembre 1944, ces démocrates-chrétiens s'organisent et fondent une nouvelle structure politique – qui prend soin de ne pas s'appeler parti, mais Mouvement républicain populaire – dirigée par des résistants authentiques, à l'image de son président qui est également celui du CNR : Georges Bidault. Sur le mode mineur, ce mouvement connaît également un succès réel puisque plus de 80 000 Français y adhèrent en 1945[14].

À côté de ces partis, seuls à exister vraiment en 1944, les mouvements de résistance s'interrogent sur leur avenir : leur tâche est-elle terminée ? Tant que la dynamique de la Résistance et de la Libération survit, ils repoussent les échéances : les principales organisations (le Mouvement de libération nationale, le Front national) ne réunissent leur congrès qu'au début de l'année 1945. De toute évidence, ils

---

12. Jean Lacouture, *De Gaulle*, t. I et II, Paris, Le Seuil, coll. « Points-Histoire », 1985, 1990.

13. En prenant comme critère la classification opérée par le Général avant la fondation du MRP. Cf. *Ibid.*, t. II, p. 40. Mais ils ne seront que trois à être partie prenante du nouveau parti : Bidault, de Menthon et Teitgen.

14. 81 000 adhérents selon Pierre Letamendia, *Le Mouvement républicain populaire. Histoire d'un grand parti français*, Paris, Beauchesne, 1995 ; 88 475 adhérents en août 1945 selon Robert Bichet, *La Démocratie chrétienne en France. Le Mouvement républicain populaire*, Besançon, Jacques et Demontrond, 1980, p. 59.

ont plus de mal que les partis à repenser leur intervention publique et à redéfinir leurs nouvelles fonctions : ouvrant eux aussi leurs portes en grand, investissant les institutions, ils essaient de prolonger la mystique unitaire de la clandestinité en rappelant périodiquement les engagements pris sous l'Occupation.

Le romantisme révolutionnaire

Pour l'essentiel, quelle que soit l'organisation concernée, le clivage politique est identique : développer ou freiner les ardeurs militantes des divers comités et d'une fraction de la population. Si toutes ces forces politiques qui tiennent le haut du pavé en 1944 sont issues de la Résistance – les autres ne réapparaîtront qu'en 1945 – et si elles sont toutes partagées sur la réponse à apporter, elles ne le sont pas dans les mêmes proportions. La logique étatique imprègne les démocrates-chrétiens et les socialistes résistants – qui investissent du reste massivement les institutions de l'État – alors que les tendances centrifuges l'emportent au sein de la mouvance communiste et des mouvements de résistance. Les déclarations volontiers incendiaires de ces derniers et leur idéologie socialisante souvent confuse sont à la source des malentendus qui apparaissent entre ces résistants de l'intérieur et le chef des Français libres.

Certes, face aux Anglo-Saxons, de Gaulle s'est appuyé sur la Résistance. Mais, dans le même temps, il s'est toujours méfié du romantisme de ces néophytes et, surtout, du poids croissant pris par le PCF. Aussi, dans cette atmosphère révolutionnaire qui perdure longtemps, bien après que tous les symboles du régime déchu et de l'occupant furent arrachés et les collabos – du moins ceux qui n'eurent pas la prudence de s'éloigner – exhibés, arrêtés ou exécutés, une nouvelle bataille politique triangulaire se fait jour qui met aux prises principalement trois acteurs : le général de Gaulle, la Résistance intérieure et, au sein de celle-ci, le parti communiste.

Toile de fond et enjeu de cette bataille, la mobilisation des masses est une donnée prégnante de cette époque. Les modalités de la Libération sont certes diverses, mais même dans les régions où la Résistance ne joue qu'un rôle marginal, le changement de régime possède les attributs classiques d'une période révolutionnaire. Les Français, les jeunes essentiellement, affluent dans les permanences des mouvements qui sortent de la clandestinité ou gonflent les rangs des nouvelles organisations qui se créent. Les syndicats eux-mêmes voient leurs rangs s'épaissir dans des proportions jusqu'alors inconnues grâce à ces néophytes qui contribuent à radicaliser les vieilles centrales, appuyant le courant laïcisant qui va créer « Reconstruction » au sein de la CFTC[15] et confiant le contrôle de la CGT aux communistes, même si celui-ci, effectif dès septembre 1944, ne sera officialisé que lors du congrès d'avril 1946[16]. Vecteur et agent de l'opinion, la presse est entièrement renouvelée. À de rares exceptions près, tous les journaux de l'« ancien régime » disparaissent, remplacés par une nouvelle presse servie par des rédacteurs souvent amateurs qui exècrent les compromissions suscitées par l'argent et le pouvoir et qui rêvent d'une presse « pure » à l'image de la France nouvelle qu'ils s'engagent à bâtir[17]. Désir de fête et souci de vengeance s'entremêlent dans ces foules rassemblées qui reconquièrent la rue et se persuadent de leur puissance. Les FFI et les membres des milices patriotiques patrouillent dans les rues, arrêtent les voitures, exigent des laissez-passer, interpellent des suspects. Les meetings se succèdent dans lesquels les orateurs des grandes organisations ou des comités aux sigles inconnus de la masse des gens appellent à la vigilance, critiquent souvent les lenteurs

---

15. Gérard Adam, *La CFTC (1940-1958)*, Paris, Armand Colin, 1964 ; Michel Branciard, *Histoire de la CFDT,* Paris, La Découverte, 1990, p. 97-101.

16. Annie Lacroix-Riz, *La CGT de la Libération à la scission de 1944-1947*, Paris, Éditions sociales, 1983.

17. Même la presse quasi « officielle » témoigne de cette vague de fond : comparons les discours respectifs du *Temps* et de son successeur *Le Monde* dont le premier numéro paraît le 18 décembre 1944 avec un éditorial qui, lui aussi, parle de la « révolution – une révolution par la loi – qu'il s'agit de faire triompher ».

de l'épuration et les insuffisances du ravitaillement et exhortent la population à continuer la lutte contre une fantomatique « cinquième colonne » et une non moins hypothétique volonté de revanche des vichystes.

Cette mobilisation populaire, cette pression de la rue, cette démocratie des comités, les résistants radicaux espèrent les prolonger alors que les résistants tenants de la logique étatique souhaitent, non pas éliminer, mais canaliser rapidement toute cette effervescence dans le lit classique de la démocratie élective et de la régulation étatique.

Cette bataille politique est d'autant plus complexe qu'elle ne se déroule pas principalement à l'échelon national, mais, spécialement les premiers temps, à l'échelle locale ou départementale. À l'image de ce qui s'est passé lors de l'été 1944, chacun de ces territoires plus ou moins isolés connaît sa chronologie particulière, ses propres conflits qui résultent de rapports de forces différenciés et du télescopage des volontés locales les plus diverses et des directives nationales, qu'elles proviennent des instances étatiques ou des organisations – politiques, résistantes, syndicales ou autres – qui se reconstituent progressivement.

Pour tout Français, la Libération s'identifie au départ des Allemands de sa commune. Synonyme de ce départ, c'est l'arrivée d'autorités nouvelles que la population découvre et qu'elle applaudit dès que deux sésames sont prononcés : de Gaulle, Résistance. Dans les chefs-lieux de département – sans parler naturellement de la capitale –, le schéma est aisément lisible par tous : le préfet ou le commissaire de la République s'installe à la préfecture. L'État républicain reprend ses droits et ses coutumes en s'entourant cependant d'une foule d'inconnus aux fonctions mal définies appartenant à des comités aux intitulés divers. Dans les communes, en revanche, la présence coutumière de l'État s'efface. Rares sont les mairies où les édiles de 1939 reprennent leurs bureaux. Plus rares encore – la situation se rencontre presque exclusivement dans des villages – sont les communes où le maire de la Libération, celui de l'Occupation et celui de la IIIe République sont une seule et même per-

sonne. En général, des appellations nouvelles surgissent :
comité local de libération – rarement constitué dès l'Occupation – et délégation municipale provisoire, ces deux
termes étant souvent interchangeables. Pendant quelques
semaines, ces organismes sont souverains, prenant les dispositions d'urgence qu'impose une situation exceptionnelle.
Avant tout, ils s'attaquent au problème le plus crucial, celui
du ravitaillement. Épisodiquement, des interventions hétéro-
doxes se font jour : des réquisitions sont effectuées, des
taxations sont imposées, des notables sont emprisonnés, des
entreprises réquisitionnées, des milices patriotiques mises
sur pied. Au bout de quelques jours, parfois quelques
semaines, les autorités préfectorales, souvent aidées par les
responsables départementaux des organisations résistantes,
vont tenter d'unifier ces pratiques diverses, de concilier les
impératifs issus des nécessités et des volontés des militants
et les prérogatives de l'État [18].

En même temps que se déroule cette redistribution du pouvoir local, à Paris, le général de Gaulle mène sa propre
bataille, à l'échelle gouvernementale. Il entreprend immédiatement une double action. Pour se concilier la Résistance
intérieure, il élargit son gouvernement le 9 septembre 1944
afin d'y intégrer en plus grand nombre ses responsables : le
tiers des portefeuilles leur est alors dévolu, des dirigeants de
Combat (Henri Frenay, François de Menthon, Pierre-Henri
Teitgen), le président du CNR (Georges Bidault), le chef des
FTP (Charles Tillon) appartiennent à ce gouvernement [19]. En
revanche, de Gaulle se sépare du responsable de Libération-
Sud Emmanuel d'Astier de La Vigerie, qu'il remplace par
Adrien Tixier au poste crucial de titulaire du portefeuille de
l'Intérieur. Vraisemblablement, le chef du Gouvernement
provisoire préfère s'appuyer en priorité pendant cette phase
de transition sur la Résistance socialiste *via* Tixier plutôt

---

18. Un exemple régional magistralement étudié : J.-M. Guillon,
op. cit.
19. Henri Frenay et François de Menthon étaient déjà membres de
l'équipe ministérielle d'Alger.

que sur un homme trop sensible aux sirènes communistes aux yeux de certains proches du Général. Dans le même ordre d'idées, ce dernier élargit l'assemblée consultative le 12 octobre 1944. Elle comprend désormais 248 membres dont 148 délégués de la Résistance intérieure, notamment les membres du CNR.

Parallèlement, de Gaulle décide d'affirmer immédiatement son autorité dans les trois domaines essentiels que sont l'armée, la police et l'administration départementale.

De Gaulle contre le PCF

Face aux communistes qui parlent alors de construire ce qu'ils appellent une « nouvelle armée populaire » – et qui ont rallié à leurs conceptions l'énorme majorité des résistants de l'intérieur – de Gaulle décrète, dès le 28 août 1944, la dissolution des états-majors FFI, la remise des armes des résistants et l'engagement individuel des FFI dans l'armée. Cette décision gaullienne n'est pas sans danger, et l'instruction d'application du 29 août évoque la possibilité que, « dans certains cas, l'application de cette décision provoque des incidents auxquels les commandants de Régions feront face avec fermeté [20] ». Aussi les autorités gouvernementales ne dédaignent pas de recourir aux formules apaisantes. L'instruction d'application est remaniée, émaillée de phrases louangeuses envers les FFI. Alors que le projet parlait d'une « nouvelle phase de la reconstruction de la nouvelle armée française », on précise « grâce aux éléments les plus patriotiques et les plus actifs du pays ». On ne lésine pas non plus sur les décorations, dont la distribution est encouragée, et on prévoit une décoration spécifique pour les officiers FFI, mais leur grade devient par là même honorifique. La même souplesse n'est pas de mise lorsque la circulaire d'application traite du problème des grades et des armes. Le projet est alors amendé dans un sens beaucoup plus restrictif.

---

20. *Instruction d'application de la décision* n°7 *CAB-MIL/PA*, archives du Service historique de l'armée de terre, fonds MMLA.

Si l'on excepte *Le Figaro* qui, par la plume de Louis-Gabriel Robinet, indique que « si la France veut vivre, il faut qu'elle vive dans l'ordre[21] », les organes de presse et les organisations de résistance protestent contre cette décision gouvernementale. *Franc-Tireur* n'est nullement atypique lorsqu'il interroge : « Le peuple gouverne-t-il quand des mesures sont prises contre le COMAC et les FFI, c'est-à-dire contre ces jeunes troupes forgées dans la lutte et dont doit sortir, en dépit des fossiles, l'armée républicaine de la République[22] ? » Le 5 septembre, le CNR lui-même s'élève contre le décret gouvernemental. Pour faire appliquer ce dernier, les autorités militaires tentent de faire passer les FFI sous l'autorité des commandements territoriaux (départements, régions militaires) à la tête desquels le gouvernement nomme des officiers d'active. L'efficacité de la mesure gouvernementale dépend évidemment en partie de la personnalité de ces commandants. Or, celle-ci est fort contrastée. Un rapport de la Mission militaire française de liaison administrative (MMLA) constate que, sur l'ensemble des zones couvertes par l'armée américaine, le décret stipulant l'intégration des FFI n'est pas véritablement appliqué à la date du 15 septembre 1944. Le rapport ajoute : « Dans beaucoup de villes, les officiers français nommés dans les circonscriptions militaires [...] se sont montrés en dessous de leur tâche. La plupart d'entre eux se sont bornés à remettre des uniformes qu'ils avaient abandonnés pendant les années dures de l'occupation allemande et ont cru que la présence de leurs galons pouvait ramener un respect qui avait malheureusement disparu » et il conclut que « beaucoup de groupements FFI et surtout de FTP refusaient encore de reconnaître l'autorité de ces officiers et, dans certains cas, les injuriaient assez bassement »[23]. Mais Paris est un enjeu de taille. On nomme à sa tête un homme au prestige incontes-

---

21. *Le Figaro*, 29 août 1944.
22. *Franc-Tireur*, 10 septembre 1944.
23. Lieutenant-colonel Rotival, rapport du 18 septembre 1944, SHAT, fonds MMLA.

table : le général Kœnig, le héros de Bir Hakeim. Toutefois, même à Paris, les FFI – spécialement les anciens FTP – refusent au début de septembre de rejoindre l'armée régulière. À l'inverse, les responsables FFI appellent les jeunes Français à s'engager, non dans l'armée régulière, mais dans les FFI, et ils rallient à leurs vues les organes de la Résistance, le CNR et les CDL. La situation est également parfois critique en province. Le 6 septembre 1944, le colonel FFI commandant la région M[24] – soit 14 départements de l'Ouest de la France – écrit au chef d'état-major national FFI : « En attendant des nouvelles de Paris, nous avons décidé : 1. De tenir bon et de résister à la dissolution des états-majors FFI. 2. De suspendre toutes les opérations d'engagement et d'incorporation. 3. De continuer la lutte contre l'ennemi, sans accepter le contrôle des commandements militaires territoriaux. » La note se termine par ces phrases menaçantes : « Tous nos cadres et nos troupes sont prêts à seconder les efforts de l'EMN, du COMAC et du CNR. Considérez que vous avez nos 85 000 hommes derrière vous[25]. » Devant ces multiples oppositions, de Gaulle ne peut faire appliquer son plan, et la question de la nature de l'armée à construire reste entière en septembre 1944.

Mais une telle attitude de refus de la part de certains responsables FFI ne peut durer. Il faut choisir : soit s'opposer frontalement à l'armée régulière, soit accepter la majeure partie des exigences gaulliennes. Étant donné que, depuis le printemps de 1944, le PCF a conquis la direction des FFI (le COMAC et l'état-major national) et que c'est lui qui anime l'opposition aux décisions du Général, c'est à lui qu'il revient de trancher.[26]

Depuis 1943, la pratique communiste était double : reconnaître le pouvoir officiel du général de Gaulle – et y par-

---

24. Claude Jaeger-Michelin, membre du PCF.
25. SHAT, série 13 P.
26. Sur cette question, se reporter à Philippe Buton, *Les lendemains qui déchantent. Le PCF à la Libération*, Paris, Presses de la Fondation nationale des sciences politiques, 1993.

ticiper – tout en développant, sous sa direction, les éléments d'un second pouvoir résistant. Cette double action ouvrait une fourchette de potentialités. Au minimum, cela permettrait aux communistes de faire pression sur de Gaulle pour que ses actions dans la lutte nationale soient les plus conformes aux souhaits communistes. Au maximum, le PCF se réservait la possibilité – au vu des modifications du rapport de forces – de déclencher une véritable stratégie de rupture : appeler les comités de libération à prendre le pouvoir, appuyés par les FFI et par les Milices patriotiques. Mais, très rapidement, l'évolution de la situation politique ne laisse que peu d'espoirs aux tenants d'une telle stratégie. Par-delà le fait que la réorganisation du parti communiste n'est encore qu'embryonnaire en septembre 1944, il faut souligner que le vide politique, escompté par la plupart des observateurs, ne se produit pas à la Libération grâce à la présence, dès le départ des occupants, des commissaires de la République, des préfets, des commandants de régions militaires, de la Mission militaire de liaison administrative, etc. Cet élément décisif est facilité par l'échec de l'insurrection nationale, car celle-ci aurait pu dégager et légitimer des autorités nouvelles, mettant ainsi le gouvernement devant un fait accompli.

Devant cette immédiate restauration de l'État, l'hypothèse d'une prise de pouvoir est exclue, car elle signifierait un affrontement ouvert et l'intervention des forces anglo-saxonnes. Le PCF – par l'intermédiaire de la direction des FFI – est par conséquent amené à composer avec le général de Gaulle. Les négociations tournent nettement à l'avantage de ce dernier. Des FFI sont effectivement intégrés dans l'armée, mais l'encadrement FFI est écarté des postes décisionnels. Ainsi, en octobre 1944, l'hypothèque de l'« armée nouvelle et populaire » est levée.

Le rôle des Comités départementaux de libération est également en débat. Doivent-ils conseiller le préfet ou administrer eux-mêmes ? Dans certains départements, le conflit latent devient ouvert et quelques préfets, désavoués par les CDL, ne peuvent occuper ou doivent quitter leurs fonctions. Tel est le cas dans les Hautes-Alpes, les Alpes-Maritimes, les Ardennes, les Côtes-du-Nord, les Landes, la Saône-et-Loire, la Savoie, la Haute-Savoie et la Somme[27]. Le 5 septembre 1944, 6 CDL du Sud-Est se réunissent. Par souci du symbole, ils tiennent leurs assises à Vizille, dans cette ville de l'Isère d'où jaillit l'étincelle qui devait déboucher sur 1789. À Valence, le 22 septembre 1944, ils sont 11 CDL et à Avignon, les 7 et 8 octobre, 37 CDL proclament leur refus de voir leurs pouvoirs disparaître devant l'autorité des préfets. Ce mouvement des comités de libération n'est pas sans inquiéter le gouvernement. Le 1er octobre 1944, le ministre de l'Intérieur, le socialiste Tixier, télégraphie à l'ensemble des commissaires de la République et des préfets de vigoureuses consignes pour qu'ils cantonnent ces comités dans leur rôle strictement consultatif[28]. Or, dans ce mouvement massif et populaire, deux forces apparaissent à l'initiative. Les plus virulents sont les socialistes révolutionnaires – ceux de *L'Insurgé* ou de *Libérer et Fédérer*, souvent des anciens partisans de Marceau Pivert –, les plus actifs sont les communistes. Cette situation où s'affirme progressivement un second pouvoir face aux autorités gouvernementales n'est pas étrangère au « tour de France » que le chef du Gouvernement provisoire entreprend en septembre 1944. Par son prestige alors intact, il vise à asseoir l'autorité, encore fragile, des organismes officiels, tant civils que militaires, susceptibles d'être concurrencés par les organismes divers issus de la Résistance.

À partir du 28 octobre 1944, un troisième heurt se produit, à propos des Milices patriotiques cette fois-ci. Squelettiques à la veille de la Libération, celles-ci se sont considérablement

---

27. Cf. Jacques Vadon, « Le Comité départemental de libération dans les Ardennes », *Revue historique ardennaise,* t. X, 1975 pour les Ardennes, G. Madjarian, *op. cit.*, p. 132 pour les Landes et la Haute-Savoie, Charles-Louis Foulon, « Prise et exercice du pouvoir en province à la Libération », *La Libération de la France*, Paris, Éditions du CNRS, 1976, p. 509 pour les autres départements.
28. Télégramme reproduit par P. Bertaux, *La Libération de Toulouse…, op. cit.*, p. 162-163.

développées pendant et après les combats insurrectionnels. Dans la région parisienne, les 2 000 membres des Milices de juillet 1944 sont devenus environ 40 000 à l'issue de l'insurrection, 60 000 lors de leur dissolution prononcée par le gouvernement et 70 000 un mois plus tard si l'on en croit leur responsable. Le caractère pour le moins tardif de leur expansion – ce sont les RMS : « résistants du mois de septembre » – explique la méfiance des résistants à leur égard, aggravée par la multiplication des parades ostentatoires, des contrôles et de l'attitude « m'as-tu-vu » de leurs membres. Pour légitimer ces milices, le représentant du Front national au Comité parisien de libération, André Carrel, présente le 11 septembre un projet de statut des Milices patriotiques. Aux termes de ce statut, la direction politique des MP de la Seine serait assurée par le CPL. Les milices éliraient leurs chefs et se verraient octroyer le droit de perquisition et d'arrestation. Enfin, elles recevraient des armes dont elles assureraient elles-mêmes la garde. Devant la volonté d'officialiser cette police parallèle, la tempête se lève au sein du CPL. Comme le déclare le 14 Max André, démocrate-chrétien membre du CPL : « On ne doit pas se dissimuler que, dans une partie au moins de l'opinion publique, se manifeste, à tort ou à raison, la crainte de voir que les cadres et les troupes des Milices patriotiques ne soient composés entièrement d'éléments communistes […]. Il est donc nécessaire qu'à l'avenir les Milices patriotiques et les Forces françaises de l'intérieur représentent bien les différentes tendances de la Résistance et que les milices ne deviennent pas un organisme analogue aux Chemises noires ou aux SS. En un mot, il ne faut pas faire du fascisme. » Pendant un mois et demi, les discussions se poursuivent, sans résultats.

Pourtant, malgré ses appréhensions – légitimes, car les communistes sont hégémoniques au sein de ces milices –, la Résistance va défendre ces dernières contre l'attaque gouvernementale. À l'exception de *L'Aurore* et du *Figaro,* les autres organes de presse et les organisations résistantes, y compris le CNR, soutiennent cette organisation controversée car, survenant après la question des FFI et celle des comités de libération, la Résistance ressent cette attaque comme étant en fait portée contre elle-même. Quant au PCF, il fait monter les enchères : le 5 novembre, un communiqué du bureau politique envisage de déclencher une crise gouvernementale en faisant démissionner ses ministres et, pour la première fois, le général de Gaulle est critiqué *ad hominem*. Toutes ces oppositions conjuguées rendent caduque la décision gouvernementale – pourtant approuvée par 63 % des Parisiens interrogés[29] et un *statu quo* est préservé pendant le mois de novembre 1944. Mais celui-ci devient de plus en plus précaire et les incidents se multiplient : arrestation de membres des Mil'Pat', coupures d'électricité dans les locaux de la Milice patriotique, fouilles de ces locaux, censure de *L'Humanité* et des communiqués du CNR, etc.

Ainsi, pendant trois mois, alors que les socialistes et les démocrates-chrétiens s'efforcent de calmer le jeu, de concilier les logiques antagoniques du parti de l'ordre animé par de Gaulle et du parti du mouvement dirigé par le PCF, ce dernier développe une stratégie duale : participer au pouvoir officiel tout en édifiant un second pouvoir concurrentiel. Cette stratégie part du principe que c'est la légitimité de la Résistance qui fonde la légalité du Gouvernement provisoire, et elle s'inspire du modèle de l'An II que l'on peut synthétiser ainsi : lier la guerre à outrance et la levée en masse à la radicalisation politique. Par-delà les outils classiques du travail de masse, les vecteurs essentiels de cette stratégie sont les organisations de résistance – ex-FFI, comités de libération, Milices patriotiques – et le levier principal est l'épuration patriotique, symbole de la fusion de l'ennemi national et de l'ennemi de classe. Pendant toute cette période de l'automne de 1944, nous n'en sommes qu'à la première phase de cette stratégie, susceptible, au vu de l'évolution du rapport de forces, de déboucher sur ce qui n'est alors qu'une issue réservée : la rupture.

Mais les Soviétiques s'aperçoivent que la tentative du PCF

---

29. Contre 24 %. *Bulletin d'informations de l'Institut français d'opinion publique*, 1er décembre 1944 (enquête du 1er au 10 novembre 1944). Jusqu'à la mi-novembre 1944, seuls les Parisiens sont interrogés par les enquêteurs de l'IFOP.

devient chimérique, car le rapport de forces se modifie en
faveur de De Gaulle. Le 19 novembre 1944, recevant Maurice
Thorez à la veille de son retour en France, Staline lui donne
de nouvelles directives : prendre en compte la nouvelle situation en adoptant désormais une attitude légaliste. Staline souligne que « les communistes (français) n'ont pas encore compris que la situation a changé en France. […] Entre temps la
situation est différente, nouvelle, favorable à de Gaulle. La
situation a changé et il faut opérer un tournant. Le PC n'est pas
assez fort pour pouvoir frapper le gouvernement à la tête ».[30]

Trois jours après son retour en France, Maurice Thorez
entérine publiquement l'échec de la stratégie communiste, et
applique les premiers éléments de la nouvelle ligne arrêtée
par Staline. Le 30 novembre 1944, le secrétaire général du
Parti tient un imposant meeting au Vel' d'Hiv'. Tous les
militants attendent qu'il intervienne sur les frictions existantes, au premier chef sur la question des milices. Or, sur ce
point, Maurice Thorez reste muet. Les initiés ont compris que
le cap a implicitement changé. Pour une part, cet échec communiste renvoie aux contraintes de la stratégie elle-même
qui ne peut se déployer que dans la mesure où elle n'entrave
pas la tâche principale du mouvement communiste international : abattre l'Allemagne hitlérienne. De même, l'évolution du rapport de forces en France – spécialement l'échec de
l'insurrection nationale puis l'essoufflement de la mobilisation populaire et une certaine lassitude morale de la population – obère la réussite de cette stratégie. Mais dans cet
échec, le général de Gaulle a également joué un rôle certain.
Il est vrai qu'il possède une carte exceptionnelle, son aura
personnelle. Ainsi, son discours du 14 octobre 1944 dans
lequel il met au premier rang de ses priorités le rétablissement
de l'ordre républicain est-il approuvé par 80 % des Parisiens

---

30. Le sténogramme de l'entretien Staline-Thorez du 19 novembre
1944 est intégralement reproduit dans Philippe Buton, « Méthodolo-
gie et historiographie de la stratégie communiste à la Libération.
L'entretien Thorez-Staline du 19 novembre 1944 », *Communisme*,
L'Âge d'Homme, n° 45-46, 1996.

interrogés[31]. À l'inverse, la sympathie dont bénéficient les communistes est moins élevée qu'on aurait pu le supposer. À la fin du mois d'octobre 1944, 15 % seulement des Parisiens interrogés trouvent insuffisante la participation communiste au gouvernement alors qu'il n'y a que deux ministres communistes. Et le passé n'a pas été oublié par les Français puisque, à la même date, 63 % des sondés sont hostiles au retour de Maurice Thorez[32]. Une fois ce retour réalisé, la même proportion de 63 % de Parisiens désapprouvera l'amnistie dont le secrétaire général a bénéficié[33].

En outre, et surtout, une stratégie médiatisée par la Résistance ne pouvait déboucher sur la rupture ouverte qu'à partir du moment où une fraction significative de cette Résistance déjugerait l'homme du 18 juin, hypothèse manifestement anachronique à l'automne de 1944 alors que des illusions sur le Général ont germé parmi les militants communistes eux-mêmes[34]. De plus, le général de Gaulle utilise immédiatement ce capital pour modeler la réalité sans laisser le *statu quo* perdurer comme d'autres dirigeants européens l'ont fait. Faisant ainsi rapidement pencher la balance en sa faveur, de Gaulle impose la cessation de l'ambivalence communiste. Avant même que sa stratégie duale ait pu porter tous ces fruits, le PCF doit trancher. Pendant trois mois, Duclos maintient les deux composantes de cette stratégie, d'où cette constante fluctuation entre une ligne d'affrontements et une ligne de compromis. Mais les inconvénients se multiplient pour des chances de succès de plus en plus faibles. Par la voix de Maurice Thorez, le mouvement communiste décide d'abandonner sa stratégie duale. Effecti-

---

31. Contre 3 %. *Bulletin d'informations de l'Institut français d'opinion publique*, 16 novembre 1944 (enquête du 18 au 25 octobre).

32. *Ibid.*

33. Sur ce point, les provinciaux sont beaucoup plus indulgents : 40 % désapprouvent l'amnistie, mais 38 % l'approuvent. *Ibid.*, 1ᵉʳ janvier 1945 (enquête du 17 au 25 novembre 1944).

34. Auguste Lecœur, « Et le pouvoir échappa au parti communiste », *Les Années 40*, n° 69, p. 1922, et entretien André Tollet, 24 juillet 1978.

vement, après le Vel' d'Hiv' du 30 novembre, la direction communiste désamorce les tensions accumulées.

Pour s'en convaincre, il suffit de comparer la tonalité modérée – conférée par les dirigeants communistes – du congrès des CDL des 15-17 décembre 1944 avec celle, radicale, des précédentes assemblées de Vizille, Valence et Avignon. Il est vrai que, procédant par petites touches successives, la direction communiste ne peut faire marcher tout le Parti du même pas. Aussi, en province, nombre de militants poursuivent sur leur lancée et, utilisant en particulier l'émotion née de l'offensive allemande des Ardennes, ils tentent de relancer la mobilisation des comités, milices ou autres gardes civiques[35]. D'où l'importance fondamentale du Comité central du PCF réuni à Ivry du 21 au 23 janvier 1945 qui tourne la page, explicitement cette fois-ci et définitivement. Thorez appelle à la dissolution des Milices patriotiques et il met fin à tous les aspects de double pouvoir qui demeurent en déclarant, lors du compte rendu des travaux du Comité central : « Une seule nation, une seule armée, une seule police. »

Mais tous ces sujets de discorde, si importants soient-ils, ne sauraient masquer le fait qu'il existe, entre les résistants et plus largement, nombre de volontés communes.

Les urgences

Trois sont évidentes : vaincre, punir, reconstruire.

Vaincre

« Achever la bête », comme on disait, est le premier sentiment unifiant et, pendant toute la période qui court de la Libération à la victoire, les résistants continuent d'entretenir la flamme patriotique au sein d'une population qui a parfois tendance à

---

35. Jean-Marie Guillon, « "Parti du mouvement" et "parti de l'ordre" (automne 1944 – automne 1945) », P. Buton, J.-M. Guillon (dir.), *Les Pouvoirs en France à la Libération*, *op. cit.* et G. Madjarian, *Conflits…*, *op. cit.*, p. 201.

oublier que la guerre n'est pas finie. Deux sondages effectués en septembre 1944 révèlent que les Parisiens pensent que les hostilités s'arrêteront aux alentours du 15 novembre 1944 [36]. En fait, l'Allemagne est encore capable de vives réactions, telle la contre-offensive de décembre 1944 qui menace Strasbourg. D'ailleurs, les dernières parcelles du territoire français occupé – les poches de l'Atlantique – ne seront libérées qu'après la capitulation allemande des 7 et 9 mai 1945. Pour que la France retrouve, dans le concert des nations, la place qu'elle occupait jadis, il faut qu'elle la reconquière sur le champ de bataille. Dans ses interventions, de Gaulle martèle cet axiome, relayé par la Résistance et soutenu par la population : 70 % des Parisiens interrogés en novembre 1944 sont partisans d'une mobilisation générale si la guerre n'est pas terminée avant l'hiver [37]. Dans un premier temps, le gouvernement puise dans le réservoir des jeunes combattants volontaires : c'est l'amalgame. Plus de 200 000 FFI – 40 % des combattants de l'intérieur – entrent ainsi dans l'armée régulière, dont 137 000 dans la Ire armée de De Lattre. Seconde étape, le gouvernement mobilise des classes d'âge : la classe 1943 au cours du premier trimestre 1945 puis les classes 1939/3 à 1942 à partir du 1er mai. Lors de la capitulation allemande, l'armée de terre comprend 1 300 000 hommes, groupés essentiellement en 13 divisions, 6 autres divisions étant en cours de formation [38]. À cela s'ajoute la contribution des autres armes : 33 groupes aériens – contre 800 américains et 300 britanniques [39] – et une marine

---

36. *Bulletin d'informations de l'Institut français d'opinion publique*, 1er octobre 1944 (enquête du 28 août au 2 septembre) et *ibid.*, 16 octobre 1944 (enquête du 11 au 16 septembre).

37. *Ibid.*, 1er décembre 1944 (enquête du 1er au 10 novembre).

38. J. Vernet, « L'armée de terre au 8 mai 1945 », *De Gaulle et la nation face aux problèmes de défense*, Paris, Plon, « Espoir », 1983, *op. cit.*, p. 41. Cf. également Jacques Vernet, *Le Réarmement et la Réorganisation de l'armée de terre française (1943-1946)*, Vincennes, Service historique de l'armée de terre, 1980.

39. Charles Christienne, « L'armée de l'air au 8 mai 1945 », *De Gaulle et la nation…*, *op. cit.*, p. 43.

de 400 000 tonnes contre 800 000 en 1939[40]. Globalement, la participation française à la victoire est infiniment plus élevée qu'on n'aurait pu l'imaginer deux années auparavant. Elle n'en demeure pas moins modeste. Cela n'empêche pas les Français de vouloir oublier l'humiliation nationale, de souhaiter que la grandeur de la France ne soit plus discutée, même si l'opulence de l'armée américaine, variété hybride de caravane publicitaire et de caverne d'Ali Baba[41], fait ressortir par contraste la pauvreté et l'affaiblissement de la France.

Aussi la population est-elle en phase avec le président du Gouvernement provisoire lorsque celui-ci sublime les faiblesses de la France par la grâce de son verbe et de ses décisions tranchantes. Le soutien est unanime – 83 % contre 7 %[42] – lorsque de Gaulle tente une politique de bascule entre les Anglo-Saxons et les Soviétiques et qu'il signe avec Staline le 10 décembre 1944 une « belle et bonne alliance ». Nulle voix ne s'élève non plus quand de Gaulle intime à de Lattre d'ignorer l'ordre d'Eisenhower, effrayé par l'offensive de von Rundstedt, d'évacuer Strasbourg. Lorsque, heurté par l'absence de la France à Yalta et par l'invitation lancée par un président américain à un chef de gouvernement français à le rencontrer en terre française, de Gaulle refuse de s'entretenir avec Roosevelt à Alger, l'approbation semble moins nette : plusieurs éditorialistes reprochent au Général son excès de zèle nationaliste. Encore convient-il de souligner que telle n'est pas l'opinion majoritaire des Français : 61 % des Français approuvent cette attitude[43]. Rêvant tout haut, 80 % des Français pensent, lors de la victoire, que la France est de nouveau une grande puissance[44]. Il est vrai que la France est représentée lors des capitulations de Reims

40. Philippe Masson, « La marine francaise en 1946 », *ibid.*, p. 48.

41. Fred Kupferman, *Les Premiers Beaux Jours, 1944-1946*, Paris, Calmann-Lévy, 1985, p. 85-88.

42. *Bulletin d'informations de l'Institut français d'opinion publique*, 1er mars 1945 (enquête du 10 au 25 janvier).

43. *Ibid.*, 16 avril 1945 (enquête du 5 au 18 mars).

44. *Ibid.*, 1er juillet 1945 (enquête du 18 au 30 mai).

et de Berlin et qu'elle se voit offrir une zone d'occupation en Allemagne et en Autriche ainsi qu'un siège de membre permanent au Conseil de sécurité des Nations unies.

La communauté résistante est également unanime à souhaiter la punition des collaborateurs.

Punir

Le terme d'épuration recouvre quatre phénomènes distincts[45]. Avant l'été de 1944, environ 2 500 Français[46] furent exécutés par des commandos de la Résistance sans que ce phénomène appartienne à l'Épuration strictement dite. De même que les 5 000 collaborateurs exécutés ou miliciens tués au combat à l'été de 1944 lors des batailles de la Libération[47].

Après le départ des occupants débute l'Épuration au sens strict. Dans un premier temps, celle-ci est spontanée, menée soit par des tribunaux populaires, soit par des groupes de résistants, soit par la foule – l'image des « tondues » est restée célèbre. Le bilan de cette épuration extra-judiciaire – parfois entachée de règlements de comptes, personnels ou politiques – s'élève à environ 1 600 exécutions[48]. Puis l'épuration incombe aux autorités légales, civiles et militaires. Dès lors, la répression devient diversifiée puisque l'alternative

---

45. Marcel Baudot, « La répression de la collaboration et l'épuration politique, administrative et économique », *La Libération de la France*, Paris, Éd. du CNRS, 1976, p. 759-783 ; Herbert Lottman, *L'Épuration*, Paris, Fayard, 1986 ; Peter Novick, *L'Épuration française*, Paris, Balland, 1985 ; Jean-Pierre Rioux, « L'épuration en France », *Études sur la France de 1939 à nos jours*, Paris, Le Seuil, coll. « Points Histoire », 1985, p. 162-179 ; le dernier bilan en date, que nous avons largement mis à contribution, a été effectué par Henry Rousso, « L'épuration en France, une histoire inachevée », *Vingtième Siècle,* Presses de la FNSP, n°33, 1992, p. 78-105.

46. Les recensements effectués dans 78 départements dans le cadre de l'enquête lancée par le Comité d'histoire de la Seconde Guerre mondiale et poursuivie par l'Institut d'histoire du temps présent aboutissent à un total de 2 080. *Bulletin de l'Institut d'histoire du temps présent*, n°25, 1986, p. 52 et Henry Rousso, *op. cit.,* p. 83.

47. 4 309 sur 78 départements. *Ibid.*

48. 1 380 sur 79 départements. *Ibid.*

n'est plus rien ou la mort. La première sanction prise par les autorités officielles est l'internement des suspects. Le chiffre est important : 126 000 emprisonnés. Mais, pour une bonne part, il s'agit d'une mesure de protection contre d'éventuelles vengeances, et le tiers de ces internés est remis en liberté quelques semaines plus tard. Au total, environ 350 000 Français sont concernés par les 311 263 dossiers d'épuration constitués par les trois juridictions de la justice civile instituées par les ordonnances des 15 septembre, 18 novembre et 28 novembre 1944 : la Haute Cour de justice (réservée aux dignitaires de Vichy), les cours de justice et les chambres civiques (pour les affaires les moins graves). Finalement, environ 100 000 Français ont été condamnés pour collaboration, dont la moitié à la seule privation des droits civiques [49]. 25 989 prévenus sont condamnés à des peines de prison, 13 339 aux travaux forcés (mais 2 227 d'entre eux le sont par contumace) et 7 055 à la peine de mort. Ce dernier chiffre revêt surtout une portée symbolique : il est spécifié que le condamné contumax sera rejugé après sa capture. Sur les 2 861 condamnations prononcées en présence de l'accusé, 73 % sont commuées par le général de Gaulle. Au total, 794 Français sont passés par les armes à la suite d'une condamnation de la justice civile officielle. Parmi eux, trois ministres de Vichy, Pierre Laval, Joseph Darnand et Fernand de Brinon, Pierre Pucheu – ancien ministre de l'Intérieur – ayant été lui condamné par la justice militaire et fusillé à Alger le 20 mars 1944. Car, à ce chiffre d'environ 800 Français, il convient d'ajouter les exécutions décidées et opérées par la justice militaire, qui semblent approcher les 900 fusillés. En définitive, ce sont à peu près 3 300 Français qui périssent lors de l'épuration *stricto sensu* – dont 1 700 après une procédure judiciaire – , le total des Français tués sous

---

49. Les chiffres qui suivent ne doivent pas être considérés comme exacts à l'unité près. Les divers documents statistiques disponibles sont présentés et discutés dans l'article cité d'Henry Rousso. Les chiffres proposés ici proviennent de confrontations entre ces diverses sources.

l'accusation de collaboration pendant la Seconde Guerre s'élevant à 11 000. Ceux qui n'ont pas été exécutés sont libérés relativement rapidement, puisqu'en 1948, il demeure 18 384 Français emprisonnés pour faits de collaboration, 975 en 1954 et 9 en 1960[50].

Quels que soient les jugements portés *a posteriori* par les observateurs sur cet épisode, à l'époque, la population est tout à fait favorable aux sanctions épuratrices, perçues comme de simples mesures de justice, voire de sécurité nationale puisque la guerre se poursuit. Tous les sondages témoignent d'une opinion inflexible : en septembre-octobre 1944, 65 % des Parisiens interrogés souhaitent l'exécution de Laval, 56 % approuvent l'arrestation de Sacha Guitry, 59 % l'exécution de Pucheu[51] et 65 % la condamnation à mort de Suarez, le directeur du journal *Aujourd'hui*. Celle de Robert Brasillach est approuvée en janvier 1945 par 52 % des Français interrogés qui estiment également, à 82 %, que des sanctions doivent être prises contre les évêques ayant collaboré, que l'épuration administrative est insuffisante (65 % contre 14 %), et l'inéligibilité des parlementaires ayant accordé les pleins pouvoirs à Pétain le 10 juillet 1940 est justifiée par 65 % des Français contre 21 %[52].

Dans ce tableau, il n'y a qu'une expression d'indulgence. Elle concerne Pétain puisque, en septembre 1944, la majo-

---

50. Marie-Danièle Barré, « 130 années de statistique pénitentiaire en France », *Déviance et société*, 10 (2), 1986, cité par H. Rousso, « L'épuration en France, une histoire inachevée », Vingtième Siècle, *op. cit.*, p. 102.

51. Sondage effectué après la publication des preuves concernant le rôle de Pucheu dans la fusillade des otages de Châteaubriant. En septembre, ils n'étaient que 42 % (contre 18) à se prononcer en faveur de cette exécution.

52. *Bulletin d'informations de l'Institut français d'opinion publique*, respectivement 16 novembre 1944 (enquête du 18 au 25 octobre), 16 octobre 1944 (enquête du 11 au 16 septembre), 1er décembre 1944 (enquête du 1er au 10 novembre), 16 mars 1945 (enquête du 25 janvier au 3 février), 16 décembre 1944 (enquête à Paris du 10 au 16 novembre), 16 janvier 1945 (enquête du 1er au 10 décembre), 16 avril 1945 (enquête du 5 au 18 mars).

rité des Parisiens est hostile à toute condamnation du maréchal Pétain, non pas en raison des services qu'il aurait rendus sous l'Occupation mais du fait de sa vieillesse et de sa santé mentale. Cependant, cette unique indulgence disparaît elle-même rapidement puisque, dès janvier 1945, la majorité des Français se prononce pour la condamnation du chef de l'État français[53].

Contrairement à une opinion communément admise, l'épuration est rarement un prétexte pour apurer de vieux comptes. Ainsi, malgré le net engagement de la hiérarchie catholique auprès de Vichy, la Libération n'est pas caractérisée par une poussée d'anticléricalisme. Les violences anticléricales sont exceptionnelles – de même que l'interdiction de paraître imposée par de Gaulle au cardinal Suhard, archevêque de Paris, le 26 août 1944 – alors qu'à l'inverse les autorités religieuses sont invitées à intégrer d'une façon ou d'une autre les comités de libération. Les volontés épuratrices, impulsées principalement par les résistants chrétiens, sont annihilées par l'union nationale proclamée par les principales forces politiques, du moins jusqu'au printemps de 1945 et les lézardes produites par la résurgence du débat sur l'école privée[54]. La même conclusion s'applique aux entreprises. À l'échelle de la France, l'épuration n'est que rarement l'instrument d'une lutte des classes qui avancerait masquée et le patronat n'est pas réellement déstabilisé à la Libération[55] même s'il y eut de nombreuses exceptions locales, car les comités de gestion présents à l'automne de 1944 dans une centaine d'entreprises situées pour l'essentiel dans l'ancienne zone sud ne sauraient être analysés sans la prise en compte des aspirations révolutionnaires de leurs animateurs[56].

---

53. Jean-Pierre Rioux, *La France de la IVe République*, *op. cit*, p. 65.

54. Étienne Fouilloux, « Forces religieuses et pouvoirs à la Libération », P. Buton, J.-M. Guillon (dir.), *Les Pouvoirs en France à la Libération…*, *op. cit*.

55. Philippe Mioche, « Les entreprises », *ibid*.

56. Marcel Peyrenet, *Nous prendrons les usines*, Genève, Slatkine-Garance, 1980 ; Claire Andrieu, Lucette Le Van, Antoine Prost (dir.),

Reconstruire

Reconstruire la France rencontre également l'assentiment unanime. La vie quotidienne est alors extrêmement difficile : les rations de ravitaillement de novembre 1944 sont inférieures à celles de 1942 et de 1943 et, encore en mai 1945, le rationnement officiel ne permet de se procurer que 1 500 des 2 400 calories journellement indispensables. Au printemps de 1945, la majorité des Français estiment que le ravitaillement est moins bon que sous l'Occupation[57] et, dans de nombreux départements, ce sentiment reflète la triste réalité. On ne dédaigne pas de rechercher des boucs émissaires – et les paysans sont largement mis à contribution[58] –, mais pratiquement tout le monde est convaincu de la nécessité de « retrousser ses manches » : la Résistance, à l'instar des syndicats et des partis de gauche, appelle au travail maximal et les rares grèves se déclenchent contre l'avis de ces organisations. Ces grèves sont d'autant plus exceptionnelles que la joie de la liberté n'a pas été encore dissipée et qu'à l'inverse de ce qui s'est déroulé sous l'Occupation – et de ce qui se passera après la capitulation –, de la Libération à la victoire, les salaires ont augmenté plus vite que les prix. Sans tenir compte du marché noir – auquel il est pourtant indispensable de recourir, mais sur lequel les études demeurent insuffisantes –, le pouvoir d'achat s'établirait à la Libération à environ 60 % de son niveau d'avant la guerre et à environ 85 % lors de la victoire.

Reconstruire la France, mais aussi la transformer. Aiguillonné par la Résistance qui diffuse les canons du pro-

---

Les nationalisations de la Libération. De l'utopie au compromis, Paris, Presses de la Fondation nationale des sciences politiques, 1987 ; P. Buton, *Les lendemains qui déchantent…*, *op. cit.* ; Robert Mencherini, *La Libération et les entreprises sous gestion ouvrière. Marseille, 1944-1948*, Paris, L'Harmattan, 1994.

57. *Bulletin d'informations de l'Institut français d'opinion publique*, 1er mai 1945 (enquête du 25 mars au 5 avril).

58. Isabel Boussard, « Le monde paysan », P. Buton, J.-M. Guillon (dir.), *Les Pouvoirs en France à la Libération…*, *op. cit.*

gramme du CNR, le gouvernement entreprend immédiatement des réformes conséquentes : le droit de vote est officiellement accordé aux femmes le 5 octobre 1944 (elles vote-
ront pour la première fois à l'occasion des élections
municipales d'avril-mai 1945), la première vague des nationalisations est lancée [59] (les Houillères du Nord et du Pas-de-
Calais le 13 décembre 1944, Renault le 16 janvier 1945,
Gnome-et-Rhône – qui devient la SNECMA – le 29 mai et les
transports aériens le 26 juin 1945) et, par l'ordonnance du
22 février 1945, des comités d'entreprise sont instaurés dans
les établissements de plus de 100 salariés. Là encore, même
si certains regrettent la timidité de ces mesures, le gouvernement, la Résistance et la population marchent du même pas :
les Français interrogés sont favorables au vote des femmes
(64 % des Parisiens contre 28 %) et souhaitent fermement des
nationalisations, qu'il s'agisse des mines (58 % des Parisiens
contre 19 %), de la Compagnie du gaz de Paris (68 % des
Parisiens contre 17) ou des banques (70 % des Français
contre 13 %) [60]. Seuls les comités d'entreprise sont plus diversement appréciés puisque, si 40 % des Français interrogés
approuvent leur création, 49 % ne prennent pas position [61]. En
tout état de cause, la population ne leur reproche pas leurs pouvoirs puisque seuls 5 % trouvent ceux-ci trop importants et
qu'en octobre 1944 65 % des Parisiens sondés souhaitent que
les ouvriers participent à la gestion des entreprises [62].

Mais tous ces soucis qui unissent, comme toutes ces
controverses qui divisent, intéressent de moins en moins la
Résistance. Non pas parce que celle-ci ferait désormais
preuve d'incivisme, mais tout simplement parce qu'elle dis-

---

59. Claire Andrieu, Lucette Le Van, Antoine Prost (dir.), *op. cit.*
60. *Bulletin d'informations de l'Institut français d'opinion
publique*, 1er novembre 1944, (enquête du 28 septembre au 5 octobre),
1er décembre 1944 (enquête du 1er au 10 novembre), 16 janvier 1945
(enquête du 1er au 10 décembre 1944), 16 mai 1945 (enquête du 1er au
12 avril 1945).
61. *Ibid*, 16 avril 1945 (enquête du 5 au 18 mars).
62. Contre 22 %, 16 novembre 1944 (enquête du 18 au 25 octobre).

paraît. Significatif, lorsqu'on demande aux Français au début de décembre 1944 quel est le parti qui remportera les élections municipales, 1 % seulement répond le parti de la Résistance[63] et, après celles-ci, si 41 % veulent que le gouvernement soit plus à gauche qu'il ne l'est – et 1 % moins à gauche – 2 % demandent qu'il comporte plus de résistants[64]. Le bilan même de ces élections est symptomatique : elles marquent à la fois un incontestable succès des forces politiques issues de la Résistance et un déclin des institutions et des mouvements de résistance[65].

Le problème est simple : que faire de la Résistance après la fin de la Résistance ? Dès l'Occupation, ce débat agitait les hommes de l'ombre[66]. Certains souhaitaient que cette élite qui avait fait la preuve de ses qualités de clairvoyance et de ses capacités de courage restât unie afin d'influer fortement sur le cours des événements. Il y eut ainsi plusieurs tentatives d'unification, essentiellement celle entre le Front national et le Mouvement de libération nationale qui groupait les MUR de la zone sud et divers mouvements de la zone nord. Mais l'échec même de cette tentative révèle que la Résistance n'a pas modifié le cadre des controverses politiques qui existait avant la guerre. En effet, la question qui amène l'échec de la fusion FN-MLN au début de l'année 1945 est tout simplement celle qui avait divisé le plus fortement le mouvement syndical avant la guerre et, d'une façon générale, l'opinion publique : le problème communiste. C'est parce que la majorité des militants du MLN redoute que l'unification FN-MLN ne signifie le contrôle de cette organisation par les communistes qu'ils la refusent.

---

63. *Ibid.*, 16 janvier 1945 (enquête du 1ᵉʳ au 10 décembre 1944).

64. *Ibid.*, 1ᵉʳ juillet 1945 (enquête du 18 au 30 mai).

65. Jean-Marie Guillon, « "Parti du mouvement" et "parti de l'ordre" (automne 1944 – automne 1945) », P. Buton, J.-M. Guillon (dir.), *Les Pouvoirs en France à la Libération…*, *op. cit.*

66. Outre les ouvrages précédemment indiqués, cf. Olivier Wieviorka, *Une certaine idée de la Résistance. Défense de la France, 1940-1949*, Paris, Le Seuil, « L'Univers historique », 1995.

L'échec de cette fusion est également le signe de la fin de la Résistance : les mouvements qui tentent de survivre se racornissent en un modeste appendice socialiste (le MLN devenu UDSR) ou en une simple courroie de transmission communiste (le FN transformé en MURF), les résistants se dispersent sur l'ensemble de l'échiquier politique et la Résistance cesse d'être une force politique pour devenir désormais une référence morale à laquelle tout le monde essaie de se rattacher.

La Libération avait suscité nombre de craintes, d'ordre militaire et politique. Sur le plan militaire, les Français redoutaient le piétinement d'opérations scandées par de gigantesques bombardements et une progression d'escargot sur le modèle de la Première Guerre mondiale qui ne laisse-rait pas grand-chose d'intact.

Vraisemblablement aussi nombreux étaient ceux qui redoutaient une période de désordres, de guerre civile mar-quée par la multiplication des règlements de comptes, la dilution de l'autorité de l'État favorisant le banditisme, voire l'entrée de la France dans l'aventure de l'extrémisme. Assez rapidement, toutes ces craintes se sont révélées vaines et, dans la mémoire collective, la Libération reste essentielle-ment marquée non point par le souvenir de la souffrance et du trouble, mais par celui de la joie et de la liberté, avant que le retour des déportés et la découverte des camps ne fassent une nouvelle fois plonger les Français dans l'horreur.

La déportation

Anise Postel-Vinay et Jacques Prévotat

Nous voici parvenus au seuil d'un autre monde, celui de la déportation. Aucune des normes qui régissent la commune humanité ne s'applique plus ici. L'expérience qu'ont vécue ceux qui reviennent des camps de la mort est unique, difficile, voire impossible à communiquer. Cette singularité éclate au retour des déportés, au printemps de 1945.

Une horreur inimaginable

L'opinion française, à la fin de l'hiver de 1944-1945, n'a guère conscience de l'horreur du système concentration-naire. Même si quelques bribes d'informations lui sont parvenues, à la fin de 1944, lors de la libération du camp alsa-cien de Natzweiler-Struthof, l'opinion a encore peine à ima-giner la réalité[1]. La presse communiste reproduit cependant des renseignements impressionnants, publiés en Union soviétique. La revue bimensuelle *Regards* rend compte, dans un numéro de la mi-février 1945, du procès intenté en décembre 1944, à Lublin, par un tribunal militaire sovié-tique à six responsables du camp de concentration de Lublin-Maïdanek. La publication de deux photos illustre l'accusa-tion : la première montre la pendaison de deux détenus à laquelle procèdent les bourreaux, la seconde présente une

---

1. Olga Wormser-Migot, *Le Retour des déportés, Quand les Alliés ouvrirent les portes,* Bruxelles, Complexe, 1985.

chambre où se tiennent cinq prisonniers nus et squelettiques, dont deux déjà sont tombés à terre, incapables de se relever. Le commentaire ajoute que dans les « camps de torture et de la mort créés par les nazis en Pologne – Maïdanek et Rava Russka – près de 700 000 hommes, femmes et enfants ont été mis à mort ». Même si le chiffre avancé est excessif (on l'estime aujourd'hui à 360 000), l'information est fondée.

Jusqu'à la mi-avril 1945, le vocabulaire utilisé par les journaux est d'une significative imprécision : les termes de « rapatriés » ou de « déportés » sont employés indifféremment pour désigner les prisonniers de guerre, les travailleurs du STO et les déportés politiques ou raciaux. Seule une infime minorité sait ou devine l'horreur des camps de concentration.

Les milieux officiels sont-ils mieux informés ? Aucune structure spécifique n'a été créée pour l'accueil des déportés. Le Commissariat aux prisonniers, déportés et réfugiés, créé en décembre 1943 à Alger, sous la direction d'Henri Frenay, est devenu un ministère à part entière au début de septembre 1944. Sa compétence, très large, englobe l'ensemble des « personnes détenues, déplacées ou déportées » en France ou hors de France.

Les mesures prises se révèlent vite dramatiquement insuffisantes. Dans le domaine sanitaire surtout, les lacunes sont considérables. Nul n'avait imaginé qu'il faudrait porter un secours immédiat à tant de mourants. L'organisation des retours avait été prévue essentiellement pour les prisonniers de guerre. Elle n'était nullement adaptée aux situations tragiques vécues par les déportés des camps de concentration. D'ailleurs, si la France se sentait touchée depuis quatre ans par le sort des prisonniers de guerre, elle connaissait mal celui des hommes et des femmes arrêtés pour résistance et plus mal encore celui des familles juives enlevées par la Gestapo, souvent avec l'aide de la police française[2].

---

2. Annette Wieviorka, *Déportation et Génocide,* Paris, Plon, 1992.

Le choc : la découverte de l'horreur

C'est à partir de la mi-avril 1945 que l'opinion découvre brutalement le calvaire de la déportation. Les premières photos publiées par les journaux, les premiers contacts physiques surtout, les premiers mots échangés avec les survivants provoquent le choc. Quelques sondages menés dans la presse parisienne, au printemps de 1945, permettent d'en prendre la mesure. À la fin de mars et au début d'avril, les premiers déportés des camps d'extermination de l'Est, libérés par les Russes, arrivent d'Odessa à Marseille et témoignent. Quelques jours plus tard, d'une part, les Américains pénètrent dans les camps d'Ohrdruf et de Buchenwald près de Weimar, d'autre part, un groupe de femmes du camp de Ravensbrück, libérées par la Croix-Rouge internationale, arrive à Paris. L'émotion gagne alors les journalistes. L'attention se concentre sur ces « fantômes ».

Peu à peu se multiplient des enquêtes très précises qui révèlent aux lecteurs interdits la sauvagerie du système concentrationnaire. Ces enquêtes constituent des documents de premier plan pour l'histoire. Ainsi, sous le titre « Le dernier cercle de l'épouvante », *Le Parisien libéré* du 18 avril publie, outre son reportage, une photo saisissante du général Eisenhower et de son état-major, figés devant « les cadavres de prisonniers russes et polonais assassinés par les Allemands au camp d'Ohrdruf ». Le spectacle découvert par l'armée britannique qui pénètre dans le camp de Bergen-Belsen le 15 avril vient encore renforcer ces sentiments d'horreur. La presse approuve abondamment l'initiative du général américain Patton qui, en état de choc devant ce qu'il a découvert à Buchenwald le 11 avril, ordonne de rassembler aussitôt la population de la ville de Weimar pour l'obliger à visiter le camp. Dans le même esprit, les forces américaines font afficher dans toutes les villes allemandes qu'elles occupent : *« Ihr sollt es wissen ! »* (Il faut que vous le sachiez !)

Le retour, gare de Lyon, au matin du samedi 14 avril, des premières rescapées du camp de Ravensbrück, en présence du général de Gaulle, ému, est un autre moment intense dont témoigne le compte rendu du *Parisien libéré* : « 10 h 20 gare de Lyon… Un train entre en gare lentement… s'arrête. Au milieu du grand hall pavoisé de drapeaux tricolores, la foule parisienne attend de prendre contact avec celles qu'elle vient accueillir, les 177 déportées françaises, habitant Paris ou la banlieue, retour du camp de Ravensbrück ! Elles arrivent… Quelques acclamations… Soudain la foule se tait… Elle comprend tout ce que représentent de privations et de misères, physiques et morales, ces visages émaciés, ces yeux trop brillants et creux, cette allure fatiguée, tellement lasse… où, malgré tout, semble déjà se manifester le désir de revivre, d'échapper aux horreurs qu'elles ont connues. »

Dès lors, presque quotidiennement, les journaux consacrent une chronique à la déportation. L'opinion est profondément secouée.

Une épreuve
« sans commune mesure avec rien »

La réinsertion du déporté dans la vie quotidienne est difficile. En regard des épreuves endurées, que peuvent signifier les mesures administratives destinées à faciliter la réinsertion ? Un carnet de dix billets de métro, une prime d'accueil de 1 000 francs, une indemnité de déportation de 5 000 francs, l'autorisation de prendre un congé accordé également au conjoint (si toutefois ce dernier est toujours là ou n'a pas refait sa vie), un lot de vêtements dont la valeur ne doit pas dépasser 3 000 francs, une garantie, sous conditions, de retrouver son ancien emploi… Telle est la substance d'une ordonnance gouvernementale parue dans le *Journal officiel* du 12 mai 1945.

L'effort n'est nullement négligeable. Mais comment des mesures gouvernementales suffiraient-elles à répondre au poids de douleur supporté par chacun au cours de sa déportation ? « Ce que j'ai connu là-bas, déclare une déportée, se situait au-delà de l'horreur même et dépassait toute indignation et tout désir de vengeance : c'était, simplement, sans commune mesure avec rien. »

Le déporté du camp de la mort demeure, malgré lui, un être

déchiré et accablé, heureux de revivre, mais toujours un peu étranger au monde qu'il retrouve. L'obsession de ses compagnons d'infortune, de ceux qui ne reviendront pas, ne le quitte plus. Une autre épreuve l'attend : comment répondre à tous ceux qui, affamés d'espoir, attendent un mot rassurant sur le sort d'un des leurs ? Détruire cet espoir, dire la vérité, n'est-ce pas encourir le reproche d'être resté vivant ? La découverte de tout le cortège des morts qui accompagnent le retour des survivants des camps est le choc essentiel du printemps de 1945. Les multiples avis de recherche insérés par les familles des disparus, ainsi que l'interminable liste des avis de décès dans les camps, dont sont remplis les journaux, l'attestent tous les jours.

« Nous ne savions communiquer qu'entre nous [3] », écrit Pierre Daix. Là est la barrière, l'épreuve la plus douloureuse peut-être, l'invisible frontière qui sépare le déporté du monde des vivants. Celui-ci ne veut pas entendre. Celui-là ne peut plus parler.

Quel est donc ce monde de la mort dans lequel il nous faut entrer, en examinant tour à tour les différentes catégories de détenus et d'internements, l'expérience quotidienne du régime concentrationnaire, et enfin les divers modes d'assassinat perpétrés dans les camps, notamment par les médecins SS ?

Les victimes de la Gestapo au seuil de la déportation

Qui étaient-elles ?

Ceux qui se trouvaient sous les verrous en attente d'un sort incertain venaient d'horizons très divers. En grande majorité, il s'agissait d'artisans de la lutte souterraine contre l'occupant. Selon le vocabulaire des prisons de l'époque – aussi bien que des camps de concentration –, on les appelait des pri-

---

3. Pierre Daix, *J'ai cru au matin*, Paris, Robert Laffont, 1976.

sonniers « politiques ». Ils se répartissaient *grosso modo* en deux grandes familles : les communistes et ceux qui gravitaient autour de leur fraternelle solidarité (ceux-ci avaient souvent été arrêtés par la police française qui les avait livrés à la Gestapo), puis tous les autres, qu'en dépit de leur diversité le jargon des prisons baptisait « gaullistes » : membres des réseaux de renseignements militaires, saboteurs, « terroristes », éditeurs et diffuseurs de tracts et journaux clandestins, colleurs d'affiche, etc. D'autres « gaullistes » occupant les prisons pouvaient être de simples victimes de rafles, des parents ou amis de résistants, des hommes qui avaient conservé leur fusil de chasse, des personnes arrêtées lors d'un franchissement clandestin de ligne interzone ou de frontière, ou encore des personnalités connues pour leurs opinions antinazies. Parmi ces dernières, quelques Témoins de Jéhovah, surtout en Moselle et en Alsace.

Un vif patriotisme et une haine viscérale de l'occupant étaient communs à tous les « politiques », d'où qu'ils vinssent. La plupart d'entre eux n'avaient besoin ni d'explications ni de commentaires pour justifier leur engagement. L'idéologie nazie portait atteinte à quelque chose de si profond et de si sacré au fond d'eux-mêmes qu'une réaction immédiate, venue du plus intime de leur être, s'imposait à leur conscience et leur dictait un refus absolu, sans regard ni retour en arrière.

Une place à part doit être faite aux républicains espagnols qui s'étaient réfugiés en France au moment de la guerre d'Espagne et avaient été internés dans les « camps pour étrangers ». En 1939, de gré ou de force, les uns avaient été réquisitionnés dans les usines ou enrôlés dans des « compagnies de travailleurs étrangers » dépendant de l'armée, les autres avaient souscrit un engagement de cinq ans dans l'armée française. Après la défaite, ceux de ces engagés qui se sont retrouvés en captivité en Allemagne avec leur unité ont été repérés un à un par la Gestapo dès le mois d'août 1940 et transférés des camps de prisonniers de guerre vers les camps de concentration, surtout à Mauthausen en Autriche. Quelques républicains espagnols qui se trouvaient encore dans des « camps pour étrangers » à la fin de juillet 1944 ont été déportés en Allemagne quand ces camps ont été vidés par les Allemands. Mais les Espagnols n'étaient pas visés par le honteux article 19 de la Convention d'Armistice qui obligeait la France à livrer à la police allemande les réfugiés politiques allemands et autrichiens. Des 8 000 à 9 000 Espagnols envoyés en camp de concentration – y compris ceux qui, nombreux, participèrent à la Résistance française –, 35 % seulement sont revenus.

Dès la fin de 1941, les arrestations massives de Juifs commencèrent, des hommes d'abord, prétendument retenus comme « otages », puis, rapidement, des familles entières, qui disparurent par dizaines de mille dans les trains dirigés vers l'Est. L'effroyable massacre dont ils furent presque tous victimes à l'arrivée n'a pas été vraiment connu en France – à peine soupçonné – jusqu'à la fin de l'occupation allemande. Un autre chapitre de cet ouvrage est consacré à la tragédie de la déportation des Juifs.

Les résistants d'origine juive qui étaient arrêtés au cours d'actions répressives de la Gestapo étaient en principe séparés de leurs camarades de Résistance, joints aux convois de déportés arrêtés pour motif « racial » et envoyés à Auschwitz. Mais il est souvent arrivé que les Juifs et les Juives de la Résistance restent avec les « politiques » dans les autres camps. Dans certains camps comme Neue Bremm près de Sarrebruck et Mauthausen, les Juifs étaient mis à part dès leur arrivée. Ils étaient alors maltraités jusqu'à une mort rapide, ou immédiatement assassinés.

Les prisonniers de guerre d'origine juive n'ont pas été recherchés dans leurs camps comme les « Espagnols rouges ». Il semble qu'ils aient été protégés par la Convention de Genève.

Les Tsiganes n'ont pas échappé à la répression nazie en France. Quelques centaines d'hommes et de jeunes garçons ont été déportés à partir des camps français pour étrangers, où le gouvernement français les avait parqués dès avril 1940. En général, les femmes et les enfants n'ont pas été déportés, mais les exceptions ont été suffisamment nombreuses pour que la présence de femmes et d'enfants tsiganes parlant français, isolés dans la masse des Tsiganes d'Allemagne et d'Europe centrale, soit signalée dans quelques camps. Les informations dont on dispose sur les déportations de Tsiganes en France sont encore très fragmentaires.

Signalons enfin le cas de quelques familles d'Alsace et de Moselle, déclarées suspectes mais germanisables, qui furent déplacées de force en Allemagne. Accusées de parler français, de porter le béret basque, de diffuser de fausses nouvelles, d'avoir un fils déserteur, etc., elles furent expulsées vers le Wurtemberg et la Silésie. Certaines errèrent misérablement de camp en camp, mais d'autres reçurent des logements et furent l'objet d'une propagande intense[4].

À côté des politiques, des centaines de personnes furent arrêtées pour infraction à la réglementation de l'occupant ou pour délits commis aux dépens de l'armée allemande. On englobait tous ces délits sous le terme de « marché noir », et leurs auteurs étaient les « droit commun ». Des proxénètes et de nombreuses prostituées ont été également arrêtés dans certaines villes de France – par exemple dans le Vieux-Port de Marseille –, accusés pour la plupart d'avoir contaminé des membres de l'armée allemande. Tous ont été déportés, et mêlés aux politiques.

Lieux et conditions de détention en France

Dans chaque ville, les Allemands disposaient, dans une ou plusieurs prisons, d'un secteur réservé qui était administré par la Wehrmacht. Parfois ils vidaient même une prison entière pour leur usage. Les détenus français y étaient soumis à un régime de prison normal et gardés par de simples soldats allemands, habituellement sans hostilité inhumaine. Les sévices ne commençaient qu'avec les interrogatoires de la Gestapo – ou de la Milice – qui, selon les villes et les périodes, ont été souvent atroces, allant parfois jusqu'à la mort du torturé. Il arrivait que des résistants réussissent à se donner la mort au

---

4. Ces déportations familiales relevaient d'un Office pour le renforcement de la germanité rattaché à la chancellerie de Himmler.

moment où ils étaient pris, ou entre deux séances d'interrogatoire. (Tant qu'il y eut une zone libre dans la moitié sud de la France, communistes et gaullistes arrêtés par la police de Vichy y étaient gardés dans les prisons françaises.) Dans les prisons allemandes, il n'y avait pas de droit de visite, sauf quelques exceptions, mais les colis familiaux de linge et de nourriture étaient autorisés pour ceux qui n'étaient plus au secret. Pour certains, le secret n'était jamais levé, il s'agissait des victimes du décret « Nuit et Brouillard ». La Croix-Rouge française n'a pas organisé de distribution de colis pour eux. Seuls les Quakers et quelques organisations privées l'ont fait. Les seules visites que les détenus pouvaient recevoir étaient celles des aumôniers militaires allemands, catholiques et protestants, qui servirent parfois de lien entre les détenus et leur famille. Ils apportaient dans les prisons un souffle d'humanité, mais, sauf courageuses exceptions, leur action était forcément limitée.

Le régime exceptionnel de secret absolu auquel furent soumis certains politiques jusqu'à leur mort – ou jusqu'à la capitulation de l'Allemagne pour ceux qui ont survécu – relevait d'une procédure spéciale, la procédure « Nacht und Nebel » (Nuit et Brouillard) : un décret du haut commandement de la Wehrmacht de la fin de 1941 stipulait que, selon la volonté expresse du Führer, certains opposants des pays occupés de l'Ouest devaient être considérés comme disparus aux yeux de leur famille et de leurs concitoyens, afin d'augmenter l'effet de terreur. Toute correspondance, tout colis leur étaient interdits : aux greffes des prisons, aux Kommandantur des camps, on répondait aux familles qu'ils étaient inconnus en ces lieux. Les uns furent jugés par des tribunaux allemands, les autres non. Tous les condamnés à mort furent exécutés, y compris quelques femmes. Les autres restèrent dans les prisons allemandes jusqu'à la fin de 1944 où la plupart furent peu à peu versés dans les camps de concentration ; parmi ceux qui restèrent dans les prisons allemandes jusqu'à la fin, les uns furent libérés par les Alliés, les autres furent massacrés (800 « NN » de toutes nationalités massacrés dans la centrale de Sonnenburg). Une autre catégorie de NN ne passa pas par les prisons allemandes, mais fut directement déportée dans les camps de concentration. Les prisonniers NN ont constitué sans doute un peu plus de 10 % des politiques. Ils furent particulièrement maltraités, notamment dans les camps de Hinzert, Natzweiler-Struthof, Mauthausen et Gross-Rosen[5].

Les départs de France

Si, grâce à la comptabilité des départs tenue au camp de Drancy, on sait aujourd'hui que 75 721 personnes ont été déportées de France comme juives – 2 567 seulement étant revenues[6] –, on est loin d'avoir de telles précisions pour les autres déportés dont on ne possède que quelques listes. Le Comité d'histoire de la Seconde Guerre mondiale a tenté de reconstituer, département par département, la liste de ceux qui ont été arrêtés et déportés et qui, éventuellement, sont rentrés. Cette longue et minutieuse enquête n'a pu être menée à son terme. M. Henri Michel, qui fut le président de ce comité, situe cependant le nombre des hommes et des femmes déportés entre 60 000 et 65 000, dont « seulement la moitié revinrent[7] », écrit-il. Cette estimation de la mortalité semble inférieure à la réalité. Des travaux entrepris actuellement à partir des prisons et des camps allemands vont sans doute apporter un allongement sensible de la liste des morts. Mais il est clair qu'un nombre important de disparitions ne seront jamais éclaircies.

La plupart des détenus ont transité par les camps de Compiègne ou de Romainville (banlieue parisienne) avant d'être déportés vers l'Allemagne. Mais certains convois furent formés directement à partir des prisons. Le nombre

5. Abbé Joseph de La Martinière, *Le Décret et la Procédure Nuit et Brouillard,* Tours, université François-Rabelais, 1981. Réédité en 1989 par la Fédération nationale des déportés et internés résistants et patriotes, 10, rue Leroux, 75016 Paris.

6. *Le Mémorial de la déportation des Juifs de France 1942-1944,* fondation Beate-Klarsfeld, Paris, 1978, 663 p.

7. Henri Michel, *Histoire de la Résistance en France,* Paris, PUF, coll. « Que sais-je ? », 1987.

des détenus par convoi était très variable. C'était habituellement un train de marchandises entier de 1 000 à 1 200 personnes, entassées à 60, 80, 100 et jusqu'à 130 prisonniers dans des wagons prévus pour 40 hommes. Il y eut même en 1944 des convois atroces de 2 000 à 2 500 détenus, dont 25 % sont morts en cours de route. Il est pourtant arrivé que de petits groupes, de NN notamment, voyagent dans des wagons de voyageurs. On a même vu un seul détenu occupant une place de chemin de fer, accompagné par un Feldgendarme !

Aucun de ces hommes et de ces femmes acheminés lentement vers l'Est ne se doutait que les « camps de travail » allaient être les tragiquement célèbres camps de concentration, réservés, croyait-on, aux prisonniers politiques allemands.

Dispersion des déportés français en Allemagne

Les Français, comme les Polonais, les Russes, les Yougoslaves, et autres nationalités persécutées par les Allemands, ont été dispersés dans tout le territoire du Reich et des pays occupés. On trouve leur trace dans quelque trois cents prisons allemandes, prisons centrales et leurs annexes, et dans les quinze à vingt grands camps de concentration, chacun avec sa constellation de camps annexes, sous-camps, « Kommandos » extérieurs, etc.

De nombreux Français sont également passés par d'atroces petits camps de police, gérés par la SS.

Les camps de concentration : création et développement

Le réseau des camps de concentration avait été créé dès 1933 pour les opposants allemands, avec Dachau en Bavière, Oranienburg près de Berlin et les camps de l'Emsland dans les marais de l'Ouest. Au fur et à mesure que la puissance du Reich s'accroît, les camps se multiplient : Sachsenhausen à côté d'Oranienburg (1936), Buchenwald (1937) près de Weimar, Flossenbürg (1938) en Bavière, Ravensbrück, camp central des femmes (1939) près de Berlin, Neuengamme (1940) près de Hambourg et Gross-Rosen (1940) près de Breslau, en Silésie.

Avec les annexions territoriales du Reich et la guerre, le réseau des camps se développe à la fois en extension et en densité : Mauthausen est ouvert en Autriche en 1938, Stutthof sur la Baltique en Pologne en 1939, Auschwitz dans le sud de la Pologne en 1940 et, enfin, Lublin-Maïdanek, à l'est de la Pologne en 1941. À l'ouest, ce sont les camps de Natzweiler-Struthof en Alsace en 1941 et de Hertogenbusch-Vught en Hollande en 1943. Tous ces camps essaimeront à partir de 1942 en des centaines de camps annexes, sous-camps, Kommandos extérieurs, camps de travail, etc., quand les détenus seront utilisés dans les usines d'armement. Le camp de Dora, d'abord annexe de Buchenwald, devient camp principal en 1944 avec l'achèvement des immenses usines souterraines d'assemblage des V1 (avions sans pilote) et des V2 (fusées).

Lorsque les premiers Français arrivent dans les camps, à partir de 1943, ceux-ci dépendent de l'Office central d'administration économique de la SS, dirigé par le général SS Oswald Pohl, bras droit et ami personnel de Himmler, lequel est à la fois le chef de la police et de la SS.

Ceux qui pénètrent dans ces camps sont destinés à y mourir tôt ou tard, mais, sauf dans deux cas que nous verrons plus bas, ils ne sont pas massacrés à l'arrivée.

Il faut en effet distinguer radicalement les camps de concentration, appelés souvent camps de la *mort lente,* des quatre centres de *mise à mort immédiate,* situés en Pologne, où les populations juives d'Europe étaient gazées dès l'arrivée des trains. Ces quatre centres de *mise à mort immédiate,* Chelmno (créé dès 1941), Treblinka, Sobibor et Belzec, dépendaient de la direction de la police allemande en Pologne et n'avaient aucun lien avec le réseau des camps de concentration dirigé par Pohl.

Cependant, devant les difficultés techniques que rencontraient les tueurs dans ces centres de mise à mort, Himmler eut l'idée d'installer, dans l'enceinte de deux de « ses » camps de concentration, à Lublin-Maïdanek, et surtout à Auschwitz, des installations de gazage et d'incinération beaucoup plus vastes et plus modernes. En 1943, de véritables complexes industriels de mort seront construits au fond du camp d'Auschwitz-Birkenau, qui se substitueront progressivement aux centres de mise à mort de Pologne[8]. Les chambres à gaz d'Auschwitz n'absorberont pas tout à fait la totalité des victimes qui arrivent par trains successifs. À chaque convoi – ou presque –, quelques dizaines d'hommes et de femmes en âge de travailler vont être provisoirement épargnés et versés dans le camp où ils seront mêlés aux autres prisonniers. Ainsi, Auschwitz-camp de concentration *à mort lente* et Auschwitz-centre de *mise à mort immédiate* seront désormais étroitement imbriqués l'un dans l'autre.

Les « SS Sonderlager »

Par ailleurs, un autre réseau de petits « camps de police » gérés par la SS – d'où leur appellation habituelle de « SS Sonderlager » – fut mis en place dès le début de la guerre pour punir et rééduquer « en 21 ou 56 jours » les travailleurs – allemands d'abord, puis étrangers au fur et à mesure du développement de la guerre – dénoncés comme « tire-au-flanc » *(Arbeitsscheu)* sur leur lieu de travail. Le régime de ces petits camps était le même que celui des pires camps de concentration. Une simple décision de la police locale, contresignée par la Gestapo régionale, suffisait pour envoyer les ouvriers jugés insuffisamment zélés dans ces camps dont le titre officiel était « AEL », *Arbeitserziehungslager* (camp de redressement par le travail). Dans certains cas de « sabotage » ou d'action politique ou religieuse, l'ouvrier passait devant un tribunal SS. Il était alors condamné soit à être envoyé dans un camp de concentration (directement ou après son temps de punition en *Sonderlager*), soit à être exécuté dans le *Sonderlager* même[9]. Les polices locales utilisaient souvent les *Sonderlager* et les camps de concentration comme lieux d'exécution.

---

8. Jean-Claude Pressac, « Pour en finir avec les négateurs », *L'Histoire*, n°156, juin 1992, p. 45 à 50, et *Auschwitz, Technique and Operations of the Gas Chambers,* fondation Beate-Klarsfeld, New York, 1989, album en 45 x 30, 563 p.

9. Gerd Wysocki, *Arbeit für den Krieg* (Travail pour la guerre), Steinweg Verlag, Braunschweig, 1992, 607 p.

NEUENGAMME

● RAVENSBRÜCK

SACHSENHAUSEN

Esterwegen

BERGEN-BELSEN

DORA

BUCHENWALD

Ohrdruf

FLOSSENBÜR●

NATZWEILER-STRUTHOF

DACHAU

NB. La localisation des camps et des Kommandos a été réalisée par la documentation du Bureau politique et de l'Adjudantur du camp de Buchenwald.

STUTTHOF

TREBLINKA

SOBIBOR

CHELMNO

MAÏDANEK-
LUBLIN

BELZEC

GROSS-ROSEN

THERESIENSTADT

Prague

BIRKENAU
AUSCHWITZ
Monowitz

MAUTHAUSEN

LE SYSTÈME CONCENTRATIONNAIRE

- ◉ Camps d'extermination
- ▲ Principaux camps de concentration
- △ Leurs principaux Kommandos extérieurs
- • Principales prisons de la Gestapo
- ○ Ghetto
- - - - Frontières du Reich en 1937

On ne connaît ni le nombre exact de ces SS *Sonderlager* (104 sont jusqu'à maintenant répertoriés) ni le nombre de jeunes Français qui, envoyés en Allemagne au titre du STO, y séjournèrent, y moururent ou furent transférés dans les camps de concentration[10]. Deux de ces SS *Sonderlager* situés non loin de la frontière française, Neue Bremm près de Sarrebruck et Hinzert[11] près de Trèves, servaient aussi de camp de transit et de dressage pour les déportés politiques français qui en ont gardé un souvenir terrifiant.

L'expérience du régime concentrationnaire

Le règlement général des camps de concentration, établi le 1er août 1934, fixe dans ses grands traits l'armature d'un système étudié pour broyer les êtres. Les mesures disciplinaires annexées au règlement sont féroces et sadiques. Les « punitions » vont des 25 coups de schlague administrés sur des chevalets construits à cet effet, à l'incarcération dans une cellule parfois sans lumière ni nourriture, jusqu'à la mort par pendaison. Le crime des crimes est la tentative d'évasion, presque toujours punie de mort après tortures et sévices.[12]

_____

10. Jacques Évrard, *La Déportation des travailleurs français dans le IIIe Reich,* Paris, Fayard, 1972. Sur la mortalité effroyable de ces petits camps, cf. le témoignage d'un survivant, confié aux auteurs en 1990 : Roland Chauchereau était arrivé en mai 1944 à l'AEL de Grossbeeren, près de Berlin, avec 45 jeunes travailleurs de diverses nationalités. Au bout de 56 jours, ils n'étaient que 3 survivants.

11. Abbé Joseph de La Martinière, *Nuit et Brouillard à Hinzert*, Tours, université François-Rabelais, 1981 (épuisé).

12. Ce règlement fut l'œuvre d'un forcené, Theodor Eicke, qui, après avoir assassiné Ernst Röhm dans sa cellule le 1er juillet 1934 sur l'ordre de Himmler, fut nommé par ce dernier inspecteur des camps de concentration le 4 juillet et général de division SS le 12. Robert Wistrich, *Wer War Wer im Dritten Reich* (« Qui était qui dans le IIIe Reich », Fischer Verlag, 1987.

Le camp sert d'école d'apprentissage pour les SS. Là se forme cette caste de héros, inaccessibles à toute pitié, en laquelle Himmler voit le modèle de la future organisation sociale nazie. Il ne suffit pas que le SS écrase le détenu, il faut aussi que celui-ci s'imprègne de son incurable indignité de sous-homme. L'inobservation des gestes physiques de soumission aux SS est passible des pires sévices. Sans cesse menacé, le détenu sera soumis du matin au soir, et sans perspective de libération, à une série d'humiliations qui ont pour but de le retrancher de la communauté des humains.

Le convoi

La mise en condition du futur concentrationnaire commence dès le départ. Le schéma le plus courant est l'entassement inimaginable dans des wagons à bestiaux sans air, où les hommes, dans certains trains, n'ont pas même pu s'asseoir pendant les trois jours et les trois nuits du voyage. Torturés par la soif, les pieds dans les excréments et les déjections de tous, ivres de fatigue, de sueur et de puanteur, les plus âgés et les plus jeunes meurent les premiers. Au moindre prétexte d'un danger d'évasion, on enlève aux détenus tous leurs vêtements et c'est totalement nus qu'ils vivent leur calvaire. Le Dr Maurice Lemière, de Condé-sur-Noireau (Calvados), nous donne le témoignage d'un rescapé : « Des signes d'asphyxie puis de folie collective se manifestèrent bientôt, chacun voulant, à tout prix, approcher du moindre interstice des parois pour profiter du plus petit filet d'air. Cette nuit-là fut atroce ; qu'on imagine cette scène d'horreur en pleine nuit. Il n'y a plus de camarades, mais des êtres affolés qui veulent vivre et qui perdent le contrôle de leurs réactions. Ils se mordent et s'arrachent leurs orteils, ou leurs doigts, ils se souillent mutuellement de leur sueur, de leur salive et de leurs déjections, ils finissent par tomber et roulent, d'un bout à l'autre du wagon sur les cadavres déjà étendus de ceux qui viennent de mourir, comme des poissons visqueux et gluants glissent les uns sur les autres dans un panier de marée… Quand le wagon fut ouvert en gare de Weimar, sur les 132 occupants,

63 étaient morts, 18 étaient mourants et purent tout de même être ranimés[13]. »

Un autre transport, le « convoi de la mort », quitte Compiègne avec 2 521 détenus le 2 juillet 1944. Il arrive à Dachau le 5 juillet avec 984 morts.

Le choc de l'arrivée

Des consignes identiques sont appliquées à l'arrivée des convois. Aucun répit ne doit être accordé aux détenus. Des gardes SS, armés de matraques et de chiens policiers, dressés à cet effet, enserrent le train ; aussitôt, les portes s'ouvrent avec brutalité : la lumière du jour ou des projecteurs, qui aveugle les détenus, s'accompagne des hurlements des SS : « *Los ! Raus ! Raus !* » (Vite ! Dehors ! Dehors !) Une grêle de coups s'abat sur les détenus. L'arrivée à Auschwitz-Birkenau du convoi du 30 avril 1944 est l'une des plus célèbres : « En un instant, les portes des 17 wagons s'ouvrirent avec fracas. Un malabar monta prestement avec un nerf de bœuf dans chaque main. Il traversa le wagon en bousculant les gens et vint appliquer son dos contre la paroi, face à la porte. Sans laisser aux malheureux le temps de réfléchir, il manœuvra ses triques au-dessus de nos têtes et les fit vibrer avec violence contre la paroi à laquelle il était adossé. Ce faisant, il nous éloignait du fond du wagon, il nous massait tous vers l'ouverture. Changeant brusquement le sens de ses mouvements, il appliqua les coups non plus sur la paroi, mais sur ses victimes, les reins, les jambes, les crânes, s'acharnant surtout à frapper les retardataires, c'est-à-dire les vieux, les faibles et les malades. En quatre secondes, la centaine que nous étions se trouvait basculée pêle-mêle sur le ballast et sur l'herbe en contrebas. Amas grouillant d'hommes meurtris qui se redressaient sous les injures et sous les coups. L'un des nôtres s'écarta un peu trop. Il fut immédiatement abattu d'un coup de revolver. Un autre, père de famille, fortement choqué, halluciné même

---

13. Dr Lemière, *Retour de Buchenwald*, Charles Corlet, Condé-sur-Noireau, 1980.

par les conditions du transport, se précipita vers une moto en stationnement à une dizaine de mètres du wagon. Il hurlait de toutes ses forces "Hardi les gars ! On les aura, les salauds ! Vive la France !" Il eut les reins sciés par la décharge d'un fusil-mitrailleur et un SS vint l'achever d'une balle dans la nuque[14]. »

Les inscriptions qui ornent les grilles d'entrée dans les camps ajoutent la dérision à la barbarie : « Le travail rend libre », peut-on lire, par exemple, à Dachau et à Auschwitz. Mais l'instinct de survie s'accroche à l'espoir de ce qui paraît indiquer des bribes de vie normale. Tel déporté arrivant à Buchenwald croit voir la présence d'une boulangerie dans la masse trapue de la cheminée du crématoire qui domine la place d'appel[15]. La confiscation de tous les bagages à l'entrée du camp se fait dans un désordre tel qu'il arrache à Suzanne Birnbaum cette remarque : « Ce sera compliqué lorsqu'ils voudront nous rendre nos affaires. Comment vont-ils s'y reconnaître[16] ? »

Dès l'isolement de la quarantaine, dont la durée varie d'une à plusieurs semaines, tout ce qui constitue la personnalité d'un homme est impitoyablement détruit. L'abandon des vêtements civils, la longue et humiliante nudité qui le suit, le rasage complet du corps, l'attribution d'un numéro matricule (à Auschwitz, il était tatoué sur le bras gauche de façon indélébile), le costume rayé des détenus, telles sont les étapes imposées à tout homme, sous les coups et les hurlements des SS et des kapos. Il n'est pas jusqu'au visage qui ne doive devenir lisse, dépouillé de toute vie, de tout regard, de toute pensée. Un profond accablement saisit le détenu lorsqu'il perçoit qu'il est pris dans un processus d'anéantissement.

---

14. Louis Poutrain, *La Déportation au cœur d'une vie*, Paris, Le Cerf, 1982.
15. Témoignage aux auteurs de François Perrot, ancien déporté de Buchenwald, 1989.
16. Suzanne Birnbaum, *Une Française juive est revenue*, Paris, Le Livre français, 1946, et Hérault, Maulévrier, 1989 et 1991.

Cette lente et systématique extermination ne se déroulera pas de façon régulière, elle variera selon les camps et selon les périodes de la guerre, mais l'uniformité des procédés frappe tout observateur. Le but est double : d'une part, priver l'homme des besoins vitaux primordiaux – sommeil, nourriture, chaleur ; d'autre part, empêcher la création de toute communauté entre les détenus en détruisant la moindre velléité de camaraderie, de solidarité ou d'amitié.

Les conditions de vie : promiscuité, faim et froid

Le logement, atrocement rétréci, favorise le manque de sommeil et la haine réciproque. Dans les baraques *(blocks)* d'une trentaine de mètres de longueur et de 8 à 10 mètres de largeur, conçus pour 200 personnes, 400 à 500 détenus sont entassés. Les châlits, dont la largeur est inférieure à 1 mètre, ne sont pas toujours assez hauts pour qu'on puisse s'y tenir assis. Deux, trois, voire quatre hommes doivent y prendre place. Les planches transversales qui soutiennent la paillasse tombent fréquemment sur les dormeurs du dessous, provoquant insultes, coups, blessures. Dans certains blocks, les équipes de jour succèdent aux équipes de nuit. Si la diarrhée, si fréquente, contraint à sortir la nuit, l'absent n'est pas sûr de retrouver sa place. Robert Antelme évoque son retour dans la chambrée après un passage aux latrines : « Je grimpe à ma place. Elle n'existe plus. Il faut la refaire, pousser celui qui s'est allongé sur le dos, reconquérir l'espace de ma hanche sur le plancher[17]. »

La sous-alimentation chronique est un des piliers du système. Le but est double : affaiblir, mais aussi humilier. Dès l'origine, le règlement des camps avait prévu d'utiliser la privation de nourriture comme moyen de pression, comme une arme pour créer chez le détenu une dépendance psychologique. La faim devient l'obsession constante, angoissante. La moindre parcelle de nourriture est avidement convoitée, le moment du repas fébrilement attendu. On ne parle que de nourriture, des repas d'autrefois, on échange des recettes de

---

17. Robert Antelme, *L'Espèce humaine*, Paris, Gallimard, 1978.

cuisine [18], on imagine les futurs menus d'après la libération. Lorsque le chaudron de soupe arrive, on se précipite : la gamelle une fois remplie d'un liquide clair où flottent quelques rondelles de rutabaga, il faut se hâter de l'avaler, car le voisin ne supporterait pas de voir une gamelle pleine, alors que la sienne est vide. S'il y a du « rab », une véritable bataille rangée commence sous l'œil goguenard des SS qui traitent de « porcs » ces affamés. Le spectacle est « sans doute sordide », mais, comme l'écrit justement Robert Antelme, ces hommes « ne s'abaissent pas […]. Il ne faut pas mourir, c'est ici l'objectif véritable de la bataille ». Aussi la loi des camps est-elle féroce à l'égard des détenus voleurs de pain, car « priver un homme de son pain, c'est l'assassiner [19] ». La privation du repas de midi sera à l'origine d'une forte hausse de la mortalité. Le Dr Paul Lohéac, de Gourin (Finistère), l'observe dans son Kommando de la Spaldingstrasse à Hambourg (Kommando dépendant du camp de Neuengamme) [20].

Le froid est l'autre fléau qui fait reculer petit à petit la résistance du corps. À l'orée d'un nouvel hiver, l'angoisse étreint le détenu : parviendra-t-il encore à franchir ces cinq longs mois, ces cent cinquante jours ? Il s'agit de tenir jusqu'à Pâques. Le travail à l'extérieur, en plein air, est redoutable. Circonstance aggravante : la légèreté du vêtement rayé des bagnards, l'absence de protection des pieds, faute de souliers aux semelles éprouvées. De plus, les vêtements sont très rarement remplacés. Il faut vivre avec la saleté. Plus grave encore : au terme des journées pluvieuses, les vêtements trempés sont gorgés d'eau. La durée de la nuit ne suffit pas pour les sécher, et le lendemain matin, il faut repartir avec ces vêtements trempés d'humidité. Toute tentative de

---

18. Cf., entre autres, Yves Béon, *La Planète Dora*, Paris, Le Seuil, 1985.

19. Rudolf Vrba, *Je me suis évadé d'Auschwitz,* Paris, Ramsay, 1988 (traduction des éditions anglaises parues en 1963 et 1986).

20. Dr Paul Lohéac, *Un médecin français en déportation*, Neuengamme et Kommandos, Gourin (Finistère), Les Presses Arc-en-ciel, 1949 et 1988.

protection contre le froid – si rigoureux en Allemagne et en
Pologne – est passible des pires sanctions : gare à celui chez
qui le kapo découvre, en guise de tricot de corps, du papier-
journal, un pull-over, ou un gilet fabriqué avec des couver-
tures[21] ! Un simple kapo peut lui administrer 25 coups de
schlague pour ce délit, et la mort peut s'ensuivre. Dans de
nombreux Kommandos, l'eau manque. Impossible de se
laver. La vermine pullule avec les poux et leurs incessantes
démangeaisons.

La tyrannie des besoins vitaux élémentaires

Peu à peu, certains détenus deviennent, à ce régime bar-
bare, des squelettes vivants, que décrit en ces termes le
Dr Lohéac : « Les fesses sont réduites à l'état de moignons
informes et minuscules ou ont même totalement disparu.
Les os émergent de partout, soulevant une peau amincie et
fragile. Nous sommes à la veille de devenir ce qu'en argot
de camp on appelle des "musulmans", épaves humaines à la
limite de la vie, squelettes ambulants, recouverts de
peau… » Dans cet état, les jours du déporté sont comptés.
Son horizon se réduit à sa survie immédiate et il arrive qu'il
meure littéralement debout, comme mouraient aussi les
Juifs affamés des ghettos. Lorsqu'une blessure ou l'une des
nombreuses et sévères maladies infectieuses qui sévissaient
dans les camps survenaient chez les plus valides, ces derniers n'obtenaient que très difficilement quelques soins
médicaux dérisoires et se traînaient misérablement au travail. Le seuil d'épuisement était alors rapidement atteint et
il arrivait que l'esprit qui soutenait encore leur dignité
d'homme sombre avec leurs dernières forces. En revanche,
même pour les plus atteints, le rétablissement de conditions
simplement humaines a des conséquences bénéfiques
immédiates sur l'état général : c'est ainsi que le pasteur

---

21. Aimé Bonifas, *Détenu 20801 dans les bagnes nazis*, Fédération nationale des déportés et internés résistants et patriotes,
10, rue Leroux, Paris, 1946 et 1985.

Bonifas souligne combien la douceur fugitive d'un entourage bienveillant et des soins prodigués avec humanité lui ont fait redécouvrir très rapidement ces « choses essentielles à la vie » que sont « la chaleur, la nourriture, le repos physique et le calme d'esprit [22] ».

Quelques techniques SS pour aggraver le régime

L'encadrement des déportés, chefs de blocks, kapos, contremaîtres, chefs des infirmeries, est confié de préférence à des détenus de droit commun, allemands ou polonais, dont beaucoup rivalisent de cruauté avec leurs maîtres. Les avantages matériels qu'ils tirent de leurs fonctions et qu'ils étalent devant leurs misérables camarades leur valent la haine des uns et la servilité des autres. Des intrigues se nouent à tous les niveaux, parfois aggravées par d'impitoyables luttes politiques. Ceux qui se laissent contaminer par cette atmosphère empoisonnée s'abaissent à léser leurs camarades pour tirer le moindre avantage. Ils sapent ainsi constamment les solidarités qui ont réussi à se former et le minimum de droit que les plus solides – avec l'aide de quelques kapos demeurés humains – s'efforcent sans cesse de recréer dans cette société concentrationnaire sans loi. Il faut souligner que, dans les camps ou Kommandos où les politiques ont pu occuper quelques postes, ou parfois la majorité des postes, les déportés ont joui d'une certaine protection contre l'arbitraire mortel du régime des camps.

Le pivot de la vie du camp, laminant, harassant, est l'appel, les appels sans fin, les appels-supplices dans le froid glacial, la nuit, le jour ; appels à propos de tout et de rien : un block mal balayé, une colonne qui n'a pas marché au pas, le grotesque exercice de l'enlèvement du calot au commandement – à 10 000 hommes à la fois – pas assez bien rythmé, etc., mais surtout l'évasion, comme nous l'avons mentionné plus haut. Dès 1933-1934, la réglementation des camps visait le délit de fuite, mais aussi le délit de « soupçon de fuite ».

---

22. Aimé Bonifas, *op. cit.*

L'évadé repris – c'est presque toujours le cas – est atrocement torturé : on veut l'obliger à livrer ses complices. Puis
c'est le « poteau » où le prisonnier est attaché, sans boire ni
manger, pendant trois jours. S'il est encore vivant le troisième jour, il reçoit les 25 coups, et est pendu devant tout le
camp réuni. À Hinzert, c'est un jeune Russe de quatorze ans
et demi qui est repris. Après le poteau, on raffine : on l'attache dos à dos à un autre détenu de telle façon que chacun,
par ses mouvements, devienne le tortionnaire de l'autre, et
qu'un état d'exaspération mutuelle, une sorte de haine, gran-
disse entre eux [23].

L'extermination par le travail

Il existe, dès 1936-1937, une vie économique SS autonome
qui dispose de sa propre main-d'œuvre, celle des camps, et
de sa propre industrie : des usines d'équipement et des entreprises de mines et de carrières. C'est pourquoi les camps les
plus durs ont été construits à proximité de carrières de
pierres ou de briqueteries : Mauthausen, Gross Rosen,
Flossenbürg, Natzweiler-Struthof. Les pierres sont destinées
aux monuments grandioses conçus par Hitler et dessinés par
son architecte Speer. À Sachsenhausen, les prisonniers
taillent les pierres au « Kommando Speer ». C'est le plus
meurtrier du camp. À Mauthausen, c'est à la carrière que
l'on épuise et assassine les hommes. À plus longue
échéance, l'organisation économique SS aura pour but de
coloniser l'Est jusqu'à l'Oural grâce à l'immense volant
d'esclaves fournis par les camps de concentration.

En 1942, lorsqu'il s'avère que la guerre à l'Est va être plus
longue que prévu, l'objectif des camps ne sera plus seulement
la répression et la destruction des prisonniers, mais l'utilisation drastique de leur force de travail au profit des usines
d'armement. En janvier, à la conférence de Wannsee, les
nazis avaient arrêté les modalités de l'*Endlösung* (« solution
finale »), notamment l'extermination des Juifs par le travail.

---

23. Abbé Joseph de La Martinière, *op. cit.*

En avril, c'est l'ensemble des détenus des camps de concentration qui va être mis au travail jusqu'à « épuisement » (ordonnance de Pohl du 30 avril 1942 aux commandants des camps[24]). Le 18 septembre, la notion d'« extermination par le travail » *(Vernichtung durch Arbeit)* est si bien adoptée dans l'ensemble du Reich qu'elle figure au titre II d'un protocole d'accord signé entre Himmler et le ministre de la Justice du Reich. Celui-ci s'engage à fournir à Himmler, pour l'extermination par le travail, tous les détenus de son ressort : prisonniers de droit commun, asociaux, juifs, tsiganes, russes, ukrainiens, polonais, tchèques et allemands. On compte, en 1944, près de huit millions d'étrangers travaillant dans le Reich.

Dès lors, dans les camps, il n'y a plus de limite au temps de travail, plus de pause ; la soupe de midi est souvent supprimée. En somme, note le Dr Lohéac, « un déporté doit non pas travailler ou mourir, mais travailler *et* mourir ». Le système exige un renouvellement sans fin de la main-d'œuvre. La police elle-même s'essouffle : le chef de la police chargé d'arrêter sans cesse de nouvelles catégories de personnes fait remarquer à Pohl dans une lettre du 31 décembre 1942 qu'« en dépit des internements ordonnés en nombre croissant ces derniers temps », et en raison de la « mortalité persistante et même croissante » dans les camps, il est « peu probable » qu'il puisse répondre à la demande d'« élévation de l'effectif total des détenus ». Quelques consignes pour ménager la main-d'œuvre (alimentation, diminution des appels, soins médicaux) ont cependant pénétré dans certains camps pour de courts laps de temps, en 1943, et parfois jusqu'au milieu de 1944. Quelques essais de statistiques limités à quatre camps et sur deux ou trois années attestent une baisse du taux de mortalité à cette époque. Mais les forces « productivistes » qui tentaient de s'exercer sur la SS n'ont pas prévalu. Le système « exterminationniste » mis en place

---

24. Cf. document R. 129 du procès Pohl (tribunal international de Nuremberg). Cf. aussi Joseph Billig, *Les Camps de concentration dans l'économie du Reich hitlérien*, Paris, PUF, 1973, p. 146 à 155.

en 1933 est resté en vigueur jusqu'à la fin, aggravé par l'état désastreux de l'Allemagne.

Les conditions de travail

Les horaires de travail, douze heures d'affilée, de jour ou de nuit, étaient les mêmes pour tous. Il existait toutefois une différence considérable entre le Kommando de la cuisine et celui du terrassement, entre le Kommando des électriciens du camp et celui de la carrière. Porter des rails à deux, pousser des wagonnets, porter des sacs de ciment, transporter de la terre ou du sable, manier des marteaux-piqueurs, travailler au creusement des tunnels pour enterrer les usines de guerre, autant de travaux exténuants, qui, exécutés sous les coups incessants des SS et des kapos, conduisaient les détenus à la mort en quelques mois. Ceux qui le pouvaient tentaient de se faire affecter à des Kommandos moins durs. Ainsi le futur pasteur Bonifas, blessé à la jambe, sent, après trois jours de travail à la mine de Laura (Kommando de Buchenwald), qu'il ne pourra pas résister longtemps à ce régime. L'intervention d'un Tchèque, secrétaire du bureau de l'embauche, qui le fait affecter à un autre Kommando de travail, lui sauve la vie.

Le rôle du service de santé et d'hygiène des camps de concentration

Il semble paradoxal que, pour tous ces internés soumis à un régime délibéré de mort à terme, un service médical ait bel et bien existé dans les grands camps et leurs Kommandos les plus importants. Il existait en effet, à l'Office central d'administration économique de la SS, un service de santé et d'hygiène qui était considéré comme essentiel puisqu'il était placé sur le même plan que le service du travail, celui des profits, et celui de l'administration générale qui comportait la sécurité, les chiens, les armes, l'entraînement de la troupe, etc. Essentiel, il l'était, mais non pour la mission que l'on aurait pu attendre d'un service médical. Sa mission véritable, secrète, était de mener à bien, le plus proprement possible, la « biopolitique » de Hitler, c'est-à-dire l'élimination des « rebuts », des éléments impurs qui menaçaient de souiller la race allemande et que l'on avait parqués dans le vaste réseau des camps.

Les apparences

De même que, à dessein, les sous-hommes étaient sous-alimentés, sous-vêtus, exténués de travail, de même ils étaient sous-soignés. Pour une population hautement carencée de 20 000 à 40 000 déportés, chaque grand camp ne disposait que de trois ou quatre médecins SS. Ceux-ci n'approchaient guère les détenus, sauf pour se livrer à des essais chirurgicaux de toutes espèces. Ils se contentaient de « contrôler » les médecins détenus, en général plus compétents qu'eux, qui devaient faire face à une tâche écrasante, souvent impossible. Bien que chaque camp comportât une infirmerie que le service de santé équipait en matériel et en médicaments, cet équipement était volontairement, dramatiquement insuffisant, comme l'illustrent les trois exemples qui suivent : « La baraque dont j'avais la direction médicale [à Dora], écrit le Dr Maurice Lemière, comptait près de 100 lits, mais plus de 200 malades. Chaque semaine je recevais environ une trentaine de pneumoniques pour la guérison desquels il m'aurait fallu un millier de comprimés de sulfamides. Or je n'en touchais chaque semaine qu'une centaine. »

Ajoutons que, pour 30 pneumoniques très malades qui avaient réussi à entrer à l'infirmerie, une centaine d'autres avaient été repoussés avec la plus grande brutalité et contraints de regagner le tunnel pour y travailler sous les coups.

Un médecin de campagne français, le Dr Philippe Bent, de Monclar-de-Quercy, n'eut que la scie du menuisier du camp pour amputer un jeune Polonais dont la jambe avait été écrasée par un wagonnet, à Neckarelz. À Dora, le Dr Louis Girard, oto-rhino-laryngologiste de Paris, opéra un compatriote d'une mastoïdite avec un morceau de fil de fer barbelé qu'il avait aiguisé sur une pierre. On pourrait citer des centaines de cas semblables.

Au camp de femmes de Ravensbrück, à partir d'octobre 1944, les nouveau-nés ne furent plus tués à la naissance. Les femmes purent accoucher dans un réduit misérable et le nom de l'enfant, sa nationalité, le jour et l'heure de sa naissance furent inscrits sur un cahier. Mais il fut impossible d'obtenir du lait pour les nouveau-nés. (Les jeunes mères, épuisées, n'en avaient pas.) Ainsi au lieu d'être tués à leur naissance, les bébés mettaient quelques jours ou quelques semaines à mourir. 850 nouveau-nés périrent de la sorte. Quelques-uns, nés tout à fait à la fin, furent cependant sauvés, parmi lesquels trois petits Français.

Ce semblant de service médical des camps avait deux utilités secondaires, dont l'une était de donner le change aux détenus pour qu'ils restent calmes, et l'autre de montrer aux notables du régime, qui étaient constamment invités à « visiter » les camps, le caractère scientifique et médical du « nettoyage » de la race. Les visites guidées, soigneusement préparées, promenaient ces groupes de la baraque modèle des Témoins de Jéhovah, vide de détenus, à la salle de chirurgie de l'infirmerie, étincelante.

L'objectif réel : la « sélection » ou la « biopolitique » de Hitler

Mais la mission réelle du service de santé était de réguler l'élimination des vies humaines. Lorsque les « morts naturelles » n'étaient pas assez nombreuses, lorsque les infirmeries étaient engorgées, lorsqu'une épidémie de typhus menaçait de gagner la troupe SS, l'ordre arrivait au médecin chef du camp concerné de procéder aux « sélections ». Tantôt la sélection s'abattait seulement sur les malades : les médecins SS passaient rapidement dans les baraques des malades, désignaient ceux qui devaient être tués et en faisaient dresser les listes. Tantôt la sélection s'opérait sur l'ensemble du camp : au cours d'un sinistre appel, pendant lequel toute la vie du camp était suspendue, les médecins SS désignaient ceux qui leur paraissaient « mûrs » *(so weit)* pour l'abattage final. Les condamnés étaient alors tués d'une piqûre de phénol dans le cœur – ou d'une piqûre d'essence – de la main du médecin ou de celle d'un infirmier-tueur. Lorsque le camp possédait une chambre à gaz, les victimes étaient rassemblées dans une partie de baraque spéciale, ou en quelque autre lieu, en attendant – parfois plusieurs jours – que les camions viennent les prendre. Quand les condamnés étaient assez nombreux pour que l'on puisse procéder à un gazage collectif, les médecins SS étaient à leur poste à l'entrée de la chambre à gaz pour recevoir, de la pharmacie SS du camp, les boîtes de Zyklon B[25]. Ils étaient encore à la sortie de la chambre à gaz pour constater que tout le monde était mort. Le dentiste prélevait les dents en or sur les corps. Chaque mois, l'or était pesé et envoyé à la Reichsbank.

Lorsque le camp n'était pas équipé d'une chambre à gaz, ou lorsque celle-ci était trop petite, ou encore lorsque les fours à incinérer étaient saturés, les médecins sélectionnaient alors 500, 800 à 1 000 malades, notamment de jeunes tuberculeux, que l'on jetait dans des wagons à bestiaux, sans paille, sans eau, sans nourriture, après leur avoir enlevé leurs vêtements chauds. Ils étaient dirigés vers les grands mouroirs de Bergen-Belsen et de Lublin-Maïdanek. Parmi ces trains de malades – dont nous ignorons le nombre exact –, citons deux convois de Dora qui ont été dirigés sur Lublin dans les premiers mois de 1944. Ils comprenaient de nombreux jeunes Français dont quelques-uns vivaient encore à la fin d'avril lorsque le camp de Lublin fut évacué sur Auschwitz. L'un d'entre eux, le jeune André Rogerie, d'Angoulême, fut envoyé dans les bâtiments d'infirmerie au fond du camp d'Auschwitz-Birkenau, d'où il vit alors, de ses yeux, les immenses chambres à gaz II et III engloutir des trains entiers de familles juives hongroises[26]. En février 1944, un train

---

25. Georges Wellers, « Les deux gaz toxiques », in *Les Chambres à gaz, secret d'État*, par Eugen Kogon, Hermann Langbein et Adalbert Rückerl, Le Seuil, Paris, 1987 (éd. originale en allemand chez Fischer, Francfort, 1983, et première édition française aux Éd. de Minuit, 1984).

26. André Rogerie, *Vivre, c'est vaincre*, Paris, Curial-Archereau, 1946, et Hérault, Maulévrier, 1988 et 1990.

de 800 femmes et enfants est dirigé de Ravensbrück vers Lublin. En avril, une poignée de femmes sont encore en vie ; elles seront également évacuées sur Auschwitz. L'une d'entre elles était une institutrice française, Mme Yvonne Le Tac, qui survivra aussi à Auschwitz.

Cette extermination systématique s'ajoutait à la mort « naturelle » et aux assassinats courants de la vie quotidienne du déporté.

Le sort des « fous »

Les plus implacablement visés étaient les malheureux qui perdaient la raison. La petite « chambre des folles » à Ravensbrück, au milieu du block des tuberculeuses, était hallucinante. Une prisonnière, Simone Lampe, essaie d'y aller voir sa compagne, « Maman Deshaies », dont l'esprit a sombré : « Parquées dans une pièce, nues, sans nourriture, sans eau, maculées de déjections de toutes sortes, une unique fenêtre grillagée, gardées jour et nuit par une *Aufseherin* (gardienne) qui interdisait à coups de schlague toute approche et menaçait d'enfermer celles qui insistaient, les folles criaient sans cesse. Chaque fois que nous passions devant le block, on entendait les plaintes des mourantes, des hurlements n'ayant rien de commun avec une femme. Une fois, profitant d'une courte absence de la gardienne, je me suis précipitée pour essayer de voir Maman Deshaies. L'horreur me figea. Rien de ce que l'on peut imaginer ne pouvait ressembler au spectacle de ce cachot immonde, souillé de bas en haut : corps nus enchevêtrés, par des poses que la mort fixe, puis des bras et des jambes qui s'agitent, des yeux hagards qui me transpercent, des plaintes, et soudain des hurlements provoqués par ma vue. Rien d'humain ! je suis tellement effrayée… tellement que je me sauve en courant. Comment reconnaître quelqu'un au milieu de ces spectres aux mêmes yeux, aux mêmes attitudes, aux mêmes cris [27] ? »

---

27. Christian Bernadac, *Le Camp des femmes*, Paris, France-Empire, 1972.

Dès qu'elles atteignaient le nombre de 60 à 70, les « folles » étaient enlevées en camion, la nuit, avant la sirène du matin (3 h 30). Elles ne semblent pas avoir été tuées à Ravensbrück même, mais transportées jusqu'en Autriche, pour être gazées au sinistre château de Hartheim, l'un des « instituts d'euthanasie », où les malades mentaux des hôpitaux civils du Reich étaient mis à mort[28].

À Auschwitz, en janvier 1943, le jeune Juif slovaque Rudolf Vrba qui travaillait sur la « rampe », c'est-à-dire sur le quai le long duquel les trains s'arrêtaient, a décrit l'arrivée d'un convoi de plusieurs centaines de malades mentaux juifs hollandais, après un long voyage, dans des conditions indescriptibles : « Dans quelques-uns des wagons, presque la moitié des occupants étaient morts ou mourants […]. Certains bavaient, déliraient, le cerveau mort. Certains divaguaient, attaquaient leurs voisins et se déchiraient eux-mêmes. Certains étaient nus malgré le froid cinglant. Mais, plus terrible que tout, au-dessus des plaintes des mourants et des désespérés, au-dessus des cris de douleur et de panique, montaient et retombaient des rires fous, sauvages, effrayants[29]. »

Les SS de la rampe avaient fait jeter tous les survivants dans les camions. Ils ne savaient que faire des infirmières qui, calmes et dignes, continuaient de s'occuper de leurs malades.

Plus loin, au milieu d'un groupe de gradés, le médecin SS Mengele s'agitait. Soudain, il fit cesser toute discussion et, d'un geste, il ordonna qu'on fît monter les infirmières dans les camions qui s'ébranlèrent vers les chambres à gaz. On sut après la guerre, d'après un témoin survivant du *Sonderkommando*[30], que ces malheureux ne furent pas gazés, mais jetés vivants dans les fosses où l'on brûlait les cadavres der-

---

28. Pierre-Serge Choumoff, « Les exterminations par gaz à Hartheim », in *Ravensbrück* de Germaine Tillion, Paris, Le Seuil, 1988.

29. Rudolf Vrba, *op. cit.*

30. Le *Sonderkommando,* à Auschwitz, était le Kommando spécial qui travaillait dans l'enceinte du crématoire. Isolé des autres détenus, il était liquidé au bout de quelques mois et renouvelé.

rière les chambres à gaz, quand les crématoires étaient sur-
chargés. Ces 969 malades, accompagnés de 52 infirmiers et
infirmières, et de quelques médecins provenaient en effet de
la grande institution psychiatrique israélite d'Apeldoorn en
Hollande[31].

Les assassinats par gaz

Les aliénés d'Apeldoorn n'avaient pas été sélectionnés dans
le camp d'Auschwitz, mais donc transportés directement de
Hollande pour être anéantis dans ces premières installations
de gazage aménagées au fond du camp dont nous avons
parlé plus haut.

Outre Auschwitz et Lublin, d'autres camps avaient été
pourvus de chambres à gaz, mais de bien moindres dimensions. Ce sont Mauthausen, Sachsenhausen, Stutthof et
Ravensbrück, dont les chambres à gaz servaient, toujours
sous le contrôle des médecins SS, à la liquidation interne
des malades, des personnes âgées, de petits groupes de Juifs,
de Tsiganes et d'opposants (ces derniers parfois amenés de
l'extérieur). Le chiffre total des victimes gazées dans ces
quatre camps est de l'ordre de quelques dizaines de mille,
alors que les victimes des chambres à gaz de Lublin dépas-
sèrent les 100 000 et que celles d'Auschwitz sont de l'ordre
du million. Georges Wellers, directeur de la publication *Le
Monde juif,* s'était arrêté au chiffre de 1 334 700 gazés à
Auschwitz, dont 1 323 000 Juifs (octobre-décembre 1983).
Franciszek Piper a travaillé de son côté à cette estimation du
nombre des gazés. Son calcul l'amène à un chiffre de 1 million de victimes juives à Auschwitz (*Yad Vashem Studies*
XXI, Jérusalem, 1991).

---

31. Dr J. Presser, in *Ondergang, De vervolging en verdelging van
het nederlandse jodendom. 1940-1945*, S'Gravenhage, Staatsuitge-
verig, *in* 8, 2 vol. (Monografie van het Rijkinstiteut voor oodogs-
documentie, 10), La Haye, 1965.

Les expériences humaines

Le monde clos et très secret des camps de concentration devait aussi favoriser la naissance et la prolifération d'autres crimes non moins monstrueux. Des médecins encore, et pas seulement des médecins SS, mais des médecins de l'extérieur, furent tentés d'utiliser ces condamnés à mort déjà rayés de l'humanité pour se livrer à des recherches qui devaient les rendre célèbres. Plusieurs étaient des professeurs connus. Ils demandaient des « sujets » à Himmler, qui les accordait toujours. À Auschwitz, le Pr Clauberg cherchait le moyen de stériliser des hommes et des femmes, le plus rapidement possible, et au moindre coût. De frêles jeunes filles grecques de la communauté juive de Salonique furent les premières victimes, mais des centaines d'autres suivirent, parmi lesquelles quelques Françaises. À Neuengamme, un médecin SS a inoculé la tuberculose à 20 enfants venus d'Auschwitz, parmi lesquels au moins un petit Français. Deux médecins détenus, français, les Drs Florence et Quenouille, devaient observer et noter les progrès du mal. Dans la nuit du 21 au 22 avril 1945, les 20 enfants furent pendus dans le sous-sol d'une école, près de Hambourg, après avoir reçu une piqûre calmante. Les deux médecins français furent également pendus, ainsi que deux infirmiers hollandais.

Dans la plupart des camps, des centaines d'hommes, de femmes et d'enfants furent soumis à des expériences qui ont souvent entraîné leur mort dans d'atroces souffrances : expériences sur le typhus et la malaria, sur la résistance humaine aux basses pressions, au froid, aux gaz de combat, sur l'efficacité des sulfamides, etc. Dans bien des cas, le schéma était le suivant : les médecins inoculaient, ouvraient, mutilaient, et laissaient mourir les « sujets », tout en notant scrupuleusement les étapes de la mort [32].

---

32. Pr R. Jay Lifton, *Les Médecins nazis, le meurtre médical et la psychologie du génocide*, Paris, Laffont, 1989 (New York, 1986, chez Basic Books Inc. Publishers). Cf. aussi Dr Adélaïde Hautval, *Médecine et Crimes contre l'humanité*, Arles, Actes-Sud, 1991.

Évacuations mortelles de 1945
et derniers massacres

À la fin de l'été de 1944, au moment de la grande avance des Russes en Pologne et de la poussée des Alliés jusqu'au pied des Vosges, il semble que Hitler ait fait savoir aux commandants des camps principaux qu'il n'était pas question que les détenus des camps de concentration puissent tomber vivants aux mains des Alliés. Cet ordre a été répété vers le 15 avril après que, le 11, Buchenwald eut été pris par les Américains. Commencèrent alors, pour la plupart des camps et Kommandos, des évacuations insensées, dans toutes les directions, à pied ou en train, où les SS avaient l'ordre de tuer ceux qui faiblissaient. Les corps jonchaient les bords des routes. Ainsi ce problème des cadavres qui avait tant gêné Himmler depuis quatre ans se trouvait résolu : il incombait désormais aux maires des communes que les colonnes de déportés traversaient d'enterrer ces morts. Des dizaines de milliers de déportés périrent ainsi dans les toutes dernières semaines de la guerre.

On pouvait s'attendre à ce que les malades restés dans les infirmeries des camps parce qu'ils étaient « incapables de marcher » (c'était le critère) fussent partout liquidés. Tous les déportés s'y attendaient et les médecins détenus qui sont restés avec leurs malades avaient choisi de mourir avec eux. Mais, finalement, si de nombreux massacres furent perpétrés – comme à Gardelegen où plusieurs centaines de malades de Neuengamme furent brûlés vifs dans une grange avec leur médecin le Dr André Morin, de Joué-les-Tours ; comme à Thekla, à Mödling, à Gandersheim, etc. –, les malades des grands camps furent épargnés, même à Auschwitz. Cependant, jusqu'au jour de l'évacuation, ou jusqu'au jour de l'arrivée des Alliés, pour les quelques camps qui ne furent pas évacués, la routine des sélections et des assassinats s'est maintenue. Ainsi, à Ravensbrück, le 23 avril 1945 (les Soviétiques ne sont arrivés que dans la nuit du 30 avril au 1er mai), 16 jeunes tuberculeuses furent jointes à un convoi d'« asociales » allemandes, épuisées, afin d'être gazées ; et le 25 avril, les 11 hommes du Kommando du crématoire furent assassinés à coups de hache dans le cachot du camp. À Mauthausen, on continue de gazer régulièrement les malades dans la petite chambre à gaz en sous-sol du bâtiment cellulaire, et le 29 avril, les SS y gazent tout un groupe d'opposants politiques autrichiens. Peu de jours auparavant, dans le camp annexe de Gusen II, des massacres à coups de hache et de schlague avaient fait environ 800 victimes. À Gusen I, en deux fois, les 21 et 22 avril, 600 « invalides » ont été gazés dans la baraque des malades, après que les portes, les fenêtres et les cheminées eurent été obturées. De Stutthof, en mars 1945, les SS poussent 3 000 femmes, parmi lesquelles de nombreuses Juives, vers la mer Baltique. Elles périssent noyées ou abattues sur la plage. Dans de nombreux camps et Kommandos, des crimes du même genre ont été commis.

Ainsi a fonctionné, jusqu'à l'arrivée des Alliés, le système implacable mis en place pour débarrasser la nouvelle Europe de Hitler de ses éléments jugés impurs ou nocifs.

Les survivants

Ne cherchons pas à conclure. Trop d'inconnues subsistent encore. Que savons-nous de tant d'êtres qui ont succombé dans des conditions d'inconcevable solitude, d'abandon total, d'horreurs accumulées ? Comment dépeindre le calvaire des derniers instants vécus par ceux qui, poussés dans les chambres à gaz ou recrus de souffrances, s'éteignirent dans le fond d'un camp, dans quelque obscur Kommando, ou dans l'affreux entassement d'un wagon plombé, sans avoir jamais perçu le moindre secours ni le moindre signe du monde extérieur, apparemment indifférent ? Comme on comprend la soudaine révolte du pieux juif d'Auschwitz, si longtemps persuadé que Dieu lui-même avait voulu éprouver son peuple : « Ici il n'y a pas de Dieu, et s'il y en a un, maudit soit-il, maudit soit-il, maudit soit-il[33] ! »

« Dans cet infini de détresse, de destruction systématique des vraies valeurs », a écrit le Dr Adélaïde Hautval à son retour d'Auschwitz dans *Les témoins qui se firent égorger* (recueil de témoignages de Défense de la France, 1946), « il était resté quelques points stables, points lumineux qui sont les vivants démentis de la bassesse finale de l'homme, et l'affirmation sûre, joyeuse, de quelque chose d'immuable sur quoi l'on peut s'appuyer […]. Il était difficile, très difficile de rester soi-même dans les camps, de rester fidèle à ses convictions, de ne pas se laisser entamer […]. Il nous reste au cœur quelque chose d'indiciblement triste à cause de tout ce que nous avons vu, à cause de toutes les lâchetés dont nous avons été témoins […]. Aussi notre pensée émue et reconnaissante va-t-elle vers ceux qui ont fait exception, qui ont sauvé le patrimoine de ce que l'humanité a de plus précieux. » David Rousset[34] cite avec admiration le cas de ce kapo allemand, Emil Künder, communiste interné depuis des années, qui n'a jamais frappé et a conservé intactes ses convictions révolutionnaires. Edmond Michelet[35], militant chrétien, a laissé à ses camarades de Dachau le souvenir lumineux d'un véritable apôtre. Plus modestement, clairsemés dans le grouillement lamentable des camps, quelques « déportés inconnus » ont toujours réussi à sauvegarder un brin d'humanité autour d'eux, si bien que l'on est en droit d'affirmer que l'entreprise de perversion humaine des nazis a finalement échoué. Le régime s'est heurté à un môle, celui de la résistance de l'esprit.

Le régime s'est finalement heurté à la force supérieure des Alliés. Il a été écrasé. Que pouvait-on craindre s'il avait

---

33. Rudolf Vrba, *op. cit.*

34. David Rousset, *L'Univers concentrationnaire*, Pavois, 1946, et Éd. de Minuit, 1981, et *Les Jours de notre mort*, Pavois, 1947, et Ramsay, 1988.

35. Edmond Michelet, *Rue de la liberté*, Paris, Le Seuil, 1955 et 1983.

triomphé ? L'exaltation de la race et de la force, le plaisir sans limite de détruire, d'humilier et de piétiner, tout cela aurait continué de se développer. Pour durer, le régime avait un besoin permanent de nouveaux sous-hommes à détruire.

Au fond de son camp, Robert Antelme l'avait compris : « Les SS n'ont pas de Juifs [ici] sous la main. Nous leur en tenons lieu. » Tout adversaire du nazi est à l'image du Juif : un sous-homme, qui doit être dépouillé de toute dignité humaine et privé, en tout état de cause, de l'image de martyr. Pour se perpétuer, la race des seigneurs a besoin, sans cesse, de nouveaux « ennemis » à opprimer, à réduire à l'état de vermine. Les Slaves, puis les survivants des massacres perpétrés pendant la guerre, devaient être les nouveaux esclaves [36].

Un exemple suffit pour illustrer ce fait : le plan du camp géant qui devait servir de base, avec Auschwitz, à la colonisation de l'Est jusqu'à l'Oural. Établi à partir du premier camp de Lublin, construit en 1941, ce plan, daté de mars 1942, montre la partie construite en 1942 (grande déjà comme trois fois Dachau) et l'agrandissement prévu pour le temps de paix, soit cinq fois ce qui existait déjà : des centaines de baraquements divisés en « champs », chacun avec sa potence et son poteau de torture, pour abriter de 150 000 à 200 000 esclaves concentrationnaires, et une immense cité SS attenante.

Ainsi se caractérise la démesure prométhéenne d'un régime qui associe la rationalisation la plus extrême à la plus hallucinante folie collective.

Sans la victoire des Alliés, le système concentrationnaire se serait maintenu. Il y a tout lieu de croire qu'il n'aurait cessé de s'étendre.

---

36. Moins de quatre ans avant l'arrivée au pouvoir de Hitler, Freud s'interrogeait, en observant le régime soviétique, sur « ce qu'entreprendraient les soviets, une fois tous leurs bourgeois exterminés » (*Malaise dans la civilisation,* 1929). Sans conclure à la similitude entre les deux régimes, on peut retenir que cette remarque invite à une réflexion sur l'essence du régime totalitaire.

Vue générale du projet de camp de concentration de Lublin

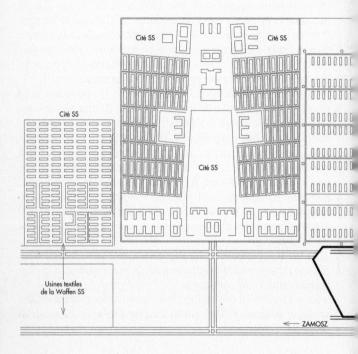

D'après le plan extrait de la brochure de Edward Gryn et Zofia Murawska, *Le Camp de concentration de Maïdanek*, Lublin, 1966.

Maïdanek daté de 1942

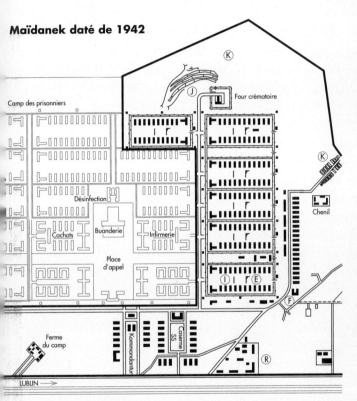

Camp des prisonniers

Désinfection

Cachots   Buanderie   Infirmerie

Place d'appel

Four crématoire

Chenil

Ferme du camp

Kommandantur

Caserne SS

LUBLIN →

Ⓕ Douches et chambres à gaz

Ⓔ et Ⓘ Potences et poteaux de tortures au centre des places d'appel des « six champs »

Ⓡ Dépôt des matériaux de construction

Ⓚ Terrains des exécutions en masse et des bûchers d'incinération

Ⓙ Fosses pour les victimes du massacre du 3 novembre 1943 ; dit la « Fête de la moisson »

Des lendemains qui chantent?

René Rémond

Qu'il est donc malaisé d'entrer, à un demi-siècle de distance, dans la compréhension des mentalités, de retrouver la couleur d'un temps et, même pour qui l'a vécu, de se rappeler avec exactitude le goût qu'il eut pour les contemporains! Valable pour toute époque, cet obstacle à la restitution intégrale du temps perdu est peut-être plus insurmontable encore pour les temps exceptionnels tels que la période de la Libération. Loin de la faciliter, les relectures successives dont elle a fait l'objet ont plutôt brouillé l'image, et je ne suis pas tout à fait certain que les réinterprétations les plus récentes ne soient pas, à tout prendre, plus éloignées de la réalité que les mythifications qu'elles prétendent démasquer.

Deux années en une

La tâche devient plus délicate encore si elle consiste à évoquer le passé dans le cadre rigide du découpage annuel. Comment, par exemple, distinguer l'année 1945 des derniers mois de 1944 ou des premières semaines de 1946 dans le souvenir comme dans la réalité? 1945 accole deux séquences distinctes entre lesquelles la date du 8 mai, qui marque la fin de la guerre en Europe, trace une césure irréductible. Avant, ce furent les derniers soubresauts d'un conflit qui ensanglantait le continent depuis plus de cinq ans et demi, et les quatre premiers mois de 1945 font étroitement corps avec le chapitre qui s'était ouvert le 6 juin 1944 et qui trouvait sa signification principale dans la libération totale du territoire national. Après commence autre chose dont la désignation est moins facile. Aucune dénomination ne s'impose avec la même force que celle de libération : on parlera de reconstruction, d'épuration, de rénovation, d'élaboration de nouvelles formules, en particulier d'institutions plus démocratiques. Hier, les pensées et les énergies étaient toutes tendues vers la libération de la patrie et la défaite de l'ennemi ; elles sont désormais tournées vers l'avenir, un avenir encore incertain, qu'on veut différent, qu'on souhaite meilleur. On rêve, pour reprendre la formule lancée par le parti communiste et qui a fait balle, qui demeure vivace aujourd'hui, de « lendemains qui chantent ». Cette simple division de l'année, ce partage entre deux séquences, dont la première bornait son horizon à des échéances rapprochées et dont la seconde débouche sur un avenir illimité, explique qu'au cours de l'année 1945 aient pu se succéder des états d'esprit différents et qu'elle puisse aujourd'hui appeler des interprétations contrastées.

À cette ambiguïté, d'autres raisons concourent. Toute situation, pour les contemporains, s'apprécie relativement, par un jeu de comparaisons, parfois raisonnées, plus généralement instinctives et subjectives : comparaison avec la situation immédiatement précédente, soit, en 1945, avec l'année qui vient de s'enfuir, qui a vu le débarquement et la libération de la majorité du territoire ; comparaison aussi avec les attentes, positives ou négatives, chargées d'espoir ou grosses d'inquiétudes.

Or, à ces deux points de vue, 1945 ne pouvait que souffrir du rapprochement avec 1944 qui avait été et qui restera dans la mémoire collective l'année de la Libération. N'est-il pas significatif que le mot s'écrive toujours avec une majuscule qui le solennise ? La très grande majorité des Français a connu alors un moment rare dans l'existence d'un peuple où il a le sentiment de communier dans un élan collectif, que les générations ne connaissent pas toutes. Tout y concourait : le soulagement que prennent fin l'occupation par l'ennemi et l'oppression qu'elle faisait peser sur le pays, la fierté retrouvée d'avoir pris part à sa libération, l'indépendance recouvrée. Une saison merveilleuse, un été incomparable. La qualité de la lumière, la légèreté de l'air avaient ajouté à l'éblouissement : les contemporains en garderont jusqu'à leur dernier souffle un souvenir émerveillé que traduit bien la belle affiche de Paul Colin, datée du 17 août 1944, qui montre une France ou une Marianne, à moitié aveuglée par la lumière trop vive qui l'éclaire soudain. À cet égard, l'épisode de l'été de 1944 rejoignait dans l'histoire nationale la fête de la Fédération, les premières semaines de la révolution de 1848 ou le 11 novembre 1918.

Si l'on objecte que cette unanimité était un leurre, qu'elle reposait sur la tromperie puisque, quatre ans plus tôt, l'unanimité était derrière le maréchal Pétain et que, quelques semaines plus tôt, des centaines de milliers de Parisiens avaient encore acclamé le chef de l'État français, je répondrais qu'il n'y a pas contradiction entre les deux séries de faits : dans l'été de 1944, en dehors de la petite minorité qui avait choisi la voie de la collaboration avec l'Allemagne du IIIe Reich, pour des motivations variées, le plus grand nombre, peut-être en oubliant un peu vite leurs sentiments antérieurs et en s'aveuglant sur leur propre évolution, mais généralement de bonne foi, a adhéré du fond du cœur à cette unanimité reconstituée : la force d'attraction d'un tel moment est puissante et grande aussi la capacité de l'esprit à recomposer son itinéraire. Comparée à l'allégresse de la Libération que n'avait encore assombrie aucune tristesse, l'année 1945 ne pouvait que décevoir.

La guerre continue

La guerre qu'on avait crue presque terminée dans l'été de 1944 perdure. Un sondage effectué par l'Institut français d'opinion publique, le 11 septembre 1944 – quinze jours seulement après l'accueil triomphal de Paris au général de Gaulle –, révèle que la plupart des personnes interrogées prévoient alors la fin de la guerre au plus tard pour le 15 novembre. Or non seulement les combats n'auront pas pris fin à cette date, mais on s'enfonce dans un sixième hiver de guerre. Mois après mois, l'échéance recule. On a même pu, à la veille de Noël, craindre le renversement du cours des opérations. Au cœur de l'hiver, l'offensive des Ardennes a brusquement fait prendre conscience que rien n'était encore définitivement gagné : l'Allemagne conservait encore des ressources et les Alliés pouvaient encore se laisser surprendre. L'année 1945 débute sous de mauvais signes : Strasbourg est menacé et il ne fallut pas moins que la conjonction de la détermination du général de Gaulle, appuyé par Churchill, et le désir d'Eisenhower de faire droit à la demande du chef du Gouvernement provisoire pour éviter à l'Alsace de retomber sous le joug nazi. Pendant quelques jours, les collaborateurs et ceux qui avaient eu quelque motif de souffrir dans leur personne, leurs biens ou leurs sentiments, des convulsions qui avaient accompagné la Libération, se sont repris à espérer. La propagande allemande excelle à jeter le trouble, tire parti des armes nouvelles, dont les chutes de V2 sur Londres apportent une confirmation. Les FFI sont impuissantes à réduire la résistance des poches que les Allemands continuent à tenir en Bretagne et dans les ports de l'Atlantique. Désormais, les Français doutent que la victoire soit proche. Interrogés à nouveau par l'IFOP, ils n'espèrent plus la fin de la guerre avant le 15 août ou le 15 septembre.

Elle vint plus tôt que prévu, mais trop de semaines s'étaient écoulées depuis la libération de la plus grande partie du territoire pour que les deux événements ne fussent pas profondément dissociés dans l'imaginaire collectif. De surcroît, le rapprochement n'était pas à l'avantage du second, comme un autre sondage en apporte la preuve : à la question « Quand avez-vous été le plus heureux, le jour de la Libération ou le jour de la victoire ? » 55 % répondent : le premier ; 40 % seulement choisissent le 8 mai. Le partage inégal est riche d'indications sur l'état des esprits et des sentiments. La Libération fut une fête, le 8 mai le fut moins. 1944 reste l'année de l'espérance, 1945 celle des épreuves et des déceptions.

Le 8 mai pâtit d'une autre comparaison qui s'impose alors

à tous : avec le 11 novembre 1918. La France célébrait alors
sa propre victoire. C'est le courage et l'endurance du poilu
français qui avaient eu la part prédominante dans la défaite
des armées allemandes ; c'est un Français qui avait exercé le
commandement suprême sur les armées alliées. En 1945, en
dépit des discours qui tentent de les persuader que la défaite
est effacée, et quelle que soit la part, non négligeable, prise
par la Résistance, les FFI, la Ire armée française et la 2e DB à
la lutte contre l'ennemi et à la Libération, les Français savent
bien que la France n'a joué qu'un rôle modeste dans la victoire. La France a été libérée par les Anglo-Américains et
c'est un général américain qui est le commandant suprême.
Autant de raisons pour que la Libération continue d'éclipser
dans l'amour-propre national et dans le souvenir la capitulation allemande et que 1944 soit parée dans l'imagination des
couleurs les plus riantes au détriment de 1945 qui sera plus
l'année de la déception et du désenchantement, quitte à
reporter ses espérances sur les lendemains qui chanteront.

La déconvenue

Si l'unanimité qui confondit un temps presque tous les
Français dans l'oubli du passé et la conviction d'avoir tous
refusé la défaite comportait une part d'équivoque, elle était
faite aussi de beaucoup d'illusions sur les lendemains immédiats : quoi de plus naturel que de croire que le départ des
occupants qui pillaient le pays et l'effondrement du régime
de Vichy allaient promptement changer les conditions
d'existence et dissiper les difficultés de la vie quotidienne
auxquelles les Français étaient affrontés depuis quatre ans ?
Or, après quelques jours d'euphorie, ils ne tardent pas à
constater que rien n'a changé. Il s'est alors produit un phénomène psychologique dont nous pouvons nous faire une
idée par ce que nous voyons aujourd'hui dans les pays
d'Europe centrale et orientale qui se sont récemment libérés
de la domination communiste : après un moment où les
peuples ont cru que c'en était fini de la pénurie et des priva-

tions, ils ont découvert que les lendemains n'étaient pas moins durs. Le désenchantement vient alors le disputer à la satisfaction de la liberté reconquise. De même en 1945 où le présent n'a rien d'enchanteur.

Non seulement la guerre se prolonge, et avec elle le cortège de restrictions et de contraintes qu'elle impose, mais au fil des jours on prend la mesure des ruines qu'elle a accumulées et des difficultés qui attendent gouvernants et gouvernés. Sans vouloir dresser un bilan exhaustif des dévastations, je rappellerai quelques données objectives qui indiquent un ordre de grandeur, composent le paysage et accablent les esprits. En se prolongeant, la guerre retient loin du pays et de leurs familles près de 1 million de prisonniers dans les Oflags et les Stalags, qui n'ont pas été « transformés » en travailleurs et qui vivent leur cinquième hiver de captivité, environ 780 000 travailleurs, les uns volontaires partis gagner leur vie ou trouver un emploi au titre de la Relève, ou requis du STO. Les jeunes Alsaciens et Mosellans incorporés de force dans la Wehrmacht sont quelque 160 000, dont beaucoup prisonniers en Union soviétique. Avec les déportés politiques et raciaux, c'est quelque 2,5 millions de Français qui n'ont pas participé à la joie de la Libération et dont l'absence a assombri celle de leur famille : l'impatience grandit à mesure que recule l'échéance de la victoire.

En se retirant, la « marée abominable », pour reprendre l'image gaullienne, découvre toute l'étendue des destructions : 1,5 million d'immeubles détruits ou gravement endommagés, 120 millions de mètres cubes à déblayer, quelque 100 millions de mines à désamorcer. Une première et nécessairement sommaire estimation évalue le total des dommages entre 1 500 et 2 000 milliards et à 20 milliards d'heures de travail des ouvriers du bâtiment la somme de temps qu'exigera la reconstruction. Avant même que les hostilités aient pris fin, l'opinion se convainc que ce n'est pas en quelques semaines, ni même en quelques mois, qu'il sera possible d'effacer les séquelles du conflit.

Quant aux conditions de la vie quotidienne, loin de s'améliorer, elles s'aggravèrent plutôt. L'hiver de 1944-1945 est l'un des plus froids de ces hivers de guerre qui ont tous été particulièrement rigoureux ; le gel des canaux entrave l'approvisionnement de la capitale en charbon. Des centaines de milliers de Français dont les habitations ont été détruites par les bombardements alliés ou les batailles de la Libération vivent dans des baraquements provisoires ou des logements d'infortune. Le ravitaillement reste précaire et parcimonieux ; les restrictions ne sont pas allégées. Pour fêter la victoire, quelques suppléments sont octroyés dont le caractère dérisoire souligne la rigueur des temps : 40 grammes de fromage sur les tickets 4 et 5 de mai et 1 litre de vin pour certaines catégories. Au temps de l'Occupation, on acceptait de plus ou moins bon cœur les privations dans l'attente de jours meilleurs. On les supporte moins aisément après le départ de l'occupant : que six ou huit mois après la Libération il faille encore se serrer la ceinture est plus difficile à accepter, et la tentation est grande de s'en prendre au gouvernement, d'incriminer son impéritie, de dénoncer l'incompétence des bureaux ou le marché noir. Au lendemain de la récolte de blé, la carte de pain sera supprimée, mais il faudra la rétablir en catastrophe pour le 1er janvier 1946. En mai éclatent en plusieurs villes des troubles qui s'apparentent aux émeutes de la faim que la France n'avait plus connues depuis un siècle. Le 15 mai, une foule furieuse envahit la préfecture du Rhône à Lyon. Ces réactions s'expliquent par la lassitude après six années de restrictions et de contraintes dont la population souffre dans sa chair. On estime que 70 % des hommes et 55 % des femmes ont perdu en moyenne 12 % de leur poids et que plus de 30 % des enfants des villes souffrent de rachitisme et ont des retards de croissance entre une et deux années.

Il convient de donner acte aux gouvernants qu'ils n'avaient pas déguisé la situation ni fardé la réalité. Le 7 janvier 1945, Pierre-Henri Teitgen, un des jeunes ministres issus de la Résistance et qui a en charge le ministère de l'Information, déclare : « 1945 sera l'année la plus dure. » Dix jours plus tard, le président du Gouvernement provisoire, dans une allocution radiodiffusée, assure : « Je me garderai d'affirmer que tout aille au mieux dans le meilleur des mondes. » Et s'adressant le 2 mars à l'Assemblée consultative qui, en l'absence de représentation élue, est l'interlocuteur du gouvernement, le général de Gaulle ne dore pas la pilule : « Nous commençons seulement à découvrir à la fois l'état véritable où nous laisse l'abominable marée et l'étendue de l'effort de reconstruction et de renouvellement qui s'impose pour de longues années. » En quelques mots, tout est dit : et l'ampleur de la tâche et la nécessité de l'effort et sa répartition sur des années, ainsi que les caractères de l'action à entreprendre définie par deux termes qui ne sont pas interchangeables : reconstruction et renouvellement.

Quelques jours à peine après la capitulation du IIIe Reich, le général de Gaulle revient sur la même idée dans la même enceinte : « Se tournant vers l'avenir, la France discerne le long et dur effort qui seul peut la rendre assez forte, fraternelle et nombreuse » (15 mai 1945). Et d'ajouter : « Nous n'avons jamais prétendu détenir un transcendant secret en vertu duquel le pays pouvait travailler, vivre, se nourrir. » Propos modeste qui répond peut-être au soupçon que certains commencent alors à murmurer de pouvoir personnel. Appel à l'effort de tous, refus de la démagogie.

De l'unanimité à la désunion

Autre chose va contribuer puissamment à transformer le climat et opposer 1945 à 1944 : le réveil de la vie politique et la résurgence des divisions, les unes anciennes, d'autres nouvelles qui ajoutent leurs effets à ceux des premières. À l'été et encore à l'automne de 1944 persiste un climat de concorde. À l'exception de ceux qui regrettent le Maréchal et la Révolution nationale, la masse des Français adhère d'un mouvement sans restriction ni repentance à l'élan qui rassemble la nation autour de la personne du libérateur et de son gouvernement. Tant que la guerre continue, l'impératif de la Défense nationale maintient soudées les forces vives et la poursuite des hostilités impose silence aux critiques et aux dissentiments. Le parti communiste s'est incliné, non sans maugréer, devant la décision du gouvernement de dissoudre les Milices patriotiques qui étaient son bras armé, à la fin d'octobre 1944. Si, ici ou là, des chefs de la Résistance intérieure sont heurtés et même blessés par l'attitude du général de Gaulle au cours de ses voyages en province, ils n'en laissent rien paraître et leur amertume ne déteint pas sur l'enthousiasme des foules qui l'acclament. Mais la vie politique qui était entrée en hibernation en septembre 1939 et y avait été maintenue soixante-cinq mois par les circonstances commence à sortir de sa léthargie au début de 1945.

La première fêlure dans l'unanimité se dessine en janvier 1945 à l'occasion du congrès que tient à Paris le Mouvement de libération nationale, l'un des deux grands rassemblements de la Résistance. Une majorité de délégués repousse alors les propositions de fusion adressées par le Front national, par crainte de la mainmise sur l'ensemble de la Résistance du parti communiste dont le Front national est en partie une émanation.

Il est dès lors manifeste que l'union réalisée dans la lutte clandestine contre l'occupant ne survivra pas durablement aux circonstances qui l'ont forgée. Il devient aussi évident que les mouvements de résistance ne prendront pas le relais des partis politiques : une chance de rénovation profonde de la vie politique est écartée. L'unanimité va rapidement se déliter et se fissurer.

Les premières attaques viennent du parti communiste : sans s'en prendre directement au général de Gaulle, il ouvre le feu sur certains de ses ministres. Il concentre le tir sur trois d'entre eux qui ont la responsabilité de ministères auxquels incombent des tâches délicates dans la situation critique de transition entre la guerre et le retour à la paix, entre la fin de l'Occupation et la restauration d'une vie normale. La presse et les élus communistes attaquent Henri Frenay, ministre des Prisonniers, bien que son administration réussisse le tour de force d'avoir déjà rapatrié au 1er juin, soit trois semaines seulement après la fin des hostilités, un million d'hommes. Ils reprochent à Pierre-Henri Teitgen, qui, comme ministre de l'Information, a la tâche ingrate de répartir la pénurie de

papier, sa politique et à François de Menthon la lenteur de
l'épuration. Les responsables du ravitaillement ne sont pas
davantage épargnés.

Le débat qui s'engage aux derniers jours de mars à
l'Assemblée consultative à propos du budget de l'Éducation nationale sur la suppression des subventions accordées par le gouvernement de Vichy aux écoles confession-
nelles démontre que la trêve est désormais rompue avec le
réveil de l'une des plus vieilles querelles politiques françaises. Le parti communiste, qui sait trouver sur ce point la
connivence des instituteurs socialistes qui exercent d'importantes responsabilités dans l'appareil de la SFIO, relance la
controverse. Bon moyen d'enfoncer un coin entre la gauche
traditionnelle et les chrétiens engagés dans la Résistance qui
se regroupent dans une nouvelle formation, le Mouvement
républicain populaire. Au reste, la question avait été soulevée dès le premier congrès socialiste, en novembre 1944. Les
radicaux – ou ce qu'il en reste – sont trop heureux de cette
possibilité de se reclasser à gauche et de faire oublier que, sur
toutes les autres questions à l'ordre du jour, leurs positions
les rejettent à droite. Par 128 voix contre 48, l'Assemblée
consultative provisoire adopte le 28 mars une motion qui
presse le gouvernement d'abroger sans délai les subventions
à l'enseignement confessionnel. Le gouvernement, qui n'y
est pas tenu, n'obtempère pas aussitôt et différera leur suppression jusqu'à la fin de l'année scolaire. Mais le germe a
été déposé d'une discorde qui se rattache plus aux souvenirs
du passé qu'aux espérances de l'avenir et qui contribuera à
l'affaiblissement de la IVe République.

D'autres questions, plus neuves, suscitent des divisions
plus profondes, notamment celles qui ont trait aux futures institutions. Le gouvernement a lui-même contribué à ranimer
le débat politique en choisissant de ne pas attendre la fin de
la guerre et le retour des Français retenus en Allemagne pour
organiser de premières élections en vue du renouvellement
des conseils municipaux : les précédentes élections municipales remontaient à 1935 et nombre de conseils, en particulier dans les villes, avaient été remplacés par des commissions

désignées par le gouvernement de Vichy. Résolu à tenir son engagement de rendre la parole au peuple, le général de Gaulle fait décider que le premier tour aura lieu le dimanche 29 avril et le second, quinze jours plus tard. La campagne s'ouvre dès le 14 avril et la radio d'État accorde deux émissions de quelques minutes chacune aux partis et aux mouvements de résistance. Si l'objectif explicite de la consultation est relativement limité – la désignation des hommes, et des femmes, puisque, pour la première fois, en application d'une ordonnance prise à Alger l'année précédente, les femmes votent et sont éligibles, qui géreront pour un mandat de courte durée les affaires locales –, l'enjeu politique est considérable : révéler le nouveau rapport de forces après une dizaine d'années. Aussi toutes les forces politiques s'engagent-elles dans la campagne avec ardeur.

Les résultats révèlent une forte poussée à gauche. Les modérés perdent la majorité dans quelque 7 000 communes, et les radicaux dans 2 000 autres environ. Le déplacement se fait à l'avantage des partis de gauche : les communistes, qui avaient la majorité avant-guerre dans 310 municipalités, sont maintenant les maîtres de 1 413, soit plus du quadruple, dont de nombreuses agglomérations urbaines ; le coefficient multiplicateur des socialistes est un peu moins élevé, mais ils partaient de plus haut – 1 376 communes : ils en contrôlent désormais plus de 4 000. Quant à la répartition des suffrages, les communistes en ont obtenu un peu plus de 29 %, soit près du double de leur meilleur résultat de l'avant-guerre. C'est un bouleversement qui pèsera lourd dans la vie politique : cette progression enhardit le parti communiste qui aura désormais le verbe haut. Les socialistes viennent loin derrière avec 11 %. Les modérés se situent autour de 22 %, et la nouvelle formation, animée principalement par des catholiques désireux d'être réintégrés dans la République, le MRP, autour de 15 %. Forts de ces résultats, les partis de gauche vont se montrer plus exigeants et tenir la dragée haute au gouvernement, encore que l'Assemblée consultative ne dispose pas de pouvoirs qui lui permettent de peser sur ses décisions. Ce n'est cependant pas des rangs des communistes ou des socialistes que sont parties les premières attaques contre la personne du général de Gaulle, mais des colonnes du journal *Combat* et de certains radicaux qui prêtent au chef du gouvernement des ambitions personnelles.

Le débat qui s'ouvre dès la fin de la guerre sur les institutions fait voler en éclats l'unanimité que les résistants avaient réussi à préserver jusque-là tant bien que mal. Les désaccords portent à la fois sur la procédure et sur le fond. L'initiative du général de Gaulle de consulter le peuple par voie de référendum sur les futures institutions heurte de front la sensibilité et les convictions de la gauche : la tradition républicaine, qui s'est formée par réaction contre les pratiques autoritaires du second Empire, refuse de distinguer entre référendum et plébiscite et tient toute consultation directe du corps électoral à l'initiative de l'exécutif pour une manifestation de césarisme. Voilà qui donne quelque consistance au soupçon de vouloir instaurer un régime personnel. Ce secteur de l'opinion est d'autant plus réservé à l'égard de la pratique que le projet gouvernemental comporte une disposition qui limite et la durée et les pouvoirs de la future Assemblée constituante : quel que soit le résultat de ses travaux, ses pouvoirs expireront après sept mois et ses compétences sont strictement délimitées.

Or la gauche – et singulièrement le parti communiste – identifie la démocratie à la souveraineté sans partage de l'Assemblée élue au suffrage universel : toute limitation de ses pouvoirs est interprétée comme une atteinte à la démocratie. Le parti communiste a d'autant plus de raisons de militer pour le respect de cette tradition que les résultats des élections l'autorisent à espérer être le maître de cette Assemblée et disposer de la majorité avec l'appoint des socialistes. Aussi mène-t-il une ardente campagne pour le oui-non : oui à la première question, qui exclurait le retour à la IIIe République, mais non aux dispositions limitatives. La campagne est très vive et se conclut par la victoire du point de vue soutenu par le général de Gaulle : le double oui, sur lequel se sont rejoints socialistes, républicains populaires et une partie des modérés (21 octobre 1945). La vie politique a retrouvé toute son animation : l'intérêt pour le débat est grand, les partis connaissent un taux d'adhésion exceptionnel pour un pays dont la culture politique est ordinairement fort réservée à leur égard.

Dès lors, la vie politique est rythmée par des tensions et des crises. La première éclate dès la réunion de la nouvelle Assemblée en novembre : après une manifestation d'unanimité – l'hommage rendu au général de Gaulle et sa désignation à l'unanimité pour former le nouveau gouvernement – surgit un différend grave entre lui et le parti communiste à propos de la répartition des ministères. Le Parti revendique l'un des trois ministères réputés de première importance : Affaires étrangères, Intérieur, Défense – dont l'attribution à l'un des siens signifierait sa réhabilitation pleine et entière, l'absolution pour ses erreurs de 1939-1941. Le refus catégorique du général de Gaulle au motif que ces trois départements ont un rapport étroit avec la conduite de la politique extérieure est ressenti par le parti communiste comme un affront : c'est refuser de le reconnaître comme un parti comme les autres. Un compromis règle provisoirement la question et évite la rupture. Mais ce n'est que partie remise.

Le climat des relations entre le chef du gouvernement et l'Assemblée se dégrade. Le président MRP de la commission constitutionnelle de l'Assemblée refuse de le tenir informé des travaux de la commission au nom de la séparation des pouvoirs. L'année s'achève sur un incident dont la plupart des intéressés n'ont pas sur le moment pressenti la portée : il surgit, à la fin du débat budgétaire, le 31 décembre, d'un amendement déposé au nom du groupe socialiste qui propose un abattement de 20 % sur l'ensemble des crédits militaires. À la reprise de la séance, dans l'après-midi, le général de Gaulle est présent et s'y oppose : le gouvernement ne saurait accepter une telle réduction. André Philip, puis Albert Gazier soutiennent l'amendement. Le chef du gouvernement en fait une question de confiance en termes des plus nets : « Le gouvernement a-t-il votre confiance ou ne l'a-t-il pas ? Vous avez le droit de le dire. Ces crédits, dont le gouvernement a besoin, vous les voterez ou vous ne les voterez pas et

le gouvernement tirera de votre vote toutes les conséquences. » Et d'ajouter un avertissement qui est alors passé
à peu près inaperçu mais qui prendra, quelques semaines
plus tard, une signification prémonitoire : « Ce sera sans
doute la dernière fois que je parlerai dans cette enceinte. Je
tiens donc à vous dire : Si vous ne tenez pas compte des
conditions de responsabilité et de dignité du gouvernement,
vous irez vers des temps où vous regretterez amèrement la
voie que vous avez prise. »

Ainsi l'année 1945 s'achève-t-elle au plan parlementaire
et dans les rapports entre les pouvoirs sur un épisode qui
contient en germe le départ du général de Gaulle et, avec son
passage ultérieur dans une opposition résolue au « régime des
partis », la division de l'opinion et l'affaiblissement des institutions. Du 1er janvier au 31 décembre 1945, l'unanimité initiale s'est muée en division de l'opinion ; elle n'est plus
qu'un souvenir douloureux pour tous ceux qui avaient fondé
sur elle l'espoir d'une rénovation.

Si de ce raccourci de l'évolution intérieure on rapproche la
détérioration de la situation internationale et la perception
qu'en ont les Français, on prendra l'exacte mesure du renversement de perspective dont 1945 a été le cadre. Un sondage opéré en décembre révèle qu'un Français sur deux est
alors persuadé qu'une autre guerre mondiale éclatera dans
les cinq prochaines années dont 37 % pensent que l'Europe
sera le théâtre principal. Concevoir dans l'année de la fin de
la guerre l'imminence et la vraisemblance d'un autre conflit,
voilà qui en dit long sur le pessimisme de l'opinion qui n'a
pas attendu les prodromes de la guerre froide. Quel contraste
avec l'euphorie de l'été 1944 et même avec l'attente ensuite
pleine d'espoir de janvier 1945 ! Qu'ils sont loin les lendemains qui devaient chanter !

Une volonté commune de rénovation

Ni cette anxiété pour l'avenir ni la morosité engendrée par le contraste trop cruel entre des espérances un peu chimériques et les dures contraintes d'une réalité inexorable, qui colore la tonalité de la fin de l'année et explique la relative indifférence de l'opinion au départ de De Gaulle vingt jours seulement après le changement de millésime, ne résument à elles seules l'état des esprits. L'année 1945 se caractérise tout autant par une résolution ferme de reconstruire le pays et par une aspiration très largement partagée à un profond renouvellement dont le langage du temps porte témoignage. Toute la famille des vocables qui ont en commun le préfixe « re » est mise à contribution : reconstruire, rebâtir, réparer. Ainsi Léon Blum parle-t-il de « régénérer les institutions et les mœurs de la République » (3 juin 1945). Que ce préfixe qui implique l'idée de répétition, de retour, de réitération, ne fasse pas illusion ! Ce n'est pas de restauration que l'on rêve, mais d'un renouveau.

C'est peut-être une différence de taille avec les lendemains de la victoire de 1918 : en 1945, il n'y a aucune nostalgie d'une prétendue Belle Époque idéalisée par le souvenir. L'avant-guerre a laissé à tous un goût de cendres et d'amertume. Presque tous rejettent ce passé qu'ils tiennent pour responsable de la tragédie à laquelle la France a failli succomber. C'est un point sur lequel droite et gauche, partisans de Vichy et résistants, fidèles du Maréchal et admirateurs du Général communient : pas question de retomber dans les errements d'hier. En particulier, la génération qui arrivait à l'âge d'homme en 1940 et qui a connu la plus grande humiliation que puisse connaître un peuple – la défaite et l'Occupation – s'est juré de travailler à ce qu'une telle catastrophe ne puisse jamais se reproduire ; elle a tiré de l'analyse des causes de la défaite la conviction que les institutions, l'économie, la société, la formation des élites devaient être réformées de fond en comble. Cette résolution rapproche les fondateurs d'Uriage comme les hommes du Comité général d'études qui réfléchissent à l'avenir de la France et aux moyens de refaire d'elle une nation unie et respectée : elle est partagée par la très grande majorité des Français. Consultés par référendum, les Français écartent par 96 % le retour aux institutions de la IIIᵉ République, le 21 octobre 1945, et signent son acte de décès : ils ont fait leur le vœu du général de Gaulle de faire « du neuf et du raisonnable ». Le parti communiste qui a inventé et lancé l'image des lendemains qui chantent est au premier rang de ceux qui cherchent à capitaliser l'aspiration au renouveau. Il fait un sort au terme de *renaissance* : le mot porte sa griffe ; chaque fois qu'on le rencontre dans la littérature du temps, on peut être sûr que les communistes ne sont pas loin. Par le truchement du Conseil national de la Résistance et des comités départementaux de libération où il détient des positions stratégiques, pour le 14 juillet – date symbolique –, il prépare des États généraux qui font référence explicite à ceux de 1789 dont devrait sortir un Conseil national de la Renaissance française. Au terme de son propre congrès qui se tient à la porte de Versailles du 26 au 30 juin en présence de 1 300 délégués, il adresse un manifeste à la nation française dont l'un des trois thèmes dominants s'énonce précisément Renaissance. Parallèlement, il encourage l'élaboration d'un ambitieux projet d'encyclopédie de la Renaissance appelée à prendre la suite de la grande *Encyclopédie* du siècle des Lumières. Mais, à l'exception d'une partie des modérés qui redoutent le changement et qui craignent surtout qu'il ne s'opère à leur détriment, et des radicaux demeurés fidèles à la IIIᵉ République et qui ont répondu non à la première question du référendum, les autres forces politiques, la SFIO, épurée et renouvelée, et le Mouvement républicain populaire ne sont pas en reste pour le désir de reconstruire le pays sur de nouveaux fondements.

Cette aspiration touche tous les secteurs : il n'en est guère qui ait échappé à cette fièvre de renouvellement. Elle a entraîné, on l'a vu, lors des élections municipales, une transformation du paysage politique qui a reçu la confirmation des élections le 21 octobre 1945. Sans préjuger des travaux de l'Assemblée constituante, l'année 1945 aura vu deux innovations de taille dans le fonctionnement des consultations : recours au référendum et introduction de la représentation proportionnelle. En choisissant de consulter directement le corps électoral, le général de Gaulle a relevé la pratique référendaire du discrédit où l'opinion démocratique la tenait depuis 1870 : le tabou est levé, et cette formule sera reprise plus tard dans la Constitution. Le choix du principe proportionnel n'est pas moins novateur ; c'est la rupture avec le scrutin majoritaire, le plus pratiqué depuis l'instauration de la République. L'activité économique, le statut de l'entreprise, les relations entre employeurs et salariés ne sont pas moins substantiellement transformés par l'ensemble des nationalisations, la création des comités d'entreprise. La relation entre les individus et la société est aussi modifiée par l'extension de la protection sociale. Bien d'autres domaines sont aussi affectés : l'information, avec la confiscation des périodiques qui avaient paru sous l'Occupation, la mise sous séquestre de leurs biens et leur gestion par une société qui les met à la disposition de la presse issue de la Résistance, et la volonté de créer une presse neuve et libérée de toutes les servitudes. L'éducation avec le projet de réforme élaboré par la commission Langevin-Wallon, la réforme de la formation des élites administratives avec la création de l'École nationale d'administration et la transformation de l'École libre des sciences politiques en un institut d'université dont la gestion est confiée à une Fondation nationale des sciences politiques. L'instruction des recrues subit aussi, sous l'impulsion du général de Lattre de Tassigny, une mutation d'importance. Sans parler de toutes les innovations techniques, de l'électrification de la SNCF sous la direction de Louis Armand aux premières recherches du Commissariat à l'énergie atomique.

Cette résolution survivra à toutes les vicissitudes ; elle ne se laissera pas affaiblir par le découragement ou la morosité. Elle continuera bien au-delà de l'année 1945 à animer les esprits et à susciter les énergies, jusqu'à ce que l'expansion soutenue par une croissance continue à partir de 1953-1954, puis la continuité de la volonté politique assurée par des institutions stables à partir de 1958 prennent le relais de la volonté de renouveau. À cet égard, l'année 1945 apparaît comme une année charnière : par ses initiatives, elle a disposé le socle sur lequel il a été ensuite possible de construire le renouveau. À ce titre, 1945 a bien préparé des lendemains qui chanteront. Le paradoxe – mais n'est-ce pas plutôt une sorte de réparation ? – est que récoltera les fruits de cet effort celui, revenu aux affaires, qui avait présidé à ses commencements en 1945 : Charles de Gaulle.

La mémoire empoisonnée

Robert Frank

Il n'est aucun pays européen, hormis peut-être l'Angleterre, qui n'ait de compte à régler avec sa Seconde Guerre mondiale. Les Allemands traînent la lourde culpabilité des atrocités du nazisme et du génocide. Les Italiens se demandent encore pourquoi ils ont suivi Mussolini. Croates, Slovaques, Hongrois, Roumains, Bulgares et Finlandais, à des degrés divers, ont pu s'interroger sur leur appartenance au « mauvais camp ». Même les pays situés du « bon côté » ont leurs problèmes, surtout s'ils ont été vaincus et ont subi l'Occupation. Car ils ont eu leurs collaborateurs, leurs collaborationnistes, leurs traîtres et leurs lâches. Certes, ces personnages constituent une minorité. Mais, d'une façon générale, les relations des pays occupés avec le vainqueur ne peuvent pas ne pas avoir comporté des ambiguïtés et des complicités. Les Belges, avec le roi Léopold, ont leur « question royale ». Les Danois ont eu un État qui a passé un compromis avec l'occupant nazi jusqu'en 1943, sans avoir, il est vrai, eu la moindre complicité idéologique ou militaire dans la répression des résistants ou la persécution des Juifs, bien au contraire. Même la « glorieuse » Union soviétique n'échappe pas au questionnement de la mémoire sur le pacte que Molotov a signé avec Ribbentrop en août 1939 et sur le massacre de plusieurs milliers d'officiers polonais à Katyn. Sur tout le continent, le conflit de 1939-1945 a été une guerre civile, ouverte et larvée, lourde de règlements de comptes présents ou à venir, et le déchirement de chacun des peuples a laissé des traces importantes dans chacune des mémoires nationales. Parce que le combat mené pendant cette guerre était lourd de sens, il a posé des problèmes de conscience. Au risque de jouer sur les mots, je serais tenté de dire que, sur le moment, tous n'étaient pas nécessairement conscients de cette question de conscience, voire refusaient purement et simplement que cela en fût une. Ces défaillances de la conscience immédiate expliquent bien des retours explosifs de mauvaise conscience après l'événement, après la fin de la guerre : ce décalage dans le temps est à la base de bien des troubles de la mémoire européenne à propos du conflit de 1939-1945.

La mémoire française de cette guerre [1] partage tous ces traits. Elle aussi est tout enflée de mauvaise conscience. Mais elle présente plusieurs spécificités. La première est de cumuler tous les troubles dont les autres mémoires nationales sont affectées partiellement : aux souvenirs cuisants de la défaite et de la collaboration s'ajoutent les blessures d'une nation qui se déchire, les interrogations sur la part de complicité dans le génocide, le goût amer laissé par une épuration parfois aveugle (même si elle fut moins terrible qu'on ne l'a dit). L'autre spécificité, à moins que cela soit la même, décrite sous une forme synthétique, est ce « syndrome de Vichy » analysé par Henry Rousso, c'est-à-dire « l'ensemble hétérogène des symptômes, des manifestations, en particulier dans la vie politique, sociale et culturelle, qui révèlent l'existence du traumatisme engendré par l'Occupation, particulièrement celui lié aux divisions internes, traumatisme qui s'est maintenu, parfois développé, après la fin des événements [2] ». Si l'« Occupation » est désignée comme fauteur et facteur de traumatisme, en fait ce sont les « divisions

---

1. L'Institut d'histoire du temps présent, dès sa fondation, s'est intéressé à l'histoire de cette mémoire. Cf. Robert Frank, « Les Français et la Seconde Guerre mondiale depuis 1945 : lectures et interprétations », in *Histoire et Temps présent, Journées d' études des correspondants départementaux, 28-29 novembre 1980,* Éd. du CNRS, 1981, p. 25-39. Voir aussi *La Mémoire des Français. Quarante ans de commémorations de la Seconde Guerre mondiale*, Éd. du CNRS, 1986.

2. Henry Rousso, *Le Syndrome de Vichy, de 1944 à nos jours,* 2ᵉ éd., Le Seuil, 1990, p. 18.

internes », donc franco-françaises et le souvenir que l'on a d'elles comme leurs récurrences dans notre vie nationale qui encombrent et empoisonnent nos mémoires. Le rôle premier est bien joué par « la guerre civile, en particulier l'avènement, l'influence et les actes du régime de Vichy », et ce, « plus que l'occupation étrangère, plus que la guerre, plus que la défaite qui, sans avoir bien entendu disparu des consciences, sont souvent observées et perçues à travers le prisme de Vichy[3] ». Précisons davantage : ce sont moins les déchirements franco-français en tant que tels qui font la différence (la plupart des pays occupés ont connu aussi des divisions) que la façon dont ils dérivent de l'existence de l'« État français ». L'originalité de la mémoire française doit donc être cherchée dans la nature même de Vichy, ou plutôt dans ce que cette nature a laissé de séquelles dans les mémoires : une expérience politique, fondée sur un changement de régime, ayant son autonomie d'action en matière de Révolution nationale par rapport à l'occupant ; un État qui a sa légitimité propre ; un maréchal, au centre du dispositif de Vichy, avec son aura, son autorité et sa capacité de séduction sur l'opinion. Si la mémoire française de l'Occupation est particulièrement brouillée, c'est que précisément le maréchalisme avait particulièrement brouillé les cartes à l'époque. Le syndrome de Vichy n'est-il donc pas avant tout le syndrome Pétain ?

Pourtant, on sent bien en même temps que la mémoire ne se réduit pas au syndrome. Quel que soit le poids de celui-ci dans les troubles de celle-là, il ne couvre pas toutes les composantes du souvenir. Pour tenter d'esquisser une histoire globale de la mémoire française de ces années noires, il faut d'abord s'interroger sur les différents acteurs et porteurs de mémoire (qui se souvient ?), puis sur les contenus (de quoi se souvient-on ?), afin de proposer une chronologie qui intègre deux ensembles souvent hétérogènes, à savoir les souvenirs de 1939-1945 dans l'histoire de 1945-1993. Si la logique

---

3. *Ibid.*

interne du travail de la mémoire met en avant l'ombre de
Vichy et de Pétain, la force des événements postérieurs et la
pression des événements du présent qui se remémore poussent
sur la scène de Gaulle, les communistes et les autres.

Les porteurs de mémoire

Les mémoires ont aussi une histoire

L'historien, depuis quelques années, s'intéresse de plus en
plus à la mémoire, et celle-ci devient pour lui une problématique familière. Auparavant, il s'en servait et s'en méfiait à la
fois. Cette opposition classique entre mémoire et histoire,
même si elle a encore une vertu opératoire, ne peut plus être
pensée tout à fait de la même manière. Oui, il reste clair que
la mémoire collective charrie des mythes, opère des tris,
organise la sélection et l'oubli, opère un travail de sacralisation, conformément à sa fonction principale qui est de forger
et de légitimer l'identité de la collectivité dont elle se
réclame. À sa manière, elle falsifie au moins partiellement le
passé pour construire le présent. La mission de l'historien se
situe à l'opposé, puisque, à la recherche de la vérité plutôt que
de la légitimité, il est là pour traquer et casser les mythes,
découvrir les victimes de la mémoire sélective et dévider la
bobine de l'oubli. Aussi, à la mémoire envisagée comme
source (écrite ou orale), il doit appliquer la méthode critique
de lecture. Mais les travaux pionniers de Philippe Joutard, de
Maurice Agulhon, d'Antoine Prost et de Pierre Nora ont
ouvert un nouveau champ de recherche : la mémoire n'est pas
seulement une source, elle est aussi, précisément avec ses
défaillances, ses troubles et ses mensonges, forcément significatifs, un fantastique objet d'histoire. Il vaut la peine de
faire l'histoire de la mémoire, c'est-à-dire l'histoire – la plus
objective possible – de la subjectivité collective et de son
rapport au passé. Ce type d'histoire, qui joue au moins sur
deux temporalités, l'époque de la remémoration et la période
remémorée, permet de mieux comprendre les enjeux de la
« présence du passé » (c'est la définition de la mémoire) à

un moment donné. Il est désormais banal de faire appel à Maurice Halbwachs[4] pour analyser les composantes de la mémoire collective, et cette approche est féconde pour étudier cette présence du passé de la Seconde Guerre mondiale, plus ou moins obsessionnelle dans les années postérieures à 1945.

L'individu, ce merveilleux vecteur de la mémoire collective

L'importance des mémoires individuelles n'est pas à négliger, même si la somme de ces dernières ne constitue pas la mémoire collective. Si Halbwachs a raison de nous expliquer qu'il n'est de mémoire que collective, tant l'individuelle est marquée par les cadres que lui assigne la société, il n'en est pas moins vrai qu'en dernière analyse c'est l'individu qui se souvient : sans écho dans le plus grand nombre de consciences individuelles, la mémoire socialement encadrée risque d'être un cadre vide dont la durée de vie serait comptée. Ces mémoires individuelles du second conflit mondial sont nourries pour certains par le souvenir direct d'événements vécus, et pour tous – y compris ceux qui ont vécu la période – par la transmission de représentations médiatisées au moyen de vecteurs variés (tradition orale, enseignement, littérature, cinéma, radio, télévision, etc.). Voilà pourquoi, pour reprendre la terminologie de Marie-Claire Lavabre[5], il convient de distinguer la « mémoire historique », qui est l'appropriation sélective de souvenirs historiques par le groupe, de la « mémoire commune » qui est l'« ensemble des souvenirs vécus par les individus et réinterprétés par le groupe », condition nécessaire pour que la mémoire collective soit une « mémoire vive ». Ainsi il ne faut pas sous-estimer le poids des mémoires individuelles dans la formation de la mémoire

---

4. Maurice Halbwachs, *Les Cadres sociaux de la mémoire*, Mouton, 1976 (1re éd., Alcan, 1925) ; *La Mémoire collective*, PUF, 1968 (1re éd. en 1950).

5. Marie-Claire Lavabre, *Histoire, Mémoire et Politique, le cas du parti communiste français,* 2 tomes, thèse de doctorat d'État en science politique, IEP de Paris, septembre 1992, p. 87.

collective, même si celle-ci façonne pour une large part celles-là, même si l'individu reste relativement passif dans ce travail de reconstruction sociale du passé.

Les mémoires de groupe

Ce sont les mémoires de groupe qui constituent l'élément moteur de la mémoire collective. Il s'agit des groupes d'acteurs ou de victimes constitués pendant l'événement dont ils revendiquent la remémoration. Ces mémoires reconstruisent, chacune à sa manière, ce passé commun. Différentes, parfois conflictuelles, elles sont militantes, car l'enjeu pour elles est de convaincre l'ensemble de la collectivité de la nécessité de lutter contre l'oubli. Sélectives par définition, elles ne livrent pas ce combat pour la même cause : chaque groupe, en triant différemment ses souvenirs pour les imposer à l'ensemble de la mémoire collective, se bat certes contre l'oubli, mais contre des oublis spécifiques, ce qui est une manière d'organiser d'autres formes d'oubli. Plus le groupe est structuré, et, deuxième condition, plus sa reconnaissance sociale est grande, plus importantes sont ses chances de faire accepter socialement son choix du passé. Tel est le cas des poilus de 1914-1918 qui ont su si bien fixer, et pour longtemps, le rituel des commémorations des guerres[6]. La façon dont ce groupe s'est fait une place dans la mémoire collective est un modèle du genre. Le succès d'une collectivisation maximale d'une mémoire dépend de la manière dont le groupe sait jouer de deux éléments essentiels : l'authenticité de l'« émotion », qui rend présent à tous, physiquement et affectivement, le passé choisi ; la validité du « message », qui donne à ce passé un « sens » pour l'avenir et fait que le sacrifice des acteurs du groupe n'ait pas été vain aux yeux des jeunes générations. Toute représentation s'enracine en effet d'autant plus profondément dans l'imaginaire social qu'elle assure, par le biais

---

6.Voir la thèse d'Antoine Prost, *Les Anciens Combattants et la Société française, 1914-1939,* 3 vol., *Histoire, Sociologie, Mentalités, et Idéologies,* Paris, Presses de la FNSP, 1977.

de la remémoration présente, ce relais entre les générations, entre le passé et le futur, entre la mémoire et l'espoir, entre la tradition et le projet. Artisans de la victoire, survivants d'une tuerie en masse, organisateurs du culte de leurs camarades morts, les anciens combattants de la Grande Guerre ont pu aisément faire communier la nation autour d'une émotion forte et partagée, en même temps que leur message républicain, patriotique, pacifique, voire pacifiste, appelait à un avenir plus serein. La mémoire de groupe des anciens combattants de 1914-1918 est en parfaite symbiose avec la mémoire collective nationale, grâce à la mise en harmonie de deux fonctions contradictoires : la distinction et le rassemblement. Honorer avec émotion les combattants morts et vivants de la Grande Guerre, c'est « distinguer » à tous les sens du mot les héros, tout en « rassemblant » la nation entière autour du message légué par ceux qui ont risqué leur vie.

Cette articulation entre l'émotion et le message, entre la distinction et le rassemblement, s'effectue moins bien dans le cas de la mémoire des acteurs français de la Seconde Guerre mondiale. D'abord, ce groupe n'est pas un, car la France éclatée de l'époque a vu se multiplier les groupes d'acteurs, et aucun d'entre eux n'a véritablement réussi à faire prévaloir sa mémoire auprès de la collectivité.

Une mémoire repliée : la mémoire des prisonniers de guerre

Le groupe le plus nombreux est sans conteste le plus silencieux : les millions de combattants de 1939-1940 ne peuvent en effet se glorifier d'une action qui a abouti à la défaite. Malgré leur courage, leurs souffrances et les risques encourus – le taux des pertes avec 200 000 morts en six semaines a été comparable à celui des pires moments de 1914-1918 –, malgré tous ces sacrifices, leur image de vaincus « leur colle à la peau[7] ». Parmi eux, les prisonniers de guerre constituent

---

7. François Cochet, *Histoire des prisonniers de guerre, déportés et STO (1945-1985). Les exclus de la victoire,* Paris, SPM, 1992, p. 169.

un groupe considérable – 1 850 000 hommes en 1940, soit 4 % de la population totale –, qui bénéficie de très peu de considération. Ils restent, selon la formule d'Yves Durand, les « soldats victimes de la débâcle[8] », les « soldats de la crosse en l'air ». Il est donc impossible à ces antihéros de faire partager leur émotion et de délivrer un message reconnu par la collectivité, tant ils incarnent la preuve vivante de la plus grande défaite que la France ait connue dans son histoire. Bien plus, ils ont été, souvent malgré eux, les « enfants chéris du régime de Vichy[9] », et sont perçus comme tels. Cette deuxième image, contaminée par le « syndrome », contribue à les dévaloriser et à faire d'eux l'un des symboles de la crise d'identité nationale. Les prisonniers de guerre et les combattants de 1939-1940 ne peuvent prétendre au prestige social dont a joui la précédente génération du feu. Aux poilus de 1914-1918, ils empruntent certaines valeurs : la fraternité, la solidarité, la nécessité d'inculquer à la nation l'esprit d'union. À l'« esprit des tranchées » correspond l'esprit des Stalags et des Oflags. Comme leurs aînés, ils expriment d'abord la haine vis-à-vis des Allemands, dans les années qui suivent immédiatement la guerre, pour ensuite se ranger au contraire parmi les artisans du rapprochement entre la France et l'Allemagne. Si leur mémoire collective est celle d'un groupe d'acteurs majoritaires, si elle est relativement structurée, elle reste socialement discrète, introvertie et repliée sur elle-même.

Une mémoire motrice : les résistants

La mémoire résistante, au contraire, a beaucoup d'atouts pour trouver un écho dans la mémoire collective. Elle présente certains points communs avec celle des combattants de 1914-1918. Glorieux eux aussi, les résistants peuvent jouer sur l'émotion collective, être perçus comme des héros

---

8. Yves Durand, *La Captivité. Histoire des prisonniers de guerre, 1939-1940,* FNCPG, 1980.
   9. François Cochet, *op. cit.*, p. 169.

avec lesquels beaucoup de Français voudront s'identifier, et leur exemplarité leur permet facilement de livrer un message à la communauté nationale et aux générations à venir. Leur passé a donc un avenir, et cela paraît le meilleur gage de pérennité de leur mémoire de groupe dans la mémoire collective française. Comme les poilus, ils se sont battus par réflexe patriotique et ont pris les anciens comme référence pendant les combats eux-mêmes. On pense aux maquisards de l'Ain qui, entrant dans Oyonnax pendant quelques heures le 11 novembre 1943, ont défilé avec une gerbe portant l'inscription : « Les vainqueurs de demain à ceux de 1914-1918. » Pourtant, les différences entre les deux générations du feu sont criantes. La mémoire de la Seconde Guerre mondiale a beau prendre modèle sur celle de la Première, elle a du mal à se couler dans le même moule, tant les enjeux des deux conflits ont été différents. Les résistants ne se sont pas seulement battus par réflexe patriotique. Une seconde motivation leur est propre, qui relève de la réflexion politique et morale : le combat pour la dignité humaine, contre le nazisme et le fascisme, contre toute forme d'oppression, y compris celle qui fut exercée par les autorités vichyssoises à leur encontre. Dans la France de l'époque, le combat résistant était clandestin et n'eut donc rien d'œcuménique. À la différence des poilus de 1914-1918, dont l'héroïsme est reconnu immédiatement et unanimement, les « patriotes » de 1940-1944, avant d'être consacrés comme héros, étaient considérés comme des « rebelles ». Bref, on trouve là à la fois la spécificité du second conflit mondial, bien plus idéologique que le premier, et la spécificité de la situation française : la mémoire résistante se trouve confrontée, elle aussi, au syndrome de Vichy. Le résistant fascine et dérange. Il n'est pas seulement un combattant de la guerre mondiale, il est aussi un acteur de la guerre franco-française. Son image est double, puisqu'il incarne à la fois le héros qui a sauvé l'honneur de la France et la preuve vivante que les Français, divisés, ne se reconnurent pas immédiatement en lui. Ainsi la chimie mémoriale et commémorative entre le thème de la « distinction » et celui du « rassemblement », si bien réussie

pour les combattants de la Grande Guerre, fonctionne mal
pour les résistants. Ceux-ci vivent une contradiction fondamentale dont ils n'ont jamais réussi à sortir. Ou bien ils
insistent sur ce qui les « distingue », au risque de se retrouver
marginalisés, comme ils l'étaient à l'époque, ce qu'ils veulent précisément éviter ; ou bien ils jouent le jeu du rassemblement autour d'un message unanimiste, au risque cette fois
de perdre leur âme, de masquer ce qui fit la spécificité de
leur combat, de gommer les déchirures nationales d'alors et
de faire croire que la France entière avait été derrière eux
pendant toute la période de l'Occupation.

Le tableau se complique du fait que les divisions entre résistants à l'époque se perpétuent après 1945. Les sensibilités
politiques structurent cette mémoire de groupe, bien plus que
celle des soldats de 1914-1918. La mémoire « gaulliste »
vante l'homme du 18 juin, privilégie les souvenirs de la
France libre, et se donne une teinture anticommuniste. La
mémoire « gaullienne », celle que le général de Gaulle a forgée lui-même à travers les cérémonies du 2 avril et du
11 novembre 1945, à travers ses *Mémoires de guerre* publiés
entre 1954 et 1957, est un peu différente. Elle se veut la moins
partisane et la plus rassembleuse possible, contribuant pleinement et volontairement à la fabrication du « mythe résistancialiste », selon la formule d'Henry Rousso. C'est le mythe
d'une France entièrement résistante, niant la spécificité du
combat résistant de 1940-1944, puisque la nation est présentée comme continûment unie pendant cette guerre de trente ans
commencée en 1914, derrière Clemenceau d'abord, et derrière
de Gaulle ensuite. La mémoire communiste met davantage
l'accent sur la « distinction » des combats de la Résistance
intérieure, sur le rôle du « peuple » et de la « classe ouvrière »,
sur celui des « petits » et des « sans-grade ». Pendant très
longtemps, elle gomme la période 1939-1941. Mais elle se
donne aussi une fonction intégratrice : avec l'image du parti
martyr, du « parti des fusillés [10] », elle vise à intégrer les com-

---

10. Le martyre des communistes fut réel, et nombreux furent les

munistes dans la communauté nationale. La Seconde Guerre mondiale est pour le PCF son heure de gloire, un événement fondateur ou refondateur, qui, légitimant toutes les luttes et revendications du présent, remplit les pages de *L'Humanité* de 1945 à nos jours, probablement plus que tout autre journal. Est-ce à dire que les mémoires résistantes se réduisent à cette bipolarisation entre mémoires gaulliste et communiste ? De fait, d'autres sensibilités existent et s'expriment, même si elles ne réussissent pas autant à se faire entendre. La mémoire socialiste ou socialisante privilégie, comme celle du PC, les souvenirs de la Résistance intérieure, mais comme la mémoire gaullienne, elle insiste sur les grandes figures nationales de l'épopée. La mémoire résistante de la la droite non gaulliste est la plus difficile à repérer, soit qu'elle s'aligne sur la mémoire gaulliste, soit qu'elle dérive d'une mémoire vichyssoise mal dégrossie, préférant taire le nom du Général et mettre en vedette dans la toponymie des rues et des places le nom d'autres soldats, tels Leclerc, ou, mieux, de Lattre de Tassigny, glorieux héritiers des Joffre et des Foch : on se situe à la limite entre la mémoire résistante proprement dite et la part de la mémoire non résistante qui accepte de faire des concessions à la mémoire de la France combattante.

La mémoire blessée : les déportés

La mémoire des déportés est bien singulière et a eu plus de peine que celle des résistants à trouver sa place dans la mémoire collective nationale. L'émotion est pourtant là en 1945, lorsque, souffrants et décharnés, les survivants des camps de la mort reviennent en France en costume de bagnard. L'opinion atterrée découvre alors pleinement l'horreur du nazisme. Mais rapidement « les signes de sollicitude s'estompent[11] » et les déportés donnent l'impression de déranger. Cette mémoire a été l'objet de travaux scienti-

communistes fusillés. Mais l'expression le « parti des 75 000 fusillés » relève du mythe, puisque le nombre total des Français fusillés par les Allemands est de 35 000 environ.

11. François Cochet, *op. cit.*, p. 168.

fiques, qui semblent aboutir à des résultats différents, sinon contradictoires. D'un côté, Michael Pollak montre que cette mémoire a, pendant longtemps, du mal à s'exprimer, tant est grande la part de l'indicible et de l'intransmissible [12]. Comment faire comprendre cette expérience extrême, cette dégradation suprême de l'humain à ceux qui ne les ont pas vécues ? Bien plus, comme le souligne François Cochet, comment les survivants, si peu nombreux, noyés dans l'« immense masse » de ceux qui n'ont rien vu, rien connu, peuvent-ils faire partager de telles souffrances et rendre crédibles leur parole et leur mémoire [13] ? Quel message délivrer, sinon celui de l'antinazisme, qui s'exprime mieux à travers les discours résistants que par ceux des déportés désemparés ? Significative est l'attitude de M. Leduc, maire de Meudon, qui, à l'occasion de la première Journée de la déportation en 1954, préfère évoquer son action de résistant plutôt que son passé de déporté [14]. « La volonté de témoigner ressentie pendant la détention (ou la déportation) n'a produit qu'un nombre relativement restreint de témoignages [15]. » Avec les « déportés raciaux », la difficulté de dire atteint son comble. Mais la thèse d'Annette Wieviorka nuance fortement le tableau [16]. Chiffres à l'appui, elle montre que les témoignages sur les camps de concentration ont été bien plus nombreux qu'on ne l'a cru. Dans l'immédiat après-guerre, le message a été émis en abondance par des témoins impatients de faire savoir jusqu'où peut aller la barbarie. Il n'y a pas indicibilité, mais plutôt incommunicabilité : si l'émission des signes et des signaux s'est effectuée convenablement, c'est

---

12. Michael Pollak, *L'Expérience concentrationnaire. Essai sur le maintien de l'identité sociale*, A.-M. Métailié, 1990.

13. François Cochet, *op. cit.*, p. 21.

14. Marie-Thérèse Frank, « Les Hauts-de-Seine », *La Mémoire des Français, op. cit.*, p. 129.

15. Nathalie Heinich, Michael Pollak, « Le témoignage », *Actes de la recherche en sciences sociales*, 62/63, 1986, cité par Henry Rousso, *op. cit.*, p. 188.

16. Annette Wieviorka, *Déportation et Génocide. Entre la mémoire et l'oubli*, Plon, 1992.

la réception de la part de la société française de 1945-1948 qui a été défectueuse. L'opinion n'était prête alors à « recevoir » ni psychologiquement ni intellectuellement : elle n'avait pas les outils conceptuels pour comprendre le génocide, c'est-à-dire l'inimaginable. La distinction, aujourd'hui familière, entre les camps d'extermination et les autres camps de concentration n'était pas faite, et ne pouvait être naturellement perçue, même par un grand nombre de déportés. Le symbole de l'horreur à l'époque, Annette Wieviorka le montre bien, n'était pas Auschwitz, mais Buchenwald, comme l'attestent les expressions des années quarante et cinquante (« être maigre comme quelqu'un qui sort de Buchenwald »). Auschwitz ne s'impose dans le vocabulaire qu'avec le temps, le temps d'étudier et de faire comprendre le système nazi concentrationnaire. Les deux points de vue de Michael Pollak et d'Annette Wieviorka ne sont pas incompatibles. L'émergence explosive du « dit » ne représente pas toute la part immergée de l'indicible. Cette face cachée est cette « part nocturne » dont parle Alain Finkielkraut : « Aussi prolifique, aussi détaillée soit-elle, la parole des déportés est comme enveloppée de silence [17]. » Les survivants des camps ont bien vécu après la guerre une vive tension entre la rage de transmettre et l'impuissance à communiquer. La question se pose de savoir si la mauvaise réception sociale de la mémoire des déportés en 1945-1948 n'a pas fini par tarir la source de la parole et de l'émission, dans les années suivantes, jusqu'au réveil des années soixante-dix. La mémoire juive française a mis ce même temps pour se singulariser par rapport aux autres mémoires de groupe et à la mémoire nationale.

Des mémoires sur la défensive

Les travailleurs en Allemagne, les requis du STO ont aussi une mémoire de groupe. Ils livrent même une bataille des mots qui est une bataille de la mémoire. Leur revendication

---

17. Alain Finkielkraut, *L'Avenir d'une négation. Réflexion sur la question du génocide*, Le Seuil, 1982, p. 94-95, cité par Henry Rousso, *op. cit.*, p.188.

est simple : obtenir le droit d'être appelés « déportés du travail », ce que les déportés des camps et les résistants refusent, au nom de la hiérarchie des souffrances, et, plus encore,
parce que, à leurs yeux, un requis est avant tout un non-
réfractaire qui a fui son devoir. En 1945, les choses n'étaient
pas si simples et les frontières pas si nettement tracées. Henri
Frenay, ministre des Prisonniers, Déportés et Rapatriés,
veillait à ce qu'il y ait égalité de traitement pour tous les
« rentrants ». L'affiche, mettant en scène le déporté, soutenu
par un prisonnier et un requis, porte le slogan bien significatif : « Ils sont unis. Ne les divisez pas ! » À l'époque enfin,
l'expression « déporté du travail » non seulement ne cho-
quait pas, mais était utilisée par les résistants, communistes
en tête. La guerre n'était pas terminée, et l'union des victimes de l'Allemagne et de Vichy était nécessaire pour
cimenter l'unité nationale. Très rapidement, cette solidarité,
quelque peu artificielle, se fissure. En 1948 encore, le 31 janvier, au congrès des requis, le ministre François Mitterrand
emploie le vocable de « déporté du travail ». Sur un ton
mesuré, ménageant toutes les sensibilités, il manie subtile-
ment la dialectique de la distinction et du rassemblement :
« On a tenté de représenter le déporté du travail comme un
Français s'étant laissé embarquer un beau jour pour l'Allemagne, mais qui aurait très bien pu sauter du train [...]. Il ne
faut pas permettre de dire que 750 000 jeunes Français ont
eu le privilège de la lâcheté. Il ne s'agit certes pas d'aligner
les souffrances qu'ont connues les déportés du travail avec
celles, beaucoup plus grandes, que vécurent les déportés
politiques[18]. » Le souci de plaire aux uns sans irriter les
autres n'empêche pas le ministre de commettre un péché
d'omission typique de l'époque : les « déportés raciaux »
sont alors les oubliés de l'histoire, voilà une confirmation de
ce qui vient d'être dit à leur sujet.

Si les anciens collaborationnistes ou leurs héritiers idéologiques n'ont pas réussi à constituer une véritable mémoire

---

18. François Cochet, *op. cit.*, p. 204.

de groupe, il n'en est pas de même de la mémoire pétainiste au sens militant du terme. Défensive, elle est confinée au cercle des défenseurs de la mémoire du Maréchal et à certains milieux d'extrême droite. Le thème central du plaidoyer *pro domo* consiste à développer le mythe du double jeu de Pétain entre les Alliés et les Allemands. Marginale à bien des égards, cette mémoire joue cependant un rôle non négligeable, dans la mesure où elle trouve des relais dans d'autres recoins de la mémoire collective.

Mémoire officielle, mémoire savante et mémoire diffuse

Le poids des autorités

En effet, si toutes ces mémoires de groupes sont relativement structurées, elles ne sont que des morceaux de la mémoire collective. C'est particulièrement vrai pour la Seconde Guerre mondiale. Il en est de la mémoire des années noires comme de la France de l'époque : elle est éclatée géographiquement, politiquement, moralement et idéologiquement. La fonction de la mémoire officielle, celle des autorités qui s'expriment par des discours ou à travers les commémorations, est précisément de donner une unité à cet ensemble hétérogène, agité de forces centrifuges. C'est elle qui donne ou refuse le droit de cité aux mémoires de groupes. Mémoire structurante, elle est particulièrement sélective, et son choix du passé est mis au service de sa fonction de base : assurer l'union et maintenir l'identité de la communauté dont les autorités ont la charge – la cité, la nation. Lorsqu'elle distingue – y compris par des distinctions honorifiques –, c'est pour mieux rassembler, jamais pour singulariser et encore moins pour diviser. La tâche était plus facile lorsqu'il s'agissait d'honorer les anciens combattants de 1914-1918. Pour créer une mémoire dominante et unifiée de la Seconde Guerre mondiale, la mémoire officielle gomme les déchirures de la guerre franco-française et les actions honteuses du régime de Vichy. Le mythe résistancialiste est plus le fait de la mémoire officielle que de la mémoire du groupe résistant. Et la mémoire officielle a été fécondée par la mémoire gaullienne, car le général de Gaulle a donné le ton dès 1945, comme président du Gouvernement provisoire plutôt que comme chef de la Résistance.

Le rôle des historiens

Il est une autre composante qu'il convient de ne pas négliger : la mémoire savante. Les historiens, qu'ils le veuillent ou non, participent à leur petit niveau, et d'une façon paradoxale, au façonnement de la mémoire collective. Certes, leur mission est critique par rapport à cette dernière. En principe, ils devraient plus la détruire que la construire, puisque leur métier consiste précisément à démonter et à décaper les mythes forgés par elle. Mais ce travail de démythification finit, avec un décalage, par imprégner l'enseignement des professeurs d'histoire et les manuels scolaires, et donc influencer les jeunes classes d'âge. À cet égard, les conséquences de la « révolution paxtonienne » de 1973 (date de la traduction de *La France de Vichy* publié par Robert Paxton aux États-Unis, un an plus tôt) sont importantes. En prouvant que les autorités de Vichy ne jouaient pas un double jeu entre Allemands et Alliés, mais qu'elles allaient elles-mêmes au-devant des demandes allemandes, en remettant en perspective l'impact du régime de Pétain sur la société française à court et à long terme, l'historien américain portait un coup aux mythes vichyssois et gaullien à la fois. Cet apport a été très largement pris en compte dix ans plus tard par les manuels écrits à l'occasion des nouveaux programmes de 1983, qui, d'ailleurs, accordent une meilleure place à l'étude de ces années noires. Il en résulte une vision de la Seconde Guerre mondiale différente chez les jeunes lycéens et collégiens : moins mythique et, à bien des égards, plus réaliste. Les résultats d'un sondage de 1990, comparant la tranche d'âge des 18-44 ans à un échantillon d'étudiants et de lycéens, sont significatifs : parmi les premiers, 50 % pensent que la préoccupation principale des Français était de résister contre l'occupant, contre 26 %

seulement chez les étudiants et lycéens[19]. La mémoire savante contribue donc à apporter des éléments de différenciation au sein de la mémoire collective, qui sont fonction du niveau d'instruction, de l'âge et des générations.

La mémoire publique ou diffuse

La mémoire d'une collectivité aussi complexe que la collectivité française ne peut cependant s'enfermer ni dans les cadres épars des mémoires de groupes ni dans les sélections de la mémoire officielle ni dans les analyses austères de la mémoire savante. Ce que nous avons eu l'occasion d'appeler la « mémoire publique », « cette part diffuse, indéfinissable et fluctuante de la mémoire collective[20] », ou la « mémoire diffuse », pour reprendre la formule d'Henry Rousso[21], est l'objet de toutes les sollicitations, un véritable enjeu de conquête pour les mémoires structurées. Pourtant, elle n'est pas seulement passive, car elle constitue la réponse sociale, bonne ou mauvaise, stable ou éphémère, à ces autres mémoires. Celles-ci ont prise sur la société, mais leur sélection ou leur volonté de mémoire est plus ou moins bien reçue par cette dernière. Marie-Claire Lavabre a raison de dire que, dans le travail de mémoire, le « choix du passé » ne se confond pas avec le « poids du passé ». Le « choix » opéré par les mémoires structurées a d'autant plus de chances de trouver des résistances du côté de la mémoire publique que le « poids » de ce même passé pèse lourdement sur la collectivité et qu'il y a laissé des « traces » profondes. Le mythe gaullien ou résistancialiste, qui tend à refouler Vichy, peut à tel moment perdre de son répondant dans l'ensemble du corps

---

19. Philippe Bernard, « Que savent les générations d'après-guerre ? », in *Les Échos de la mémoire. Tabous et enseignement de la Seconde Guerre mondiale*, textes réunis et présentés par Georges Kantin et Gilles Manceron, préface de Claude Julien, Le Monde éditions, p. 22-26.

20. Robert Frank, « Bilan d'une enquête », in *La Mémoire des Français, op. cit.*, p. 373.

21. Henry Rousso, *Le Syndrome de Vichy, op. cit.*, chap. VII.

558   *La France des années noires*

social, et les souvenirs de Vichy, des déchirements entre Français jaillissent alors, significatifs d'un « syndrome ». Au fond, en matière de mémoire, comme dans d'autres domaines, la société conserve un important degré d'autonomie par rapport aux autorités ou aux groupes constitués. Est-ce à dire qu'il existe une mémoire sociale de la Seconde Guerre mondiale préexistante, marquée par le passé lui-même, indépendamment de la reconstruction opérée à partir du présent ? La question pourrait être longuement débattue. L'historien aurait sans doute tendance à croire à la force des événements de 1940-1944 et à les juger comme assez traumatisants pour imprimer les mémoires et susciter des souvenirs incontrôlés, capables de submerger les barrières de l'occultation. De toute façon, même si, dans la mémoire, tout est reconstruction à partir du présent, même si l'on accorde le primat à la notion de choix, le poids n'en existe pas moins. Le poids du passé, comme l'enfer, « c'est les autres », ou plutôt le choix effectué par les autres. Et le rôle de l'historien est de comprendre ce qui donne un écho social au choix des autres à tel moment, dans tel contexte.

La mémoire diffuse, mémoire croisée des uns et des autres, est évidemment la plus difficile à appréhender. Avec succès, Henry Rousso l'a traquée à travers les sondages, le succès des livres, des films et des programmes de télévision portant sur la Seconde Guerre mondiale, et il montre que l'intérêt accordé à ces années noires n'est pas seulement l'apanage d'une élite politique ou intellectuelle. Les « vecteurs de la mémoire » jouent un rôle important dans la transmission des souvenirs et le façonnement de cette mémoire publique : outre ceux qui viennent d'être cités (littérature, cinéma, télévision), il faut signaler l'importance des commémorations et de la tradition orale (en particulier, les récits de famille). Toutes les composantes de la mémoire sont impliquées par ces vecteurs, à la fois comme émettrices et réceptrices : les mémoires de groupes, la mémoire officielle, la mémoire savante cherchent à investir ces moyens de transmission, tout en étant influencées par eux. Quant à la mémoire diffuse, elle ne se contente pas de recevoir les messages, puisqu'elle peut participer à leur émission : ouvrages, productions filmiques ou télévisées sont l'œuvre d'individus qui, échappant le plus souvent aux mémoires structurées, délivrent des souvenirs ayant valeur d'authenticité. Des films à succès comme *Jeux interdits* (1952), *La Traversée de Paris* (1956), *La Vache et le Prisonnier* (1959), *Le Passage du Rhin* (1959) mettent en scène des sujets peu commémorables ou peu revendiqués par les mémoires militantes, mais qui ont frappé l'imaginaire social – l'exode de 1940, les pénuries et le marché noir, la vie des prisonniers de guerre. Une grande part de la mémoire diffuse est donc faite de cette « mémoire commune » dont parle Marie-Claire Lavabre, c'est-à-dire celle qui se reconnaît dans le souvenir d'événements vécus ensemble. Aussi est-il important de prendre en compte la dimension génération-nelle. La mémoire ne peut être tout à fait identique selon que l'on a vécu la guerre ou non, selon que l'on avait dix ans, vingt ans, ou quarante ans et plus pendant le conflit. De ce fait, la mémoire diffuse se répand partout, y compris dans les groupes et les petites collectivités. Il n'y a pas que du com-muniste dans la mémoire communiste de la Seconde Guerre mondiale, car cette mémoire pourtant hautement militante comporte cette part fluctuante acquise par les communistes hors de leur groupe, souvent au sein de leur génération. D'où les sensibilités différentes : l'image de De Gaulle, après sa mort, est positive chez les communistes qui ont vécu la Résistance, alors qu'elle est négative chez les communistes nés sous la Ve République [22].

De toutes ces mémoires qui se croisent et s'imbriquent, émerge-t-il une mémoire dominante ? La réponse à cette question est difficile, d'autant qu'il faut étudier aussi bien le dit et l'explicite que l'implicite et le non-dit. Chaque grand événement de 1939-1945 a laissé des « traces », et en même temps a été objet de réinterprétation, voire d'occultation.

---

22. Marie-Claire Lavabre, *op. cit.*

Les objets de la mémoire

Que commémorer
de la Seconde Guerre mondiale ?

De quoi se souviennent les Français des années 1939-1945 ?
Les commémorations peuvent en donner une idée. Mais
elles ne révèlent qu'une partie de leurs souvenirs, car elles
privilégient la mémoire officielle et les mémoires résistantes, aux dépens des autres. Par leurs silences et leur difficulté à s'imposer, elles n'en sont pas moins significatives du
trouble français par rapport au second conflit mondial.

Une commémoration est une remémoration collective
autour d'un événement ou d'un personnage, tendant à rassembler une communauté à l'occasion de l'anniversaire de cet
événement ou de ce personnage. L'articulation entre l'émotion et le message doit jouer à plein pour le succès de la célébration, et c'est tout à fait le cas pour la Première Guerre
mondiale : le 11 novembre, jour de l'armistice de 1918, est
immédiatement devenu un jour de fête reconnu par tous les
Français. Autour de cet anniversaire d'une victoire incontes-
tée pour la France, l'union sacrée de 1914 est pendant
quelques instants sans cesse renouvelée autour des poilus
morts pour le pays. Cette journée est déclarée fériée dès 1922.
Au contraire, la mémoire de la Seconde Guerre mondiale a
bien du mal à se trouver un événement commémorable et à se
fixer sur un calendrier. Fait significatif, le 11 novembre a
capté les cérémonies du second conflit : en 1945, la cérémonie gigantesque organisée à l'Arc de Triomphe par de Gaulle
rassemble autour du soldat inconnu de la Grande Guerre
quinze cercueils de combattants et de victimes de 1939-1945,
qui sont ensuite transportés dans une casemate du mont
Valérien, haut lieu du martyre de la Résistance. Ainsi s'inscrit la symbolique de la solidarité des deux générations du feu
autour de ce qu'il appelle la « guerre de trente ans ». Dès les
années suivantes s'instaure une double commémoration
associant ces deux mêmes lieux et liant les deux guerres. Un
rituel est ainsi fixé : la flamme de l'Étoile sert à générer le feu

des flambeaux du mont Valérien, et l'Inconnu de 1914-1918 est ainsi consacré père de toutes les victimes de guerre. Mais ce choix du 11 novembre gomme la spécificité des combats de la Seconde Guerre mondiale.

Le 18 juin 1940 apparaît trop comme une fête gaulliste pour créer l'unanimité. Les combattants de la Résistance extérieure lui accordent leur préférence. Cette journée revêt une importance particulière en 1960 lorsque le Général inaugure le Mémorial de la France combattante : les quinze cercueils du 11 novembre 1945, devenus seize entre-temps, trouvent là leur sépulture définitive, autour d'un dix-septième cercueil vide, destiné au Compagnon de la Libération qui mourra le dernier. À leurs côtés est placée une urne contenant les cendres de déportés. Le cordon n'est toujours pas coupé avec la Grande Guerre : la flamme permanente de ce nouveau monument est inaugurée par de Gaulle avec un flambeau allumé à la flamme nourricière de l'Arc de Triomphe.

La Libération de 1944 semble une meilleure occasion de fêtes, célébrées avec ferveur, car on se souvient de la joie authentique de ces folles journées. Mais la prolongation des congés payés (troisième semaine en 1956) et l'augmentation des départs en vacances provoquent un déclin relatif de ces festivités, de toute façon dispersées pendant le mois d'août. Peu à peu, c'est le 8 mai, anniversaire de la capitulation allemande de 1945, qui s'impose, laborieusement, comme date unifiant les commémorations. Son histoire est bien plus mouvementée que celle du 11 novembre. Les résistants, souhaitant une fête spécifique, revendiquant pour elle un traitement d'égalité avec la fête de la victoire de 1918, livrent un long combat qui se déroule en cinq étapes principales. Dès 1946, une « fête nationale » est instituée, mais elle est fixée au dimanche qui suit le 8 mai, car aucun jour férié n'est prévu. Dès lors, la commémoration est concurrencée par la fête de Jeanne d'Arc, qui fait une heureuse diversion aux yeux de ceux qui refusent de reconnaître la spécificité résistante. Deuxième phase : après une bataille parlementaire, tour à tour menée par les communistes et les gaullistes, le 8 mai est déclaré férié par la loi du 20 mars 1953. Mais, troisième période, après le retour du général de Gaulle au pouvoir, le décret du 11 avril 1959 supprime le jour férié, et la commémoration est célébrée le deuxième dimanche de mai. Une exception est faite en 1965 pour le 20e anniversaire. Les résistants, surtout ceux qui se réclament de la Résistance intérieure, d'accord avec l'opposition de gauche, manifestent leur mécontentement en continuant de défiler le jour du 8 mai. Pour mettre fin au petit jeu des doubles commémorations, le décret du 17 janvier 1968 ramène les cérémonies au 8 mai, en fin d'après-midi après le travail. La quatrième étape est marquée par la décision de Valéry Giscard d'Estaing en 1975 de ne plus célébrer, par esprit européen, l'anniversaire à partir de l'année suivante. Il choisit le 11 novembre comme journée nationale pour les victimes françaises de toutes les guerres. Cette mesure ranime les passions et les associations de résistants crient au contresens historique : le 11 novembre est par essence nationaliste et anti-allemand, alors que le 8 mai peut revêtir une dimension européenne, puisque dans le combat antinazi se reconnaissent des Allemands comme Willy Brandt. La dernière phase est marquée, après l'élection de François Mitterrand, par la loi du 23 septembre 1981, qui, votée à l'unanimité moins une voix, celle de Maurice Couve de Murville, refait du 8 mai un jour férié. Dans cette bataille, on le voit, un clivage entre mémoire de droite et mémoire de gauche apparaît à partir de 1959. La première tend à gommer la spécificité du second conflit mondial, la seconde préférant au contraire la souligner. Bien que l'anniversaire de 1945 finisse par s'imposer institutionnellement, il n'a pas le succès populaire du 11 novembre. Il suscite moins de ferveur que les commémorations locales d'événements de la Seconde Guerre mondiale, qui donnent lieu à des fêtes entre résistants, chaleureuses, mais marginalisées. L'espace commémoratif aussi révèle cette dispersion. Les monuments spécifiques de la Seconde Guerre mondiale sont peu nombreux : on se contente souvent d'une plaque ajoutée aux monuments aux morts de 1914-1918. Mais lorsqu'ils existent, ils se situent rarement au cœur de la cité, mais plutôt sur les lieux de l'action ou de la souffrance. La mémoire officielle a donc du mal à unifier la mémoire du second conflit, et les mémoires résistantes courent le risque d'être tenues à l'écart de la collectivité. Le 8 mai divise la nation plus qu'il ne la rassemble, comme la guerre dont il ne sait trop quoi commémorer et qui honorer. En effet, l'hétérogénéité de l'événement et la multiplicité des acteurs et des victimes de la Seconde Guerre mondiale – qui contraste avec l'unicité du statut du combattant de 1914-1918 – rendent difficile l'unanimisme. Celui-ci apparaît comme artificiel, dans la mesure où les déchirements nationaux entre 1940 et 1944 restent présents dans la mémoire diffuse des Français. Enfin, cette journée renvoie à une victoire dont on sent confusément qu'elle fut mal assurée par la France. D'ailleurs, pour désigner la fin de la guerre, l'expression la plus utilisée, faisant fi de la chronologie, est : « à la Libération », moment vécu certainement plus intensément. Notre langage est une mémoire, et, au fond, il n'a jamais vraiment célébré la victoire du 8 mai. Derrière le souvenir de 1945, point celui de 1940, bien plus cuisant. Bref, il est difficile de commémorer ce qui est tristement mémorable.

Le poids de l'incommémorable

Les résistants font incontestablement partie du camp des vainqueurs de la Seconde Guerre mondiale, mais, finalement, ce « camp » a représenté peu de monde en France. Minoritaires dans le pays, ils ont du mal à lutter contre une certaine marginalité dans la mémoire. Les Français ont toujours entretenu des relations ambivalentes avec ces combattants de l'ombre, faites de fascination et de distance. Le résistant est à la fois l'homme qui se bat pour rendre l'honneur au pays, et le « rebelle », le gêneur, celui par qui la guerre continue, voire celui qui a pu déchaîner la répression de l'occupant. Certes il y eut assez tôt adhésion de l'opinion à la Résistance, mais elle se manifesta par une sympathie et une reconnaissance, plutôt que par une action effective, et la mémoire se ressent de cet état de fait.

Or, à la racine de cette passivité française, on trouve le phénomène Vichy, et plus encore le phénomène Pétain,

« quintessence du syndrome » de Vichy[23]. Le Maréchal, vainqueur de Verdun, le plus français des Français, fait signer l'armistice, engrenage vers la collaboration d'État, accepte et fait accepter la défaite, mieux l'instrumentalise pour justifier la Révolution nationale et la fin de la République. Même si les Français n'ont pas adhéré entièrement à toutes ses politiques intimement imbriquées, même si l'évolution de la France pétainiste à la France résistante commence relativement tôt, avec de nombreux à-coups, des avancées et des reculs, il n'en reste pas moins vrai que le « maréchalisme », c'est-à-dire l'attachement au maréchal, a été un phénomène majoritaire pendant une bonne partie de l'Occupation. Ce phénomène, unique dans l'Europe occupée, a deux conséquences : le charisme protecteur de Pétain en faisant écran entre les Français et les résistants est à l'origine de la distance relative qui existe encore entre mémoire résistante et mémoire diffuse ; d'autre part, le Maréchal, en se plaçant comme intermédiaire entre Vichy et l'opinion, a anesthésié celle-ci face aux actes du régime, face aux mesures antirépublicaines et antisémites. De cette passivité par rapport à la guerre mondiale, de cet engourdissement des Français devant la politique d'exclusion de Vichy, il reste dans l'inconscient collectif un trouble curieux et une impression diffuse de complicité coupable, mais inavouée. Là réside la spécificité française, par rapport à la mémoire d'autres pays occupés : ce malaise est ancré profondément dans la société et dépasse largement les milieux responsables du régime. D'où une première attitude qui a longtemps prévalu : le refoulement et le silence sur les actes noirs de ces années noires, parce qu'ils rappellent que, même si on ne les a pas approuvés, on a éprouvé de la sympathie pour le chef qui les a couverts.

---

23. Henry Rousso, *op. cit.*, p. 333.

Le traumatisme originel : 1940

Prolongeons cette remontée dans la mémoire. Après celle de la victoire de 1945, après celle des années 1940-1944, on arrive à la déchirure originelle de 1940. La fascination pour le Maréchal, le sauveur, est à la mesure du séisme enregistré, à savoir la défaite de la France, la plus grande de son histoire, la débâcle et l'exode. Il ne faut pas craindre de répéter cette banalité : le choc a été tel que les Français ont eu du mal à s'en relever et qu'il a marqué à jamais les générations qui l'ont vécu. Les joies de la victoire de 1945 n'ont pas vraiment réussi à panser la blessure profonde de 1940. Ce désastre constitue la grande cassure de l'image que les Français avaient d'eux-mêmes. Il faut dire que, parmi les pays vaincus en cette funeste année, la France est la seule grande puissance et que dans sa culture politique d'État puissant une telle catastrophe en si peu de temps – six semaines – n'était tout simplement pas envisageable. Il n'y a pas eu seulement défaite, mais déchéance. Cette crise d'identité de grande puissance a eu des conséquences importantes. Qu'un grand pays comme la France pût être abandonné à son sort et au vainqueur allemand était pour beaucoup peu concevable, et le maréchal Pétain, qui décidait de rester, profita habilement de cette situation et de ce sentiment. Par ailleurs, ce complexe de 1940 est à l'origine, après la guerre, de nombreux fantasmes de compensation. En France, le « plus jamais ça » ne concerne plus la guerre, comme entre 1919 et 1939, mais la défaite. Après 1945, le pacifisme n'a plus bonne presse, alors que, dans l'Allemagne postnazie, il apparaît comme salutaire. L'armée est l'objet de toutes les sollicitudes, et même les commémorations du second conflit mondial adoptent un tour plus militaire que celle du 11 novembre : les poilus en civil n'avaient rien à prouver, alors que de Gaulle, dès la cérémonie des Drapeaux en avril 1945 – la guerre n'est pas finie –, veut donner un certain lustre à la nouvelle armée française. Après 1945, tout risque de recul diplomatique ou militaire renvoie au syndrome de Munich ou au traumatisme de 1940. D'où les crispations sur l'Empire, les difficultés

françaises de la décolonisation et les sursauts nationalistes.
Est-ce à dire que l'absence du complexe de 1940 en Grande-
Bretagne a facilité la décolonisation britannique ? Ce serait
beaucoup dire, d'autant que les Anglais aussi ont commis
l'erreur de voir en Nasser en 1956 un Hitler qu'il fallait
arrêter au plus vite. Il reste que le complexe français existe
et qu'il a fallu sans doute le retour du général de Gaulle pour
l'exorciser. L'opinion n'avait certainement pas attendu
son arrivée au pouvoir pour aspirer à un changement de politique en Algérie et à la paix, mais le fait que le premier résistant de France accepte l'irréparable a facilité d'une façon
décisive les ultimes évolutions : encore le recours au héros
mythique d'une guerre précédente. Par ailleurs, le succès
auprès de l'opinion de la politique extérieure gaullienne de
grandeur, l'adhésion à la politique d'indépendance et à la
politique nucléaire, apparaissent aussi comme un désir d'en
finir avec 1940.

Par rapport aux autres grandes puissances, la défaite a mis
la France entre parenthèses entre 1940 et 1944. Cette inaction
a pesé lourdement *a posteriori* sur les mentalités. Voilà un
grand pays qui, pendant quatre ans, est privé de tout projet.
« On nous a volé quatre années de notre avenir », écrit Jean-
Paul Sartre dans le premier numéro des *Temps modernes*. De
ce « huis clos » de l'inaction jaillit le besoin de « projet », et
la France, sans devenir sartrienne pour autant, a eu soif de
futur. Certes, l'aspiration au renouveau existait dès les
années trente et animait les élites, tant dans certains milieux
vichyssois que dans la Résistance. Mais elle éclate et se diffuse dans de larges couches de la société après la Libération.
L'interrogation sur les causes de la défaite oriente ces projets
dans le sens de la rénovation économique. La dictature des
pénuries et des restrictions confirme cette nécessité. On sent
que le confort et la grandeur passent par l'économie, et la
défaite a prouvé que celle-ci doit constituer le choix prioritaire. En ce sens, le désastre a opéré une véritable révolution
culturelle : « Mon sentiment d'appartenir à un grand peuple
(grand par l'idée qu'il se faisait du monde et de lui, et de lui
dans le monde, selon un code de valeurs qui ne reposait ni sur

le nombre, ni sur la force, ni sur l'argent) avait subi quelques entailles. J'ai vécu 1940 : inutile d'en dire plus » (François Mitterrand[24]).

La bataille de la production, la volonté de modernisation, quelles que soient ici ou là les réticences, et la politique de croissance constituent le meilleur objet de consensus social pendant les Trente Glorieuses. La génération de la guerre est celle qui a « retroussé ses manches » et radicalement transformé l'économie du pays, comme elle ne l'a jamais été. On a parlé d'un « miracle français » comparable au « miracle allemand », « italien » ou « japonais ». Si la notion de « miracle économique » après 1945 est un bon critère de défaite, la France fait bien partie du club des puissances vaincues. À bien des égards, ce sursaut vital a accru le « degré de communauté nationale » dont parle Stanley Hoffmann et nourri la nouvelle « synthèse républicaine ». En ce sens, la mémoire de la Seconde Guerre mondiale a réussi à bien faire jouer sa fonction intégratrice, paradoxalement mieux que celle de la Grande Guerre. François Cochet montre comment le besoin de revanche des anciens prisonniers de guerre passe après 1945 par une volonté de promotion sociale, et comment leur fréquente réussite professionnelle a constitué leur victoire. Les héros de 1914-1918 n'avaient pas pu imposer l'esprit de fraternité, l'esprit des tranchées à une société de l'entre-deux-guerres où primait l'expérience du « chacun pour soi ». Moins prestigieux et silencieux, les vaincus de 1939-1940 ont mieux su insuffler là où ils travaillaient, dans les entreprises et les administrations, les valeurs de solidarité acquises dans les Stalags et les Oflags[25].

D'une façon générale, le prix à payer en a été l'organisation de certains oublis, comme s'il s'agissait d'une « stratégie de survie mentale[26] ». Pour combler le déficit d'avenir, il a fallu

---

24. François Mitterrand, *L'Abeille et l'Architecte*, Flammarion, 1978.

25. François Cochet, *op. cit.*, p. 213-229.

26. L'expression est empruntée à Rolf Wittenbrock, « Entre pères et fils », in *Les Échos de la mémoire, op. cit.*, p. 87.

dégraisser le poids du passé. C'est le syndrome de 1940 qui, chronologiquement, a joué le premier, comme un ressort sur lequel la nation a su rebondir. Enfoui, le syndrome de Vichy s'est réveillé plus tard, précisément lorsque les horizons se sont voilés et que le futur a semblé moins assuré.

L'évolution des enjeux de mémoire

Les enjeux du présent sont déterminants dans le façonnement de la mémoire de la Seconde Guerre mondiale et son évolution. Plusieurs chronologies de cette mémoire, assez voisines les unes des autres, ont été proposées[27]. Tentons ici une rapide synthèse. Quatre ou cinq phases sont à distinguer.

Le deuil et l'unanimité, 1945-1947
Dans l'immédiat après-guerre, le temps paraît être à l'union et aux retrouvailles nationales. Les milieux résistants cultivent cet unanimisme que les vaincus de la Libération n'osent encore troubler, et l'unité des vainqueurs est symbolisée par le tripartisme au pouvoir. Pendant ces années se sont construits les principaux mythes. Dès la Libération, le général de Gaulle forge le mythe de la France naturellement et majoritairement résistante contre l'occupant, une France sans Vichy, qui n'a guère eu besoin des résistants pour résister. À la même époque, le parti communiste se présente comme le « parti des 75 000 fusillés ». Ainsi les pôles les plus structurés de la mémoire de la Seconde Guerre mondiale

---

27. Robert Frank, « Les Français et la Seconde Guerre mondiale depuis 1945 : lectures et interprétations », in *Histoire et Temps présent, op. cit.,* p. 30-33 ; « À propos des commémorations françaises de la Deuxième Guerre mondiale », in *Mémoire de la Seconde Guerre mondiale,* Actes du colloque de Metz, 6-8 octobre 1983 présentés par Alfred Wahl, université de Metz, Metz 1984, p. 281-290 ; et « Bilan d'une enquête », in *La Mémoire des Français, op. cit.,* 1986, p. 388-393. Henry Rousso a consacré toute la première partie de son livre à l'« évolution » du syndrome, *Le Syndrome de Vichy, op. cit.,* p. 29-248.

sont mis en place. Le retour des déportés suscite l'émotion. « Politiques » ou « raciaux », ils veulent témoigner, s'exprimer, sans être toujours écoutés. Les commémorations, qui fixent alors leurs rites en les alignant sur ceux des célébrations du conflit précédent, les ignorent, au profit des résistants ou d'une Résistance désincarnée. Mais la mémoire officielle et les mémoires résistantes ne sont pas les seules responsables de ce choix du passé. De toute façon, l'exclusion dont les déportés ont souffert a créé chez eux un besoin impérieux de non-différenciation des mémoires et d'intégration dans la société. À cette époque, plus que jamais, la mémoire des Juifs de France se veut une mémoire française, intégrée dans le moule de la culture républicaine, et il serait anachronique de voir alors l'émergence d'une mémoire juive spécifique. De même que l'on n'établit pas trop de différences entre les victimes du nazisme, on ne différencie pas les vichyssois des collaborationnistes, tous « collabos » selon l'expression de l'époque. La découverte de l'horreur des camps exacerbe la colère contre tous ceux-ci réunis.

Cris et déchirements (1947-1954)

À partir de 1947 commencent les grands affrontements entre les différentes mémoires de groupes. La mémoire résistante se déchire et la rupture ne se situe pas à l'occasion de l'évincement des communistes du gouvernement en mai, mais le 14 juillet lorsque la gauche défile sous le signe de la « défense républicaine » contre le RPF, récemment créé par de Gaulle. Le 11 novembre 1948 est quasi insurrectionnel, du fait des militants communistes ; le 18 juin 1949 donne lieu à des affrontements violents entre gaullistes et communistes à l'occasion de l'inauguration du pont et de la station de métro Bir-Hakeim par Pierre de Gaulle, frère du Général et président du Conseil de Paris : l'enjeu politique du présent réveille les différences de sensibilité du passé entre Résistance extérieure et résistants de l'intérieur.

À la faveur de la guerre froide, il y a recrudescence de l'anticommunisme à l'Ouest et en France. La droite, jusqu'alors désarçonnée, trouve là l'occasion de relever la tête.

La mémoire militante vichyssoise se réveille et trouve quelque écho dans les milieux de la droite modérée. Le pamphlet de 1948 du chanoine Desgranges s'en prend aux « crimes du résistancialisme ». Naît alors la légende noire de l'épuration (on parle de 100 000 exécutions, soit dix fois plus que la réalité), qui permet de démonétiser la Résistance sans l'attaquer frontalement et de dénoncer les communistes. Dans ce climat politique, le RPF cherche le mieux possible à rassembler les droites : ainsi fleurit ce que Fred Kupferman appelle le « pétaino-gaullisme[28] ». En avril 1950, le colonel Rémy lance le mythe selon lequel la France devait avoir deux cordes à son arc en juin 1940 : la corde Pétain et la corde de Gaulle. Même si celui-ci désavoue son compagnon, une nouvelle légende est ainsi née, que le Maréchal avait tenté de lancer en août 1944 : celle du bouclier et de l'épée. Les lois d'amnistie de 1951 et de 1953 achèvent de diviser les résistants selon le clivage droite-gauche. En 1954 enfin, le livre de Robert Aron, *Histoire de Vichy*, distingue le bon Vichy, celui de Pétain, du mauvais Vichy, celui de Laval. Face à cette revanche des vichyssois, les résistants marquent malgré tout un point. Ils obtiennent que soit reconnue la spécificité de leur mémoire : ils gagnent la bataille du 8 mai, qui devient jour férié en 1953.

La mémoire publique, ballottée entre toutes ces mémoires de groupes, ne parvient pas à trouver une unité. Le procès des responsables du massacre d'Oradour à Bordeaux en janvier 1953 traumatise l'opinion, et suscite l'affrontement entre deux mémoires régionales, celles du Limousin et de l'Alsace[29]. La querelle de la CED bat alors son plein, et les anticédistes, communistes et gaullistes – ils se retrouvent dans le même camp – invoquent la mémoire de la guerre et agitent l'épouvantail germanique pour lutter contre ce projet d'armée

---

28. Fred Kupferman, *Les Premiers Beaux Jours 1944-1946*, Calmann-Lévy, 1985, p. 106.

29. Pierre Barral, « L'affaire d'Oradour, affrontement de deux mémoires », in *Mémoire de la Seconde Guerre mondiale*, Actes du colloque de Metz, 6-8 octobre 1983, *op. cit.*, p. 243-252.

européenne qui englobe des régiments allemands. Mais cette attitude ne recouvre pas toutes les opinions résistantes.

Silences et refoulements (1955-1969)

Peut-être a-t-on exagéré l'impact de la querelle de la CED dans l'opinion, en la considérant comme une seconde affaire Dreyfus. De fait, cet enjeu du présent s'articule imparfaitement avec les disputes du passé. Les résistants sont divisés, car pour eux l'image de l'Allemagne de 1939-1945 est ambivalente : selon qu'ils la présentent comme la fille de la Germanie éternelle ou seulement comme le produit du nazisme vaincu et remplacé par la démocratique République d'Adenauer, ils se déclarent défavorables ou partisans de la CED. Les communistes, qui jusqu'alors avaient insisté sur la dimension antifasciste du combat résistant, n'hésitent pas à enfourcher le cheval de l'antigermanisme primaire, par hostilité pour la République fédérale d'Allemagne, trop « pro-américaine » à leurs yeux. Le nationalisme aussi devient à cette occasion leur référent : le 8 mai 1953 et 1954, *L'Humanité* invite à célébrer dans la même cérémonie Jeanne d'Arc et Danièle Casanova, résistante communiste morte en déportation le 8 mai 1943. Les combats du présent impliquent cette instrumentalisation du passé. De fait, le débat sur la question allemande et l'émergence des souvenirs de l'Occupation s'estompent au fur et à mesure de la querelle, pour laisser plus de place aux discussions sur la supranationalité. D'ailleurs, à peine la France a-t-elle fait échouer le projet de CED en août 1954, que la RFA entre dans l'OTAN en 1955 et reçoit l'autorisation de réarmer, sans que l'événement déchaîne dans le pays une émotion considérable, si ce n'est dans les colonnes de la presse communiste. De par sa longueur, le débat de la CED a donc paradoxalement contribué à faire évoluer les esprits dans le sens du rapprochement franco-allemand.

En ce sens, le milieu des années cinquante constitue un tournant. La haine de l'Allemagne s'efface. Déjà, le 6 octobre 1952, la première rencontre de football France-Allemagne depuis la guerre s'est correctement déroulée au stade de

Colombes, même si un ancien déporté est venu manifester silencieusement en pyjama rayé. Les Allemands ont eu le bon goût de perdre par trois buts à un et le match n'a pas donné lieu aux violentes bagarres qui avaient marqué la première rencontre franco-allemande de l'après Première Guerre mondiale en 1931[30]. Quant à l'état d'esprit des anciens prisonniers de guerre, il change du tout au tout en un laps de temps relativement court. Leurs sentiments antigermaniques d'origine se muent en sentiment pro-européen. Leur fédération nationale ne prend parti ni pour ni contre la CED, préférant observer la neutralité. En mai 1953, au congrès de La Baule, en plein débat national, sans se prononcer sur cette affaire d'armée européenne, elle se déclare officiellement, pour la première fois, en faveur d'une « communauté organisée » au sein de l'Europe « où les hommes pourront, sans haine ni frontières, librement développer et échanger leurs richesses et leurs ressources morales, intellectuelles et matérielles[31] ». Les travaux de François Cochet montrent que, dès 1955, le ton devient presque amical entre anciens prisonniers de guerre français et allemands. Leurs associations favorisent les jumelages de villes, appuient chaleureusement les négociations du Marché commun, et en janvier 1957 les journées de Francfort marquent, pour la première fois sur le territoire allemand, la réconciliation entre prisonniers de guerre français, belges, néerlandais et allemands[32].

L'apaisement se voit aussi en France entre les mémoires résistantes. Il faut dire que la guerre froide proprement dite touche à sa fin et que l'affrontement Est-Ouest change de

---

30. O. Merlin, « Vingt et un ans après, à Colombes, le match France-Allemagne », *Le Monde*, 7 octobre 1952.

31. Walter Lipgens, « Le rôle des associations d'anciens combattants et victimes de la guerre dans le mouvement européen », in *Mémoire de la Seconde Guerre mondiale*, Actes du colloque de Metz, 6-8 octobre 1983, *op. cit.*, p. 102 et 106-107.

32. François Cochet, « Prisonniers, déportés et rapatriés dans le rapprochement franco-allemand des années soixante », communication au colloque de Genève organisé par Antoine Fleury, « Mémoires des guerres et conscience européenne », 21-22 mai 1993.

style en se transformant en compétition et en coexistence pacifique. Peu à peu, résistants communistes et non communistes retrouvent certains chemins de la solidarité. Il y a bien la guerre d'Algérie qui réactive les souvenirs, les divisions et fait rejouer la faille franco-française[33]. Mais le retour du Général au pouvoir impose l'hégémonie unifiante de la mémoire gaullienne. Au même moment, la croissance finit par imposer un changement social intense qui rejette certains aspects de la guerre au plus profond de la mémoire. C'est alors, selon l'expression d'Henry Rousso, le temps du refoulement de Vichy, de la guerre franco-française et de la spécificité du combat résistant. En décembre 1964 a lieu un moment fort du rituel de cette mémoire officielle dominante : la panthéonisation de Jean Moulin. Dans son discours, André Malraux glorifie de Gaulle, Moulin, l'unité de la Résistance, plus qu'il n'évoque les résistants eux-mêmes[34]. La télévision, dont le rôle est désormais socialement important, symbolise bien cette « mémoire d'État » : pour elle, la Seconde Guerre mondiale, c'est presque uniquement la vision militaire de la Résistance. Rien sur Vichy, la collaboration, les camps de concentration, sauf, en 1960 et 1961, et « tard le soir », la transmission du film *Nuit et Brouillard* d'Alain Resnais[35]. Justement, ce film, produit en 1956, atteste que le cinéma peut se permettre des libertés et qu'il n'a pas le même statut que la télévision, dont la fonction est de viser l'audience de masse et donc le consensus. La mémoire officielle triomphe, mais il ne faut pas surestimer son impact sur la société. Nous avons dit comment le succès de certains films de la fin des années cinquante montre que des sujets moins glorieux que la Résistance trouvent un écho dans la mémoire diffuse. Certes, aucun d'entre eux n'est véritablement dérangeant, sauf un autre film de Resnais, *Hiroshima, mon amour* (1959), qui évoque, fugiti-

33. Cf. Henry Rousso, *op. cit.*, p. 93-100.
34. *Ibid.*, p. 100-117.
35. Isabelle Veyrat-Masson, « La télévision, mémoire d'État », in *Les Échos de la mémoire, op. cit.,* p. 176-187.

vement, le souvenir de la femme tondue et du soldat allemand aimé.

La mémoire savante commence son œuvre, et échappe aussi partiellement à l'hégémonie de la mémoire officielle. Le Comité d'histoire de la Deuxième Guerre mondiale, né en 1951 de la fusion de deux autres institutions créées à la Libération, lance, sous la direction d'Henri Michel, des travaux de valeur scientifique. La Résistance est étudiée dans sa diversité, la période 1940-1944 n'est plus considérée comme un bloc mais analysée dans sa chronologie fine. Dès 1966, avant Paxton, le lien indissoluble entre la Révolution nationale et la collaboration d'État est montré, ce qui équivaut à une remise en question des thèses de Robert Aron sur Vichy.

Une bonne part de la mémoire résistante prend également ses distances par rapport à la mémoire gaullienne, et refuse de participer à la confection du mythe résistancialiste. En effet, les associations protestent contre la suppression du 8 mai comme jour férié en 1959, et organisent des cérémonies parallèles en marge des célébrations officielles. Luttant pour la spécificité de leur mémoire, ils disent à leur manière que Vichy a existé et qu'ils ont combattu le régime. C'est pour les résistants de gauche l'occasion des premières manifestations unitaires en 1964, préfigurant l'union scellée autour de François Mitterrand, l'année suivante.

Le « retour du refoulé », de 1969 à nos jours

Même si elle ne contrôle pas toute la mémoire collective, la mémoire gaullienne réussit à imposer son hégémonie, jusqu'au départ et à la mort du Général. Déjà, 1968 a constitué une première rupture culturelle et générationnelle. Les jeunes soixante-huitards n'ont pas de comptes personnels à régler avec une époque qu'ils n'ont pas vécue, ni avec Pétain ni avec la Résistance. Ils veulent en savoir plus et ne se contentent plus de légendes dorées. Henry Rousso a montré comment, dans la France de Georges Pompidou, plusieurs événements clés viennent provoquer le « retour du refoulé ». En 1971, le film *Le Chagrin et la Pitié* de Marcel Ophuls démythifie l'image de la France unanimement résistante, provoquant une polémique qui fait date ; la même année, Pompidou accorde discrètement sa grâce à Touvier, ancien responsable de la Milice et, lorsque cette mesure est connue, elle provoque une émotion considérable ; en 1973 paraît le livre de Paxton. Dès lors, Vichy perd son caractère tabou, pour devenir bientôt une obsession. Dans les années suivantes, les « affaires » se multiplient donnant l'occasion de parler de l'antisémitisme d'État de Vichy et de la complicité du régime dans l'exécution de la « solution finale » : l'interview de Darquier de Pellepoix dans *L'Express*, le 28 octobre 1978, la polémique autour de la non-diffusion puis de la diffusion d'*Holocauste* en France (1978-1979), l'inculpation de Jean Leguay pour crimes contre l'humanité en 1979, la renaissance des thèses négationnistes autour de Robert Faurisson (1978-1981), le lancement de l'affaire Papon en mai 1981, l'inculpation de Klaus Barbie en 1983 et son procès en 1987, plus récemment les vicissitudes autour de l'arrestation et de l'inculpation de Paul Touvier et de René Bousquet, puis autour du meurtre de ce dernier. Pendant les années soixante-dix, on assiste au réveil, ou plutôt à l'éveil d'une mémoire juive qui cherche son identité. D'où cette quête éperdue des responsabilités françaises dans les drames dont les Juifs ont été victimes.

Le cinéma des années soixante-dix remet aussi en cause les mythes de la mémoire officielle et déborde les perceptions des mémoires résistantes. La mode *rétro* présente des sujets jusqu'alors occultés : l'histoire d'un jeune milicien (*Lacombe Lucien* de Louis Malle en 1974), les rafles du Vel' d'Hiv' (*Les Guichets du Louvre* de Michel Mitrani en 1974), la justice de Vichy (*Section spéciale* de Costa-Gavras en 1975), le rôle des Arméniens et des Juifs dans la Résistance (*L'Affiche rouge* de Frank Cassenti en 1976)[36]. Parfois, elle

---

36. Cf. le dossier de Jean-Michel Andrault, Jean-Pierre Bertin-Maghit, Gérard Vincent, « Le cinéma français et la Seconde Guerre mondiale », *La Revue du Cinéma*, n° 378, décembre 1982 ; Henry Rousso, *op. cit.*, p. 266-275.

en vient à construire le contre-mythe d'une France continûment et majoritairement veule et lâche entre 1940 et 1944.

Dans les années quatre-vingt et quatre-vingt-dix, cette mode
disparaît, et la polémique s'estompe, au cinéma du moins.
Les « affaires », elles, continuent, manifestant l'obsession
de Vichy dans l'imaginaire social français[37]. Mais, depuis
quelques années, les enjeux de mémoire connaissent un inflé-
chissement et un déplacement. Dans la mesure où Vichy
semble avoir perdu la bataille de la mémoire, où le régime
peut difficilement être réhabilité, c'est la Résistance qui
devient le nouveau nœud des polémiques. Klaus Barbie
lance de fausses accusations posthumes à propos de l'affaire
de l'arrestation de Jean Moulin à Caluire. En 1993, Thierry
Wolton insinue sans preuve véritable que ce même Jean
Moulin aurait livré des informations aux services de renseignements soviétiques. Depuis la chute du mur de Berlin en
1989 et de l'Union soviétique en 1991, l'anticommunisme
devient rétrospectivement un devoir sacré, comme l'antifascisme, après la chute du nazisme. Dans ce contexte, l'anachronisme va bon train, et le reproche concernant les
alliances entre communisme et Résistance est utilisé pour
attaquer celle-ci frontalement comme on ne l'a jamais fait.
Voilà pourquoi il était devenu urgent que la Résistance fût à
nouveau un chantier pour les historiens afin qu'ils y regardent
de plus près. Iconoclastes, ils le sont par profession. Ils s'attaquent tant aux images pieuses qu'aux anachronismes et aux
déformations. Leur but est scientifique et non idéologique ou
polémique. Daniel Cordier, à la fois acteur et savant, témoin
et historien, a magistralement commencé à défricher le terrain
et d'autres travaux ont suivi. La France a encore mal à sa
Seconde Guerre mondiale. Le syndrome change de forme
(celui de 1940, celui – central – de Vichy, maintenant celui
de la Résistance), mais il a encore de beaux jours devant lui,
tant que l'histoire n'aura pas complètement pris le relais de la
mémoire dans l'esprit de nos contemporains.

---

37. Voir Éric Conan et Henri Rousso, *Vichy, un passé qui ne passe
pas*, Fayard, 1994.

Conclusion

Jean-Pierre Azéma et François Bédarida

AU TERME de ces deux volumes où l'on s'est attaché à présenter, sur le mode pluriel, les multiples et dramatiques composantes de l'histoire de la France entre 1939 et 1945, trois idées-forces se dégagent.

D'abord la dureté extrême de l'épreuve traversée par la nation. Noires, ces années le furent pour tous ceux et toutes celles qui eurent à subir dans la réalité de leur chair tant de deuils, d'angoisses et de souffrances. Noires, elles demeurent dans la mémoire collective : une mémoire qui persiste, troublée et incertaine, face à ce passé si proche aux significations mal maîtrisées et contradictoires, que ce soit parmi les générations ayant vécu l'événement ou bien chez les plus jeunes – le plus grand nombre aujourd'hui – qui continuent de s'interroger fiévreusement sur pareil cortège mêlé de hontes et de gloires.

Rien n'a pu effacer le choc de 1940. Présent ou sous-jacent, le trauma est toujours à l'œuvre, entraînant la perte des repères familiers. Dès lors l'interrogation ne cesse de tarauder, qui porte sur la survie même de la nation : y a-t-il un avenir pour la France, et si oui lequel ? De là, durant ces années, les terribles fractures, les sanglants affrontements, qu'ont aggravés encore les retournements successifs intervenus entre le début et la fin de la période, ainsi que les divisions et les doutes traversant chaque citoyen, partagé entre des exigences opposées. Le tout sur fond de crise européenne généralisée, celle de l'Europe des années trente, crise du triangle État-nation-société civile, source de déstabilisations et de déstructurations, d'anxiétés et de peurs, ce qui explique du même coup les appels successifs au sauveur, de Daladier à de Gaulle, en passant par Pétain et Giraud.

Aussi la conscience nationale, traumatisée par l'enchevêtrement des événements, ne saurait-elle se comparer à celle, triomphaliste et unanimiste, de la Première Guerre mondiale. Celle-ci avait été le fait d'un peuple rassemblé dans l'union sacrée. La défaite, au contraire, non contente de faire éclater la synthèse républicaine réalisée tant bien que mal sous la IIIe République, engendre une extrême hétérogénéité des situations, une mosaïque de cas et de choix individuels, bien souvent difficiles et douloureux.

De là, une succession d'électrochocs qui secouent tour à tour la France : d'abord la « drôle de guerre », puis le *Blitzkrieg* et la débâcle, suivis de l'armistice et de l'Occupation, le découpage en lambeaux du pays – au point que mieux vaudrait dire les France plutôt que la France –, l'avènement d'un régime prétendant effectuer une « Révolution nationale » tout en pratiquant la collaboration avec le vainqueur, la dualité d'allégeance Pétain-de Gaulle, les séparations et les privations dans les familles, le pari aussi aventuré qu'audacieux de la Résistance et de la France libre, la libération progressive du territoire, l'épuration, la restauration de l'État républicain et souverain et, derrière une rhétorique révolutionnaire, le choix de la ligne du neuf et du raisonnable. Quelle accumulation de drames en soixante-huit mois ! Quelle relance de l'endémique guerre franco-française sur un mode sanglant et souvent inexpiable !

C'est que la guerre qui débute le 3 septembre 1939 et qui s'achève le 8 mai 1945 est tout ensemble une guerre nationale et une guerre mondiale, une guerre idéologique et une guerre civile. Car, si elle frappe avec autant de violence une France placée au carrefour du nazisme et du fascisme, d'un côté, de la démocratie et du communisme, de l'autre, la cause tient avant tout à la nature idéologique du conflit. C'est celle-ci qui donne son caractère récurrent au traumatisme infligé aux mentalités françaises, traumatisme qui projette sans relâche l'ombre de Vichy, telle une statue du commandeur, en irritant révélateur des plaies nationales. C'est elle qui explique le nombre si élevé des victimes civiles – fusillés, bombardés, déportés, Juifs exterminés –, plus de la moitié du total des 600 000 morts. C'est elle enfin qui consacre cette nouvelle forme de guerre que constitue la guerre subversive, celle de la Résistance, celle de la clandestinité, à côté de la guerre classique, en uniforme, menée par des armées régulières.

De là découle – deuxième caractéristique qu'il convient de souligner – une mémoire éclatée, longtemps éclairée presque sans partage par les deux phares de la mémoire gaulliste et de la mémoire communiste, mais aujourd'hui singulièrement plus diversifiée. Comment rassembler en effet en un commun héritage l'expérience des combattants de la drôle de guerre et de la débâcle, celle des pétainistes et des résistants, des prisonniers des Stalags et des déportés des camps de concentration, le sort des populations bombardées – réfugiés et sans-abri – et celui des Alsaciens-Lorrains, celui des Juifs, français ou étrangers, victimes du génocide, les souvenirs des anciens des Chantiers de la jeunesse, du STO ou de l'armée d'Afrique ?

D'hier à aujourd'hui, les enjeux de mémoire n'ont cessé de s'affronter, les clivages de rester à vif, tant les plaies sont encore purulentes, tandis que se sont opérées au fil des années de multiples redistributions stratégiques afin de plier, ou tout au moins d'accommoder, le passé aux contraintes et aux contrats du présent. Comme l'a écrit naguère François Mitterrand, « la fraternité des souvenirs ne peut se substituer à la communauté des intérêts ni servir de support durable aux combats idéologiques [1] ». À vrai dire, dans ces batailles du souvenir se mêlent amalgames et transferts, censures et refoulements, annales de gloire et relents de mauvaise conscience. C'est pourquoi, dans la crise d'identité nationale qui secoue la France de 1918 à 1962 et qui culmine entre 1939 et 1945, ce sont les déchirements qui l'emportent sur les rares moments d'union, d'autant que, dans l'imagi-

---

1. François Mitterrand, *Ma part de vérité,* Paris, Fayard, 1969, p. 22.

naire social, coexistent en une sorte de mouvement brownien souvenirs et malentendus, mythes et fantasmes, doutes et raisons d'espérer.

Reste que l'une des originalités des années noires, c'est d'avoir généré une conscience commémorative forte, plus que jamais à l'œuvre de nos jours, mais qui, dans le passé, n'a jamais donné de signes d'essoufflement. Une conscience renforcée par le fait que l'histoire, quoi qu'on en dise, continue de tenir une place de choix et dans le sentiment national et dans l'identité des citoyens français.

Troisième remarque de conclusion, mais celle-là sous forme interrogative. À regarder l'évolution de la France au XXe siècle, de part et d'autre des années 1939-1945, comment ne pas être frappé par le contraste entre l'avant-guerre, hanté par la peur de la décadence et du vieillissement, par la sensation du repli malthusien et de la crise de régime, par les doutes sur l'avenir, et l'après-1945, où triomphent confiance, croyance à la modernisation et croissance, où, à travers le rajeunissement démographique, la modernisation accélérée de l'économie et les mutations des villes et des campagnes, éclatent les signes de la vitalité française, signes qui font l'étonnement, puis l'admiration des pays étrangers ? Le paradoxe n'est-il pas qu'entre ces deux phases du destin national le moment charnière et le point tournant ce sont justement les années noires ? N'y a-t-il pas là, en fin de compte, un beau sujet de méditation et de questionnement – et la matière d'un autre livre ?

Les auteurs

Jean-Pierre **AZÉMA**   professeur émérite d'histoire contemporaine à l'Institut d'études politiques de Paris

Christian **BACHELIER**   professeur certifié

François **BÉDARIDA** †   directeur de recherche émérite au CNRS, ancien directeur de l'Institut d'histoire du temps présent

Renée **BÉDARIDA**   historienne

Philippe **BURRIN**   directeur de l'Institut des hautes études internationales et du développement de Genève

Philippe **BUTON**   directeur du département d'histoire de l'université de Reims

Stéphane **COURTOIS**   directeur de recherche au CNRS

Jean-Louis **CRÉMIEUX-BRILHAC**   directeur honoraire de la Documentation française, ancien conseiller d'État-

Robert **FRANK**   professeur à l'université de Paris-I, directeur du Centre d'histoire des relations internationales contemporaines

Jean-Marie **GUILLON**   professeur d'histoire contemporaine à l'université de Provence

Roderick **KEDWARD**   professeur émérite d'histoire à l'université de Sussex

Pierre **LABORIE**   ancien directeur d'études à l'EHESS

Claude **LÉVY** †   docteur en histoire, ancien membre de l'Institut d'histoire du temps présent

Robert O. **PAXTON**   professeur émérite d'histoire à l'université de Columbia

Denis **PESCHANSKI**   directeur de recherche au CNRS

Anise **POSTEL-VINAY**   historienne, déportée et résistante

Jacques **PRÉVOTAT**   professeur d'histoire contemporaine à l'université de Lille-III

René **RÉMOND** †   président honoraire de l'université de Paris-X, ancien président de la Fondation nationale des sciences politiques, membre de l'Académie française

Jacqueline **SAINCLIVIER**   professeur d'histoire contemporaine à l'université de Rennes-II

Dominique **VEILLON**   directeur de recherches au CNRS

Olivier **WIEVIORKA**   professeur à l'École normale supérieure de Cachan

Chronologie sommaire
1938-1945

CHRONOLOGIE SOMMAIRE 1938-1945

Évolution dans l'hexagone	Relations internationales et conduite de la guerre
1938 Septembre	
	5. Congrès du NSDAP à Nuremberg.
	14. Henlein rompt avec Prague.
	15. Chamberlain rencontre Hitler à Berchtesgaden.
	21. Paris et Londres exercent de fortes pressions sur le gouvernement tchèque.
	22. Chamberlain se rend à Godesberg.
24. Rappel d'un certain nombre de réservistes.	25. Daladier et Bonnet gagnent Londres.
	29. Ouverture de la conférence de Munich.
30. Retour triomphal de Daladier à Paris.	30. Signature des accords de Munich.
	Déclaration anglo-allemande de non-agression.
Octobre	
4. La Chambre approuve à une très large majorité les accords de Munich.	
27. Ouverture du congrès du parti radical-socialiste à Marseille.	7. Constitution d'un gouvernement slovaque autonome.
Novembre	
1er. P. Reynaud remplace Marchandeau aux Finances.	
10. Les radicaux cessent d'appartenir au Rassemblement populaire.	
12-13. Publication des premiers décrets-lois Reynaud.	

14-17. Congrès de la CGT à Nantes.

Grèves et affrontements sociaux notamment chez Renault.

30. Demi-échec de la grève générale lancée par la CGT.

Décembre

10. Le gouvernement Daladier perd le soutien socialiste mais trouve des compensations à droite.

24-25. Congrès national extraordinaire de la SFIO à Montrouge.

30. Manifestation antifrançaise à la Chambre italienne des faisceaux et des corporations.

1939 Janvier

2. Daladier se rend en Corse et en Afrique du Nord.

6. Ribbentrop signe à Paris un accord de non-agression.

26. Barcelone tombe aux mains des franquistes.

Février

7. Le gouvernement refuse d'amnistier les grévistes du 30 novembre.

10. Mort de Pie XI.

27. Le régime franquiste est reconnu par Paris.

Mars

2. Élection de Pie XII (cardinal Pacelli).

6. Destitution de Mgr Tiso par le gouvernement de Prague.

14. Hacha se rend à Berlin.

15. Les troupes allemandes pénètrent en Bohême.

16. Les Slovaques se placent sous le « protectorat » du Reich.

28. Chute de Madrid.

29. La Pologne rejette les exigences du Reich.

31. La Grande-Bretagne se porte garante de l'intégrité du territoire polonais.

Évolution dans l'hexagone	Relations internationales et conduite de la guerre
Avril	
5. Réélection de Lebrun à la présidence de la République.	7. Coup de force italien contre l'Albanie.
	13. La France et la Grande-Bretagne garantissent l'indépendance de la Grèce et de la Roumanie.
21. Nouveau train de décrets-lois Reynaud.	30. L'Union soviétique propose à la France et à la Grande-Bretagne une alliance militaire.
Mai	
	22. Signature du « Pacte d'acier ».
27. Ouverture du congrès de la SFIO à Nantes.	23. Hitler donne l'ordre à la Wehrmacht de préparer l'invasion de la Pologne.
Juin	
27. La Chambre adopte la représentation proportionnelle.	23. Accord d'assistance mutuelle franco-turc.
Juillet	
28. Promulgation du Code de la famille.	
29. Un décret-loi proroge la Chambre des députés.	
Août	
	10. Arrivée à Leningrad des négociateurs militaires français et britanniques.
	21. Suspension *de facto* des négociations tripartites.
	23. Signature du pacte germano-soviétique.
25. Saisie de *L'Humanité* et de *Ce soir*.	25. Signature de l'alliance anglo-polonaise. Hitler diffère l'invasion de la Pologne.
27. La censure est établie.	30. Mobilisation générale en Pologne.

31. Le Conseil des ministres refuse de suivre G. Bonnet : la France soutiendra la Pologne.

Septembre
1er. Mobilisation générale.
2. Les Chambres votent les crédits militaires.
13. Remaniement ministériel limité.
26. Dissolution du PCF et de ses organisations.

Octobre
1er. Le nouveau « Groupe ouvrier et paysan » exige un débat parlementaire sur la paix.
4. Thorez déserte.
8. Arrestation de députés du PCF.

Novembre

---

31. Le Reich exige Dantzig et l'organisation d'un plébiscite dans le « corridor ».

Septembre
1er. Les troupes allemandes envahissent la Pologne.
2. L'Italie interrompt sa mission de médiation.
3. La Grande-Bretagne puis la France se déclarent en état de guerre avec le Reich.
6. Des troupes françaises pénètrent en Sarre.
17. L'Armée rouge envahit la Pologne.
28. Le Reich et l'Union soviétique se partagent la Pologne.
29. Chute de Varsovie.
30. Repli des divisions françaises.

6-12. Échec d'une paix blanche.

Novembre
3. Le Congrès américain vote une nouvelle loi de neutralité.
30. L'Union soviétique attaque la Finlande.

Évolution dans l'hexagone	Résistance intérieure	Résistance extérieure et gouvernements d'Alger	Relations internationales et conduite de la guerre
1940 Janvier			
20. La Chambre vote la déchéance des députés communistes.			
Mars			
19. La politique de Daladier est vivement critiquée à la Chambre.			12. Signature à Moscou du traité de paix finno-soviétique.
20. Daladier démissionne.			28. Réunion du Conseil suprême interallié : Français et Britanniques s'engagent à ne pas signer de paix séparée.
22. Le nouveau gouvernement Reynaud n'obtient la confiance que de justesse.			
Avril			
3. Condamnation à des peines de prison des ex-députés communistes.			9. Début de la « guerre périphérique ». Le Danemark et la Norvège sont envahis par les forces allemandes.
Mai			
9. Le cabinet est démissionnaire.			10. Début de l'offensive allemande à l'Ouest. Invasion de la Belgique et des Pays-Bas.
18. Remaniement ministériel : Philippe Pétain est nommé vice-président du Conseil.			13. Les *Panzers* franchissent la Meuse, notamment à Sedan.
			15. Capitulation de l'armée néerlandaise.

19. Gamelin est limogé, Weygand nommé généralissime.

Juin

5. Dernier remaniement du cabinet Reynaud : de Gaulle nommé sous-secrétaire d'État à la Défense nationale et à la Guerre.
10. Le gouvernement quitte Paris.
13. Conseil des ministres de Cangey : partisans et adversaires de l'armistice s'affrontent vivement.
15. À Bordeaux, Chautemps propose de s'enquérir des conditions d'un armistice.
16. Le Conseil des ministres repousse le projet d'union franco-britannique. Paul Reynaud démissionne. Pétain le remplace.

27. Léopold III donne l'ordre aux troupes belges de capituler.
28. Des forces franco-britanniques sont réembarquées à Dunkerque.

Juin

4. Chute de la poche de Dunkerque.
6. Les lignes de défense françaises sont enfoncées.
10. Entrée en guerre de l'Italie aux côtés de l'Allemagne.
14. Les troupes allemandes pénètrent dans Paris.

17. Formation du cabinet Pétain. Il demande les conditions de l'armistice.
19. À Paris, le Comité central du PCF veut faire reparaître légalement *L'Humanité*.
21. Départ du *Massilia*, à destination de Casablanca.
23. Laval et Marquet entrent au gouvernement.
29. Le gouvernement quitte Bordeaux pour Vichy *via* Clermont-Ferrand.

Juillet

2. Convocation de l'Assemblée nationale à Vichy.
7. Philippe Pétain donne son accord au projet Laval.
9. Les deux Chambres décident à la quasi-unanimité qu'il y a lieu de réviser les lois constitutionnelles.
10. Séance privée puis officielle de l'Assemblée nationale : vote à une très large majorité des pleins pouvoirs constituants.

17. À Brive, Edmond Michelet distribue des tracts protestant contre la demande d'armistice. À Chartres, Jean Moulin tente de se suicider plutôt que de signer un texte déshonorant.
20. É. Achavanne sabote près de Rouen des lignes de communication téléphonique de la Wehrmacht.
23. Vieljeux, maire de La Rochelle, refuse d'amener le drapeau français.

17. De Gaulle gagne Londres.
18. Premier « Appel » à la « résistance ».
24. Les hommes valides de l'île de Sein rejoignent les « Forces françaises libres ».
28. De Gaulle est reconnu par le gouvernement britannique comme le « chef des Français libres ».

22. À Rethondes, les plénipotentiaires français signent la convention d'armistice franco-allemande.
25. Entrée en vigueur de l'armistice.

3. Opération « Catapult » : à Mers el-Kébir, la flotte française de haute mer subit des pertes sévères.

11. Philippe Pétain promulgue les trois premiers Actes constitutionnels fondant l'État français. À Paris, Châteaubriant publie *La Gerbe*.
12. Promulgation de l'Acte constitutionnel numéro 4 instituant Laval dauphin.
Remaniement ministériel.
30. Loi « francisant » l'administration.
Les Chantiers de la jeunesse sont institutionnalisés.

Août

7. Rejet du projet de « parti unique » rédigé par Déat.
Trois départements de l'Est sont placés par le Reich sous la férule de deux Gauleiter.
13. Dissolution des « sociétés secrètes ».
16. Mise en place de « Comités provisoires d'organisation ».
29. Création de la Légion française des combattants.

Publication en zone occupée des *Conseils à l'occupé* de J. Texcier.

Frenay jette sur le papier le plan d'une Armée secrète.

22. Ralliement des Nouvelles-Hébrides.

Arrivée en France des premiers agents de la France libre chargés de monter des réseaux de renseignements.
7. Accord entre la France libre et le gouvernement britannique.
26-28. Ralliement à la France libre du Cameroun et de la quasi-totalité de l'AEF.

2. Le Japon exige des bases en Indochine.
3. Abetz est nommé ambassadeur à Paris.
8. Début du *Blitz*.

Septembre

6. Remaniement ministériel : les parlementaires sont presque tous éliminés.
7. Weygand devient délégué général du gouvernement pour l'Afrique française.
10. Création de l'Office central de répartition des produits industriels.
17. *L'Œuvre* reparaît à Paris. Le rationnement est instauré pour les principaux produits alimentaires.
27. En zone occupée, l'occupant promulgue une ordonnance sur les Juifs.

2. Ralliement de Tahiti.
23-25. Les gaullistes échouent devant Dakar.

26. Des troupes japonaises débarquent au Tonkin.
27. Signature du pacte Rome-Berlin-Tokyo.
28. Hitler ordonne à la Wehrmacht de préparer un plan d'invasion de l'Union soviétique.

Octobre

3. À Vichy, le Conseil des ministres arrête un « Statut des Juifs ».
4. Les préfets peuvent interner administrativement les Juifs étrangers.
5. Rafles de communistes dans la région parisienne.
11. Discours de Pétain offrant une ouverture en direction du Reich.

Raymond Deiss sort le premier numéro de *Pantagruel*. Jean Lebas fait circuler *L'Homme libre*.

8. Entrée de forces allemandes en Roumanie.
12. Hitler remet *sine die* l'invasion de la Grande-Bretagne.

23. Rencontre Hitler-Franco.

28. Les Italiens attaquent la Grèce.

24. Ralliement de la Nouvelle-Calédonie.
27. À Brazzaville, de Gaulle crée le Conseil de défense de l'Empire.

5. Réélection de F. D. Roosevelt.

9. Ralliement du Gabon.

16. Création de l'ordre de la Libération.

9. Contre-attaque britannique en Cyrénaïque.

11. Manifestation d'étudiants et de lycéens à Paris.
Des militants démocrates-chrétiens forment le mouvement « Liberté ».
À Lyon, s'implante France-Liberté, ancêtre de Franc-Tireur.
Fondation de la Dernière Colonne.

1er. Christian Pineau sort le premier numéro de *Libération-Nord*.

13. Les conseils généraux sont remplacés par des « commissions administratives ».
22. Rencontre Hitler-Laval.
24. À Montoire, Pétain et Hitler conviennent du principe d'une collaboration politique.
30. Message de Philippe Pétain incitant les Français à entrer dans la voie de la collaboration d'État.

Novembre

1er. Jean Luchaire fait paraître *Les Nouveaux Temps*.
9. Dissolution des organisations professionnelles nationales.
14. « Accord de compensation » franco-allemand.
16. Loi réformant les sociétés anonymes.
Expulsion de quelque 70 000 Lorrains.

Décembre

2. Loi sur l'organisation corporative de l'agriculture.

13. Révolution de palais à Vichy : Laval est déchu de ses fonctions et arrêté.
Déat est interpellé à Paris.
14. Flandin devient ministre des Affaires étrangères.
25. Darlan rencontre Hitler près de Beauvais.

15. Premier numéro de *Résistance* du groupe du Musée de l'Homme.
Mise en place, à Paris, de l'OCM.
Premiers pas de Ceux de la Libération.

18. Le plan de l'opération « Barbarossa » est arrêté : l'Union soviétique sera attaquée à la fin du printemps.

1941 Janvier

22. Création du Conseil national.
27. Les membres du gouvernement doivent prêter serment de fidélité au chef de l'État français.

Premier numéro de *Valmy* publié par R. Burgard.
28. Frenay démissionne de l'armée pour se consacrer totalement à son Mouvement de libération nationale.

24. Honoré d'Estienne d'Orves gagne la Bretagne.

29. Raid des FFL sur Mourzouk.

Février

Des cinémas parisiens passent *Le Juif Süss*.
1er. Fondation du RNP par Déat et Deloncle.
7. *Je suis partout* reparaît.
9. Loi réglementant emblavures et récoltes.
Flandin démissionne ; Darlan est nommé vice-président du

Le groupe du Musée de l'Homme est décapité.

Conseil et ministre des Affaires étrangères.

10. Darlan remplace Laval comme dauphin.

26. Accord Murphy-Weygand sur le ravitaillement de l'Afrique du Nord.

Mars

14. Création de l'allocation aux vieux travailleurs.

29. Xavier Vallat est nommé commissaire général aux questions juives.

Avril

La ration journalière de pain passe à 275 grammes.

12. Réglementation du divorce.

17. Création à Paris du Centre syndicaliste de propagande.

Mai

8. Nouvelle ordonnance allemande sur les Juifs résidant en zone occupée.

La MOI est renforcée.

30. À Nîmes, est mis en place le premier Comité d'action socialiste.

Sortie de La Voix du Nord.

14. À Lisbonne, Loustaunau-Lacau contacte un émissaire de l'Intelligence Service.

---

10. Une colonne partie du Tchad cerne Koufra.

Rémy fonde la Confrérie Notre-Dame.

2. Chute de Koufra.

14. La 1re DFL est engagé en Érythrée.

---

26. L'Afrika Korps de Rommel est engagé en Libye.

11. Promulgation de la loi du « prêt-bail ».

15. Offensive italo-allemande en direction de l'Égypte.

3. Coup d'État antibritannique à Bagdad.

13. Les troupes allemandes pénètrent dans Belgrade.

22. Les Grecs capitulent.

11. Des avions allemands transitent par la Syrie.

14. Arrestation à Paris de Juifs étrangers.
27-28. À Paris, sont paraphés les « Protocoles de Paris ». Le tribut journalier passe à 300 millions de francs.

Juin

2. Deuxième « Statut des Juifs » publié à Vichy.
3-6. Le Conseil des ministres refuse de signer les « Protocoles de Paris ».
14. Congrès national du RNP.
22. Congrès du PPF à Villeurbanne.

Juillet

7. Les collaborationnistes veulent créer une « Légion des volontaires français contre le bolchevisme ».
18. À Paris grand meeting en faveur de la LVF. Pucheu devient ministre de l'Intérieur.
24. Déclaration d'allégeance des cardinaux et archevêques de France.

15. Création du Front national.
26. Début de la grève des mineurs du Nord et du Pas-de-Calais.

9. Fin de la grève des mineurs.

Premier numéro de *Libération-Sud*.
14. Lancement de *Défense de la France*.

27. La flotte britannique coule le *Bismarck*.
31. Premier raid massif de la RAF sur le territoire du Reich.

22. La Wehrmacht envahit l'Union soviétique. Prise de Damas.

8. Les FFL entrent en Syrie.

14. Armistice de Saint-Jean-d'Acre.
16. Prise de Smolensk.

26. À Montélimar, assassinat de Marx Dormoy.

Août

12. Discours du « Vent mauvais ».
14. Création (antidatée) des cours spéciales de justice.
Le serment de fidélité est exigé des hauts fonctionnaires, des militaires et des magistrats.
22. Promulgation de l'« ordonnance des otages ».
27. Attentat de Collette contre Laval et Déat.

25. Accord de Gaulle-Lyttleton sur le Moyen-Orient.

10-14. Rencontre Churchill-Roosevelt et signature de la Charte de l'Atlantique.

25. Des troupes britanniques et soviétiques pénètrent en Iran.

21. Fabien abat l'aspirant Moser au métro Barbès.

29. Honoré d'Estienne d'Orves et deux de ses compagnons sont exécutés.

Septembre

4. Le Front national se met en place.

4. Première opération Lysander.
12. Jean Moulin franchit la frontière espagnole.
24. Constitution du Comité national français.
27. Catroux proclame l'indépendance de la Syrie.

9. Début du siège de Leningrad.

19. Chute de Kiev.

4. Doriot part avec un contingent de la LVF.
5. Marcel Gitton est abattu.
Inauguration à Paris de l'exposition « Le Juif et la France ».
16. Exécution de 10 otages.
Les réfugiés peuvent revenir en « zone interdite ».

Octobre

4. Promulgation de la « Charte du travail ».

16. Prise d'Odessa.

13. Instauration des « colis familiaux ».
La rupture est consommée entre le RNP et le MSR.
22-23. Exécution de 98 otages dont 27 fusillés à Châteaubriant.

20. Le gouvernement soviétique quitte Moscou.

Novembre

1er. À Paris, sortie de l'hebdomadaire *Le Rouge et le Bleu*.
20. Sur l'injonction du Reich, Weygand est rappelé d'Afrique.

À Grenoble, est fondé le mouvement Combat.
Premier numéro des *Cahiers du Témoignage chrétien*.

6. Yvon Morandat est parachuté en zone sud.
27. Catroux proclame l'indépendance du Liban.

3. Chute de Koursk.
16. Début de la bataille pour Moscou.

Décembre

1er. Rencontre Pétain-Goering à Saint-Florentin.
12. Arrestation à Paris de 743 personnalités juives de nationalité française.
Naissance officielle du Service d'ordre légionnaire.

Premier numéro de *Combat*.
Sortie du *Franc-Tireur*.
15. Exécution de G. Péri et de L. Sampaix.

24. Les Forces françaises libres rallient Saint-Pierre-et-Miquelon.

7. Pearl Harbor.
Les Japonais pénètrent en Malaisie et en Thaïlande.
8. Les États-Unis et le Royaume-Uni déclarent la guerre au Japon.
20. Échec de l'assaut allemand contre Moscou.

1942 Janvier

9-12. Tractations entre Benoist-Méchin et Abetz.

Les Éditions de Minuit publient *Le Silence de la mer*. Lecompte-Boinet fonde Ceux de la Résistance.

1er. Parachutage de Jean Moulin.
17. Naissance du BCRAM.

21. Contre-offensive Rommel en Libye.

Mai

4. Lachal succède à Valentin comme directeur de la Légion des combattants.
6. Darquier de Pellepoix est nommé commissaire général aux Questions juives.
18. L'Allemagne exige le transfert dans le Reich d'ouvriers qualifiés.
29. Obligation du port de l'étoile jaune pour les Juifs résidant en zone occupée.

1er. Manifestations patriotiques dans bon nombre de villes de zone sud.
E. d'Astier de La Vigerie parvient à Londres.
Gouin est mandaté par Blum pour rejoindre Londres.
Sortie en zone sud du premier numéro du *Populaire*.

Rémy rencontre un émissaire du PCF.
26. Début de l'assaut contre le camp retranché de Bir Hakeim.

4. Début de la bataille de la mer de Corail.
5. Les Britanniques débarquent à Madagascar.
6. Fin de la résistance américaine aux Philippines.
8. Nouvelle offensive de printemps de la Wehrmacht en Union soviétique.

Juin

16. Rencontre Laval-Sauckel : le principe de la « Relève » est accepté.
22. Discours radiodiffusé de Laval annonçant la « Relève » et souhaitant publiquement la victoire de l'Allemagne.

Publication du premier *Cahier* de l'OCM.
Publication dans la presse clandestine du message de Charles de Gaulle rapporté par Pineau.

11. Les forces de Koenig parviennent à percer.

21. Chute de Tobrouk.

Juillet

16-17. À Paris, opération « Vent printanier » : rafle dite du Vel' d'Hiv'.

14. Nouvelles manifestations, notamment à Marseille.
Arrivée à Libération-Sud d'une nouvelle génération de militants.

Première réunion du Comité général d'études créé par Jean Moulin.

2. Chute de Sébastopol.

18. À Vichy, une loi institue la Légion tricolore.
28. Accord aéronautique franco-allemand.
Sortie de *L'Étranger*.

14. La France libre devient la France combattante.
28. Remaniement du Comité national : Philip devient commissaire à l'Intérieur.

18-20. Les stratèges anglo-saxons programment l'opération « Torch ».

Août

6. Des Juifs étrangers de zone sud sont livrés aux nazis.
Inauguration du musée d'Art moderne.
11. Arrivée à Compiègne du premier convoi de prisonniers libérés au titre de la « Relève ».
19. Service militaire obligatoire en Moselle.
25. Les Bureaux des deux Chambres doivent cesser toute activité.
Service militaire obligatoire en Alsace.
Des voitures gonio allemandes pénètrent en zone libre.

Diffusion de la 1ère lettre diocésaine de Mgr Saliège s'élevant contre les persécutions des Juifs.

Le BCRAM devient le BCRA et prend en charge l'action en France.

9. Arrestation de Gandhi et de chefs du parti du Congrès.
18. Échec du raid anglo-canadien sur Dieppe.

Septembre

4. Publication de la loi relative « à l'utilisation et à l'orientation de la main-d'œuvre ».

Débuts du NAP.
8. Frenay et E. d'Astier de La Vigerie gagnent Londres.

Brossolette regagne Londres en emmenant avec lui Charles Vallin.

		Événement politico-littéraire		Afrique du Nord	Guerre
Octobre	20. Premier numéro des *Lettres françaises*. 23. Mort de Charles Debarge.	Événement politico-littéraire : *Les Décembres*.	À Londres, conversations décisives entre Frenay, E. d'Astier, Passy et de Gaulle. Le général Delestraint chef de l'Armée secrète. Publication du premier numéro de *Résistance* rédigé par Renet-Destrée. 16. Premier tract des Mouvements de la Résistance non communiste contresigné par le PCF.	23. « Conférence de Cherchell » entre le général Clark et des émissaires du « groupe des Cinq ».	4. Début de la bataille de Stalingrad. 22. Contre-offensive de Montgomery en Égypte.
Novembre		4-8. Congrès du PPF. 11. Opération « Anton » : la Wehrmacht pénètre en zone sud. Déat lance un Front national révolutionnaire. 12. Arrestation de Weygand par l'occupant. De Lattre doit se constituer prisonnier.	Mise en place d'un Comité de coordination des mouvements de zone sud. Création de l'Action ouvrière. Mise en place du NAP-Fer. Installation des tout premiers maquis en zone sud.	2. Accords Giraud-Murphy. 7. Mobilisation des conjurés à Alger et au Maroc. 9. Arrivée de Giraud en Algérie.	3. Rommel est défait à El-Alamein. 5. Fin des combats à Madagascar. 8. Début de l'opération « Torch ». 9. Suspension d'armes à Alger. Laval rencontre Hitler à Berchtesgaden. 11. L'armistice est étendu à l'Algérie et au Maroc. 13. Les autorités militaires américaines entrent dans le *Darlan deal*.

15. Excipant de « l'accord intime » du Maréchal, Darlan prend le pouvoir en Afrique du Nord.
19. Début de la campagne de Tunisie.

22. Accords Clark-Darlan.
23. Ralliement de l'AOF à Darlan.
27. Manifeste gaullien de P. Brossolette.
Entrevue Rémy-Grenier.
Début de la « Mission Pallas ».
Arrestation de gaullistes en Algérie.
30. Ralliement de la Réunion à la France combattante.

4. Darlan crée le Conseil impérial.
10. Le comte de Paris gagne Alger.
24. Assassinat de Darlan.
26. Exécution de Bonnier de La Chapelle.
Giraud est nommé par le Conseil impérial haut-commissaire civil et militaire en Afrique du Nord.

16. Pétain enlève à Darlan toutes ses fonctions officielles.
17. L'Acte constitutionnel numéro 12 donne à Laval le pouvoir de signer lois et décrets.
18. Démission de Gibrat, de Barnaud et d'Auphan. Instauration de l'allocation de salaire unique.
27. Opération « Lila » : l'armée d'armistice est désarmée ; sabordage de la flotte à Toulon.
Le tribut journalier est porté à 500 millions de francs.

Des officiers de l'ex-armée d'armistice fondent l'OMA.

Décembre

Sortie sur les écrans parisiens des *Visiteurs du soir*.
8. Première de *La Reine morte*.
28. Dissolution de la Légion tricolore.
29. Loi Gounot sur les associations familiales.

1943 Janvier

1er. Fermeture de l'École des cadres d'Uriage. 24. Destruction du Vieux-Port de Marseille. 30. Création de la Milice.	18. Arrivée à Londres de Grenier qui représente auprès de la France libre le PCF et les FTP. 26. Fusion des trois principaux mouvements de zone sud : naissance des MUR. Implantation de maquis en zone nord.	13. Jonction Leclerc-Montgomery. 19. Peyrouton gouverneur général de l'Algérie. 22. Première rencontre de Gaulle-Giraud. 27. Arrivée en France de Brossolette : c'est la mission « Brumaire ».	13. Décret de Hitler proclamant « la guerre totale ». 14-26. Conférence d'Anfa entre Roosevelt et Churchill; de Gaulle et Giraud y sont convoqués.

Février

16. Trois classes d'hommes sont mobilisées pour le STO.		2. Jonction de l'armée d'Afrique et de la colonne Leclerc. 12. « Manifeste du peuple algérien » de F. Abbas. 21. De Gaulle rédige les « nouvelles instructions » pour créer un Centre de la Résistance. 23. Mémorandum du Comité national à Giraud. 26. Arrivée en France de Passy-*Arquebuse*.	2. Capitulation du corps d'armée Paulus à Stalingrad.

Mars

1er. Suppression de la ligne de démarcation pour les citoyens français « à part entière ». 15. Dans une lettre adressée à de Gaulle, Blum, au nom de la SFIO, déclare soutenir l'action du chef de la France libre, tout en défendant les partis politiques.		1er-25. Passy et Brossolette rencontrent les dirigeants des mouvements de zone nord. 4. Arrivée de Jean Monnet à Alger. 14. Discours « républicain » prononcé par Giraud.	Contre-offensive Manstein.

21. Le cardinal Liénart déclare que partir pour le STO n'est pas en conscience un devoir.
26. Remaniement ministériel à Vichy.

26. Les mouvements de zone nord signent une « déclaration des organisations de résistance de zone nord ». L'ORA, qui a succédé à l'OMA, se renforce.

16. Démission d'une partie de l'entourage de Giraud.
17. Le Comité national français exige de Giraud l'ouverture de négociations.
18. La Guyane se rallie à Giraud.
25. Arrivée à Alger de Catroux représentant le Comité national français.

29. Prise de la ligne Mareth.

Avril

La ration hebdomadaire de viande tombe à 120 grammes.
4. Nouveau bombardement meurtrier de Boulogne-Billancourt.
5. L'État français livre à l'Allemagne Blum, Daladier, Mandel, Reynaud, Gamelin.
24. Mort du premier milicien tué par la Résistance.

Mise en place en zone sud du « Service national Maquis ».
8. Longue lettre argumentée de Frenay à Moulin.
12. Daniel Mayer gagne Londres au nom de la SFIO.
17. Accords du Perreux : réunification de la CGT.

12. Queuille gagne Londres.

19. Passy et Brossolette regagnent Londres.

19. Soulèvement du ghetto de Varsovie.
29. Entrevue Hitler-Laval.

Mai

Premier numéro du Courrier français du Témoignage chrétien.

7. Important rapport de Jean Moulin adressé à de Gaulle.
14. Moncef Bey est relégué à Laghouat.
15. Télégramme envoyé par Jean Moulin au nom du futur CNR affirmant la primauté politique de Charles de Gaulle.

7. Entrée des forces alliées dans Tunis.
13. Fin de la campagne de Tunisie.

Juin

2. Création de la Franc-Garde de la Milice.	27. Fondation du CNR.	25. Entretien Catroux-Monnet-MacMillan.	10. Dissolution du Komintern.
21. Rassemblement au stade Coubertin des miliciens du RNP.		30. De Gaulle arrive à Alger.	
25. Sortie de *L'Être et le Néant*.			

Juillet

17. Congrès du groupe Collaboration.	9. Arrestation de Delestraint.	1er. Démission de Peyrouton.	10. Débarquement anglo-saxon en Sicile.
	21. Coup de filet de Caluire. Serreules, délégué général par intérim.	3. Création du Comité français de la Libération nationale. Élargissement du CFLN.	17. Mise en place de l'AMGOT.
		7. Ralliement de la Martinique au CFLN.	25. Mussolini est démis de ses fonctions par le Grand Conseil fasciste.
	Les dirigeants des mouvements opposés à la présence des partis politiques au CNR mettent sur pied un Comité central de la Résistance. Mise en place d'un Comité d'action contre la déportation. Dejussieu succède à Delestraint.	1er. Giraud part pour les États-Unis.	26. Les Soviétiques lancent une contre-offensive de grande envergure.
	14. Les Éditions de Minuit publient *L'Honneur des poètes*.	8. Date vraisemblable de la mort de Jean Moulin.	
		23. Retour de Giraud.	
		31 et 4 août. Modification des règles institutionnelles du CFLN.	

Août

Crise à *Je suis partout* : Brasillach et ses amis quittent la rédaction.	13. Arrestation de Pucheu.		17. Fin de la résistance de l'Axe en Sicile.
	25-26. Reconnaissance *de facto* du CFLN par les Grands Alliés.		

Septembre

8. La Wehrmacht occupe l'ex-zone italienne.
17. Speer et Bichelonne tombent d'accord sur la création en France de *Speer-Betriebe*. Des ultras publient le « plan de redressement national français ».

Élection de G. Bidault comme président du CNR. Mise sur pied d'un Bureau du CNR. Le premier numéro des *Cahiers de Libération* publie ce qui deviendra *Le Chant des partisans*.
9. Soulèvement des résistants corses.
10. Un détachement de la MOI abat Ritter, adjoint de Sauckel pour la France.

3. Les ministres et hauts-fonctionnaires de l'État français seront poursuivis en justice.
13. Des bataillons de choc de l'armée d'Afrique débarquent en Corse.
15. Bollaert est nommé délégué général en France.
17. Il est décidé de réunir une Assemblée consultative. Désignation de délégués militaires pour la métropole.

8. Capitulation sans condition de l'Italie.
12. Mussolini est libéré par Skorzeny.
25. Reprise de Smolensk.

Octobre

5. Fin de la libération de la Corse. Revers devient le chef de l'ORA. Les résistants programment les Comités départementaux de libération.

2. Fin de la dyarchie.
8. De Gaulle à Ajaccio.
21. Rétablissement du décret Crémieux.

6. Les Soviétiques reprennent Kiev.
12. Exécution de Ciano et de Balbo par les fascistes.

Novembre

13. Pétain interdit d'onde sur l'ordre du Reich. Le chef de l'État français cesse d'exercer ses fonctions.

François Lachenal publie à Genève *Domaine français*.
11. Célébration massive, parfois tragique, ainsi à Grenoble, du 11 novembre. À Oyonnax, les forces du maquis défilent dans

Manifestations nationalistes au Liban.
3. Séance inaugurale de l'Assemblée consultative d'Alger.
6. Élargissement du CFLN à des hommes politiques et à des

la ville libérée pour vingt-quatre heures.

27. À Paris, première du *Soulier de satin*.

Décembre

1er. Doriot reçoit la croix de fer.
2. Assassinat de Maurice Sarraut.
4. Entrevue Abetz-Pétain.

18. Pétain accepte toutes les conditions posées par le Reich.

1944 Janvier

1er. Darnand est nommé « secrétaire général au Maintien de l'ordre ».
4. Suppression officielle des Chantiers de la jeunesse.

---

responsables de la Résistance intérieure.
8. Giraud, commandant en chef de toutes les forces armées françaises.
16. Conflit entre de Gaulle et le PCF sur le choix de ministres communistes.
27. De Gaulle décide la fusion des services spéciaux.

25. Rafle parmi les étudiants de Strasbourg réfugiés à Clermont-Ferrand.

10. Des forces françaises sont engagées en Italie.
12. Discours de Constantine : de Gaulle y annonce un élargissement de l'intégration musulmane.

18. Arrestation de Flandin, de Peyrouton, de Boisson.

29. Naissance des FFI.

5. En intégrant une partie des mouvements de zone nord, les MUR deviennent le « Mouvement de libération nationale » (MLN).

11. Manifeste de l'Istiqlal.

27. Entretiens entre Churchill et E. d'Astier.

---

29. Ouverture de la conférence tripartite de Téhéran.

30. En Ukraine, les lignes allemandes sont enfoncées.

2. Raid aérien massif sur Berlin.
5. Entrée des troupes soviétiques en Pologne.
21. Leningrad est dégagée.
25. En Italie, la position du Belvédère est enlevée.

6. Philippe Henriot secrétaire d'État à l'Information et à la Propagande.
20. Institution de cours martiales expéditives.
27. La Milice étend ses activités à la zone nord.

30. Discours-programme de Charles de Gaulle à la conférence africaine de Brazzaville.
31-2 févr. Violentes émeutes à Fez.

15. Début de la bataille du Monte Cassino.

Février

Première d'*Antigone*.
19-22. Répression de la mutinerie de la prison d'Eysses.

Montée de maquisards sur le plateau des Glières.
21. Exécution de 22 des partisans de la MOI condamnés dans le procès de « L'Affiche rouge ».

3. Arrestation de Bollaert et de Brossolette.

Mars

16. Déat nommé secrétaire d'État. La Dordogne est mise à feu et à sang par la division B.

Création par le MLN des « Corps francs de libération ».
15. Le CNR publie une directive connue sous le titre de « programme du CNR ».

26. Avec l'aide de miliciens, les troupes allemandes donnent l'assaut au plateau des Glières.

7. Ordonnance ouvrant en Algérie le premier collège à certaines catégories de musulmans.
10. Instruction sur l'organisation de la Résistance. Parodi succède à Bollaert comme délégué général.
20. Exécution de Pucheu.
23. L'Assemblée consultative se prononce en faveur du vote des femmes.
31. À Alger, le COMIDAC arrête une stratégie de « réduits ».

5. Nouvelle offensive soviétique en Ukraine.

Avril

2. Massacre d'Ascq.
Des maquisards montent sur le plateau du Vercors.

4. Remaniement ministériel : entrée au gouvernement de Grenier et de Billoux.
4. Les troupes soviétiques pénètrent en Roumanie.

8. Giraud nommé inspecteur général des armées.
12. Abdication de Victor-Emmanuel III.
13. La 2e DB peut s'embarquer pour la Grande-Bretagne.
15. Giraud se retire à Mazagran.
21. Ordonnance du CFLN portant organisation des pouvoirs publics en France libérée, les femmes obtiennent le droit de vote.

9. « Pâques rouges » dans le Jura.
10-25. Violents bombardements alliés sur le territoire français.

26. Pétain à Paris.
28. Allocution du chef de l'État français contre le terrorisme.

Mai

7-28. Sur ordre allemand, Pétain pérégrine en zone nord.
26-27. Violents bombardements anglo-saxons sur 25 grandes agglomérations françaises.

13. Fin de la résistance allemande au Monte Cassino.

20. Ordre de mobilisation lancé pour des maquisards qui convergent vers la Margeride.

20. Désignation des commissaires de la République.
31. De Gaulle est invité à se rendre aux États-Unis.

Juin

6. La division « Das Reich » se met en branle pour « exterminer les bandes ».
8. Mobilisation de la Milice.
9. Pendaisons de Tulle.
10. Massacre d'Oradour.

4. Prise de Rome.
5. Messages anglo-saxons à destination de la Résistance française.
6. Début de l'opération « Overlord ».

6. La Résistance exécute les différents plans programmés par les Alliés.
7. Occupation de Tulle par les FFI.

2. Le CFLN se transforme en Gouvernement provisoire de la République française.
4. De Gaulle arrive en Grande-Bretagne ; entrevue orageuse avec Churchill.

13. Darnand secrétaire d'État à l'Intérieur.	Proclamation de la « République de Mauriac ».	**6.** Message personnel de Charles de Gaulle appelant les Français à se mobiliser.	**8.** Prise de Bayeux.
20. Assassinat de Jean Zay.	**16-20.** Dispersion des maquisards après les combats du mont Mouchet.	**10.** Kœnig donne l'ordre de se limiter à des opérations de guérilla.	**13.** Des V1 tombent sur Londres.
28. Philippe Henriot est abattu par des résistants.	**18.** Combats de Saint-Marcel.	**14.** De Gaulle débarque sur la plage de Courseulles ; il installe à Bayeux F. Coulet comme commissaire de la République.	**14.** Les troupes américaines reprennent pied sur les îles Mariannes.
			17-19. Conquête de l'île d'Elbe.
			23-24. Offensive soviétique dans les Pays baltes.
			26. Prise de Cherbourg.

Juillet

5. Manifeste des ultra-collaborationnistes.	**3.** Proclamation de la « République du Vercors ».	**6-10.** Voyage de Charles de Gaulle aux États-Unis et au Canada.	**1er-22.** Conférence et accords de Bretton-Woods.
7. Assassinat de Georges Mandel.	**14.** Manifestations populaires.		**3-11.** Bataille de Minsk.
12. Dernier Conseil des ministres à Vichy.	**21-23.** Attaque et fin du « réduit » du Vercors.		**9.** Prise de Caen.
			19. Prise de Saint-Lô.
			20. Attentat manqué contre Hitler.
			29-31. Combats et prise d'Avranches.
			30. Les Soviétiques sur la Vistule.

Août

5. Pétain désavoue la Milice.	**5.** Libération de Rennes.	**1er.** La 2e DB débarque en Normandie.	**1er.** Insurrection de Varsovie.
12. Laval rencontre Herriot près de Nancy.	**9-11.** Le Mans, Alençon, Chartres sont libérés.	**9.** Ordonnance rétablissant la légalité républicaine en métropole.	**6-7.** Échec de la contre-attaque allemande à Mortain.
15. Départ du dernier convoi de déportés.	**14-17.** Libération de Dreux, d'Orléans.		**10.** Reprise de Guam par les Américains.
	15. Grève de la police parisienne.		

17. Laval tient son dernier Conseil des ministres. La presse collaborationniste cesse de paraître à Paris.
20. Le Reich force Pétain à quitter Vichy pour Belfort.

Septembre
2. Premier Conseil des ministres du GPRF à Paris.
7. Départ de Pétain et de Laval en Allemagne.

18. Grève générale lancée à Paris par les syndicats.
19. Début de l'insurrection parisienne et occupation de la préfecture de police.
20. Trêve étendue à Paris. Arrestation de Parodi. Un émissaire de Rol-Tanguy parvient au QG américain. Toulouse se libère.
22. Les combats reprennent dans Paris. Eisenhower prend la décision de lancer la 2e DB.
23. Libération de Grenoble et d'Aix-en-Provence.
25. Capitulation de von Choltitz.
28. Libération de Marseille.
29. Libération de Nîmes, Montpellier, Narbonne.
30-31. Libération de Rouen, Reims, Épernay, Châlons-sur-Marne, Saint-Dizier.

13. Installation du « gouvernement de Lublin ». Retraite allemande en Normandie.
15. Débarquement franco-américain sur les côtes de Provence.
19-21. Les troupes américaines franchissent la Seine.
23. La 2e DB s'ébranle en direction de Paris.
24. L'avant-garde des « Leclerc » fonce sur l'Hôtel de Ville.
25. La 2e DB s'attaque aux points d'appui allemands. Périple parisien de Charles de Gaulle de Montparnasse à l'Hôtel de Ville.
26. Couronnement populaire de Charles de Gaulle.
31. Les Soviétiques pénètrent dans Bucarest.

9. Formation du ministère d'« unanimité nationale ».
14-18. Première tournée de De Gaulle en province.
15. Organisation des cours spéciales de justice.
23. Décret incorporant les FFI dans l'armée.

Octobre

5. Ordonnance sur le droit de vote aux femmes.
28. Suppression des Milices patriotiques.

Novembre

23. Entrée des troupes de Leclerc à Strasbourg.
26. Congrès constitutif du MRP.
27. Retour de Thorez à Paris.

Décembre

14. Ordonnance instituant les Houillères nationales du Nord et du Pas-de-Calais.
18. Premier numéro du *Monde*.

1945 Janvier

3. Rétablissement de la gratuité de l'enseignement secondaire.

18-28. Échec des Britanniques à Arnhem.

10. Signature du pacte franco-soviétique à Moscou.

1er-5. Les Allemands menacent Strasbourg.

16. Ordonnance nationalisant les usines Renault.

Février

6. Exécution de Brasillach.

Mars

13-18. Premier procès devant la Haute Cour de justice.

Avril

5. Démission de Mendès France.
26. Retour de Pétain en France.

Mai

8-12. Insurrection et répression en Petite Kabylie.
10-30. Retour massif des déportés et prisonniers.

Juin

7-25. Éclatement du MLN et création de l'UDSR.
22. Réforme de la fonction publique ; création de l'ÉNA.

23. Recul généralisé des Allemands dans les Ardennes.

Février

12. Accords de Yalta.
14. Bombardement de Dresde.

4. Les Alliés atteignent le Rhin.
9. Coup de force japonais en Indochine.
11. Proclamation de l'indépendance du Viêt-Nam et du Cambodge.

12. Truman succède à Roosevelt.
25. Jonction sur l'Elbe des troupes américaines et soviétiques.

8. Capitulation allemande.
16. La France membre permanent du Conseil de sécurité de l'ONU.

5. La France obtient une zone d'occupation en Allemagne.
26. Fin de la conférence de San Francisco et Charte des Nations unies.

Orientation bibliographique

Un petit nombre d'ouvrages et quelques articles ont été sélectionnés. Ils permettront à l'honnête homme d'aller à l'essentiel. Il trouvera des données bibliographiques plus précises dans le corps des diverses contributions.

Ouvrages généraux :

Azéma Jean-Pierre, *De Munich à la Libération*, Paris, Le Seuil, 1998.

Azéma Jean-Pierre et Bédarida François (sous la dir. de), *1938-1948 Les années de tourmente dictionnaire critique*, Paris, Flammarion, 1995.

Azéma Jean-Pierre et Bédarida François (sous la dir. de) *Vichy et les Français*, Paris, Fayard, 1992.

Azéma Jean-Pierre et Wieviorka Olivier, *Vichy 1940-1944*, Paris, Perrin, 2000.

Baruch Marc Olivier, *Le Régime de Vichy*, Paris, La Découverte, 1996.

Burrin Philippe, *La France à l'heure allemande*, Paris, Le Seuil, 1995.

Cordier Daniel, *Jean Moulin La République des catacombes*, Paris, Gallimard, 1999.

Crémieux-Brilhac Jean-Louis, *Les Français de l'an 40*, 2 tomes, Paris, Gallimard, 1990.

Crémieux-Brilhac Jean-Louis, *La France Libre*, Paris, Gallimard, 1996.

Dejonghe Etienne et Le Manner Yves, *Le Nord Pas-de-Calais dans la main allemande 1940-1944*, Lille, La Voix du Nord, 1998.

Durand Yves, *Vichy, 1940-1944*, Bordas, 1972.

Durand Yves, *La France dans la 2e guerre mondiale 1939-1945*, Paris, Armand Colin, 1989.

Duroselle Jean-Baptiste, Politique étrangère de la France, *L'Abîme*, Imprimerie nationale, 1983.

Laborie Pierre, *L'Opinion publique sous Vichy*, Paris, Le Seuil, 1990.

Paxton Robert, *La France de Vichy*, Paris, Le Seuil, 1998.

Rémond René et Bourdin Jeanine (sous la dir. de), *Édouard Daladier chef de gouvernement, La France et les Français*, 2 tomes, Paris, Presses de la Fondation nationale des sciences politiques, 1977-1978.

Rousso Henry, *Le syndrome de Vichy*, Paris, Le Seuil, 1990.

Témoignages d'acteurs et de témoins :

Aragon Charles (d'), *La Résistance sans héroïsme*, Paris, Le Seuil, 1977.

Bloch Marc, *L'Étrange défaite*, Paris, Gallimard, 1990.

Baumel Jacques, *Résister*, Paris, Albin Michel, 1999.

Bourdet Claude, *L'Aventure incertaine*, Paris, Stock, 1975.

Chamine, *La Querelle des généraux*, Paris, Albin Michel, 1952.

Catroux Georges, *Dans la bataille de la Méditerranée*, Paris, Julliard, 1949.

Closon Francis Louis, *Le Temps des passions*, Paris, Presses de la Cité, 1974.

Frenay Henri, *La nuit finira*, Paris, Robert Laffont, 1973.

De Gaulle Charles, *Mémoires*, introduction par Jean-Louis Crémieux-Brilhac, Gallimard, 2000.

Guéhenno Jean, *Journal des années noires (1940-1944)*, Gallimard, 1947.

Passy, *Missions secrètes en France*, Paris, Plon, 1951.

Queuille Henri, *Journal de guerre*, Londres-Alger, avril 1943-juillet 1944, Paris, Plon/fondation Charles De Gaulle, 1995.

Ravanel Serge, *L'Esprit de Résistance*, Paris, Le Seuil, 1995.

Rist Charles, *Une saison gâtée, journal de la guerre et de l'Occupation 1939-1945*, Fayard, 1983.

Tillion Germaine, *Ravensbrück*, Paris, Le Seuil, 1973.

Viannay Philippe, *Du bon usage de la France*, Paris, Ramsay, 1988.

Werth Léon, *Déposition*, Paris, Viviane Hamy, 1992.

Ouvrages spécialisés :

Azéma Jean-Pierre, *1940 l'Année terrible*, Paris, Le Seuil, 1990.
Baruch Marc Olivier, *Servir l'État français, l'administration en France de 1940 à 1944*, Paris Fayard, 1997.
Brossat Alain, *Les Tondues un carnaval moche*, Paris, Manya, 1992.
Comte Bernard, *Une utopie combattante, l'école des cadres d'Uriage 1940-1942*, Paris, Fayard, 1991.
Fouilloux Étienne, *Les Chrétiens français entre crise et libération 1937-1947*, Paris, Le Seuil, 1997.
Gervereau Laurent et Peschanski Denis, *La Propagande sous Vichy*, Paris, BDIC, 1990.
Halls Wilfred, *Les Jeunes et la politique de Vichy*, Paris, Syros, 1988.
Michel Henri, *Vichy année 40*, Paris, Robert Laffont, 1966.
Nobécourt Jacques, *Le Colonel de La Rocque 1885-1946*, Paris, Fayard, 1996.
Novick Peter, *L'Épuration française 1944-1949*, Paris, Balland, 1985.
Péan Pierre, *Une jeunesse française. François Mitterrand 1934-1947*, Paris, Fayard, 1994.
Muel-Dreyfus Francine, *Vichy et l'éternel féminin*, Paris, Le Seuil, 1996.
Thalmann Rita, *La Mise au pas*, Paris, Fayard, 1991.

Cointet Jean-Paul, *Pierre Laval*, Paris, Fayard, 1993.
Coutau-Bégarie Hervé et Huan Claude, *Darlan*, Paris, Fayard, 1989.
Ferro Marc, *Pétain*, Paris, Fayard, 1987.
Lacouture Jean, *De Gaulle*, tome 1, Paris, Le Seuil, 1984.
Réau Élisabeth (du), *Édouard Daladier*, Fayard, 1993.

Belot Robert, *Lucien Rebatet un itinéraire fasciste*, Paris, Le Seuil, 1994.
Burrin Philippe, *La Dérive fasciste. Doriot, Déat, Bergery 1933-1945*, Paris, Le Seuil, 1986.
Dioudonnat Pierre-Marie, *« Je suis partout » (1930-1944)*, Paris, La Table ronde, 1973.
Milza Pierre, *Fascisme français, présent et passé,* Paris, Flammarion, 1987.
Ory Pascal, *La France allemande*, Paris, Gallimard, 1977.

Kaspi André, *Les Juifs pendant l'Occupation*, Paris, Le Seuil, 1991.

Klarsfeld Serge, *Vichy-Auschwitz*, 2 tomes, Paris, Fayard, 1983-1985.

Marrus Michaël et Paxton Robert, *Vichy et les Juifs*, Paris, Calmann-Lévy, 1981.

Poznanski Renée, *Être juif en France pendant la seconde guerre mondiale*, Paris, Hachette, 1994.

Kuisel Richard, *Le Capitalisme et l'État en France : modernisation et dirigisme au xxe siècle*, Paris, Gallimard, 1984.

Milward Alan, *The New Order and the French Economy*, Oxford University Press, 1970.

Margairaz Michel, *L'État, la direction des finances et de l'économie en France (1932-1952)*, Imprimerie nationale, 1991.

Rochebrune Renaud (de) et Hazéra Jean-Claude, *Les Patrons sous l'Occupation*, Paris, Odile Jacob, 1995.

Duroselle Jean-Baptiste, *La Décadence 1932-1939*, Paris, Le Seuil, 1983.

Jäckel Eberhard, *La France dans l'Europe de Hitler*, Paris, Fayard, 1968.

Kaspi André, *La mission de Jean Monnet à Alger*, Paris, Publications de la Sorbonne, 1971.

Kersaudy François, *De Gaulle et Churchill*, Paris, Plon, 1981.

Levisse-Touzé Christine, *L'Afrique du Nord dans la guerre 1939-1945*, Paris, Albin Michel, 1998.

Rossi Mario, *Roosevelt and the French,* Wesport, Connecticut/Londres, Praeger, 1994.

Aglan Alya, *La Résistance sacrifiée, le Mouvement Libération-Nord*, Paris, Flammarion, 1999.

Bédarida Renée, *Témoignage chrétien 1941-1944*, Paris, Les éditions ouvrières, 1977.

Bellanger Claude, *La Presse clandestine 1940-1944*, Paris, Armand Colin, 1961.

Belot Robert, *Aux frontières de la Liberté*, Paris, Fayard, 1998.

Cordier Daniel, *Jean Moulin, l'inconnu du Panthéon*, tome 1, Paris, Lattès, 1989.

Courtois Stéphane, *Le PCF dans la guerre*, Paris, Ramsay, 1980.

Douzou Laurent, *La Désobéissance, Histoire du Mouvement Libération-Sud*, Odile Jacob, 1996.

Guidoni Pierre et Verdier Robert, *Les socialistes en Résistance 1940-1944*.

Kedward Roderick, *Naissance de la Résistance dans la France de Vichy*, Seyssel, Champ Vallon, 1989.

Kedward Roderick, *À la recherche du maquis, la Résistance dans la France du Sud,* Paris, Éd. du Cerf, 1999.

Michel Henri, *Jean Moulin l'unificateur*, Paris, Hachette, 1964.

Michel Henri, *Paris résistant*, Paris, Albin Michel, 1982.

Noguères Henri et Degliame-Fouché Marcel, *Histoire de la Résistance en France*, 5 tomes, Paris, Robert Laffont, 1967-1981.

Piketty Guillaume, *Pierre Brossolette un héros de la Résistance*, Paris, Odile Jacob, 1998.

Sadoun Marc, *Les Socialistes sous l'Occupation*, Paris, Presses de la fondation nationale des sciences politiques, 1982.

Veillon Dominique, *Le Franc-Tireur*, Paris, Flammarion, 1977.

Wieviorka Olivier, *Une certaine idée de la Résistance, Défense de la France 1940-1949*, Paris, Le Seuil, 1995.

Assouline Pierre, *l'Épuration des intellectuels*, Bruxelles, Compexe, 1985.

Bertin-Maghit Jean-Pierre, *Le Cinéma sous l'Occupation*, Paris, Orban, 1989.

Bertrand Dorléac Laurence, *L'Art de la défaite (1940-1944)*, Paris, Le Seuil, 1993.

Fouché Pascal, *L'Édition française sous l'Occupation*, 2 tomes, Paris, Université de Paris VII, 1987.

Gay-Lescot Jean-Louis, *Sport et éducation sous Vichy*, Lyon, presses universitaires de Lyon, 1991.

Sapiro Gisèle, *La Guerre des écrivains 1940-1953*, Paris, Fayard, 1999.

Simonin Anne, *Les Éditions de Minuit 1942-1955*, Paris, IMEC éditions, 1994.

Veillon Dominique, *Vivre et Survivre en France 1939-1947*, Paris, Payot, 1995.

Veillon Dominique, *La Mode sous l'occupation*, Paris, Payot, 1990.

Winock Michel, *« Esprit » Des intellectuels dans la cité (1930-1950)*, Paris, Le Seuil, 1996.

Winock Michel, *Le Siècle des intellectuels*, Paris, Le Seuil, 1997.

Durand Yves, *La Captivité, Histoire des prisonniers de guerre français 1939-1945*, Paris, FNCPG-CATM, 1980.

Durand Yves, *La Vie quotidienne des prisonniers de guerre dans les Stalags, les Oflags et les Kommandos*, Paris, Hachette, 1987.

Antelme, *L'Espèce humaine*, Paris, Gallimard, 1948.
Broszat Martin, *Anatomie des SS-Staates*, tome 2, dtv Dokumente, Munich, 1967.
Decrop Geneviève, *Des camps au génocide, la politique de l'impensable*, Grenoble, Presses universitaires, 1995.
Fabreguet Michel, *Mauthausen, camp de concentration national-socialiste en Autriche*, Paris, Honoré Champion, 1999.
Grynberg Anne, *Les Camps de la honte*, Paris, La Découverte, 1996.
Kogon Eugen, Langbein Hermann, Rückert Adalbert, *Les Chambres à gaz, secret d'État*, Paris, Le Seuil, 1970.
Orth Karin, *Das System der nazionalsozialistische Konzentrationslager. Eine politische Organisations Geschichte*, Hamburg, Hamburger Verlag, 1999.
Sellier André, *Histoire du camp de Dora*, Paris, La Découverte, 1998.

Conan Eric et Rousso Henry, *Vichy un passé qui ne passe pas*, Paris, Fayard, 1994.
Ophuls Marcel, *Le Chagrin et la Pitié*, Alain Moreau, 1980.
Vidal-Naquet Pierre, *Le trait empoisonné. Réflexions sur l'affaire Jean Moulin,* Paris, La Découverte, 1993.
Wieviorka Annette, *Déportation et génocide. Entre la mémoire et l'oubli*, Paris, Plon, 1992.
Wieviorka Olivier, *Nous entrerons dans la carrière*, Paris, Le Seuil, 1994.

Ouvrages collectifs et colloques :

Ageron Charles-Robert (sous la dir. de), *Les chemins de la décolonisation de l'Empire français (1936-1956)*, Paris, CNRS, 1986.
Azéma Jean-Pierre et Bédarida François (sous la dir. de), *Jean Moulin et le Conseil National de la Résistance*, Paris, CNRS, 1983.
Azéma Jean-Pierre (sous la dir. de), *Jean Moulin face à l'Histoire*, Flammarion, 2000.
Beltran Alain, Frank Robert, Rousso Henry (sous la dir. de), *La Vie des entreprises sous l'Occupation*, Paris, Belin, 1994.
Buton Philippe et Guillon Jean-Marie (sous la dir. de), *Les pouvoirs à la Libération*, Paris, CNRS, 1993.

Encrevé André et Poujol Jacques (sous la dir. de), « Les protestants français pendant la seconde guerre mondiale », *Bulletin de
la société de l'histoire du protestantisme*, 1994.

Montclos Xavier, Luirard Monique, Delpech François, Bolle Pierre
(sous la dir. de) *Églises et Chrétiens dans la deuxième guerre
mondiale*, Lyon, Presses universitaires de Lyon, 1982.

Rémond René et Bourdin Janine (sous la dir. de) *Le Gouvernement
de Vichy 1940-1942*, Paris, Armand Colin, 1972.

Prost Antoine (sous la dir. de), *La Résistance, une histoire sociale*,
coll. « Mouvement social » Paris, Éditions de l'Atelier, 1997.

Rioux Jean-Pierre (sous la dir. de), *La Vie culturelle sous Vichy*,
Bruxelles, Complexe, 1990.

Sirinelli Jean-François (sous la dir. de), *Histoire des droites en
France*, 3 tomes, Paris, Gallimard, 1992.

Thébaud Françoise (sous la dir. de), *Histoire des femmes*, tome 5,
Paris, Plon, 1992.

Wahl Alfred (sous la dir. de) Mémoire de la seconde guerre mondiale, Metz, Université de Metz, 1984.

La Déportation, le système concentrationnaire nazi, BDIC, Paris,
1995.

La Libération de la France, Paris, CNRS, 1976.

« La libération de la France », collection publiée chez Hachette

La Résistance et les Français, nouvelles approches, *Les Cahiers de
l'IHTP*, décembre 1997, Paris, IHTP/CNRS.

*La Résistance et les Français : villes, centres et logiques de déci-
sion*, Paris, IHTP, 1996.

Articles :

Bédarida François, « L'histoire de la Résistance, lectures d'hier,
chantiers de demain » *Vingtième Siècle*, juillet 1986.

Kettenacker Ludwig, La politique de nazification en Alsace,
2 livraisons, Saisons d'Alsace, 1978-1979.

Nora Pierre, « Gaullistes et communistes », *Les Lieux de mémoire*,
III, *Les France*, tome 1, Paris, Gallimard, 1996.

Rousso Henry, « L'Épuration en France : une histoire inachevée »,
Vingtième Siècle, janvier-mars 1992.

« Jean Moulin et la Résistance en 1943 », Paris, *Cahiers de l'IHTP*,
juin 1994.

« Résistants et Collaborateurs », *L'Histoire*, juillet-août 1985.

« L'année 1940 », *L'Histoire*, janvier 1990.

Index

M

Table

RÉALISATION : CURSIVES À PARIS
IMPRESSION : NORMANDIE ROTO IMPRESSION S.A.S. À LONRAI
DÉPÔT LÉGAL : NOVEMBRE 2000. N° 18304 - 2 (10- 1732)
IMPRIMÉ EN FRANCE